말 씀 산 책

기록연대에 따른 성경개관

박형용

(합동신학대학원대학교 명예교수)

Trek Through God's Word

Copyright © 2018 by Rev. Hyung Yong Park, Th.M., S.T.D
Emeritus Professor of Hapdong Theological Seminary

Published by Hapdong Theological Seminary Press
50 Gwanggyo Joongang-Ro, Yeongtong-Gu, Suwon, Korea

말씀 산책

초판 1쇄 2018년 9월 15일

지 은 이 박형용
발 행 인 정창균
펴 낸 곳 합동신학대학원출판부
주   소 16517 수원시 영통구 광교중앙로 50 (원천동)
전   화 (031)217-0629
팩   스 (031)212-6204
홈페이지 www.hapdong.ac.kr
출판등록번호 제22-1-2호
인 쇄 처 예원프린팅 (031)902-6550
총   판 (주)기독교출판유통 (031)906-9191

ISBN 978-89-97244-51-5 93230
책값은 표지 뒷면에 있습니다.

「이 도서의 국립중앙도서관 출판예정도서목록(CIP)은 서지정보유통지원시스템 홈페이지
(http://seoji.nl.go.kr)와 국가자료공동목록시스템(http://www.nl.go.kr/kolisnet)에서
이용하실 수 있습니다.(CIP제어번호: CIP2018024912)」

말씀 산책

박형용

합신대학원출판부

저자의 말

—

    하나님의 말씀인 성경은 너무 방대하여 몇 차례 읽어도 머리에 정리가 잘 되지 않는다. 성도라면 누구든지 성경을 좀 더 효과 있게 접근할 방법이 있을까 하여 고심하게 된다. 물론 성경을 쉽게 마스터 할 방법은 없다. 열심히 읽고 공부하는 방법 이외의 다른 방법은 없다. 또한, 성경은 성경이 가르치는 내용대로 실천함으로 배울 수 있다.

    필자는 성경의 내용을 구속역사의 흐름과 함께 읽으므로 많은 유익을 얻었다. 원래 특별계시인 성경은 하나님의 구속역사를 근거로 하여 존재한다. 구속역사 없는 특별계시는 아무 의미가 없다. 그러므로 성경을 구속역사에 비추어 읽으면 그 내용을 더 쉽게 이해할 수 있으며 또 머리에 오래 남는다. 그리고 하나님이 왜 시대마다 하나님의 백성들에게 특별한 메시지를 주셨는지 알게 된다. 여기 소개하는 "말씀 산책"은 구속역사의 흐름에 비추어 특별 계시의 내용을 이해하려고 노력했다.

    또 의도적으로 본문의 많은 부분에 한글과 영문을 병기하였다. 그 이유는 성경 학도들에게 성경의 인명이나 지명 등 꼭 필요한 부분을 영어로 제공함으로 성경에 대한 지식의 범위를 넓히도록 하는 데 목적을 두었기 때문이다. 성경의 내용도 배우고 성경 영어도 익힌다는 점에서 일거양득의 효과가 있다. 영어 부분에 대해 불편하게 느끼신 분들께는 죄송할 뿐이다.

필자의 소원은 본서를 통해 성경의 주인이신 삼위 하나님을 더 잘 알고, 말로 표현할 수 없는 삼위 하나님의 사랑이 나타난 구속역사를 더 많이 알아서 그분을 높이며 또한 그분이 원하는 삶을 사는 데 조금이라도 기여했으면 하는 바람이다. 끝으로 이 책의 출판을 위해 재정적인 후원을 해 주신 송파제일교회 임성실 장로님께 심심한 감사의 마음을 표한다. 또한 이 책의 편집을 맡아 수고하신 북디자이너 김민정 자매에게도 감사의 마음을 전한다.

2018년 봄
봉천동 서재에서 63빌딩을 바라보면서
박 형 용

저자의 말   4

들어가는 말   14

구약 성경

1. 창세기|Genesis   17

2. 출애굽기|Exodus   43

3. 레위기|Leviticus   55

4. 민수기|Numbers   67

5. 신명기|Deuteronomy   73

6. 여호수아|Joshua   79

7. 사사기|Judges   91

8. 룻기|Ruth   101

9. 욥기|Job   107

10. 아가|The Song of Solomon   119

11. 전도서|Ecclesiastes   125

12. 시편|Psalms   131

13. 잠언|Proverbs   165

14. 사무엘상|1 Samuel / 15. 사무엘하|2 Samuel   179

16. 오바댜|Obadiah   189

17. 요엘|Joel   195

18. 아모스|Amos   201

19. 요나Jonah 207

20. 호세아Hosea 213

21. 미가Micah 219

22. 이사야Isaiah 225

23. 스바냐Zephaniah 237

24. 나훔Nahum 243

25. 예레미야Jeremiah 247

26. 하박국Habakkuk 273

27. 예레미야애가Lamentations 279

28. 에스겔Ezekiel 285

29. 열왕기상1 Kings / 30. 열왕기하2 Kings 313

31. 다니엘Daniel 367

32. 학개Haggai 387

33. 스가랴Zechariah 395

34. 에스더Esther 405

35. 역대상1 Chronicles / 36. 역대하2 Chronicles 415

37. 에스라Ezra 439

38. 느헤미야Nehemiah 445

39. 말라기Malachi 451

신약 이해에 필수적인 연대

1. 팔레스틴을 중심으로 한 통치 역사 458

　(1) 페르시아 시대Persia, B.C. 539-330 458

(2) 헬라 시대Greek, B.C. 330-166   459

(3) 하스모니아 시대Hasmonian, B.C. 166-63   462

2. 로마시대B.C. 63-A.D. 476   462

  (1) 제1차 삼두정치Triumvirate, B.C. 61-54   463

  (2) 제2차 삼두정치Triumvirate, B.C. 43-32   465

  (3) 신약에 언급된 로마 황제   466

  (4) 신약성경 기록과 로마 황제   469

  (5) 총독 빌라도의 통치Pontius Pilate, A.D. 26-36   469

  (6) 열심당의 봉기와 예루살렘 파괴   470

  (7) 신약에 언급된 헤롯Herod   471

3. 예수님의 탄생과 십자가상의 죽음   474

  (1) 예수님의 탄생 연대   474

  (2) 예수님의 탄생과 사역B.C. 4-A.D. 29-30   476

  (3) 예수님의 지상생애의 마지막 한 주간A.D. 29/30   477

신약 성경

1. 마태복음Matthew   479

2. 마가복음Mark   493

3. 누가복음Luke   503

4. 요한복음John   517

5. 사도행전Acts   535

6. 데살로니가전서1 Thessalonians   545

7. 데살로니가후서2 Thessalonians   551

8. 갈라디아서Galatians   555

9. 고린도전서1 Corinthians   565

10. 고린도후서2 Corinthians   581

11. 로마서Romans   591

12. 골로새서Colossians   607

13. 빌레몬서Philemon   613

14. 에베소서Ephesians   619

15. 빌립보서Philippians   627

16. 디모데전서1 Timothy   635

17. 디도서Titus   643

18. 디모데후서2 Timothy   647

19. 히브리서Hebrews   653

20. 야고보서James   665

21. 베드로전서1 Peter   673

22. 베드로후서2 Peter   679

23. 요한일서1 John   685

24. 요한이서2 John   691

25. 요한삼서3 John   695

26. 유다서Jude   699

27. 요한계시록Revelation   705

특 주

• 창세기

창세기 1:1의 "그 하늘과 그 땅"에 대한 이해   36

족장들의 출생 연대   39

아브라함의 출생부터 족장 시대까지의 연대   39

열 두 족장   40

성경 초기 인물들이 향수한 나이   41

• 출애굽기

모세의 출생과 출애굽 사건   53

• 레위기

신약성도들은 레위기의 의식법과 명령을

   어떻게 받아들여야 하는가?   65

• 여호수아

여호수아의 가나안 정복과 사사 시대   90

• 시편

시편 119편: 22개 꽃잎으로 구성된 119라는 말씀의 꽃송이   139

• 잠언

솔로몬 왕 이후 분열왕국Divided Kingdom 시대   172

앗수르Assyria의 왕들 172

북이스라엘 아합 왕B.C. 874-853의 악한 통치 176

· 예레미야

여고냐Jeconiah와 고니야Coniah는 동일인임 271

앗수르 제국이 바벨론-메대 연합군에 의해 멸망 271

· 에스겔

에스겔이 바벨론에 포로로 잡혀간 해 305

남유다가 멸망한 이유 305

남유다Southern Kingdom의 열왕들 306

바벨론에 의한 남유다의 멸망 307

남유다의 특별한 왕들 308

바벨론으로 포로로 잡혀감 309

바벨론에서 귀환 310

70년 포로 생활 예고와 성취 311

· 열왕기상 · 하

"애굽 땅에서 나온 지 480년"왕상 6:1의 해석 357

북이스라엘의 열왕들 357

북이스라엘이 망한 이유 358

바벨론 왕들의 이름과 통치 연대 정리 359

고레스Cyrus에 의한 바벨론 멸망B.C. 539 361

바사의 왕들과 행적 363

아람 왕 벤하닷Ben-Hadad 1세, 2세, 3세의 행적　　　　366

• 다니엘서
느부갓네살이 왜 벨사살의 부친으로 기록되었는가?　　379
스룹바벨 성전의 완공과 관련된 난해한 성구들　　　　379
다니엘 6:28이 왜 다리오 왕을 먼저 언급하고
　　고레스 왕을 나중에 언급했는가?　　　　　　　　382
다니엘 5:31과 다니엘 6:1의 다리오는 누구인가?　　　382
바사의 고레스 왕으로부터 스룹바벨 성전의
　　완성까지의 연대　　　　　　　　　　　　　　　384

• 에스더
석가모니, 공자, 소크라테스의 연대　　　　　　　　　411
아하수에로 왕에 대한 바른 이해　　　　　　　　　　411
아하수에로 크세르크세스 1세 왕부터
　　페르시아의 멸망까지의 연대　　　　　　　　　　412

• 말라기
사울 왕부터 바벨론 멸망까지의 연대　　　　　　　　455

• 요한복음

예수님과 성전Jesus and the Temple   532

• 사도행전

신약성경을 가장 많이 기록한 저자는 누구인가?   543

• 로마서

그리스도의 구속과 창조세계의 회복   602

• 빌립보서

빌립보 시와 그리스도의 복음 전파   632

• 요한계시록

창세기와 요한계시록 비교   718

참고 서적   721
색인   726

들어가는 말

—

    특별계시인 성경은 구속역사에 뿌리를 두고 있다. 그러므로 구속역사 없는 성경은 인간의 책으로 전락하고 만다. 성경이 다른 종교의 경전들과 다른 이유가 바로 여기에 있다. 성경 66권은 하나님의 창조에서 재창조(예수님의 재림)에 이르기까지 하나님의 구속 계획을 언어로 기록하신 하나님의 계시말씀이다. 성경은 하나님이 세상과 인간을 창조하신 후 인간의 범죄로 인해 훼손된 세상의 질서를 예수 그리스도 안에서 회복하셔서 하나님의 백성들에게 범죄의 가능성마저 없는 신천신지(the New Heaven and New Earth)를 제공하실 것이라는 하나님의 구속역사를 설명한다. 성경은 하나님의 구속역사를 언어로 기록한 것이기 때문에 구속역사 없는 성경은 아무 의미가 없다. 하나님은 인간 저자들을 사용하시어 그의 구속역사를 언어로 표현하게 하셨지만, 성령의 감동으로 무오하게 기록하게 하셨다. 그러므로 우리는 성경을 통해 구속역사의 흐름을 바로 파악할 수 있다. 성경이 기록된 배경에는 성령의 역할이 절대적으로 존재하지만, 또한 인간 저자의 역할도 무시할 수 없는 중요한 부분이다. 성경은 하나님이 우리에게 직접 말씀하신 진리이며 100% 하나님의 말씀이지만 하나님의 말씀을 언어로 기록하는 과정에서 선지자들과 사도들 그리고 인간 저자들을 사용하여 기록하게 하셨기 때문에 100% 인간 저자들의 말이라고 할 수 있다.[1] 하나님의 특별계시 기록에 인간이 사용되고 인간의 언어가 사용되었다는 사실은 특별계시의 특성이 어떤 것인지를 가늠하게 한다.

성경은 구속역사를 언어화시킨 하나의 예술 작품이라 할 수 있다. 구속역사 서술은 언어로 구속역사의 사건들을 묘사하는 것이다. 따라서 (서술하는) 인간 저자의 성격, 경험, 지식 등에 따라서 언어로 서술되는 구속역사가 약간의 차이를 나타낼 수도 있다. 하지만 그 차이는 구속역사 자체에 의해 통제받기 때문에 큰 문제가 되지 않는다. 성경의 사복음서 경우 예수 그리스도의 구속역사를 언어로 묘사하는데 각 책은 서로 유사점과 차이점을 드러내고 있다. 같은 역사이지만 언어로 묘사될 때 그 저자가 누구인지에 따라 약간의 차이가 있을 수 있지만, 또한 동시에 같은 구속역사이기에 유사성 역시 존재한다는 뜻이다.

그러므로 특별계시인 성경을 읽을 때 항상 그 배면에 자리 잡은 구속역사를 생각하면서 이해해야 한다. 본서는 방대한 내용인 창세기에서부터 요한계시록까지의 특별계시를 구속역사의 진행에 근거하여 그 내용을 머리에 쉽게 담을 수 있도록 고안하였다. 본서는 집으로 비유하면 뼈대에 해당하는 것으로 성경 66권의 큰 외형을 그린 작업이기 때문에 성경 계시의 내용을 심도 있게 연구하기를 원하면 다른 서적과 함께 읽어야 할 것을 밝혀둔다. 본서는 성경 계시를 구속역사의 흐름에 따라 체계를 세움으로 독자가 방대한 성경 계시의 내용을 비교적 쉽게 이해하도록 안내할 것이다.

---

1 Herman Bavinck, *Our Reasonable Faith* (Grand Rapids: Eerdmans, 1956), p. 102.

기록연대에 따른 구약의 순서

본서는 현재 우리가 소유하고 있는 성경의 순서를 따르지 않고 각 책이 기록된 순서를 따라 배열했다. 물론 각 책의 기록연대는 학자들의 견해에 따라 약간의 차이가 있을 수 있다는 것을 밝혀둔다. 성경을 기록된 순서에 따라 읽으면 하나님의 구속역사 진행을 더 실감 있게 이해할 수 있다.

(1) 창세기(Genesis) 총 50장 | (2) 출애굽기(Exodus) 총 40장 | (3) 레위기(Leviticus) 총 27장 | (4) 민수기(Numbers) 총 36장 | (5) 신명기(Deuteronomy) 총 34장 | (6) 여호수아(Joshua) 총 24장 | (7) 사사기(Judges) 총 21장 | (8) 룻기(Ruth) 총 4장 | (9) 욥기(Job) 총 42장 | (10) 아가(The Song of Solomon) 총 8장 | (11) 전도서(Ecclesiastes) 총 12장 | (12) 시편(Psalms) 총 150편 | (13) 잠언(Proverbs) 총 31장 | (14) 사무엘상(1 Samuel) 총 31장 | (15) 사무엘하(2 Samuel) 총 24장 | (16) 오바댜(Obadiah) 총 1장 | (17) 요엘(Joel) 총 3장 | (18) 아모스(Amos) 총 9장 | (19) 요나(Jonah) 총 4장 | (20) 호세아(Hosea) 총 14장 | (21) 미가(Micah) 총 7장 | (22) 이사야(Isaiah) 총 66장 | (23) 스바냐(Zephaniah) 총 3장 | (24) 나훔(Nahum) 총 3장 | (25) 예레미야(Jeremiah) 총 52장 | (26) 하박국(Habakkuk) 총 3장 | (27) 예레미야애가(Lamentations) 총 5장 | (28) 에스겔(Ezekiel) 총 48장 | (29) 열왕기상(1 Kings) 총 22장 | (30) 열왕기하(2 Kings) 총 25장 | (31) 다니엘(Daniel) 총 12장 | (32) 학개(Haggai) 총 2장 | (33) 스가랴(Zechariah) 총 14장 | (34) 에스더(Esther) 총 10장 | (35) 역대상(1 Chronicles) 총 29장 | (36) 역대하(2 Chronicles) 총 36장 | (37) 에스라(Ezra) 총 10장 | (38) 느헤미야(Nehemiah) 총 13장 | (39) 말라기(Malachi) 총 4장.

1

창세기

Genesis | 총 50장

기록배경과 특징 (B.C. 1446-1406)

창세기(Genesis)는 전체 50장 1,533절로 구성되어 있다. 성경은 모세(Moses)가 죽을 때 120세였다고 전한다(신 34:7). 그리고 모세가 바로(Pharaoh)에게 이스라엘 백성의 출애굽을 위해 말할 때 나이가 80세였고 그의 형 아론(Aaron)은 83세였다(출 7:7). 이를 근거하여 계산하면 모세는 생애 마지막 40년을 이스라엘 백성의 출애굽을 위해 사용했다. 그런데 모세는 B.C. 1526년에 출생하고 B.C. 1406년에 사망한 것으로 전해지기 때문에 모세의 생애 마지막 40년은 B.C. 1446년에서 1406년에 해당한다. 모세는 이 기간에(B.C. 1446-1406) 우리가 "모세오경"(the Pentateuch)이라고 부르는 창세기, 출애굽기, 레위기, 민수기, 신명기를 기록했다.

창세기는 세상과 인간의 기원을 설명하는 책으로 하나님이 세상을 어떻게 창조하셨으며, 아담(Adam) 한 사람을 통해 죄가 세상에 들어와서 하나님과 인간, 인간과 자연, 인간과 인간 사이의 화목 관계가 깨지고 불목의 관계로 발전하게 된 것을 설명한다. 그래서 하나님은 죄지은 인류를 구원하실 계획을 세우시고 메시야(Messiah)를 보내주시겠다고 약속하신다(창 3:15). 창세기 3:15의 "여자의 후손"(the Seed of the Woman)은 앞으로 오실 메시야를 가리키고 있다. 그리고 하나님은 아브라함을 택하시고 하나님의 백성으로 삼으셔서 이들을 통해 모든 민족이 하나님을 알 수 있도록 하셨다(창 12:1-9). 창세기는 전반부에서 4개의 위대한 사건인 세상의 창조, 인간의 타락과 메시야의 약속, 노아의 홍수, 바벨탑 사건을 다루고(창 1장-11장), 후반부에서는 4명의 위대한 족장들인 아브라함(Abraham), 이삭(Isaac), 야곱(Jacob), 그리고 요셉(Joseph)의 생애와 행적(창 12장-50장)을 기술한다.

네 개의 위대한 사건 이야기(창세기 1-11장 The four great events)

창세기 1장 • 하나님은 첫째 날에 낮과 밤을 창조하시고(창 1:1-5), 둘째 날에 하늘을 창조하시고(창 1:6-8), 셋째 날에 땅과 바다와 채소와 열매 맺는 나무를 창조하시고(창 1:9-13), 넷째 날에 해와 달과 별들을 창조하시고(창 1:14-19), 다섯째 날에 하늘의 새들과 큰 바다 짐승들과 물에서 번성하는 모든 생물들을 창조하시고(창 1:20-23), 여섯째 날에 가축과 기는 것과 땅의 짐승과 사람을 창조하시되 남자와 여자로 창조하셨다(창 1:24-31). 그리고 하나님은 그가 창조하신 모든 것을 보시고 "보시기에 심히 좋았더라"(창 1:31; 원어의 표현을 살리면, "하나님은 그가 창조하신 모든 것을 보셨다. 보아라, 얼마나 좋은지!") 라고 감탄하셨다. 여호와 하나님은 처음 창조 때에 하나님 자신이 그의 지혜로 계획하시고 말씀으로 창조하신 피조 세계를 보시고 창조된 세상의 아름다움을 "얼마나 좋은지"라고 반응을 보이셨다. 그런데 세상의 마지막 구속역사가 완성될 때 즉 예수님께서 재림하실 때 그를 영접하는 부활체를 입은 모든 성도의 모습을 보시고 "놀랍게 여김을 얻으실"(살후 1:10) 것이다. 이 말씀은 예수님이 부활체를 입고 그를 영접하는 성도들의 황홀한 모습을 보시고 예수님 자신이 심히 만족하시게 될 것이라는 의미이다. 처음 창조 때에 죄 없는 피조 세계는 필설로 표현할 수 없을 정도로 좋은 세상이었고, 그리스도의 구속 사건으로 죄 문제가 모두 해결된 신천 신지의 모습도 예수님 자신이 깜짝 놀랄 만큼 걸작품의 세상이 될 것이다.

창세기 2장 • 하나님은 일곱째 날에 창조로부터 안식하시고 일곱째 날을 복되게 하신다(창 2:3). 그리고 창세기 2장은 에덴동산의 모습을 묘사하고, 하나님이 인간을 흙으로 지으신 사실을 밝히며(창 2:7) 에덴동산 안에 네 강 즉, 비손(Pishon), 기혼(Gihon), 힛데겔(Hiddekel), 유브라데(Euphrates)가 있었으며 선악과의 존재를 밝힌다(창 2:11-14, 17). 그리고 창세기 2장은 하나님이 아담의 갈빗대로 아담을 돕는 배필을 창조하신 사실을 기록한다(창 2:18-25).

인간의 타락과 메시야의 약속(창세기 3:1-6:22 The fall of man and the promise of the Messiah)

창세기 3장 • 아담(Adam)과 하와(Eve)의 불순종으로 죄가 세상에 들어오게 된 경위를 설명한다. 뱀의 유혹으로 하와가 먼저 실족하고 아담이 실족하게 된다. 하지만 죄의 책임은 인류의 대표인 아담에게 있다. 시험하는 자인 뱀은 왜 남자에게 접근하지 않고 여자에게 먼저 유혹의 말을 했을까? 여자가 남자보다 유혹에 더 약하고 죄지을 성향이 더 많기 때문일까? 성경의 교훈은 여자가 남자보다 더 유혹에 빠지기 쉽고 죄지을 성향이 많다고 가르치지 않는다. 유혹하는 자가 먼저 여자에게 접근한 것은 선악과를 따 먹지 말라는 하나님의 금지 명령을 직접 듣지 않았다는 것을 알고 여자에게 간교하게 접근한 것이다(창 2:16-17).[2] 인간이 죄를 범하자 하나님은 죄 문제를 해결하기 위해 메시야(Messiah)를 보내주시겠다고 약속하신다. "여자의 후손"(the Seed of the Woman)은 단수로 표현되어 있어 훗날 메시야이신 예수님을 가리키고 있음이 분명하다. 하나님은 "여자의 후손"의 역할을 통해 죄 문제를 해

---

2 G. Vos, *Biblical Theology: Old and New Testaments* (Grand Rapids: Eerdmans, 1968), p. 45.

결할 계획을 세운다(창 3:15). 그리고 하나님은 아담과 하와가 범죄한 상태에서 생명나무의 열매를 먹고 영생을 누릴 수 없도록 그들을 에덴동산에서 쫓아내신다(창 3:22-24).

창세기 4장 • 가인(Cain)과 아벨(Abel)의 제사 문제를 다루는데 결국 아담의 죄의 결과로 가인이 동생 아벨을 쳐 죽이는 끔찍한 일이 발생한다(창 4:1-15). 하나님이 왜 아벨의 제사는 받으시고 가인의 제사는 받지 않으셨는가? 가인은 땅의 소산으로 제물을 삼아 제사를 드렸고, 아벨은 양의 첫 새끼로 제물을 삼아 제사를 드렸기 때문인가(창 4:3-4)? 하나님은 제물의 차이 때문에 가인의 제사는 받고 아벨의 제사는 받지 않은 것이 아니요, 하나님은 제사하러 하나님 앞에 나온 가인과 아벨의 마음을 보신 것이다. 성경은 가인이 하나님 앞에서 분한 마음을 가졌고, 선을 행하지 아니했고, 죄를 다스리지 못했다고 전한다(창 4:6-7). 하나님은 제사하는 가인과 아벨의 마음을 보신 것이다. 가인이 아우 아벨을 살해하는 죄를 범했음에도 불구하고 하나님은 가인의 자손을 허락하시고(창 4:16-24) 아담에게 셋(Seth)과 에노스(Enosh)를 허락하심으로 자비를 베푸신다.

창세기 5장 • 하나님이 아벨을 잃은 아담에게 셋(Seth)을 주신 기록이 나온다. 아담이 130세에 자기의 형상과 같은 아들을 낳아 이름을 셋으로 지은 것이다(창 5:1-3). 창세기 5장은 아담이 930세를 살고 죽었더라(창 5:5), 셋은 912세를 살고 죽었더라(창 5:8), 므두셀라(Methuselah)는 969세를 살고 죽었더라(창 5:27)라고 누가 몇 세를 "살고 죽었더라"고 진술하는 반면, 특히 에녹(Enoch)의 경우는 "하나님과 동행하며 자녀들을 낳았으며 그는 365세를 살았더라. 에녹이 하나님과 동행하더니 하나님이 그를 데려가시므로 세상에 있지 아니하였더라"(창 5:23-24)라고 에녹의 죽음을 언급하지 아니한다. 하나님은 아담의 후손 중 특히 에녹의 삶을 통해 경건한 백성이 계속 존재하게 될 것을 암시해 주신다 (창 5:21-24).

창세기 6장 • 노아(Noah)의 방주 이야기를 시작한다. 성경은 "하나님의 아들들이 사람의 딸들의 아름다움을 보고 자기들이 좋아하는 모든 여자를 아내로 삼는지라"(창 6:2)라고 그 당시의 상황을 기록한다. "하나님의 아들들"은 경건한 백성을 가리키고, "사람의 딸들"은 불경건한 자들을 가리킨다. 이처럼 그 당시의 상황은 하나님께 대한 경건을 상실한 상황이었음을 드러내고 있다. 그래서 성경은 "이는 그들이 육신이 됨이라"(창 6:3)라고 정의한다. 하나님은 이처럼 회복 불가능한 상황을 교정하시기 위해 노아로 하여금 방주를 짓게 만드신다. 성경은 "노아는 여호와께 은혜를 입었더라"(창 6:8)라고 기록한다. 노아의 방주는 죄악 된 세상에서 사람을 구하는 구원의 방주가 될 것이다(창 6:13-21).

노아 때의 홍수(창세기 7:1-10:32 The flood of Noah)

창세기 7장 • 하나님이 홍수 이후를 준비하신 모습을 보여 주신다. 하나님은 노아에게 "정결한 짐승은 암수 일곱씩, 부정한 것은 암수 둘씩을 네게로 데려오며 공중의 새도 암수 일곱씩을 데려와 그 씨를 온 지면에 유전하게 하라"(창 7:2-3)라고 홍수 이후를 준비하신다. 이제 하나님은 사십 주야 동안 비를 땅에 내리시므로(창 7:4) 150일 동안 물이 땅에 넘치도록 하신다(창 7:24). 결국, 노아의 여덟 식구와 방주에 들어간 생물들을 제외하고는 모두 멸망하게 된다.

창세기 8장 • 홍수가 그치고 물이 점점 줄어드는 과정을 설명한다. 노아는 까마귀를 사용하고 비둘기를 사용하여 물이 지면에서 줄어들었는지를 판단한다(창 8:7-12). 하나님은 노아에게 "생육하고 땅에서 번성하라"(창 8:17)라고 처음 창조 때에 하신 명령을 내리신다(창 1:22, 28). 방주는 아라랏(Ararat) 산에 머물게 되었다(창 8:4). 노아는 제단을 쌓고 여호와 하나님께 번제를 드린다(창 8:20).

창세기 9장 • 하나님이 다시 노아와 그 아들들에게 "생육하고 번성하여 땅에 충만하라"(창 9:1)라는 명령을 내리신다. 그리고 하나님은 노아와 그 아들들에게 채소처럼 동물도 먹을 수 있도록 허락하시면서 다만 고기를 먹되 그 생명 되는 피째는 먹지 말라고 명령하신다(창 9:3-4). 창세기 9장은 노아와 그의 아들들의 이름이 소개되고 노아는 홍수 후에 350년을 더 살고 950세에 죽었다(창 9:28-29).

창세기 10장 • 하나님이 방주에서 나온 노아와 그의 아들들 셈(Shem)과 함(Ham)과 야벳(Japheth)을 통해 많은 백성을 허락하신다(창 10:1-32). 창세기는 야벳의 족속을 먼저 소개하고(창 10:2-5) 그다음 함의 족속을 소개한다(창 10:6-20). 그런데 함의 족속을 소개할 때 특별히 함의 아들 중 가나안의 후손들을 부각한다(창 10:15-20). 그리고 셈의 족속을 마지막에 소개한다(창 10:21-31). 홍수 후에 노아의 세 아들로부터 그 땅의 백성들이 나누어졌다(창 10:32).

바벨탑 사건과 언어의 혼란(창세기 11:1-32 The tower of Babel and the confusion of language)

창세기 11장 • 인간의 죄악 된 모습이 바벨탑(the Tower of Babel) 사건으로 묘사된다. 범죄 한 인간은 다시 "성읍과 탑을 건설하여 그 탑 꼭대기를 하늘에 닿게 하여 우리 이름을 내고 온 지면에 흩어짐을 면하자"(창 11:4, 개역개정)라고 말한다. 그들은 하나님을 의존하지 않고 자기 자신들을 의존한다. 결국, 하나님은 그들의 언어를 혼잡하게 하여 그들의 노력이 성공할 수 없도록 만든다(창 11:7-8). 그리고 창세기 11장은 아브람(Abram)의 조상인 셈의 계보를 비교적 자세하게 열거하며 아브람(아브라함)의 아버지 데라(Terah)와 아브람 그리고 롯(Lot)과 함께 갈대아 우르(Ur of the Chaldeans)를 떠나 하란에 거류한 사실과 하란(Haran)에서 아브람의 아버지 데라가 205세로 세상을 하직한 내용을 다룬다(창 11:10-32).

네 명의 위대한 족장 이야기(창세기 12-50장 The four great patriarchs)

모세는 아브라함, 이삭, 야곱, 요셉의 생애와 행적을 기록하는데 이삭의 경우는 3장을 할애하고 아브라함, 야곱, 요셉은 각각 12장씩 비교적 길게 다룬다.

아브라함의 생애와 행적 (창세기 12:1-23:20 The Life and Works of Abraham)

창세기 12장부터 23장까지 12장은 아브람의 생애와 행적을 묘사한다. 아브람은 하란을 떠나 가나안(Canaan)으로 향할 때 75세였다(창 12:4).

창세기 12장 • 하나님이 아브람에게 고향과 친척을 떠나 하나님이 보여 줄 땅으로 가라는 명령(창 12:1-3)과 아브람이 75세에 하란을 떠난 사실을 기록한다(창 12:4). 기근으로 인해 아브람(아브라함)이 애굽으로 내려간 사실과 애굽에서 그의 아내 사래(Sarai)를 누이로 속이는 일을 기록한다(창 12:10-20).

창세기 13장 • 아브람과 롯이 헤어지는 기사를 기록한다. 아브람은 롯에게 "나를 떠나가라 네가 좌하면 나는 우하고 네가 우하면 나는 좌하리라"(창 13:9, 개역개정)고 대단히 큰 아량을 베푼다. 하지만 사실상 아브람은 그런 양보할 수 있는 위치에 있지 않았다. 왜냐하면 하나님이 아브람에게 가나안 땅을 주셨기 때문이다. 하나님은 아브람의 실수를 통해서도 그의 뜻을 세워 나가신다.

창세기 14장 • 시날(Shinar) 왕 아므라벨(Amraphel)과 엘라살(Ellasar) 왕 아리옥(Arioch)과 엘람(Elam) 왕 그돌라오멜(Chedorlaomer)과 고임(Goiim) 왕 디달(Tidal) 네 왕이 소돔(Sodom) 왕 베라(Bera)와 고모라(Gomorrah) 왕 비르사(Birsha)와 아드마(Admah) 왕 시납(Shinab)과 스보임(Zeboiim) 왕 세메벨(Shemeber)과 소알(Zoar) 왕 벨라(Bela) 다섯 왕과 싸우는 장면이 등장한다(창 14:1-2). 그런데 네 왕이 다섯 왕을 물리치고 소돔에 살고 있는 롯과 그의 재물을 노략질해 가는 일이 벌어졌다(창 14:9-12). 이에 아브람이 조카 롯을 구하기 위해 318명의 훈련된 종들을 데리고 가서 롯과 재물을 다시 찾는다(창 14:14-16). 그리고 아브람이 돌아오는 길에 살렘 왕 멜기세덱(Melchizedek)을 만나게 되고 멜기세덱이 아브람을 축복한다(창 14:17-20). 살렘(Salem)은 예루살렘의 준말이다. 이 사실은 멜기세덱과 아브람이 같은 하나님을 섬긴다는 뜻이다.[3]

창세기 15장 • 하나님이 아들이 없는 아브람에게 상속자를 허락하기로 약속하신다(창 15:4). "아브람이 여호와를 믿으니 여호와께서 이를 그의 의로 여기시고"(창 15:6)라는 창세기의 이 말씀은 성경에서 믿음과 의를 함께 사용한 처음 구절이다. 또한 하나님은 아브람에게 "너는 반드시 알라 네 자손이 이방에서 객이 되어 그들을 섬기겠고 그들은 사백 년 동안 네 자손을 괴롭히리니"(창 15:13)라고 말씀하심으로 아브람의 후손들이 애굽에서 400년 동안 종노릇할 것을 이삭(Isaac)이 태어나기 전에 예고하신 것이다.

---

3 G. Ch. Aalders, *Genesis (Bible Student's Commentary)*, Vol. 1 (Grand Rapids: Zondervan, 1981), p. 289.

창세기 16장 • 아브람의 아내 사래(Sarai)가 출산하지 못하여 자신의 여종인 애굽 사람 하갈(Hagar)을 아브람에게 주었는데 아브람이 하갈과 동침함으로 하갈이 임신하게 된다. 그로 인하여 하갈이 그의 여주인 사래를 멸시한 이야기(창 16:1-4)와 결국 하갈의 임신 사건으로 사래가 하갈을 학대하고 하갈이 도망한 이야기(창 16:6-14), 아브람이 86세에 하갈을 통해 이스마엘(Ishmael)을 얻게 된 이야기가 기록되어 있다(창 16:15-16).

창세기 17장 • 아브람이 99세 때에 하나님이 아브람(Abram)을 아브라함(Abraham)으로 고쳐주셔서 아브라함을 "여러 민족의 아버지가 되게"(창 17:5) 하시겠다고 약속하신다(창 17:5). 여호와 하나님은 "이제 후로는 네 이름을 아브람이라 하지 아니하고 아브라함이라 하리니 이는 내가 너를 여러 민족의 아버지가 되게 함이니라"(창 17:5, 개역개정)라고 선언하신다. 그리고 하나님은 "네 아내 사래는 이름을 사래라 하지 말고 사라(Sarah)라 하라"(창 17:15)라고 사래의 이름을 사라로 고쳐주신다. 공주라는 뜻을 가진 "사라"는 그 의미에 있어서 "사래"와 큰 차이가 없으나 "사라"는 상황의 변화 때문에 위엄(dignity)이 수반되는 새로운 이름이다.[4] 그리고 하나님은 1년 후에 아들을 주실 것인데 그 이름을 이삭(Issac)으로 지으라고 말씀하신다(창 17:19). 아브라함은 99세에 포피를 베었고, 이스마엘은 13세에 포피를 베었다(창 17:24-25).

창세기 18장 • 하나님이 의심을 떨쳐버리지 못하는 아브라함과 사라에게 1년 후에 반드시 아들을 주실 것이라고 약속하신다(창 18:10, 14). 그리고 소돔(Sodom), 고모라(Gomorrah), 아드마(Admah), 스보임(Zeboiim), 소알(Zoar)의 악행을 보다 못한 하나님이 이들 성을 멸망시키겠다고 하

---

4 H. C. Leupold, *Exposition of Genesis*, Vol. 1 (Grand Rapids: Baker, 1977), p. 526; Aalders, *Genesis*, Vol. 1, p. 308.

자(창 18:20) 아브라함이 하나님과 흥정(bargain)을 하는 모습을 묘사한다. 아브라함은 의인 50명이 있으면, 45명이 있으면, 40명이 있으면, 30명이 있으면, 20명이 있으면, 그리고 마지막으로 10명의 의인이 소돔 성에 살고 있으면 소돔을 멸망시키시겠느냐고 하나님과 흥정을 한다(창 18:22-33). 결국, 소돔 성은 의인 10명이 없어서 하나님의 심판을 받게 된다.

창세기 19장 • 소돔의 죄악상이 기록되고 결국 롯(Lot)은 소돔을 떠나게 된다. 롯과 그의 아내 그리고 두 딸이 소돔 성을 빠져나와 비교적 가까운 소알 성으로 피할 것을 허락받아 그곳으로 피한다(창 19:19-20). 하나님이 소돔 성을 유황과 불로 멸망시킬 때 롯의 아내는 뒤를 돌아 본 관계로 소금기둥이 되었다(창 19:26). 결국 하나님의 심판으로 소돔, 고모라, 아드마, 스보임 네 개의 성이 멸망하고 롯이 피한 소알 성만 하나님의 심판을 피할 수 있었다. 그리고 창세기 19장은 롯과 두 딸 사이에 부적절한 관계로 인해 큰딸을 통해 모압(Moab) 백성이 생겨났고, 작은딸을 통해 암몬(Ammon) 백성이 생겨난 사실을 묘사한다(창 19:30-38).

창세기 20장 • 아브라함이 그랄(Gerar) 왕 아비멜렉(Abimelech)에게 다시 한 번 그의 아내 사라를 누이라고 속이는 기사를 기록한다(창 20:1-18). 그런데 그 결과는 하나님의 간섭으로 아비멜렉과의 관계가 선한 길로 해결된다(창 20:14-18). 하나님의 간섭으로 아브라함의 거짓이 선한 길로 해결되었다고 해서 하나님이 아브라함의 거짓 행동을 인정한다는 뜻은 아니다.[5]

창세기 21장 • 아브라함이 100세일 때 이삭이 태어나고 8일 만에

---

5 G. Ch. Aalders, *Genesis (Bible Student's Commentary)*, Vol. 2 (Grand Rapids: Zondervan, 1981), p. 32.

할례를 받는다(창 21:3-5). 창세기 21장은 하갈의 아들 이스마엘(Ishmael)이 이삭을 놀리므로 하갈과 이스마엘을 내쫓는 사건을 기록하고 그리고 아브라함과 아비멜렉과 그 군대 장관과 언약을 맺는 일을 기록한다(창 21:22-34).

창세기 22장 • 하나님이 아브라함을 시험하여 이삭을 모리아(Moriah)에 있는 한 산에서 번제로 바치라고 명령한다(창 22:1-2). 아브라함은 하나님의 명령이므로 사라(Sarah)와 의논도 하지 않고 무조건 순종했고 하나님은 이삭 대신 제물을 준비하신 고로 "여호와이레"(YHWH Yireh) (여호와의 산에서 준비되리라: The Lord will Provide.)라고 그 땅이름을 불렀다(창 22:14). 하나님은 아브라함에게 "네 아들 네 독자도 아끼지 아니하였은즉" "네 씨로 말미암아 천하 만민이 복을 받게 될 것"이라고 약속하신다(창 22:16, 18). 아브라함이 이삭을 바치고 이삭이 끝까지 아버지에게 순종한 이 사건은 앞으로 메시야께서 어떻게 순종할 것이며 어떻게 돌아가실지를 표상적으로 보여준다.

창세기 23장 • 사라가 127세에 사망하자 아브라함이 소할의 아들 에브론(Ephron)에게 은 400 세겔을 주고 막벨라(Machpelah) 굴을 구하여 사라를 거기에 매장한 사건을 기록한다(창 23:1-2, 8-20). 이 막벨라 굴은 아브라함이 175세로 죽었을 때 묻힌 매장지로 사용된다(창 25:7-9). 아브라함과 사라는 나란히 같은 장소에 매장되었다.

이삭의 생애와 행적(창세기 24:1-26:35 The Life and Works of Isaac)

창세기 24장부터 26장까지 3장은 이삭(Isaac)의 생애와 행적을 다룬다. 이삭의 생애는 다른 족장들과 비교했을 때 비교적 짧게 다룬다.

창세기 24장 • 이삭이 아내를 얻는 사실이 기록되어 있는데 아브라함은 종에게 가나안 족속의 딸 중에서 이삭의 아내를 택하지 말고(창 24:3) 메소포타미아(Mesopotamia)로 가서 이삭의 아내를 택하도록 부탁한다(창 24:10). 결국, 이삭은 브두엘의 딸 리브가(Rebekah)를 아내로 맞이한다(창 24:24, 47, 67). 모세(Moses)는 "리브가에게 오라버니가 있어 그의 이름은 라반(Laban)이라"(창 24:29)라고 기록함으로 앞으로 있을 라반과 야곱과의 관계를 예상하게 한다.

창세기 25장 • 아브라함이 175세로 세상을 떠나니 "그를 마므레 앞 헷 족속 소할의 아들 에브론의 밭에 있는 막벨라 굴에 장사하였다"(창 25:7-9, 개역개정)고 한다. 창세기 25장은 이스마엘의 후예를 언급하고 이스마엘이 향년 137세로 죽은 사실을 기록한다(창 25:17). 그리고 이삭과 리브가를 통해서 에서(Esau)와 야곱(Jacob)이 태어나고 장자인 에서가 장자의 명분을 떡과 팥죽과 바꾸는 사실을 기록한다(창 25:29-34). 에서는 장자의 명분을 가볍게 생각했다(창 25:34).

창세기 26장 • 이삭이 그랄(Gerar)에서 아버지 아브라함처럼 자신의 아내 리브가를 누이로 속이는 행동을 한다(창 26:7). 이삭은 그랄에 오래 머물면서 농사하여 강성하게 되었고 결국 블레셋 왕 아비멜렉(Abimelech)과 서로 해하지 않기로 계약을 맺었다(창 26:28-31). 에서는 40세에 이방인들인 유딧(Judith)과 바스맛(Basemath)을 아내로 맞이함으로 이삭과 리브가의 마음에 근심거리가 되었다(창 26:34-35).

야곱의 생애와 행적(창세기 27:1-38:30 The Life and Works of Jacob)

창세기 27장부터 38장까지 12장은 야곱의 생애와 행적을 묘사한다.

창세기 27장 • 눈이 어두워 잘 보지 못하는 이삭이 리브가와 야곱의 속임수에 넘어가 에서 대신 야곱을 축복하는 사실이 기록되어 있다(창 27:5-30). 이에 화가 난 에서가 "내가 내 아우 야곱을 죽이리라"(창 27:41)고 다짐하는 것을 리브가가 듣고 야곱을 하란(Haran)에 사는 자신의 오라버니 라반(Laban)에게로 피신시킨다(창 27:43).

창세기 28장 • 이삭이 야곱을 축복하여 라반에게로 보낸 사실과(창 28:1-5) 에서가 이스마엘의 딸이요 느바욧의 누이인 마할랏(Mahalath)을 아내로 맞이한 사실(창 28:9), 야곱이 브엘세바(Beersheba)에서 하란으로 가면서 여호와 하나님을 만난 사실을 기록한다(창 28:10-15). 그래서 야곱은 그곳 이름을 벧엘(Bethel)이라 불렀다(창 28:19).

창세기 29장 • 야곱이 라반의 딸 라헬을 사랑하여 7년을 며칠처럼 섬겼으나(창 29:18-20), 결국은 라반의 계교로 야곱은 레아(Leah)와 라헬(Rachel)을 아내로 맞이하게 되었으며 레아의 여종 실바(Zilpah)와 라헬의 여종 빌하(Bilhah)까지 아내로 맞이하게 되었다(창 29:21-30)고 한다. 창세기 29장은 라헬은 자녀가 없는 반면 레아는 4명의 아들 즉, 르우벤, 시므온, 레위, 유다를 출산한 사실을 기록한다(창 29:31-35).

창세기 30장 • 야곱과 빌하 사이에서 단과 납달리가 태어난 사실과(창 30:3-8) 야곱과 실바 사이에서 갓과 아셀이 태어난 사실과(창 30:9-13) 다시 레아가 잇사갈과 스블론을 낳고 딸 디나를 낳은 사실을 기록한다(창 30:18-21). 그리고 하나님이 라헬을 생각하셔서 요셉을 낳은 사실이 기록된다(창 30:22-24). 야곱은 자신의 재산을 확실히 하기 위하여 라반과 품삯을 정한다(창 30:25-43). 야곱은 "양 중에 아롱진 것과 점 있는 것과 검은 것을 가려내며 또 염소 중에 점 있는 것과 아롱진 것을 가려내리니 이 같은 것이 내 품삯이 되리이다"(창 30:32)라고 아무도 의심할 수 없도록 라반의 것과 자신의 것을 구분한다.

창세기 31장 • 야곱이 자신때문에 라반의 안색이 변한 것을 알고 라반을 떠나는 사실을 기록한다(창 31:1-22). 라반은 뒤늦게 야곱이 떠난 것을 알고 7일에 걸쳐 쫓아와 길르앗(Gilead) 산에서 야곱을 만나지만 하나님이 라반에게 "너는 삼가 야곱에게 선악 간에 말하지 말라"라고 미리 경고하심으로(창 31:24) 서로 언약을 맺었고 야곱은 그 곳을 미스바(Mizpah)라 불렀다(창 31:49).

창세기 32장 • 야곱이 형 에서가 오고 있는 것을 알고 계략을 꾸민 사실을 기록한다(창 32:3-12). 야곱이 어떤 사람과 날이 새도록 씨름하다 결국 그 사람이 야곱의 허벅지 관절을 쳐서 야곱을 절게 한 후 그의 이름을 이스라엘로 바꾸어 주신 사실과 야곱이 그곳을 브니엘(내가 하나님과 대면하여 보았으나 내 생명이 보전되었다)이라 부른 내용이 이어진다(창 32:24-25, 28, 30).

창세기 33장 • 야곱이 에서와 화해한다(창 33:4). 야곱의 예상과 달리 에서는 "그를 맞이하여 안고 목을 어긋맞추어 그와 입 맞추고 서로 우니라"(창 33:4, 개역개정)의 말씀처럼 야곱의 귀환을 환영했다. 야곱을 만난 후 에서는 세일(Seir)로 돌아가고 야곱은 숙곳(Succoth)에 정착한다(창 33:16-17).

창세기 34장 • 야곱의 딸 디나(Dinah)가 하몰의 아들 그 땅의 추장 세겜(Shechem)에게 강간당하는 기사가 기록되어 있으며(창 34:1-2, 7), 이 사실을 빌미로 야곱의 아들들 시므온과 레위가 하몰 족속에게 할례를 받도록 유도하여 하몰과 세겜을 죽이는 일을 기록한다(창 34:25).

창세기 35장 • 야곱이 하나님의 명령으로 벧엘로 올라가고 거기서 하나님께 축복을 받는 사실을 기록한다(창 35:1, 3, 10-12). 그리고 라헬이 베냐민을 낳을 때 죽는 사실과(창 35:18-19) 야곱의 열두 아들들, 르우벤, 시므온, 레위, 유다, 잇사갈, 스불론(레아를 통해), 요셉, 베냐민(라헬을 통해), 단, 납달리(빌하를 통해), 그리고 갓, 아셀(실바를 통해)의 이름을 나열한다. 이삭은 180세로 죽음을 맞이한다(창 35:23-26, 28-29).

창세기 36장 • 에서의 자손에 관한 기록(창 36:1-19)과 에돔(Edom) 왕들의 이름이 열거된다(창 36:31-43). 에돔 족속의 조상은 에서이다(창 36:43). 특이한 사실은 "이스라엘 자손을 다스리는 왕이 있기 전에 에돔 땅을 다스리던 왕들"(창 36:31-39)이 있었다고 밝히는 내용이다.

창세기 37장 • 요셉(Joseph)의 꿈을 소개한다. 요셉의 꿈은 "해와 달과 열한 별이 내게 절하더이다"(창 37:9)라는 내용이다. 이 꿈과 아버지의 편애 때문에 요셉은 형들의 미움을 받게 되고 요셉은 아버지 이스라엘의 심부름으로 형들을 도단에서 만나지만 형들은 그를 죽이기 위해 모의한다(창 37:12-20). 그러나 르우벤(Reuben)의 기지와 유다(Judah)의 제안으로 요셉은 결국 은 이십에 이스마엘 상인들에게 팔려(창 37:28) 애굽으로 끌려갔고 바로의 신하 친위대장 보디발(Potiphar)에게 팔렸다(창 37:36).

창세기 38장 • 유다와 그의 며느리 다말(Tamar) 사이에 일어난 불의한 행위를 기록하며(창 38:14-18), 유다와 다말의 사이에 쌍둥이 형제 베레스(Perez)와 세라(Zerah)가 태어난 것을 기록한다(창 38:27-30). 베레스는 예수님의 계보의 한 조상으로 등장한다(마 1:3).

요셉의 생애와 행적(창세기 39:1-50:26 The Life and Works of Joseph)

창세기 39장부터 50장까지 12장은 요셉의 생애와 행적을 묘사한다.

창세기 39장 • 요셉이 보디발의 가정 총무로 성실하게 일하는 도중 보디발의 아내에게 끈질긴 유혹을 받는다. 요셉은 "이 집에는 나보다 큰 이가 없으며 주인이 아무것도 내게 금하지 아니하였어도 금한 것은 당신뿐이니 당신은 그의 아내임이라 그런즉 내가 어찌 이 큰 악을 행하여 하나님께 죄를 지으리이까"(창 39:9, 개역개정)라고 말하면서 강하게 거절했으나 오히려 모함을 받아 결국 왕의 죄수를 가두는 옥에 갇히게 된 사실을 기록한다(창 39:6-18).

창세기 40장 • 요셉이 감옥에 갇혀 있을 때 애굽 왕의 술 맡은 자와 떡 굽는 자의 꿈을 해석해 주며 요셉의 해석대로 술 맡은 관원장은 전직을 회복하고, 떡 굽는 관원장은 나무에 매달려 죽게 되는 기록이 나온다(창 40:1-23).

창세기 41장 • 40장의 사건이 있은 지 만 2년 후에 바로가 "아름답고 살찐 일곱 암소"와 "흉하고 파리한 다른 일곱 암소"의 꿈을 꾸는데 애굽의 점술가와 현인들은 아무도 이 꿈을 해석하지 못한다(창 41:1-8). 요셉이 술 맡은 관원장의 소개로 바로 앞에 서게 되고 바로의 꿈을 정확하게 해석해 준다(창 41:17-36). 요셉은 바로의 꿈을 해석함으로 애굽의 총리가 되고 그가 총리가 될 때 30세였다(창 41:41,46). 총리인 요셉은 일곱 해 풍년과 일곱 해 흉년을 잘 다스린다(창 41:47-57).

창세기 42장 • 흉년이 계속되는 가운데 야곱이 애굽에는 곡식이 넉넉하다는 소식을 듣고 베냐민(Benjamin)을 제외한 열 명의 아들을 애굽으로 보내 곡식을 사 오게 한다(창 42:1-4). 요셉은 형들을 알아보았으나 형들은 요셉을 알아보지 못하였다(창 42:8). 요셉의 형들은 정탐꾼으로 몰려 결국 시므온(Simeon)을 남겨두고 베냐민을 데려오기로 약속하고 가나안 땅으로 돌아간다(창 42:29).

창세기 43장 • 땅에 기근이 심하므로 야곱의 아들들이 베냐민을 데리고 다시 애굽으로 내려가 요셉을 만난다(창 43:16). 요셉은 베냐민을 보고 감정이 복받쳐 울 곳을 찾아 안방으로 들어가서 운 다음 형제들을 만나 식사를 하는데 형제들을 나이 순서대로 배석시키니 형제들이 의아해했다(창 43:30, 33).

창세기 44장 • 요셉이 청지기에게 명하여 자신의 은잔을 베냐민의 자루에 돈과 함께 넣도록 하여 베냐민을 붙들어 두려고 한다. 유다가 아버지 야곱의 생명과 아이 베냐민의 생명이 서로 하나로 묶여 있다는 이론을 내세워 자신이 인질이 되기를 자청한다(창 44:30, 33-34).

창세기 45장 • 요셉이 형들을 다시 만나 자신이 요셉임을 고백하고 형들이 자신을 판 것은 하나님이 생명을 구원하시기 위해 그렇게 하신 것이라고 위로하며(창 45:4-5), 앞으로 5년은 흉년이 계속 될 것이므로 아버지 야곱을 모시고 와서 고센(Goshen) 땅에 거하라고 제안한 사실을 기록한다(창 45:9-10, 26-28).

창세기 46장 • 하나님께서 야곱에게 애굽으로 내려가라고 말씀하시고(창 46:3) 야곱이 70명의 식솔들을 데리고 애굽으로 내려간 기록이 담겨있다(창 46:26-27). 야곱은 애굽에서 요셉을 만나 "내가 네 얼굴을 보았으니 지금 죽어도 족하도다"(창 46:30)라고 말하며 그의 요셉을 향한 사랑을 다시 확인한다.

창세기 47장 • 요셉은 자신의 아버지를 바로 앞에 세우고(창 47:7) 바로의 허락하에 라암셋(Rameses)을 형들에게 준다. 기근이 심한 형편에서 요셉이 추수의 오분의 일을 바로에게 바치는 애굽의 토지법을 만들지만 제사장의 토지는 바로의 소유가 되지 않는 토지법을 만든다(창 47:26). 야곱이 요셉에게 자신이 죽으면 애굽에 장사하지 않도록 서약을 받는다(창 47:27-31).

창세기 48장 • 야곱이 요셉의 두 아들 에브라임(Ephraim)과 므낫세(Manasseh)는 자신의 것이라고 말하고(창 48:5), 오른손을 차남 에브라임의 머리에 얹고 왼손은 장자 므낫세의 머리에 얹어 그들을 축복하는 기록이 담겨 있다(창 48:14-15). 요셉이 므낫세가 장자요, 에브라임이 차남인 것을 밝히면서 오른손과 왼손의 위치가 잘못되었다고 지적해도, 야곱은 "나도 안다 내 아들아 나도 안다 그도 한 족속이 되며 그도 크게 되려니와 그의 아우가 그보다 큰 자가 되고 그의 자손이 여러 민족을 이루리라"(창 48:19, 개역개정)라고 말하면서 차남인 에브라임을 오른손으로 축복한다.

창세기 49장 • 야곱이 임종 직전에 자기 아들들에게 후일에 그들이 당할 일을 알려주고 축복한 사실과(창 49:1) 이들이 이스라엘의 열두 지파임을 밝히는 내용을 담았다(창 49:28). 특히 유다를 축복하면서 "규(홀)가 유다를 떠나지 아니하며 통치자의 지팡이가 그 발 사이에서 떠나지 아니하기를 실로가 오시기까지 이르리니 그에게 모든 백성이 복종하리로다"(창 49:10, 개역개정)라고 말한다. 이는 예수님이 유다의 혈통에서 태어나신 것과 무관하지 않다(마 1:3, 16 참조).

창세기 50장 • 요셉이 아버지 야곱의 시신을 40일 동안 처리하는 기록이 나온다(창 50:2-3). 그리고 요셉이 아버지 야곱에게 맹세한대로(창 47:30-31) 야곱을 가나안 땅에 장사하고 애굽으로 돌아온 사실과(창 50:5, 14) 요셉이 아버지가 죽었으므로 형들이 두려워할 것을 생각하여 형들을 위로하는 내용과(창 50:15-21) 요셉이 110세에 죽은 사실이 기록되어 있다(창 50:26).

창세기 1:1의 "그 하늘과 그 땅"에 대한 이해

창세기 1:1의 "그 하늘과 그 땅(천지)"의 의미를 바로 이해할 때 하나님의 처음 창조와 그리스도 안에서의 구속의 관계를 바로 정립할 수 있다. 성경은 창세기 1:1에서 "태초에"로 시작하고, 신약의 요한복음 1:1에서 역시 "태초에"로 시작한다(요일 1:1 참조).

하나님이 처음 창조하신 "그 하늘과 그 땅"은 죄 없는 세상으로 창조되었다. 그런데 그렇게 순결한 "그 하늘과 그 땅"이 인간의 범죄로 인해 하나님의 저주를 받게 되었다. 성경은 하나님이 "아담에게 이르시되 네가 네 아내의 말을 듣고 내가 네게 먹지 말라 한 나무의 열매를 먹었은즉 땅은 너로 말미암아 저주를 받고 너는 네 평생에 수고하여야 그 소산을 먹으리라 땅이 네게 가시덤불과 엉겅퀴를 낼 것이라 네가 먹을 것은 밭의 채소인즉 네가 흙으로 돌아갈 때까지 얼굴에 땀을 흘려야 먹을 것을 먹으리니 네가 그것에서 취함을 입었음이라 너는 흙이니 흙으로 돌아갈 것이니라 하시니라(창 3:17-19, 개역개정)"라고 기록한다. 창세기 1:1의 "그 하늘과 그 땅"은 원래 죄로 오염되지 않은 상태였지만, 죄가 세상에 들어온 이후의 "그 하늘과 그 땅"은 죄로 오염된 상태가 되었다. 하나님의 저주 아래 처한 "그 하늘과 그 땅"은 그리스도께서 당신의 죽음과 부활을 통해 구속을 성취하시므로 회복을 내다볼 수 있게 되었다. 다시 말하면 타락한 이후의 "그 하늘과 그 땅"은 그리스도 안에서만 회복이 가능한 것이다(롬 8:18-25 참조).

창세기 1:1의 "그 하늘과 그 땅"의 표현에서 "그 하늘"(השמים)은 복수형이지만 문맥에 따라 복수나 단수로 번역할 수 있다.[6] 그래서 영어 번역본들은 "the heaven and the earth"(KJV)나 "the heavens and the earth"(NASB, NKJV; NIV; ESV)로 표현한다.

어떤 이는 창세기 1:1의 "태초에 하나님이 천지를 창조하시니라"를 "창세기의 제목"으로 생각한다. 또 어떤 이는 창세기 1:1을 "창조 역사의 요약"으로 생각한다. 그러나 창세기 1:1은 창세기의 단순한 제목도 아니요, 또한 창조 역사의 요약도 아니다. 오히려 창세기 1:1은 태초에 하나님께서 선포하신 하나님의 창조 행위의 선언이다.

창세기 1:1이 "창세기의 제목"이 아닌 이유는 창세기 1:2이 "그리고"(와우: ')로 시작하여 1절과 긴밀한 연결을 형성하고 있기 때문이다. 창세기 1:1이 창세기의 제목 역할을 하려면 뒤따라 나오는 구절이 "그리고"로 시작할 수는 없다. 그리고 창세기 1:1의 "창조"라는 용어는 이전에 존재하지 않았던 것을 새롭게 만들었다는 의미이다. 또한, 주목할 것은 창조의 행위가 "말씀"으로 실현되었다는 것이요, 신약의 요한복음 1:1은 "태초에 말씀(ὁ λόγος)이 계시니라 이 말씀이 하나님과 함께 계셨으니 이 말씀은 곧 하나님이시니라"(개역개정)고 기록하고 있다는 사실이다. 태초에 계신 말씀의 존재는 태초에 창조 세계가 하나님의 말씀으로 이루어진 것을 확인한다. 창세기 1:1의 "그 하늘과 그 땅"은 창조된 우주의 본질(substance)을 가리킨다.[7]

또한, 창세기 1:1이 "창조 역사의 요약"으로 생각할 수 없는 이유는 다음에 따라 나오는 구절을 1절의 종속절로 생각하여 "하나님이 창조하실 때의 시작에 -- 땅이 혼돈하고"로 해석하거나, 창세기 1:2을 괄

---

6 Henry M. Morris, *The Genesis Record* (Grand Rapids: Baker, 1977), p. 40.

7 Aalders, *Genesis*, Vol. 1, p. 53.

호 속에 넣고 "하나님이 창조하실 때의 시작에"(2절 괄호 안에) "하나님이 이르시되 빛이 있으라 하시니 빛이 있었고"(창 1:3)라고 해석할 수 없기 때문이다.[8] 비록 어떤 이들이 창세기 1:1을 종속절로 생각하여 "태초에"를 하나님이 "창조를 시작하신 때"로 이해하고 "이미 존재한 세상을 하나님이 변화시킨 과정의 처음"으로 해석하기도 하지만, "태초에"(בְּרֵאשִׁית : In the beginning)는 이전에 존재하지 않았던 세상을 하나님이 처음으로 창조하셨다는 절대적인 의미의 태초를 가리키는 것으로 이해해야 한다. 왜냐하면 창세기 1:1은 진행하고 있는 시간적인 개념이 전혀 없고 창세기 1:2은 1절에서 창조된 세상의 상황을 설명하고 있기 때문이다.[9] 그리고 창세기 1:1의 "태초에"를 절대적인 의미로 해석하기 때문에 "그 하늘과 그 땅"은 앞으로 창조될 구체적인 세상의 모든 본질을 묘사하는 것으로 이해해야 한다. "그 하늘과 그 땅"은 현대적 의미로 "온 우주"(the universe)를 가리킨다고 생각할 수 있다. 하나님은 창세기 1:1에서 세상에서 존재하는 모든 것을 창조하셨다고 선언하고 계신다. 따라서 이 세상에 존재하는 모든 것은 그 어느 것 하나라도 우연히 생겨난 것이 없고, 자신의 의지와 능력에 의해서 존재하게 된 것도 없다. 이 세상의 모든 것은 하나님이 무에서 유(creatio ex nihilo)를 만드신 것이다.[10] 성경의 어느 곳에도 지금의 우주가 하나님의 재창조물이라는 교훈은 없다. 그러므로 창세기 1:1의 "그 하늘과 그 땅"은 하나님이 말씀으로 창조하신 세상에 존재하는 모든 것을 포함한다.

8　C. F. Keil and F. Delitzsch, "The Pentateuch," *Biblical Commentary on the Old Testament*, Vol. I (Grand Rapids: Eerdmans, 1971), p. 46.

9　Aalders, *Genesis*, Vol. 1, pp. 50-51; Leupold, *Exposition of Genesis*, Vol. I, p. 40.: "it simply had no existence before this time."

10　손석태, 「창세기강의」(서울: 성경읽기사, 1993), p. 21.; 김성수, 「태초에」(창세기 묵상 1) (용인: 마음샘, 2009), p. 24.: "창조하다"(בָּרָא)는 하나님만을 주어로 한다.

족장들의 출생 연대

족장들의 출생 연대는 여러 가지 견해로 나누인다. 예를 들면 어떤
이는 아브라함의 출생 연대를 B.C. 2160년으로 계산한다. 하지만 일반
적으로 성경 내의 기록과 고대 근동 자료를 근거로 추정할 때 아브라
함의 출생연도를 B.C. 2166년으로 추정한다.[11] 어셔(Ussher)와 류폴드
(Leupold)는 아브라함의 출생연도를 B.C. 2056년으로 추정한다.[12] 모리
스(Morris)는 "비록 연대적인 질문은 아직도 확정되지 않았지만, 창세기
에 보고된 이름들과 사건들의 정확성은 의심의 여지가 없다. 거의 모
든 고고학적 발굴은 성경이 정확함을 한층 더 지지해 준다."[13]라고 말
한다. 아브라함의 출생연도를 어떻게 정하느냐에 따라 뒤따라오는 족
장들의 출생연도도 달라지게 된다. 여기서는 NIV Study Bible과 ES-
V(Crossway Bibles, 2008, p. 32)와 이안 프로반, 필립스 롱, 트렘퍼 롱만 3세
가 추정 제시한 B.C. 2166년을 아브라함의 출생연대로 삼고 계산한 것
임을 밝혀둔다.

아브라함의 출생부터 족장 시대까지의 연대

B.C. 2166-1991 아브라함의 출생과 사망 Birth and death of Abraham, 175
세 향수, 창 25:7[14] in the period of Egypt' s Middle Kingdom. 아

---

11 참조: 이안 프로반, 필립스 롱, 트렘퍼 롱만 3세, 「이스라엘의 성경적 역사」 김구원
　　역 (서울: 기독교문서선교회, 2013), p. 234.

12 H.C. Leupold, *Exposition of Genesis*, Vol. 1, p. 395의 도표 참조; Ussher의 견해는
　　Henry M. Morris, *The Genesis Record*, p. 309에서 인용함.

13 Morris, *op. cit.*, p. 310.

14 아브라함의 출생연도에 관해, 이안 프로반 외 2인, 「이스라엘의 성경적 역사」, 김
　　구원 역, p. 234 참조.

브라함의 아내 사라(Sarah)는 127세 향수(창 23:1).

B.C. 2066-1886 이삭의 출생과 사망 Birth and death of Isaac, 180세 향수, 창 35:28.

B.C. 2050 이삭을 제물로 드림 Isaac was offered as a sacrifice, 대략 16세경, 창 22:1-19.

B.C. 2006-1859 야곱의 출생과 사망 Birth and death of Jacob, 147세 향수, 창 47:28.

B.C. 1915-1805 요셉의 출생과 사망 Birth and death of Joseph, 110세 향수, 창 50:22. in the Egypt's 2nd intermediate period(13th-15th dynasties).

B.C. 1800 족장 시대 Period of Patriarch.

열두 족장

야곱과 그 아내들은 열두 족장을 출산한다. 비록 야곱이 라헬을 가장 사랑했으나 하나님은 첫 부인이 된 레아(Leah)에게 여섯 명의 아들을 주셨고, 나머지 세 명의 아내 라헬(Rachel)과 빌하(Bilhah)와 실바(Zilpah)에게는 각각 두 명 씩 아들을 주셔서 전체 열두 족장을 허락하신다.

첫째 레아(Leah)는 르우벤(Reuben), 시므온(Simeon), 레위(Levi), 유다(Judah), 잇사갈(Issachar), 스불론(Zebulun)을 낳았고, 둘째 라헬(Rachel)은 요셉(Joseph), 베냐민(Benjamin)을 낳았고, 셋째 빌하(Bilhah)는 단(Dan), 납달리(Naphtali)를 낳았고, 넷째 실바(Zilpah)는 갓(Gad), 아셀(Asher)을 낳았다.

성경 초기 인물들이 향수한 나이

아담(Adam, 930세, 창 5:5); 셋(Seth, 912세, 창 5:8); 에녹(Enoch, 365세, 창 5:23); 므두셀라(Methuselah, 969세, 창 5:27); 노아(Noah, 950세, 창 9:29); 아브라함(Abraham, 175세, 창 25:7); 사라(Sarah, 127세, 창 23:1); 이삭(Isaac, 180세, 창 35:28); 야곱(Jacob, 147세, 창 47:28) 혹은 이스라엘로 불림(Israel, 창 35:10); 요셉(Joseph, 110세, 창 50:22), 모세(Moses, 120세, 신 34:7); 여호수아(Joshua, 110세, 수 24:29; 삿 2:8). 참조, 여호수아 이후 사사 시대부터 성경은 성경 인물들이 향수한 연한에 대해 별로 관심을 가지지 않는다.

2

출애굽기

Exodus | 총 40장

출애굽기(Exodus)는 40장 1,213절로 되어 있다. 출애굽기의 시작은 겉으로 보기에 하나님이 오랜 침묵을 깨시고 다시 역사에 개입하신 것처럼 보인다. 창세기의 마지막 절인 창세기 50:26은 요셉(Joseph)이 110세에 죽었다고 전한다. 요셉이 죽은 연대는 B.C. 1805년으로 추정한다. 그런데 출애굽기의 주인공인 모세(Moses)의 태어남은 B.C. 1526년으로 잡는다. 그렇다면 창세기의 마지막과 출애굽기의 시작은 모세의 출생 연도를 기준으로 계산하면 279년(1805-1526=279)의 기간이 되고, 출애굽 사건을 기준으로 계산하면 359년(1805-1446=359)의 긴 기간이 된다. 출애굽 사건은 하나님이 긴 침묵을 깨시고 그의 역사에 개입하신 것처럼 보인다. 하지만 하나님은 이 긴 침묵기간에도 계속 일하고 계셨음을 출애굽기는 전하고 있다. 야곱과 함께 애굽으로 내려간 이스라엘의 아들들은 70명이었으나(출 1:1-5), 출애굽 할 당시 이스라엘 백성들은 대략 2백만 정도로 추정한다. 이스라엘 백성이 애굽의 여러 가지 핍박에도 불구하고(출 1:8-22) 이만큼의 큰 무리를 이룬 것은 하나님의 구체적인 간섭이 있었기 때문이다. 하나님은 긴 침묵기간 동안에 쉬지 않고 계속 일하고 계셨던 것이다.

출애굽 사건이 언제 발생했느냐에 대한 견해가 나뉜다. 늦은 시기를 주장하는 학자들은 B.C. 1260년경에 출애굽 사건이 있었다고 주장하는 반면 이른 시기를 주장하는 학자들은 B.C. 1446년경에 출애굽 사건이 발생했다고 주장한다. 출애굽 사건의 연도와 관련하여 열왕기상 6:1절의 도움이 필요하다. 성경은 "이스라엘 자손이 애굽 땅에서 나온지 사백팔십 년이요 솔로몬이 이스라엘 왕이 된 지 사 년 시브 월 곧 둘째 달에 솔로몬이 여호와를 위하여 성전 건축하기를 시작하였더라"

(왕상 6:1, 개역개정)라고 기록한다. 솔로몬이 이스라엘의 왕이 된 지 4년 되는 해는 B.C. 966년이 된다. 왜냐하면, 솔로몬 왕은 B.C. 970-930년 어간에 이스라엘을 통치했기 때문이다(970-4=966). 그리고 본문이 "이스라엘 자손이 애굽 땅에서 나온 지 사백팔십 년이요"(왕상 6:1)라고 언급했으니 바로 B.C. 966년부터 계산하여 480년 전에 출애굽 사건이 있었다고 증언하고 있다. 그러므로 966+480은 1446이 된다. 이른 시기의 출애굽은 B.C. 1446년으로 추정된다.[15]

출애굽기는 창세기와 마찬가지로 모세가 80세 되었을 때(출 7:7) 출애굽을 시작하여 120세에 죽을 때까지 B.C. 1446-1406년 어간에 기록했다. 출애굽기 역시 모세가 그의 마지막 생애 40년 어간에 기록한 것이다. 출애굽기는 복음주의 진영에서 모세의 저작으로 받아들여지고 있다. 그리고 출애굽기의 중심인물이 바로 모세이다. 하나님은 모세를 사용하여 애굽에서 고난당하는 그의 백성을 해방하심으로 역사 속에 들어오셔서 인간 활동에 간여하신다. 하나님은 십계명(출 20:1-17)과 율례(출 19:1-24:18)를 그의 백성에게 주시고 언약을 맺으셔서 그의 백성과의 관계를 정립하신다. 하나님의 율례는 하나님의 정의와 공의를 나타내며, 도덕과 윤리의 기본 원칙을 제시하고, 사람들이 순종하면 축복을, 불순종하면 징계를 주신다는 하나님의 뜻을 보여주며, 약하고 소외된 백성들에게 관심을 보이신다. 그리고 성막을 허락하셔서 하나님의 임재를 확인시켜 주시며 성막의 거룩함을 강조하신다.

---

15 ESV의 "The Date of the Exodus," Crossway Bibles 편, 2001, p. 33 참조.

이스라엘의 고난과 모세의 등장
(출애굽기 1:1-6:3 0The Oppression of the Israelites and the Birth of Moses)

모세의 아버지는 아므람(Amram)이요, 어머니는 요게벳(Jochebed)이다(출 6:20). 바로는 히브리 백성에게 "아들이 태어나거든 너희는 그를 나일강에 던지고 딸이거든 살려두라"(출 1:22, 개역개정)고 명령하지만 모세의 부모는 모세가 태어나자 3달 동안 숨겨두었다(출 2:2). 그 후 모세의 부모는 모세를 더는 감출 수 없게 되자 그를 갈대 상자에 넣어 나일강에 버리게 되고 결국 모세는 바로의 딸에게 발견되어 그의 아들로 자라게 된다(출 2:10). 성장한 모세는 애굽 사람을 죽이는 일로 인해 미디안(Midian)으로 도망치게 되었고 거기서 모세는 십보라(Zipporah)를 아내로 맞이한다(출 2:21). 그런데 출애굽기 2:18은 십보라의 아버지인 모세 장인의 이름을 "르우엘"(Reuel)이라고 밝힌다. 한편 바로 다음 장인 출애굽기 3:1은 모세 장인의 이름을 미디안 제사장 "이드로"(Jethro)라고 기술한다. 이 문제와 관련하여 카일과 델리취(Keil and Delitzsch)는 "르우엘"은 모세의 장인의 개인 이름이고, "이드로"는 르우엘의 직함이거나 씨족 가운데서 그의 지위를 나타내는 이름이라고 해석한다. 그러므로 신약에서 "베드로"를 "게바"와 혼용하고, "바울"을 "사울"과 혼용하는 것처럼 "르우엘"과 "이드로"는 같은 사람으로 두 개의 명칭을 가진 것이다.[16] 그런데 성경을 읽는 독자들을 혼란스럽게 만드는 것은 사사기 4:11에서 모세의 장인의 이름을 호밥(Hobab)이라고 부르고, 민수기

---

16 Keil and Delitzsch, "The Pentateuch," *Biblical Commentary on the Old Testament*, Vol. I, p. 434; 정규남,「출애굽기」, (서울: 도서출판 햇불, 2006), p. 161.

10:29에서는 "호밥"을 모세의 장인 르우엘의 아들로 명기한 것이다. 이는 민수기 10:29에 의하면 "호밥"은 모세의 처남이 된다. 정규남 박사는 이 문제와 관련하여 "사사기 4:11에서 호밥이 모세의 장인이라고 되어 있는 것은 장인이라는 히브리어 단어 "호텐"이 "친척, 사위, 남편"을 뜻하는 "하탄"(참고, 출 4:25, 26)으로 읽혀야 하는데 잘못 모음을 붙인 것으로 생각된다. "호텐"이나 "하탄"은 두 단어 공히 같은 자음들이니 모음을 달리 붙여 그 의미가 다르다. 원래의 히브리어 성경은 모음이 없고 자음만으로 기록되었다가 나중에 맛소라 학자들이 모음을 붙인 것을 고려할 때, 사사기 4:11에서 호밥은 모세의 장인(호텐)이 아니라, 모세의 친척(하탄)이라고 표기되어야 하는데 잘못 표기되었던 것이 분명하다."[17]라고 해석한다. 따라서 모세 장인의 이름으로 "르우엘"은 모세 장인의 개인 이름이고, "이드로"는 모세 장인의 직책을 표현하는 이름이며, "호밥"은 모세 처남을 가리키는 이름이라고 정리하는 것이 바르다. 모세는 타지 아니하는 떨기나무를 통해 하나님을 만나게 되고 (출 3:2-5) 결국, 하나님은 모세에게 애굽으로 돌아가라고 명하신다(출 3:9). 출애굽기 4장은 모세가 애굽으로 돌아가는 것을 주저하자 여호와께서 지팡이가 뱀이 되고(출 4:3), 손에 나병이 생기게 하는(출 4:6) 능력을 보여주신다. 결국 모세는 애굽으로 돌아간다(출 4:18-31). 출애굽기 5장과 6장은 애굽으로 돌아간 모세와 아론(Aaron)이 바로에게 가서 여호와께서 "내 백성을 보내라"(출 5:1)라고 명령하심을 전하지만 바로는 이스라엘 백성들에게 더 고된 노역을 시킨다(출 5:7). 모세는 계속해서 바로에게 "내 백성을 보내라"는 여호와의 명령을 전한다(출 6:1-13).

---

17 정규남, 「출애굽기」, p. 161.

출애굽기 7장은 여호와께서 모세에게 "내가 너를 바로에게 신같이 되게 하였은즉 네 형 아론은 네 대언자가 되리니"(출 7:1)라는 말로 시작한다. 모세와 아론이 바로를 만날 때에 모세는 80세였고 아론은 83세였다(출 7:7). 여호와께서 모세를 통해 나타내신 재앙들은 첫째, 물이 피가 되는 재앙(The Plague of Blood; 출 7:14-25), 둘째, 개구리 재앙(The Plague of Frogs; 출 8:1-15), 셋째, 이 재앙(The Plague of Gnats or Lice; 출 8:16-19), 넷째, 파리 재앙(The Plague of Flies; 출 8:20-32), 다섯째, 악질 재앙(The Plague on Livestock; 출 9:1-7), 여섯째, 악성 종기 재앙(The Plague of Boils; 출 9:8-12), 일곱째, 우박 재앙(The Plague of Hail; 출 9:13-35), 여덟째, 메뚜기 재앙(The Plague of Locusts; 출 10:1-20), 아홉째, 흑암 재앙(The Plague of Darkness; 출 10:21-29), 열째, 장자 죽음의 재앙(The Plague on the Firstborn; 출 11:1-12:51) 등이다.

출애굽기 13장에는 여호와께서 "이스라엘 자손 중에서 사람이나 짐승을 막론하고 태에서 처음 난 모든 것은 다 거룩히 구별하여 내게 돌리라 이는 내 것이니라"(출 13:2, 개역개정)라고 요구하신다. 여호와 하나님은 출애굽 하는 그의 백성 이스라엘을 낮에는 구름 기둥, 밤에는 불 기둥으로 인도하셨다(출 13:21-22). 출애굽기 14장에는 이스라엘 백성이 홍해를 건너는 사건이 기록되어 있다. 모세가 홍해(the Red Sea)를 갈라 마른 땅이 되게 하여 이스라엘은 추격해 오는 애굽의 병거와 마병을 피해 무사히 홍해를 건넜다(출 14:21-22). 반면 애굽 사람들과 그들의 병거들과 마병들은 홍해를 건너다 모두 수장되었다(출 14:26). 출애굽기 15장은 모세의 노래(출 15:1-18)와 미리암(Miriam)의 노래(출 15:19-21)가 실려 있고 마라(Marah)에서 쓴물을 단물로 변하게 하는 기적을 일으킨다(출 15:22-26).

출애굽에서 시내산까지(출애굽기 16:1-19:25 From Exodus to Mt. Sinai)

출애굽기 16장은 이스라엘 백성들이 애굽 땅에서 고기와 떡을 배불리 먹은 것을 기억하며 불평할 때 여호와께서는 만나(Manna)와 메추라기(Quail)를 제공해 주신다(출 16:1-3). 보통 날에는 만나와 메추라기를 먹을 만큼 거두고 여섯째 날에는 안식일을 준비하도록 만나와 메추라기를 갑절의 양으로 거둘 수 있게 허락하셨다(출 16:22). 이스라엘이 아말렉(Amalek)과 싸울 때 모세가 손을 들면 이스라엘이 이기고 모세가 손을 내리면 아말렉이 이기는 상황이 벌어졌다. 그래서 아론(Aaron)과 훌(Hur)이 모세의 피곤한 양쪽 손을 계속 붙들어 올려서 여호수아가 이끄는 이스라엘이 아말렉을 쳐서 무찔렀다(출 17:8-13). 출애굽기 18장은 모세의 장인 이드로(Jethro)가 모세에게 백성을 다스릴 때 천부장(rulers of thousands), 백부장(rulers of hundreds), 오십부장(rulers of fifties), 십부장(rulers of tens)을 세워 백성을 다스리고 큰일만 모세가 감당하도록 조언을 한다(출 18:13-27). 출애굽기 19장은 이스라엘 백성들이 시내(Sinai)산에 이르고 여호와께서 모세를 시내산으로 부르신다(출 19:16-25).

출애굽기 20장은 십계명이 기록되어 있다(출 20:2-17: 신 5:6-21 참조).
십계명은 하나님의 통치의 구속적 구조를 설명하고 있다. 십계명은 의
식적(ceremonial) 명령이 아니다. 하나님은 먼저 이스라엘 백성을 속박으
로부터 구원해 내신 것을 먼저 밝히신다. 십계명은 하나님이 먼저 이스
라엘 백성을 구속하는 하나님의 행위가 있고 그 결과로 이스라엘 백성
에게 거룩을 요구하시고 하나님의 성품과 뜻을 따르라고 명령하신다.[18]

그리고 출애굽기 20:22부터 이스라엘 백성이 지켜야 할 여러 가지
법률을 설명한다. 이 단락에서 "제단에 관한 법"(출 20:22-26), "종에 관
한 법"(출 21:1-11), "폭행에 관한 법"(출 21:12-36)등 여러 가지 법을 설명
할 뿐만 아니라 "동태(同態) 복수법"(lex talionis)이 설명된다. 즉 "생명은
생명으로, 눈은 눈으로, 이는 이로, 손은 손으로, 발은 발로, 덴 것은 덴
것으로, 상하게 한 것은 상함으로, 때린 것은 때림으로 갚을지니라"(출
21:23-25, 개역개정)가 바로 그것이다. 동태 복수법은 노예에게는 적용되지
않고 자유 하는 이스라엘 백성에게만 적용된다. 만약 주인이 노예의 지
체를 못 쓰게 만들었으면 그 노예를 방면하는 것으로 보상을 한다[19]

---

18 Vos, *Biblical Theology*, p. 145.

19 C. F. Keil and F. Delitzsch, "The Pentateuch," *Biblical Commentary on the Old
Testament*, Vol. II (Grand Rapids: Eerdmans, 1971), p. 135.

모세가 시내산 위에서 사십일 사십야를 지내면서(출 24:18) 여호와 하나님으로부터 증거 판 둘을 받는 동안 산 밑의 이스라엘 백성들은 송아지 형상의 우상을 만들고 제사를 드렸다(출 32:1-6). 이에 모세가 증거 판 둘을 산 아래로 던져 깨뜨렸다(출 32:19). 여호와 하나님은 모세에게 처음 것과 같은 돌판 둘을 만들게 하시고 모세가 깨뜨린 처음 판에 있던 말을 다시 써 주셨다(출 34:1). 여호와 하나님은 다시 이스라엘 백성과 언약을 맺으시고 모세에게 "언약의 말씀 곧 십계명"(출 34:28)을 주신 것이다. 그리고 모세는 출애굽기 35:30부터 38:31까지 여호와께서 성막(tabernacle)의 일꾼들을 어떻게 사용하시는지 설명하고(출35:30-35), 여호와께서 지혜로운 자들을 사용하시어 성막을 만들게 하고 성막에 필요한 물건들을 이스라엘 백성들로 하여금 준비하게 한다(출 36:2-38). 그리고 지혜로운 브살렐(Bezalel)이 계속해서 성막의 기능을 위해 필요한 언약궤(the Ark of the Testimony)를 만들고(출 37:1-9), 상(the Table for the Showbread)을 만들고(출 37:10-16), 등잔대(the Lampstand)를 만들고(출 37:17-24), 분향할 제단(the Altar of Incense)을 만든다(출 37:25-29). 출애굽기 38장은 브살렐이 번제단(the Altar of Burnt Offering)을 만들고(출 38:1-7), 놋물두멍(the Bronze Laver)을 만들고, 성막 울타리를 만드는 이야기(출 38:9-20)와 성소 건축에 들어간 비용을 기록한다(출 38:24-31). 모세는 출애굽기 39:1부터 40:33까지 성막에서 여호와를 섬길 제사장의 옷을 만들고(출 39:1-31) 성막을 여호와께 봉헌하는 내용을 기록한다(출 40:1-33). 모세는 마지막으로 여호와 하나님께서 성막 중심으로 이스라엘 백성을 인도한 사실을 "낮에는 여호와의 구름이 성막 위에 있고 밤에는 불이 그 구름 가운데에 있음을 이스라엘의 온 족속이 그 모든 행진하는 길에서 그들의 눈으로 보았더라"(출 40:38, 개역개정)라고 쓴다.

모세의 출생과 출애굽 사건

요셉(Joseph)을 알지 못했던 왕(출 1:8)은 힉소스를 쫓아냈던 아모스 1세(B.C. 1550-1525)이며, 출애굽 당시의 이집트 왕은 투트모스 3세(B.C. 1479-1425)라고 생각된다.[20]

B.C. 1526 모세의 출생 Birth of Moses in the period of Egypt's New Kingdom.

B.C. 1446 출애굽과 홍해 횡단 Exodus and Passing through the Red Sea.

B.C. 1446-1406(40년)이스라엘 백성이 사막에서 경험한 방랑의 삶Desert wanderings of Israel.

광야 생활 40년은 가나안 땅 정탐의 날 수의 하루를 1년으로 계산한 것이다(민 14:34; 신 1:46; 참조 겔 4:6). "너희는 그 땅을 정탐한 날 수인 사십 일의 하루를 일 년으로 쳐서 그 사십 년간 너희의 죄악을 담당할지니 너희는 그제서야 내가 싫어하면 어떻게 되는지를 알리라 하셨다 하라"(민 14:34, 개역개정); "For forty years-one year for each of the forty days you explored the land--you will suffer for your sins and know what it is like to have me against you."(Numbers 14:34, NIV); "그 수가 차거든 너는 오른쪽으로 누워 유다 족속의 죄악을 담당하라 내가 네게 사십 일로 정하였나니 하루가 일 년이니라"(겔 4:6, 개역개정); "After you have finished this, lie down again, this time on your right side, and bear the sin of

---

20 이안 프로반 외 2인,「이스라엘의 성경적 역사」, p. 273 참조.

the house of Judah. I have assigned you 40 days, a day for each year." (Ezek. 4:6, NIV).

B.C. 1406 모세의 사망과 가나안에 들어감 Death of Moses and Entrance into Canaan. 모세는 가나안 땅에 들어가기 직전 느보(Nebo) 산에서 약속의 땅 가나안을 바라본 후 120세의 나이로 모압(Moab) 땅에서 죽는다(신 34:1-8). 하나님은 이스라엘의 지도자 모세에게 약속의 땅 가나안에 들어가는 특권을 허락하시지 않는다.

3

레위기

Leviticus | 총 27장

기록배경과 특징 (B.C. 1446-1406)

레위기(Leviticus)는 27장 859절로 구성되어 있다. 레위기에는 "여호와께서 모세에게 말씀하여 이르시되"(레 4:1; 6:1; 8:1; 11:1; 12:1; 13:1; 14:1, 33; 15:1; 17:1; 18:1; 19:1; 20:1; 21:1; 22:1; 23:1; 24:1; 25:1; 27:1)라는 말씀이 여러 번 반복된다. 이는 모세(Moses)가 레위기의 저자임을 증언하고 있다. 또한 에스라서 6:18의 "제사장을 그 분반대로, 레위 사람을 그 순차대로 세워 예루살렘(Jerusalem)에서 하나님을 섬기게 하되 모세의 책에 기록된 대로 하게 하니라"(스 6:18)의 말씀에서 "모세의 책"은 레위기를 가리킴에 틀림없다. 이처럼 레위기는 모세의 저작임이 분명하다. 레위기는 모세의 마지막 생애 40년 어간(B.C. 1446-1406)에 기록되었다.

레위기는 이스라엘의 제사장들이 하나님께 어떻게 봉사하며, 제사의식을 어떻게 올릴 것인지를 특별히 설명하고 있다. 레위기는 성막에서 하나님께 드릴 제반 제사의식을 가르쳐 주고 있으며, 하나님이 성막에 거하시면서 이스라엘 백성과 가깝게 친교하시는 것을 설명하고 있다. 레위기는 의식을 설명하는 책이므로 읽는데 집중력이 필요하다. 레위기에 언급된 제사제도는 다음과 같다. 레위기에는 번제(burnt offering, 레 1:1-17), 소제(grain offering or cereal offering, 레 2:1-16), 화목제(peace offering, 레 3:1-17), 속죄제(sin offering, 레 4:1-5:13), 속건제(guilt offering, 레 5:14-6:7) 등의 제사의식이 설명되어 있다. 레위기는 거룩하신 하나님이 그의 백성들을 거룩하게 만드시기 위해 교훈하신 내용이다(레 19:2). 하나님은 죄로 인해 불목의 관계에 있는 그의 백성이 하나님과 화목할 수 있도록 여러 가지 제사의식을 마련해 주셨다. 레위기를 통해 우리는 신약의 그리스도를 바라본다. 레위기는 예표 혹은 모형(typology)을 통해 그리스도를 보게 한다. 레위기에 언급된 희생제사와 희생제물과 대속죄일이라는 체계를 예수님이 십자가의 죽음으로 성취하신 것이다. 따라서 예수 그리스도가 십자가의 죽음으로 그의 백성의 첫값을 치르는 구속을 온전하게 완성했기 때문에 신약시대에 살고 있는 성도들은 더 이상 구약의 제사의식을 지킬 필요가 없다. 신약시대의 성도들은 예수님을 잘 믿고 성도답게 생활함으로 구약의 제사의식을 실천하는 것이다(히 9:23-28).

레위기 1장부터 27장까지의 내용을 두 부분으로 나누어 생각할 수 있다. 레위기 1장-16장까지는 의식(rituals)의 규칙을 설명하고 있으며, 레위기 17장-27장까지는 이스라엘 백성들이 지켜야 할 도덕적 명령(ethical commands)을 설명하고 있다. 레위기 전체는 하나님이 거룩하신 것처럼 하나님의 백성이 여호와 앞에서 거룩한 삶을 살아야 하는 명제가 설명되어 있다.

희생제사의 규칙(레위기 1:1-7:38 The Law of Sacrifice)

레위기는 하나님께 드릴 제사의식의 종류를 소개하는 것으로 시작한다. 제사의식은 "번제와 소제와 속죄제와 속건제와 위임식과 화목제"(레 7:37)이다. 레위기 1장은 번제(the burnt offering)를 구체적으로 설명한다(레 1:3-17). 번제는 제물을 불살라 하나님께 드리는 화제로 여호와께 향기로운 냄새이다(레 1:9, 13). 레위기 2장은 소제(the grain offering)를 어떻게 준비할 것인가를 설명한다(레 2:1-16). 소제의 예물은 고운 가루나 무교병, 무교전병으로 할 것이며(레 2:1, 4) 소금과 감람유를 넣어야 한다(레 2:1, 13). 소제물 중에서 기념할 것을 불살라 여호와께 바치는 것이 화제로 여호와께 향기로운 냄새가 된다(레 2:9; 6:15). 레위기 3장은 화목제(the peace offering)의 경우 소를 드릴 경우와 양을 드릴 경우, 그리고 염소를 드릴 경우를 자세히 설명한다(레 3:1-17). 화목제의 제물을 불살라 여호와께 바치는 것이 화제로 여호와께 향기로운 냄새가 된다(레 3:5). 레위기 4장과 5장의 일부는 속죄제(the sin offering)에 대해 제사장이 죄를 지을 경우와 온 회중이 죄를 지을 경우와 족장이 죄를 지을 경우와 평민의 한 사람이 죄를 지을 경우를 설명하고 부자는 부자의 방식으로, 가난한 자는 가난한 자의 방식으로 속죄제를 드리되 반드시 드려야 할 것을 설명한다(레 4:1-35; 5:1-13). 속죄제는 의식적인 죄, 무의식적인 죄, 부주의로 인한 죄로부터 속죄를 받는 제사로 여호와께 향기롭게 드려야 한다(레 4:13, 22, 31). 레위기 5장 일부와 6장 일부는 속건죄(the guilt offering)를 드려야 할 경우를 설명하면서 성물에 대해 범죄한 경우와 이웃의 물건에 손해를 끼친 경우에 어떻게 속건 제물을 바칠 것인지를 설명한다(레 5:14-19; 6:1-7). 레위기 6:8부터 7:36까지 위임식(the ordination offering 혹은 the consecration offering)에 관해 이곳저곳에서 설명한다(레 6:8-30; 7:1-36; 8:30-36 참조). 레위기는 모든 희생 제사를 하나님이 받으시기에 합당한 "향기로운 냄새"(θυσία ὀσμὴ εὐωδίας τῷ κυρίῳ)로 표현한다(레 1:9, 13, 17; 2:2, 9, 12; 3:5, 11, 16; 6:15, 21; 8:21(LXX 8:20); 8:28(LXX 8:27).

제사장들의 성별(레위기 8:1-10:20 The Consecration of Priests)

아론(Aaron)과 그의 아들들이 제사장으로 위임받는다(레 8:2, 13). 하나님의 백성은 하나님께 제사를 드리고 하나님은 응답하심으로 그의 임재를 확인한다(레 9:22-24). 나답(Nadab)과 아비후(Abihu)가 여호와께서 명령하지 아니하신 다른 불을 담아 여호와 앞에 분향한 관계로 죽임을 당한다(레 10:1-2). 그 후 아론의 남은 아들 엘르아살(Eleazar)과 이다말(Ithamar)이 그들의 아버지 아론과 함께 제사장 역할을 감당한다(레 10:12, 16). 여호와 하나님은 제사장들에게 여호와께 드린 화제물 중 소제의 남은 것을 거룩한 곳에서 먹도록 허락하신다(레 10:12-13).

첫째, 먹을 수 있는 동물-굽이 갈라져 쪽발이 되고 새김질하는 짐 승(레 11:3)은 먹을 수 있다.

둘째, 먹을 수 없는 동물(레 11:4-8)-새김질 하는 것이나 굽이 갈라진 짐승 중에도 낙타(camel), 사반(rock hyrax), 토끼(hare), 돼지(swine)는 먹을 수 없다.

셋째, 먹을 수 있는 물고기(레 11:9)-지느러미와 비늘이 있는 물고기 는 먹을 수 있다.

넷째, 먹을 수 없는 물고기(레 11:10-12)-지느러미와 비늘 없는 물고 기는 먹을 수 없다.

다섯째, 먹을 수 없는 새(레 11:13-19)는 다음과 같다. 그것들은 독수 리(eagle), 솔개(vulture), 물수리(black vulture), 말똥가리(buzzard)와 그 종 류, 까마귀(raven) 종류, 타조(ostrich), 타흐마스(short-eared owl), 갈매기 (seagull), 새매(hawk) 종류, 올빼미(little owl), 가마우지(fisher owl), 부엉이 (screech owl), 흰올빼미(white owl), 사다새(jackdaw), 너새(carrion vulture), 황 새(stork), 백로(heron)종류, 오디새(hoopoe), 박쥐(bat) 등이다.

여섯째, 먹을 수 있는 곤충(레 11:21-22)은 그 발에 뛰는 다리가 있어 서 땅에서 뛰는 것은 먹을 수 있다. 그것들은 메뚜기(locust) 종류, 베짱 이(destroying locust) 종류, 귀뚜라미(cricket) 종류, 팥중이(grasshopper) 종류 등이다.

레위기 12장은 아이를 낳은 여인에 대한 규례를 가르치는데 여인 이 남자아이를 낳으면 7일동안 부정하고(레 12:2), 여자아이를 낳으면 14일동안 부정하다(레 12:5)고 가르친다. 레위기 13장부터 15장까지는 피부에 나병이 날 경우 처리하는 규례(레 13:1-46)와 의복에 생기는 곰팡이에 대한 규례(레 13:47-59), 환자가 정결하게 되는 날의 규례(레 14:1-32), 집에 생기는 곰팡이에 대한 규례(레 14:33-53), 몸에 유출병이 있는 경우의 규례(레 15:1-18), 그리고 여인의 유출병을 두 가지 경우로 구별하여 유출병이 한시적(월경)인 경우(레 15:19-24)와 지속적(유출병)인 경우(레 15:25-33)를 구별하여 유출병에 대한 규례 등이 설명되어 있다. 여인이 유출병(월경)이 있을 경우 이레 동안 사람들의 접근이 금지된다(레 15:19; 참조, 레 12:2-5). 물론 여인이 피를 흘렸기 때문에 부정하게 된 것은 틀림없다. 하지만 그 당시 여인들의 삶을 고려할 때 하나님의 배려가 숨겨져 있음을 보게 된다. 당시 여인들의 삶은 남성들의 삶에 비해 훨씬 고되었다. 그런데 여인이 월경까지 하게 되면 아랫배가 아프고, 허리가 무겁고, 전신이 나른해지고, 과민해져서 어떤 여인은 자살까지 시도하는 경우도 있을 정도이다. 그런 상태의 여인에게 여호와는 7일간 타인의 접근을 금하라고 명하신다. 이는 오늘날의 용어로 설명하면 월경하는 여인은 7일간 생리휴가를 받은 것이나 다름없다.[21]

속죄의 날(레위기 16:1-34 The Day of Atonement)

속죄일에 두 염소가 제비를 통해 선택된다. 첫 번째 선택된 염소는 여호와를 위한 염소로 속죄제로 드려진다(레 16:9). 두 번째 선택된 염소는 아사셀(Azazel) 염소로 "속죄의 염소"(scapegoat)로도 번역된다. 아사셀 염소는 기도하고 안수하여 사람들의 죄를 전가한 후 광야로 보내졌다(레 16:10, 21-22). 특기할 것은 아론(Aaron)이 백성을 위해 속죄 제사를 드릴 때에 "자기의 번제와 백성의 번제"(레 16:24, 참조 레 16:6, 11, 17)를 드

---

21 이종훈, "월경관련 율법, 어떻게 봐야하나"「아름다운 동행」(제212호) (2017, 7, 1), 28면.

려야 한다는 사실이다. 왜냐하면 아론도 죄인 중의 한 사람이기 때문이다.

의식의 법칙(레위기 17:1-25:55 Ritual Laws)

여호와 하나님은 이스라엘 백성들이 소나 양이나 염소를 진영 안에서 잡든지 진영 밖에서 잡든지 먼저 회막 문(the door of the Tent of Meeting) 앞으로 가져와야 한다(레 17:2-4). 그 이유는 이스라엘 백성들이 보이지 않는 곳에서 불법으로 이방신에게 제사하는 것을 막고자 하시는 하나님의 명령이다(레 17:4). 여호와 하나님은 피를 흘린 자는 여호와께 화목제를 드려야 용서받을 수 있다고 말씀하신다(레 17:5-6). 여호와는 이스라엘 백성들에게 생명이 피에 있으므로 피를 먹지 말 것(레 17:11), 가증한 가나안(Canaan)의 풍속을 따르지 말 것(레 18:3), 하나님이 거룩하니 하나님의 백성은 항상 거룩하도록 할 것(레 19:2)과 재판할 때에 불의를 행하지 말 것(레 19:15)과 애굽 땅에서 거류민으로 살았던 것을 기억하고 함께 사는 거류민들을 학대하지 말 것(레 19:33-36)을 가르친다. 레위기 20장은 여호와 하나님이 이스라엘 백성들에게 접신한 자와 박수무당을 경계할 것(레 20:6-9, 27)과 각종 음행을 금할 것(레 20:10-21)을 가르친다. 레위기 21장은 제사장이 지켜야 할 구례로 제사장은 죽은 자를 만지지 말 것(레 21:1)과 음행을 일삼지 말 것(레 21:7-9)과 육체에 흠이 있는 자는 제사장 역할을 하지 못할 것(레 21:16-24)을 가르치신다. 레위기 22장은 여호와 하나님은 거룩하시기 때문에 여호와께 제사를 드리는 자는 항상 거룩해야 한다고 가르치신다(레 22:3-16). 레위기 23장은 유월절(the Passover), 초막절(the Tabernacle), 오순절(the Pentecost) 등 유대인의 절기를 지키고 안식년을 지킬 것(레 23:4-6; 25:8-12) 등을 가르친다. 레위기 24장은 이웃에게 상해를 입혔으면 본토인이나 거류민을 막론하고 "상처에는 상처로, 눈에는 눈으로, 이에는 이로 갚을지라"(레 24:20)는 교훈을 가르친다. 그리고 레위기 25장은 안식년(The Sabbath Year)과 희년(The Year of Jubilee)을 어떻게 지킬 것인가를 가르치신다. 안식일(The Sabbath Day)은 하나님께서 6일 동안 창조하시고 일곱째 날에 쉬신 것처럼 일곱째 날에는 노동을 쉬면서 여호와 하나님께서 이스라엘을 애굽에서 인도해 내신 것을 기억해야 한다(신 5:12-15). 안식년은 일곱째 해에 땅에 파종을 멈추고 땅을 쉬게 하며 안식하게 하는 절기이다. 비록 파종을 하지 않지만 이스라엘은 먹을 것을 걱정할 필요가 없다. 왜냐하면 전능하신 하나님께서 채워 주실 것이기 때문이다(레 25:1-7). 희년은 일곱 안식년(7×7=49)을 계수하여 49년을 채우고 그 다음해인 50년째가 희년이 된다(레 25:8-28). 성경은 희년에 대해 "너희는 오십 년째 해를 거룩하게 하여 그 땅에 있는 모든 주민을 위하여 자유를 공포하라 이 해는 너희에게 희년이니 너희는 각각 자기의 소유지로 돌아가며 각각 자기의 가족에게로 돌아갈지며"(레 25:10)라고 기록한다. 희년은 인간의 잘못으로 하나님이 정하신 바른 관계가 비정상적으로 된 것을 정상으로 회복시키고 이스라엘의 나라를 원래의 상태로 회복시키는 것을 기념하는 해이다.[22]

약속과 경고(레위기 26:1-27:34 Promises and Warnings)

여호와 하나님은 이스라엘 백성들에게 그들의 하나님은 오로지 여호와 하나님인 것을 확인시키면서 우상을 만들지 말라고 명령하신다

---

22 Keil and Delitzsch, "The Pentateuch," *Biblical Commentary on the Old Testament, Vol II*, p. 455.

(레 26:1). 따라서 이스라엘 백성이 하나님께서 모세를 통해 주신 규례와 법도와 율법을 지키면 평탄한 삶을 유지할 것이요(레 26:45-46), 그렇지 않으면 그들의 조상들이 경험한 것처럼 쇠잔하게 될 것이다(레 26:39). 하나님은 사람이 성별하여 하나님께 드림이 되고자 하면 각자의 형편에 따라 값을 쳐서 드리도록 배려하신다(레 27:1-8). 그리고 하나님은 예물로 서원하는 제사를 드리는 방법도 제시해 주시고(레 27:9-13), 또한 자기 집을 성별할 경우와 자기 기업을 성별할 경우(레 27:14-20)의 방법을 알려 주신다. 그리고 하나님은 희년(the Year of Jubilee)을 어떻게 지켜야 할 지와 십분의 일이 여호와의 것임을 분명히 하시고(레 27:30-33) "이것은 여호와께서 시내산에서 이스라엘 자손을 위하여 모세에게 명령하신 계명이니라"(레 27:34)라는 말씀으로 레위기를 마무리한다.

신약 성도들은 레위기의 의식법과 명령을 어떻게 받아 들여야 하는가?

   레위기는 성경의 일부이고 영감된 정확무오한 하나님의 말씀이다. 신약 성도들은 레위기의 의식들을 하나님의 말씀으로 읽으면서도 그 의식들을 실제로 지키지 않고 신앙생활을 한다. 그렇다면 레위기의 의식과 명령들은 신약 성도들에게 어떤 의미로 적용되는가?

   첫째, 신약 성도들은 레위기의 의식과 명령들이 장차 오실 메시야를 바라보게 하고 그리스도께서 완성하신 속죄를 예표하고 있음을 알아야 한다(히 8:5; 9:1-14, 24-28; 10:1-14). 그러므로 신약 성도들은 그리스도께서 십자가의 죽음을 통해 레위기의 제사 제도를 온전하게 완성하셨기 때문에 더 이상 레위기의 제사 의식을 지킬 필요가 없다. 하지만 신약 성도들이 레위기를 연구하는 것은 대단히 중요하다. 왜냐하면 레위기를 연구함으로 신약 성도들은 그리스도의 사역이 어떻게 하나님의 백성을 구원하셨는지 알 수 있기 때문이다. 그리고 신약 성도들은 레위기의 제사 제도의 다양한 의미를 통해 그리스도의 구속 사역의 여러 의미를 깨달을 수 있기 때문이다. 레위기가 없으면 그리스도의 구속 사역의 깊이를 깨달을 수 없으므로 레위기는 성경의 한 책으로 대단히 중요하며 또한 계속적으로 연구되어야 한다.

   둘째, 레위기의 성결 규칙은 언약 공동체 안에서 하나님의 백성들이 어떻게 살아야 할 것인지를 가르쳐 준다(레 17장-27장). 구약의 언약 공동체에 속한 하나님의 백성은 "내가 거룩하니 너희도 거룩할지어다"(레 11:45)라는 말씀처럼 거룩하게 살아야 한다. 마찬가지로 신약의 교회 공동체에 속해 있는 성도들은 하나님이 거룩하신 것처럼 거룩한 삶을 살아야 한다(벧전 1:16). 사실상 레위기의 성결 규칙은 신약의 도덕적 규칙을 함축하고 있다. 레위기의 도덕 규칙이 개인과 가정과 제사장과 정부에 적용된 것처럼, 신약 시대에도 같은 원리의 도덕 규칙이 개인과 가정과 교회와 정부에 적용되어야 한다. 구약의 율법은 하나님의 백성이 하나님과의 올바른 관계를 유지하기 위해 순종하는 법칙이 아니다. 오히려 구약의 율법은 하나님께서 그가 사랑하시고, 구원하셔서 믿음의 공동체, 성결의 공동체, 사랑의 공동체로 만드신 그의 백성을 보호하시고 유지하시기 위한 아버지의 마음을 담은 교훈이다.

4

민 수 기

Numbers | 총 36장

기록배경과 특징(B.C. 1446-1406)

민수기(Numbers)는 36장 1,288절로 구성되어 있다. 민수기는 이스라엘 백성이 출애굽 한 이후 시내산에서 부터 요단강 접경까지의 여정을 설명하고 있다. 민수기가 설명하는 여정은 애굽 땅에서 나온 후, 제 2년 2월 20일부터(민 10:11) 제 40년 11월(신 1:3)까지의 약 39년 동안의 광야 생활의 기간이다.[23] 민수기는 하나님이 아브라함(Abraham)에게 주셨던 약속을 서서히 성취하고 있음을 가르치고 있다. 아브라함의 후손들은 하나님의 백성으로 가나안(Canaan)을 점령하게 될 것이다. 여호와 하나님은 "낮에는 구름"으로 "밤이면 불"로 이스라엘 백성을 보호하시고 인도하신다(민 9:15-23). 민수기의 마지막 3장(34장-36장)은 이스라엘 백성들이 약속의 땅 가나안에 들어갈 준비를 마친 모습을 기록한다. 민수기는 하나님의 자비하심과 신실하심에 반하여 이스라엘의 반역과 불성실을 대조적으로 묘사한다(민 9:17; 11:1, 4-6; 13:1-14:45; 15:25-26; 20:1-13; 21:8-9). 하나님은 이스라엘 백성이 범죄하고 반역하면 그의 공의로 심판하시지만 이스라엘 백성이 회개하면 용서와 자비를 베푸시고 그들에게 소망을 주신다. 민수기도 다른 모세오경과 같이 모세의 생애의 마지막 40년 어간(B.C. 1446-1406)에 기록되었다.

---

23 See, Roland K. Harrison, *Introduction to the Old Testament* (Grand Rapids: Eerdmans, 1975), p. 614.

요약(A Summary of Numbers)

이스라엘 중 20세 이상으로 전쟁에서 싸울 수 있는 사람들을 각 지파대로 정리하였다. 그 결과 전체 총수는 603,550명으로 계산되었다(민 1:46). 그리고 이 단락 안에 이스라엘 자손을 축복하는 내용이 포함되어 있는데 흔히 이 내용이 신약시대 예배의 축도로 사용되기도 한다. "여호와는 네게 복을 주시고 너를 지키시기를 원하며 여호와는 그의 얼굴을 네게 비추사 은혜 베푸시기를 원하며 여호와는 그 얼굴을 네게로 향하여 드사 평강 주시기를 원하노라"(민 6:24-26, 개역개정). 여호와의 명령에 따라 하루에 한 사람씩 제단에 봉헌물을 드리는데 첫째 날에는 유다 지파(the tribe of Judah)에서 드리고(민 7:12-17), 둘째 날에는 잇사갈 지파(the tribe of Issachar)에서 드리고(민 7:18-23), 셋째 날에는 스불론 지파(the tribe of Zebulun)에서(민 7:24-29), 넷째 날에는 르우벤 지파(the tribe of Reuben)에서(민 7:30-35), 다섯째 날에는 시므온 지파(the tribe of Simeon)에서(민 7:36-41), 여섯째 날에는 갓 지파(the tribe of Gad)에서(민 7:42-47), 일곱째 날에는 에브라임 지파(the tribe of Ephraim)에서(민 7:48-53), 여덟째 날에는 므낫세 지파(the tribe of Manasseh)에서(민 7:54-59), 아홉째 날에는 베냐민 지파(the tribe of Benjamin)에서(민 7:60-65), 열째 날에는 단 지파(the tribe of Dan)에서(민 7:66-71), 열한째 날에는 아셀 지파(the tribe of Asher)에서(민 7:72-77), 열두째 날에는 납달리 지파(the tribe of Naphtali)에서 드린다(민 7:78-83). 흥미 있는 사실은 각 지파가 제단에 봉헌물을 바치는 것을 묘사할 때 성경은 각 지파에게 각각 5절씩 할애하여 묘사했다는 것이다.

본 단락 안에 포함된 중요한 사건 중의 하나는 모세가 12지파에서 선출된 정탐꾼들 르우벤(Reuben) 지파의 삼무아, 시므온(Simeon) 지파의 사밧, 유다(Judah) 지파의 갈렙, 잇사갈(Issachar) 지파의 이갈, 에브라임 (Ephraim) 지파의 호세아(여호수아), 베냐민(Benjamin) 지파의 발디, 스불론 (Zebulun) 지파의 갓디엘, 요셉(Joseph) 지파의 갓디, 단(Dan) 지파의 암미엘, 아셀(Asher) 지파의 스둘, 납달리(Naphtali) 지파의 나비, 갓(Gad) 지파의 그우엘 12명을 가나안 땅으로 보내 40일 동안 정탐하게 하는 것이다. 그런데 정탐한 결과를 보고하는 자리에서 유다 지파의 갈렙과 에브라임 지파의 여호수아를 제외하고 10명의 정탐꾼들이 가나안 땅에서 "네피림 후손인 아낙 자손의 거인들을 보았나니 우리는 스스로 보기에도 메뚜기 같으니"(민 13:33, 개역개정)라고 말하면서 가나안 정복을 반대하였다(민 13:1-33). 이에 여호와께서 "너희는 그 땅을 정탐한 날 수인 사십 일의 하루를 일 년으로 쳐서 그 사십 년간 너희의 죄악을 담당할지니 너희는 그제서야 내가 싫어하면 어떻게 되는지를 알리라"(민 14:34, 개역개정)고 말씀하셨다. 바로 이 이유 때문에 출애굽 한 이스라엘 백성이 40년간 광야 생활을 시작한다.

본 단락에서는 발람(Balaam)과 그의 예언에 관한 이야기가 포함되어 있다(민 22장-24장). 발람의 역사성은 신약의 베드로후서 2:15, 유다서 2, 요한계시록 2:14에 의해 확증된다. 민수기 22장은 여호와께서 나귀의 입을 통해 발람을 책망하는 이야기를 전한다(민 22:21-35). 민수기 23

장은 발람의 첫 번째, 두 번째, 세 번째의 예언이 실려 있다(민 23:1-30). 민수기 24장은 발람의 마지막 예언이 실려 있는데 발람은 "발락이 그 집에 가득한 은금을 내게 줄지라도 나는 여호와의 말씀을 어기고 선 악 간에 내 마음대로 행하지 못하고 여호와께서 말씀하신 대로 말하리 라"(민 24:13)고 선언한 내용이 나온다. 민수기 25장은 브올(Peor)에서 이 스라엘 백성이 바알(Baal)에게 제사하고 음행함으로 하나님이 24,000명 을 염병으로 죽이시는 기록이 나온다(민 25:1-9). 민수기 26장에 두 번째 인구 조사가 포함되어 있다(민 26:1-65). 이스라엘 자손의 계수된 자가 601,730명이었다(민 26:51). 특히 민수기 26:63-65은 민수기 14:29-30 의 성취로 여분네(Jephunneh)의 아들 갈렙(Caleb)과 눈(Nun)의 아들 여호 수아(Joshua) 외에는 20세 이상 계수된 자가 모두 광야에서 죽었음을 분 명히 한다(참조. 민 32:11-12). 민수기 27장은 모세가 자신의 후계자로 여 호수아를 세운 이야기(민 27:12-23)가 기록되어 있다. 민수기 28장은 안 식일에 바칠 제물을 설명하고(민 28:9-10), 유월절과 칠칠절을 어떻게 지 킬 것을 가르쳐 주신다(민 28:16-31). 민수기 29장에는 속죄일과 장막절 을 지키는 규례를 설명하고 있다(민 29:7-40). 민수기 30장은 여호와께 서원한 것은 반드시 지켜야 할 것을 가르치신다(민 30:1-16). 민수기 31 장은 이스라엘의 각 지파에서 1,000명씩 택하여 12,000명을 무장시켜 미디안을 치는 이야기(민 31:1-12)가 나온다. 민수기 32장은 르우벤 자 손과 갓 자손이 요단강 동쪽 땅을 기업으로 받기 위해 모세에게 요청 하자 모세는 그 요청을 허락하지만(민 32:22) 먼저 르우벤 자손과 갓 자 손이 다른 지파들이 기업을 확정받을 때까지 함께 싸워야 할 것을 말 한다(민 32:1-42). 민수기 33장은 이스라엘 백성이 출애굽 한 후 가나안 땅에 들어가기 전까지 어떤 경로로 진군하였는지를 보여 주는 내용이 포함되어 있다(민 33:5-49). 여호와 하나님은 가나안 땅의 경계를 정해 주시고(민 34:1-12), 레위 사람들에게 준 성읍들에 관해 설명하시고(민 35:1-8), 부지중에 살인한 자가 피할 수 있도록 도피성을 마련해 주신다(민 35:9-15). 그리고 민수기 36장은 시집 간 여자들의 유산을 어떻게 나누어 줄 것인지를 가르쳐 주는 내용이 기록되어 있다(민 36:1-12).

5

신명기

Deuteronomy | 총 34장

기록배경과 특징(B.C. 1446-1406)

신명기(Deuteronomy)는 34장 958절로 구성되어 있다. 신명기 1:5절
은 이스라엘 백성이 출애굽한 후 광야 생활 40년을 지나 모압(Moab)평
지에 도착했을 때 모세(Moses)가 B.C. 1406년에 신명기의 내용을 언약
갱신의 기록으로 선포한 사실을 증언한다. B.C. 1406년은 출애굽 연대
를 B.C. 1446년으로 생각하고 거기에서 40년을 뺀 것이다. 신명기의
모세 저작설은 신명기 자체가 증거하며(신 1:5; 31:9, 22, 24), 구약 성경의
다른 책들도 증거하고(왕상 2:3; 8:53; 왕하 14:6; 18:6, 12), 예수님도 증거하
며(마 19:7-8; 막 10:3-5; 12:19; 요 5:46-47), 베드로(Peter)도 증거하고(행 3:22-
23), 스데반(Stephen)도 증거하며(행 7:37-38), 히브리서 기자도 증거하고
(히 10:28), 바울(Paul)도 증거한다(롬 10:19; 고전 9:9). 그러므로 신명기의 저
자를 모세라고 말할 수 있다. 그러나 신명기 마지막 장인 34장에 모세
의 죽음에 대한 기록이 나타나는 것으로 보아 모세가 직접 쓴 것이라
고는 볼 수 없다. 따라서 신명기 내에 후대의 기록이 있음을 인정하면
서 모세의 저작을 받아들여 소위 "본질적 모세 저작설"(essential Mosaic
authorship)을 인정하는 것이 바르다.[24]

신명기는 다른 모세오경과 같이 모세의 생애 마지막 40년 어간에
기록되었다. 특히 신명기는 신명기 1:1이 전하는 것처럼 120세 된 지
도자 모세가 약속의 땅에 들어가기 전 광야에서 약속의 땅을 소유하
게 될 이스라엘 백성에게 "선포한 말씀"(These are the words)이다. 하나
님은 모세에게 약속의 땅에 들어가는 것을 허락하지 않으셨다(신 1:37;
34:4-6). 신명기는 많은 분량의 법률적 내용을 담고 있으나 이 법률적

---

24 성주진,「사랑의 마그나카르타」, (수원: 합동신학대학원출판부, 2005), pp. 20-21.

내용은 제사장들에게 전하는 내용이라기보다는 일반 백성들에게 전하는 내용이다. 신명기는 주로 출애굽기, 레위기, 민수기에 기록된 중요한 율법들을 응용하거나 확대해서 기록한 것으로 이스라엘 백성들을 재교육하기 위한 것이다. 모세는 죽음을 앞에 두고 하나님께서 선택한 백성인 이스라엘의 특권과 의무를 설명하고 있으며, 우상숭배가 만연한 가나안 땅에서 이스라엘이 하나님의 백성으로 어떻게 살아가야 하는지를 제반 율법을 사용하여 교훈하고 있다.[25] 신명기는 "하나님이 이스라엘을 얼마나 사랑하셨는지를 기록하고 논증하는 구약의 복음서이다. 신명기가 제시하는 신적 사랑의 대표적 증거 또는 결과는 선택과 출애굽과 율법과 언약이다."[26]

신명기는 출애굽기 2장에 언급된 모세의 출생으로부터(출 2:1-10) 시작하여 신명기 34장 모세의 죽음에(신 34:1-8) 이르기까지 모세의 생애와 행적을 기록한 마지막 책이라고 할 수 있다. 신명기는 출애굽기, 레위기, 민수기에서처럼 하나님이 율법을 주시고 그 율법에 따라 하나님의 백성이 의롭게 살아야 할 것을 요청한다는 점에서 출애굽기, 레위기, 민수기와 같은 점도 있지만, 반면 출애굽기, 레위기, 민수기에서는 "여호와께서 모세에게 이르시되"라는 표현을 사용하여 율법을 주시고 말하는 분이 여호와 하나님임을 분명히 하지만, 신명기에서는 "모세가 이스라엘 자손에게 선포한 이"라는 표현을 사용하여 모세가 여호와의 말씀을 의존하여 하나님의 백성에게 하나님과의 언약을 성실하게 지킬 것을 강력하게 호소하고 있는 점이 출애굽기, 레위기, 민수기와는 다른 점이다.

---

25 참조, 정규남, 「구약개론」, (서울: 개혁주의신행협회, 1985), pp. 184-185.

26 성주진, 「사랑의 마그나카르타」, 2005, p. 38.

요약(A Summary of Deuteronomy)

역사에 개입하신 하나님의 행위(신명기 1:1-4:43 The Acts of God in History)

하나님이 이스라엘 백성을 호렙(Horeb) 산에서 가데스 바네아(Kadesh Barnea)까지 인도하신 내용과 가데스 바네아에서 열두 정탐꾼을 가나안에 들여보낸 사실을 다시 설명한다(신 1:19-46). 하나님이 갈렙(Caleb)과 여호수아(Joshua)는 온전히 여호와께 순종하였으므로 약속의 땅을 밟을 것이지만 다른 사람들은 약속의 땅에 들어가지 못할 것이라고 말씀하신다(신 1:36-38). 결국 이스라엘 백성은 광야 길로 40년의 고난과 고통의 생활을 이어가야 했다(신 2:7; 8:2; 29:5).

하나님의 율법(신명기 4:44-26:19 The Law of God)

본 단락에서는 모세가 이스라엘 백성들에게 선포한 율법으로 십계명(신 5:6-21)과, 정한 짐승과 부정한 짐승(신 14:3-21)에 대한 규례와, 십일조의 규례(신 14:22-29)와, 종을 대우하는 법(신 15:12-18)과, 유월절(Passover), 칠칠절(the Feast of Weeks), 초막절(Tabernacles)(신 16:1-17)에 관한 규례와, 도피성 설립(신 19:1-13)과, 순결에 관한 법(신 22:13-21), 그리고 죽은 형제에 대한 의무(신 25:5-10) 등이 설명되어 있다. 율법은 이스라엘 백성을 향한 하나님의 사랑의 표현이기 때문에 율법은 그 사랑에 대한 반응을 요구한다(신 6:4-5). 여호와께서 이스라엘을 택하신 이유는 이스라엘이 강하기 때문도 아니요 민족의 숫자가 많기 때문도 아니며 오로지 여호와께서 이스라엘을 사랑하시기 때문이다(신 7:7-8).

본 단락은 하나님의 언약에 순종하면 복을 받고(신 28:1-19) 불순종하면 저주를 받는다(신 28:20-57)고 재확인한다. 본 단락은 복을 강조하기보다 저주를 더 강조한다. 그리고 저주는 언급된 각 주제에 대한 경고의 말씀으로 사용한다.[27] 신명기 29장과 30장은 이스라엘 백성이 하나님과 호렙산에서 세운 언약을 모세가 다시 선포한 내용이다(신 29:1-29; 30:1-20). 신명기는 언약의 논리를 근거로 이스라엘 백성의 충성과 사랑을 요구한다. 그러므로 신명기는 하나님의 선행하는 은혜를 먼저 말하고 이에 근거하여 순종을 요구하는 설득의 논리구조가 많이 사용 된다.[28]

본 단락은 120세가 된 모세가 여호수아를 후계자로 세우고 여호와로부터 마지막 지시를 받는 내용이 기록되어 있다(신 31:1-23). 모세는 여호와 하나님의 예고처럼 약속의 땅을 비스가 산 꼭대기(the top of Pisgah)에서 바라볼 수는 있었지만 들어갈 수는 없었다(신 3:27; 32:52; 34:4-5). 그리고 모세의 노래가 이 단락 안에 실려 있다(신 32:1-43). 이 단락은 모세가 마지막으로 각 지파에 대해 축복하고(신 33:1-29) 모세의 죽음과 매장에 관한 내용으로 끝을 맺는다(신 34:5-8). 신명기는 "모세와 같은 선지자가 일어나지 못하였나니 모세는 여호와께서 대면하여 아시던

---

27 P.C. Craigie, *The Book of Deuteronomy*(*NICOT*) (Grand Rapids: Eerdmans, 1976), p. 43.

28 성주진, 「사랑의 마그나카르타」, p. 289.

자요"(신 34:10, 개역개정)라는 말로 마무리를 한다.

6

여호수아

Joshua | 총 24장

기록배경과 특징(B.C. 1406-1380)

여호수아(Joshua)는 24장 658절로 되어 있다. 여호수아는 모세가 죽을 때(B.C. 1406) 대략 84세쯤 된 것으로 추정된다. 이스라엘 백성이 가나안에 들어간 후 갈렙(Caleb)이 헤브론(Hebron)을 기업으로 받을 때의 나이가 83세였다(수 14:10)는 것을 감안하면 어느 정도 개연성이 있다. 그리고 여호수아가 가나안 땅을 정복하는 기간이 대략 26년 동안인데 여호수아가 110세에 죽었으니 여호수아의 나이를 역산(逆算)하면 가나안 정복 시작할 때 대략 84세 정도로 추정된다. 여호수아서는 유대인의 전승이 여호수아의 죽음 이후의 기록을 제외하고 대부분의 내용을 여호수아가 기록한 것으로 인정한다. 또한 여호수아서는 여호수아가 직접 기록한 사실을 증거기도 한다(수 8:32; 24:26). 그러므로 여호수아가 여호수아서의 저자라고 해서 크게 잘못이 없다.

여호수아서는 이스라엘 백성이 요단강을 건넜던 때부터 여호수아가 110세에 죽을 때까지(수 24:29)의 이스라엘 역사를 기록하고 있다. 여호수아서의 전반부(수 1장-12장)는 약속의 땅을 정복하는 과정을 묘사하고, 후반부(수 13장-24장)는 약속의 땅에서의 정착을 다룬다. 여호수아서 후반부는 이스라엘의 열두 지파가 가나안 땅을 어떻게 분배 받고 정착해 나가는지를 기록한다. 여호수아는 이스라엘 백성들에게 하나님을 순종하면 형통하고 복을 받지만, 불순종하면 반드시 벌을 받게 될 것임을 확실히 한다.

참고로 열두 지파는 1. 르우벤, 2. 시므온, 3. 레위, 4. 유다, 5. 단, 6. 납달리, 7. 갓, 8. 아셀, 9. 잇사갈, 10. 스불론, 11. 요셉(에브라임과 므낫세), 12. 베냐민 족속이다. 각 지파의 유명한 후손들은 레위(Levi) 지파의 아론, 모세, 엘리, 에스라, 세례 요한이 있고, 유다(Judah) 지파에 갈렙, 다윗, 솔로몬, 예수님이 있다. 단(Dan) 지파에는 삼손이 있고, 납달리(Naphtali) 지파에는 발락(Balak)이 있으며, 아셀(Asher) 지파에는 안나가 있다. 요셉(Joseph) 지파에는 여호수아, 기드온, 사무엘이 있고, 베냐민(Benjamin) 지파에는 사울, 에스더, 바울(사울)이 있다.

요약(A Summary of Joshua)

약속의 땅의 정복(여호수아 1장-12장 The Occupation of the Promised Land)

요단을 건너기 위한 준비(여호수아 1:1-18 The Preparation for the Jordan Crossing)

모세가 죽은 후에 여호와께서 여호수아에게 요단강을 건너 가나안 땅을 정복할 것을 명령하시면서 "강하고 담대하라 두려워하지 말며 놀라지 말라 네가 어디로 가든지 네 하나님 여호와가 너와 함께 하느니라"(수 1:9, 개역개정)고 약속하신다.

여리고로 정탐꾼 파송과 라합(여호수아 2:1-24 The Israelite Spies and Rahab)

여호수아가 싯딤(Shittim: Acacia Grove)에서 정탐꾼 두 사람을 여리고(Jericho)에 보내 정탐하게 하는데 두 정탐꾼이 위험에 노출되자 기생 라합(Rahab)이 그들을 구해주는 이야기가 나온다(수 2:1-7). 라합은 여리고 왕의 사람들을 따돌린 후에 정탐꾼을 성벽에서 줄로 달아내려 그들을 도망치게 한다. 정탐꾼들은 라합에게 "우리가 이 땅에 들어 올 때에 우리를 달아내린 창문에 이 붉은 줄을 매고 네 부모와 형제와 네 아버지의 가족을 다 네 집에 모으라"(수 2:18, 개역개정)고 라합의 식구들을 보호할 것을 약속한다.

요단강을 건넘(여호수아 3:1-5:1 Crossing the Jordan)

여호수아와 이스라엘 백성이 싯딤에서 떠나 요단강에 이르러 요단강을 건널 준비를 한다(수 3:1-6). 이스라엘 백성은 가나안 일곱 족속인 가나안 족속(the Canaanites), 헷 족속(the Hittites), 히위 족속(the Hivites), 브리스 족속(the Perizzites), 기르가스 족속(the Girgashites), 아모리 족속(the Amorites), 여부스 족속(the Jebusites)을 반드시 쫓아내야한다(수 3:10). 이스라엘의 제사장들이 언약궤(the ark of the covenant)를 메고 그들의 발을 요단강에 넣자 요단강이 갈라져 모든 백성이 요단의 마른 땅으로 건너갔다(수 3:15-17). 이스라엘 백성은 요단강을 건넌 후에 각 지파를 대표하는 돌 열 두개를 택하여 길갈(Gilgal)에 기념비로 세웠다(수 4:19-20).

할례와 유월절 의식(여호수아 5:2-12 Circumcision at Gilgal and the Passover)

이스라엘 백성이 길갈에서 할례를 받는다(수 5:9). 그 이유는 이스라엘 백성 중 애굽에서 나온 사람들은 할례(circumcision)를 이미 받았으나 애굽에서 나온 후 광야 길에서 태어난 자는 할례를 받지 못하였기 때문이다(수 5:5).

여리고 성 점령(여호수아 5:13-6:27 The Fall of Jericho)

본 단락은 이스라엘 백성이 처음 성인 여리고 성을 점령하는 기사가 나온다. 여리고 성 점령은 전쟁의 방법이 아니요 하나님이 간섭하는 방법으로 점령한다. 하나님이 개입하시지 않았다면 도저히 불가능했을 방법으로 여리고 성은 점령된다. 이스라엘의 군사는 매일 한 번씩 성을 돌되 엿새 동안을 그렇게 하고 일곱째 날에는 그 성을 일곱 번 돌며 그 제사장은 나팔을 불 것이며 백성은 모두 큰 소리로 외쳐 불렀다(수 6:3-4). 결국 여리고 성은 쉽게 점령되고 두 정탐꾼을 살린 라합과 그 가족은 보호함을 받는다(수 6:22-25).

아이 성 공격의 실패와 성공(여호수아 7:1-8:29 Israel defeated by Ai and Ai destroyed)

여리고 성을 쉽게 점령한 이스라엘 백성들이 여호와께 구별된 물건에 손을 대지 말라는 명령을(수 6:18-21) 따르지 않는다. 갈미(Carmi)의 아들 아간(Achan)이 외투 한 벌과 은 이백 세겔과 오십 세겔 되는 금덩이 하나를 보고 탐내어 가져갔다(수 7:20-21). 결국 아간과 그가 훔친 물건들을 아골 골짜기에서 태운다(수 7:24-26). 이와 같이 그들의 죄 문제를 해결한 이스라엘 백성이 결국 아이(Ai) 성을 점령하게 된다(수 8:24-29).

에발산에서의 언약(여호수아 8:30-35 The Covenant Renewal at Mt. Ebal)

이스라엘의 모든 백성은 이방인을 포함하여 여호와의 언약궤를 멘 레위 사람 제사장들 앞에서 언약궤의 좌우에 서되 절반은 그리심(Gerizim)산 앞에, 절반은 에발(Ebal)산 앞에 섰다. 이전에 모세(Moses)는 백성을 축복하기 위해서는 그리심산에 세우고, 백성을 저주하기 위해서는 에발산에 세웠다(신 27:12-13). 여호수아도 에발산에 한 제단을 쌓고 여호와께 번제물과 화목제물을 드렸고, 그리심산에서는 이스라엘 백성을 축복했다. 성경은 "여호수아가 율법 책에 기록된 대로 축복과 저주하는 율법의 모든 말씀을 낭독했다"(수 8:34)고 전한다.

기브온(Gibeon) 주민들이 여호수아가 여리고와 아이를 점령한 사실을 듣고 자신들이 마치 먼 나라에서 온 것처럼 여호수아를 속인다(수 9:3-6). 이런 사실을 모르고 여호수아는 여호와께 묻지 아니하고 그들과 화친 조약(peace covenant)을 맺고 그들을 살리기로 한다(수 9:14-15). 결국 그들은 나무를 패며 물을 긷는 종이 되었다(수 9:21-23). 그런데 아모리(the Amorites) 족속의 다섯 왕, 곧 예루살렘(Jerusalem) 왕과 헤브론(Hebron) 왕과 야르뭇(Jarmuth) 왕과 라기스(Lachish) 왕과 에글론(Eglon) 왕이 기브온을 치려할 때 여호수아는 기브온과 화친 조약을 맺었기 때문에 기브온 주민들을 구하고 다섯 왕을 쳐 죽인다(수 10:26). 여호수아가 아모리 사람을 칠 때 더 많은 시간이 필요하여 "태양아 너는 기브온 위에 머무르라 달아 너도 아얄론(Aijalon) 골짜기에서 그리할지어다"(수 10:12)라고 말하매 진정으로 태양이 머물고 달이 멈추어 이스라엘 백성이 그 대적에게 원수를 갚기까지 하였다(수 10:13).

여호수아는 계속해서 막게다(Makkedah)를 취하고, 립나(Libnah)와 라기스(Lachish)와 에글론(Eglon)과 헤브론(Hebron)과 드빌(Debir)과 가데스바네아(Kadesh Barnea)에서 가사(Gaza)까지와 온 고센(Goshen) 땅을 취하였다(수 10:28-43). 여호수아가 이렇게 승리할 수 있었던 것은 "여호와께서 이스라엘을 위하여 싸우셨기"(수 10:42) 때문이다.

여호수아가 북쪽 지역에 위치한 하솔(Hazor) 왕이 이스라엘과 싸우려고 메롬(Merom) 물가에 진을 치자 여호수아가 그들을 무찌르고 하솔을 불로 태웠다(수 11:1, 5, 10-11). 여호와께서 그들을 이스라엘의 손에 넘겨주셨기 때문에 그들을 격파할 수 있었다(수 11:8). 여호와 하나님은 모세에게 명령하고, 모세는 여호수아에게 명령하였고, 여호수아는 그대로 행하여 여호와께서 모세에게 명하신 모든 것을 다 이루셨다(수 11:15).

여호수아는 지금까지 정복한 지역을 요약하고 그가 정복한 왕들의 이름을 열거한다(수 12:7-24). 여호수아가 점령한 지역은 실로 광범위한 땅이었고 이스라엘 자손과 화친한 기브온 주민 히위 족속 외에는 모든 족속의 왕들을 정복했다. 여호수아가 정복한 왕은 모두 서른 한 명의 왕이었다(수 12:24). 히위 족속이 이스라엘과 화친을 맺은 것은 여호와 하나님이 이스라엘을 통해 놀랄만한 일들을 행하신 사실을 미리 듣고 이스라엘 백성을 두려워한 나머지 자신들은 이스라엘의 공격 대상이 아니요 먼 지역에서 왔다고 이스라엘 백성을 속이고 여호수아를 속여 여호수아의 화친 조약을 받아 냈기 때문이다(수 9:3-15). 여호수아는 이 일을 여호와께 묻지 아니하고 그들을 살리겠다고 히위 족속과 화친 조약을 맺었다(수 9:14-15). 여호수아가 후에 히위 족속을 점령하지 아니한 것은 비록 거짓으로 맺어진 조약이지만 이 화친 조약을 지키기 위한 것이었다(수 11:19).

약속의 땅에서의 정착(여호수아 13장-24장 The Settlement in the Promised Land)

각 지파에게 땅을 분배(여호수아 13:1-19:51 The Division of the Land to Each Tribe)

여호수아가 나이가 많아 늙었을 때 여호와께서 땅의 분배를 명령하신다(수 13:1). 므낫세 반 지파(the half tribe of the Manasseh)와 함께 르우벤 족속(the tribe of Reubenites)과 갓 족속(the Gadites)은 요단 저편 동쪽에서 모세로부터 그들의 기업을 받았다(수 13:8). 여호수아 13장의 나머지 부분은 르우벤 자손이 모세로부터 받은 기업의 내용(수 13:15-23), 갓 자손이 모세로부터 받은 기업의 내용(수 13:24-28), 므낫세 반 지파가 모세로부터 받은 기업의 내용(수 13:29-33)이 설명되어 있다. 하지만 레위(Levi) 지파는 여호수아로부터 기업을 받지 못했다(수 13:14)고 말한다. 여호수아 14장은 요단 서쪽 기업의 분배가 설명되어 있는데 갈렙(Caleb)이 헤브론을 기업으로 받은 내용(수 14:6-15)이 기록되어 있으며, 여호수아 15장은 유다(Judah) 자손이 받은 기업의 내용(수 15:1-12: 20-63)이 기록되어 있으며, 여호수아 16장과 17장은 에브라임(Ephraim) 자손이 받은 기업(수 16:5-10)과 므낫세(Manasseh) 자손이 받은 요단강 서쪽 지역의 기업(수 17:1-13)이 기록되어 있다. 여호수아 18장은 레위 지파에게 기업이 없음을 다시 확인하고(수 18:7), 베냐민(Benjamin) 자손이 받은 기업(수 18:11-28)의 내용이 기록되어 있다. 그리고 여호수아 19장은 시므온(Simeon) 자손이 받은 기업(수 19:1-9), 스불론(Zebulun) 자손이 받은 기업(수 19:10-16), 잇사갈(Issachar) 자손이 받은 기업(수 19:17-23), 아셀((Asher) 자손이 받은 기업(수 19:24-31), 납달리(Naphtali) 자손이 받은 기업(수 19:32-39), 단(Dan) 자손이 받은 기업(수 19:40-48)의 내용이 기록되어 있다.

도피성의 지정과 레위지파에게 분배된 성읍(여호수아 20:1-21:45 Towns for the Levites)

여호와께서 부지 중에 일어난 사건에 대해 피의 보복이 일어나지 않도록 하기 위해 도피성(city of refuge)을 정할 것을 명령한다(수 20:1-9). 여호수아 21장은 레위 사람들이 이스라엘 자손의 기업 중에서 받은 성읍이 기록되어 있다(수 21:1-42).

요단강 저편으로 건너 간 지파(여호수아 22:1-34 Eastern Jordan Tribes Return Home)

여호수아가 요단강 동쪽 지역을 모세로부터 기업으로 받았으나 요단강 서쪽까지 다른 지파들과 함께 건너와서 땅의 정복을 도운 르우벤 사람과 갓 사람과 므낫세 반 지파를 요단강 동쪽으로 보낸다(수 22:1-9). 세 지파가 가나안 땅의 요단 언덕 가에 제단을 쌓는데 그 이유는 요단 서쪽에 거주하는 이스라엘 자손이 요단 동쪽에 거주하는 지파의 후손들에게 "너희가 이스라엘 하나님 여호와와 무슨 상관이 있느냐"(수 22:24)라는 말을 하지 못하게 하기 위해서였다.

여호수아의 마지막 날들(여호수아 23:1-24:28 Joshua's Farewell to the Leaders)

여호수아가 나이 많아 늙었다(수 23:1). 여호수아는 이스라엘 백성들에게 여호와 하나님의 하신 일들을 목격했으니 우상을 섬기지 말고 오직 여호와만 섬기라고 권면한다(수 23:5-8). 여호수아는 이스라엘 백성들에게 "너희가 섬길 자를 오늘 택하라 오직 나와 내 집은 여호와를 섬기겠노라"(수 24:13)라고 분명히 천명한다.

여호수아의 죽음(여호수아 24:29-31 Joshua Died at the Age of 110)

여호수아는 110세에 죽는다(수 24:29). 성경은 "이스라엘이 여호수아가 사는 날 동안과 여호수아 뒤에 생존한 장로들 곧 여호와께서 이스라엘을 위하여 행하신 모든 일을 아는 자들이 사는 날 동안 여호와를 섬겼더라"(수 24:31, 개역개정)라고 여호수아의 삶의 진수를 드러낸다.

요셉의 뼈와 엘르아살의 매장(여호수아 24:32-33 Burial of Joseph at Shechem and Eleazar)

이스라엘 자손이 애굽에서 가져온 요셉(Joseph)의 뼈를 세겜에 장사한다(수 24:32). 그리고 아론(Aaron)의 아들 엘르아살(Eleazar)도 죽으매 그의 아들 비느하스(Phinehas)가 에브라임 산지에서 받은 산에 장사한다(수 24:33).

여호수아의 가나안 정복(Conquer of Canaan)과 사사 시대

B.C. 1406 여호수아의 가나안 정복(B.C. 1406-1380)은 약 26년간 지속

B.C. 1380경 여호수아 사망 성경은 "이 일 후에 여호와의 종 눈(Nun)의
아들 여호수아가 110세에 죽으매"(수 24:29)라고 기록한다.

B.C. 1380-1050 사사 시대(Era of Judges) 사사 시대는 약 330년간 지속
된다. 사사들 (Judges)의 이름은 옷니엘(Othniel), 에훗(Ehud), 삼갈
(Shamgar), 드보라(Deborah), 기드온(Gideon), 돌라(Tola), 야일(Jair), 입다
(Jephthah), 입산(Ibzan), 엘론(Elon), 압돈(Abdon), 삼손(Samson)이다.

B.C. 1209-1169년 사사 드보라의 활동(Activities of Deborah) 기간

B.C. 1162-1122년 사사 기드온의 활동(Activities of Gideon) 기간

B.C. 1105 사무엘 출생 Birth of Samuel(삼상 1:1-28). 사무엘이 죽을 때
는 사울(Saul) 왕이 아직 살아 있을 때(삼상 25:1)이기 때문에 사무엘
이 죽을 때의 연도는 대략 B.C. 1015년으로 추정된다. 그렇다면 사
무엘은 대략 90세를 향수한 셈이다. 사무엘 말년에 이스라엘 백성
이 "당신은 늙고 당신의 아들들은 당신의 행위를 따르지 아니하니
모든 나라와 같이 우리에게 왕을 세워 우리를 다스리게 하소서"(삼
상 8:5, 개역개정)라고 요구하자 사무엘이 여호와께 기도하매 여호와께
서 왕의 제도를 허락하신다(삼상 8:6-9).

7

사사기

Judges | 총 21장

사사기(Judges)는 21장 618절로 구성되어 있다. 사사기의 기록 장소는 약속의 땅 가나안이다. 유대 탈무드는 사무엘을 저자로 지목하지만 사실상 저자는 누구인지 확실하지 않다. 여호수아(Joshua)가 가나안을 정복할 때 가나안 땅에는 일곱 족속이 살고 있었다. 그들은 가나안 족속(Canaanites), 헷 족속(Hittites), 히위 족속(Hivites), 브리스 족속(Perizzites), 기르가스 족속(Girgashites), 아모리 족속(Amorites), 그리고 여부스 족속(Jebusites)이었다(수 3:10). 하나님은 이스라엘 백성들에게 이들 일곱 족속을 가나안 땅에서 쫓아내라고 명령하셨다. 그런데 베냐민(Benjamin) 족속이 예루살렘에 거주하는 여부스 족속을 쫓아내지 못하고 함께 거주하게 되었다(삿 1:21). 그런데 다윗이 B.C. 1003년 예루살렘을 정복할 때 대부분의 여부스 족속은 예루살렘을 떠났지만(삼하 5:5-10) 일부 여부스 사람은 예루살렘을 떠나지 않고 남아 있었다(삼하 24:16). 이와 같은 기록들은 사사기가 다윗의 통치 기간(B.C. 1010-970) 동안에 기록되었음을 추정하게 한다.

이스라엘 백성이 약속의 땅 가나안에 거주하면서 하나님의 명령을 따르지 않고 배교의 길을 가곤하였다. 하나님은 이스라엘 백성에게 가나안 주민을 철저하게 쫓아내라고 명령했지만 이스라엘 백성은 그 명령을 실천하지 못했다(삿 1:27-36). 사사기의 핵심 내용으로 이스라엘의 불순종, 하나님의 심판, 이스라엘의 회개, 하나님의 자비 등 반복적인 역사가 기록되어 있다. 여호수아가 죽은(B.C. 1380) 이후 사사 시대는 "여호와를 알지 못하며 여호와께서 이스라엘을 위하여 행하신 일도 알지 못한"(삿 2:10) 세대였다. 한 마디로 사사 시대는 "이스라엘에 왕이 없었으므로 사람마다 자기 소견에 옳은 대로 행한"(삿 17:6; 21:25)

때였다.

사사들의 이름은 옷니엘(Othniel, 삿 3:9-10), 에훗(Ehud, 삿 3:15), 삼갈
(Shamgar, 삿 3:31), 드보라(Deborah, 삿 4:4), 기드온(Gideon, 삿 6:12), 돌라(Tola,
삿 10:1-2), 야일(Jair, 삿 10:3), 입다(Jephthah, 삿 12:7), 입산(Ibzan, 삿 12:8), 엘
론(Elon, 삿 12:11), 압돈(Abdon, 삿 12:13), 삼손(Samson, 삿 15:20; 16:31), 사무
엘(Samuel, 삼상 8:1 참조)등이다. 특히 사사들 중 드보라(삿 4:4-5:31), 기드
온(여룹바알, 삿 6:11-8:35), 입다(삿 11:1-12:7), 삼손(삿 13:1-16:31) 등의 활동
이 두드러지게 묘사된다. 사사기가 다루는 사건들은 대략 B.C. 1380-
1045년 사이에 일어난 것들로 여호수아의 사망에서 사무엘의 활동 기
간까지의 역사적 사건들이다. 모든 사사들이 이스라엘 전체를 동시에
다스린 것은 아니기 때문에, 어떤 사사의 다스리는 기간은 겹칠 수도
있다.

불완전한 정복과 배교(사사기 1:1-3:6 Incomplete Conquest of the Land and Apostasy)

첫 번째 사건 불완전한 정복(사사기 1:1-2:5 Incomplete Conquest)

여호수아가 죽은 후에(삿 1:1) 이스라엘의 각 지파들이 가나안 지역을 점령하지만 그들은 가나안 족속을 모두 쫓아내지 못한다(삿 1:27-36). 이에 여호와의 사자가 이스라엘 백성들에게 이스라엘 백성이 가나안 땅의 주민을 쫓아내지 아니하였으므로 그들이 "옆구리의 가시"처럼 이스라엘 백성들을 괴롭게 할 것이며, 그들의 신들이 이스라엘 백성에게 올무가 될 것이라고 선언하신다(삿 2:3).

두 번째 사건 여호수아의 사망(사사기 2:6-3:6 Death of Joshua)

본 구절은 여호수아가 110세에 죽은 것을 언급한다(삿 2:8). 이스라엘 백성은 참으로 변덕이 심한 족속이다. 여호수아가 살아 있을 때에 이스라엘 백성들은 "우리가 결단코 여호와를 버리지 아니하겠다"(수 24:16)고 약속했음에도 불구하고, 여호수아가 죽고 가나안 땅에 들어간 후에는 "이스라엘 자손이 여호와의 목전에 악을 행하여 바알들을 섬겼다"(삿 2:11). 여호와는 여호수아를 이은 지도자를 세우지 않고 사사들을 세우셔서 이스라엘을 지도하신다(삿 2:16-18).

배교와 압제와 구원(사사기 3:7-16:31 Apostasy, Oppression and Deliverance)

팔레스틴의 남부지역(사사기 3:7-31 Conditions on the Southern Part of Palestine)

사사 옷니엘(Othniel)이 이스라엘 족속을 40년 동안 다스리고(삿 3:7-11), 사사 에훗(Ehud)이 18년 동안 다스리며(삿 3:12-30), 그리고 사사 삼갈(Shamgar)이 에훗 이후 이스라엘을 다스렸다(삿 3:31).

사사 드보라의 활동과 노래(사사기 4:1-5:31 Activities and the Song of Deborah)

여선지자 드보라가 이스라엘의 사사가 된다(삿 4:4). 드보라는 여호와의 명령을 바락(Barak)에게 전하고 야빈(Jabin)의 군대 장관 시스라(Sisera)를 무찌를 것을 명령하고 바락은 여호와의 명령대로 시스라를 다볼산에서 만나 패퇴시킨다(삿 4:7-16). 시스라가 걸어서 도망하자 헤벨(Heber)의 아내 야엘(Jael)이 말뚝을 시스라의 관자놀이(temple)에 박으매 그가 기절하여 죽는다(삿 4:21). 사사기 5장은 드보라의 장편의 노래가 실려 있고 드보라가 사사로 있는 동안 "그 땅이 사십 년 동안 평온하였더라"(삿 5:31)라고 끝맺는다.

중부지역(사사기 6:1-10:5 Conditions on the Central Part of Palestine)

본 구절은 여룹바알(Jerubbaal)이라 불리는 기드온의 활동을 담고 있다. 여룹바알의 뜻은 기드온이 바알(Baal)의 제단을 파괴하였으므로 바알이 그와 더불어 다툴 것이라는 것이다(삿 6:32). 기드온(Gideon)이 300명의 용사로 수많은 미디안 사람들을 물리친 이야기(삿 7:1-25), 기드온

이 미디안의 왕들인 세바(Zebah)와 살문나(Zalmunna)를 물리친 이야기(삿 8:1-12)등이 본 구절에 수록되어 있다. 기드온이 사는 40년 동안 그 땅이 평온하였다(삿 8:28). 그리고 기드온(여룹바알)의 아들 아비멜렉(Abimelech) 이 형제 70명을 죽이고 왕이 된 이야기(삿 9:1-6)와 여룹바알의 막내아 들 요담(Jotham)이 살아남은 이야기(삿 9:5)와 요담이 그리심 산 꼭대기 에서 감람나무, 무화과나무, 포도나무, 가시나무의 비유를 선포한 이야 기(삿 9:7-21)가 본 구절에 담겨 있다. 그리고 아비멜렉이 다스린 지 3년 에 세겜 사람들이 반역함으로 아비멜레이 죽고(삿 9:22-57) 돌라(Tola)가 23년간 사사로 활동했고, 야일(Jair)이 22년 동안 사사로 활동한 내용이 기록되어 있다(삿 10:1-5).

동부 지역(사사기 10:6-12:15 Conditions on the Eastern Part of Palestine)

본 문단에는 6명의 사사가 등장한다. 그들은 돌라, 야일, 입다, 입 산, 엘론, 그리고 압돈이다. 그런데 다른 사사와 비교하여 사사 입다 (Jephthah)의 역할이 두드러지게 기록되어 있다. 사사기에서 입다의 역 할이 상세하게 묘사되지 않았더라면 신약의 히브리서 저자가 기드온, 바락, 삼손, 다윗, 사무엘과 함께 입다를 언급하지 않았을 것으로 예상 된다(히 11:32).

입다는 기생의 아들로 태어났다(삿 11:1). 암몬(Ammon) 자손이 이스 라엘과 싸울 때 길르앗(Gilead) 장로들이 입다에게 찾아와 길르앗 사람 들의 리더가 되어 싸워 줄 것을 간청한다(삿 11:4-11). 입다는 전쟁에서 승리한 후에도 계속 리더의 역할을 할 수 있다는 조건하에 암몬 자손 과 싸운다. 입다가 전쟁에 임할 때에 전쟁에서 승리하고 돌아올 때 누 구든지 자신을 제일 먼저 영접하는 자를 여호와께 번제물로 바치겠다는 서약을 한다(삿 11:31). 그런데 입다가 전쟁에서 승리하고 돌아올 때 처음으로 그를 영접한 사람은 다름 아닌 그의 무남독녀였다(삿 11:34-35). 입다가 그의 서약대로 그의 딸을 번제물로 바쳤느냐 아니면 그의 딸을 시집보내지 않고 처녀로 평생을 살게 했느냐에 대한 의견이 제시된다(삿 11:37-40 참조). 그 후 입다는 길르앗 사람들을 모으고 에브라임(Ephraim) 사람들과 싸워 승리한다. 이 싸움에서 길르앗 사람들이 에브라임 사람들보다 먼저 요단강 나루턱을 장악하고 에브라임 사람들이 도망려 할 때 길르앗 사람들은 에브라임 사람들을 분별하는 기준으로 "쉽볼렛"(Shibboleth)을 발음해 보라고 하고 그가 그 발음을 하지 못하고 십볼렛(Sibboleth)라고 발음하면 그가 에브라임 사람인 줄로 판단하여 죽였다(삿 12:6-7). 그래서 "쉽볼렛"은 상대방이 어떤 사람인지를 시험해 보는 암호의 말이란 뜻으로 사용되고 있다. 사사기 12:8-15 사이에 사사 입산(Ibzan)의 7년 동안의 활동, 사사 엘론(Elon)의 10년 동안의 활동, 사사 압돈(Abdon)의 팔년 동안의 활동이 기록되어 있다(삿 12:8-15).

서부지역(사사기 13:1-16:31 Conditions on the Western Part of Palestine)

본 단락은 사사 삼손의 활동을 기록한다. 이스라엘 백성이 여호와 앞에서 악을 행함으로 여호와께서 이스라엘을 40년 동안 블레셋(Philistines) 사람의 손에 넘기신다(삿 13:1). 이 시기에 단(Dan) 지파에 속한 마노아(Manoah)와 그의 아내 사이에 여호와의 간섭으로 나실인(Nazirite)으로 바쳐진 삼손(Samson)이 태어난다(삿 13:23-25). 사사기 14장은 삼손이 사자의 주검 속에 꿀이 있는 것을 근거로 수수께끼를 만들어 블레셋 청년들을 괴롭게 한 이야기(삿 14:11-18)를 전하며, 사사기 15

장은 삼손이 여우 삼백 마리의 꼬리와 꼬리를 붙들어 매고 홰(torch)를 달아 곡식과 포도원과 감람나무를 사르게 한 이야기(삿 15:3-6)와 또한 삼손이 나귀의 턱뼈로 천명을 죽인 이야기(삿 15:14-16)를 전한다. 사사기 16장에는 삼손과 들릴라(Delilah)의 이야기가 나온다. 삼손은 들릴라의 계책에 빠져 결국 두 눈을 실명했지만 다곤(Dagon) 신전을 파괴함으로 "삼손이 죽을 때에 죽인 자가 살았을 때에 죽인 자보다 더욱 많았다"(삿 16:30). 삼손은 이스라엘의 사사로 20년 동안 다스렸다(삿 16:31).

도덕적 무질서와 배교(사사기 17:1-21:25 Idolatry and Unfaithfulness of Israel)

첫 번째 에피소드(사사기 17:1-18:31 First Episode of Idolatry)

에브라임 사람 미가(Micah)가 제사장이 되는 이야기(삿 17:4-5)와 미가가 레위인을 구별하여 미가 집의 제사장으로 만든 이야기(삿 17:12)가 기록되어 있다. 사사기 18장에는 단 자손이 다섯 사람을 정탐꾼으로 삼아 라이스(Laish) 땅을 정탐하게 했는데 그들이 미가의 집에 있는 제사장이 된 레위인을 만난다. 다섯 사람이 그 레위인에게 묻되 "한 사람의 집의 제사장이 되는 것과 이스라엘의 한 지파 한 족속의 제사장이 되는 것 중에서 어느 것이 낫겠느냐"(삿 18:19)라고 말하자 그 레위인이 미가의 집을 떠나고 미가의 집에서 신상과 에봇과 드라빔을 훔쳐가지고 나온다(삿 18:14-26). 결국 단 자손 600명은 라이스를 점령하고 성읍을 세우고 거기에서 거주한다(삿 18:27-29).

베냐민에 속한 기브아(Gibeah)에서 그 성읍의 불량배들이 레위 사람의 첩을(삿 19:1) 능욕하고 죽이는 일이 벌어진다(삿 19:25-26). 레위 사람은 죽은 첩의 시체를 열두 덩이로 나누고 그것을 이스라엘 사방에 두루 보낸다(삿 19:29-30). 이 일로 인해 이스라엘 자손이 미스바(Mizpah)에 모여 의논할 때 죽은 첩의 남편인 레위 사람이 설명하기를 내가 베냐민에 속한 기브아에서 유숙할 때 기브아의 불량배들이 자신의 첩을 능욕하고 죽였다고 설명한다(삿 20:1-7). 결국 베냐민(Benjamin) 자손과 그 외의 이스라엘(Israel) 사람들이 전쟁을 시작하여 첫째 날 전쟁에는 이스라엘 자손이 베냐민 자손에게 패하여 이스라엘 자손 22,000명이 죽는다(삿 20:21). 전쟁에 패한 이스라엘 사람들이 통곡하면서 여호와께 물을 때 여호와께서 이스라엘 자손에게 베냐민 자손을 "올라가서 치라"(삿 20:23)고 하신다. 그러나 그 이튿날 전쟁에서도 베냐민 자손이 이스라엘 자손 18,000명을 죽이고(삿 20:25) 전쟁에서 승리한다. 이튿날 전쟁에서도 패한 이스라엘 족속이 "금식하고 번제와 화목제를 여호와 앞에 드리고"(삿 20:26) 여호와께 베냐민 족속과 싸워야 할지 아니면 싸우지 말아야 할지를 묻자 여호와께서 "올라가라 내일은 내가 그를 네 손에 넘겨주리라"(삿 20:28)고 약속하신다. 여호와의 약속대로 셋째 날 전쟁에서는 이스라엘 족속이 베냐민 족속을 모두 25,000명이나 죽였을 정도로 크게 승리한다(삿 20:46). 사사기 21장은 전쟁의 패배로 소멸될 상황에 처한 베냐민 지파를 복구하는 이야기를 기록하고 있다(삿 21:6-7, 20-23). 우리가 주목할 교훈은 사사기 마지막 절이 "그때에 이스라엘에 왕이 없으므로 사람이 각기 자기의 소견에 옳은 대로 행하였더라"(삿 21:25)라고 기록하고 있다는 사실이다.

8

룻기

Ruth | 총 4장

룻기(Ruth)는 4장 85절로 구성되어 있다. 룻기의 기록 장소는 유다이며, 핵심 용어들은 기업 무를 자, 조상, 자비, 순종, 그리고 복을 받음으로 정리할 수 있다. 룻기의 저작 시기는 다윗(David)의 통치 기간 중 (B.C. 1010-970) 어느 때로 추정할 수 있다. 룻기의 목적은 모압(Moab) 여인이 다윗 왕의 조상이 되었다는 것을 증거하며(룻 4:22: 참고, 마 1:5-6), 모압 여인 룻의 경건과 신실성을 통해 이스라엘 백성이 어떻게 살아야 할 것을 가르치고, 진정한 종교는 민족이라는 테두리의 한계를 초월하며 한 민족에 국한되지 않는다는 교훈을 가르친다.[29]

룻기에서 언급된 중요한 인물들은 엘리멜렉(Elimelech)과 그의 아내 나오미(Naomi), 그리고 두 며느리 오르바(Orpah)와 룻이며, 그들의 친족 보아스(Boaz)이다. 나오미가 두 며느리에게 "너희는 각기 너희 어머니의 집으로 돌아가라"(룻 1:8)고 했을 때 오르바는 안전(security)을 택했지만(룻 1:14), 룻은 가치(value)를 택했다(룻 1:16-18). 룻기는 보아스보다 먼저 나오미 가족의 기업을 무를 자가 있다고 말하지만 그의 이름은 밝히지 않는다(룻 4:1, 3, 6, 8). 그런데 그 기업 무를 자가 나오미의 남편 엘리멜렉의 소유 문제를 언급할 때는 "내가 무르리라"(룻 4:4)고 긍정적인 답을 했는데, 보아스가 기업을 무르기 위해서는 "네가 나오미의 손에서 그 밭을 사는 날에 곧 죽은 자의 아내 모압 여인 룻에게서 사서 그 죽은 자의 기업을 그의 이름으로 세워야 할지니라"(룻 4:5, 개역개정)고 말

---

29 R. K. Harrison, *Introduction to the Old Testament*, p. 1063: "the composition .... demonstrated convincingly that true religion transcended the bounds of nationality."; E. J. Young, *An Introduction to the Old Testament* (Grand Rapids: Eerdmans, 1970), p. 340: "The book also serves to show that the true religion is supranational, and not confined to the bounds of any one people."

하자 "나는 내 기업에 손해가 있을까 하여 나를 위하여 무르지 못하노니"(룻 4:6, 개역개정)라고 부정적으로 변한다. 왜 그 기업 무를 자가 이런 판단을 했을까? 그 이유는 "그 기업 무를 자"가 재산만 사들이면 그 재산이 영구히 자신의 것이 되지만, 룻을 아내로 맞이하면 결국 그 재산은 룻의 후손에게 돌아갈 것을 알았기 때문이다(레 25:8-28의 희년 규칙 참조). "그 기업 무를 자"는 세상적인 가치를 붙들었지만, 보아스는 영원한 가치를 붙들었다. 우리는 "살몬은 보아스를 낳았고 보아스는(룻을 통해) 오벳(Obed)을 낳았고 오벳은 이새(Jesse)를 낳고 이새는 다윗을 낳았더라"(룻 4:21-22, 개역개정)는 룻기서의 마지막 말씀을 기억해야 한다. 흥미 있는 사실은 룻기가 "기업 무를 자"의 이름을 밝히지 않고 있는 것이다.

룻기는 사사 시대를 배경으로 한 사랑과 헌신과 구속의 이야기이다. 룻기는 이스라엘 민족과 이스라엘의 하나님께 의탁하기 위해 자신의 이교적 유산을 모두 버린 한 모압 여인을 보여준다. 이스라엘 민족이 신실하지 못한 시대에 룻이 보여준 신실함으로, 하나님은 그녀에게 새 남편과 아들을 주시고 다윗과 그리스도의 족보에 오르는 특권을 부여하시는 놀라운 보상을 해 주신다(마 1:5-6).

요약(A Summary of Ruth)

사랑을 증명한 룻(룻기 1:1-2:23 Ruth who proves her Love)

나오미와 함께 남기로 결정한 룻(룻기 1:1-18 Ruth Remains with Naomi)

"사사들이 치리하던 때에"(룻 1:1) 베들레헴 땅에 흉년이 들어 엘리멜렉(Elimelech)과 나오미(Naomi), 그리고 두 아들 말론(Mahlon)과 기룐(Chilion)이 모압 땅으로 가서 정착한다. 모압은 사해(Dead Sea) 동쪽에 위치한 지역이다. 그리고 엘리멜렉이 죽고 두 아들은 오르바(Orpah)와 룻(Ruth)이라는 모압 여인과 결혼을 한다(룻 1:4). 모압 땅에서 거주한지 약 10년쯤 되었을 때에 말론과 기룐도 죽고 결국 나오미, 오르바, 룻 세 여인만 남게 된다. 그래서 나오미는 베들레헴으로 돌아갈 것을 결심하고 두 며느리에게 다시 시집가도록 권고한다. 하지만 오르바는 나오미의 말을 듣고 떠나갔지만 룻은 시어머니 나오미를 따라 베들레헴으로 온다. 룻기는 "룻은 그를 붙좇았더라"(룻 1:14)라고 기록한다.

나오미를 돌보려고 헌신한 룻(룻기 1:19-2:23 Ruth Takes Care of Naomi)

나오미와 룻이 베들레헴에 돌아오자 온 성읍이 나오미의 귀환을 알게 된다(룻 1:19). 나오미는 여호와께서 많은 고통을 주셨다고 말하면서 자신을 나오미(희락)라 부르지 말고, 마라(괴로움)라 부르라고 한다(룻 1:20). 베들레헴에 돌아온 룻은 엘리멜렉의 친족 보아스(Boaz)의 밭에서 이삭을 주워서 나오미를 보살핀다(룻 2:2-3). 보아스는 룻에게 자기 밭에서만 이삭을 주우라고 은혜를 베풀고(룻 2:8) 소년들에게 명령하여 룻을 건드리지 못하도록 한다(룻 2:9). 보아스가 이방 여인 룻에게 이렇게 선대한 이유는 룻의 사랑과 헌신을 알았기 때문이다. "보아스가 그에 게 대답하여 이르되 네 남편이 죽은 후로 네가 시어머니에게 행한 모 든 것과 네 부모와 고국을 떠나 전에 알지 못하던 백성에게로 온 일이 네게 분명히 알려졌느니라"(룻 2:11)의 말씀이 이를 증언한다.

사랑의 보상을 받는 룻(룻기 3:1-4:22 Ruth Compensated for her Love)

보아스에게 구속을 요청한 룻(룻기 3:1-18 Ruth's Redemption Assured)

나오미는 룻에게 보아스의 "발치 이불을 들고 거기 누우라"(룻 3:4) 고 권고한다. 이 말은 룻이 보아스에게 기업을 무를 자의 역할을 요청 한 것이다. 보아스는 룻에게 "참으로 나는 기업을 무를 자이나 기업 무 를 자로서 나보다 더 가까운 사람이 있으니"(룻 3:12, 개역개정)라고 말하 고 그 당시의 관행에 따라 "더 가까운 기업 무를 자"가 자기 책임을 다 하지 못하면 자신은 기업 무를 자의 책임을 다 하겠다고 하나님께 맹 세한다(룻 3:13). 룻기는 보아스보다 "더 가까운 기업 무를 자"의 이름을 밝히지 않는다.

보아스의 구속으로 보상받는 룻(룻기 4:1-22 Ruth Redeemed by Boaz)

보아스는 성문에서 성읍 장로 10명 앞에서 기업 무를 자에게 모압 여인 룻에게 기업 무를 책임을 다 하라고 말한다(룻 4:2-5). 그런데 기업 무를 자가 "내 기업에 손해가 있을까 하여 나를 위하여 무르지 못하노 니 내가 무를 것을 네가 무르라 나는 무르지 못하겠노라"(룻 4:6)라고 말하고 그 당시의 관행에 따라 "그의 신을 벗는다"(룻 4:8). 이에 보아스가 룻을 아내로 맞이하게 되고 보아스는 룻에게서 오벳(Obed)을 낳았고 오벳은 이새(Jesse)를 낳고 이새는 다윗을 나았다(룻 4:21-22).

9

욥기

Job | 총 42장

욥기(Job)는 42장 1,070절로 구성되어 있다. 욥기서는 솔로몬(Solo-mon) 왕의 통치 시기(B.C. 970-930)에 기록된 것으로 추정된다. 욥은 B.C. 21세기에서 19세기 사이에 살았던 인물로 추정된다. 그러므로 욥기서는 성경 중 가장 이른 시기에 관한 책이다. 아브라함과 이삭과 야곱과 요셉 시대를 바탕으로 자신이 소유한 소유, 가족, 건강 등 모든 것을 잃은 한 사람 욥이 왜 이런 일이 벌어졌는지 알기 위해 씨름하는 이야기이다. 욥기서의 연대를 족장 시대로 잡는 이유는 욥기서 내에 이스라엘의 역사나 율법이 언급되지 않았고, 욥의 수명이 140세가 되도록 오래 살았으며(욥 42:16), 욥이 재산을 축적한 방법이 가축이라는 사실(욥 1:3), 그리고 모세의 율법이 허용하지 않는 가족을 위한 제사장 역할을 욥이 했다는 사실(욥 1:5)을 들 수 있다.

욥기서는 저자가 누구인지를 밝히지 않는다. 하지만 욥기서는 저자가 인간 실존의 난해한 문제에 대해 심오한 지식을 가진 사람이요, 지혜문학의 본질에 대해 익숙한 사람이었음에는 틀림이 없다. 욥기서는 하나님의 주권을 확인하는 책으로 사탄도 하나님의 통치 하에 있다고 가르친다(욥 1:12; 2:6). 욥기서는 하나님의 선하심과 공의로우심을 증거한다. 또한 욥기서는 사탄이 하나님을 대적할 뿐만 아니라 하나님의 백성들도 대적한다는 사실을 가르치고 하나님의 백성이 당하는 고난은 하나님이 합당하게 보응해 주실 것을 증거한다.

요약(A Summary of Job)

욥의 고난(욥기 1:1-2:13 The Suffering of Job)

욥의 경건한 삶(욥기 1:1-5 Job's godly Life)

우스(Uz) 땅에 거하는 욥은 아들 일곱과 딸 셋을 두었다(욥 1:1-2). 많은 재산을 소유한 욥이었지만 그는 자신은 물론 자녀들의 성결한 생활을 위해 최선을 다한 동방 사람 중에 의인이었다. 욥은 자녀들이 잔치를 베풀면 혹시 죄를 범했을 것을 생각하여 그들의 명수대로 번제를 드릴 정도로 죄를 미워하는 경건한 사람이었다(욥 1:5).

사탄의 첫 번째 공격(욥기 1:6-22 Satan's First Attack)

욥의 경건한 삶을 시기한 사탄이 여호와께 욥이 까닭 없이 경건한 삶을 살며 하나님을 경외하겠느냐(욥 1:9)고 이의를 제기하면서 그의 재물을 거두어 가시면 욥이 하나님을 욕하게 될 것이라고 말한다. 이에 하나님은 욥에게 시련을 주시려고 사탄에게 욥의 재물은 마음대로 할 수 있지만 그의 몸에는 손을 대지 말라고 경고하신다(욥 1:11-12). 이에 사탄이 욥의 재물을 거두어 가는 시험을 한다. 하지만 욥은 "내가 모태에서 알몸으로 나왔사온즉 또한 알몸이 그리로 돌아 가올지라 주신 이도 여호와시요 거두신 이도 여호와시오니 여호와의 이름이 찬송을 받으실지니이다"(욥 1:21, 개역개정)라고 고백하면서 실족하지 아니한다.

사탄이 욥의 재물을 거두어 가도 욥이 실족하지 않자 사탄은 다시 욥을 시험한다. 여호와는 사탄에게 "내가 그를 네 손에 맡기노라 다만 그의 생명은 해하지 말지니라"(욥 2:6)라고 욥의 생명을 보호하신다. 사 탄은 욥의 온 몸에 종기가 나게 만들어 큰 고통 가운데 처하게 만든다 (욥 2:7). 심지어 욥의 아내까지도 "당신이 그래도 자기의 온전함을 굳게 지키느냐 하나님을 욕하고 죽으라"(욥 2:9)고 말하는 상황이었다. 하지 만 욥은 "그대의 말이 한 어리석은 여자의 말 같도다 우리가 하나님께 복을 받았은즉 화도 받지 아니하겠느냐"(욥 2:10, 개역개정)라고 말하면서 여호와께 범죄하지 아니했다.

욥이 받은 재앙의 소식을 들은 욥의 세 친구 데만 사람(Temanite) 엘리바스(Eliphaz)와 수아 사람(Shuhite) 빌닷(Bildad)과 나아마 사람 (Naamathite) 소발(Zophar)이 욥을 찾아왔다(욥 2:11). 세 친구는 욥의 형 편을 지켜보고 욥이 당한 역경이 심각함을 보고 입을 열지 못했다(욥 2:12-13).

욥의 논쟁(욥기 3:1-37:24 The Debate of Job)

욥기 3장은 너무 괴로운 나머지 욥이 자신의 생일을 저주하는 내용을 전한다(욥 3:3, 11). 욥은 "나에게는 평온도 없고 안일도 없고 휴식도 없고 다만 불안만이 있구나"(욥 3:26, 개역개정)라고 자신의 형편을 탄식한다. 욥기 4장과 5장은 욥의 친구 엘리바스가 욥에게 네가 여호와께 범죄하지 아니했다면 이런 고통을 당할 이유가 없다고 지적한다(욥 4:7). 엘리바스의 지적에 대해 욥은 욥기 6장과 7장에서 "내가 오히려 위로를 받고 그칠 줄 모르는 고통 가운데서도 기뻐하는 것은 내가 거룩하신 이의 말씀을 거역하지 아니하였음이라"(욥 6:10)라고 분명한 고백을 한다. 이에 수아 사람 빌닷이 욥기 8장에서 하나님은 공의를 굽게 하실 이가 아니라고 말하고(욥 8:3) 욥으로 하여금 하나님을 찾으며 전능하신 이에게 간구하라고 권한다(욥 8:5). 욥은 욥기 9장과 10장에서 인간이 하나님 앞에서 의인일 수 없음을 분명히 하면서(욥 9:2) "주께서는 내가 악하지 않은 줄을 아시나이다 주의 손에서 나를 벗어나게 할 자도 없나이다"(욥 10:7, 개역개정)라고 고백한다. 욥은 하나님의 전능하심과 의로우심을 확신하면서 인간은 하나님 앞에서 의로울 수 없는 존재라고 답변한다. 이제 나아마 사람 소발이 대답한 내용이 욥기 11장에 기록되어 있다. 소발은 욥에게 "네 말에 의하면 내도는 정결하고 나는 주께서 보시기에 깨끗하다 하는구나"(욥 11:4)라고 말하면서 "네 손에 죄악이 있거든 멀리 버리라"(욥 11:14)고 권면한다. 욥기 12장과 13장에서 욥은 친구들의 권면에 대해 대답을 한다. 욥은 친구들이 지혜자들처럼 행동함으로 "너희가 죽으면 지혜도 죽겠구나"(욥 12:2)라고 말하고 "너희는 거짓말을 지어내는 자요 다 쓸모없는 의원이니라"(욥 13:4)라고 말한다. 그리고 욥은 자신의 생명이 하나님께 달려 있음을 밝힌다(욥 13:15). 욥기 14장은 욥기 13장의 욥의 기도(욥 13:20-28)에 이어 계속적으로 여호와 하나님의 전능하심과 하나님이 주권을 원하시는 대로 행사하실 수 있는 분을 고백한다(욥 14:12-17).

이렇게 욥의 세 친구 엘리바스, 빌닷, 소발이 순서대로 첫 번째 논쟁을 한다.

논쟁의 두 번째 순환(욥기 15:1~21:34 Second Circular Debate)

데만 사람 엘리바스(Eliphaz)가 두 번째로 욥에게 "네 죄악이 네 입을 가르치나니 네가 간사한 자의 혀를 좋아하는구나 너를 정죄한 것은 내가 아니요 네 입이라"(욥 15:5-6)라고 말하고 "사람이 어찌 깨끗하겠느냐 여인에게서 난 자가 어찌 의롭겠느냐"(욥 15:14)라고 말하면서 욥이 이런 곤경에 빠지게 된 것은 욥이 죄를 지었기 때문이라고 논쟁한다. 이에 대해 욥(Job)은 욥기 16장과 17장에서 "내 손에는 포학이 없고 나의 기도는 정결하니라"(욥 16:17)라고 응답하고 주께서 자신에게 임한 모든 고난을 주관하고 계심을 증언한다(욥 16:7-9). 그리고 욥은 "의인은 그 길을 꾸준히 가고 손이 깨끗한 자는 점점 힘을 얻느니라"(욥 17:9)라고 자신은 자신의 죄 문제로 고난을 받고 있지 않다고 변증한다. 욥기 18장에서 수아 사람 빌닷(Bildad)이 "악인의 빛은 꺼지고 그의 불꽃은 빛나지 않을 것이요"(욥 18:5)라고 말하면서 악인의 결국이 비참하게 되는 것은 정상적이라고 말한다(욥 18:21). 이에 대해 욥은 욥기 19장에서 "내 가죽이 벗김을 당한 뒤에도 내가 육체 밖에서 하나님을 보리라"(욥 19:26)라고 하나님을 신뢰한다고 말하면서 "너희가 심판장이 있는 줄을 알게 되리라"(욥 19:29)라고 하나님이 모든 것을 판단하시게 될 것을 증언한다. 욥기 20장에서 나아마 사람 소발(Zophar)이 악인의 삶은 좋은 열매를 생산하지 못하며(욥 20:5-11) 고난이 연속되는 삶을 살 수밖에 없다고 증언한 후 "이는 악인이 하나님께 받을 분깃이요 하나님이 그에게 정하신 기업이니라"(욥 20:29)라고 증언한다. 이에 대해 욥은 욥기 21장에서 자신이 당한 고난은 하나님의 간섭하심으로 진행됨을 믿으면서 "악인의 계획은 나에게서 멀구나"(욥 21:16)라고 말하고 "그런데도 너희는 나를 헛되이 위로 하려느냐 너희 대답은 거짓일 뿐이니라"(욥 21:34)라고 반증한다. 이처럼 엘리바스, 빌닷, 소발의 순서로 욥에게 말하고 욥이 그들의 말에 응답하는 내용이 나온다.

논쟁의 세 번째 순환(욥기 22:1-26:14 Third Circular Debate)

세 번째로 데만 사람 엘리바스가 욥이 곤경에 빠진 것은 하나님과의 관계가 잘못되었기 때문이라고 말하면서 "너는 하나님과 화목하고 평안하라 그리하면 복이 네게 임하리라"(욥 22:21)라고 증언한다. 이에 대해 욥은 욥기 23장과 24장에서 자신이 겪고 있는 고통은 탄식보다 무거운 것이라고 말하고 "내가 가는 길을 그가 아시나니 그가 나를 단련하신 후에는 내가 순금같이 되어 나오리라"(욥 23:10, 개역개정)고 증언하면서 자신이 당하는 고통은 단련의 과정이라고 말한다. 욥은 하나님께서 악인들이 당할 결국을 정해 놓으셨지만 자신이 당하고 있는 고통은 죄로 인한 것이 아님을 증언한다(욥 24:18-21). 그러면서 욥은 "그렇지 않을지라도 능히 내 말을 거짓되다고 지적하거나 내 말을 헛되게 만들 자 누구랴"(욥 24:25)라고 말을 마친다. 욥기 25장에서 수아 사람 빌닷은 "하나님은 주권과 위엄을 가지셨고 높은 곳에서 화평을 베푸시느니라"(욥 25:2)라고 말하면서 "하나님 앞에서 사람이 어찌 의롭다 하며 여자에게서 난 자가 어찌 깨끗하다 하랴"(욥 25:4)라고 욥을 포함한 모든 인간이 죄인이라고 지적하고 말을 마친다. 이에 대해 욥은 욥기 26장에서 "하나님 앞에서는 스올도 벗은 몸으로 드러나며 멸망도 가림이 없음이라"(욥 26:6)라고 하나님의 전지전능을 증언한다. 본 단락에서는 데만 사람 엘리바스의 말과 욥의 응답 그리고 수아 사람 빌닷의 말과 욥의 응답으로 마무리를 한다. 세 번째 논증에는 나아마 사람 소발(Zophar)은 참여하지 않는다.

욥의 마지막 변론(욥기 27:1-31:40 Job's Last Apology)

본 단락에서 욥은 그의 세 친구들에 대한 마지막 변증을 한다. 욥은 하나님의 전지전능을 믿으면서 하나님이 욥 자신의 형편을 너무나도 잘 아신다고 확신한다. 그는 "내가 내 공의를 굳게 잡고 놓지 아니하리니 내 마음이 나의 생애를 비웃지 아니하리라"(욥 27:6, 개역개정)라고 고백한다. 욥은 하나님이 모든 것을 근원부터 알고 계심을 확신하면서 "하나님이 그 길을 아시며 있는 곳을 아시나니"(욥 28:23)라고 고백하고 우리가 알아야 할 것은 "주를 경외함이 지혜요 악을 떠남이 명철이니라"(욥 28:28)라고 말한다. 계속해서 욥은 욥기 29장에서 하나님께서 과거에 자신을 존귀하게 사용해 주셨음을 "그때에도"(욥 29:3, 4, 5, 7)를 4번 사용하여 설명한다. 욥은 하나님이 사용하신 자신의 과거가 "내가 그들의 길을 택하여 주고 으뜸 되는 자리에 앉았나니 왕이 군대 중에 있는 것과도 같았고 애곡하는 자를 위로하는 사람과도 같았느니라"(욥 29:25, 개역개정)라고 진술한다. 그리고 욥은 욥기 30장에서 자신의 현재의 상태를 "이제는"(욥 30:1, 9, 16)을 3번 사용하여 설명한다. 욥은 자신의 현재의 상태가 사람들이 그를 비웃고(욥 30:1), 노래로 조롱하고(욥 30:9), 하나님이 그를 티끌과 재 같게 만드셨다(욥 30:19)고 진술한다. 그러나 욥은 욥기 31장에서 자신은 항상 정직하게 행동했고 이 사실을 하나님이 알고 계시기 때문에 "하나님께서 나를 공평한 저울에 달아 보시고 그가 나의 온전함을 아시기를 바라노라"(욥 31:6)라고 하나님의 공평한 판단에 소망을 걸면서 그의 말을 그친다.

욥기 32장은 엘리후(Elihu)의 등장을 알리면서 "욥이 자신을 의인으로 여기므로 그 세 사람이 말을 그치니 람(Ram) 종족 부스 사람 바라겔(Barachel)의 아들 엘리후가 화를 내니 그가 욥에게 화를 냄은 욥이 하나님보다 자기가 의롭다 함이요 또 세 친구에게 화를 냄은 그들이 능히 대답하지 못하면서도 욥을 정죄함이라"(욥 32:1-3)라고 설명한다. 엘리후는 자신이 연소해서 말을 아꼈지만 "내 속에 말이 가득하니 내 영이 나를 압박함이니라"(욥 32:18), "내가 말을 하여야 시원할 것이라 내 입을 열어 대답하리라"(욥 32:20)라고 말을 시작한다. 엘리후는 욥기 33장에서 욥에게 하나님과 사람을 비교할 수 없다고 말하고(욥 33:4) 그대는 "나는 깨끗하여 악인이 아니며 순전하고 불의도 없거늘"(욥 33:9)이라고 고백하지만 사람의 의는 하나님의 공의와 비교할 수 없다고 말한다. 그리고 욥기 34장에서 엘리후는 욥이 자신을 의롭다고 주장하나(욥 34:5-6) 전능자는 공의를 지키신다(욥 34:12)고 말하면서 욥은 악인과 같은 선상에서 자신의 의를 주장한다(욥 34:36)고 말한다. 엘리후는 계속해서 욥기 35장에서 욥에게 "그대의 의가 하나님께로부터 왔다는 말이냐"(욥 35:2)라고 반문하면서 하나님의 의와 욥 자신의 의를 동일하게 생각하지 말라고 말한다. 엘리후는 욥기 36장에서 하나님은 능하시고 지혜가 무궁하시고 공의를 베푸시는 하나님이라고 진술하고(욥 36:5-6) 욥에게도 악인의 받을 벌이 가득하고 심판과 정의가 욥을 잡았다고(욥 36:17) 말한다. 그러므로 엘리후는 욥에게 "그대는 하나님께서 하신 일을 기억하고 높이라 잊지 말지니라 인생이 그의 일을 찬송하였느니라"(욥 36:24)라고 권면한다. 엘리후는 욥기 37장에서 욥에게 "하나님의 음성 곧 그의 입에서 나오는 소리를 똑똑히 들으라"(욥 37:2)라고 권면한 다음 하나님이 하시는 일은 오묘한데 어떤 때는 징계를 위하여, 어떤 때는 땅을 위하여, 어떤 때는 긍휼을 위하여 특이한 일을 생기게 하신다고 말한다(욥 37:13). 그러면서 엘리후는 욥에게 "욥이여 이것을 듣고 가만히 서서 하나님의 오묘한 일을 깨달으라"(욥 37:14)라고 권면한다.

욥의 구원(욥기 38:1~42:17 Job's Restoration)

욥기 38장은 여호와께서 폭풍우 가운데에서 욥에게 말씀하신 내용이 나온다(욥 38:1). 하나님은 자신이 누구인지를 분명히 밝힌다. 하나님은 땅의 기초를 놓으셨고(욥 38:4), 새벽 별을 만드셨고(욥 38:7), 바다의 한계를 정하셨고(욥 38:8), 홍수를 내시기도 하셨고 멈추게 하시기도 하셨고(욥 38:25), 인간의 가슴 속에 지혜도 주셨다(욥 38:36)고 욥에게 알려 준다. 그리고 하나님은 동물들의 어미가 새끼를 낳고 키우는 법을 알려 주셨고(욥 39:1-4), 각 동물들의 모양과 활동을 주장하셨고(욥 39:13-17), 말에게 힘을 주셨다(욥 39:19)고 욥에게 말씀하신다. 그러므로 하나님은 욥에게 전능자와 다툴 수가 없다(욥 40:2)고 말씀하신다. 이에 대해 욥은 "보소서 나는 비천하오니 무엇이라 주께 대답하리이까 손으로 내 입을 가릴 뿐이로소이다"(욥 40:4, 개역개정)라고 응답한다.

여호와 하나님은 두 번째로 계속해서 욥에게 "네 의를 세우려고 나를 악하다" 할 수 없고, 너는 하나님처럼 능력이 없다고 알려준다(욥 40:8-9). 그리고 여호와 하나님은 "너는 위엄과 존귀로 단장하며 영광과 영화를 입을지니라"(욥 40:10)라고 욥을 위로한다. 하나님은 계속해서 "온 천하에 있는 것이 다 내 것이니라"(욥 41:11)라고 하나님의 창조주 되심과 그 창조를 운영하신 이심을 천명한다. 결국 욥은 자신의 무지를 회개하면서 "내가 주께 대하여 귀로 듣기만 하였사오나 이제는 눈으로 주를 뵈옵나이다"(욥 42:5, 개역개정)라고 고백한다.

하나님은 욥의 세 친구의 말이 욥의 말보다 옳지 못하다고 책망하시고 욥에게 가서 자신들을 위하여 번제를 드리라고 명령하신다(욥 42:7-8). 그리고 하나님은 욥이 그들을 위해 기도할 것이라고 말하고 하나님께서는 그 기도를 받으시겠다고 약속하신다.

하나님은 욥에게 "이전 모든 소유보다 갑절이나"(욥 42:10) 주셨다. 그런데 여호와께서 욥의 말년에 욥에게 주신 재물은 양이 일만 사천, 낙타가 육천, 소가 천 겨리, 암나귀가 천이며, 또 아들 일곱과 딸 셋을 주셨다(욥 42:12-13). 이는 욥이 처음에 소유한 재물의 두 배에 해당되는 것이요 또한 하나님은 욥에게 같은 수의 아들과 딸을 주셨다(참고, 욥 1:2-3). 욥은 140년을 살면서 아들과 손자 사 대를 보았고(욥 42:16-17) 나이가 차서 죽었다.

10

아가

The Song of Solomon | 총 8장

아가서(The Song of Solomon)는 8장 117절로 되어 있다. 아가서의 기록자는 솔로몬이며 기록장소는 예루살렘이다. 솔로몬이 저자라는 증거는 책의 제목과 본문 내에 언급된 솔로몬의 이름이 뒷받침한다(아 1:5; 3:7, 9, 11; 8:11-12). 솔로몬이 아가서의 저자라는 외적인 증거는 솔로몬 왕이 "잠언 삼천 가지를 말하였고 그의 노래는 1,005편이며" (왕상 4:32)에서 찾을 수 있다. 탈무드의 견해(Baba Bathra 15a)는 히스기야(Hezekiah)와 그의 동료들이 구성한 것으로 설명한다. 하지만 아가서에 언급된 장소들이 분열왕국 이전에 사용한 것들, 즉 예루살렘(Jerusalem), 갈멜(Carmel), 사론(Sharon), 레바논(Lebanon), 엔게디(Engedi), 디르사(Tirzah) 등을 사용하고 있는 것으로 보아 솔로몬 시대에 기록된 것으로 볼 수 있다.

아가서가 처음부터 끝까지 이야기의 줄거리에 일관성이 없다고 도전을 받기도 한다. 어떤 학자는 아가서가 사랑의 노래들의 모음집이라고 주장한다. 하지만 아가서는 신랑과 신부가 서로 사모하는 단계에서 (아 1:2) 결혼의 감격을 느끼는 단계까지(아 3:11) 일관된 낭만적인 이야기라는 점에서 일관성이 있다. 그리고 아가서에 나오는 인물들이 서로에 대해 말하는 특성이 처음부터 마지막까지 일관된다는 점에서 아가서의 일관성을 찾을 수 있다.

아가서는 솔로몬(Solomon)과 술람미(Shulamite) 여자와의 아름다운 사랑을 통해 인간의 순수한 사랑을 찬미하며, 더 나아가 사랑의 근원자 되신 하나님을 바라보게 하며, 잃어버린 인간을 사랑하시는 그리스도의 고상한 사랑을 바라보게 하는데 그 목적이 있다.[30] 아가서는 인간의 삶이 남자와 여자의 사랑에서 최고의 성취를 발견하는 것처럼, 영적인 삶은 하나님이 그의 백성을 사랑하고 그리스도가 그의 교회를 사랑하는데서 최고의 성취를 발견한다는 것을 설명한다. 아가서는 유대인의 예배 의식에서 가장 중요한 책이다. 유대인들은 아가서의 사랑 이야기를 하나님과 이스라엘의 언약적 관계에 대한 은유로 이해했다.[31] 아가서는 술람미 여자(아 6:13)와 솔로몬 왕(아 3:9-11), 그리고 예루살렘의 딸들(daughters of Jerusalem, 아 1:5; 2:7; 3:5; 8:4)이 연출하는 한 편의 드라마와 같다.

---

30 See, Roland K. Harrison, *Introduction to the Old Testament*, p. 1049; 정규남, 구약개론, p. 339; 참조, Edward J. Young, *An Introduction to the Old Testament*, p. 337.

31 김구원, 「가장 아름다운 노래」(아가서 이야기) (서울: 기독교문서선교회, 2011), pp. 33-34.

신부가 신랑을 사모함(아가 1:1-2:7 Bride Desires Bridegroom)

아가서는 "솔로몬의 아가라"(아 1:1)라고 시작한다. 신랑은 신부를 "포도원"으로 비유한다(아 1:6). 포도원은 포도주를 산출하고 포도주는 마시는 자에게 기쁨을 주듯 신부는 신랑에게 사랑의 기쁨을 주기 때문에 신랑은 신부를 포도원으로 비유한다. 신부와 신랑이 만나 서로를 칭찬하고 사모한다. 신부는 "그가 왼팔로 내 머리를 고이고 오른 팔로 나를 안는구나"(아 2:6, 개역개정)라고 서로의 사랑을 고백한다.

서로 간의 사랑의 증가(아가 2:8~3:5 Increase of Love on Each Other)

신부와 신랑의 사랑은 점점 더 깊어진다. 아름다운 자연의 모습을 연상하며 "나의 사랑, 나의 어여쁜 자야 일어나서 함께 가자"(아 2:13), "내 사랑하는 자는 내게 속하였고 나는 그에게 속하였도다"(아 2:16)라고 서로의 사랑을 확인하다.

결혼 예식과 신부에 대한 칭찬(아가 3:6-5:1 Wedding Ceremony and the Praise of Bride)

아가서 3:6은 "솔로몬의 가마"가 나온다. 이는 신부와 신랑이 결혼하는 장면을 묘사한다. "시온의 딸들아 나와서 솔로몬 왕을 보라 혼인 날 마음이 기쁠 때에"(아 3:11, 개역개정)라고 결혼의 즐거움을 표현한다. 그리고 신랑은 신부의 아름다움을 칭찬한다(아 4:7-15).

신부가 신랑을 고대함(아가 5:2-6:9 Bride Awaits Bridegroom)

신랑과 신부가 떨어져 있는 상황에서 신부가 신랑을 갈망하고 있는 모습을 그린다. "예루살렘의 딸들아 너희에게 내가 부탁한다 너희가 내 사랑하는 자를 만나거든 내가 사랑하므로 병이 났다고 하려므나"(아 5:8, 개역개정)라고 신랑을 갈망하는 자신의 마음을 표현한다.

신부의 미모를 찬양(아가 6:10-8:4 Praise of Bride's Beauty)

본 구절 안에서 "술람미 여자"(Shulamite, 아 6:13)가 등장한다. 그리고 신부가 얼마나 아름다운지 모든 표현을 다 동원하여 묘사한다. 신부의 넓적다리, 배꼽, 허리, 두 유방, 목, 눈, 코, 머리, 키, 입 등 신부의 모든 신체의 아름다움을 최상의 표현으로 묘사한다(아 7:1-9).

사랑의 성숙과 확인(아가 8:5-14 Confirmation of Love)

사랑은 서로 보기만 해도 기쁘고(아 8:5), 사랑은 죽음같이 강하고(아 8:6), 많은 물이나 홍수도 이 사랑을 삼키지 못한다(아 8:7). 본 단락은 사랑이 얼마나 고귀한 것인지를 확인한다.

11

전도서

Ecclesiastes | 총 12장

기록배경과 특징(B.C. 940-935)

전도서(Ecclesiastes)는 12장 222절로 구성되어 있다. 전도서의 저자에 대해 여러 가지 이론이 있다. 초기 기독교와 유대의 전통은 전도서의 기록자를 솔로몬으로 생각한다. 루터(Luther)가 처음으로 전도서의 솔로몬 저작설을 부인했다.[32] 여기서 ESV의 해설에 주목할 필요가 있다. ESV는 "다윗의 아들 예루살렘 왕"(전 1:1)이 "보라 내가 크게 되고 지혜를 더 많이 얻었으므로 나보다 먼저 예루살렘에 있던 모든 사람들보다 낫다 하였나니"(전 1:16, 개역개정)라고 주장을 했는데 이런 주장을 할 수 있는 후보 왕으로 솔로몬이 가장 적절하고 솔로몬 이후 어느 왕도 후보의 범주에 들지 않기 때문에 전도서의 저자는 솔로몬이라고 안전하게 말할 수 있다고 해설한다.[33] 이는 솔로몬이 저자임을 지지한다.

그리고 전도서의 기록 장소는 예루살렘으로 알려져 있다. 하나님의 계획이 인간의 눈으로는 발견되지 않아 삶이 무의미한 것처럼 보이나 세상을 창조하셨고 다스리시는 하나님 안에서 삶의 의미를 찾아야 한다고 전도서는 가르치고 있다. 가장 현명하고, 가장 부요하고, 가장 영향력 있는 왕(전통적으로 솔로몬)인 전도자는 인간의 관점에서 "해 아래"에 있는 인생을 바라보고 "헛되다"고 공표한다. 전도서는 능력(power), 인기(popularity), 명성(prestige), 향락(pleasure) 등이 인간의 생애 속에 하나님이 만들어 놓은 공허함을 채울 수 없고 오로지 하나님 자신 만이 채울 수 있다고 가르친다. 그러나 하나님의 관점에서 보면 인생은 의

---

32 E. J. Young, *An Introduction to the Old Testament*, 1970, p. 349.

33 English Standard Version, p. 1193: "It is difficult to find any later 'king in Jerusalem'(Eccl. 1:1) who is a better candidate than Solomon for being able to claim that he had 'acquired great wisdom, surpassing all who were over Jerusalem before me.'"(Eccl. 1:16).

미가 있고, 목적이 있기 때문에 먹고, 마시고, 즐기고, 선을 행하고, 하나님을 경외하고, 그의 계명을 지키면서 즐겁게 살 수 있는 것이다. 전도자는 모든 것이 "하나님의 손"에 있음을 강조해서 말한다(전 9:1).

세상의 모든 것이 헛되다(전도서 1:1-11 Everything is Meaningless)

본 단락은 전도서 전체의 서론과 같다. 전도서 1:2-3에서 밝힌 바처럼 전도서는 모든 것이 헛되다는 것이다. 그러나 이것은 삶 자체가 헛되다는 뜻이 아니요, 삶이 하나님을 떠나서 하나님의 영광을 위해 살지 아니하면 모든 것이 헛되다는 뜻이다.[34]

인간의 업적의 헛됨(전도서 1:12-6:9 Works of Human Beings are Meaningless)

인간이 지혜를 구하는 것도 헛된 것이다(전 1:12-18). "지혜가 많으면 번뇌도 많으니 지식을 더하는 자는 근심을 더하느니라"(전 1:18, 개역개정). 인간의 쾌락도 헛되며(전 2:1-11), 세상적인 지혜와 부요도 헛된 것이다 (전 2:12-23). 인간에게는 "범사에 기한이 있고 천하만사가 다 때가 있다" (전 3:1). 하나님은 인간의 한계를 정하시고 인간에게 영원을 사모하는 마음을 주셨다(전 3:11). 그러므로 인간은 자신의 정체성(identity)을 알고 하나님이 허락하신 삶을 즐거워하면서 살아야 한다(전 3:20-22). 인간은 형제의 중요함을 깨닫고 살아야 한다. 전도자는 "세 겹 줄은 쉽게 끊어지지 아니하느니라"(전 4:12)라고 지혜의 말씀을 주신다. 지혜와 빈곤이 어리석음과 부요보다 더 낫다(전 4:13-16). 인간은 그의 책임을 준수하고 하나님을 경외해야 한다(전 5:1-7). 전도자는 인간의 욕심의 무익함(전 5:13-20)과 인간이 받은 것에 대한 만족함이 없는 것(전 6:1-9)을 깨우쳐 주신다.

---

34 Edward J. Young, *An Introduction to the Old Testament*, p. 351.

하나님 없이 사는 삶의 헛됨을 지적하면서 전도자는 "좋은 이름이 좋은 기름보다 낫고 죽는 날이 출생하는 날보다 나으며 초상집에 가는 것이 잔칫집에 가는 것보다 나으니 모든 사람의 끝이 이와 같이 됨이라 산 자는 이것을 그의 마음에 둘지어다"(전 7:1-2)라고 지혜자의 삶을 제시한다. 모든 사람은 죄인이지만 현명한 사람의 능력은 지혜에 있다(전 7:15-22). 인간은 죄로 가득 차 있다. "하나님은 사람을 정직하게 지으셨으나 사람이 많은 꾀들을 낸 것이니라"(전 7:29). 하나님께 서약한 대로 왕을 존경해야 한다(전 8:1-8). 세상에는 의인들과 악인들이 공존하고 있지만 세상은 의인에게 상을 주고 악인에게 벌을 주는 정상적인 일만 발생하지 않고 그 반대의 경우도 많다고 지적한다(전 8:9-15). 전도자는 사람의 모든 행위는 하나님의 손안에 있고 그 행위에 대한 판단도 하나님이 다 알고 계시기 때문에 모든 사람은 살아 있을 때 하나님이 주신 것을 즐기면서 살라고 권면한다(전 9:1-10). 전도자는 지혜와 우매를 대칭시켜 비교하면서 "지혜자의 마음은 오른쪽에 있고 우매자의 마음은 왼쪽에 있느니라"(전 10:2)라고 말하고, "지혜자의 입의 말들은 은혜로우나 우매자의 입술들은 자기를 삼킨다"(전 10:12, 개역개정)라고 말하며, 우매자는 말을 많이 하지만 장래 일을 알지 못한다(전 10:14)고 지혜자의 삶은 살 것을 권고한다. 전도자는 사람이 살아가는데 하나의 원리만 삶에 적용되지 않음을 알고 지혜자는 때로 과감한 결단을 해야 한다고 가르친다. "너는 네 떡을 물 위에 던져라 여러 날 후에 도로 찾으리라"(전 11:1)는 말씀은 오늘날 그 유사(類似)의 말을 찾을 수 없는 독특한 표현이다. 전통적으로 이 말씀은 상업의 모험을 안고 있는 해상 무역을 뜻하는 것으로 해석되었다. 전도자는 사람이 모험적인 삶을 살아야 할 때가 있음을 지적한다. 전도자는 사람이 상행위를 할 때는 분산 투자를 해야 한다고 가르친다(전 11:2). 아무도 사업적 투자가 성공하고 실패할지 알 수 없기 때문에 한 곳에만 투자하는 것은 지혜자의 삶이 아니라고 가르친다. 지혜자는 모든 달걀을 한 바구니에 담지 않으므로 모든 것을 다 잃을 위험을 줄이는 것이라고 말한다. 그리고 전도자는 지혜자의 삶은 결단해야 할 때는 결단해야지 풍세만 살피고 있으면 해야 할 일을 할 수 없게 된다고 가르친다(전 11:4).[35] 전도자는 사람이 미래를 알 수 없고 오직 하나님만이 알고 계시기 때문에 지혜자는 시간과 상황을 잘 판단하여 결단성 있는 삶을 이어가야 한다고 가르친다.

젊을 때 창조주 하나님을 기억하라
(전도서 11:9-12:14 Remember Your Creator While Young)

본 단락은 전도서의 결론과 같은 부분이다. 전도자는 사람이 청년의 때에 하나님을 기억하고 공경해야 한다고 가르친다. "너는 청년의 때에 너의 창조주를 기억하라"(전 12:1, 개역개정). 전도자는 지혜자의 말씀은 "잘 박힌 못 같으니 다 한 목자가 주신 바이니라"(전 12:11, 개역개정)라고 말함으로 진리의 말씀들을 지키는 것이 모든 사람이 실천해야 할 본분이라고 가르친다(전 12:13). 전도자는 자신이 지금까지 "진리의 말씀들을 정직하게 기록"(전 12:10)했다고 말하면서 이 말씀들을 실천하면서 살아야 한다고 권면하고 결국 하나님께서 모든 일을 심판하시게 된다고 말한다. 전도자는 "하나님은 모든 행위와 모든 은밀한 일을 선악간에 심판하시리라"(전 12:14)는 말로 전도서를 마무리한다.

---

35 D. Guthrie and J. A. Motyer, *The New Bible Commentary: Revised* (Grand Rapids: Eerdmans, 1975), p. 576.

12

시편

Psalms | 총 150장

시편(Psalms)은 150편 2,461절로 구성되어 있다. 시편은 주제별로 다섯 부분으로 구분되는데 이것은 모세오경과 조화를 이룬다. 시편은 구약 역사의 모든 시대에 걸쳐서 많은 사람에 의해 기록되었다. 하지만 다윗(David)의 시가 가장 많이 포함되어 있다. 시편은 여호와 하나님을 묘사하는데 목자로(시 23, 95, 100), 우리의 왕으로(시 45, 47, 97), 우리의 피난처로(시 46, 91), 우리의 심판자로(시 50, 75, 76) 묘사한다. 신앙 공동체의 시, 개인적인 신앙 고백의 시, 하나님을 찬양하는 시, 왕의 시(Royal Psalm) 등이 시편에 포함되어 있다.

시편에는 신구약 성경에서 가장 짧은 장(chapter)과 가장 긴 장이 포함되어 있다. 가장 짧은 장은 시편 117편으로 2절로 되어 있다. 그리고 가장 긴 장은 시편 119편으로 176절로 구성되어 있다. 시편 119편이 176절로 구성된 이유는 히브리어 알파벳이 22자인데 알파벳 철자 1자를 사용하여 8절씩을 만들었기 때문이다. 이 문제와 관련하여 좀더 자세한 설명은 시편 119편을 다룰 때 언급하고자 한다.

시편 150편 중 100편은 저자를 언급한다. 1. 다윗의 시-73편, 2. 아삽(Asaph)의 시-12편 (시 50, 73, 74, 75, 76, 77, 78, 79, 80, 81, 82, 83), 3. 고라(Korah) 자손의 시-11편 (시 42, 44, 45, 46, 47, 48, 49, 84, 85, 87, 88), 4. 솔로몬(Solomon)의 시-2편 (시 72, 127), 5. 에단(Ethan)의 시-1편(시 89), 6. 모세(Moses)의 시-1편(시 90).

다윗 왕의 활동 시기는 그가 이스라엘 왕으로 통치했던 B.C. 1010-970년이기에 시편에 수록된 73편의 다윗의 시는 그 시기 어간에 기록된 것으로 추정된다.

아삽은 성경에 두 사람이 등장한다. 한 사람은 "엘리야김(Eliakim)과 서기관 셉나(Shebna)와 아삽의 아들 사관 요아(Joah)가 옷을 찢고 히스기야(Hezekiah)에게 나아가서"(왕하 18:18, 37)라는 구절에 등장하는 인물이므로 유다 왕 히스기야 시대에 살았던 사람이다. 이 구절에 언급된 아삽은 히스기야 왕의 활동 시기인 B.C. 729-687년경에 활동한 인물이다. 그리고 또 다른 사람 아삽은 "헤만의 형제 아삽은 헤만의 오른쪽에서 직무를 행하였으니 그는 베레갸의 아들이요"(대상 6:39)의 구절과 "노래하는 자 헤만(Heman)과 아삽과 에단은 놋 제금을 크게 치는 자요"(대상 15:19; 느 7:44 참조)의 구절과 다윗이 레위 사람을 세워 "하나님 여호와를 칭송하고 감사하며 찬양하게 하였으니 아삽은 우두머리요"(대상 16:4-5)의 구절, 그리고 "그날에 다윗이 아삽과 그의 형제를 세워 먼저 여호와께 감사하게 하여"(대상 16:7)의 구절들을 볼 때 본 구절들에 등장하는 아삽은 다윗의 활동시기인 B.C. 1010-970년에 활동한 사람이라고 추정할 수 있다. 그러면 시편에 수록된 아삽의 시는 어느 시대에 활동한 아삽의 시인가? 히스기야 왕 시대의 아삽은 사관(recorder)인 반면, 다윗 왕 시대의 아삽은 노래하는 자(singer)라고 성경이 말한다. 그러므로 시편을 지은 아삽은 다윗 시대에 활동한 아삽이라고 추정된다.[36]

고라자손은 "오홀리바마(Oholibamah: Aholibamah로도 불림)는 여우스(Jeush)와 얄람(Jaalam)과 고라를 낳았으니 이들은 에서(Esau)의 아들들이요 가나안 땅에서 그에게 태어난 자들이더라"(창 36:5, 개역개정)의 말씀에서 누구인지 밝혀진다. 시편에 수록된 시들은 고라 자손의 시들이기 때문에 연대적으로 볼 때 대략 족장 시대에 해당하는 B.C. 1800년 이

---

36 H.C. Leupold, *Exposition of the Psalms* (Welwyn: Evangelical Press, 1977), p. 523: "he was Asaph, the man who in David's day was prominent in connection with furthering the cause of Temple music under David's direction."

후의 작품들이라고 추정할 수 있다.

솔로몬(Solomon)의 시는 솔로몬의 활동 시기가 이스라엘 왕으로 재직하던 B.C. 970-930년이기 때문에 그 시기 어간에 기록한 것으로 추정할 수 있다.

모세(Moses)의 시는 모세가 B.C. 1526년에 태어났고, B.C. 1406년에 사망한 것으로 추정하기 때문에 이 시기 어간에 기록된 것으로 추정할 수 있다.

요약(A Summary of Psalms)

제1부: 1-41편(전체 41편 / Book One-41 Psalms)

시편 1편과 2편은 머리글 설명 없이 나온다. 시편 1편은 교훈적인 시로서 여호와의 율법에 대한 바른 태도가 무엇인지를 가르치고, 시편 2편은 메시야의 진리에 대한 탁월성을 제시한다. 그리고 시편 3편부터 41편까지 모두 39편은 "다윗의 시"이다. 그런데 시편 10편과 30편이 머리글 설명 없이 나타난다. 류폴드(Leupold)는 시편 10편과 39편의 저자가 다윗일 가능성을 인정한다. 그러나 시편 10편과 30편은 다윗의 시 총계에는 포함되지 않는다.[37]

제2부: 42-72편(전체 31편 / Book Two-31 Psalms)

시편 42편부터 49편까지 모두 8편은 고라(Korah) 자손의 시로 머리글이 소개하고 있다. 그런데 시편 43편은 머리글이 붙어있지 않다. 그러나 시편 42편과 43편의 내용상 연결을 생각할 때 시편 43편도 고라의 자손의 시임이 확실하지만 고라 자손의 시의 계수에는 포함하지 않는다. 시편 50편은 아삽(Asaph)의 시라는 머리글 설명이 붙어 있고, 시편 51편부터 65편까지 15편은 머리글이 "다윗의 시"로 소개되어 있다. 특히 시편 51편은 다윗이 밧세바(Bathsheba)와 동침한 후 나단(Nathan) 선지자의 책망을 듣고 회개하는 시이다. 그리고 시편 66편과 67편은 머리글이 "인도자를 따르는 시"라고 소개되어 있을 뿐 저자를 소개하

---

37 Leupold, *Exposition of Psalms*, pp. 118, 271.

지 않는다. 시편 66편은 여호와 하나님께 찬송을 독려하는 시편이며, 시편 67편은 모든 민족이 진정한 하나님 여호와를 알고 찬송하는 것을 배우기 원하는 시편이다. 그리고 시편 68편부터 70편까지 3편이 다시 "다윗의 시"라는 머리글과 함께 소개되고, 시편 71편은 누구의 시인지 머리글의 소개 없이 나온다. 시편 71편의 저자는 많은 종류의 고난을 겪는 사람으로 여호와께 그의 상태를 탄식으로 호소하고 구해줄 것을 간구한다. 그리고 시편 72편은 솔로몬의 시라는 머리글이 붙은 시로 제2부의 마지막 시로 소개된다.

제3부: 73-89편(전체 17편 / Book Three-17 Psalms)

시편 73편부터 83편까지 11편이 아삽의 시라는 머리글이 붙어 있는 시이다. 아삽의 시는 모두 12편의 시로 시편 50편과 여기 11편이 합쳐진 것이다. 시편 84편과 85편 두 편이 머리글에 고라 자손의 시로 소개되어 있다. 그리고 시편 86편은 머리글이 "다윗의 시"로 소개하고 있고, 시편 87편과 88편 두편이 다시 고라 자손의 시로 소개된다. 그리고 제3부의 마지막 시편으로 시편 89편이 에스라인 에단(Ethan the Ezrahite)의 시로 소개되어 있다. 에단의 시는 모두 한 편인데 여기 제3부에 수록되어 있다.

제4부: 90-106편(전체 17편 / Book Four-17 Psalms)

시편 90편은 머리글에 "하나님의 사람 모세의 기도"라는 표제가 붙어있다. 모세(Moses)의 시는 1편인데 바로 시편 90편이 모세의 시이다. 시편 91편은 머리글의 표제가 붙어있지 않은 시로 그 내용이 고라 자손의 시인 시편 46편과 비교된다. 시편 91편은 성도들에게 위로와 힘을 제공하는 시이다. 시편 92편의 제목은 칠십인 경(LXX)의 제목인 "안식일의 찬송 시"에서 왔다. 칠십인 경은 "Ψαλμὸς ῷδῆς εἰς τὴν ἡμέραν τοῦ σαββάτου"(A Psalm of a Song for the Sabbath-day)로 되어 있다. 미쉬나(Mishnah)는 율법에 관한 특별한 질문에 대한 해석과 적용이 담겨 있는 유대인들의 구전 율법이다. 그런데 미쉬나는 한 주간의 각 요일에 해당하는 시편을 소개한다. 즉, 주일은 시편 24편, 월요일은 시편 48편, 화요일은 시편 82편, 수요일은 시편 94편, 목요일은 시편 81편, 금요일은 시편 93편, 그리고 토요일인 안식일은 시편 92편이다.[38] 시편 93편부터 시편 97편까지 5편은 머리글 없이 소개되고, 시편 98편은 간단한 머리글 "시"라고 소개하고 그 내용은 바벨론 포로에서 구해주신 여호와께 감사의 찬송을 올리는 것이다. 그리고 시편 99편은 머리글 없이 소개되고, 시편 100편은 "감사의 시"라는 머리글이 나타난다. 그리고 시편 101편은 "다윗의 시"라는 머리글이 붙어 있고, 시편 102편은 "고난당한 자가 마음이 상하여 그의 근심을 여호와 앞에 토로하는 기도"라는 머리글과 함께 소개된다. 시편 103편은 다시 "다윗의 시"라는 머리글과 함께 소개되고, 시편 104편부터 106편까지는 머리글 없이 각 시가 소개된다.

제5부: 107-150편(전체 44편 / Book Five-44 Psalms)

시편 107편은 제5부에 속한 시이지만 바로 전 시편인 시편 105편, 시편 106편과 함께 연계하여 관찰할 필요가 있다. 시편 105편은 이스

---

38 Leupold, *Exposition of Psalms*, p. 658.

라엘의 역사를 출애굽 사건 때까지 소개하고 있고, 시편 106편은 이스라엘의 역사를 바벨론 포로로 끌려갈 때까지 소개하며, 시편 107편은 바벨론 포로에서 회복해 주심을 찬송하는 내용을 담고 있다. 시편 108편부터 시편 110편까지 3편은 머리글이 "다윗의 시"로 되어 있다. 그리고 시편 111편부터 119편까지 9편은 머리글 없이 소개되어 있다. 그런데 이 부분에 신구약 성경 전체에서 가장 짧은 장과 가장 긴 장이 포함되어 있다. 가장 짧은 장은 시편 117편으로 2절로 구성되어 있고, 가장 긴 장은 시편 119편으로 176절($22 \times 8 = 176$)로 구성되어 있다. 시편 120편부터 134편까지 15편은 "성전에 올라가는 노래"라는 머리글이 붙어 있다. 그런데 특별히 시편 122편, 124편, 131편, 그리고 133편 4편은 "다윗의 시"라는 표제가 첨가되어 있고, 시편 127편은 "솔로몬의 시"라는 표제가 첨가되어 저자를 밝히고 있다. 시편 135편부터 137편까지 3편은 머리글 없이 소개되고 있으며, 시편 138편부터 시편 145편까지 8편은 "다윗의 시"라는 머리글과 함께 소개되어 있다. 마지막으로 시편 146편부터 150편까지 5편은 머리글은 붙어있지 않으나 시편의 시작이 할렐루야로 시작하고 마지막을 할렐루야로 끝맺는 시이다.

시편 119편: 22개 꽃잎으로 구성된 119라는 말씀의 꽃송이

시편 119편에서 주의 말씀에 관한 용어가 "여호와의 율법", "주의 법도", "주의 교훈", "주의 증거", "주의 율례", "주의 계명", "주의 말씀", "주의 약속" 등과 같은 표현으로 거의 매 구절마다 등장하지만, 시편 119:176절 중 6절에는 주의 말씀이라는 표현이 등장하지 않는다. 다음은 "하나님의 말씀"에 관한 표현이 등장하지 않는 구절들이다 (시 119:75, 90, 121, 122, 132, 137). 주의 말씀이 나타나지 않는 구절에서는 하나님의 말씀 대신 하나님 말씀의 효능이 표현되어 있다. "주의 심판"(시 119:75), "주의 성실하심"(시 119:90), "정의와 공의"(시 119:121), "보증하사 복을 얻게 하시고"(시 119:122), "주의 이름을 사랑하는 자들에게 은혜를 베푸소서"(시 119:132), "주는 의로우시고 주의 판단은 옳으니이다"(시 119:137)등 6구절이 "하나님의 말씀" 대신 다른 표현으로 말씀의 역할을 묘사하고 있다. 그러나 시편 119:7의 "의로운 판단"과 108절의 "주의 공의"를 주의 말씀을 가리키지 않는 것으로 생각할 경우 모두 8절에서 주의 말씀이 언급되지 않았다고 정리할 수 있다.

시편 기자는 비교적 젊은 사람일 것으로 추정된다(시 119:9, 99, 100 참조). 그는 주님의 말씀을 경멸하는 자들로부터 그리고 특별히 정부의 고급 관료들로부터 경멸을 당하며 핍박을 당하는 형편에 있었다(시 119:23, 46, 161 참조). 하나님의 말씀은 그의 위로가 되고 그의 지혜가 된다. 그러므로 시편 119편이 불경건하고 타락한 사람들 가운데서 그리고 그를 괴롭히는 많은 고난 가운데서 견고하게 서 있기를 위한 기도의 시편이라고 할 수 있다.

시편 119편이 176절인 이유는 히브리어 알파벳(alphabet)이 22자인데 매 자가 8절씩을 단락(paragraph)으로 각 절의 맨 처음에 나타나도록 배열했기 때문이다. 예를 들면 히브리어 알파벳 첫 자가 알렙(א)인데 시편 119편 1-8절까지 각 절이 알렙으로 시작하고, 9-16절까지 두 번째 철자인 베트(ב)로 시작하는 패턴이다. 그러므로 22×8이 되어 전체의 절수가 176절이 된 것이다. 칼빈(Calvin)은 이런 이유로 어떤 이는 시편 119편을 "8행 시편"(the octonary psalm)이라 부른다고 소개한다.[39] 스펄전(Spurgeon)은 왜 시편 기자가 히브리어 알파벳 22자를 사용하여 시편 119편을 쓰게 되었는지에 대해 흥미로운 몇 가지 제안을 한다. 첫째, 시편 119편에 히브리어 알파벳 22자를 사용한 것은 자녀들이 히브리어 알파벳을 배울 때 이 시편도 함께 배울 수 있게 하기 위해서였다. 둘째, 시편 119편에 포함된 교리(doctrine)를 여러 해 공부한 지식인들뿐만 아니라 전혀 공부하지 못한 무식한 사람들도 핑계하지 못하게 하기 위해서였다. 셋째, 그리스도(Christ)의 이름이 알파(Alpha)와 오메가(Omega)임으로 모든 구절(84절과 122절은 예외)이 그리스도에 대한 하나님의 계시를 인간에게 말씀하고 계심을 알게 하기 위해서였다. 계속해서 스펄전은 시편 119편이 하나님을 향한 다윗의 짧고 갑작스러운 호흡과 같은 경건한 절규로서 그가 이런 절규가 발생할 때마다 기록해 두었다가 그의 생애 후반부에 이것들을 모아 말을 덧붙이고 정리해서 기록한 것이기 때문에 마치 솔로몬의 잠언들처럼 구절 간 일관성이 결여된다고 말한다. 스펄전은 그런 이유로 시편 119편은 "금가락지들을 담은 보석함이지, 금으로 연결된 쇠사슬은 아니라고 말한다."(It is a chest of

---

39 John Calvin, *Commentary on the Book of Psalms*, Vol. IV (Grand Rapids: Eerdmans, 1949), p. 399.

gold rings, not a chain of gold links.)[40] 이제 시편 119편을 8절씩 나누어 그 내용을 간략하게 정리해 보자.

1. 율법을 지키는 자들의 복(알렙/Aleph: 시 119:1-8)

시편 기자는 시편 119편을 "행위가 온전하여 여호와의 율법을 따라 행하는 자들은 복이 있음이여"(시 119:1)라는 말로 시작한다. 이는 시편 기자 자신이 바로 그 복 있는 자가 되기를 원하는 마음이 있었기 때문이다. 시편 기자는 완전한 율법의 아름다움을 눈여겨보면서 마치 이 구절이 자신의 감정의 총화(sum)요 결과(outcome)인 것처럼 "여호와의 율법을 따라 행하는 자들은 복이 있다"고 외친다.[41] 시편 119:1-8사이에 등장하는 말씀이나 율법과 관련되어 사용된 용어들은 "여호와의 율법"(119:1), "여호와의 증거"(119:2), "주의 도"(119:3), "주의 법도"(119:4), "주의 율례"(119:5), "주의 모든 계명"(119:6), "주의 의로운 판단"(119:7), "주의 율례"(119:8) 등이다. 진정으로 복된 자는 여호와의 율법을 전심으로 행하고 전심으로 지키는 자이다(119:1-2). 시편 기자는 시편 119:3에서 복된 자들을 부정적으로 그리고 긍정적으로 설명한다. 복된 자들은 불의를 행하지 않는다. 반면 복된 자들은 주의 도를 행한다. 복된 자는 하나님의 씨가 그 안에 있는 자요(요일 3:9), 성령이 그 안에 내주하는 자이다(고전 3:16; 6:19). 복된 자는 주의 법도와 율례를 진실한 마음으로 지킨다. 그래서 그의 삶은 부끄럽지 아니하고 당당한 모습의 삶이다(시 119:6). "하나님의 율법을 지키는 생활은, 부자유(不自由)에 빠짐

---

40 C. H. Spurgeon, *The Treasury of David*, Vol. VI. Psalms 119-124 (Welwyn: Evangelical Press, 1978), p. 5.

41 Spurgeon, *The Treasury of David*, Vol. VI. Psalms 119-124, p. 11.

이 아니고, 도리어 최고의 기쁨과 축복과 안전을 누리게 됨이다."[42] 시편 기자는 항상 정직한 마음으로 하나님의 의를 나타내는 바른 판단을 하기를 소원한다(시 119:7-8).

2. 청년의 행실을 깨끗하게 하는 말씀(베트/Beth: 시 119:9-16)

시편 기자는 이 단락을 "청년이 무엇으로 그의 행실을 깨끗하게 하리이까 주의 말씀만 지킬 따름이니이다"(시 119:9)로 시작한다. 이 말씀은 솔로몬이 "너는 청년의 때에 너의 창조주를 기억하라 곧 곤고한 날이 이르기 전에, 나는 아무 낙이 없다고 할 해들이 가깝기 전에"(전 12:1, 개역개정)라고 말한 말씀과 유사하다. 청년들은 그 특성상 범죄에 빠지기 쉽다. 그런데 시인은 청년이 행실을 깨끗하게 할 방법은 "주의 말씀을 지키고"(시 119:9), "주의 말씀을 항상 묵상하며"(시 119:10-11), "주님의 말씀을 배우며"(시 119:12), 더 나아가 "주의 말씀을 즐거워하고 선포하는 것"(시 119:13, 16)이라고 말한다. 칼빈은 시인이 청년들에게 주의 말씀을 지킬 것을 강조한 이유는 청년 때에 삶을 제어하면서 성실하게 사는 사람은 나이가 들어서도 자신을 잘 제어할 수 있기 때문이요, 또한 청년의 때는 육적인 성향(the carnal propensities)이 강하기 때문에 잘못으로부터 보호하려는 의도가 담겨 있다고 설명한다.[43] 특히 시편 기자는 "내가 모든 재물을 즐거워함같이 주의 증거들의 도를 즐거워하였나이다"(시 119:14)라고 선언하므로 그의 하나님의 말씀에 대한 사랑이 얼마나 깊은지를 드러내고 있다. 예수님이 친히 "너희가 하나님과 재물

---

42 박윤선, 「성경주석: 시편」(서울: 영음사, 1966), p. 925.

43 Calvin, *Commentary on the Book of Psalms*, Vol. IV. p. 407.

을 겸하여 섬기지 못하느니라"(마 6:24; 눅 16:13)고 말씀한 것처럼 사람들의 재물에 대한 집착과 애정은 무엇과도 비교할 수 없는 것이다. 시편 기자는 사람이 재물을 좋아하는 것 이상으로 하나님의 말씀을 좋아한다고 고백한다. 그래서 시인은 그의 삶이 주의 길을 따르기 원하는 것이며 항상 주의 율례를 잊지 않고 즐거워한다고 말한다(시 119:15-16).

3. 나의 즐거움이요 나의 충고자인 말씀(김멜/Gimel: 시 119:17-24)

주의 종들은 자신의 능력으로 주님을 섬길 수 없다. 왜냐하면, 그들을 향한 하나님의 은혜가 없으면 사는 것 자체가 불가능하기 때문이다(시 119:17). 스펄전은 시편 119:17의 "살게 하소서", "주의 말씀을 지키리이다"를 해석하면서 "생애는 하나님의 말씀을 지킬 수 있을 때만 보존할 가치가 있다. 진실로 가장 고귀한 의미의 생애는 거룩성을 떠나서 존재할 수 없다. 우리가 율법을 깨뜨리는 동안의 생애는 이름뿐인 삶이다"라고 정리한다.[44] 그래서 시편 기자는 "주의 율법에서 놀라운 것을 보게"(시 119:18) 해 달라고 기도하고 있다. 이 말씀은 놀라운 어떤 것을 보게 해 달라는 기도가 아니요, 영안을 열어 말씀의 놀라운 진리를 깨닫게 해 달라는 기도이다. 시편 기자는 주의 계명들을 숨기지 말라고 기도하고(시 119:19), 주의 규례들을 사모하고 있다고 고백한다(시 119:20). 하나님의 말씀은 비방과 멸시를 내게서 떠나게 하신다(시 119:22). 하나님의 말씀이 이 땅 위에서 성도들에게 위안과 구원이 되기 때문에 성도들은 하나님의 말씀을 지켜야 한다.[45] 시인은 비록 고관들

---

44 Spurgeon, *The Treasury of David*, Vol. VI. Psalms 119-124, pp. 49-50.

45 박윤선, 「성경주석: 시편」, p. 926.

까지도 자신을 비방하지만, 주의 증거가 충고자요 즐거움이라고 고백한다. 시인은 세상이 불의한 생각으로 성도들을 엄습할지라도 주님의 율례들을 묵상하는 것이 바로 성도들의 강함을 표현하는 것이라고 말하고 있다(시 119:23-24).

4. 나의 영혼을 살리는 말씀(달렛/Daleth: 시 119:25-32)

본 단락에는 "주의 말씀", "주의 율례", "주의 법도", "주의 말씀", "주의 법", "주의 규례", "주의 증거", "주의 계명"이라는 표현으로 절마다 주의 말씀을 언급하고 있다. 시편 기자는 자신의 영혼(네페쉬)이 죽은 것이나 다름없는 상태에 있음을 알고 살아나게 해 달라고 여호와께 간구한다(시 119:25). "내 영혼이 진토에 붙었사오니"는 "내가 진토에 엎드렸사오니"라는 의미로 받을 수 있다(Luther). 여기서 "영혼"은 인격체인 자기 자신을 가리킨다. 시편 기자는 여기서 자신의 진지한 태도를 묘사한다. 시편 기자는 자신의 영혼이 살 수 있는 길은 오로지 주의 말씀의 방법으로만 가능함을 알고 있었다(시 119:25, 28). 시편 119:29의 "거짓 행위"는 하나님의 말씀에 거슬리는 행위를 가리킨다. 이는 단순히 어떤 행동이 양심에 반한 것만을 가리키지 않는다. 시편 기자는 주의 규례를 그의 앞에 두고, 주의 증거에 매달리고, 주의 계명들의 길로 달려간다(시 119:30-32). 시편 기자는 그가 주의 계명들의 길로 열심히 달려가면 갈수록 하나님께서 하나님의 계명을 이해할 수 있도록 그의 마음을 넓혀 주실 것을 확신하고 있다(시 119: 32).[46]

---

46 Leupold, *Exposition of the Psalms*, 1977, p. 830.

5. 나의 삶에 가이드가 되신 말씀(헤/He: 시 119:33-40)

시인은 "율례"(statutes: 시 119:33), "주의 법"(law: 시 119:34), "주의 계명"(commandments: 시 119:35), "주의 증거"(testimonies: 시 119:36), "주의 길"(ways: 시 119:37), "주의 말씀"(promise: 시 119:38), "주의 규례"(rules: 시 119:39), "주의 법도"(precepts: 시 119:40)라는 용어로 하나님의 말씀을 여러 가지 표현으로 묘사하고 있다. 주의 율례는 율법을 주신 하나님이 정해 놓은 것을 뜻하고, 주의 법은 주께서 주신 교훈과 명령을 뜻하고, 주의 계명은 하나님의 명령하신 것을 뜻하고, 주의 증거는 하나님이 엄중하게 그의 의지라고 증언하신 것을 뜻하며, 주의 길은 여호와께서 정해 놓으신 방법으로 성도가 실천해야 할 것을 뜻하며, 주의 말씀은 영어로 "약속"으로 번역되었으나 실상은 말씀(word)을 가리킨다. 주의 말씀은 하나님이 말씀하신 것을 뜻한다. 주의 규례는 심판자이신 하나님이 바르다고 판단하신 것을 뜻하며, 주의 법도는 하나님이 성취하시기로 정해놓으신 것을 뜻한다. 여기 언급된 표현들은 모두 하나님의 말씀을 다른 관점에서 설명한 것이다. 그리고 시인은 하나님께 이런 하나님의 말씀을 지킬 수 있도록 도와 달라고 간절히 소원한다. 시인의 간절함은 "내 눈을 돌이켜"와 "나를 살아나게 하소서"에서 찾을 수 있다. 시인이 보기를 원하지 않는 "허탄한 것"은 우상이나 우상숭배 행위를 뜻한다(시 101:3 참조)[47] 스펄전은 "주의 길"을 설명하면서 네 가지의 길을 소개한다. 첫째, 세상의 길은 가시밭 길(thorny)이요, 둘째, 육체의 길은 신뢰할 수 없는 길(treacherous)이요, 셋째, 악마의 길은 음울한 길(darksome)이요, 넷째, 하나님의 길이 있는데 하나님의 길은 은혜

---

47 Spurgeon, *The Treasury of David,* Vol. VI Psalms 119-124, p. 107.

로우신 길(gracious)이라고 소개한다.[48]

6. 나를 비방하는 자들로부터 지키시는 말씀(와우/Waw: 시 119:41-48)

시편 기자는 주의 말씀에 대해 진실한 고백을 할 수 있도록 하나님의 은혜와 용기를 구하는 기도를 드린다. 그는 주의 말씀에 의지하여 그를 비방하는 자들에게 대답하기를 바란다. 시편 기자는 그를 비방하는 자에게 정곡을 찌르는 바른 답변을 할 수 있는 원천은 인간의 재간이 아니요, 오로지 하나님 최상의 말씀이라고 고백한다(시 119:42). 그래서 시편 기자는 "주의 규례", "주의 율법", "주의 법도", "주의 교훈", "주의 계명", "주의 율례"라는 표현을 사용하여 진리의 말씀이 우리를 보호하신다고 고백한다. 박윤선 박사는 시편 119:45을 해석하면서 "하나님의 말씀은 인생의 참된 궤도와 같아서, 사람이 그것을 따라가면 안전하고 또 복이 있다. 그러므로 거기에는 진정한 자유가 있다"[49]라고 해석한다.

역사적으로 볼 때 많은 저자가 시편 119:46을 루터(Luther)가 보름스회의(the diet of Worms)에서 "나의 양심은 하나님의 말씀에 포로가 되어 있다. 그리고 양심을 거슬러 행동하는 것은 안전하지도 않을 뿐만 아니라 바르지도 않기 때문에 나는 철회할 수도 없고 철회하지도 않을 것이다. 나는 다른 일을 할 수가 없다. 하나님 나를 도우소서. 아멘"이라고 교황청을 향해 소신 있는 태도를 보인 영웅적인 행동을 예로 들

---

48 Spurgeon, *op. cit.*, p. 108.

49 박윤선, 「성경주석: 시편」, p. 928.

어 설명한다.[50] 우리가 진리의 말씀으로 무장되어 있으면 어떠한 상황에 부닥치든 승리할 수가 있다(엡 6:13-20 참조).

7. 나에게 소망을 주시는 말씀(자인/Zayin: 시 119:49-56)

류폴드(Leupold)는 시편 119:49은 간구(petition)이며 나머지 구절들은 49절에서 선포된 주제를 실천한다는 뜻의 자서전적인 의미(autobiographical tone)가 드러난다고 해석한다.[51] 시편 기자는 주의 말씀이 나에게 소망을 가지게 하셨기 때문에 자신이 고난 가운데 있을 때에도 위로를 받는다고 고백한다(시 119:50). 박윤선 박사는 시편 119:49의 "주의 종"이란 고백은 시인이 "주님의 말씀에 순종하는 자(종)인 것이 명백하다. 주님의 말씀에 순종하는 자가 아니고서는, 주님이 약속하신 말씀대로의 축복을 바라볼 자격을 가지지 못한다."라고 해석한다.[52] 시편 119:50의 "주의 말씀이 나를 살리셨기 때문이니이다"에서 "살렸다"는 의미는 중생(regeneration)과 같은 내적인 영적 변화를 가리키지 않고, 심신에 능력을 제공하여 삶을 활성화해 주신 것을 가리킨다.[53] 그래서 시편 기자는 자신이 말씀에 충실한 것에 대해 교만한 자들이 조롱하여도 결단코 주의 법을 떠나지 않고(시 119:51) 오히려 주님의 옛 규례들을 기억하고 위로를 받았다고 고백한다(시 119:52). 그리고 시편 기자는 악인들이 주의 율법을 버린 사실을 생각할 때 "맹렬한 분노"(hot indignation)를 느끼고(시 119:53) 자신은 주의 율례를 노래한다

50 Leupold, *Exposition of Psalms*, p. 833; Luther, *Werke*, Weimar edition VII, p. 838.

51 Leupold, *Exposition of Psalms*, p. 834.

52 박윤선, 「성경주석: 시편」, p. 929.

53 Leupold, *Exposition of Psalms*, p. 834.

고 고백한다(시 119:54). 시편 기자는 주의 말씀이 소망이기 때문에 밤에 도, 즉 고난 중에도 주의 법을 지켰다고 말한다(시 119:55). 그리고 시편 기자는 자신이 가진 소유가 그에게 소망을 주신 "주의 법도" 자체라고 고백한다(시 119:56).

8. 나에게 삶의 법도를 가르치시는 말씀(헤트/Het: 시 119:57-64)

시편 기자는 시편 119:57에서 "여호와는 나의 분깃이시니 나는 주 의 말씀을 지키리라"라고 고백한다. "여호와는 나의 분깃"이라는 말 씀은 여호와가 시인의 한 부분(my portion)이라고 고백하는 것이다. 스 펄전은 "여기서 우리의 저자는 주님 앞에서 자신의 몫인 권리증서 (title-deeds)를 감히 제시하고 있다. 왜냐하면, 저자는 감히 하나님이 자 신의 소유라고 부르는 즐거운 언어를 하나님께 직접 말하고 있기 때 문이다."라고 해석한다.[54] 시편 기자는 세상의 모든 부요보다 하나님의 말씀을 더 좋아한다. 그래서 시편 기자는 주의 말씀을 지키는 것이 그 의 확신이며 그의 삶의 목적이라고 고백하는 것이다. 시편 119:59에서 부터 시편 119:63까지는 "간구의 생각에서 순종하는 고백의 생각"(the thought of petition to that of 'profession of obedience')으로 전환하는 삶의 모습 을 발견한다. 그래서 시편 기자는 주의 증거를 향하여 그의 발길을 돌 이키고(시 119:59), 주의 계명을 신속히 지키고(시 119:60), 악인들의 올무 에 빠졌을 때도 주의 법을 기억하였고(시 119:61), 주의 법이 보배요 기 쁨이기 때문에 밤중에도 주님께 감사하고(시 119:62), 주를 경외하는 것

---

54 Spurgeon, *The Treasury of David,* Vol. VI. Psalms 119-124, p. 145.

이 모든 하나님의 자녀들이 해야 할 것을 고백한다(시 119:63).[55] 시편 기자는 다시 한번 많은 방법으로 나타내 보여주신 주님의 말씀으로 자신을 가르쳐 달라고 호소한다(시 119:64). 시편 기자는 오직 주님의 법도만이 인간의 삶을 바른길로 인도할 수 있음을 확인한다.

9. 고난의 의미를 깨닫게 해 주시는 말씀(테트/Tet: 시 119:65-72)

류폴드는 "이 부분은 다음과 같은 기본적인 사상을 우리에게 보여준다. 하나님이 그의 종들이 고난을 겪도록 허용하신 그 재앙 속에 나타난 하나님의 선하심이 그의 종들을 말씀에 더 가깝게 가도록 인도하신다."라고 해석한다.[56] 칼빈도 우리가 하나님의 교정을 계속 맛보는 것은 좋은 것이다라고 한다. 왜냐하면, 하나님의 교정은 우리에게 달콤한 것이 되어 반역적인 우리를 다시 하나님께 복종하게 만들기 때문이라고 설명한다.[57] 하나님은 시편 기자를 겸손하게 만드심으로 그를 잘못된 길에서 벗어나게 하신다(시 119:67). 시편 기자는 하나님의 말씀에 대한 자신의 충실성(fidelity)으로 교만한 자들이 그를 거짓으로 넘어지게 하려는 올무에서 벗어났다고 고백한다(시 119:69). 시편 기자는 그를 넘어지게 하는 교만한 자들은 마음이 둔하여 주의 법을 알지 못하나 자신은 주의 법을 즐거워한다고 고백한다(시 119:70). 그래서 시편 기자는 "고난당한 것이 내게 유익이라 이로 말미암아 내가 주의 율례들을 배우게 되었나이다"(시 119:71)라고 말하고 고난을 통해 하나님을 더

---

55 Leupold, *Exposition of Psalms*, p. 836. Leupold는 여기서 5절의 "간구에서 순종으로 전환"하는 개념은 Maclaren의 견해임을 밝힌다.

56 Leupold, *Exposition of Psalms*, p. 837.

57 Calvin, *Commentary on the Book of Psalms*, Vol. IV. p. 454.

알게 되었고, 하나님의 말씀을 더 많이 깨닫게 되었음을 밝힌다. 고난은 당할 때는 고통스럽지만 고난을 감내한 후에는 많은 것을 얻게 된다. 그래서 시편 기자는 삶의 경험을 통해 주의 입의 법이 천천 금은보다 더 좋다는 것을 알게 되었다(시 119:72, 개역개정). 델리취(Delitzsch)는 "하나님의 입으로부터 나오는 말씀은 세상의 많은 부요보다 이제 그에게 더 귀중한 것이다."[58]라고 정리한다.

10. 주의 심판을 위로의 장으로 만드신 말씀(요드/Yod: 시 119:73-80)

하나님이 인간을 창조하셨기 때문에 인간의 행복을 모른 체하실수 없다. 하나님은 인간에게 주님의 계명들을 깨닫고 이해할 수 있도록 도우신다(시 119:73). 시편 기자는 하나님의 심판의 행위는 하나님의 거룩성에 의해 조율되기 때문에 순수하고 의로울 수밖에 없다고 고백한다.[59] 그래서 성도가 당하는 고난은 그 자체로는 성도의 삶에 큰 고통을 가져다주지만 그 고난 속에서도 하나님의 자비가 풍성하기 때문에 견딜 만한 것이다. 시인이 "주의 인자하심이 나의 위안이 되게 하시며"(시 119:76)라고 고백하는 이유가 바로 여기에 있다. 박윤선 박사는 "신자가 고난을 당할 때에 깨달은 것은, 그 고통이 그를 교정시키려는 하나님의 신실성으로 인하여 왔다는 것이다"[60]라고 설명한다. 시편 기자는 "교만한 자들이 거짓으로 나를 엎드려뜨렸다"(시 119:78)고 말하면서 자신은 보복을 결심하지 아니하고 오히려 하나님의 말씀을 연구하

---

58 Franz Delitzsch, *Biblical Commentary on The Psalms*, Vol. III (Grand Rapids: Eerdmans, 1970), p. 252.

59 Delitzsch, *Biblical Commentary on The Psalms*, Vol. III., p. 253.

60 박윤선, 「성경주석: 시편」, p. 932.

고 묵상한다고 고백한다. 교만한 자가 우리에게 할 수 있는 최악의 행동은 우리에게서 주님을 향한 경배를 빼앗아 가는 것이다. 시편 기자는 이런 마음으로 주의 법도를 지키고 묵상하기 원하는 것이다.[61]

11. 나를 괴롭힌 자들을 의롭게 심판하신 말씀(카프/Kap: 시 119:81-88)

시편 기자는 그의 영혼과 눈이 피곤할 정도로 하나님의 말씀을 바라고 사모한다고 고백한다(시 119:81-82). 시인은 "내가 연기 속의 가죽부대같이 되었으나"(시 119:83, 개역개정)라는 표현을 사용한다. 개역개정과 표준새번역은 "가죽부대"로, 개역은 "가죽병"으로, AV는 bottle로, NIV와 ESV와 NKJV는 wineskin으로 번역했다. 칼빈은 "연기 속의 가죽부대"를 그 당시의 관행에 비추어 해석한다. 당시 유대인들이나 동방의 다른 국가에서는 가죽부대를 만들어 물이나 우유를 운반하였다. 가죽부대를 만드는 방법은 염소를 먼저 머리와 다리를 자른 다음 속을 비우고 꿰매어 지붕 위의 굴뚝 옆이나 문 옆 벽에 걸어놓으면 땔나무를 태워 거주 공간의 난방을 할 때 가죽부대는 연기에 그을려 까맣게 변한다고 설명한다. 이 과정을 통해 "가죽부대"는 마르고, 오그라들고, 주름이 생기게 된다. 그러므로 "가죽부대"는 많은 시련을 거쳐 만들어진다. 시인은 이를 비유하여 오랫동안 겪는 육체적 고통과 정신적 고민은 인간의 자연적인 아름다움과 능력을 파괴하는 변화를 일으키지만 자신은 주님을 경외하는 일을 떠나지 않을 것임을 고백하고 있다.[62] 류폴드는 "내가 연기 속의 가죽부대같이 되었으나"를 시인 자신이 하

---

61 Spurgeon, *The Treasury of David*, Vol. VI. Psalms 119-124, p. 184.

62 Calvin, *Commentary on the Book of Psalms*, Vol. IV. pp. 462-463.

나님으로부터 잊혀진 존재 같지만 그럼에도 불구하고 자신은 주의 율례들을 잊지 않는다고 고백한 것으로 해석한다(시 119:83).[63] 류폴드의 해석은 칼빈의 해석보다 설득력이 약하다. 시인은 자신이 핍박을 받고 있다고 생각하면서 "나를 핍박하는 자들"(시 119:84), "교만한 자들"(시 119:85), "그들이 이유 없이 나를 핍박하오니"(시 119:86), "그들이 나를 세상에서 거의 멸하였으나"(시 119:87) 등의 표현으로 그의 대적자들을 묘사한다. 박윤선 박사는 성도들의 원수를 네 가지의 특징을 가진 것으로 구분하고 "첫째, 하나님의 말씀(율법)을 지키지 않음, 둘째, 교만함, 셋째, 성도를 해하려 함, 넷째, 음모를 꾸밈(85절)이다"라고 정리한다.[64] 시인은 주의 은혜만이 그를 핍박한 자들로부터 구하실 수 있다고 확실하게 믿고 주님께 간구하면서 주의 입의 교훈을 지키겠다고 약속한다(시 119:88).

12. 어제나 오늘이나 영원하신 말씀(라멧/Lamed: 시 119:89-96)

하나님의 교훈은 여러 가지 표현으로 묘사되었으나 그것들이 하나님 자신의 것이므로 대단히 중요한 것이다. 시편의 말씀은 하나님과 관계되지 않고 존재할 수 없다. 그러므로 시편은 성경 숭배와 하나님의 말씀에 의존하지 않는 믿음을 용납하지 않는다.[65] 시편 기자는 주의 말씀이 불안정하거나 불확실하지 않고 주의 말씀은 안정적이며, 확실하고, 움직일 수 없다고 고백한다. 주의 말씀은 옛날이나 지금이나 영

---

63 Leupold, *Exposition of Psalms*, p. 841.

64 박윤선, 「성경주석: 시편」, p. 933.

65 James Luther Mays, "Psalms," *Interpretation* (Louisville: Knox Press, 1994), pp. 384-385.

원히 변화되지 않은 상태로 남아 계신다(시 119:89). 이 거룩한 노래는 하나님의 신실성과 불변성을 묘사하고 있다.[66] 박윤선 박사는 "인간은 하나님의 말씀을 바꿔 보려는 망상을 하지 말고, 자기 자신이 그 말씀의 능력에 의하여 변화를 받아야 한다. 그 이유는, 모든 것은 다 변동되지만, 하나님의 말씀은 영원히 있을 것이기 때문이다(96절)"[67]라고 설명한다. 하나님의 신실성은 하나님의 계명을 지키는 부모의 생애에만 적용되는 것이 아니요 그 부모의 자녀들이 하나님과의 언약을 지키고 주님의 말씀을 지키면 대대손손(代代孫孫) 적용된다(시 119:90-91). 시인은 악인들이 그를 멸하려고 기회를 찾지만 주의 율법이 항상 즐거움이요 유일한 생명줄이기 때문에 주의 법도만 생각하고 붙잡고 있다고 고백한다(시 119:92-95). 그리고 시인은 세상의 모든 일은 끝이 있지만 주의 거룩한 계명은 무한하다고 고백하며 찬양한다(시 119:96).

13. 내가 사랑할 수밖에 없는 말씀(멤/Mem: 시 119:97-104)

시편 기자는 이 부분에서 하나님께 간구하고 간청하는 심정으로 주님을 바라보고 있지 않고 오히려 그의 마음은 주님 말씀의 지혜로움과 사랑스러움과 유익함에 감탄하며 주님을 바라보고 있다. 스펄전은 시인이 "내가 주의 법을 어찌 그리 사랑하는지요!"(시 119:97)라고 말하는 것은 시인이 감탄하는 표현이요 감격하는 표현이라고 말한다. 시인은 그가 주의 법을 너무나도 사랑하기 때문에 그 사랑을 표현하고자 하나 도저히 말로는 표현할 수 없어 "내가 주의 법을 어찌 그

---

66 Spurgeon, *The Treasury of David*, Vol. VI. Psalms 119-124, p. 213.

67 박윤선,「성경주석: 시편」, p. 934.

시편
153

리 사랑하는지요!"라고 감탄하고 있다고 설명한다.[68] 사람에 관해서는 그 사람을 알면 알수록 그를 존경하기 힘든 경우가 많은데 하나님의 말씀은 알면 알수록 더 신뢰하게 되고 더 존경하게 된다. 스펄전은 "주의 계명들이 나를 지혜롭게 한다"(시 119:98), "주의 증거들이 나의 명철을 스승보다 낫게 만든다"(시 119:99), "나의 명철이 노인보다 낫다"(시 119:100)를 해석하면서 "문자는 우리를 알게 만들지만 오직 하나님의 성령만이 우리를 지혜롭게 만든다. 지혜는 지식을 실제적인 용도에 적용하게 만든다. 지혜는 순종을 통해 우리에게 다가온다", "그리스도의 발아래 앉아있는 제자들은 신학박사들 보다도 신적인 일들에 대해 훨씬 더 숙련되어 있다"라고 설명한다.[69] 박윤선 박사는 "스승보다 나으며"(시 119:99), "노인보다 나으며"(시 119:100)란 뜻이 "칠십 노인이나 팔십 노인보다 승하다(낫다)는 의미만 아니라, 아담 때부터 오늘까지 살아온 몇 천 년 늙은 사람보다도 승하다는 뜻도 된다(98-100)"라고 설명한다.[70] 시인은 주의 말씀이 그를 지혜롭게 만들었기 때문에 그는 악한 길에 빠지지 아니하였고(시 119:101), 주의 규례들을 지켰고(시 119:102), 거짓 행위를 미워하게 되었다고 감사한다. 그러면서 시인은 주의 말씀이 내 입에 꿀보다 더 달다고 감사한다(시 119:103).

14. 나의 발에 등이요 나의 길에 빛이신 말씀(눈/Nun: 시 119:105-112)

시인은 주의 말씀이 자신을 거룩한 삶으로 인도하는 학교 선생님이며 가이드라고 증언한다. 따라서 시인은 자신을 예로 들어 우리에

---

68 Spurgeon, *The Treasury of David*, Vol. VI. Psalms 119-124, p. 229.

69 Spurgeon, Psalms 119-124, pp. 229-230.

70 박윤선,「성경주석: 시편」, p. 935.

게 그 원칙을 따라 살도록 권면한다.[71] 시편 119:105은 잠언 6:23의 말씀, 즉 "대저 명령은 등불이요 법은 빛이요 훈계의 책망은 곧 생명의 길이라"(개역개정)라는 말씀과 비슷하다. 류폴드는 시편 119:105을 해석하면서 "등불은 밤에 빛을 비춘다, 그러나 빛은 하루 종일 거기에 있다. 이처럼 말씀은 낮과 밤으로 빛을 제공하는 영향을 미친다. 말씀을 성실하게 사용하는 자는 이 세상 삶의 미끄러운 통로를 지나가면서 그의 발을 어디에 내디딜지 배운다. 그는 넘어질 필요가 없다."[72]라고 설명한다. 박윤선 박사는 이성(理性)도 일종의 빛 역할을 할 수 있으나 이성이 인간을 고난 중에서 위로하지 못하며 죽음에서 생명으로 인도하지 못한다. 그러나 하나님의 말씀은 진정한 등불과 같아서 그렇게 할 수 있다고(105절) 해석한다.[73] 시인은 자신이 주님의 말씀에 충실하여 사람들이 그를 넘어지게 하고 올무를 놓지만 시인은 주님의 말씀을 결코 떠나지 않을 것임을 천명한다(시 119:110). 시인은 주의 말씀은 의로운 규례이므로 그에게 공의를 가르쳐 주시기를 기도한다(시 119:106-108). 시인은 많은 고난이 그를 괴롭힐지라도 그는 결코 주의 말씀을 잊지 않고 행할 것이라고 고백한다(시 119:107, 112).

15. 나의 은신처시요 방패이신 말씀(사멕/Samek: 시 119:113-120)

시편 기자는 많은 반대가 있지만 하나님의 말씀에 성실하게 남아 있을 수 있도록 힘을 달라고 기도한다. 시편 기자는 주님이 우리가 숨

---

71 Calvin, *Commentary on the Book of Psalms*, Vol. IV. p. 479.

72 Leupold, *Exposition of Psalms*, p. 846.

73 박윤선, 「성경주석: 시편」, p. 935.

을 수 있는 곳이며 또한 우리를 사방의 위협에서 보호해 주실 수 있는 방패라고 고백한다(시 119:114). 시인은 행악자들이 주의 율례에서 떠날지라도 자신은 하나님의 계명을 지킬 것이라고 단언한다(시 119:115, 118). 시편 기자는 주님이 나의 은신처시요 방패이신 것처럼 주님의 말씀도 나의 은신처가 되고 방패가 된다고 고백하고 있다. 그래서 시편 기자는 그를 붙들어 주시고 살게 해 주시면 주의 율례를 항상 바라보겠다고 말한다(시 119:116-117). 시인이 "주께서 세상의 모든 악인들을 찌꺼기 같이 버리시니"(시 119:119)라고 말한 것은 그가 "두 마음을 품는 자들을 미워하고"(시 119:113)라고 말한 내용과 그 맥을 같이하고 있다. 시편 기자는 두 마음을 품고 하나님의 말씀을 멸시하는 자가 받을 심판은 공정하고 엄중한 것임을 알고 자신은 그런 심판의 자리에 앉지 않기 위해 주의 심판을 두려워한다고 말한다(시 119:120). 하나님이 악인들을 공정하게 심판하신 사실은 시편 기자로 하여금 하나님의 율법을 경외하게 만든다.

16. 나의 행동을 보증해 주신 말씀(아인/Ayin: 시 119:121-128)

시편 기자는 자신이 "정의와 공의를 행하였다"(시 119:121)고 고백한다. 시편 기자는 자신의 목적을 하나님의 손에 맡겼기 때문에 그는 더욱더 하나님의 말씀에 매달린다. 칼빈은 시편 기자가 "주의 구원"(시 119:123)을 사모한다고 말한 것은 하나님 은혜가 계속되는 과정으로 이해해야 한다고 해석한다.[74] 본 단락에서는 "주의 종"을 3번 사용한다(시 119:122, 124, 125). 물론 "주의 종"은 시편 기자 자신을 가리킨다. 그리고

---

74 John Calvin, *Commentary on The Book of Psalms*, Vol. V (Grand Rapids: Eerdmans, 1949). p. 4.

본 단락은 또한 3가지를 호소한다. 첫 번째는 주님의 신실하신 인자를 근거로 호소하고(시 119:124), 두 번째는 호소를 하는 사람이 바로 주의 종이기 때문에 들어 주시기를 호소하고(시 119:125), 세 번째는 이제는 여호와께서 일하실 때이기 때문에 그의 간구를 들어 주십사 호소하고 있다(시 119:126). 이 말씀은 그의 대적들이 주의 종에게 고난을 가하는 것은 주의 법을 훼손하는 일이기 때문에 지금이 여호와께서 일하실 때라고 말하는 것과 같다.[75] 시인은 자신이 정의와 공의를 실천하기 때문에 주의 법도를 바르게 여기고 주의 계명을 순금보다 더 사랑한다고 고백한다(시 119:121, 127-128).

17. 나의 발걸음을 지키시는 말씀(페/Pe: 시 119:129-136)

시편 기자는 "주의 증거들은 놀랍다"는 말로 이 단락을 시작한다(시 119:129). 스펄전은 "성경은 성령의 도서관이다. 성경은 신적 지식의 법전이요 종교의 가장 정확한 모델이요 강령(platform)이다. 성경은 우리가 믿어야 할 것들(credenda)과 우리가 실천해야 할 것들(agenda)을 포함하고 있다"라며 주의 증거, 즉 성경의 놀라운 점을 정리한다.[76] 또한 주의 증거들이 놀라운 점은 구약의 예언이 신약에서 모두 성취되었고, 십계명은 비록 많은 말로 표현되지 않았으나 모든 정의와 사랑의 법칙을 다 함축하고 있고, 주의 말씀은 항상 신실하시기 때문이다.[77] 류폴드는 본 단락의 요약으로 "주의 증거들이 많은 복을 가져다주기 때

---

75 Leupold, *Exposition of Psalms*, p. 850.

76 Spurgeon, *The Treasury of David*, Psalms 119-124, p. 286.

77 박윤선, 「성경주석: 시편」, p. 937.

문에 신실하게 지켜져야만 한다."[78]라고 정리한다. 주의 말씀은 특별히 마음이 단순하여 말씀을 있는 그대로 지키려는 사람들에게 새롭고 깊은 통찰력을 제공해 준다. 그래서 시인은 주의 말씀이 우둔한 사람들을 깨닫게 해 주신다고 말한다(시 119:130). 시인은 바로 자신이 그런 우둔한 자임으로 주의 말씀을 알기 위해 입을 열고 헐떡이고 있다고 증언한다(시 119:131).[79] 시편 119:132은 시편 119편에서 "주의 말씀"이 등장하지 않은 6구절 중 하나이다(참조, 시 119:75, 90, 121, 122, 132, 137). 시인은 하나님께서 그의 말씀을 통해 은혜를 베푸시는 것을 알고 주의 은혜를 간구하고 있다. 시편 기자는 어떤 죄악이나 어떤 핍박에 의해 실족되지 않도록 주의 말씀으로 지켜달라고 간절히 간구한다(시 119:133-135). 시인은 "그들이 주의 법을 지키지 아니하므로 내 눈물이 시냇물 같이 흐르나이다"(시 119:136)라는 말로 자신의 의로운 감정을 드러내려는 것이 아니요, 그들이 여호와를 경멸하므로 예레미야 선지자의 심정으로 안타까워하고 있는 것이다.[80]

18. 영원히 의롭고 성실한 말씀(차데/Sade: 시 119:137-144)

시편 기자는 "여호와여 주는 의로우시고"(시 119:137)라고 말함으로 주님의 의로우심이 그가 위로를 받는 첫 번째 근거가 된다고 고백한다. 주님은 항상 변하지 않으시고, 사람을 일관되게 대우하시고, 모든 사람에게 항상 의로운 하나님으로 나타나신다.[81] 스펄전은 "내 열정

---

78 Leupold, *Exposition of Psalms*, p. 851.

79 Delitzsch, *Biblical Commentary on The Psalms*, Vol. III, p. 259.

80 Delitzsch, *Biblical Commentary on The Psalms*, Vol. III, p. 260.

81 Spurgeon, *The Treasury of David*, Psalms 119-124, p. 300.

이 나를 삼켰나이다"(시 119:139)의 "열정"을 "세상의 열정", "육체의 열정", "이단과 거짓 종교의 열정", 그리고 "하나님의 참된 말씀에 대한 열정"으로 구분하고 그 의미를 각각 설명한다. "세상의 열정"은 없어질 것들을 위해 밤과 낮으로 일하게 하는 것이며, "육체의 열정"은 잠시 즐길 기쁨을 위해 밤과 낮으로 사람의 마음을 괴롭히는 것이며, "거짓 종교의 열정"은 사람들로 하여금 그들의 잘못된 견해를 유지하고 전파하기 위해 산과 바다를 누비며 여행하는 열정이며, "하나님의 참된 말씀에 대한 열정"은 세상이 가져다주지 못하는 선한 것에 대한 열정으로 하나님의 영광을 위한 열정이다.[82] 시편 기자는 주의 말씀이 의롭고 성실하기 때문에 주의 종이 말씀을 사랑하고 그 법도를 잊지 아니했다고 고백한다(시 119:137-141). 하나님의 의로운 말씀은 하나님의 명령이므로 군왕들은 물론 지위가 낮은 종들도 복종해야 한다.[83] 시편 기자는 "의로움"(righteous)과 "옳음"(right)이 하나님의 속성이기 때문에 하나님의 심판은 항상 공평할 것임을 보장해 준다고 생각한다. 이런 태도는 하나님의 대적들을 자극하게 되고 하나님의 대적들은 주의 말씀을 기억에 담아 두기를 원하지 않는다(시 119:139). 그러나 시인은 주의 말씀을 열정적으로 사랑하고 어떤 환난 속에서도 주의 말씀이 즐거움이 된다(시 119:143)고 고백한다.

19. 한순간, 한순간 따라 살 수밖에 없는 말씀(코프/Kop: 시 119:145-152)

시편 기자는 여호와께서 그를 구원해 주시면 그가 주의 교훈을 지키겠다고 서약한다(시 119:145-146). 이 두 구절은 시편 기자의 절박한

---

82 Spurgeon, *The Treasury of David*, Psalms 119-124, p. 302.

83 박윤선, 「성경주석: 시편」, p. 938.

형편을 묘사하고 있다. "시인의 기도는 고통 받고 있는 피조물이 표현할 수 있는 진지하고, 분명하고, 고통스럽고, 자연적인 언사이다."[84] 박윤선 박사는 "신자가 환난에서 구원받으려는 목적은, 이 세상에서 잘 살기 위함이 아니고, 하나님의 말씀을 더욱 잘 지키기 위함에 있다(145, 146)"라고 설명한다.[85] 시편 기자는 자신이 간구하는 근거는 "주의 인자하심"과 "주의 규례들"이라고 말한다(시 119:149). 즉, 시편 기자는 주님의 흔들리지 않는 사랑과 하나님께서 정하신 은혜로운 규례가 그가 신뢰하는 근거가 된다고 고백하고 있다. 시인은 악한 자들이 주의 법에서 멀리 떠나 있는 것을 보고 심히 안타깝게 생각하면서 자신은 진리이신 주의 계명이 늘 가까이 있는 것을 확신하고 있다(시 119:150-152).

20. 나의 고난을 외면하지 않으신 말씀(레쉬/Resh: 시 119:153-160)

시인은 자신을 예로 들어 하나님께 헌신하고 하나님을 경외하는 사람들은 비록 이 세상에서 보상을 받지 못할지라도 결코 낙담하지 않는다는 가르치고 있다(시 119:153).[86] 시편 기자는 본 구절에서 "나를 살리소서"(개역개정)를 3번(시 119:154, 156, 159) 사용한다. 한글 개역은 이 세 구절을 "나를 소성케 하소서"로 번역했고, NKJV는 위의 세 구절 모두를 "나를 새롭게 하소서"(revive me)로 번역했으며, NIV는 세 구절을 "나의 삶을 보존하소서"(preserve my life)로 번역했다. ESV는 세 구절을 "나에게 삶(생명)을 주소서"(give me life)로 번역했고, KJV은 세 구절을 모두

---

84 Spurgeon, *The Treasury of David*, Psalms 119-124, p. 309.

85 박윤선, 「성경주석: 시편」, p. 939.

86 Calvin, *Commentary on the Book of Psalms*, Vol. V. p. 30.

"나를 살아나게 하소서" 혹은 "나를 활기차게 하소서"(quicken me)로 번역했다. 그리고 LXX 는 "나를 살리소서"(ζῆσόν με)로 번역했다. 시편 기자는 주변에 악인들이 그를 괴롭히는 상황 속에서 하나님을 바라보며 그를 새롭게 해 달라고 호소한다. 이 용어는 시편 119편에서 자주 사용된 의미처럼 이 구절들에서도 구원과 관련된 "영적인 살림"을 뜻하지 않고, 그를 억누르고 있는 많은 고난들을 거두어 주셔서 삶이 자유롭고 즐겁게 되기를 소원하는 것이다.[87] 주님은 긍휼이 많으셔서 성도의 고난을 외면하지 않으실 것이다. 그래서 시편 기자는 "주의 말씀의 강령은 진리"이며 영원할 것이라고 고백하는 것이다(시 119:160).

21. 큰 평안을 주시는 말씀(신/Sin, Shin: 시 119:161-168)

본 구절의 전반부는 "주의 말씀만 경외하고"(시 119:161), "주의 말씀을 즐거워하고"(시 119:162), "주의 율법을 사랑하고"(시 119:163), "주의 의로운 규례들로 말미암아 내가 하루 일곱 번씩 주를 찬양하나이다"(시 119:164)라고 주의 말씀을 즐거워하는 것을 강조한다. 반면 본 구절의 후반부는 "주의 계명을 행하고"(시 119:166), "주의 증거들을 지키고"(시 119:167), "주의 법도들과 증거들을 지켰다"(시 119:168)라고 주의 말씀을 실행한 것을 강조하고 있다. 성도들은 주님의 말씀을 묵상하고 생각하는데 그치지 말고 그 말씀대로 실천하면서 생활해야 한다(빌 4:8-9 참조). 성경에 기록된 하나님의 말씀을 실천하지 아니하면 성경을 하나님의 말씀으로 믿는다고 하는 고백이 아무런 의미가 없다. 시인은 고관들이 핍박할지라도 그는 주의 말씀을 즐거워하고 행하면서 살겠다

---

87 Leupold, *Exposition of Psalms*, p. 856.

고 고백하고 있다.

22. 항상 찬송하고 즐거워해야할 말씀(타우/Taw: 시 119:169-176)

델리취는 "나를 깨닫게 하소서"(시 119:169)와 "나를 건지소서"(시 119:170)라는 간구는 서로 함께하는 간구이다. 그 이유는 시인이 바로 믿음 때문에 핍박받는 사람이요 외부의 고난으로부터 구원받을 수 있도록 그의 믿음을 강화시킬 필요가 있는 사람이기 때문이라고 해석한다.[88] 시인은 감히 하나님의 축복된 말씀을 그의 혀로 노래할 수 있게 해 달라고 간구한다(시 119:172). 시인이 "주의 구원을 사모한다"(시 119:174)고 말하는 것은 그의 영혼의 삶이 위험에 빠져있는 세상에서 구속을 바란다는 뜻이다. 박윤선 박사는 시편 기자는 자신을 잃은 양처럼 죄인으로 생각하고 영혼이 살지 못하면 하나님을 찬송할 수 없고 죽은 영혼은 하나님을 기쁘시게 할 수 없다고 고백하고 이는 모든 참된 신자들의 심리와 같다고 정리한다.[89] 하지만 칼빈은 "잃은 양같이 내가 방황하오니"(시 119:176)는 시인이 자신의 죄를 고백하는 것으로 이해해서는 안 되며 오히려 시인은 많은 대적과 권력으로부터 쫓기는 신세가 되어 자신을 감추기 위해 이곳저곳 옮겨 다닌 것을 뜻한다고 해석해야 후반부의 "내가 주의 계명들을 잊지 아니함이니이다"와 일치한다고 한다.[90] 박윤선은 본 구절을 실존적인 안목으로 성도 개인의 삶과 연계하여 해석했고, 칼빈은 본 구절을 문맥의 관

---

88 Delitzsch, *Biblical Commentary on The Psalms*, Vol. III., p. 263.

89 박윤선, 「성경주석: 시편」, p. 941.

90 Calvin, *Commentary on the Book of Psalms*, Vol. V. pp. 50-51.

점으로 해석했다. 두 학자의 견해는 서로 상충하는 것이 아니요, 서로 보완하는 것으로 보아야 한다. 류폴드는 "내 영혼을 살게 하소서"(시 119:175)의 뜻은 시인이 죽음의 위험이 있는 상황 속에서 계속 살아갈 수 있도록 허락해 달라는 것보다는 하나님을 더 잘 찬송할 수 있도록 새로운 힘을 주시기를 간구하는 것이라고 해석한다.[91] 시편 기자는 자신이 "잃은 양같이 방황"하는 것은 결코 배교하는 것이 아니며 그가 곁길로 빠졌을 때 돌아가기를 그렇게도 염원한 고향은 바로 주님의 곁이라고 고백한다.[92] 시인은 하나님의 말씀을 깨닫고 말씀을 따라 찬송하고 즐거워하는 것이 삶의 전부라고 고백한다.

---

91 Leupold, *Exposition of Psalms*, p. 861.

92 Delitzsch, *Biblical Commentary on The Psalms*, Vol. III, p. 263.

(1)

13

잠언

Proverbs | 총 31장

기록배경과 특징 <small>(약 B.C. 950-450)</small>

잠언(Proverbs)은 31장 915절로 구성되어 있다. 잠언의 기록자들은 솔로몬(Solomon), 아굴(Agur), 르무엘(Lemuel) 왕 등 몇 사람으로 알려져 있다. 솔로몬의 통치 기간이 B.C. 970-930년인 것을 생각할 때 솔로몬의 잠언들도 그 기간에 기록된 것으로 추정할 수 있다. 잠언서는 지혜를 주제로 한 여러 사람들의 잠언들을 한데 모아 편찬한 것이다. 잠언서는 이스라엘 민족을 대상으로 일상에서 지혜를 어떻게 적용할 수 있는지를 가르치지만 특별히 청년들을 염두에 두고 그들에게 지혜로운 삶을 가르쳐 하나님을 경외하게 하는데 목적이 있다. 그래서 본서는 반복적으로 "내 아들아"(잠 1:8부터 잠 9:18까지)라는 표현을 쓰고 있다. 경건하지 않은 세상에서 경건하게 사는 생활이 그렇게 쉬운 것만은 아니다. 잠언은 매일의 삶을 어떻게 성공적으로 살 수 있을지에 대한 하나님의 구체적인 교훈을 담고 있다. 많은 잠언이 지혜와 어리석음을 비교해서 설명하고 있다. 지혜는 하나님에게서 나온 것이기 때문에 항상 선호되어야 한다.

잠언은 히브리 시에서 가장 두드러지게 나타나는 대구법을 많이 사용한다. 대구법에는 동의(同意) 대구법, 반의(反意) 대구법, 상징(象徵) 대구법, 합의(合意) 대구법 등이 있다. 동의 대구법은 첫 번째 시행(詩行)의 단어나 의미가 두 번째 시행의 단어나 의미와 비슷한 잠언이요(잠 1:2, 9; 2:11), 반의 대구법은 첫 번째 시행의 뜻과 두 번째 시행의 뜻이 서로 상반되는 의미의 잠언이요(잠 10:1; 11:1), 상징 대구법은 한 시행이 직유나 은유를 사용하여 다른 시행의 뜻을 암시해 주는 잠언이요(잠 10:26; 25:12, 23), 그리고 합의 대구법은 첫 번째 시행의 뜻을 두 번째 시행이 계속 전개시키는 잠언의 형태이다(잠 3:6; 16:3). 이처럼 대구법을 사용한 잠언은 선행 절과 후행 절이 서로 보완적으로 그 뜻을 분명하게 밝혀 준다. 신약은 잠언의 언어를 많이 사용했음에 틀림없다. 참고로 로마서 3:15과 잠언 1:16; 히브리서 12:5과 잠언 3:11; 야고보서 4:6과 잠언 3:24; 베드로전서 4:8과 잠언 10:12; 베드로전서 4:18과 잠언 11:31; 베드로전서 5:5과 잠언 3:34; 베드로후서 2:22과 잠언 26:11을 비교하면 신약이 잠언의 언어를 사용했음을 알 수 있다.[93]

---

93 E. J. Young, *An Introduction to the Old Testament*, p. 315.

요약(A Summary of Proverbs)

잠언의 목적은 지혜와 훈계를 통해 하나님의 백성이 지혜롭게, 공의롭게, 정의롭게, 정직하게 살도록 하기 위함이다(잠 1:2-3). 그래서 지혜자는 "여호와를 경외하는 것이 지식의 근본이거늘 미련한 자는 지혜와 훈계를 멸시하느니라"(잠 1:7, 개역개정)고 권면한다.

젊은이를 위한 잠언(잠언 1:10-9:18 Proverbs for the Young Men)

하나님의 백성은 악한 자가 꾈지라도 그 유혹에 넘어가서는 안 된다(잠 1:10). 하나님의 백성은 지혜의 삶을 살아야 하며(잠 1:20), 공의와 정의와 정직 곧 모든 선한 길을 깨달아야 하고(잠 2:9), 인자와 진리가 떠나지 않게 해야 하고(잠 3:3), 여호와를 신뢰하는 삶을 살아야 한다(잠 3:5). 하나님의 백성은 이웃을 해하지 말아야 하고(잠 3:29-31), 항상 마음을 바르게 하고 살아야 하고(잠 4:23) 유혹자의 꾀임에 빠져서는 안 되며(잠 5:3-6) 보증을 서는 일은 하지 말고 개미처럼 열심히 일하면서 살아야 한다(잠 6:6-7). 하나님의 백성은 음녀의 유혹에 빠져서는 안 되며(잠 7:8-12), 지혜와 명철을 따라 하나님을 경외하는 삶을 살아야 한다(잠 8:1, 13). 잠언의 저자는 악을 미워하고 극복하는 첩경은 여호와를 경외하는 것이라고 가르친다(잠 8:13). 또한 잠언 저자는 지혜와 어리석음을 비교하면서 "여호와를 경외하는 것이 지혜의 근본이요 거룩하신 자를 아는 것이 명철이니라"(잠 9:10, 개역개정)라고 가르친다.

잠언 10장부터 24장까지는 솔로몬의 잠언이 기록되어 있다. 솔로몬은 "미움은 다툼을 일으켜도 사랑은 모든 허물을 가리느니라"(잠 10:12, 개역개정), "아름다운 여인이 삼가지 아니하는 것은 마치 돼지 코에 금고리 같으니라"(잠 11:22), "구제를 좋아하는 자는 풍족하여질 것이요 남을 윤택하게 하는 자는 자기도 윤택하여지리라"(잠 11:25), "악인은 불의의 이익을 탐하나 의인은 그 뿌리로 말미암아 결실하느니라"(잠 12:12), "지혜로운 자와 동행하면 지혜를 얻고 미련한 자와 사귀면 해를 받느니라"(잠 13:20), "공의는 나라를 영화롭게 하고 죄는 백성을 욕되게 하느니라"(잠 14:34), "여호와는 악인을 멀리 하시고 의인의 기도를 들으시느니라"(잠 15:29), "여호와를 경외하는 것은 지혜의 훈계라 겸손은 존귀의 길잡이니라"(잠 15:33), "교만은 패망의 선봉이요 거만한 마음은 넘어짐의 앞잡이니라"(잠 16:18), "제비는 사람이 뽑으나 모든 일을 작정하기는 여호와께 있느니라"(잠 16:33), "악인은 사람의 품에서 뇌물을 받고 재판을 굽게 하느니라"(잠 17:23), "사람의 마음의 교만은 멸망의 선봉이요 겸손은 존귀의 길잡이니라"(잠 18:12), "사람의 마음에는 많은 계획이 있어도 오직 여호와의 뜻만이 완전히 서리라"(잠 19:21), "노하기를 더디 하는 것이 사람의 슬기요 허물을 용서하는 것이 자기의 영광이니라"(잠 19:11), "세상에 금도 있고 진주도 많거니와 지혜로운 입술이 더욱 귀한 보배니라"(잠 20:15), "젊은 자의 영화는 그의 힘이요 늙은 자의 아름다움은 백발이니라"(잠 20:29), "다투는 여인과 함께 큰 집에서 사는 것보다 움막에서 사는 것이 나으니라"(잠 21:9), "지혜로도 못하고 명철로도 못하고 모략으로도 여호와를 당하지 못하느니라"(잠 21:30), "마땅히 행할 길을 아이에게 가르치라 그리하면 늙어도 그것을 떠나지 아니하리라"(잠 22:6), "너는 사람과 더불어 손을 잡지 말며 남의 빚에 보증을 서지 말라"(잠 22:26), "진리를 사되 팔지는 말며 지혜와 훈계와 명철도 그리할 지니라"(잠 23:23), "네 부모를 즐겁게 하며 너를 낳은 어미를 기쁘게 하라"(잠 23:25), "대저 의인은 일곱 번 넘어질지라도 다시 일어나려니와 악인은 재앙으로 말미암아 엎드러지느니라"(잠 24:16), 그리고 "네가 좀 더 자자, 좀 더 졸자, 손을 모으고 좀 더 누워 있자 하니 네 빈궁이 강도같이 오며 네 곤핍이 군사같이 이르리라"(잠 24:33-34) 등의 금언(金言)을 말한다.

히스기야의 신하들이 필사한 솔로몬의 잠언
(잠언 25:1-29:27 More Proverbs of Solomon Compiled by the Men of Hezekiah)

잠언 25장부터 29장까지는 유다 왕 히스기야(Hezekiah)의 신하들이 편집한 잠언이 기록되어 있다. 히스기야 왕은 B.C. 729-687년에 유다 왕으로 활동한 왕이다. 본 단락에는 "경우에 합당한 말은 아로새긴 은쟁반에 금사과니라"(잠 25:11, 개역개정), "다투는 여인과 함께 큰 집에서 사는 것보다 움막에서 혼자 사는 것이 나으니라"(잠 25:24), "게으른 자는 그 손을 그릇에 넣고도 입으로 올리기를 괴로워하느니라"(잠 26:15), "남의 말 하기를 좋아하는 자의 말은 별식과 같아서 뱃속 깊은 데로 내려가느니라"(잠 26:22, 개역개정), "가까운 이웃이 먼 형제보다 나으니라"(잠 27:10), "도가니로 은을, 풀무로 금을, 칭찬으로 사람을 단련하느니라"(잠 27:21), "욕심이 많은 자는 다툼을 일으키나 여호와를 의지하는 자는 풍족하게 되느니라"(잠 28:25), "악인이 일어나면 사람이 숨고 그가 멸망하면 의인이 많아지느니라"(잠 28:28), "의인이 많아지면 백성이 즐거워하고 악인이 권세를 잡으면 백성이 탄식하느니라"(잠 29:2), "사람이 교만하면 낮아지게 되겠고 마음이 겸손하면 영예를 얻으리라"(잠 29:23) 등의 잠언이 빛을 발하고 있다.

아굴의 잠언(잠언 30:1-33 Proverbs of Agur)

아굴은 "하나님의 말씀은 다 순전하며 하나님은 그를 의지하는 자의 방패시니라 너는 그의 말씀에 더하지 말라 그가 너를 책망하시겠고 너는 거짓말하는 자가 될까 두려우니라"(잠 30:5-6)라고 하나님 말씀의 권위를 말씀한다. 아굴의 잠언에는 특히 지혜로운 것 넷을 선별하는데 즉 먹을 것을 여름에 준비하는 개미, 집을 바위 사이에 짓는 사반, 임금이 없으되 다 떼를 지어 나아가는 메뚜기, 왕궁에 있는 도마뱀을 언급하고 있다(잠 30:24-28). 제롬(Jerome)은 아굴(Agur)이라는 이름이 솔로몬을 상징하는 이름이라고 말하나 신빙성이 없다. 왜냐하면 잠언은 야게(Jakeh)의 아들 아굴이라고 되어 있기 때문이다(잠 30:1).

르무엘 왕의 잠언(잠언 31:1-31 Sayings of King Lemuel)

르무엘(Lemuel) 왕의 어머니는 르무엘 왕에게 여인들에게 힘을 다 쓰지 말고(잠 31:3), 술을 멀리하라고 권면하고(잠 31:4-7) "공의로 재판하여 곤고한 자와 궁핍한 자를 신원"(잠 31:9)하라고 가르친다. 르무엘 왕을 훈계한 잠언에는 특히 현숙한 여인의 특징을 열거한다. 현숙한 여인은 남편을 기쁘게 하고(잠 31:10-12), 열심히 일하며(잠 31:13-22), 지혜와 인애를 베풀며(잠 31:26-27), 여호와를 경외하는 여인이다(잠 31:30).

솔로몬 왕 이후 분열왕국(Divided Kingdom) 시대

솔로몬 왕 때에 이스라엘은 북이스라엘과 남유다로 나누어진다 (B.C. 930). 이스라엘이 남, 북으로 분열된 이유를 요약하면 다음과 같다.

a. 이스라엘 백성이 창조주 하나님을 버리고 우상을 숭배했기 때문이다.

b. 다윗처럼 하나님의 법도와 율례를 지키지 않았다.

c. 르호보암이 어른들의 지혜를 묵살하였다(왕상 11:30-12:15).

B.C. 930 분열 왕국 솔로몬 왕 때에 이스라엘이 북이스라엘과 남유다로 분열된다. 북이스라엘의 초대 왕은 여로보암(Jeroboam)이고, 남유다의 초대 왕은 르호보암(Rehoboam)이다.

B.C. 722 북이스라엘은 호세아(Hoshea) 왕의 제9년에 앗수르의 살만에셀(Shalmanezer) 왕(B.C. 726-722)에 의해 멸망한다(왕하 17:1-6).

B.C. 612 앗수르는 바벨론-메대 연합군에 의해 멸망한다.

B.C. 588 유다의 예루살렘은 바벨론 느부갓네살 왕에 의해 포위된다.

B.C. 586 남유다는 시드기야(Zedekiah) 왕 제 11년 4월(렘 39:1-2)에 바벨론 느부갓네살 2세(Nebuchadnezzar II) 왕에 의해 멸망한다(왕하 25:1-12).

앗수르(Assyria)의 왕들

역사적으로 기록이 확실한 왕들만 언급하기로 한다. 많은 앗수르 왕들이 성경에 언급되지 않았고 이스라엘과 깊은 관계를 갖고 있지 않다. 여기서는 참고로 이름과 연대만 언급한다. 「신 앗수르 제국」(The Neo-Assyrian Empire: B.C. 745-609) 시대부터 성경과 관련된 많은 기록이 남아 있다.

앗수르-우발릿 1세(Ashur-uballit I: B.C. 1353-1318);

엔릴-니라리(Enlil-nirari: B.C. 1317-1308);

아릭-덴-일리(Arik-den-ili: B.C. 1307-1296);

아닷-니라리 1세(Adad-Nirari I: B.C. 1295-1264);

살만에셀 1세(Shalmanezer I: B.C. 1263-1234);

투쿨티-니누르타 1세(Tukulti-Ninurta I: B.C. 1233-1197);

앗수르-나딘-아플리(Assur-nadin-apli: B.C. 1196-1193);

앗수르-니라리 3세(Assur-Nirari III: B.C. 1192-1177);

엔릴-쿠두리-우수르(Enlil-kudurri-usur: B.C. 1186-1182);

니누르타-아필-에쿠르(Ninurta-apil-Ekur: B.C. 1181-1169);

앗수르-단 1세(Assur-dan I: B.C. 1168-1133);

앗수르-레샤-이쉬 1세(Assur-resha-ishi: B.C. 1132-1115);

디글랏-빌레셀 1세(Tiglath-Pileser I: B.C. 1114-1076);

아샤릿-아필-에쿠르(Asharid-apil-Ekur: B.C. 1075-1074);

앗수르-벨-칼라(Assur-bel-kala: B.C. 1073-1056);

에리바-아닷 2세(Eriba-Adad II: B.C. 1055-1054);

삼시-아닷 4세(Shamshi-Adad IV: B.C. 1053-1050);

앗수르나시르팔 1세(Assurnasirpal I: B.C. 1049-1031);

살만에셀 2세(Shalmanezer II: B.C. 1030-1019);

앗수르-니라리 4세(Assur-Nirari IV: B.C. 1018-1013);

앗수르-라비 2세(Assur-rabi II: B.C. 1012-972);

앗수르-레샤-이쉬 2세(Assur-resha-ishi II: B.C. 971-967);

디글랏-빌레셀 2세(Tiglath-Pileser II: B.C. 966-935)

앗수르-단 2세(Assur-dan II: B.C. 934-912);

아닷-니라리 2세(Adad-Nirari II: B.C. 911-891);

투쿨티-니누르타 2세(Tukulti-Ninurta II: B.C. 890-884);

앗수르나시르팔 2세(Assurnasirpal II: B.C. 883-859);

살만에셀 3세(Shalmanezer III: B.C. 858-824);

삼시-아닷 5세(Shamshi-Adad V: B.C. 823-811);

아닷-니라리 3세(Adad-Nirari III: B.C. 810-783);

살만에셀 4세(Shalmanezer IV: B.C. 782-773);

앗수르-단 3세(Assur-dan III: B.C. 772-755);

앗수르-니라리 5세(Assur-Nirari V: B.C. 754-745);

신 앗수르 제국(The Neo-Assyrian Empire: B.C. 745-609)

　군인들의 혁명(a military coup)으로 앗수르-니라리 5세를 권좌에서 폐위시키고 장군인 디글랏 빌레셀 3세가 권좌에 올라 제국을 많이 확장했다.

　■디글랏 빌레셀 3세(Tiglath-Pileser III: B.C. 744-727; 왕하 15:29; 16:7; 대하 28:20) 앗수르 제국의 조직을 새롭게 만들었고 또한 제국을 크게 확장시켰다.

　■ 살만에셀 5세(Shalmanezer V: B.C. 726-722; 왕하 18:9-12) 북이스라엘의 호세아(Hoshea)왕(B.C. 732-722)이 디글랏 빌레셀 3세가 살아 있을 때는 앗수르에 충성을 바쳤으나 디글랏 빌레셀 3세가 죽자 앗수르에 조공 바치는 것을 하지 않았다. 이에 화가 난 살만에셀 5세가

북이스라엘의 수도 사마리아(Samaria)를 점령하고 북이스라엘을 멸망시켰다.[94]

- 살곤 2세(Salgon II: B.C. 721-705)

살곤 2세는 구약 성경에 언급이 없지만 직전 왕인 살만에셀 5세가 히스기야 왕 제4년에 사마리아를 공격한 것(왕하 18:9)과 직후 왕인 산헤립이 히스기야 왕 제14년에 유다를 공격한 것(왕하 18:13)을 고려하면 그의 통치연대를 대략 추정할 수 있다.

- 산헤립(Sennacherib: B.C. 704-681; 왕하 18:13; 대하 32:1-2; 사 37:37-38)

산헤립은 B.C. 704년 앗수르의 수도를 니느웨로 옮긴 왕이다. 산헤립 왕은 그의 신 니스록(Nisroch)의 신전에서 경배할 때에 그의 아들들인 아드람멜렉(Adrammelech)과 사례셀(Sharezer)에 의해 암살되었다(왕하 19:37).[95]

- 에살핫돈(Esarhaddon: B.C. 680-669; 왕하 19:36-37; 사 37:38; cf. 스 4:2)

- 앗슈르바니팔(Ashurbanipal) 혹은 앗수르바니팔(Assurbanipal) (B.C. 668-631통치)

B.C. 663년 애굽의 데베(Thebes)를 멸망시킨다. 데베는 헬라의 명칭으로 히브리 지명으로는 노아몬(No Amon)으로 불렸다. 히브리 지명 노아

---

94 Marc Van De Mieroop, *A History of the Ancient Near East: ca 3000-323 B.C.*, third edition (Chichester: Blackwell Publishing Ltd., 2016), p. 268.; R. K. Harrison, "The Division of the Kingdom and the Rise of Assyria," *The Zondervan Pictorial Bible Atlas* (Grand Rapids: Zondervan, 1975), p. 119.

95 Mieroop, *A History of the Ancient Near East: ca 3000-323 B.C.*, p. 252.

몬보다는 데베라는 헬라지명으로 더 잘 알려져 있다.(나 3:8)

- 앗수르 에텔 일라니(Assur-etel-ilani: B.C. 630-627)

- 신 샤르 이쉬쿤(Sin-shar-ishkun: B.C. 626-612)

메데(Medes)의 싸이악사레스(Cyaxares)와 바벨론의 나보폴라살(Nabopo-lassar: B.C. 626-605)의 연합군에 의해 B.C. 612년에 패하고, 앗수르 왕 신 샤르 이쉬쿤은 불타는 왕궁에서 죽은 채 발견되었다. 이 전쟁으로 앗수르가 사실상 바벨론-메데 연합군에 의해 멸망한 것이다(Fall of Nineveh B.C. 612). 따라서 앗수르의 멸망 연도를 B.C. 612년으로 잡는다.

- 앗수르 우발리트 2세(Assur-Uballit II: B.C. 611-609)

서부지역 앗수르 군대 사령관이었는데 자신이 왕이 되어 자신의 이름을 제국의 창시자인 앗수르-우발리트 1세의 이름을 따서 앗수르-우발리트 2세로 명명하였지만 바벨론-메데의 연합군을 당할 수 없었고, B.C. 609년 앗수르 군대는 완전히 해산되었다.[96]

북이스라엘 아합 왕의 악한 통치(Rule of Ahab: B.C. 874-853)

아합(Ahab) 왕은 유다의 아사(Asa) 왕(B.C. 910-870) 제38년에 북이스라엘의 왕이 되었다(왕상 16:29). 아합 왕은 선지자 엘리야(Elijah)를 "이스

---

96 Edward J. Young, *An Introduction to the Old Testament*, p. 199 참조; Mieroop, *A History of the Ancient Near East, ca.. 3000-323 B.C.*, pp. 361-363; Edwin R. Thiele, *The Mysterious Numbers of the Hebrew Kings* (Grand Rapids: Academie Books, 1983), p. 125 참조; *The New Encyclopaedia Britannica*, Vol. 23, Macropaedia, "The History of Ancient Mesopotamia," pp. 860-892.

라엘을 괴롭게 하는 자"(왕상 18:17)라고 평가 절하한다. 엘리야 선지자
는 아합 왕이 모은 바알(Baal)의 선지자 450명과 아세라(Asherah)의 선지
자 400명을 갈멜(Carmel)산에서 만나 누가 진짜 선지자인지 진위(眞僞)
의 결투를 통해 승리한다(왕상 18:19, 38-40). 아합 왕은 사마리아에 상아
로 장식한 왕궁을 지었다(왕상 22:39). 그는 그의 아내 이세벨(Jezebel)에
게 바알을 숭배할 성전을 사마리아에 짓도록 허락하였다. 그리고 이
세벨은 거짓 선지자들을 후원하고, 진정한 선지자들을 죽이고, 그리고
주님의 제단을 파괴하였다.(He built a palace decorated with ivory at Samaria[1
Kings 22:39] He allowed his wife Jezebel to build a temple to Baal in Samaria, and she
sponsored false prophets, killed true ones, and destroyed altars of the Lord.)

14·15

사무엘상 · 하

1 and 2 Samuel | 총 31, 24장

기록배경과 특징(B.C. 930-722)

사무엘상은 31장 810절, 사무엘하는 24장 695절로 구성되어 있다. 유대인의 전승에 의하면 사무엘상·하(1 and 2 Samuel)는 사무엘(Samuel)이 기록하였다고 전한다. 그러나 사무엘상·하의 내용에 사무엘의 죽음이 언급되어 있고(삼상 25:1; 28:3), 또한 사무엘이 죽은 이후에 발생한 사건들이 기록된 것으로 보아 사무엘을 저자로 인정할 수는 없다. 사무엘상·하는 왕국분열 직후(B.C. 930)부터 북이스라엘이 멸망할 때(B.C. 722)까지의 어느 시기에 유다의 어떤 인물이 기록한 것으로 볼 수 있다. 사무엘상과 사무엘하는 히브리어 성경에 원래 한 권으로 되어 있었으나 70인경(LXX)이 사무엘상과 사무엘하로 분리시켰다. 사무엘상과 사무엘하는 사울(Saul)의 죽음을 중심으로 구분되며, 사무엘하와 열왕기는 다윗(David)의 죽음을 중심으로 구분된다. 그래서 사무엘하 1:1은 "사울이 죽은 후에 다윗이 아말렉 사람을 쳐 죽이고"(개역개정)로 시작하고, 열왕기상 1:1은 "다윗 왕이 나이가 많아 늙으니"로 시작한다. 사무엘상은 이스라엘의 지도력이 사사(Judges)에서 왕(King)으로 넘어가는 과도기를 설명하고 있다. 선지자이자 마지막 사사인 사무엘, 이스라엘의 첫 왕인 사울, 왕으로 기름은 받았지만 아직 사울의 후계자로 인정받지 못한 다윗이 사무엘상에 나오는 3명의 중요한 인물이다.

그리고 사무엘하는 처음에는 유다의 영토를, 결국에는 이스라엘의 전 영토를 다스리는 다윗 통치의 절정기를 기록하고 있다. 사무엘하는 다윗의 왕위 등극, 간음과 살인죄, 그의 죄악으로 인해 가족과 국가에 내린 파괴적인 결과를 보여준다.

요약(A Summary of 1 and 2 Samuel)

사무엘의 생애와 사역(사무엘상 1:1-7:17 The Life and Acts of Samuel)

엘가나(Elkanah)와 한나(Hannah)의 아들로 사무엘이 B.C. 1105년경
에 태어난다. 사무엘은 사울 왕이 아직 살아 있을 때 죽었기 때문에
(삼상 25:1) 사무엘의 사망 연대를 대략 B.C. 1015년으로 추정한다. 엘
가나는 히브리어로 "하나님에 의해서 얻어진 자"라는 뜻이요, 한나
는 "은혜로운 자"라는 뜻이다. 한나의 기도는 찬양과 감사의 노래이다
(참고, 시 72:19-20). 사무엘은 여호와와 사람들의 은총을 받으면서 성장
한다(삼상 2:26). 여호와께서 사무엘을 부르시나 엘리(Eli)는 듣지 못하고
사무엘만 듣는다(삼상 3:15-18). 이스라엘과 블레셋(Philistines)과의 전투에
서 이스라엘이 패하고 하나님의 궤가 블레셋에게 빼앗겼을 때 엘리의
두 아들 홉니(Hophni)와 비느하스(Phinehas)가 죽는다(삼상 4:10-11, 17). 엘
리는 98세 때에 그의 두 아들이 죽임을 당하고 하나님의 궤를 빼앗겼
다는 소식을 듣고 의자에서 넘어져 죽었다(삼상 4:15-18). 블레셋 사람들
은 하나님의 궤를 다곤(Dagon) 신전에 가지고 가서 다곤 곁에 하나님의
궤를 두었다(삼상 5:2). 여호와의 궤가 블레셋 사람의 수중에 들어갔지만
(삼상 6:1) 여호와의 간섭으로 아비나답(Abinadab)의 집에 모실 수 있게
되었다(삼상 7:1). 사무엘이 사사의 역할을 시작한다(삼상 7:3-17).

사무엘과 사울(사무엘상 8:1-15:35 Story on Samuel and Saul)

사무엘이 늙으매 그의 아들 요엘(Joel)과 아비야(Abijah)를 이스라엘
의 사사로 삼는다(삼상 8:1). 그러나 사무엘의 아들들은 아버지의 행위

를 따르지 아니하고 뇌물을 받고 판결을 하는 악한 사사들이었다(삼상 8:3). 이에 백성들이 모든 나라와 같이 왕을 원함으로(삼상 8:5) 사무엘이 베냐민(Benjamin)지파에 속한 사울을 기름 부어 이스라엘의 왕으로 세운다(삼상 11:14-15). 베냐민 지파는 이스라엘의 지파 중 가장 작은 지파이다(삼상 9:21). 사울 왕은 B.C. 1050년에서 B.C. 1010년까지 40년 동안 이스라엘을 통치했다(삼상 12장-31장; 행 13:21). 사무엘은 그의 삶을 정리하면서 자기가 이스라엘의 사사로 있는 동안 "내가 누구의 소를 빼앗았느냐 누구의 나귀를 빼앗았느냐 누구를 속였느냐 누구를 압제하였느냐 내 눈을 흐리게 하는 뇌물을 누구의 손에서 받았느냐 그리하였으면 내가 그것을 너희에게 갚으리라"(삼상 12:3, 개역개정)라고 말할 정도로 신실하고 깨끗한 이스라엘의 리더였다. 그리고 사무엘은 "나는 너희를 위하여 기도하기를 쉬는 죄를 여호와 앞에 결단코 범하지 아니하고 선하고 의로운 길을 너희에게 가르칠 것"(삼상 12:23, 개역개정)이라고 다짐한다. 사울 왕은 40세에 왕이 되어(삼상 13:1) 이스라엘을 통치하는데 아말렉(Amalek) 사람의 왕 아각(Agag)을 물리치고 전리품을 획득했다. 하나님의 명령은 모든 전리품을 진멸하라는 것이었는데 사울은 전리품 중에 좋은 것을 남겼다(삼상 15:9). 여호와께서 사울에게 "아말렉을 쳐서 그들의 모든 소유를 남기지 말고 진멸하되 남녀와 소아와 젖 먹는 아이와 우양과 낙타와 나귀를 죽이라"(삼상 15:3, 개역개정)고 아말렉을 철저하게 진멸하라고 명령하신 것은 출애굽 할 당시 아말렉이 이스라엘의 진로를 막고 이스라엘과 싸웠기 때문이다(참고, 출 17:8-16; 삼상 15:2). 그런데 사울은 여호와의 명령에 순종하지 않고 여호와께 제사를 드린다는 핑계로(삼상 15:15) 좋은 것과 기름진 것 등을 진멸하지 않고 남겨 두었다(삼상 15:9). 이런 상황에서 "순종이 제사보다 낫고 듣는 것이 숫양의 기름보다 나으니 …… 왕이 여호와의 말씀을 버렸으므로 여호와께서도 왕을 버려 왕이 되지 못하게 하셨나이다"(삼상 15:22, 개역개정)라는 유명한 말씀이 나온다. 사무엘은 죽는 날까지 사울을 다시 보지 아니하였다(삼상 15:35). 사울 왕의 삶은 개인적으로는 물론 가족적으로도 파멸을 면치 못했고 왕의 직책을 수행하는 일에 있어서도 불명예를 남겼다. 사울 왕의 삶은 하나님의 명령을 불순종할 때 어떤 결과가 기다리고 있음을 극명하게 보여 준다.

사울과 다윗(사무엘상 16:1-삼상 31:13-사무엘하 1:27 Story on Saul and David)

여호와 하나님은 사울(Saul) 왕을 버리시고 사울을 이어 이스라엘의 왕이 될 다윗(David)을 준비하신다(삼상 16:1). 여호와 하나님은 사무엘을 이새(Jesse)의 집으로 보내 이새의 아들 중 하나 위에 기름을 부어 사울을 이어 차기 이스라엘의 왕으로 세우신다. 그런데 사무엘이 기골이 장대한 엘리압(Eliab)이 그의 앞을 지나갈 때에 속마음으로 엘리압이 하나님이 정한 차기 이스라엘의 왕이라고 생각했다. 이때 여호와께서 사무엘에게 "그의 용모와 키를 보지 말라.....사람은 외모를 보거니와 나 여호와는 중심을 보느니라"(삼상 16:7)라는 유명한 말씀을 하신다. 사무엘은 이새의 일곱 아들을 다 지나친 후에 막내인 다윗에게 기름을 부어 이스라엘의 왕으로 세우고 다윗은 여호와의 영에 크게 감동된다(삼상 16:6-13). 사무엘서 17장부터 사무엘하 1장까지는 사울 왕의 횡포와 다윗 왕의 선함이 대조적으로 묘사된다. 특히 사울의 아들 요나단과 다윗의 우정은 부자 관계를 뛰어 넘는 아름다운 사랑의 우정임을 보여 준다(삼상 20:17; 23:15-18). 사무엘의 죽음이 사무엘상 25:1에 언급된다. 사무엘은 대략 B.C. 1015년 사망한 것으로 추정된다. 그러므로 사무엘은 B.C. 1105년에 태어나 B.C. 1015년에 사망함으로 90세를 산 셈이다. 결국 사울과 그 아들들은 블레셋(Philistines)과의 전쟁에서 죽는다(삼상 31:6). 이스라엘의 초대 왕 사울은 처음에는 겸손한 사람이었으나(삼상 9:21) 시간이 흐를수록 여호와께 범죄하고 이스라엘을 곤경에 빠뜨린 왕으로 이스라엘을 40년 동안 다스렸다. 사무엘하 1장은 다윗이 아말렉(Amalek) 사람을 쳐 죽인 기사와 사울과 그의 아들 요나단(Jonathan)이 전쟁 중에 죽었다는 소식이 전해진다(삼하 1:1-4). 다윗은 사울과 요나단의 죽음을 슬퍼하면서 "활 노래"(the Song of the Bow)를 불러 조상한다(삼하 1:17-27).

유다와 이스라엘의 왕 다윗(사무엘하 2:1-8:18 David as King of Judah and Israel)

사무엘하 2장부터 다윗이 왕위에 오르기까지 사울의 집과 다윗의 집 사이에 전쟁이 계속되었다(삼하 3:1). 하지만 사울의 집은 점점 약하여지고 다윗의 집은 점점 강하여졌다. 이제 다윗은 나이가 30살이 되었을 때에 이스라엘 왕위에 올라 40년 동안 다스렸다(삼하 5:4-5). 다윗은 시온을 빼앗고 블레셋을 쳐서 이긴다(삼하 5:6-25). 다윗 왕은 하나님의 궤를 다윗 성으로 옮기고(삼하 6:12), 기쁨을 억제하지 못하여 왕의 체면을 불구하고 여호와 앞에서 춤을 추었다(삼하 6:16). 다윗 왕이 춤춘 것을 본 다윗의 아내(삼상 18:27; 19:11; 삼하 3:13참조) 미갈(Michal)이 마음에 다윗을 업신여김으로(삼하 6:16) 미갈은 죽은 날까지 자식을 갖지 못했다(삼하 6:23). 여호와 하나님께서 주위의 모든 원수를 무찌르사 이스라엘에게 평안을 주셨을 때 다윗은 하나님의 집을 건축할 마음을 나단(Nathan)에게 털어 놓는다(삼하 7:2). 여호와 하나님은 나단을 통해 다윗에게 "내가 네 몸에서 날 네 씨를 네 뒤에 세워 그의 나라를 견고하게 하리라 그는 내 이름을 위하여 집을 건축할 것이요 나는 그의 나라 왕위를 영원히 견고하게 하리라"(삼하 7:12-13)라고 여호와의 전을 건축할 왕은 다윗이 아니요 그의 아들 솔로몬이 될 것임을 분명히 한다. 역대상 22:6-8은 다윗이 솔로몬에게 자기가 하나님의 성전을 건축할 수 없는 이유로 여호와께서 "너는 피를 심히 많이 흘렸고 크게 전쟁하였느니라"(대상 22:8)라고 말씀하셨음을 증언한다. 다윗 왕은 블레셋과 모압(Moab) 등의 대적들을 쳐서 정복한다(삼하 8:1-3).

다윗의 법정에서의 사건들(사무엘하 9:1-20:26 Events at the Davidic Court)

다윗 왕은 절친한 친구였던 요나단의 아들 므비보셋(Mephibosheth)을 극진히 대우한다(삼하 9:1-13). 다윗 왕이 요압(Joab) 장군을 내세워 암몬(Ammon) 자손과의 전쟁을 할 때에 밧세바(Bathsheba)를 범하고(삼하 11:4) 과 그 결과 밧세바의 남편 우리아(Uriah)를 죽게 만든다(삼하 11:6-17). 다윗의 이런 행동은 여호와 보시기에 악하였다(삼하 11:27). 여호와 하나님은 나단 선지자를 통해 다윗을 책망하고 밧세바가 낳을 다윗의 아들이 반드시 죽게 될 것이라고 말한다(삼하 12:14). 나단의 예고처럼 밧세바가 낳은 아들은 7일 만에 죽는다(삼하 12:18). 다윗은 "내가 여호와께 죄를 범하였노라"(삼하 12:13)라고 철저하게 회개하면서(참조 시 51:1-19) 밧세바가 낳은 아들이 죽었다는 소식을 듣고 "나는 그에게로 가려니와 그는 내게로 돌아오지 아니하리라"(삼하 12:23)라고 하나님의 뜻을 받아들인다. 하나님은 아들을 잃은 다윗을 위로하신다. 성경은 다윗이 밧세바를 위로하고 그와 동침하였더니 그가 아들을 낳아서 아들의 이름을 솔로몬(Solomon)이라고 지었다고 전한다. 그런데 여호와께서 솔로몬을 사랑하셔서 그의 이름을 여디디야(Jedidiah)로 지어 주셨다(삼하 12:24-25). 여디디야는 "여호와께 사랑을 입은 자"라는 뜻이다. 솔로몬은 여호와의 사랑을 받고 태어났다. 그러나 다윗의 범죄의 결과는 고통스러운 것이었다. 그의 아들 암논(Amnon)이 압살롬의 누이 다말(Tamar)을 강제로 범한 사실(삼하 13:10-14)과 압살롬(Absalom)을 둘러싼 반역(삼하 15장-18:33)과 다윗이 압살롬의 죽음을 슬퍼하자 요압이 이에 대해 항의한 이야기(삼하 19:1-8)와 불량배 세바(Sheba)의 반역에 대해(삼하 20:1-22) 기록되었다.

다윗왕국의 몰락(사무엘하 21:1-24:25 The Fall of the Davidic Kingdom)

본 단락은 다윗 왕이 기브온 사람(Gibeonites)과의 약속을 지키기 위하여(참고, 수 9:3-15) 기브온을 모해한 사람의 자손 일곱 사람을 기브온 자손들에게 내어 준 것(삼하 21:1-6)과 블레셋의 거인들을 죽인 다윗의 용사들의 이야기(삼하 21:15-22)와 다윗의 승전가(삼하 22:1-51)가 나온다. 특히 사무엘하 22장에 나오는 다윗(David)의 승전가는 다윗이 지은 시편 18편의 내용과 많은 부분에서 동일하다. 본 단락의 나머지 부분은 다윗의 마지막 말을 소개하고(23:1-7), 다윗의 용사들을 일일이 소개하며(삼하 23:8-39), 그리고 다윗이 여호와를 의지하지 아니하고 인구 조사를 통한 백성의 수에 의존하는 죄를 짓는 기록이 나온다(삼하 24:1-9). 비록 다윗이 자신이 지은 죄를 회개하지만(삼하 24:10) 여호와 하나님은 인구 조사를 한 죄의 책임을 묻기 위해 갓(Gad) 선지자를 통해 여호와가 내릴 세 가지 형벌 중에 하나를 택하도록 제시한다. 그 내용은 다음과 같다. 첫째, 왕의 땅에 7년 기근이 있거나, 둘째, 왕이 왕의 원수에게 쫓겨 3달 동안 그들 앞에서 도망 다니거나, 셋째, 왕의 땅에 사흘 동안 전염병이 발생하는 것 중에 하나를 택하라는 것이다. 다윗 왕은 "우리가 여호와의 손에 빠지고 내가 사람의 손에 빠지지 아니하기를 원하노라"(삼하 24:14, 개역개정)라고 말하고 사흘 동안의 전염병을 택한다. 이 전염병으로 인해 죽은 백성이 70,000명이나 되었다(삼하 24:15). 갓 선지자의 제언에 따라 다윗 왕이 제단을 쌓고 여호와께 용서를 빌자 여호와께서 이스라엘에게 내리는 재앙을 그치게 하셨다(삼하 24:25).

16

오바댜

Obadiah | 총 1장

기록배경과 특징(B.C. 848-841)

오바댜(Obadiah)는 1장 21절로 구성되어 있다. 오바댜는 단지 21절로 된 책으로 구약 중에서 가장 짧은 책이다. 오바댜에는 왕의 이름이 나타나지 않아 그 활동 연대를 추정하기가 쉽지 않다. 어떤 학자들은 오바댜 1:10-14의 말씀이 느부갓네살(Nebuchadnezzar) 왕의 침공으로 유다가 멸망한 모습을 묘사하고 있다고 생각하여 오바댜가 B.C. 586년경에 기록되었다고 주장하나 설득력이 약하다. 또 어떤 학자는 오바댜 17-21절의 내용이 포로기 이후의 유다의 상황과 일치하기 때문에 B.C. 400년 이전에 오바댜가 기록했을 것으로 추정한다. 해리슨(Harrison)은 "오바댜가 제시하고 있는 문헌적, 역사적 상황이 오바댜의 저작 연대를 B.C. 450년경으로 잡는데 가장 적합함을 지지한다"[97]라고 정리한다. 그러나 오바댜서의 기록 연대는 오히려 오바댜가 여호람(Jehoram) 왕이 유다를 다스릴 때(B.C. 848-841) 블레셋과 아라비아인들이 유다를 침공했을 때의 상황을 묘사한 것으로 보는 것이 더 설득력이 강하다(대하 21:16-17; 참조 암 1:6).[98] 여호람은 32세에 유다의 왕이 되어 8년을 통치할 때 에돔이 유다를 배반하였다(왕하 8:20; 대하 21:8, 10). 여호람은 유다의 왕이었지만 이스라엘의 왕 아합(Ahab: B.C. 874-853)의 딸을 그의 아내로 맞이하여 이스라엘 왕들의 길로 행함으로 여호와 보시기에 악을 행하였다(왕하 8:18; 대하 21:6).

오바댜는 야곱의 쌍둥이 형 에서(Esau)의 자손인 에돔(Edom)과 이스라엘 백성 간의 심한 전쟁을 다룬다. 오바댜는 에돔의 교만과 오만을

---

97 R. K. Harrison, *Introduction to the Old Testament*, p. 902.

98 E. J. Young, *An Introduction to the Old Testament*, p. 260.

문책하며, 이스라엘에 대한 적대적 행위를 책망하고 결국에는 에돔이 멸망할 것을 선포한다(옵 9-10). 반면 이스라엘은 자유를 누리며 강한 나라가 되리라고 예언한다. 오바댜의 저자는 누구인지 확실하지 않다. 오바댜는 "구원받은 자들이 시온산에 올라와서 에서의 산을 심판하리니 나라가 여호와께 속하리라"(옵 21, 개역개정)는 말로 끝맺는다.

요약(A Summary of Obadiah)

에돔에 대한 심판 예고(오바댜 1:1-9 The Coming Judgment on Edom)

여호와께서 에돔의 심판을 예고한다. 여호와의 말씀은 "그날에 내가 에돔에서 지혜 있는 자를 멸하며 에서의 산에서 지각 있는 자를 멸하지 아니하겠느냐"(옵 1:8, 개역개정)라고 말씀하시고, "에서의 산에 있는 사람은 다 죽임을 당하여 멸절되리라"(옵 1:9, 개역개정)라고 예고하신다. 오바댜 9절의 "드만"(Teman)은 "남쪽"을 뜻하는데 이는 남쪽 지역에 위치한 에돔을 가리킨다.

에돔의 죄악(오바댜 1:10-14 Violence of Edom)

에돔의 죄악은 형제 야곱에게 포학을·행했고 형제에게 임한 환난을 기뻐하고 형제의 재물을 탈취하고 형제를 원수에게 넘기는 죄이다 (옵 10, 12). 에돔은 형제가 고난을 당할 때 기뻐하지 않아야 하며, 형제의 재물을 탈취하지 말아야 한다.

심판의 결과(오바댜 1:15-16 Judgment on the Nations)

여호와께서 만국을 벌할 날이 가까이 왔는데 에돔이 받을 벌은 "네가 행한 대로 너도 받을 것인즉 네가 행한 것이 네 머리로 돌아갈 것이라"(옵 15, 개역개정)이다.

여호와의 말씀은 야곱(Jacob) 족속은 불이 되고 요셉(Joseph) 족속은 불꽃이 되어 지푸라기가 될 에서(Esau) 족속을 태울 것이므로 에서 족속에 남은 자가 없을 것이라고 선언한다(옵 18). 구원받은 이스라엘 백성은 에서의 산을 심판하게 될 것이다(옵 21).

17

요엘

Joel | 총 3장

요엘(Joel)은 3장 73절로 되어 있다. 요엘서의 저자나 저작 시기를 확정할 수 있는 언급은 요엘서 내에서는 찾을 수가 없다. 본서는 어떤 왕의 이름도 언급되어 있지 않고 북 왕국에 대한 언급도 전혀 없다. 그러므로 요엘서의 저자나 저작 시기는 추정적으로 판단할 수밖에 없다.

요엘서 3장에 블레셋(Philistines)이 유다 자손과 예루살렘 자손들을 박해한 사실이 언급된다(욜 3:4-9). 역사적으로 보면 블레셋이 유다 자손을 박해한 사건은 역대하 21:16-20에 언급된 것으로 유다 왕 여호람(Jehoram, B.C. 848-841) 때이다. 그리고 유다가 블레셋에게 원수를 갚은 것은 웃시야(Uzziah, B.C. 791-740) 왕 때에 있었다(대하 26:6). 웃시야는 16세에 유다의 왕이 된 후 예루살렘에서 유다를 52년간 통치하였고 그의 아버지는 아마샤(Amaziah)요 그의 어머니는 여골리아(Jecholiah)이다(대하 26:1-6). 그리고 요엘서 3:16이 웃시야 왕 시대에 활동했던 아모스 선지자에 의해 인용되었다(암 1:2). 그렇다면 요엘서는 웃시야 왕 이전에 기록되었고 아모스서보다 먼저 기록되었다고 추정할 수 있다.[99]

요엘(Joel)은 남유다와 예루살렘에서 예언했다. 요엘은 제사장직에 대한 조예가 깊어 그의 직업이 제사장이 아닌가 생각하게 한다.[100] 요엘서는 "여호와의 날"은 하나님의 백성에 대한 심판의 날이지만, 훗날의 대 심판은 하나님의 백성의 대적들을 상대로 하는 심판이 될 것이다. 신약에서 오순절 성령세례 사건을 설명하기 위해 베드로는 요엘서 2:28-32을 인용한다(행 2:17-21). 베드로는 예수님의 초림이 말세의 시

---

99 박윤선, 「성경주석: 소선지서」, pp. 101-102.

100 정규남, 「구약개론」, p. 256.

작이며(행 2:17-18), 예수님의 재림이 말세의 완성임을(행 2:19-21) 분명히
한다. 이 말씀은 구약적인 관점으로 요엘서가 예수님의 초림과 재림
을 예언한 것으로 볼 수 있다. 베드로는 요엘서를 인용할 때 사도행전
2:17-18과 사도행전 2:19-21 사이에 요엘서에는 없는 내용인 "그들이
예언할 것이요"를 첨가하여 기록함으로 두 세대의 구분을 암시하고
있다.

요약(A Summary of Joel)

메뚜기 재앙(요엘 1:1-2:27 The Locust Plague)

서론(요엘 1:1 Introduction)

여호와의 말씀이 브두엘(Pethuel)의 아들 요엘(Joel)에게 임한다. 요엘이 받은 계시는 "여호와의 말씀"이다.

메뚜기 재앙과 회개의 촉구(요엘 1:2-20 The Locust Plague and A Call to Repentance)

하나님의 백성은 천재를 인식하고 깨어있으라고 권고한다(욜 1:2-4). 그리고 백성들은 천재 때문에 애통하게 될 것이라고 한다(욜 1:5-12). 하나님은 제사장들에게 장로들과 모든 주민들을 하나님 여호와의 성전으로 모으고 회개하라고 권고한다(욜 1:13-20).

심판 날에 대한 경고(요엘 2:1-17 Warning on the Day of the Lord)

여호와의 날이 임하게 될 때에 전무후무한 현상들이 나타나게 될 것이라고 예언한다(욜 2:1-11). 따라서 "여호와의 날이 크고 심히 두렵도다 당할 자가 누구이랴"(욜 2:11)라고 예고한다. 하나님의 백성은 "금식하고 울며 애통하고 마음을 다하여"(욜 2:12) 여호와께로 돌아가야 한다고 권면한다(욜 2:12-17).

온 땅이 새롭게 될 것 (요엘 2:18-27 The land refreshed)

여호와 하나님은 이른 비와 늦은 비를 적당히 내려 주셔서 온 땅을 풍요하게 하고 새롭게 하실 것이다(욜 2:23). 하나님은 백성들의 잘못에도 불구하고 자비를 베푸셔서 그들의 하나님이 되고 그들을 보호하고 그들이 수치를 당하지 않게 하실 것이다(욜 2:27).

주님의 복과 심판 (요엘 2:28-3:21 The Blessing and Judgment of the Lord)

메시야 시대의 예고 (요엘 2:28-32 The Prophecy of the New Age of the Messiah)

본 구절은 베드로 사도가 오순절(Pentecost)이 발생한 후(행 2:1-4) 사도행전 2:17-21에서 인용한 내용이다. 베드로는 구속역사의 진전에 따른 변화 때문에 요엘서 2:28-32을 사도행전에서 인용하면서 약간의 변화와 첨가를 하였다. 우선 베드로는 요엘서의 "그 후에"(욜 2:28)를 사도행전에서는 "말세에"(행 2:17)로 고쳐서 인용하였다. 그 이유는 예수님의 죽음과 부활 이후 오순절의 발생으로 말세가 도래했기 때문이다. 그리고 베드로는 요엘서에는 없는 "그들이 예언할 것이요"를 사도행전 2:18 하반 절에 첨가하였다. 베드로가 "그들이 예언할 것이요"를 사도행전 2:18 하반 절에 첨가한 이유는 사도행전 2:17-18과 사도행전 2:19-20의 묘사가 서로 다른 사건을 묘사하고 있기 때문이다. 사도행전 2:17-18의 묘사는 예수님의 초림으로 시작된 말세의 현상들을 묘사하고 있고, 사도행전 2:19-20에서는 예수님 재림 때에 발생할 현상들을 묘사하고 있다. 베드로는 오순절 성령강림 사건을 통해 예수님의 초림과 재림을 동시에 볼 수 있게 된 것이다. 이 기간 동안 "누구든지 주의 이름을 부르는 자는 구원을"(행 2:21; 욜 2:32) 받게 될 것이다. 이 말씀의 뜻은 하나님께서 이미 요엘서를 통해 예수님의 초림으로 말세가 시작될 것과 예수님의 재림으로 말세가 완성될 것을 예언하신 것이다.

열방의 심판과 이스라엘의 축복
(요엘 3:1-21 The Judgment of the Nations and the Blessing of Israel)

하나님은 유다와 예루살렘은 축복하셔서 산들이 단 포도주와 젖을 풍성히 제공할 것이지만(욜 3:18, 20), 하나님의 백성의 대적들인 두로(Tyre), 시돈(Sidon), 블레셋(Philistines), 애굽(Egypt), 에돔(Edom) 등은 하나님의 혹독한 심판을 면하지 못할 것이다(욜 3:4, 19).

18

아모스

Amos | 총 9장

아모스(Amos)는 9장 146절로 구성되어 있다. 아모스선지는 아모스 1:1에서 말하고 있는 것처럼 드고아(Tekoa)의 한 목자이다. 아모스는 유다 왕 웃시야 시대(B.C. 767-740; 791부터 섭정; 755부터 왕으로 인정; 대하 26:1-3)와 이스라엘 왕 여로보암 2세의 시대(B.C. 782-753; 793부터 섭정; 왕하 14:23)에 활동한 선지자이다. 유다 왕 웃시야는 아사랴(Azariah)로 불리기도 한다(대하 26:1-3은 웃시야로 기록하고, 왕하 15:1-2은 아사랴로 기록한다). 드고아는 예루살렘에서 남쪽으로 약 40리 떨어진 산촌이다. 아모스는 아모스 7:14의 말씀처럼 뽕나무를 재배하는 목자였다. 하지만 아모스는 그의 강력한 화법과 광범위한 지식으로 볼 때 단순히 무지한 농민이었다고 생각할 수 없다. 분명한 것은 아모스는 이사야나 호세아가 속한 그런 사회 계층에 속한 사람은 아니다. 그리고 아모스는 예언자 학교에서 수학하지도 않았고 목자로서 활동할 때 하나님의 부르심을 받았다(암 7:15). "유다 왕 웃시야의 시대 곧 이스라엘 왕 요아스의 아들 여로보암(2세)의 시대 지진"(암 1:1)은 웃시야가 B.C. 767-740(791부터 섭정)기간 동안 통치하고, 여로보암 2세가 B.C. 782-753(793부터 섭정)기간 동안 통치했기 때문에 연대적으로 웃시야 왕과 여로보암 2세 때에 발생한 지진으로 간주된다(슥 14:5).

요약(A Summary of Amos)

열방에 대한 예언(아모스 1:1-2:16 The Prophecy on the Nations)

유다 왕 웃시야(Uzziah)의 시대 곧 이스라엘 왕 요아스(Joash)의 아들 여로보암(Jeroboam)의 시대에 아모스가 이스라엘에 대한 말씀을 받는다(암 1:1). 아모스는 다메섹의 서너 가지 죄(암 1:3-5), 가사의 서너 가지 죄(암 1:6-8), 두로의 서너 가지 죄(암 1:9-10), 에돔의 서너 가지 죄(암 1:11-12), 암몬의 서너 가지 죄(암 1:13-15), 모압의 서너 가지 죄(암 2:1-3), 유다의 서너 가지 죄(암 2:4-5), 이스라엘의 서너 가지 죄(암 2:6-8)를 열거한다.

세 개의 심판 설교(아모스 3:1-6:14 The Prophet's three Judgment Messages on Israel)

아모스는 "이스라엘 자손들아 여호와께서 너희에 대하여 이르시는 이 말씀을 들으라"(암 3:1)라고 말 한 다음 3개의 설교를 한다. 첫 번째 설교는 이스라엘의 죄를 심판하시겠다는 메시지요(암 3:9-4:13), 두 번째 설교는 이스라엘의 형편을 애통해하는 메시지이며(암 5:1-27), 그리고 세 번째 설교는 이스라엘이 결국에는 멸망할 것이라는 메시지이다(암 6:1-14).

다섯 개의 심판 환상(아모스 7:1-9:10 The Prophet's five Judgment Visions on Israel)

메뚜기의 재앙(아모스 7:1-3 Vision of the Locusts)

첫째 환상은 메뚜기가 땅의 풀을 다 먹는 메시지의 환상이다(암 7:1-

3). 아모스가 여호와께 용서를 간청하자 여호와께서 뜻을 돌이키셔서 용서해 주신 기록이 나온다(암 7:2-3).

불 재앙(아모스 7:4-6 Vision of the Fire)

둘째 환상은 여호와께서 명령하여 불로 징벌하는 환상이다(암 7:4-6). 아모스가 여호와께 "야곱이 미약하오니 어떻게 서리이까"(암 7:5)라고 간청하자 여호와께서 뜻을 돌이키신다(암 7:6).

다림줄 재앙(아모스 7:7-17 Vision of the Plumb Line)

셋째 환상은 다림줄(Plumb line)의 환상으로 하나님이 "칼로 여로보암의 집을 치리라"(암 7:9)고 하신다. 하나님은 "이스라엘은 반드시 사로잡혀 그 땅에서 떠나겠다"(암 7:11)고 예고하신다. 그 때에 아마샤(Amaziah)가 아모스(Amos)에게 벧엘(Bethel)에서 예언하지 말라고 하자(암 7:12-13), 아모스는 여호와께서 자신에게 "내 백성 이스라엘에게 예언하라"(암 7:15)고 하셨다고 응답한다.

여름 과일 한 광주리 재앙(아모스 8:1-14 Vision of the Summer Fruit)

넷째 환상은 여호와께서 여름 과일 한 광주리를 아모스에게 보여 주시면서 "보라 날이 이를지라 내가 기근을 땅에 보내리니 양식이 없어 주림이 아니며 물이 없어 갈함이 아니요 여호와의 말씀을 듣지 못한 기갈이라"(암 8:11, 개역개정)고 이스라엘이 망하게 된 이유를 여름 과일의 환상으로 보여 주신다.

다섯째 환상은 하나님이 범죄한 이스라엘을 심판하시지만, 하나님은 "그의 궁전을 하늘에 세우시며 그 궁창의 기초를 땅에 두시며 바닷물을 불러 지면에 쏟으시는 이니 그 이름은 여호와시니라"(암 9:6)라고 여호와 하나님의 주권과 권능을 드러낸다.

다섯 개의 회복 약속(아모스 9:11-15 Five Promises on the Restoration of Israel)

여호와 하나님이 "그날에 내가 다윗의 무너진 장막을 일으키고"(암 9:11)라고 말씀하시므로 이스라엘을 회복시킬 것을 약속하신다. 첫째는 그날에 파종하는 자가 있을 것이라는 약속이며(암 9:13), 둘째 약속은 포도를 밟는 자가 씨 뿌리는 자의 뒤를 이을 것이라는 것이며(암 9:13), 셋째는 사로잡힌 백성이 돌아 올 것이라는 약속이며(암 9:14), 넷째 약속은 이스라엘 백성이 황폐한 성을 건축하고 그곳에 거주할 것이라는 것이며(암 9:14), 다섯째 약속은 이스라엘 백성이 포도원들을 가꾸고 포도주를 마시게 될 것이라는 약속(암 9:14)이다. 이처럼 여호와는 그의 백성 이스라엘이 회복되고 풍요를 누릴 것이라고 약속하신다.

19

요나

Jonah | 총 4장

요나서(Jonah)는 4장 48절로 구성되어 있다. 요나는 역사적 인물이다. 요나는 여로보암 2세(Jeroboam II)의 통치 기간(B.C. 782-753)에 활동한 선지자였다. 열왕기하의 기록에 의하면 "이스라엘의 하나님 여호와께서 그의 종 가드헤벨 아밋대(Amittai)의 아들 선지자 요나를 통하여 하신 말씀과 같이 여로보암이 이스라엘 영토를 회복하되 하맛 어귀에서부터 아라바까지 하였으니"(왕하 14:25)라고 나오며, 요나서의 서두는 "여호와의 말씀이 아밋대의 아들 요나에게 임하니라"(욘 1:1)라고 기록되어 있다. 열왕기하(2 Kings)의 말씀과 요나서의 말씀을 비교하면 요나가 역사적 인물임에 틀림없다. 왜냐하면 아버지의 이름과 아들의 이름이 모두 같은 이름인데 아버지와 아들이 둘 다 동명이인(同名異人)이라고 말할 수 없기 때문이다.

요나는 북이스라엘의 여로보암 2세(B.C. 782-753/793년부터 섭정) 때에 활동한 선지자이다. 요나의 예언에 따라 여로보암 2세는 하맛(Hamath) 어귀에서부터 아라바(Arabah) 바다까지 모든 이스라엘 영토를 회복했다. 그러므로 요나는 여로보암 2세가 이스라엘의 영토를 회복하기 얼마 전인 여로보암 2세의 통치 초기에 활동했다고 사료된다. 여로보암 2세가 회복한 영토인 "하맛 어귀에서부터 아라바까지"는 "솔로몬이 7일과 7일 도합 14일간을 우리 하나님 여호와 앞에서 절기로 지켰는데 하맛 어귀에서부터 애굽강까지의 온 이스라엘의 큰 회중이 모여 그와 함께 하였더니"(왕상 8:65)라는 말씀이 그 뜻을 이해하는데 도움을 준다. "하맛 어귀에서부터 아라바까지"는 바로 솔로몬(Solomon) 왕이 이스라엘 북쪽 영토를 확장했을 때 점령했던 곳으로, 레바논(Lebanon)산과 헤르몬(Hermon)산 사이에 있다. "아라바 바다"는 사해(the Dead Sea)를 의

미하며, 요르단 골짜기로부터 아카바 만에 펼쳐진 낮은 평원을 그렇게 부른 것 같다.[101]

비록 요나가 요나서의 중심인물이지만 요나서의 저자가 누구인지는 확실하지 않다. 성경 어느 곳에서도 요나서의 저자를 분명하게 제시하지 않는다. 요나서의 저자는 아마 요나가 니느웨에서 돌아온 이후 요나로부터 직접 그의 경험을 듣고 기록했을 것이다. 요나는 여호와 하나님으로부터 니느웨(Neneveh)로 가서 여호와의 말씀을 선포하라는 명령을 받는다. 하지만 요나는 여호와의 얼굴을 피하여 다시스(Tarshish)로 가는 배를 탄다. 니느웨는 북동쪽에 위치해 있고 다시스는 서쪽에 위치해 있다. 요나가 탄 배가 풍랑을 만나 결국 요나의 정체가 드러났고, 요나는 바다에 던지어져서 큰 물고기 뱃속에서 3일 동안 있다가 하나님의 간섭으로 물고기가 요나를 육지에 토하여 살게 되었다. 요나는 이런 경험을 통해 니느웨에 회개를 선포하는 일이 하나님의 진지한 명령임을 깨닫게 되었다. 결국 요나가 니느웨로 가서 회개를 선포한 일은 성공적이었다. 니느웨의 왕과 대신들을 포함한 모든 백성들이 회개하자 요나는 "이제 내 생명을 거두어 가소서 사는 것보다 죽는 것이 내게 나음이니이다"(욘 4:3)라고 말할 만큼 그의 분을 터트린다(욘 4:1-2). 그러나 요나는 박넝쿨의 경험을 통해 죄인들에 대한 하나님의 사랑을 직접적으로 깨닫게 되었다(욘 4:6-11).

---

101 정규남,「구약개론」, p. 267.

첫 번째 소명에 대한 불순종(요나 1:1-3 Disobedience in the First Calling)

여호와 하나님이 요나에게 큰 성읍 니느웨(Nineveh)로 가서 하나님의 심판을 외치라고 명령을 하였음에도 불구하고 요나는 북동쪽(northeast)에 위치한 니느웨로 가지 않고 서쪽(west)에 위치한 다시스(Tarshish)로 가기 위해 배를 탄 기록이 나온다. 니느웨는 앗수르의 주요 도시였다. 창세기 10:8-14에 의하면 니느웨는 세상에 첫 용사인 구스(Cush)의 아들 니므롯(Nimrod)에 의해 세워진 것으로 사료된다. 니느웨는 살만에셀 1세(Shalmanezer I: B.C. 1263-1234)와 디글랏 빌레셀 1세(Tiglath-Pileser I: B.C. 1114-1076)에 의해 확장되었고, 산헤립(Sennacherib: B.C. 704-681)이 행정에 필요한 건물을 짓고, 공원과 48km 길이의 운하와 물 공급을 위해 두 개의 댐을 건설하여 B.C. 704년에 니느웨를 앗수르의 수도로 만들었다.[102]

요나에게 심판이 임함(요나 1:4-17 Judgment on Jonah)

여호와 하나님이 풍랑을 일으키셔서 선장과 사공들이 당황하게 되었고 결국 재앙의 근원이 요나에게 있음이 제비(the lot)를 통해 밝혀져 요나는 바다에 던져진다(욘 1:4, 7, 15). 요나가 바다에 던져지자 흉용한 바다가 잠잠해 졌다(욘 1:15). 여호와께서 큰 물고기를 준비하셔서 그 물고기로 하여금 요나를 삼키게 하심으로 요나는 밤낮 3일을 물고기의

---

102 참조, Derek Williams(editor), "Nineveh," *New Concise Bible Dictionary* (Leicester: IVP, 1990), pp. 384-385.

뱃속에 있게 된다(욘 1:17). 큰 물고기가 어떤 물고기인지는 확실하지 않다. 여호와께서 큰 물고기를 예비하신 것은 놀랄만한 하나님의 은혜를 체험하는 사건이었다.

물고기 뱃속에서 한 요나의 기도(요나 2:1-9 Jonah's Prayer in the Belly of a Fish)

요나는 물고기 뱃속에서 여호와께 간절한 기도를 드린다(욘 2:1). 요나는 "내가 다시 주의 성전을 바라보겠다"(욘 2:4)라고 말하고, 주님께 감사하면서 "구원은 여호와께 속하였나이다"(욘 2:9)라는 말로 하나님께 간절히 기도를 드린다.

물고기 뱃속에서 구원받은 요나(요나 2:10 Jonah's Deliverance from the Belly of a Fish)

여호와는 요나의 기도를 들으시고 요나를 구원하신다. 요나는 "여호와께서 그 물고기에게 말씀하시매 요나를 육지에 토하니라"(욘 2:10)의 말씀처럼 물고기 뱃속에서 다시 육지로 나온다.

두 번째 소명에 대한 순종(요나 3:1-4 Obedience in the Second Calling)

요나는 여호와의 두 번째 말씀에 따라 40일이 지나면 니느웨가 무너지게 될 것을 선포한다(욘 3:1, 2, 4). 니느웨는 사흘 동안 걸을 만큼 큰 성읍이었다(욘 3:3). 본 구절은 니느웨가 큰 성읍임을 강조하기 위해 "저 큰 성읍 니느웨"(욘 3:2), "니느웨는 사흘 동안 걸을 만큼 하나님 앞에 큰 성읍이러라"(욘 3:3)라고 니느웨를 묘사한다.

요나의 선포를 듣고 니느웨 성읍은 세 가지로 반응을 보인다. 첫째, 사람들이 하나님이 기뻐하시는 종교적 행위를 실행하고(욘 3:5), 둘째, 왕이 요나의 선포에 직접적으로 반응을 보이면서 굵은 베옷을 입고 재 위에 앉는다(욘 3:6). 그리고 셋째, 왕과 그의 대신들이 조서를 내려 철저하게 회개하고 그들의 악한 길에서 돌이킨다(욘 3:7-8).[103] 니느웨 성읍의 변화를 보시고 하나님이 뜻을 돌이키셔서 재앙을 내리지 아니하신다(욘 3:9-10).

하나님이 니느웨 위에 재앙을 내리지 아니하시자 요나는 심히 분노하면서 불평을 늘어놓는다(욘 4:1-2). 요나의 왜곡된 눈에는 이방인들에 대한 하나님의 재앙이 멈춘 것은 도저히 받아들일 수 없는 행위로 보였다. 그래서 요나는 "이제 내 생명을 거두어 가소서 사는 것보다 죽는 것이 내게 나음이니이다"(욘 4:3, 8)라고 투덜댄다. 그러자 하나님은 박넝쿨을 준비하셔서 요나에게 교훈을 주시고 "니느웨에는 좌우를 분변하지 못하는 자가 십이만여 명이요 가축도 많이 있나니 내가 어찌 아끼지 아니하겠느냐"(욘 4:11, 개역개정)라고 죄인에 대한 하나님의 연민과 오래 참으심을 교훈하신다.

---

103 Leslie C. Allen, *The Books of Joel, Obadiah, Jonah and Micah*(*NICOT*) (Grand Rapids: Eerdmans, 1980), p. 223.

20

호세아

Hosea | 총 14장

기록배경과 특징(약 B.C. 783-686)

호세아(Hosea)는 14장 197절로 구성되어 있다. 호세아 선지자는 유다 열왕 웃시야(B.C. 767-740), 요담(B.C. 740-732), 아하스(B.C. 732-716), 히스기야(B.C. 716-687)의 통치 기간에 활동했다. 그리고 호세아는 북이스라엘 왕 여로보암 2세(B.C. 793-753)의 통치 기간에 활동한 선지자이다(호 1:1). 호세아는 미가(Micah) 선지자와 동시에 활동한 선지자로 북이스라엘을 위해 활동했다. 호세아서에서 북이스라엘을 가장 큰 족속(tribe)인 에브라임(Ephraim)으로 호칭하기도 한다(호 5:12-14; 6:4, 10; 7:1, 8, 11; 8:11; 9:3, 11, 16; 10:11; 11:8-9, 12; 12:1, 8, 14; 13:1; 14:8). 호세아는 "구원"(salvation)을 뜻하는 이름이다. 호세아는 거의 50년에 걸친 예언자 사역을 통해 반복적으로 하나님의 삼중 메시지를 선포한다. 첫째는 하나님이 그의 백성들의 죄를 미워하신다는 것이요, 둘째는 심판이 확실히 임할 것이며, 셋째는 하나님의 백성에 대한 사랑은 확고하다는 메시지이다.

호세아서는 읽는 사람으로 하여금 여러 가지 질문을 하게 만든다. 하나님이 어떻게 선지자에게 "너는 가서 음란한 여자를 맞이하여 음란한 자식들을 낳으라"(호 1:2, 개역개정)고 명령할 수 있는가? 선지자의 가정생활을 본 백성들이 선지자의 예언을 믿을 수 있는가? 따라서 호세아서는 실제적인 이야기가 아니요 상징적인 메시지를 전하고 있는 것은 아닌가? 영(Young) 박사는 상징적 해석에 어려운 문제도 있는 것을 인정히면서도 "본 저자는 전체 이야기가 상징적인 의미를 가지고 있다고 더욱 확신을 갖게 되었다. 전체 메시지가 선지자에게 계시되었고 선지자는 그 계시를 백성들에게 전하게 된 것이다. 만약 이것이 사실이라면, 우리는 그 메시지의 강력함과 효과를 곧바로 인식할 수 있다. 그 메시지는 강력하고 직접적이다. 그 메시지는 죄 많고 음탕한 백성에 대한 하나님의 사랑을 묘사하며, 이스라엘 자손의 수가 바닷가의 모래 같이 될 것(호 1:10)이라는 선언에서 그 절정을 이룬다."[104]라고 그의 입장을 밝힌다. 박윤선 박사도 호세아가 실제에 있어서 그런 음녀를 아내로 취하였다면 "호세아의 이 행동에 관한 설화(設話)는 하나의 상징적 의미를 가진 계시(啓示)라고 한다. 이 계시는 하나님께서 얼마나 그 택한 백성을 뜨겁게 사랑하신다는 것을 보여준다. 그 백성이 아무리 타락하였을지라도 아주 버리지 않고 그들을 회개시키려고 어디까지든지 노력하신다."[105]라고 같은 견해를 지지한다.

호세아는 정절을 지키지 못하는 아내를 참고 견디는 남편의 사랑으로 하나님의 이스라엘에 대한 사랑을 상징적으로 표현하며 종국에는 메시야적 구원이 있을 것을 가르친다.

---

104 Edward J. Young, *An Introduction to the Old Testament*, p. 253.

105 박윤선, 「성경주석: 소선지서」, p. 16; Carl F. Keil, *The Twelve Minor Prophets: Biblical Commentary on the Old Testament*, Vol. I (Grand Rapids: Eerdmans, 1969), pp. 26-36. 특히 p. 27, 29, 34.

요약(A Summary of Hosea)

선지자의 결혼 생활(호세아 1:1-3:5 Hosea's Married Life and Children)

여호와 하나님은 호세아 선지자에게 "너는 가서 음란한 여자를 맞이하여 음란한 자식들을 낳으라 이 나라가 여호와를 떠나 크게 음란함이니라"(호 1:2, 개역개정)라고 명령한다. 이에 호세아는 디블라임의 딸 고멜(Gomer)과 결혼하여 첫딸을 낳고 그 이름을 로루하마(Lo-ruhamah: 긍휼히 여김을 받지 못하는 자; 호 1:6)라 짓는다. 호세아는 고멜을 통해 다시 아들을 얻고 그 이름을 로암미(Lo-ammi: 내 백성이 아니라)라고 짓는다(호 1:9). 그러나 여호와 하나님은 긍휼이 풍성하셔서 그의 백성이 암미(Ammi: 내 백성이라)와 루하마(Ruhamah: 긍휼히 여김을 받는 자)로 불리도록 인도하신다(호 2:1). 그렇지만 하나님의 백성은 그 당시 가나안의 폭풍의 신(pagan storm god)이었던 바알(Baal)을 섬기고 하나님을 떠났다(호 3:1). 하나님은 범죄한 그의 백성을 사랑하고 있음을 나타내기 위해 호세아에게 "가서 타인의 사랑을 받아 음녀가 된 그 여자를 사랑하라"(호 3:1)고 명령하신다. 이에 호세아는 "내가 은 열다섯 개와 보리 한 호멜 반으로 나를 위하여 그를 사고"(호 3:2, 개역개정)라고 말한 것처럼 고멜을 다시 받아들인다.[106] 영(Young)은 호세아 3:1의 "음녀가 된 그 여자"가 고멜인지 아닌지는 확실하지 않지만 고멜이라고 생각할 수 있는 많은 이유가 있다고 한다. 그리고 영은 이 이야기가 범죄한 그의 백성을 위한 여호의 하나님의 부드러운 사랑을 나타내 보여준다고 해석한다.[107]

---

106 E. J. Young, *An Introduction to the Old Testament*, p. 253.

107 E. J. Young, *Ibid.*, p. 253.

이스라엘 백성은 반복적으로 하나님을 배반하였다. 여호와의 말씀은 "이 땅에는 진실도 없고 인애도 없고 하나님을 아는 지식도 없고 오직 저주와 속임과 살인과 도둑질과 간음뿐이요 포악하여 피가 피를 뒤이음이라"(호 4:1-2)라고 선포한다. 그들은 하나님을 의지하지 않고 우상을 숭배하였다(호 4:12-14). 이스라엘 백성은 교만하였고(호 5:5), 도둑질을 하여 이웃의 땅을 빼앗는(호 5:10) 불의한 행위로 가득 차 있었다. 하나님은 이스라엘 백성이 불성실한 회개를 하자 "내가 네게 어떻게 하랴"(호 6:4)라고 질문하고, 그들의 잘못에 대한 답으로 "나는 인애를 원하고 제사를 원하지 아니하며 번제보다 하나님을 아는 것을 원하노라"(호 6:6, 개역개정)하고 그들이 하나님을 섬길 방법을 가르친다. 호세아(Hosea)선지자는 이스라엘의 타락을 지적하고(호 7:1-7), 반역을 지적한다(호 8:4-5; 9; 14).

하나님은 우상숭배하고 불순종하는 이스라엘을 찾아 오셔서 그들의 잘못을 심판하신다. 구약성경에서 하나님이 찾아오시는 것은 심판을 의미한다. 호세아 선지자는 이스라엘의 불순종을 "새 포도주도 떨어질 것이요"(호 9:2), "더러운 것을 먹을 것이니라"(호 9:3), "내가 그 사랑하는 태의 열매를 죽이리라"(호 9:16), "그들이 여러 나라 가운데에 떠도는 자가 되리라"(호 9:17) 등의 말로 심판할 것을 말한다. 그리고 호세아 선지자는 이스라엘을 분산시키는 방법으로 심판하시리라고 예언한다(호 10:5-8). 호세아 선지자는 이스라엘 백성들에게 "앗수르 사람이 그 임금이 될 것이라"(호 11:5)고 하나님의 심판을 말하나 또 한편으로는 여호와 하나님이 이스라엘을 버리지 않았음을 확인한다. 호세아 선지자는 "이스라엘이 어렸을 때에 내가 사랑하여 내 아들을 애굽에서 불러냈거늘"(호 11:1)이라고 말하고 "사랑의 줄로 그들을 이끌었고"(호 11:4)라고 확인한다. 이스라엘은 "너의 하나님께로 돌아와서 인애와 정의를 지키며 항상 하나님을 바랄지니라"(호 12:6)의 삶을 살아야 한다. 그리고 호세아 선지자는 "애굽 땅에 있을 때부터 나는 네 하나님 여호와라 나밖에 네가 다른 신을 알지 말 것이라 나 외에는 구원자가 없느니라"(호 13:4, 개역개정)고 하나님과 이스라엘 백성과의 관계를 확실히 함으로 그들을 회복시킬 것을 예언한다.

이스라엘의 회개와 축복(호세아 14:1-9 Repentance of Israel and its Blessings)

호세아 선지자는 "이스라엘아 네 하나님 여호와께로 돌아오라"(호 14:1, 개역개정)고 권면한다. 이스라엘은 하나님을 의지하지 않고 인간이 "손으로 만든 것"을 의지했다(호 14:3). 호세아 선지자는 이스라엘에게 앗수르(Assyria)가 구원해 줄 것을 의지하지 말고 여호와를 의지하라고 권면한다. 이 예언은 앗수르가 북 왕국 이스라엘을 협박하는 배경을 보여주고 있다. 호세아는 "여호와의 도는 정직하니 의인은 그 길로 다니거니와 그러나 죄인은 그 길에 걸려 넘어지리라"(호 14:9, 개역개정)고 하나님의 인도하심이 의로운 길임을 밝히면서 호세아서를 마친다.

21

미가

Micah | 총 7장

미가서(Micah)는 7장 105절로 되어 있다. 미가서는 미가가 유다의 왕 요담(B.C. 740-732)과 아하스(B.C. 732-716)와 히스기야(B.C. 716-687)시대에 사마리아와 예루살렘에 관해 받은 묵시이다. 미가 선지자는 이사야, 아모스, 호세아 선지자와 동시대에 활동했다(미 1:1). 미가는 다윗의 집에 대한 심판과 하나님의 택함 받은 백성들이 겪는 당시의 딜레마(dilemma)를 다루기 위한 신학적 논리를 전개하고 있다. 즉, 심판은 언약의 파기를 의미하는 것이 아니라 언약을 이루시는 하나님의 방법임을 증거한다. 미가는 특히 부자들이나 영향력 있는 사람들이 자신의 사회적, 정치적 권력을 확보하기 위해 가난한 사람들을 잘못 취급하는 행동을 강하게 비판한다. 미가서의 삼분의 일은 동족의 죄를 드러내고 있으며, 다른 삼분의 일은 하나님이 내리실 심판을 묘사하며, 마지막 삼분의 일은 하나님의 단련이 끝나면 회복의 소망이 있다는 메시지를 전한다. 하나님 백성의 소망은 오실 메시야를 통해서 성취될 것이다. 미가서 5:2은 메시야가 어느 장소에서 태어날 것을 예언하고 있다. 메시야가 태어날 장소는 베들레헴(Bethlehem)이다(미 5:2). 예수님이 태어나시기 약 700년 전에 이미 메시야가 태어날 정확한 장소까지 예언해 두신 것이다. 하나님이 그의 백성들에게 요구하시는 것은 "오직 정의를 행하며, 인자를 사랑하며, 겸손하게 네 하나님과 함께 행하는 것"(미 6:8)이다. 그리하면 하나님의 백성은 복된 삶을 이어나갈 것이다.

요약(A Summary of Micah)

사마리아와 유다의 멸망(미가 1:1-2:13 Judgment Against Samaria and Jerusalem)

본 단락은 북이스라엘이 앗수르(Assyria)에 의해 이미 멸망하고(B.C. 722) 남유다만 남아 있는 상황에서 미가가 사마리아와 예루살렘에 관한 묵시를 여호와로부터 받은 것이다. 미가서는 미가가 어떤 시대적 상황에서 여호와의 계시를 받은 것을 언급하고(미 1:1), 왜 하나님이 사마리아와 유다에게 진노하시는지를 설명한다(미 1:2-16). 그리고 하나님이 진노하신 이유는 이스라엘 백성이 "죄를 꾀하며 악을 꾸미고"(미 2:1), 남의 "밭들을 탐하여 빼앗고 집들을 탐하여 차지하고"(미 2:2) 하나님의 말씀에 불순종하는 죄를 짓기 때문이라고 한다(미 2:1-11). 그러나 이스라엘 백성들의 이런 불순종에도 불구하고 이스라엘을 구하시겠다는 하나님의 자비가 나타난다(미 2:12-13).

심판과 구원에 관한 메시지(미가 3:1-4:13 Message of Judgment and Deliverance)

본 단락은 하나님의 백성들을 통치하는 우두머리들이 정의를 버리고 뇌물에 마음을 파는 죄악을 범하고 있다고 지적한다(미 3:1, 11). 따라서 하나님은 "예루살렘은 무더기가 되고 성전의 산은 수풀의 높은 곳"(미 3:12)이 되도록 징계하실 것이다. 그러나 하나님은 종국에 이스라엘을 강한 나라로 세우시고 그들을 원수들의 손에서 속량하여 내실 것이다(미 4:10). 여호와 하나님은 이스라엘을 회복시키실 것을 약속하신다(미 4:6-13).

본 단락은 베들레헴에서 이스라엘을 다스릴 왕이 태어날 것을 예언한 내용이 포함되어 있다. "베들레헴 에브라다야 너는 유다 족속 중에 작을지라도 이스라엘을 다스릴 자가 네게서 내게로 나올 것이라 그의 근본은 상고에, 영원에 있느니라"(미 5:2, 개역개정). 미가서 5:2의 말씀은 구약에서 예언된 메시야가 베들레헴에서 태어날 것을 말씀하고 있다. "베들레헴 에브라다"(Bethlehem Ephrathah)라고 표현한 이유는 에브라다가 베들레헴이 위치한 지역의 명칭이기 때문이다. 베들레헴은 "떡집"이라는 뜻으로 다윗(David)의 출생지이다(삼하 23:14-16). 사무엘상 17:12은 다윗의 아버지를 가리켜 "유다 베들레헴 에브랏 사람 이새"(개역개정)라고 기록한다. 다윗의 자손인 메시야가 다윗의 고향에서 태어난 것은 특별한 의의가 있다.

미가서 5:2의 예언은 예수 그리스도(Jesus Christ)에 의해 성취되었다(마 2:1; 눅 2:1-7). 예수님 탄생 당시 요셉(Joseph)과 마리아(Mary)가 나사렛에서 거주하고 있었는데 가이사 아구스도(Caesar Augustus)의 호적령 때문에 베들레헴으로 옮겨 거기서 예수님을 낳게 된 것은(눅 2:1-7) 미가서 5:2의 예언의 말씀을 성취한 것이다. 여호와 하나님은 예언을 성취하시기 위해 이방 황제까지도 사용하신다. 이스라엘을 다스릴 왕은 바로 메시야-왕(Messiah-King)으로 상고에 계신 분이요 영원에 계신 분이시다(미 5:2). 미가서는 예수님이 하나님이시요 메시야이신 것을 분명히 밝힌다. 상고에 계신 분, 영원에 계신 분이 누구인가? 바로 그분은 하나님 자신이시다. 메시야-왕은 이스라엘의 남은 자를 구원하시고 평강을 가져 올 것이다(미 5:3-9).

본 단락은 하나님이 그의 백성 이스라엘을 어떻게 애굽에서 인도해 냈는지를 설명하고 그의 백성의 잘못을 지적하신다(미 6:1-16). 하나님이 그의 백성에게 요구하시는 것은 "정의를 행하며 인자를 사랑하며 겸손하게 네 하나님과 함께 행하는 것이다"(미 6:8). 하나님은 그의 백성을 위해 많은 것을 주셨는데 그의 백성은 하나님을 배반하였다. 그럼에도 불구하고 하나님의 은혜는 이스라엘 백성을 사유하시고 구원해 주실 것이다(미 7:7-20). 영(Young) 박사는 미가서 7:7-20과 이사야서 40장-66장 사이의 유사성을 지적한다.[108]

---

108 Young, *An Introduction to the Old Testament*, p. 269.

22

이사야

Isaiah | 총 66장

기록배경과 특징(B.C. 740-680)

이사야(Isaiah)는 66장 1,292절로 구성되어 있다. 이사야 1장 1절은 아모스의 아들 이사야가 본서의 저자임을 밝힌다. 이사야는 웃시야(Uzziah) 혹은 아사랴(52년 통치; B.C. 767-740; 791부터 섭정, 왕하 15:1-2; 대하 26:1-3), 요담(16년 통치; B.C. 740-732; 750부터 섭정, 왕하 15:33; 대하 27:1), 아하스(16년 통치; B.C. 732-716; 왕하 16:2; 대하 28:1), 히스기야(29년 통치; B.C. 716-687; 729부터 섭정, 왕하 18:2; 대하 29:1-2) 시대에 유다와 예루살렘에 대한 계시를 선포했다. 이사야의 활동 시기로 미루어 보아 이사야는 북이스라엘의 멸망(B.C. 722)이 임박한 상황에서 예언한 것으로 볼 수 있다. 또한 이사야는 하나님을 불순종한 유다와 예루살렘의 멸망(B.C. 586)까지도 멀리 내다보는 예언을 했다(사 1:1; 3:1-12). 이사야서의 중심 주제는 인간의 구원이 인간 자신의 노력이나 어떤 공로에 의해서가 아니요, 구속자이신 하나님의 은혜와 권능에 의해서 성취될 수 있다는 메시지이다. 현대 비평적 학자들은 제2이사야(사 40장-66장)설을 제시하나 그 이론은 쿰란(Qumran)에서 발견된 이사야서 본문에서 이사야 39장 끝부분과 이사야 40장 시작 부분 사이의 간격이 전혀 없는 것을 볼 때 받아들일 수 없다.[109] 이사야 37:37-38에 이스라엘을 괴롭힌 앗수르 왕 산헤립(Sennacherib)의 사망을 언급한 것으로 보아 이사야는 산헤립이 죽은(B.C. 681) 이후까지 활동하며 살았음에 틀림없다.

---

109 R. K. Harrison, *Introduction to the Old Testament*, p. 787: "When the manuscript was published in a photographic edition, it became immediately evident that there was no space left between the end of chapter 39 and the beginning of chapter 40, as is the case in some modern translation of the prophecy."

요약(A Summary of Isaiah)

심판에 대한 예언(이사야 1:1-35:10 Prophecy on the Judgment)

1. 유다에 대한 예언(이사야 1:1-12:6 Prophecy on Judah)

이사야 선지자는 웃시야 왕이 죽던 해(B.C. 740)에 하나님을 대면하고 하나님의 부르심을 받는다(사 6:1-5). 그리고 이사야 선지자는 앗수르의 산헤립 왕이 죽고(B.C. 681) 그의 아들 에살핫돈(Esarhaddon: B.C. 680-669)이 그의 부친을 이어 왕이 된 것을 기록한다(사 37:36-38). 그러므로 이사야는 거의 60년 정도 활동했다.

이사야는 범죄한 유다의 패역과 그들의 거짓된 제사를 질타한다. 이사야는 "너희가 어찌하여 매를 더 맞으려고 패역을 거듭하느냐"(사 1:5)라고 말하고, "너희가 내 앞에 보이러 오니 이것을 누가 너희에게 요구하였느냐 내 마당만 밟을 뿐이니라"(사 1:12)라고 그들의 제사 행위의 거짓됨을 질타한다. 이사야가 받은 여호와의 말씀은 예루살렘과 유다가 의지하는 것을 제함으로 멸망하게 될 것이요(사 3:1-8), 예루살렘과 유다의 주민들의 잘못으로 다른 나라에 사로잡혀 갈 것이다(사 5:13). 그러나 "말일"(in the last days)이 오면 평화가 있을 것이며(사 2:4, 12-17), 예루살렘을 정결하게 하실 것이다(사 4:3). 이사야는 웃시야 왕이 죽던 해(B.C. 740)에 하나님을 대면하는 경험을 한다(사 6:1-13). 이사야는 예루살렘과 유다가 멸망해도 거룩한 씨(the holy seed)가 이 땅의 그루터기(stump)가 될 것(사 6:13)이라고 말하고 메시야의 약속을 알리는 "보라 처녀가 잉태하여 아들을 낳을 것이요 그의 이름을 임마누엘(Immanuel)이라 하리라"(사 7:14)는 예언의 말씀을 한다. 이사야 8장은 앗수르 왕의 침략이 있을 것을 예언한다(사 8:5-8). 그러나 유다 백성들은 여호와의 깨우치는 말을 듣지 아니한다(사 8:9-22). 이사야 9장에는 여호와께서 자비하심으로 그의 백성에게 한 왕을 주실 것을 약속하신다. "한 아기가 우리에게 났고 한 아들을 우리에게 주신 바 되었는데 그의 어깨에는 정사를 메었고 그의 이름은 기묘자(Wonderful)라, 모사(Counselor)라, 전능하신 하나님(Mighty God)이라, 영존하시는 아버지(Everlasting Father)라, 평강의 왕(Prince of Peace)이라 할 것임이라"(사 9:6). 이사야 10장에는 여호와께서 범죄한 그의 백성을 앗수르(Assyria)를 이용하여 벌하시지만 앗수르는 사용된 후에 역시 벌 받게 될 것이라는 예언이 나온다(사 10:5, 12). 이사야 11장은 다윗의 계통으로 메시야가 태어날 것을 예언하고 그 나라는 공의와 정직이 통하고 평화가 넘칠 것이라는 예언이 나온다(사 11:1, 4-5, 10). 그리고 이사야 12장에는 그의 백성을 구원해 주신 여호와께 감사의 찬송을 드리는 내용이 기록되어 있다(사 12:1-6).

2. 다른 민족들에 대한 예언(이사야 13:1-23:18 Prophecy on other Nations)

본 단락에서는 하나님의 백성을 괴롭힌 다른 민족에 대한 경고가 나온다. 이사야 13장과 이사야 14장에는 이사야가 여호와로부터 받은 바벨론(Babylon)에 대한 경고(사 13:1-22; 14:3-23)와 앗수르를 멸망시키실 것이라는 경고(사 14:24-27)가 나온다. 이사야 15장과 이사야 16장에는 모압(Moab)에 관한 경고(사 15:1-9; 16:1-14)와 이사야 17장에는 다메섹(Damascus)에 관한 경고(사 17:1-3)와 주께서 열방을 꾸짖는 내용이 나온다(사 17:12-14). 이사야 18장에는 여호와께서 구스(Cush: Ethiopia)에게 하신 말씀(사 18:1-7)이 나온다. 그리고 이사야 19장은 애굽(Egypt)에 관한 경고(사 19:1-25), 이사야 20장에는 앗수르에 관한 경고(사 20:1-6)가 나오며, 이사야 21장에는 해변 광야에 관한 경고(사 21:1-9)와 두마(Dumah)에 관한 경고(사 21:11-12), 아라비아(Arabia)에 관한 경고(사 21:13-

17)가 나오고, 이사야 22장은 환상의 골짜기에 관한 경고(사 22:1-11)와 셉나(Shebna)에게 주신 경고(사 22:15-19)가 나온다. 그리고 이사야 23장은 두로(Tyre)에 관한 경고(사 23:1-18)를 담고 있다.

3. 주님의 날에 대한 예언(이사야 24:1-27:13 Prophecy on the Day of the Lord)

이사야 24장, 25장, 26장, 27장은 주님의 날인 "그날"(사 24:21; 25:9; 26:1; 27:1-2, 13)에 벌어질 일들을 설명한다. "그날"(in that day)에는 "만군의 여호와께서 시온산과 예루살렘에서 왕이 되시고 그 장로들 앞에서 영광을 나타내실 것"(사 24:23)이며, "그날"에는 "이는 우리의 하나님이시라 우리가 그를 기다렸으니 그가 우리를 구원하시리로다"(사 25:9)라고 찬송할 것이며, "그날"에는 "주의 죽은 자들은 살아나고 그들의 시체들은 일어나리이다 티끌에 누운 자들아 너희는 깨어 노래하라 주의 이슬은 빛난 이슬이니 땅이 죽은 자들을 내놓으리로다"(사 26:19)라고 외칠 것이며, "그날"에는 "큰 나팔을 불리니 앗수르 땅에서 멸망하는 자들과 애굽 땅으로 쫓겨난 자들이 돌아와서 예루살렘 성산에서 여호와께 예배"(사 27:13) 할 것이다.

4. 심판과 복의 예언(이사야 28:1-35:10 Prophecy on the Judgment and Blessing)

이사야 28장은 에브라임(Ephraim)의 술 취한 자들을 심판하는 내용(사 28:1-4)과 예루살렘에서 이 백성을 다스리는 오만한 자들에게 재앙이 밀려올 것이지만 여호와께서 시온에 한 기초돌(cornerstone)을 두어 그 돌을 믿는 자들은 평안할 것이라고 구원의 방법(사 28:14-16)을 계시하신 내용을 담고 있다. 이사야 29장은 예루살렘(Jerusalem: Ariel)에 미칠 화를 열거하고 있으며(사 29:1-8), 또한 하나님의 백성이 입술로는 여호와를 공경하나 마음은 여호와로부터 멀리 떠났다고 책망하는 말과 함께 결국은 회복될 것이라는 여호와의 긍휼을 담은 소망을 기록한다(사 29:9-24). 이사야 30장은 이스라엘이 여호와를 떠나 애굽(Egypt)과 맺은 맹약은 헛되게 될 것이라는 이야기를 담고 있으며(사 30:1-7) 또한 "여호와는 정의의 하나님이심이라 그를 기다리는 자마다 복이 있도다"(사 30:18, 개역개정)의 말씀처럼 여호와를 의지하는 자는 구원을 받을 것이라는 내용이 담겨 있다. 이사야 31장은 애굽에 도움을 요청하는 시도도 깨어질 것이요(사 31:1-3), 앗수르의 도움도 헛될 것이지만(사 31:8-9), 여호와가 예루살렘을 보호할 것(사 31:5)이라고 증언한다. 이사야 32장은 장차 한 왕이 공의로 통치하게 될 것이며(사 32:1) "마침내 위에서부터 영을 우리에게 부어 주시리니"……"그때에 정의가 광야에 거하며 공의가 아름다운 밭에 거하게 될"(사 32:15-16)것을 약속해 주신다. 이사야 33장은 하나님의 백성을 멸망시키는 대적 앗수르(Assyria)도 결국 패망하게 될 것이며, 하나님께서 그의 백성을 보존해 주실 것임을 예고한다(사 33:1-6). 그래서 이사야 33장은 여호와께서 "정의와 공의를 시온(Zion)에 충만하게 하실 것"(사 33:5)이며, 또한 시온에 "사는 백성이 사죄함을"(사 33:24) 받게 될 것이라는 이야기를 전한다. 이사야 34장은 여호와께서 하나님의 백성의 원수들을 벌하실 것을 기록하고 특히 에돔(Edom)을 구체적으로 적시한다(사 34:5). 에돔은 야곱의 쌍둥이 형제인 에서의 후손으로 이스라엘과 적대관계에 있었다. B.C. 734년부터 예루살렘 멸망까지 에돔은 앗수르 지배하에 있었다. 예수님께서 성육신하신 당시 에돔의 후예인 헤롯(Herod the Great)이 유대인의 왕 역할을 했다. 이사야 34장은 계속해서 여호와께서 하나님의 백성을 위해 시온의 송사를 위해 신원해 주실 것(사 34:8)을 설명하며, 하나님의 말씀은 반드시 성취될 것이라고 약속하신다(사 34:16). 이사야 35장은 여호와께서 "깨끗하지 못한 자는 지나가지 못하겠고 오직 구속함을 입은 자들을 위하여 있게 될"(사 35:8) 거룩한 길을 예비하실 것이라고 전하고 있다.

앗수르의 공격과 유다의 구원에 대한 역사적 사건들
(이사야 36:1-39:8 Historical Events Regarding Assyria's Attack and the Deliverance of Judah)

1. 앗수르로부터 구원받은 히스기야(이사야 36:1-37:38 King Hezekiah Delivered from Assyria)

이사야 36장과 37장에는 앗수르 왕 산헤립(Sennacherib)이 유다를 공격할 때 그 당시 유다 왕이었던 히스기야(Hezekiah)기 앗수르를 물리치고 승리한 이야기가 담겨있다. 랍사게(Rabshakeh)가 앗수르 왕의 말을 전하는데 여호와 하나님의 능력을 의심하면서 "여호와가 능히 예루살렘을 내 손에서 건지겠느냐"(사 36:20)라고 말한다. 히스기야는 회개하는 마음으로 이사야(Isaiah)에게 앞으로의 전쟁이 어떻게 될 것인지를 묻고 이사야는 여호와께서 "너희가 들은 바 앗수르 왕의 종들이 나를 능욕한 말로 말미암아 두려워하지 말라"(사 37:6)라고 말씀하셨다고 전한다. 그리고 여호와는 "내가 나를 위하여 내 종 다윗을 위하여 이 성을 보호하며 구원하리라"(사 37:35)고 약속하신 대로 앗수르 왕 산헤립은 니느웨(Nineveh)로 돌아가고 거기서 그의 아들 아드람멜렉(Adrammelech)과 살레셀(Sharezer)이 그들의 아버지 산헤립을 칼로 죽이고 도망한고로 그의 아들 에살핫돈(Esarhaddon: B.C. 680-669)이 이어서 앗수르의 왕이 된 이야기를 전한다(사 37:37-38).

2. 히스기야가 병에서 구원 받음(이사야 38:1-22 King Hezekiah saved from Illness)

이사야 38장은 병들어 죽게 된 히스기야가 여호와께 기도하니 여호와께서 그의 기도를 들으시고 그의 수한을 15년 늘려주신 이야기가 나온다(사 38:1-5). 히스기야는 유다를 B.C. 687년까지 통치했으니 그로부터 15년 전이면 대략 B.C. 702-701년에 있었던 사건이다. 여호와께서 "아하스(Ahaz)의 해시계에 나아갔던 해 그림자를 뒤로 10도를 물러가게 하신"(사 38:8) 방법으로 히스기야에게 15년의 삶을 더해주셨다.

3. 히스기야의 죄(이사야 39:1-8 Hezekiah's Sin)

이사야 39장은 히스기야가 바벨론 왕 므로닥발라단(Merodach-Baladan: Berodach-Baladan으로 불리기도 함)의 선물을 받고 기뻐서 유다 궁전에 있는 모든 보물과 무기고에 있는 모든 것을 바벨론 사자들에게 다 보여 준 이야기가 나온다. 이 잘못 때문에 여호와는 이사야를 통해 히스기야에게 "보라 날이 이르리니 네 집에 있는 모든 소유와 네 조상들이 오늘까지 쌓아둔 것이 모두 바벨론으로 옮긴 바 되고 남을 것이 없으리라"(사 39:6, 개역개정)라고 유다 백성의 바벨론 포로 생활을 예고하신다.

위로와 회복의 예언(이사야 40:1-66:24 Prophecy on the Comfort and Restoration)

1. 이스라엘의 구원에 대한 예언(이사야 40:1-48:22 Prophecy on the Salvation of Israel)

이사야 40장부터 이사야 66장까지는 이스라엘의 회복에 대한 메시지를 전한다. 이사야 40장은 하나님의 권능과 영원성을 확인하면서 "풀은 마르고 꽃은 시드나 우리 하나님의 말씀은 영원히 서리라"(사 40:8)고 하신다. 이사야 41장은 "너는 나의 종이라 내가 너를 택하고 싫어하여 버리지 아니하였다"(사 41:9)고 이스라엘을 구하실 것을 확인하면서, 이사야 42장에서 "나 여호와가 의로 너를 불렀은즉 내가 네 손을 잡아 너를 보호하며 너를 세워 백성의 언약과 이방의 빛이 되게 하리니"(사 42:6, 개역개정)라고 이스라엘을 선택한 이유를 밝힌다. 이사야

43장은 "너는 두려워하지 말라 내가 너를 구속하였고 내가 너를 지명하여 불렀나니 너는 내 것이라"(사 43:1)고 이스라엘을 하나님이 버리지 않을 것을 확인한다. 이사야 44장은 여호와 하나님이 "고레스(Cyrus)에 대하여는 이르기를 내 목자라 그가 나의 모든 기쁨을 성취하리라 하며 예루살렘에 대하여는 이르기를 중건되리라 하며 성전에 대하여는 네 기초가 놓여지리라 하는 자니라"(사 44:28, 개역개정)는 말씀을 통해 이스라엘 백성이 바벨론으로 포로로 잡혀간 것이 하나님의 계획에 의한 것이요 또한 고레스를 통해 예루살렘과 성전의 재건이 있게 될 것을 약속하신다. 바사(Persia)왕 고레스는 B.C. 538년에 성전 재건 칙령을 내린다. 예루살렘 성전은 2년 후 B.C. 536년에 재건이 시작되나 지방 관리들의 반대로 15년 동안 중단된다. 결국 다리오(Darius) 왕이 B.C. 520년 성전 재건을 시작하게 하고 B.C. 516년 3월 12일(다리오 왕 6년)에 완공된다. 이사야 44장은 이런 역사를 예언한 것이다. 이사야 45장은 여호와께서 고레스 왕을 세우시고(사 45:1) "나는 여호와라 나 외에 다른 이가 없나니 나 밖에 신이 없느니라"(사 45:5)고 고레스를 세우신 이가 여호와임을 확인시키신다. 이사야 46장은 여호와께서 이스라엘 백성은 하나님의 백성임을 확인하고 "너희는 옛적 일을 기억하라 나는 하나님이라 나 외에 다른 이가 없느니라 나는 하나님이라 나 같은 이가 없느니라"(사 46:9, 개역개정)라고 말씀하신다. 이사야 47장은 하나님의 백성을 괴롭힌 바벨론을 심판하실 것을 예고하시면서 "나 외에 다른 이가 없도다"(사 47:8)라고 안심시키신다. 이사야 48장은 하나님의 백성이 진실이 없고 공의가 없어서 고난을 자초하였지만(사 48:1) 처음과 마지막이신 여호와께서 그의 백성을 바벨론에서부터 구해 내실 것임을 약속하신다(사 48:12, 20).

2. 이스라엘의 구원자에 대한 예언(이사야 49:1-57:21 Prophecy on the Savior of Israel)

본 단락에서는 이스라엘을 구원할 이가 누구인지를 밝힌다. 이사야 49장은 여호와 하나님이 하나님의 백성을 선택하셨고 그들을 선택한 이유는 "내가 또 너를 이방의 빛으로 삼아 나의 구원을 베풀어서 땅 끝까지 이르게 하리라"(사 49:6)는 목적을 이루기 위해서이다. 이사야 50장은 "나를 의롭다 하시는 이가 가까이 계시니 나와 다툴 자가 누구냐 나와 함께 설지어다"(사 50:8)라고 하나님이 나를 붙드시고 계시니 안심한다고 고백한다. 이사야 51장은 여호와가 전능하시니 결박된 포로들을 속히 구원하실 것이라는 위로의 말씀을 담고 있다(사 51:10, 14). 이사야 52장은 여호와께서 예루살렘을 구속하신 이야기를 담고 있는데 "여호와께서 그의 백성을 위로하셨고 예루살렘을 구속하셨음이라"(사 52:7-9)고 확인하신다. 이사야 53장은 오실 메시야에 대해 "그는 연한 순 같고," "모양도 없고 풍채도 없고," "멸시를 받아 사람들에게 버림받았고," "간고를 많이 겪었고," "질고를 아는 자"라고 설명한다(사 53:2-3). 그리고 "여호와께서는 우리 모두의 죄악을 그에게 담당시키셨도다"(사 53:6)라고 대속을 예고하신다. 이사야 54장은 "네 구속자는 이스라엘의 거룩한 이시라 그는 온 땅의 하나님이라"(사 54:5)고 하나님이 구속해 주실 것을 확인하면서 "너를 치려고 제조된 모든 연장이 쓸모가 없을 것이라"(사 54:17)라고 여호와의 구원을 확신시킨다. 이사야 55장은 여호와의 약속은 불변한 약속임을 확인하면서 "내 입에서 나가는 말도 이와 같이 헛되이 내게로 되돌아오지 아니하고 나의 기뻐하는 뜻을 이루며 내가 보낸 일에 형통함이니라"(사 55:11)라고 말씀하신다. 이사야 56장에서는 여호와의 구속을 받은 사람들은 "정의를 지키며 의를 행하라 이는 나의 구원이 가까이 왔고 나의 공의가 나타날 것임이라"(사 56:1)는 말씀을 굳게 잡고 여호와의 명령을 지켜야 한다고 말한다. 이사야 57장은 이스라엘 백성이 우상을 숭배하고 하나님을 배반하는 일을 행하지만(사 57:3-6) 여호와는 자비를 베푸셔서 "내가 영원히 다투지 아니하며 내가 끊임없이 노하지 아니할 것은 내가 지은 그의 영과 혼이 내 앞에서 피곤할까 함이라"(사 57:16, 개역개정)고 여호와의 속마음을 보여 주신다.

3. 이스라엘의 영광스러운 미래에 대한 예언(이사야 58:1-66:24 Prophecy on the Future Glory of Israel)

이사야 58장은 여호와께서 기뻐하는 금식은 논쟁하고 다투는 금식이 아니요(사 58:4-5) 선한 일을 하고 약자를 도와주는 것(사 58:6-9)이 여호와께서 기뻐하는 금식이라고 설명한다. 이사야 59장은 이스라엘 백성의 죄악이 이스라엘 백성과 하나님 사이를 갈라놓게 하였다(사 59:2-3)고 한다. 그럼에도 불구하고 여호와는 그의 백성을 구속하실 것이다(사 59:20). 이사야 60장은 여호와의 조건 없는 구속으로 예루살렘이 영광스럽게 될 것이니 이제는 "일어나라 빛을 발하라"(사 60:1)라고 격려한다. 여호와는 이스라엘을 확실하게 구원하실 것이다. "때가 되면 나 여호와가 속히 이루리라"(사 60:22)고 약속하신다. 이사야 61장은 구원의 기쁜 소식을 전하게 하신다. 나로 하여금 "가난한 자에게 아름다운 소식을 전하게 하려 하심이라 나를 보내사 마음이 상한 자를 고치며 포로된 자에게 자유를, 갇힌 자에게 놓임을 선포"(사 61:1, 개역개정)하게 하신다. 이 아름다운 소식은 메시야를 통해 성취될 것이다(눅 4:18-19 참조). 이사야 62장은 구원받은 이스라엘 백성이 헵시바(Hephzibah: 나의 기쁨이 그에게 있다는 뜻)라 불릴 것이요, 그의 땅은 뿔라(Beulah: 결혼한 여자라는 뜻)라 불릴 것이라고 한다. 이제 예루살렘은 안정된 삶을 살게 될 것이다. 이사야 63장은 여호와께서 이스라엘 백성으로 하여금 출애굽의 경험을 기억하게 하시는 이야기(사 63:11-13)와 이스라엘 백성이 여호와께 자비와 사랑을 구하는 기도의 이야기를 담고 있다(사 63:15-19). 이사야 64장은 이스라엘 백성의 계속적인 기도를 담고 있다. 이스라엘 백성은 "주는 우리의 아버지시니이다 우리는 진흙이요 주는 토기장이시니 우리는 다 주의 손으로 지으신 것이니이다"(사 64:8)라고 고백한다. 이사야 65장에서는 여호와 하나님이 패역한 백성은 벌하시지만 그럼에도 불구하고 여호와는 그의 선택한 백성을 구속할 것을 약속하신다. "보라 내가 새 하늘과 새 땅을 창조하나니 이전 것은 기억되거나 마음에 생각나지 아니할 것이라"(사 65:17). 이사야 66장은 여호와의 말씀을 듣고 마음이 가난하고 심령에 통회하는 자는 여호와께서 보호하시지만 범죄한 사람들은 여호와께서 수치를 당하게 하실 것이라고 전한다(사 66:2-5). 그러나 여호와는 선택한 그의 백성은 구속할 것이며 그들에게 "내가 지을 새 하늘과 새 땅이 내 앞에 항상 있는 것 같이 너희 자손과 너희 이름이 항상 있으리라 여호와의 말이니라"(사 66:22, 개역개정)라고 확실하게 약속하시고 이사야서를 마무리한다.

23

스바냐

Zephaniah | 총 3장

기록배경과 특징(B.C. 640-630)

스바냐서(Zephaniah)는 3장 53절로 되어 있다. 스바냐서의 기록 장소는 유다 지역으로 알려져 있다. 저작 시기는 요시야 왕의 통치 기간 중 (B.C. 640-609)인 B.C. 640-630년 어간이다(왕하 22:1; 대하 34:1). 스바냐서의 주제는 거룩하신 하나님이 죄 지은 모든 나라들을 "주의 날"에 심판하실 것이지만(습 1:7, 8, 14) 하나님을 믿는 남은 자들은 구원함을 받을 것(습 2:7; 3:13)이라는 내용이다. 스바냐는 요시야(Josiah) 왕 시대에 하나님의 계시를 받았다. "유다 왕 요시야의 시대에 스바냐에게 임한 하나님의 말씀이라"(습 1:1). 하지만 스바냐는 그 이전부터 예언을 한 것으로 생각된다. 왜냐하면 스바냐의 메시지 내용 중 요시야 왕의 개혁 이전의 상태를 지적하는 내용이 있기 때문이다(습 1:4-6, 8-9, 12; 3:1-3, 7). 스바냐는 예레미야(Jeremiah)와 나훔(Nahum)과 동시대에 활동한 선지자이며 어쩌면 하박국(Habakkuk)의 활동과도 겹친 시기에 활동한 것으로 사료된다.

요약(A Summary of Zephaniah)

주의 심판의 날(스바냐 1:1-18 The Great Day of the Lord)

유다 왕 요시야의 시대(B.C. 640-609)에 여호와의 말씀이 스바냐에게 임했다(습 1:1). 스바냐는 여호와의 날이 이르면 여호와께서 "사람을 땅 위에서 멸절"(습 1:3)하실 것을 예고한다. 여호와의 큰 날은 분노의 날이 될 것이며, 환난과 고통의 날이 될 것이요, 황폐와 패망의 날이 될 것이다(습 1:14-15). 그 이유는 사람들이 "여호와께 범죄하였기 때문이다"(습 1:17).

회개의 요청(스바냐 2:1-3 A Call to Repentance)

스바냐 선지자는 분노의 날이 이르기 전에, 여호와의 진노를 받기 전에 "여호와의 규례를 지키는 세상의 모든 겸손한 자들아 너희는 여호와를 찾으며 공의와 겸손을 구하라 너희가 혹시 여호와의 분노의 날에 숨김을 얻으리라"(습 2:3)고 권고한다.

이방 민족에 대한 심판(스바냐 2:4-15 Judgment on Nations)

블레셋의 주요 5대 도시는 유다의 서쪽 해변에 위치한 가사(Gaza), 아스글론(Ashkelon), 아스돗(Ashdod), 에그론(Ekron), 그리고 가드(Gath)이다. 그런데 본 구절에는 가드를 뺀 4대 도시만 언급되어 있다(습 2:4). 그 이유는 웃시야(B.C. 767-740/791부터 섭정/755부터 왕으로 인정받음)가 가드를 이미 정복했기 때문이다(대하 26:6 참조). 웃시야(Uzziah)는 16세에 왕이 되어 예루살렘에서 52년 간 다스렸다(대하 26:3). 스바냐는 이스라엘에 이웃한 블레셋(Philistines)의 4대 도시 뿐만 아니라 그렛 족속(Cherethites, 습 2:5), 모압(Moab)과 암몬(Ammon, 습 2:8), 구스(Cush, 습 2:12), 앗수르(Assyria, 습 2:13) 등이 하나님의 심판을 받게 될 것임을 예고한다. 왜냐하면 그들이 하나님께 범죄하였기 때문이다. 그러나 유다 족속의 남은 자는 구원함을 받을 것이다(습 2:7).

예루살렘의 죄(스바냐 3:1-7 The Wickedness of Jerusalem)

스바냐는 이방인들과 마찬가지로 이스라엘 백성들도 하나님께 범죄하였음을 분명히 한다(습 3:1-2). 특별히 백성의 지도자들인 방백들, 재판장들, 선지자들, 제사장들이 자신들의 책임을 망각하고(습 3:3-4) 하나님께 범죄하였다. 그래서 하나님은 그들의 성읍을 황폐하게 하며 거주할 자가 없게 만드실 것이다(습 3:6).

신실한 남은 자(스바냐 3:8-13 A Faithful Remnant)

스바냐 선지는 여호와가 정하신 "벌할 날"에는 "온 땅이 질투의 불에 소멸될"(습 3:8)것이라고 말한다. 이처럼 하나님의 심판의 날에는 아무도 피할 수 없게 될 것이지만 "이스라엘의 남은 자는 악을 행하지 아니하며 거짓을 말하지 아니하며 입에 거짓된 혀가 없으며 먹고 누울지라도 그들을 두렵게 할 자가 없으리라"(습 3:13, 개역개정)고 남은 자가 예비될 것임을 가르친다.

미래의 구원과 기쁨(스바냐 3:14-20 Joy in God's Faithfulness)

스바냐 선지는 결국 하나님이 그의 백성을 구원하실 것이며 그들에게 기쁨을 주실 것을 예언한다. 시온의 딸 이스라엘이 전심으로 기뻐하며 즐거워할 것이다(습 3:14). 스바냐 선지는 여호와 하나님이 "구원을 베푸실 전능자이시라 그가 너로 말미암아 기쁨을 이기지 못하시며 너를 잠잠히 사랑하시며 너로 말미암아 즐거이 부르며 기뻐하시리라"(습 3:17, 개역개정)고 하나님의 백성의 구원과 기쁨이 여호와의 손에 달려 있음을 확실히 한다.

24

나훔

Nahum | 총 3장

기록배경과 특징(B.C. 621-612)

나훔(Nahum)은 3장 47절로 구성되어 있다. 나훔의 기록 장소는 유다 지역으로 추정된다. 나훔은 앗수르 민족과 그 나라의 수도인 니느웨(Nineveh)성 백성에 대한 경고와 유다에 있는 하나님의 백성을 권면하고 위로하기 위해 쓴 책이다. 나훔은 앗수르의 앗슈르바니팔(Ashurbanipal)이 데베(Thebes)를 공략한 때로부터(B.C. 664-663) 니느웨가 멸망한 때(B.C. 612) 사이에 사역했다. 그러므로 본서는 니느웨의 멸망을 예견하고(나 1:1; 2:8-13; 3:1-7, 18-19) 애굽의 데베의 멸망을 회고하는 것으로 보아(나 3:8-10) 대략 B.C. 630년 경에 기록된 것으로 추정된다.

"여호와께 악을 꾀하는 한 사람"(나 1:11)은 앗수르 왕 앗슈르바니팔(B.C. 668-631)을 가리키는 듯하다. 본문의 노아몬(나 3:8)은 데베의 고대 애굽식 명칭이다.

본서는 애굽의 데베의 멸망을 회고하고(나 3:8-10) 니느웨의 멸망을 예견하는 것으로 보아(나 1:1; 2:8-13; 3:1-7, 18-19) 대략 B.C. 630년 경에 기록된 것으로 추정된다.

요약(A Summary of Nahum)

자비와 심판에 관한 하나님의 주권
(나훔 1:1-15 God's Sovereignty on His Mercy and Judgment)

나훔 1장 • 하나님의 위엄을 찬양하고, 여호와는 "여호와의 대적들이 비록 강하고 많을지라도 반드시 멸절"시킬 것이며(나 1:12), 여호와를 의지하는 자들에게는 선하심이 뒤따르게 될 것을 선언한다. 여호와는 하나님의 백성의 멍에를 깨뜨리고 결박을 끊어주실 것이다(나 1:13).

니느웨가 멸망하는 광경(나훔 2:1-13 The Destruction of Nineveh)

나훔 2장 • 여호와께서 야곱의 영광을 회복하실 것을 말하고(나 2:2) 니느웨가 포위되고 파멸될 것을 생생한 언어로 묘사한다. "니느웨가 공허하였고 황폐하였도다"(나 2:10)의 묘사가 이를 증거 한다.

니느웨의 멸망 원인(나훔 3:1-19 The Causes of the Destruction of Nineveh)

나훔 3장 • 왜 니느웨 성이 파멸되게 되었는지 그 이유를 설명한다. "화 있을진저 피의 성이여 그 안에는 거짓이 가득하고 포악이 가득하며 탈취가 떠나지 아니하는도다"(나 3:1, 개역개정)의 말씀이 니느웨의 악한 모습을 엿보게 한다. 결국 니느웨는 망하고 그 멸망의 소식을 듣는 자들은 손뼉을 치면서 기뻐하게 될 것이다(나 3:19).

25

예레미야

Jeremiah | 총 52장

기록배경과 특징(B.C. 627-586 직후)

예레미야(Jeremiah)는 52장 1,364절로 구성되어 있다. 예레미야 선지자는 유다의 요시야 왕(B.C. 640-609) 13년에 계시를 받았다(렘 1:2; 25:3). 그는 여호아하스(B.C. 609)를 거쳐 여호야김(B.C. 609-597), 여호야긴(B.C. 597), 시드기야(B.C. 597-587)의 통치 기간에 사역을 하였다(렘 39:1-2; 45:1; 49:34; 52:1-5). 예레미야는 예루살렘이 B.C. 586에 멸망한 이듬해까지 살았던 것으로 추정된다. 그는 유다가 바벨론(Babylon)에 의해 멸망하기 직전과 직후에 선지자로 부름을 받았다. 예레미야는 그 당시의 유다의 상황을 1. 제사장들은 여호와 하나님을 부인하고, 2. 법 집행자들은 하나님이 무서운 분인 줄 모르고 판단하며, 3. 관리들은 하나님을 거역하는 일을 행하고, 4. 선지자들은 이방신을 섬기고 헛된 일을 하였다고 설명한다(렘 2:8). 예레미야는 유다 백성이 여호와 하나님을 따르지 않고 악행을 행함으로 바벨론을 사용하여 유다를 멸망시켜 70년의 포로 생활을 할 것이지만(렘 20:4; 21:2, 7; 25:12), 결국 유다 백성은 다시 가나안 땅으로 돌아갈 것이요 바벨론은 심판을 받게 될 것(렘 50:11-16; 51:1-4, 54-58)이라고 증언한다. 예레미야의 예언은 단순히 유다의 심판에 머물지 않고 유다의 회복까지 확대된다. 예레미야는 하나님이 이전 언약보다 훨씬 더 좋은 새 언약을 맺을 것을 예언한다(렘 31:31-33). 이 구원의 새 언약은 B.C. 539년 고레스(Cyrus)에 의해 바벨론이 멸망됨으로 성취되지만, 궁극적으로는 예수 그리스도의 구속사역을 통해 완성된다(마 26:26-30; 막 14:22-26; 눅 22:14-23; 고전 11:25; 고후 3:6; 히 9:15; 12:24).

요약(A Summary of Jeremiah)

예레미야 1장 • 예레미야의 소명 사실이 담겨 있다. 힐기야(Hilkiah)의 아들 예레미야에게 여호와께서 살구나무 가지(branch of an almond tree)와 끓는 가마(boiling pot)의 환상을 통해 재앙이 북방에서 임할 것이라는 말씀을 주신다(렘 1:11-15). 여호와는 예레미야에게 "너는 네 허리를 동이고 일어나 내가 네게 명령한 바를 다 그들에게 말하라 그들 때문에 두려워하지 말라"(렘 1:17, 개역개정)고 명령하신다.

유대인에 대한 예언(예레미야 2:1-45:5 Prophecy on the Jews)

1. 유다에 대한 경고(예레미야 2:1-29:32 Warning against Israel)

예레미야 2장 • 유다 백성의 범죄를 설명하면서 제사장들은 여호와께서 어디 계시냐고 말하고, 율법을 다루는 자들은 여호와를 알지 못하며, 관리들은 여호와를 반역하며, 선지자들은 바알(Baal)의 이름으로 예언한다(렘 2:8)고 말한다. 유다 백성들은 생수의 근원이 되는 여호와를 버리고, 스스로 웅덩이를 판 2가지 악을 행하였다(렘 2:13). 유다 백성은 나무를 향하여 아버지라 부르고 돌을 향하여 어머니라 부르는 음행을 행하였다(렘 2:27). 여호와는 유다 백성의 죄를 심판하실 것이다(렘 2:28-29).

예레미야 3장 • 유다 요시야(Josiah) 왕(B.C. 640-609) 때에 예레미야가 받은 말씀으로 이스라엘이 여호와께 배역하고 유다가 반역한 기사가 나온다. 북이스라엘은 이미 앗수르(Assyria)에 의해 B.C. 722년에 멸망당했다(렘 3:6-7). 남유다는 북이스라엘의 멸망을 보고서도 "두려워하지 아니하고 자기도 가서 행음"(렘 3:8)하였다. 이스라엘 족속은 아내가 남편을 속인 것처럼 여호와를 속였다(렘 3:20). 하지만 이스라엘의 진실한 회개는 항상 여호와의 마음의 문을 열게 한다(렘 3:22-25).

예레미야 4장 • 여호와께서 유다와 예루살렘 사람들에게 "여호와께 속하라"(렘 4:4)라고 권면하고 회개하지 아니하면 북방으로부터 큰 멸망이 닥칠 것이라고 경고한다(렘 4:6). 유다와 예루살렘 백성들이 진실과 정의와 공의를 실천하면 여호와께서 복을 주실 것이지만(렘 4:2) 그들이 여호와께 속하지 아니하면 여호와의 맹렬한 노를 발하는 그 날에는 왕과 지도자들과 제사장들과 선지자들이 깜짝 놀랄 것이다(렘 4:8-9). 하나님의 백성이 하나님께로 돌아서지 아니하면 세상은 온통 혼돈의 도가니 속으로 들어가게 될 것이요, 그 고통은 여인의 해산하는 고통과 같을 것이다(렘 4:19-31).

예레미야 5장 • 역시 유다와 예루살렘 백성이 우상을 섬기고 범죄를 했기 때문에 여호와께서 "내가 한 나라를 먼 곳에서 너희에게로 오게 하리니 곧 강하고 오랜 민족이라"(렘 5:15, 개역개정)라고 경고하신다. 여기 "한 나라"는 바벨론(Babylon)을 가리키고 진실로 바벨론은 전쟁에 강하고 오래된 민족이다. 유다와 예루살렘 백성이 "여호와를 버리고 너희 땅에서 이방 신들을 섬겼은즉 이와 같이 너희 것이 아닌 땅에서 이방인들을 섬기리라"(렘 5:19, 개역개정)라고 유다 백성이 포로로 잡혀갈 것을 예언하고 있다.

예레미야 6장 • 예레미야의 족속(tribe)인 베냐민(Benjamin) 자손들에게 예루살렘으로부터 피난하라(렘 6:1)고 경고하고 있다. 예루살렘이 북방으로부터 오는 큰 재앙을 맞이할 것이기 때문에(렘 6:1, 22) 여호와는 "너희는 밭에도 나가지 말라 길로도 다니지 말라 원수의 칼이 있고 사방에 두려움이 있음이라"(렘 6:25)라고 경고하신다. 북방에서 나타날 "한 민족"은 바벨론을 가리킨다(렘 6:22).

예레미야 7장 • 여호와의 말씀이 예레미야에게 임하여 유다 백성에게 그들의 "길과 행위를 바르게 하라 그리하면 내가 너희로 이곳에 살게 하리라"(렘 7:3)라고 권고한다. 이는 유다 백성이 바벨론 포로로 잡혀가는 이유는 하나님의 백성이 이방신을 섬기고 불의를 행했기 때문임을 확인하고 있다(렘 7:4-7). 심지어 여호와의 말씀에 "내 이름으로 일컬음을 받는 이 집이 너희 눈에는 도둑의 소굴로 보이느냐"(렘 7:11, 개역개정)라고 언급할 만큼 여호와의 성전을 소홀히 여겼다. 따라서 여호와 하나님은 "너희는 내가 처음으로 내 이름을 둔 처소 실로에 가서 내 백성 이스라엘의 악에 대하여 내가 어떻게 행하였는지를 보라"(렘 7:12, 개역개정)고 명령한다. 실로(Shiloh)는 여호와의 궤가 약 450년 동안 머문 장소로, 여호수아(Joshua)가 가나안(Canaan) 땅을 정복할 때부터(수 18:1; B.C. 1406년경) 엘리 제사장(Eli the priest) 때에 블레셋에게 그 궤를 빼앗길 때까지(삼상 4:4, 11, 17; 5:2; B.C. 1050년경) 여호와의 궤가 머물렀다. 예레미야가 여기서 실로의 사건을 언급한 것은 예루살렘 성전이 앞으로 어떻게 될 것인지를 예고하는 것이다. 그러나 하나님은 "너희는 내 목소리를 들으라 그리하면 나는 너희 하나님이 되겠고 너희는 내 백성이 되리라"(렘 7:23)라고 회개의 길을 열어 놓으신다. 그럼에도 불구하고 하나님의 백성은 도벳(Topheth) 사당을 건축하고 우상을 섬겼다고 지적한다(렘 7:29-34). 이스라엘 백성은 망하는 길로 매진하고 있는 모습이다.

예레미야 8장 • 범죄한 예루살렘 백성이 받을 고통이 "사는 것보다 죽는 것"(렘 8:3)이 더 나을 정도로 심할 것이라고 말한다. 유다의 백성은 그렇게도 많은 회개의 기회가 있었지만 거짓을 고집하고 하나님께 돌아오기를 거절했다(렘 8:5). 그래서 여호와 하나님은 "내 백성은 여호와의 규례를 알지 못하도다"(렘 8:7)라고 한탄하신다. 예레미야 선지자는 하나님의 백성이 구원받을 수 있는 길이 명명백백한데 어찌하여 잘못된 길로 가고 있는지 답답한 마음을 드러낸다(렘 8:18-22).

예레미야 9장 • 이스라엘 백성의 형편을 보면서 선지자의 눈에 눈물이 마르지 아니함을 서술한다(렘 9:1). 이스라엘 백성은 여호와의 율법을 버리고(렘 9:13) 바알들(Baals)을 섬겼다(렘 9:14, 참조 렘 2:23). 불의를 행하고 행악하는 예루살렘 백성들이 해야 할 것은 지혜를 자랑하거나 용맹을 자랑하거나 부함을 자랑하지 말고, "명철하여 나를 아는 것과 나 여호와는 사랑과 정의와 공의를 땅에 행하는 자인 줄 깨닫는 것이라"(렘 9:23-24)고 깨우쳐 준다.

예레미야 10장 • 이방 나라들은 하늘의 징조를 두려워하지만 하나님의 백성은 그것들을 두려워할 필요가 없다(렘 10:2-4)고 가르친다. 왜냐하면 여호와께서 "그의 권능으로 땅을 지으셨고 그의 지혜로 세계를 세우셨고 그의 명철로 하늘을 펴셨"(렘 10:12)기 때문이다. 이스라엘 백성은 우상의 교훈과 참 하나님의 교훈의 차이를 알고 참 하나님을 섬겨야 할 텐데 그 반대로 행동함으로 여호와께서 북방에서 오는 큰 재앙으로 "유다 성읍들을 황폐하게 하여 승냥이의 거처가 되게 할"(렘 10:22)것이라고 경고한다. 북방의 바벨론(Babylon)이 유다를 멸망하게 할 것임을 예고하고 있다.

예레미야 11장 • 여호와께서 이스라엘이 출애굽 할 때 여호와와 맺은 언약을 지키라고 권면한다(렘 11:2-5). 유다 백성이 이 언약을 지키면 "너희는 내 백성이 되겠고 나는 너희의 하나님이 되리라"(렘 11:4)라고 여호와께서 말씀하신다. 예레미야가 여호와로부터 받은 계시는 유다와 예루살렘 주민 중에 반역이 있을 것이며(렘 11:9-10) 그 결과 유다 백성은 재앙을 받게 될 것이다(렘 11:16-17). 예레미야가 여호와의 이름으로 예언을 함으로 아나돗(Anathoth) 사람들이 그의 생명을 노리지만 여호와는 아나돗 사람들에게 재앙을 내릴 것이다(렘 11:21-23).

예레미야 12장 • "악한 자의 길이 형통하며 반역한 자가 다 평안함은 무슨 까닭이니이까"(렘 12:1, 개역개정)라는 예레미야의 질문이 나온다. 이 질문에 대한 여호와의 대답은 여호와께서 유다 집의 각 사람을 불쌍히 여기실 것이요 각 사람에게 기업을 주실 것(렘 12:14-17)이라는 것이다.

예레미야 13장 • 허리띠가 썩는 비유(렘 13:1-7)로 유다의 교만과 예루살렘의 교만을 썩게 하시겠다(렘 13:9)는 교훈이 나온다. 여호와 하나님은 띠가 사람의 허리에 속함같이 이스라엘 온 집과 유다 온 집으로 여호와께 속하게 만들려고 하셨으나 그들이 듣지 아니하였다(렘 13:11). 따라서 여호와는 유다 백성을 "불쌍히 여기지 아니하며 사랑하지 아니하며 아끼지 아니하고 멸하리라"(렘 13:14)고 말씀하신다. 그리고 여호와는 유다 백성에게 교만하지 말고 스스로 낮추어 앉으라(렘 13:15, 18)고 권면한다.

예레미야 14장 • 유다와 예루살렘의 범죄로 인해 가뭄이 올 것을 예고하신 내용(렘 14:1-4)과 유다의 백성들이 계속 어그러진 길로 행하고 선지자들이 거짓 예언을 하는 내용(렘 14:10, 14)과 백성들이 자신들의 죄악을 인정하고 회개하는 내용(렘 14:19-22)이 나온다. 유다 백성은 "여호와여 우리의 악과 우리 조상의 죄악을 인정하나이다 우리가 주께 범죄하였나이다"(렘 14:20)라고 회개한다.

예레미야 15장 • "모세와 사무엘이 내 앞에 섰다 할지라도 내 마음은 이 백성을 향할 수 없나니"(렘 15:1)라고 유다 백성에 대한 여호와의 마음을 변개할 수 없음을 분명히 한다. 여기서 왜 모세(Moses)와 사무엘(Samuel)이 언급되었는가? 모세는 출애굽기 32:11-14에서 여호와께 이스라엘의 잘못을 용서하시고 맹렬한 진노를 거두어 주시라고 중보 기도를 한다. 모세의 기도를 들으신 "여호와께서 뜻을 돌이키사 말씀 하신 화를 그 백성에게 내리지 아니하시니라"(출 32:14)의 말씀처럼 이 스라엘 백성에 대한 진노를 멈추셨다. 사무엘은 사무엘상 7:3-11에서 범죄한 이스라엘 백성을 미스바(Mizpah)에 모이게 하여 그들의 잘못을 뉘우치고 회개하게 한다. 여호와는 사무엘의 제사와 이스라엘 백성의 회개를 들으시고 "응답"해 주시며(삼상 7:9) 블레셋(Philistines)과의 전쟁 에서 승리하게 하신다(삼상 7:10). 이처럼 여호와는 이전에 모세와 사무 엘의 기도를 들으시고 이스라엘에 대한 진노를 거두셨지만, 예레미야 15:1의 말씀은 이제는 모세와 사무엘이 기도할 지라도 이스라엘 백성 에 대한 여호와의 진노를 거두지 않을 것이라는 확고한 메시지를 담고 있다. 여호와께서 4가지로 백성을 벌하시겠다고 말씀하시는 내용이 나 온다. 여호와는 죽이는 칼, 찢는 개, 삼켜 멸하는 공중의 새 그리고 땅 의 짐승(렘 15:3) 등 4가지로 백성을 벌하실 것이다. 여호와께서 범죄한 유다와 예루살렘 백성을 징계하실 것(렘 15:6)이라는 내용이 나온다. 예 레미야 15장 마지막 부분은 예레미야의 불평과 그에 대한 여호와의 응 답이 나온다(렘 15:10-21).

예레미야 16장 • 여호와께서 "너희가 너희 조상들보다 더욱 악을 행 하였도다"(렘 16:12)라고 말씀하시면서 너희를 너희 조상들이 알지 못하 는 땅으로 보낼 것이지만(렘 16:13) 결국은 다시 너희의 땅으로 다시 돌 아오게 할 것을 약속하신다(렘 16:15). 예레미야는 "여호와 나의 힘, 나 의 요새, 환난 날의 피난처시여"(렘 16:19)라고 오로지 의존할 분은 여호 와 하나님이심을 고백한다.

예레미야 17장 • 유다의 죄악 때문에 여호와께서 "너의 알지 못하는 땅에서 네 원수를 섬기게 하리니"(렘 17:4)라고 다른 나라를 섬기게 될 것을 예고하신다. 그리고 여호와께서 "만물보다 거짓되고 심히 부패한 것은 마음이라 누가 능히 이를 알리요 마는 나 여호와는 심장을 살피며 폐부를 시험하고 각각 그의 행위와 그의 행실대로 보응하나니"(렘 17:9-10)라고 여호와는 유다의 죄악을 낱낱이 알고 계심을 분명히 한다. 그리고 여호와께서 안식일을 지키도록 명령하시는 내용이(렘 17:21-27) 나온다.

예레미야 18장 • 여호와께서 토기장이(potter)의 비유를 통해 여호와가 원하시는 일은 무엇이나 할 수 있음을 밝히신다(렘 18:2-12). 예레미야가 받은 계시의 말씀은 농업(agriculture)과 건축(construction)과 전쟁(war)의 은유를 사용하여 어느 민족이나 국가가 불순종하면 여호와께서 뽑거나(농업) 부수거나(건축) 멸하실 것(전쟁)을 확실히 한다(렘 18:9-10). 하지만 어느 민족이나 국가가 순종하면 그들에게 내리려 했던 재앙을 멈추실 것이다(렘 18:8). 그리고 본 장은 여호와께서 이스라엘이 지은 가증한 죄악을 지적하시는(렘 18:13) 내용과 이스라엘 백성이 예레미야를 죽이려고 구덩이를 파고 올무를 놓은 이야기(렘 18:22-23)를 설명한다.

예레미야 19장 • 유다와 예루살렘 주민이 여호와를 버렸으므로(렘 19:4-5) 여호와께서 유다와 예루살렘의 계획을 무너뜨리시겠다(렘 19:7)고 경고하신다. 유다와 예루살렘이 바벨론(Babylon)에 의해 멸망할 때(B.C. 586)에 처참한 광경이 벌어질 것을 예고한다. 눈으로 볼 수 없는 처참한 광경은 "내가 그들이 그들의 아들의 살, 딸의 살을 먹게 하고 또 각기 친구의 살을 먹게 하리라"(렘 19:9, 참조, 애 2:20; 4:10; 겔 5:10)는 말씀이 묘사하는 상황이다. 유다와 예루살렘 백성들은 이방신들을 섬기고 여호와의 규례를 지키지 아니한 결과 여호와의 맹렬한 진노를 받을 수밖에 없었다(렘 19:13-15).

예레미야 20장 • 성전의 총감독인 바스훌(Pashhur)이 선지자 예레미야를 때리고 나무 고랑을 목에 채워 두었다가 나중에 그 고랑을 풀어 준다(렘 20:1-3). 이 일로 인해 여호와께서 바스훌을 마골밋사빕(Magor-Missabib)으로 바꿔 부르도록 하신다(렘 20:3). 마골밋사빕은 "두려움이 사방에 있다"(fear on every side)라는 뜻이다. 그리고 본장에는 예레미야가 여호와의 이름으로 말하지 아니하면 "나의 마음이 불붙는 것 같아서 골수에 사무치니 답답하여 견딜 수 없다"(렘 20:9, 개역개정)는 고백을 한다. 예레미야는 여호와의 명령에 따라 하나님 백성의 멸망을 선포하며 겪는 외적, 내적 고통을 자신의 생일을 저주하는 말로 표현한다(렘 20:7-8, 14-18).

예레미야 21장 • 여호와께서 "생명의 길과 사망의 길"(렘 21:8)을 보여주시는데 "유다 성읍에 남아있는 자들은 죽을 것이나 갈대아인(Chaldeans)에게 나가서 항복하는 자는 살 것"(렘 21:9)이라고 말씀하신다. 유다 백성의 바벨론 포로 생활을 예고하신다.

예레미야 22장 • 여호와께서 그의 말씀을 순종하면 형통할 것이지만 불순종하면 고통이 뒤따르게 될 것이라고 경고하신다(렘 22:4-5). 그리고 본 장은 요시야(Josiah, B.C. 640-609)를 이어 왕이 된 살룸(Shallum, B.C. 609년, 3개월 통치)이 죽게 될 것을 설명하는데(렘 22:11-12) 여호아하스(Jehoahaz)로도 불린다(왕하 23:30-31). 그리고 본 장은 또한 여호야김(Jehoiakim) 왕이 예루살렘 문 밖에 던져지고 나귀같이 매장함을 당하리라고 예고한다(렘 22:18-19). 또한 유다 왕 고니야(여고냐, Coniah/Jeconiah)가 바벨론 왕 누브갓네살(Nebuchadnezzar) 왕의 손에 넘겨질 것을 예고하신다(렘 22:24-28). 고니야는 여호야김의 아들로 예레미야 22:24, 28은 고니야로 부르고, 예레미야 24:1은 여고냐로 부른다.

예레미야 23장 ● 미래의 왕 메시야를 보내주실 것이라는 약속이 나온다. "내가 다윗에게 한 의로운 가지를 일으킬 것이라 그가 왕이 되어 지혜롭게 다스리며 세상에서 정의와 공의를 행할 것이며"(렘 23:5)라고 메시야의 통치의 특성을 설명한다. 그리고 본 장은 선지자들의 죄악을 일일이 언급한다. "선지자와 제사장이 다 사악한지라"(렘 23:11). 사마리아(Samaria)의 선지자들은 바알을 의지하고 예루살렘의 선지자들은 거짓을 말한다(렘 23:13-14). 이렇게 거짓 선지자들이 여호와를 모독하고 거짓을 말하고 백성을 미혹하게 함으로(렘 23:16-32) 여호와의 엄중한 말씀은 "내가 너희를 버리리라"(렘 23:33), "내가 그 사람과 그 집안을 벌하리라"(렘 23:34), "너희는 영원한 치욕과 잊지 못할 영구한 수치를 당하게 하리라"(렘 23:40)이다.

예레미야 24장 ● "바벨론의 느부갓네살 왕이 유다 왕 여호야김의 아들 여고냐와 유다 고관들과 목공들과 철공들을 예루살렘에서 바벨론으로 옮긴 후에"(렘 24:1)라는 시작으로 예레미야가 무화과 두 광주리에 대한 계시를 언제 받았는지를 밝힌다. 그 때는 느부갓네살 왕이 2차로 유다 백성을 포로로 바벨론에 이주시킨 B.C. 597년 직후이다. 제2차 포로로 잡혀간 주요 인물은 여호야긴(여고냐; Jeconiah), 에스겔(Ezekiel), 모르드개(Mordecai) 등이다. 예레미야가 받은 계시는 좋은 무화과와 나쁜 무화과를 비유적으로 비교하는 내용이다. 좋은 무화과는 바벨론으로 끌려 온 이스라엘 백성들로 여호와께서 보살피실 것이라는 비유요(렘 24:5-7), 나쁜 무화과는 예루살렘에 그대로 남아 있는 백성과 애굽 땅에 사는 백성들을 가리키는 비유로 하나님이 그들을 보살피지 않을 것이라는 비유이다(렘 24:8-10).

예레미야 25장 ● 유다 백성들이 70년 동안 바벨론의 왕을 섬기게 될 것을 예고하는 기록이 나온다(렘 25:11). 그리고 70년이 끝나면 여호와께서 바벨론을 벌하실 것이라고 말씀하신다(렘 25:12). 또한 여호와께서 진노의 술잔(렘 25:15)을 애굽(Egypt), 에돔(Edom), 모압(Moab), 암몬(Ammon), 두로(Tyre), 시돈(Sidon), 드단(Dedan), 데마(Tema), 부스(Buz) 등 모든 나라에 내리실 것이라고 예고하는 내용이 나온다(렘 25:15-26). 여호와 하나님은 하나님의 백성을 괴롭힌 백성들에게 형벌을 내리실 것이며 그들의 삶은 고통스러운 것이 될 것이라고 말씀하신다(렘 25:27-38).

예레미야 26장 • 예레미야 선지자가 여호와로부터 계시를 받은 때를 "유다 왕 요시야의 아들 여호야김이 다스리기 시작한 때"(렘 26:1)로 설정한다. 여호야김(Jehoiakim) 왕은 B.C. 609년에서 B.C. 598년까지 11년 동안 유다를 통치했다(참조, 왕하 23:34-36; 대하 36:4-5). 여호야김과 엘리아김은 같은 사람이다. 여호와께서 예레미야에게 성전에 예배하러 오는 자들에게 성전 뜰에서 여호와의 말씀을 가감 없이 전하라고 명하셔서 예레미야는 여호와가 "내가 성전을 실로같이 되게 하고 이 성을 세계 모든 민족의 저줏거리가 되게 하리라"(렘 26:6)는 여호와의 말씀을 그대로 전한다. 이 하나님의 말씀을 들은 제사장들과 선지자들과 모든 백성이 예레미야에게 그런 예언을 했다고 오히려 "네가 반드시 죽어야 하리라"(렘 26:8-9)고 협박한다. 스마야(Shemaiah)의 아들 우리야(Uriah)가 유다와 예루살렘에 대해 예레미야처럼 여호와의 계시를 바로 전하자 여호야김 왕이 우리야를 애굽에서 데려와 칼로 죽인다(렘 26:20-23).

예레미야 27장 • 26장과 같은 시기인 "여호야김이 다스리기 시작할 때"(렘 27:1)에 예레미야 선지자가 여호와의 계시를 받은 사실을 확인한다. 거짓 선지자들은 백성들의 비위를 맞추기 위해 유다 백성이 바벨론(Babylon)으로 포로로 잡혀가지 아니할 것이라고 거짓 예언을 하기 때문에 예레미야는 백성들에게 거짓 선지자의 말을 듣지 말라고 권한다(렘 27:9-15). 여호와의 말씀은 예루살렘 성전의 기물까지 바벨론으로 옮겨가게 될 것이라고 하신다(렘 27:21-22).

예레미야 28장 • 예레미야 선지자가 여호와의 계시를 받은 때를 "유다 왕 시드기야가 다스리기 시작한 지 사 년 다섯째 달"(렘 28:1)이라고 밝힌다. 시드기야(Zedekiah) 왕은 B.C. 597부터 B.C. 586어간에 11년 동안 유다를 통치했다(왕하 24:17-18; 25:1, 7; 대하 36:10-11). 그러므로 시드기야가 다스린 지 4년은 B.C. 593년경이 된다. 시드기야는 유다 왕국의 마지막 왕으로 바벨론 왕이 그의 두 눈을 빼고 놋 사슬로 결박하여 바벨론으로 끌고 간 비운의 왕이었다(왕하 25:7). 예레미야와 거짓 선지자 하나냐(Hananiah)와의 대화가 나온다. 하나냐가 예레미야의 목에서 멍에를 빼앗아 꺾으면서 바벨론의 왕 느부갓네살의 멍에를 꺾을 것이라고 예언한다(렘 28:9-11). 그러자 여호와께서 나무 멍에 대신 쇠 멍에를 만들 것이라고 경고하시면서 "내가 쇠 멍에로 이 모든 나라의 목에 메워 바벨론의 왕 느부갓네살을 섬기게 하였으니 그들이 그를 섬기리라"(렘 28:14, 개역개정)라고 말씀하시고 하나냐가 거짓 예언을 하였으므로 금년에 죽게 될 것이라고 말씀하신다(렘 28:16). 본 장은 여호와의 말씀대로 "선지자 하나냐가 그 해 일곱째 달에 죽었더라"(렘 28:17)로 마무리한다.

예레미야 29장 • 예레미야가 바벨론으로 잡혀간 포로들에게 편지하기를(렘 29:4) 여호와의 말씀이 "바벨론에서 칠십 년이 차면 내가 너희를 돌보고 나의 선한 말을 너희에게 성취하여 너희를 이곳으로 돌아오게 하리라"(렘 29:10, 개역개정)라고 이스라엘 백성을 귀환시키실 것을 약속하신다. 그리고 여호와께서 거짓 선지자 스마야가 거짓 예언을 하였기 때문에 여호와께서 스마야와 그의 자손을 벌하시겠다(렘 29:24-32)고 말씀하신다.

2. 회복의 약속(예레미야 30:1-33:26 Restoration of Israel and Judah)

예레미야 30장 • 여호와께서 하나님의 백성을 본국으로 돌아오게 하실 것을 말씀하고 있다. "여호와의 말씀이니라 보라 내가 내 백성 이스라엘과 유다의 포로를 돌아가게 할 날이 오리니 내가 그들을 그 조상들에게 준 땅으로 돌아오게 할 것이니 그들이 그 땅을 차지하리라"(렘 30:3, 개역개정)고 선언하시고, "여호와께서 말씀하시니라 보라 내가 야곱 장막의 포로들을 돌아오게 할 것이고 그 거처들에 사랑을 베풀 것이라"(렘 30:18)고 확실하게 약속하신다. 이스라엘이 바벨론 포로 생활에서 그들의 고향으로 돌아올 때 여호와께서 "너희는 내 백성이 되겠고 나는 너희들의 하나님이 되리라"(렘 30:22)라고 약속하신다.

예레미야 31장 • 여호와께서 이스라엘 백성을 다시 세우시고 지키실 것을 말씀한다. "처녀 이스라엘아 내가 다시 너를 세우리니 네가 세움을 입을 것이요"(렘 31:4)의 말씀과 "이스라엘을 흩으신 자가 그를 모으시고 목자가 그 양 떼에게 행함 같이 그를 지키시리로다"(렘 31:10)의 말씀과 "내가 나의 법을 그들의 속에 두며 그들의 마음에 기록하여 나는 그들의 하나님이 되고 그들은 내 백성이 될 것이라 여호와의 말씀이니라"(렘 31:33, 개역개정)의 말씀이 이를 증언한다.

예레미야 32장 • 유다의 시드기야(Zedekiah) 왕 열째 해 때(B.C. 587)에 예레미야가 궁중의 시위대 뜰에 갇혀 있는데(렘 32:2) 여호와의 말씀이 살룸(Shallum)의 아들 하나멜(Hanamel)의 밭을 사도록 인도하신다(렘 32:6-10). 예레미야는 베냐민 땅 아나돗(Anathoth)에 있는 밭을 은 십칠 세겔을 주고 산다(렘 32:9). 여호와께서 예레미야에게 밭을 사게 하신 것은 비록 여호와께서 이스라엘 백성의 죄악으로 인해 이스라엘 백성을 바벨론의 느부갓네살 왕에게 넘기지만(렘 32:28) 종국에는 이스라엘 백성이 귀환하여 그 땅을 활용하게 될 것임을 보여 준 표증이다. 그 때는 "그들은 내 백성이 되겠고 나는 그들의 하나님이 될 것"(렘 32:38)이라고 여호와께서 약속하신다.

예레미야 33장 • 예레미야가 아직 시위대 뜰에 갇혀 있을 때 여호와께서 이스라엘과 유다를 회복시키시겠다고 약속하신 말씀을 담고 있다(렘 33:1, 7). 그리고 여호와는 "내가 유다의 포로와 이스라엘의 포로를 돌아오게 하여 그들을 처음과 같이 세울 것"(렘 33:7)이며, "그날 그때에 내가 다윗에게서 한 공의로운 가지가 나게 하리니 그가 이 땅에 정의와 공의를 실행할 것이라"(렘 33:15)라고 약속하신다.

3. 부수적인 역사적 사건들(예레미야 34:1-35:19 Additional Historical Events)

예레미야 34장 • 여호와께서 예레미야 선지자를 통해 유다의 시드기야 왕(B.C. 597-587 통치)에게 하나님의 메시지를 전한다. 그 메시지는 "보라 내가 이 성을 바벨론 왕의 손에 넘기리니 그가 이 성을 불사를 것이라"(렘 34:2), "너는 바벨론으로 가리라"(렘 34:3)이다. 그리고 여호와께서 이스라엘 백성이 범죄하고 불순종하였기 때문에 그들을 세계 여러 나라 가운데에 흩어지게 할 것"(렘 34:17)이라고 말씀하신다.

예레미야 35장 • 유다 왕 여호야김(Jehoiakim) 때에(B.C. 608-597) 여호와께서 예레미야에게 레갑(Rechab) 사람들에게 포도주를 마시게 하라(렘 35:1-2)고 명령하여 예레미야가 레갑의 후손들에게 포도주를 마시라고 권하지만 레갑의 후손들은 "우리는 포도주를 마시지 아니하겠노라 레갑의 아들 우리 선조 요나답(Jonadab)이 우리에게 명령하여 이르기를 너희와 너희 자손은 영원히 포도주를 마시지 말라"(렘 35:6)라고 했기 때문이라고 답을 한다. 레갑 자손은 선조의 명령을 순종했다. 여호와는 레갑 자손은 선조의 명령을 순종했는데 예루살렘 주민은 선조의 명령에 순종하지 아니했다(렘 35:13-16)고 경고하신다. 그래서 여호와께서 선조의 명령을 순종한 레갑 자손들에게 "레갑의 아들 요나답에게서 내 앞에 설 사람이 영원히 끊어지지 아니하리라"(렘 35:19)고 약속하신다.

4. 예레미야의 고난(예레미야 36:1-38:28 Sufferings of Jeremiah)

예레미야 36장 • 유다의 요시야(Josiah) 왕의 아들 여호야김(Jehoiakim) 제4년(B.C. 604년경)에 여호와의 말씀이 예레미야에게 "요시야의 날로부터 오늘까지 이스라엘과 유다와 모든 나라에 대하여"(렘 36:2) 여호와가 일러준 대로 두루마리에 기록하라고 명하는 내용이 나온다. 예레미야는 붙잡혔으므로 네리야(Neriah)의 아들 바룩(Baruch)을 통해 여호와의 말씀을 기록하게하고 바룩으로 하여금 기록된 여호와의 말씀을 모든 백성에게 선포하게 한다(렘 36:6-10). 그런데 그마랴(Gemariah)의 아들인 미가야(Michaiah)가 모든 고관들에게 예레미야의 말을 전하매 그들이 여후디(Jehudi)를 시켜 바룩으로 하여금 그 두루마리를 가져오게 하고 고관들이 그 여호와의 말씀을 듣는다(렘 36:11-15). 고관들은 그 여호와의 말씀을 여호야김 왕에게 전할 것을 말하고 바룩과 예레미야에게는 숨어있으라고 권면한다(렘 36:18-19). 모든 고관들이 여호야김 왕에게 그 두루마리의 말씀을 알리자 왕은 여후디를 보내 두루마리를 가져오게 한다(렘 36:20-21). 그리고 여호야김 왕은 여후디가 두루마리(the Scroll)의 서너 쪽을 낭독하면 그 부분을 면도칼로 베어내어 불에 태우는 방식으로 두루마리 전체를 태운다(렘36:23). 유다의 여호야김 왕은 B.C. 608-597년까지 통치한 왕으로 엘리야김(Eliakim)으로도 불린다(왕하 23:34 참조). 그래서 여호와께서 다시 예레미야에게 태워 없어진 두루마리의 내용과 똑같은 말씀을 기록한 두루마리를 만들게 명하고 예레미야는 그 명을 실행한다(렘 36:27-32).

예레미야 37장 • 베벨론의 느부갓네살 왕이 여호야김의 아들 고니

야(혹은 여고냐 혹은 여호야긴)(B.C. 597년 중 3개월 통치)의 뒤를 이어 시드기야
(Zedekiah)를 유다의 왕(B.C. 597-587)으로 세운 내용이 나온다(렘 37:1). 시
드기야 왕은 예레미야에게 여호와께 기도해 줄 것을 요청하고 예레미
야는 여호와의 뜻이 "바로의 군대는 자기 땅 애굽으로 돌아가겠고 갈
대아인이 다시 와서 이 성을 쳐서 빼앗아 불사르리라"(렘 37:7-8)고 전
한다. 이에 셀레먀(Shelemiah)의 아들인 이리야(Irijah)가 예레미야를 반역
자로 몰아 붙잡아서 서기관 요나단(Jonathan)의 집에 가둔다(렘 37:13-15).
그런데 시드기야 왕이 예레미야를 불러 여호와께 받은 말씀이 무엇
이냐고 묻자 예레미야는 "왕이 바벨론의 왕의 손에 넘겨지리이다"(렘
37:17)라고 다시 확인한다. 예레미야는 시드기야 왕의 배려로 감옥 뜰
에서 머물 수 있게 된다(렘 37:20-21).

예레미야 38장 • 예레미야가 일관되게 예루살렘이 바벨론의 손에
넘어갈 것을 예언하자 유다의 고관들이 시드기야 왕의 방관 속에서
예레미야를 감옥 뜰에 있는 왕의 아들 말기야(Malchiah)의 깊은 구덩이
에 넣는 내용이 나온다(렘 38:4-6). 왕궁 내시 구스(Ethiopian)인 에벳멜렉
(Ebed-Melech)이 이런 처사는 옳지 않다고 왕께 고하자 왕이 에벳멜렉
에게 예레미야를 구덩이에서 구하라고 명하고 시위대 뜰에 머물 수 있
게 한다(렘 38:7-13). 시드기야 왕이 예레미야에게 다시 하나님의 뜻을
묻자 예레미야는 일관되게 이스라엘이 바벨론에 항복하면 살고 그렇
지 않으면 죽게 될 것을 말한다(렘 38:17-23). 시드기야 왕은 예레미야에
게 자기와 나눈 모든 말을 모든 고관에게 비밀로 하자고 하고 결국 이
비밀은 탄로되지 않았고 "예레미야가 예루살렘 함락되는 날까지 감옥
뜰에 머물렀더라"(렘 38:28)라고 예레미야 38장이 마무리 된다.

5. 예루살렘의 멸망과 그 이후의 사건

(예레미야 39:1-45:5 Destruction of Jerusalem and the Events thereafter)

예레미야 39장 • 시드기야(Zedekiah)의 제 십 일년 넷째 달 아홉째 날에 예루살렘이 바벨론의 느부갓네살(Nebuchadnezzar) 왕에게 함락되는 내용을 기록한다(렘 39:1-2). 그리고 바벨론 왕 느부갓네살은 유다 왕 시드기야의 눈을 빼게 하고 바벨론으로 옮기려고 사슬로 결박한다(렘 39:7). 그러나 여호와는 구스인 에벳멜렉(Ebed-Melech)에게는 구원을 약속하신다(렘 39:16-18).

예레미야 40장 • 바벨론 군대 사령관 느부사라단(Nebuzaradan)이 예레미야를 포함한 예루살렘과 유다의 포로들을 바벨론으로 옮기는 중 예레미야를 라마(Ramah)에서 풀어주고(렘 40:1) 예레미야에게 하나님의 백성이 바벨론의 포로가 된 것은 그들이 범죄했기 때문이라고 지적한다(렘 40:3). 또 예레미야에게 그와 함께 바벨론으로 가자고 말하다가 마음을 바꾸어 바벨론 왕이 바벨론으로 잡혀가지 아니한 유다 백성들을 보살피도록 그 땅을 아히감(Ahikam)의 아들 그다랴(Gedaliah)에게 맡겼으니 미스바(Mizpah)로 가서 그의 옆에서 백성들과 함께 살도록 허락한다(렘 40:5-6). 바벨론 왕이 그다랴에게 그 땅을 맡겼다는 소식이 퍼지자 느다냐(Nethaniah)의 아들 이스마엘(Ishmael)과 일행이 그다랴에게 온다. 그때 그다랴가 그들에게 "너희는 갈대아 사람을 섬기기를 두려워하지 말고 이 땅에 살면서 바벨론의 왕을 섬기라"(렘 40:9)고 말한다. 그리고 요하난(Johanan)과 군 지휘관들이 암몬 자손의 왕 바알리스(Baalis)가 자신의 생명을 노린다는 소식을 접하고도 그다랴가 그 말은 진정이 아니라고 받아들이지 않는다(렘 40:13-16).

예레미야 41장 • 40장에 이은 사건으로 이스마엘이 그다랴를 칼로 쳐 죽이고 그곳에 있는 갈대아 군사도 죽인다(렘 41:1-3). 이스마엘은 여호와의 성전으로 가려는 사람들도 죽여 구덩이에 묻는다(렘 41:4-7). 이스마엘은 요하난의 추적을 피해 암몬 자손에게로 간다(렘 41:11-15). 그런데 이스마엘에게서 백성들을 구한 요하난과 군 지휘관들이 애굽으로 가려고 떠나 베들레헴 근처에 있는 게룻김함(Geruth Kimham)에 머문다. 그 이유는 이스마엘이 바벨론 왕이 임명한 그다랴를 이스마엘이 죽이고 바벨론에 반역을 했기 때문에 요하난(Johanan)과 그 일행도 갈대아 사람을 두려워할 수밖에 없었기 때문이다(렘 41:16-18).

예레미야 42장 • 요하난을 위시하여 모든 남아 있는 백성들이 예레미야에게 여호와께 기도해 줄 것을 간청하고(렘 42:1-2) 예레미야는 여호와께 기도한다. 여호와께서 너희는 애굽 땅으로 들어가 살지 말고 바벨론 왕을 겁내지 말라고 답하신다(렘 42:11-14). 그리고 여호와는 "이는 내가 너희에게 내린 재난에 대하여 뜻을 돌이킴이라"(렘 42:10)라고 위로한다. 여호와 하나님은 유다 백성에게 비록 포로의 삶을 살고 있지만 "바벨론의 왕을 겁내지 말라"(렘 42:11), "너희는 애굽으로 가지 말라"(렘 42:19)라고 명령하시고 오로지 여호와를 의지하라고 말씀하신다.

예레미야 43장 • 예레미야가 애굽으로 내려간 이야기를 기록한다(렘 43:6-7). 요하난과 모든 오만한 자가 예레미야가 바룩(Baruch)의 말을 듣고 예루살렘의 백성들이 애굽으로 가는 것을 막는다고 생각하여, 느부사라단이 그다랴에게 맡겨 둔 모든 사람과 선지자 예레미야와 바룩을 데리고 애굽 땅으로 가서 다바네스(Tahpanhes)에 머문다(렘 43:4-7). 이에 여호와께서 예레미야를 통해 바벨론 왕 느부갓네살이 애굽 땅을 치게 될 것을 예고하신다(렘 43:10-13).

예레미야 44장 • 여호와께서 애굽으로 내려온 유다 사람들에게 하신 말씀을 기록한다. 애굽으로 내려온 유다 사람들은 다른 신들에게 분향하고 여호와를 섬기지 아니했다(렘 44:3-5, 8). 여호와께서 예루살렘을 벌한 것같이 애굽 땅에 사는 자들을 벌하시겠다고 약속하신다 (렘 44:12-13). 여호와는 예레미야를 통해 예루살렘과 유다 백성들의 죄악을 지적하고 "유다의 시드기야 왕을 그의 원수"의 손에 넘긴 것같이 애굽의 바로 호브라(Hophra) 왕을 그의 원수들의 손에 넘길 것을 약속하신다(렘 44:24-26, 30).

예레미야 45장 • 여호와께서 유다의 요시야 왕의 아들 여호야김(Jehoiakim) 넷째 해(B.C. 605-604년 경)에 바룩이 예레미야가 불러주는 대로 여호와의 말씀을 두루마리에 기록한 이야기를 전한다(렘 45:1). 이 말씀을 연대기적으로 배열하면 이 말씀은 예레미야 36장 8절과 9절의 사이에 해당되는 내용이다(렘 36:8 참조). 여호와의 말씀은 "나는 내가 세운 것을 헐기도 하며 내가 심은 것을 뽑기도 하지만"(렘 45:4) 바룩(Baruch)에게 생명을 유지시켜 주겠다고 약속하신다. "내가 모든 육체에 재난을 내리리라 그러나 네가 가는 모든 곳에서는 내가 너에게 네 생명을 노략물 주듯 하리라"(렘 45:5)고 약속하신다. 이 말씀은 영어 번역(NKJV)이 더 이해하기 쉽다. "But I will give your life to you as a prize in all places, wherever you go."

1. 애굽에 대한 심판과 이스라엘의 구원

(예레미야 46:1-28 Judgment on Egypt and Deliverance of Israel)

예레미야 46장 • 애굽을 징벌하는 내용과 이스라엘을 구원하실 약속을 기록한다. 여호야김 넷째 해 (B.C. 605-604년 경)에 바로 느고(Necho)가 유브라데 강가 갈그미스(Carchemish) 전쟁에서 느부갓네살 왕에게 패한다. 여호와의 말씀은 "애굽의 바로 왕이 망하였도다"(렘 46:17), "너를 위하여 포로의 짐을 꾸리라"(렘 46:19)라는 말씀으로 애굽이 침공을 당할 것을 예고하신다. 그러나 여호와는 야곱의 자손들은 "포로된 땅에서 구원하리니 야곱이 돌아와서 평안하며 걱정 없이 살게 될 것이라"(렘 46:27)고 약속하신다.

2. 블레셋에 대한 심판(예레미야 47:1-7 Judgment on Philistia)

예레미야 47장 • 애굽 왕 바로가 가사(Gaza)를 치기 전에 여호와께서 예레미야를 통해 주신 계시를 담고 있다. 본 장은 여호와께서 블레셋 사람을 유린하시되 갑돌(Caphtor) 섬에 남아 있는 블레셋 사람까지 유린하실 것을 말씀하신다(렘 47:4).

3. 모압에 대한 심판(예레미야 48:1-47 Judgment on Moab)

예레미야 48장 • 여호와께서 모압(Moab)에 내릴 형벌을 언급한다. 여호와의 징벌은 "디본(Dibon)과 느보(Nebo)와 벧 디블라다임(Beth Diblathaim)과 기랴다임(Kirjathaim)과 벧 가물(Beth Gamul)과 벧 므온(Beth Meon)과 그리욧(Kerioth)과 보스라(Bozrah)와 모압 땅 원근 모든 성읍에로다"(렘 48:22-24)라고 철저하게 징벌 받을 것을 예고한다. 모압에 대한 경고는 "모압이 여호와를 거슬러 자만하였으므로 멸망하고 다시 나라를 이루지 못하리로다"(렘 48:42)라는 말씀처럼 철저한 것이었다.

4. 암몬에 대한 심판(예레미야 49:1-6 Judgment on Ammon)

예레미야 49:1-6절 • 여호와께서 암몬(Ammon)에 대해 심판하실 것을 예고하는 말씀이 기록되어 있다. 여호와께서 암몬 자손에게 전쟁 소리를 들리게 하실 것이며 두려움이 암몬의 사방에서 다가올 것이라고 예고하신다(렘 49:1-2, 5).

5. 에돔에 대한 심판(예레미야 49:7-22 Judgment on Edom)

예레미야 49:7-22절 • 여호와께서 에돔(Edom)에 대해 심판하실 것을 예고하는 말씀이 나온다. 여호와께서 에돔을 공포의 대상이 되게 하실 것이요(렘 49:17), "에서의 옷을 벗겨 그 숨은 곳이 드러나게 하였나니 그가 그 몸을 숨길 수 없을 것이라 그 자손과 형제와 이웃이 멸망"(렘 49:10)하게 될 것이라고 예고하신다.

6. 다메섹에 대한 심판(예레미야 49:23-27 Judgment on Damascus)

예레미야 49:23-27절 • 여호와께서 다메섹(Damascus)을 심판하실 것이라는 예고의 말씀이 나온다. 여호와는 "다메섹의 성벽에 불을 지르리니 벤하닷(Ben-Hadad)의 궁전이 불타리라"(렘 49:27)라고 예고하신다.

7. 게달과 하솔에 대한 심판(예레미야 49:28-33 Judgment on Kedar and Hazor)

예레미야 49:28-33절 • 바벨론의 느부갓네살 왕이 게달(Kedar)과 하솔(Hazor)을 공격하여 게달과 하솔에 거하는 백성들이 큰 고난을 당할 것이요, 하솔에 "머물러 사는 사람이 아무도 없게 될"(렘 49:33) 것이라고 예고하는 말씀이 나온다.

8. 엘람에 대한 심판(예레미야 49:34-39 Judgment on Elam)

예레미야 49:34-39절 • 유다 왕 시드기야(Zedekiah)가 즉위한 지 오래지 아니하여(B.C. 597년경) 여호와께서 예레미야를 통해 주신 엘람(Elam)에 관한 계시를 기록하고 있다. 여호와는 엘람을 심판하실 것이지만 "말일에 이르러 내가 엘람의 포로를 돌아가게 하리라"(렘 49:39)고 엘람을 구원하실 것을 약속하신다.

9. 바벨론에 대한 심판(예레미야 50:1-51:64 Judgment on Babylon)

예레미야 50장과 51장 • 여호와께서 예레미야를 통해 계시하신 바벨론이 받을 심판을 언급한다. 여호와는 북방의 큰 민족으로 바벨론을 대항하게 하여 바벨론이 멸망하게 될 것을 예고하신다. 바벨론의 멸망은 유다 자손의 자유와 연결된다(렘 50:4-5). 이스라엘은 죄악 때문에 "처음에는 앗수르 왕이 먹었고 다음에는 바벨론의 느부갓네살(Nebu-chadnezzar) 왕이 그의 뼈를 꺾었다"(렘 50:17)며 이스라엘이 고통받게 된 경위를 설명하신다. 그리고 여호와는 바벨론이 약탈당하고 망하게 될 것이라고 예고하신다(렘 50:41-46). 여호와께서 바벨론을 멸망시키시되 메대(the Medes)를 통해 그렇게 하실 것을 예고하신다. "여호와께서 메대 왕들의 마음을 부추기사 바벨론을 멸하기로 뜻하시나니"(렘 51:11)라고 말씀하시고 결국 "바벨론이 돌무더기가 되어서 승냥이의 거처와 혐오의 대상과 탄식 거리가 되고 주민이 없으리라"(렘 51:37)고 황폐하게 될 바벨론에 대한 설명이 나온다.

예레미야 52장 • 유다의 마지막 왕인 시드기야(Zedekiah)가 왕위에 올라 여호야김(Jehoiakim)의 잘못된 행위를 본받았고 예레미야의 예언과는 달리 바벨론 왕을 배반하였다는 기록이 나온다(렘 52:1-3). 바벨론 왕은 시드기야 왕 제11년까지 성을 포위하였고 결국 성이 파괴되어 성이 점령당하게 된다. 바벨론 왕은 시드기야의 두 눈을 빼고 놋사슬로 그를 결박하여 바벨론으로 끌고 가서 그가 죽는 날까지 옥에 가두어 둔다(렘 52:10-11). 예루살렘 왕궁과 성전은 파괴되고 성전의 기물은 바벨론으로 옮기게 된다(렘 52:17-23). 느부갓네살이 바벨론으로 사로잡아 간 백성의 수는 느부갓네살(Nebuchadnezzar) 제7년에 3,023명이요, 느부갓네살 열여덟째 해에 832명이요, 느부갓네살 제23년에 느부갓네살 왕의 사령관 느부사라단(Nebuzaradan)이 745명이었다. 그 총수가 4,600명이었다(렘 52:28:30).

여고냐와 고니야는 동일인임

예레미야 선지자는 유다 왕 여호야김의 아들의 이름을 때로는 여고냐로 기록하기도 하고 또 다를 때는 고니야로 기록하기도 한다. 예레미야 22:24은 "여호와의 말씀이니라 나의 삶으로 맹세하노니 유다 왕 여호야김의 아들 고니야가 나의 오른손의 인장반지라 할지라도 내가 빼어"(개역개정)라고 기록하고, 예레미야 37:1은 "요시야의 아들 시드기야가 여호야김의 아들 고니야의 뒤를 이어 왕이 되었으니"라고 기록한 반면, 예레미야 24:1은 "바벨론의 느부갓네살 왕이 유다 왕 여호야김의 아들 여고냐와 유다 고관들과 목공들과 철공들을 예루살렘에서 바벨론으로 옮긴 후에"라고 기록한다. 이처럼 고니야(Coniah)와 여고냐(Jeconiah)는 여호야김의 아들로 같은 사람이다.

앗수르 제국이 바벨론-메대 연합군에 의해 멸망

B.C. 612년 바벨론-메대 연합군에 의해 앗수르가 멸망한다.(Fall of Assyria by Babylon and Mede).

B.C. 614년에 메대의 군대가 앗수르 성읍들을 정복하였고, 2년 뒤에는 니느웨(Nineveh)가 바벨론과 메대의 연합군 공격 앞에 무너졌다. 하란도 B.C. 610년에 함락당했다(슥 10:11 참조).[110]

---

110 Derek Williams(ed.), *New Concise Bible Dictionary*, p. 49.: "In 614 B.C. the Medes joined the Babylonians to attack Assur, and the allies captured Nineveh in 612 BC."

26

하박국

Habakkuk | 총 3장

하박국서(Habakkuk)는 3장 56절로 되어 있다. 하박국서는 유다 왕 여호야김(Jehoiakim) 통치 시기(B.C. 609-598)에 기록되었다. 성경은 바로 느고(Pharaoh Necho)가 요시야(Josiah)의 아들 엘리야김(Eliakim)을 여호야 김으로 이름을 바꾸어 유다의 왕으로 세웠다고 전한다(왕하 23:34). 여 호야김 왕은 "여호와 보시기에 악을 행하는"(왕하 23:37; 대하 36:5) 왕이 었다. 여호야김 시대에 유다의 관원들은 부정부패에 깊이 빠져 있었고 부자들은 뇌물을 이용하여 공의의 실현을 방해하는 형국이었다. 하박 국은 이와 같은 불의를 보면서 하나님께 질문을 던진다(합 1:2-4; 12-17).

하박국서의 기록 장소는 유다로 추정된다. 본서는 두 부분으로 나 누어지는데 1장과 2장은 하박국 선지자가 어려운 질문을 하나님께 묻 는 내용을 담고 있으며, 3장은 하박국의 기도형식으로 하나님을 찬양 하는 내용을 담고 있다. 하박국은 하나님의 하시는 모든 일을 다 이해 할 수는 없지만, 하나님을 온전히 믿는 것이 중요하다고 가르친다. 하 박국서는 하나님과 선지자가 나누는 대화 형식으로 유다 백성을 위해 기록되었다. 하박국서는 강포를 묵인하시고, 악인이 의인을 핍박해도 잠잠하신 것 같은 하나님께 언제까지 그렇게 하실지를 묻는다. 이에 하나님은 갈대아 사람을 통해서 심판하시겠다고 응답하시면서 "의인 은 그의 믿음으로 말미암아 살리라"(합 2:4, 개역개정)고 말씀하신다. 하박 국 2:4의 말씀은 신약 세 곳(롬 1:17; 갈 3:11; 히 10:38)에서 인용되었다.

요약(A Summary of Habakkuk)

1. 하박국의 첫 번째 질문(하박국 1:1-4 The First Question of Habakkuk)

하박국의 첫 번째 질문은 "하나님이여 악이 횡횡하고 있는데 왜 공의로우신 하나님이 정의를 세우지 않으십니까?"(합 1:2-4)이다. 이 문제가 하박국 선지자를 괴롭히고 있었다. 하나님의 공의로우심을 믿고 사는 성도라면 누구라도 같은 생각을 할 것이다.

2. 하나님의 첫 번째 답변(하박국 1:5-11 The First Response of God)

하박국의 첫 번째 질문에 대한 하나님의 답변은 예기치 않은 것이었다. 하나님은 "내가 사납고 성급한 백성 곧 땅이 넓은 곳으로 다니며 자기의 소유가 아닌 거처들을 점령하는 갈대아 사람을 일으켰나니"(합 1:6, 개역개정)였다. 여호와 하나님은 간악한 문제를 해결하기 위해 경건하지 않은 갈대아 사람(Chaldeans)을 사용하여 공의를 세우시겠다고 말씀하고 계신다. 갈대아 사람들은 "자기들의 힘을 자기들의 신으로 삼는 자들이라"(합 1:11)고 말씀하신 하나님이 이런 포악 자들을 사용하여 유다의 죄악을 징치하시겠다고 말씀하신다.

3. 하박국의 두 번째 질문(하박국 1:12-2:1 The Second Question of Habakkuk)

하박국의 두 번째 질문은 "주께서는 눈이 정결하시므로 악을 차마 보지 못하시며 패역을 차마 보지 못하시거늘 어찌하여 거짓된 자들을 방관하시며 악인이 자기보다 의로운 사람을 삼키는데도 잠잠하시나이까"(합 1:13, 개역개정)이다.

4. 하나님의 두 번째 답변(하박국 2:2-20 The Second Response of God)

하박국의 두 번째 질문에 대한 하나님의 답변은 "의인은 그의 믿음으로 말미암아 살리라"(합 2:4)라고 말씀하신다. 인간은 여호와 하나님을 믿는 믿음이 분수령이 되어 하나님 편에 서든지 그 반대편에 서든지 선택할 수밖에 없다. 하나님 편에 선 사람이 의로운 사람이다.[111] 그리고 하나님은 "물이 바다를 덮음같이 여호와의 영광을 인정하는 것이 세상에 가득함이니라"(합 2:14)라고 말씀하심으로 앞으로 여호와 중심의 세상이 도래할 것을 말씀하시고, 그리고 "오직 여호와는 그 성전에 계시니 온 땅은 그 앞에서 잠잠할지니라"(합 2:20, 개역개정)라고 천명하신다. 로이드 존스(Lloyd-Jones)는 "하나님의 선하심과 거룩하심과 능력에 관해서 감히 묻거나 의심하거나 확신하지 못해서는 안 된다."[112]라고 해석한다.

하박국의 찬양(하박국 3:1-19 The Praise of Habakkuk)

1. 하나님의 자비를 구하는 하박국의 기도(하박국 3:1-2 Habakkuk's Prayer for God's Mercy)

하나님의 뜻을 이해한 하박국은 기도의 형태로 "여호와여 주는 주의 일을 이 수년 내에 부흥하게 하옵소서 이 수년 내에 나타내시옵소서 진노 중에라도 긍휼을 잊지 마옵소서"(합 3:2, 개역개정)라고 찬양한다. 하박국 선지자는 이제 하나님의 방법을 이해하고 의심하는 마음으로 질문하지 않는다.

---

111 마틴 로이드 존스, 「하박국. 시 73편 강해」, 정정숙 역 (서울: 개혁주의신행협회, 1991), p. 53.

112 로이드 존스, 「하박국. 시 73편 강해」, p. 59.

2. 하나님의 자비를 기억하는 하박국(하박국 3:3-15 Habakkuk's Remembrance of the Mercy of God)

하박국은 "주께서 주의 백성을 구원하시려고, 기름 부음 받은 자를 구원하시려고 나오사 악인의 집의 머리를 치시며 그 기초를 바닥까지 드러내셨나이다"(합 3:13, 개역개정)라고 하나님의 자비와 인도를 기억한다.

3. 하나님의 구원을 신뢰하는 하박국(하박국 3:16-19 Habakkuk' Trust on God's Salvation)

하박국은 여호와 하나님이 그의 백성을 구원해 주실 것을 확신한다. 그래서 하박국은 "나는 여호와로 말미암아 즐거워하며 나의 구원의 하나님으로 말미암아 기뻐하리로다"(합 3:18, 개역개정)라고 고백한다. 그리고 하박국 선지자는 "주 여호와는 나의 힘이시라"(합 3:19)는 말과 함께 그의 노래를 마감한다.

27

예레미야애가

Lamentations | 총 5장

예레미야애가(Lamentations)는 5장 154절로 구성되어 있다. 예레미야
애가의 저자는 일반적으로 예레미야로 인정한다. 많은 학자가 역대하
35:25의 "온 유다와 예루살렘 사람들이 요시야(Josiah: B.C. 640-609)를 슬
퍼하고 예레미야는 그를 위하여 애가를 지었으며"(대하 35:25)의 말씀을
근거로 예레미야가 예레미야애가의 저자라고 인정한다. 또한, 예레미
야가 예루살렘 멸망의 목격자이며 예레미야서의 신학적 강조와 예레
미야애가의 신학적 강조가 비슷한 점이 예레미야의 저작설을 더 보충
해 준다.[113]

예레미야애가의 구조는 특이하다. 예레미야애가는 이합체의 시
(acrostic poem: 각 행의 첫 글자를 짜 맞추면 하나의 말이 되는 시)의 구조로 형성되
어 있다. 예레미야애가는 전체 5장으로 되어 있는데 각 장이 22절로
구성되어 있다. 1장, 2장, 4장, 5장이 22절로 되어 있고 3장은 66절로
되어 있다. 각 장이 22절로 구성된 것은 히브리어 알파벳(Alphabet)이
22자인데 5장을 제외하고 1장, 2장, 3장, 4장이 모두 각 절의 첫 시작
을 순서에 따라 알파벳의 철자를 사용했기 때문이다. 즉 1장 1절은 알
레프(Aleph), 1장 2절은 베트(Beth)로 시작하는 것이다. 그런데 3장이 66
절이 되는 이유는 3장의 경우 1절, 2절, 3절의 시작을 알레프로, 4절, 5
절, 6절을 베트로 시작하도록 배열하여 전체의 절 수가 66절(22×3=66)
이 된 것이다. 그리고 5장은 알파벳의 숫자에 따라 22절로 구성했으나
내 절 시작에 히브리어의 알파벳을 사용하지는 않았다.[114] 참고로 시편

---

113 Young, *An Introduction to the Old Testament*, p. 343.

114 Cf. C.F. Keil, *The Prophecies of Jeremiah: Biblical Commentary on the Old Testament*,
    Vol. II (Grand Rapids: Eerdmans, 1968), p. 337.

119편도 1절-8절을 매 절마다 히브리어 알파벳 알레프로 시작하고, 9절-16절을 매 절마다 히브리어 알파벳 배트로 시작하는 형식으로 구성되어 있기 때문에 시편 119편은 히브리어 알파벳 22자×8절이 되어 전체 176절이 되는 것이다.

예레미야는 유다가 멸망한 후 예루살렘은 폐허가 되고 성전도 파괴된 것은 하나님의 백성의 범죄 때문인 것을 역설한다. 본서는 포로로 잡혀간 유대인들이 예루살렘과 성전의 파괴에 대해 느낀 고통과 슬픔 그리고 두려움을 표현하고 있다. 저자는 유다의 멸망을 비탄해 하지만 또한 하나님의 공의로우심을 인정한다(애 1:18; 3:33-39). 그리고 저자는 유대 백성의 회개를 촉구 한다(애 3:40-41). 저자는 유대 백성에 대한 하나님의 긍휼을 위해 기도한다(애 5:1-22).

예루살렘의 파괴(예레미야애가 1:1~22 Destruction of Jerusalem)

예레미야애가 1장 · 본 장은 예루살렘이 파괴되고 잊힌 도시가 되었다고 한탄한다. "유다는 환난과 많은 고난 가운데에 사로잡혀 갔도다"(애 1:3). 저자는 "예루살렘이 크게 범죄 함으로 조소 거리가 되었다"(애 1:8)고 말한다. 그리고 저자는 예루살렘의 형편이 자신의 것인 양 인격화시켜 "여호와는 의로우시도다 그러나 내가 그의 명령을 거역하였도다. 너희 모든 백성들아 내 말을 듣고 내 고통을 볼지어다 나의 처녀들과 나의 청년들이 사로잡혀 갔도다"(애 1:18)라고 애통해하면서 여호와의 의를 선포한다.

하나님의 분노(예레미야애가 2:1~22 The Wrath of God)

예레미야애가 2장 · 예레미야는 예루살렘의 폐허를 보면서 여호와의 진노를 기억한다. 여호와께서 딸 시온을 구름으로 덮으시고(애 2:1), 유다의 견고한 성채를 허무시고(애 2:2), 이스라엘의 모든 뿔을 자르시고(애 2:3), 이스라엘의 절기는 폐하시고(애 2:6), 자기 성소를 미워하실(애 2:7) 만큼 여호와의 진노가 크다고 말한다. 그리고 예레미야는 이런 예루살렘의 상태를 여호와께 아뢰면서 그 참담함을 호소한다(애 2:20-22).

자비를 구하는 기도(예레미야애가 3:1~66 Prayer for Mercy)

예레미야애가 3장 · 예루살렘의 폐허가 극심함을 나타내기 위해 나라의 상황을 자신의 것으로 인격화(personify)시켜 그 형편을 한탄한다. 그래서 예레미야는 "여호와의 분노의 매로 말미암아 고난당한 자는 나로다"(애 3:1)라고 말한다. 예레미야가 3:1-18은 예루살렘의 비극적인 상황을 한탄하면서 울부짖는 내용이 나온다. 그래서 저자는 "주께서 내 심령이 평강에서 멀리 떠나게"(애 3:17)하셨다고 한탄한다. 예레미야가 3:19-39절은 주님의 자비를 기억하면서 그의 선하심을 기대함을 기록한다. 그래서 저자는 "주의 성실하심이 크시도다," "여호와는 나의 기업이시니 그러므로 내가 그를 바라리라"(애 3:23-24)라고 외친다. 예레미야 3:40-54은 백성들을 권면하여 자신들의 행위를 깨달아 여호와께로 돌아가자고 권면하는 내용이다. 그래서 저자는 "우리가 스스로 우리의 행위들을 조사하고 여호와께로 돌아가자"(애 3:40)라고 호소한다. 예레미야가 55-66은 여호와께서 그들의 호소를 들으셨음을 깨닫고 여호와께 원수들을 멸해달라고 호소하는 내용을 전한다(애 3:56, 58-59, 66).

불명예롭게 된 예루살렘(예레미야애가 4:1-22 Degradation of Jerusalem)

예레미야애가 4장 • 시온(Zion)의 과거의 영광스러운 모습과 시온의 현재의 폐허가 된 상태를 비교한다. 그래서 저자는 "이전에는 붉은 옷을 입고 자라난 자들이 이제는 거름더미를 안았도다"(애 4:5)라고 한탄한다. 그러나 저자는 여호와의 자비를 잊지 않는다(애 4:22).

회복을 구하는 기도(예레미야애가 5:1-22 A Prayer for Restoration)

예레미야애가 5장 • 공동체가 여호와께 호소하는 기도와 같다. 저자는 여호와께 예루살렘의 고통을 기억하셔서 자비를 베풀어 주시기를 기도한다(애 5:1). 저자는 하나님 백성의 죄악을 인정하고 회개하면서 영원하신 하나님을 의존한다고 말한다. 그래서 저자는 "여호와여 주는 영원히 계시오며 주의 보좌는 대대에 이르나이다"(애 5:19)라고 고백한다.

28

에스겔

Ezekiel | 총 48장

기록배경과 특징(B.C. 593-571)

에스겔(Ezekiel)은 48장 1,273절로 구성되어 있다. 에스겔의 뜻은 "하나님이여 강하게 하소서"(May God make strong!)를 뜻한다. 에스겔서는 바벨론 포로기 중에 포로들을 위해 바벨론에서 기록되었다. 에스겔은 "우리가 사로잡힌 지 스물다섯째 해, 성이 함락된 후 열넷째 해 첫째 달 열째 날에"(겔 40:1, 개역개정)라고 명백한 시간을 밝힌다. 여기 언급된 해는 대략 B.C. 573년이다(사로잡힌 연도 B.C. 597-25=572; 성이 함락된 연도 B.C. 586-14=572). 에스겔은 B.C. 597년 여호야긴(Jehoiachin, 여고냐) 왕과 모르드개(Mordecai)와 함께 제2차로 바벨론에 포로로 잡혀갔다. 제1차로 바벨론에 포로로 잡혀간 연대는 B.C. 605년이요, 제3차로 바벨론에 포로로 잡혀간 연대는 B.C. 586년이다. 그런데 에스겔 40:1의 환상은 에스겔이 받은 마지막 환상이다. 따라서 에스겔이 받은 환상은 B.C. 597년부터 B.C. 573년까지 약 25년 동안 지속하였다.

에스겔은 예루살렘의 멸망과 바벨론에서의 포로 생활은 이스라엘이 하나님께 범죄했기 때문에 내려진 하나님의 징계임을 확실히 한다. 에스겔은 하나님이 이스라엘 백성들만의 하나님이 아니요, 온 세상을 주관하시는 통치자이심을 분명히 한다. 에스겔은 하나님이 범죄한 이스라엘을 징계하시지만 회개하고 하나님께 돌아온 자들에게 자비를 베푸셔서 그들의 영원한 목자가 되어 주실 것을 분명히 한다.

에스겔서는 포로로 잡혀가 타국에서의 쓸쓸한 생활에 지쳐있는 유다 백성에게 소망과 용기를 불어넣고 격려하며 이스라엘 백성에게 회개하고 하나님께 돌아오도록 촉구한다. 에스겔은 하나님의 메시지를 그의 백성에게 극적으로 전하기 위해 예언, 비유, 기호, 상징 등을 사용한다. 에스겔서는 하나님께 돌아온 "남은 자"(Remnants)를 통해 하나님이 이스라엘의 영광을 회복하고 예루살렘에 새로운 성전과 종교의식을 일으키게 하실 것이라는 소망을 제시한다(겔 40:1-48:35).

1. 서론(에스겔 1:1-28 Introduction)

에스겔 1장 • "서른 째 해"에 에스겔이 "하나님의 모습"을 보았다고 전한다(겔 1:1). "서른째 해"는 에스겔의 나이를 가리키는 것으로 이해된다. 그런데 에스겔은 여호야긴(Jehoiachin) 왕이 사로잡힌 지 오 년(B.C. 593/592년 경)에 하나님이 인간의 눈으로 볼 수 있도록 계시해 주신 "하나님의 모습"(visions of God)을 그발(Chebar 혹은 Kebar) 강가에서 본 것으로 말한다. 그발강은 바벨론 남쪽의 니푸르(Nippur) 근처에 있는 유프라테스강의 운하(canal)로 생각한다(참조, 시 137:1). 에스겔은 유대인 포로들과 함께 그발 강가에서 살았다(겔 1:3; 3:15). 에스겔은 네 생물의 형상을 본다(겔 1:5). 에스겔이 본 하나님의 모습은 "여호와의 영광의 형상 모양"(겔 1:28)이었다.

2. 에스겔의 소명(에스겔 2:1-3:21 Ezekiel's Calling)

에스겔 2장 • 여호와 하나님이 에스겔을 가리켜 "인자"(son of man: Hb. ben-'adam)라고 부른다. 에스겔서에서 "인자"가 93회 사용되는데 에스겔은 한 번도 그의 이름으로 불리지 않았지만, 항상 "인자"로 불린다. 구약에서 "인자"가 99회 사용되는데 에스겔서 외의 6회는 시편 4회(시 8:4; 80:17; 144:3; 146:3)(개역개정판의 시 144:3과 146:3은 "인자" 대신 "인생"으로 번역했으나 "인자"로 번역하는 것이 더 좋다), **다니엘서 2회**(단 7:13; 8:17)**이다.** (개역개정판의 단 10:16에 "인자와 같은 이"라는 표현이 나오나 NKJV는 "the sons of men"으로 번역했고, NIV는 "one who looked like a man"으로 번역했으며, ESV는 "the children of man"으로 번역했다). 구약에서 에스겔 이외에 "인자"로 불린 사람은 다니엘(Daniel)밖에 없다(단 8:17)(Strong's Concordance 참조). 여호와 하나님이 에스겔에게 하나님의 영을 주셔서(겔 2:2) 선지자로 세우시고 패역한 족속들 가운데 "선지자가 있음을 알리신다"(겔 2:5). 그리고 에스겔은 애가와 애곡과 재앙의 말이 기록된 두루마리 책을 본다(겔 2:9-10).

에스겔 3장 • 2장의 계속으로 여호와가 에스겔에게 발견한 두루마리 책을 먹도록 명령하셔서 에스겔이 그것을 먹으니 그것이 입에는 꿀같이 달았다(겔 3:1-3). 그리고 여호와는 에스겔을 "이스라엘 족속의 파수꾼으로"(겔 3:17) 세우시고 에스겔의 생명을 보존해 주신다(겔 3:19).

3. 하나님의 영광에 관한 비전(에스겔 3:22-27 A Vision for the Glory of God)

본 구절에는 에스겔이 다시 "여호와의 영광"을 보았는데 그 영광은 이전에 그발 강가에서 본 영광과 같은 것이었다(겔 3:23). 하나님의 영광을 본 에스겔은 말을 하지 못하게 되고 단지 여호와가 에스겔과 말할 때 입을 열어 하나님의 말씀을 전할 수 있게 되었다(겔 3:26-27).

4. 예루살렘 멸망을 상징적으로 제시(에스겔 4:1-7:27 Siege of Jerusalem Symbolized)

에스겔 4장 • 여호와께서 에스겔에게 토판의 상징으로 예루살렘이 포위되는 것을 보여주신다(겔 4:1-3). 여호와 하나님은 에스겔에게 왼쪽으로 390일을 누워 이스라엘(Israel) 족속의 죄악을 담당하고(겔 4:4-5) 그 수가 차면 이어서 오른쪽으로 40일을 누워 유다(Judah) 족속의 죄악을 담당하라고 명령하신다. 그리고 여호와는 하루가 일 년이라고 정해 주신다. 여기서 에스겔이 왼쪽과 오른쪽으로 누워있는 전체 기간은 430년이다. 430년은 이스라엘 백성이 애굽(Egypt)에서 종살이한 기간에 해당한다(출 12:40). 여호와 하나님은 애굽의 종살이를 근거로 앞으로 전개될 예루살렘 멸망과 포로 생활을 상징적으로 설명한다.[115] 하나님은 예루살렘 백성의 고난을 상징하는 뜻으로 쇠똥으로 인분을 대신하여 만든 떡을 먹게 하신다(겔 4:15).

에스겔 5장 • 여호와께서 머리털과 수염을 깎는 상징으로 여호와의 규례를 버리고 율례를 행하지 아니하며(겔 5:6) 가증한 일로 여호와의 성소를 더럽힌(겔 5:11) 예루살렘 주민들에게 징벌하실 것을 확실히 한다(겔 5:12). 여호와께서는 범죄한 이스라엘 백성을 반듯이 징계하실 것이며 조롱거리로 만드시겠다고 약속하신다(겔 5:11, 13-17).

에스겔 6장 • 여호와께서 우상을 섬기며 여호와를 근심하게 한 이스라엘 자손들을 칼로 심판할 것이나 칼을 피하여 살아남은 자들은 여호와를 기억하게 될 것이라고 예고한다(겔 6:1-10). 또한 여호와께서 가증한 악을 행한 이스라엘 족속을 전염병으로, 칼로, 기근으로 심판하실 것을 기록한다(겔 6:11-14).

에스겔 7장 • 여호와께서 이스라엘의 끝을 보여주신 말씀이 나온다. "주 여호와께서 이같이 이르시되 재앙이로다, 비상한 재앙이로다 볼지어다 그것이 왔도다 끝이 왔도다, 끝이 왔도다 끝이 너에게 왔도다 볼지어다 그것이 왔도다"(겔 7:5-6, 개역개정). 이스라엘은 그들의 죄악으로 인해 "타국인의 손에 넘겨 노략하게 하며 세상 악인에게 넘겨 그들이 약탈하여 더럽히게"(겔 7:21) 될 것이다. 범죄한 이스라엘에게 "패망이 이르리니 그들이 평강을 구하여도 없을 것"(겔 7:25)이다.

---

115 C. F. Keil, *Biblical Commentary on the Prophecies of Ezekiel,* Vol. 1 (Grand Rapids: Eerdmans, 1970), p. 74.

5. 더럽혀진 성전과 성전을 떠나시는 하나님의 영광

(에스겔 8:1-11:25 Idolatry in theTemple and God's Glory departs from the Temple)

에스겔 8:1은 "여섯째 해 여섯째 달 초닷새"로 시작한다. 그리고 에스겔 1:2은 여호야긴(Jehoiachin) 왕이 사로잡힌 지 오 년 그달 초닷새라"로 기록한다. 따라서 에스겔 8:1의 말씀은 에스겔이 선지자 소명을 받은 지 대략 1년이 지난 시기에 받은 말씀이다.

에스겔 8장 • 예루살렘과 유다 족속의 죄악과 우상 숭배로 인해 여호와께서 "나로 내 성소를 멀리 떠나게 하느니라"(겔 8:6)라고 말씀하실 정도로 유다 족속의 죄악이 심각함을 소개한다. 여호와 하나님은 에스겔에게 "여인들이 앉아 담무스를 위하여 애곡"(겔 8:14)하는 모습을 보여 줌으로 이스라엘이 얼마만큼 이방신을 섬기는지 알려준다. 담무스(Tammuz)는 바벨론의 풍요의 신으로 성경에서 유일하게 언급된 예이다.

에스겔 9장 • 여호와께서 성소에서부터 시작하여 예루살렘 백성을 징벌하시니(겔 9:6) 그 심각함은 에스겔이 "아하 주 여호와여 예루살렘을 향하여 분노를 쏟으시오니 이스라엘의 남은 자를 모두 멸하려 하시나이까"(겔 9:8, 개역개정)라고 외칠 정도였다. 이스라엘 족속은 "그들의 행위대로 그들의 머리에 갚으리라"(겔 9:10)는 여호와의 말씀처럼 여호와께 심각한 악을 행하였다.

에스겔 10장 • 예루살렘 성전의 파괴를 상징하는 교훈을 담고 있다(겔 10:1-8). 여호와께서 이스라엘의 죄악 때문에 "여호와의 영광이 성전 문지방을 떠나는"(겔 10:18) 내용을 기록한다.

에스겔 11장 • 여호와께서 에스겔에게 "너는 그들을 쳐서 예언하고 예언할지니라"(겔 11:4)라고 명령하시는 내용과 여호와께서 예루살렘 주민들을 "그 성읍 가운데서 끌어내어 타국인의 손에 넘겨 너희에게 벌을 내리실 것"(겔 11:9)이라는 내용이 나온다. 그러나 자비가 풍성하신 여호와는 이스라엘이 회복될 것을 약속하신다. 여호와는 "너희를 흩은 여러 나라 가운데에서 모아 내고 이스라엘 땅을 너희에게 주리라"(겔 11:17)고 약속하신다. 여호와 하나님은 이스라엘 백성의 죄악에도 불구하고 자비(mercy)의 마음으로 이스라엘의 회복을 약속하신다(겔 11:14-21).

6. 불신으로 인해 예루살렘을 포기하심
(에스겔 12:1-14:23 God Gives up Jerusalem due to Unfaithfulness)

에스겔 12장 • 여호와께서 에스겔에게 "포로의 행장을 꾸리고 낮에 그들의 목전에서 끌려가라"(겔 12:3)라고 말씀하심으로 이스라엘이 포로가 될 것을 예고하신다. 그리고 이스라엘을 포로로 잡아갈 나라는 바벨론임을 확실히 하신다(겔 12:13).

에스겔 13장 • 여호와께서 예루살렘에 평강이 없고 재앙만이 남아 있는데 평강이 있다고 거짓 예언하는 선지자들을 징벌하신다(겔 13:9-16). 여호와는 "본 것이 없이 자기 심령을 따라 예언하는 어리석은 선지자에게 화가 있을진저"(겔 13:3)라고 거짓 선지자를 징벌할 것을 예고하신다. 하나님은 거짓 선지자에게 "내 백성의 영혼을 사냥"(겔 13:18)한다고 책망하고, 의인의 마음을 근심시킨다(겔 13:22)고 책망한다.

에스겔 14장 • 여호와께서 이스라엘 백성이 우상을 섬김으로 그들을 심판하실 것을 분명히 한다(겔 14:4-7). 하나님은 노아, 다니엘, 욥과 같은 의인들을 예로 삼아 그들은 그들의 공의로 생명을 건질 수 있겠지만 그들의 자녀는 덕을 보지 못할 것을 분명히 한다(겔 14:14-20). 여호와는 네 가지 중한 벌 곧 칼과 기근과 사나운 짐승과 전염병으로 예루살렘을 징벌하실 것이다(겔 14:21).

7. 심판의 필요와 확실성(에스겔 15:1-17:24 The Need and Certainty of Judgment)

에스겔 15장 • 여호와께서 포도나무가 아무 쓸모 없이 땔감밖에 되지 못하는 것처럼 예루살렘 주민도 그렇게 만들겠다는 여호와의 말씀이 나온다(겔 15:6). 여호와는 이스라엘 백성이 징계를 받아야만 여호와를 인정하게 될 것이라고 말씀하신다(겔 15:7).

에스겔 16장 • 예루살렘 주민이 스스로 이룬 것이 없고 여호와께서 좋은 것으로 장식해 주었는데 교만하여 마치 자기 스스로 명성을 이룬 것처럼 생각하여 행음하고 우상을 섬겼다(겔 16:15-22). 예루살렘은 애굽 사람(Egyptians)과 행음하고(겔 16:26), 앗수르 사람(Assyrians)과 행음하고(겔 16:28), 심지어 갈대아(Chaldea) 사람과 행음을 하였다(겔 16:29). 하지만 여호와는 예루살렘과 맺은 언약을 기억하고 영원한 언약을 세우실 것을 약속하신다(겔 16:60).

에스겔 17장 • 여호와께서 비유와 수수께끼를 사용하여 이스라엘 백성의 하나님께 대한 반역과 죄악을 반드시 심판하여 이스라엘 백성을 바벨론으로 끌고 가서 포로 생활 하게 만들 것이라는 내용을 기록한다(겔 17:12-16, 20).

8. 죄인을 향한 하나님의 사랑(에스겔 18:1-32 God's Love toward the Sinners)

에스겔 18장 • 여호와께서 "아버지가 신 포도를 먹었으므로 그의 아들의 이가 시다"(겔 18:2)는 이스라엘의 속담을 인용하여 자기들이 고난을 겪는 것은 조상들의 범죄로 인한 것으로 생각하는 백성들에게 "범죄하는 그 영혼은 죽으리라"(겔 18:4; 참조 겔 18:13, 17, 20), "그는 그의 죄악으로 죽으리라"(겔 18:18)라고 그들의 고난은 자신들의 죄악 때문임을 밝혀 주신다.

9. 이스라엘 방백들에 대한 애가(에스겔 19:1-14 A Lament for Israel's Princes)

에스겔 19장 • 이스라엘 고관들에 대한 애가를 암사자(겔 19:1-9)와 포도나무(겔 19:10-14)의 비유를 들어 설명한다. 이 애가가 적용되는 시기는 여호아하스(Jehoahaz)와 여호야긴(Jehoiachin)의 시대라고 생각한다.[116] 두 왕은 3개월이라는 짧은 기간 동안 이스라엘을 다스렸다. 여호아하스는 B.C. 609년에 3개월, 여호야긴은 B.C. 597년에 3개월 이스라엘을 다스렸다. 에스겔 19:4의 내용은 열왕기하 23:31-34에 기록된 여호아하스 왕의 사건 내용과 일치하며, 에스겔 19:5-9의 내용은 열왕기하 24:12-15에 기록된 여호야긴 왕의 사건 내용과 일치한다. 애가의 사상은 왜 이스라엘이 이방 나라들과 친교를 하게 되었는가? 왜 이스라엘이 이방 나라들과 같은 종류의 동등한 나라라고 생각하고 세상의 힘의 논리를 받아들이게 되었는가? 애가는 이런 생각이 여호와께서 이스라엘을 부르신 신적인 소명과는 반대되는 것이라고 지적한다. 따라서 이스라엘은 이방 나라의 방법대로 쓴 열매를 맛보게 될 것이다.[117]

10. 예루살렘 멸망 전 마지막 경고

(에스겔 20:1-24:27 Final Warning before the Fall of Jerusalem)

에스겔 20:1은 "일곱째 해 다섯째 달 열째 날"로 시작한다. 그런데 에스겔 1:2은 "여호야긴 왕이 사로잡힌 지 오 년 그달 초닷새라"로 적는다. 따라서 에스겔 20:1은 에스겔이 선지자로 부름을 받은 지 대략 2년이 지난 시기이다. 에스겔 20:1의 "일곱째 해"는 에스겔이 B.C. 597

---

116 Keil, *Biblical Commentary on the Prophecies of Ezekiel.* Vol. I, p. 260.

117 Keil, *Biblical Commentary on the Prophecies of Ezekiel*, Vol. I, pp. 259-260.

년 여호야긴 왕과 모르드개와 함께 포로로 잡혀갔으므로 7년이 지난 해는 대략 B.C. 590년쯤으로 계산된다.

에스겔 20장 • 여호와께서 이스라엘의 과거와 현재와 미래의 형편을 묘사한다. 여호와는 과거에 이스라엘을 애굽에서 이끌어 내어 주셨다. 이는 여호와의 이름을 더럽히지 않기 위해서였다(겔 20:9, 22). 그런데도 이스라엘은 계속해서 죄악을 행하였다(겔 20:30-32). 하지만 여호와는 자비가 풍성하시어 이스라엘 백성을 다시 모아 이스라엘 땅으로 인도해 들어가게 할 것이다(겔 20:40-44).

에스겔 21장 • 에스겔서에서 "인자야"를 가장 자주 언급한 장이다. "인자"는 본 장에서 7번 언급되었다(겔 21:2, 6, 9, 12, 14, 19, 28). 여호와께서 바벨론(Babylon)이라는 칼을 사용하여 이스라엘을 징벌하실 것을 예고하신다(겔 21:3-4, 19). 여호와는 예루살렘의 멸망을 위해 바벨론 왕이 도구로 사용될 것임을 극명하게 보여 주신다(겔 21:19-23). 여호와께서 암몬(Ammon) 족속을 심판하실 것을 예고하신다(겔 21:28-32).

에스겔 22장 • 예루살렘 백성들이 여호와의 성물을 업신여기고 안식일을 더럽히는(겔 22:8) 등의 죄악을 범했으므로 여호와께서 벌을 내리시겠다고 약속하신다. "내가 너로 이방의 능욕을 받으며 만국의 조롱거리가 되게 하였노라"(겔 22:4). 이스라엘은 속속들이 타락한 상태임을 드러내 보인다. 고관들은 불의한 이익을 추구하고, 선지자들은 거짓 복술을 행하고, 백성들은 포악하고 강탈을 일삼고 있다(겔 22:27-29).

에스겔 23장 • 여호와께서 이스라엘(Israel)과 유다(Judah)를 상징하는 오홀라(Oholah)와 오홀리바(Oholibah) 자매를 등장시켜 이스라엘과 유다가 애굽과 앗수르와 바벨론과 음행을 행했다(겔 23:3-10, 11-15)고 책망하고 따라서 그들이 심판을 받게 될 것(겔 23:36-39)이라고 말씀하시는 내용이다.

에스겔 24장 • 예루살렘의 파괴를 비유(parable)로 표징(sign)으로 설명한다. 여호와는 녹슨 가마를 사용한 비유(겔 24:6-14)와 심지어 에스겔 아내의 죽음(겔 24:18)을 표징으로 이스라엘을 징벌하실 것을 예고하신다.

이방 민족에 대한 심판 예언(에스겔 25:1-32:32 Prophecy on the Judgment of the Gentiles)

1. 암몬에 대한 예언(에스겔 25:1-7 A Prophecy Against Ammon)

에스겔 25장 • 여러 이방 민족에 관한 예언이 나온다. 본 구절은 여호와께서 하나님의 백성이 고난과 고통을 당할 때 암몬이 "아하 좋다"(겔 25:3)하였기 때문에 암몬을 징계하실 것을 예고하신다. 여호와 하나님은 "랍바를 낙타의 우리로 만들며 암몬 족속의 땅을 양 떼가 눕는 곳으로 삼으실 것이다"(겔 25:5). 랍바(Rabbah)는 암몬의 수도였다(겔 21:20 참조).

2. 모압에 대한 예언(에스겔 25:8-11 A Prophecy Against Moab)

본 구절은 여호와께서 모압이 "유다 족속은 모든 이방과 다름이 없다"(겔 25:8)고 했기 때문에 모압의 영화로운 성읍들을 동방사람에게 넘겨주시겠다(겔 25:9-11)는 예고이다. 여호와는 모압에게 벌을 내리실 것을 약속하신다(겔 25:11).

3. 에돔에 대한 예언(에스겔 25:12-14 A Prophecy Against Edom)

본 구절은 여호와께서 에돔이 유다 족속을 쳐서 그들의 원수를 갚았으므로 심히 잘못했다고 지적하고 여호와께서 이스라엘의 손으로 에돔에게 원수를 갚도록 하게 할 것이라고 예고하신다(겔 25:12-14).

5. 블레셋에 대한 예언(에스겔 25:15-17 A Prophecy Against Philistia)

본 구절은 여호와께서 이스라엘을 원수로 생각하는 블레셋을 심판하시겠다고 예고하신다(겔 25:15-17). "내가 블레셋 사람 위에 손을 펴서 그렛 사람을 끊으며"(겔 25:16)의 말씀에서 그렛 사람(Cherethites)은 블레셋 사람을 가리키는 말이다(참조, 습 2:5).

6. 두로에 대한 예언(에스겔 26:1-28:19 A Prophecy Against Tyre)

에스겔 26:1부터 28:19까지는 두로에 관한 예언이 담겨있다. 에스겔 26:1에 "열한째 해"라고 언급한 것으로 보아 에스겔이 바벨론으로 잡혀간 해가 B.C. 597년경이므로 그 때는 B.C. 586년경으로 생각된다.

에스겔 26장 • 여호와께서 두로(Tyre)를 심판하시겠다는 예고이신데 첫째 단락은(겔 26:2-6) 두로가 이방 여러 나라에 의해 파괴를 당할 것이라는 일반적인 언급이요, 둘째 단락은(겔 26:7-14) 두로를 침공할 나라를 구체적으로 언급하는데 바벨론의 느부갓네살(Nebuchadnezzar)로 하여금 두로를 치게 하시겠다고 언급하고, 셋째 단락은(겔 26:15-18) 두로의 백성들이 겪을 고통을 언급하고, 넷째 단락은(겔 26:19-21)은 여호와께서 두로를 철저하게 심판하실 것이라고 전한다.

에스겔 27장 • 두로의 영화로운 모습과 군대의 강성함을 묘사하고 (겔 27:3-11), 두로가 교역을 통해 풍요하다는 것을 묘사한다(겔 27:12-25). 그리고 두로는 이런 영화가 폐허로 변할 것 때문에 통곡하게 될 것이라고 말한다(겔 27:26-36).

에스겔 28:1-19 • 계속해서 두로가 받을 심판을 구체적으로 묘사한다. 두로 왕은 "나는 신이라 내가 하나님의 자리 곧 바다 가운데에 앉아 있다"라고 교만한 마음을 갖지만 여호와 하나님은 "너는 사람이요 신이 아니거늘"(겔 28:2)이라고 실상을 말씀하신다. 여호와는 두로 왕이 이전에는 "완전한 도장이었고 지혜가 충족하며 온전히 아름다웠"(겔 28:12)지만 이제는 불의가 드러났고 강포가 가득하게 되었으므로 심판을 면하지 못하게 되었다고 선언하신다(겔 28:15-19).

7. 시돈에 대한 예언(에스겔 28:20-26 A Prophecy Against Sidon)

본 구절은 여호와께서 시돈에게 전염병을 보내고, 거리에 피가 흐르게 하고, 칼에 상한 자가 많이 나오게 하는 심판을 하시겠다고 예고하신다(겔 28:23). 반대로 여호와는 이스라엘에게 복을 주셔서 그들을 회복시켜 주실 것이다(겔 28:25).

8. 애굽에 대한 예언(에스겔 29:1-32:32 A Prophecy Against Egypt)

에스겔 29장부터 32장까지는 애굽이 받을 심판을 기록하고 있다.

에스겔 29장 • "열째 해 열째 달 열두째 날"(겔 29:1)로 시작한다. 그러므로 에스겔이 바벨론으로 끌려 간 해인 B.C. 597년을 기준으로 계산하면 이 시기는 B.C. 587년경으로 생각된다. 여호와께서 애굽을 미약한 나라로 만들어 다시는 나라들 위에 군림하지 못하게 하시겠다고 예고하신다(겔 29:15). 여호와의 말씀은 "스물일곱째 해 첫째 달 초하루"(겔 29:17)에 에스겔에게 임했다. 이때는 에스겔이 바벨론으로 잡혀간 기준으로 계산할 때 B.C. 570년경으로 계산된다. 하나님의 말씀은 바벨론의 느부갓네살 왕에게 애굽을 넘겨주겠다는 것이다(겔 29:18-20).

에스겔 30장 • 여호와께서 애굽을 심판하실 것이며 애굽을 돕는 자도 심판하시겠다고 말씀하신다(겔 30:1-9). 여호와께서 "바벨론의 느부갓네살 왕의 손으로 애굽의 무리들을 끊으리니"(겔 30: 10, 참조 겔 30:24-26)라고 말씀하신 것처럼 여호와가 바벨론(Babylon)을 사용하여 애굽을 심판하실 것을 예고하신다.

에스겔 31장 • 에스겔이 "열한째 해 셋째 달 초하루"(겔 31:1)에 여호와로부터 받은 계시를 기록한다. 이 시기는 대략 B.C. 586년경으로 판단된다. 여호와는 한때 왕성했던 애굽을 심판하실 것이라고 예고하신다(겔 31:8, 18).

에스겔 32장 • 에스겔이 "열두째 해 열두째 달"에 여호와로부터 계시를 받는다. 이 시기는 대략 B.C. 585년경이다. 유다는 B.C. 586년에 이미 바벨론의 느부갓네살 왕에 의해 멸망되었다. 이제 여호와는 바벨론을 사용하여 애굽을 치실 것이라고 예고하신다(겔 32:11). 죽은 자들의 세계를 소개하면서 애굽(Egypt)의 무리들, 앗수르(Assyria)의 무리들, 엘람(Elam)의 무리들, 메섹과 두발(Meshech and Tubal)의 무리들, 에돔(Edom)의 무리들이 죽은 자의 세계에 있을 것이며, 바로(Pharaoh)의 무리들이 거기서 그들을 보고 위로를 받게 될 것(겔 32:18-32)이라고 말함으로 그들이 여호와의 심판을 받게 될 것을 분명히 한다.

이스라엘의 회복에 대한 예언(에스겔 33:1-48:35 Prophecy on the Restoration of Israel)

1. 죄인을 향한 하나님의 새로운 언약과 사랑
(에스겔 33:1-22 God's New Covenant and Love toward the Sinners)

에스겔 33장 • 여호와께서 에스겔을 이스라엘 족속의 파수꾼으로 삼으시고 이스라엘의 죄악을 드러내고 정의와 공의를 행하도록 경고하는 역할을 하게 하신다(겔 33:2-6). 에스겔은 "사로잡힌 지 열두째 해 열째 달"(겔 33:21)에 예루살렘 성이 함락된 소식을 듣는다(B.C. 586~585년경)

2. 선한 목자가 되신 하나님(에스겔 34:1-31 God is the Good Shepherd)
에스겔 34장 • 에스겔이 여호와로부터 받은 목자에 관한 계시이다.

나쁜 목자들은 자기만 살지게 먹고 양 떼들은 보살피지 않는다. 여호와께서 이런 나쁜 목자는 그들의 직책을 빼앗아 버릴 것을 약속하신다 (겔 34:1-10). 여호와는 그의 양 떼를 "내가 친히 내 양의 목자가 되어 그 것들을 누워 있게 할지라"(겔 34:15)라고 여호와께서 친히 그의 양 떼를 보살필 것을 약속하신다(겔 34:11-22). 그리고 여호와는 그의 종 다윗을 이스라엘 백성의 목자로 세우고(겔 34:23-24) 여호와께서 그들과 "화평의 언약"을 맺어 그들에게 복을 주실 것이다(겔 34:25-31).

3. 에돔에 대한 심판(에스겔 35:1-15 Judgment on Edom)

에스겔 35장 • 여호와께서 에돔에 속한 세일(Seir)의 산들은 황폐하게 될 것이라고 예고하신다(겔 35:1-4). 왜냐하면, 그들이 이스라엘을 향해 적대적인 생각과 행동을 했기 때문이다. 에돔은 이스라엘 족속이 황폐하는 것을 즐거워했기 때문에 여호와께서 에돔도 황폐하게 할 것이라고 약속하신다(겔 35:5-9).

4. 이스라엘의 회복(에스겔 36:1-38 Restoration of Israel)

에스겔 36장 • 여호와께서 이스라엘을 회복시키실 것을 분명히 한다. 본 장에 "또 새 영을 너희 속에 두고 새 마음을 너희에게 주되 너희 육신에서 굳은 마음을 제거하고 부드러운 마음을 줄 것이며 또 내 영을 너희 속에 두어 너희로 내 율례를 행하게 하리니 너희가 내 규례를 지켜 행할 지라 내가 너희 조상들에게 준 땅에서 너희가 거주하면서 내 백성이 되고 나는 너희 하나님이 되리라"(겔 36:26-28)라는 유명한 말씀이 담겨 있다.

5. 마른 뼈의 이상과 이스라엘의 회복 이상

(에스겔 37:1-28 Valley of Dry Bones and the Restoration of Israel)

에스겔 37장 • 여호와께서 주신 두 개의 계시가 나온다. 첫 번째 계시는 이스라엘이 부활하여 새로운 생활을 할 것이라는 비전(겔 37:1-14)이며, 두 번째 계시는 상징적인 행위를 통해 나누어진 왕국이 한 왕을 모시고 한 나라가 될 것이라는 계시(겔 37:15-28)이다. 첫 번째 계시는 골짜기에 흩어진 마른 뼈들이 새로운 생명을 얻는 비전(겔 37:1-10)과 마른 뼈의 비전 해석(겔 37:11-14)이 나온다. 두 번째 계시는 두 개의 막대기를 하나로 만드는 행위를 통해 유다와 이스라엘이 더 나누이지 않고 한 왕을 모시고 한 나라로 존재하게 될 것이라고 예고하신다(겔 37:16-19, 22).

6. 곡과 마지막 전투에 대한 예언

(에스겔 38:1-39:29 A Prophecy Against Gog and the Final Battle)

에스겔 38장 • 여호와께서 마곡(Magog) 땅에 있는 로스(Rosh)와 메섹(Meshech)과 두발(Tubal) 왕 곡(Gog)을 도구로 사용하셔서 하나님의 백성 이스라엘을 침략하게 하시는 내용이 나온다(겔 38:1-9, 16). 하지만 이전의 선지자들이 이미 예언한 대로 곡은 하나님 진노의 심판을 받게 되고 이로 인해 하나님의 거룩함이 나타나고 하나님이 여호와인 줄을 알게 될 것이다(겔 38:17-23).

에스겔 39장 • 38장에 이어 계속 곡의 멸망에 대한 예언이 나온다(겔 39:1-20). 여호와께서 곡을 심판하시는 일을 통해 "내가 내 거룩한 이름을 내 백성 이스라엘 가운데에 알게 하여 다시는 내 거룩한 이름을 더럽히지 아니하게 하리니 내가 여호와 곧 이스라엘의 거룩한 자인 줄을 민족들이 알리라"(겔 39:7)라고 곡의 심판을 말씀하신다. 반면에 여호와는 이스라엘의 회복을 말씀하시면서 "내가 다시는 내 얼굴을 그들에게 가리지 아니하리니 이는 내가 내 영을 이스라엘 족속에게 쏟았음이라"(겔 39:29)고 말씀하신다.

7. 새 성전과 새 율례에 대한 이상

(에스겔 40:1-48:35 The New Temple and the New Regulations)

에스겔 40장부터 48장까지 마지막 아홉장은 하나님의 새로운 왕국을 묘사한다.

에스겔 40장 • "우리가 사로잡힌 지 스물다섯째 해, 성이 함락된 후 열넷째 해 첫째 달 열째 날에"(겔 40:1)로 시작한다. 에스겔이 여호와의 이상(vision)을 받은 때를 이중으로 표현한 것은 그 역사성이 확실한 것을 증언하기 위해서이다. "사로잡힌 지 스물다섯째 해"는 에스겔이 잡힌 연도가 B.C. 597년이니 25년째 해는 B.C. 572년이 된다. 그리고 "성이 함락된 후 열넷째 해"는 예루살렘이 함락된 해가 B.C. 586년이니 14년 후는 역시 B.C. 572년이다. 그러므로 에스겔이 여호와의 이상을 받은 시기는 B.C. 573~572년경이라고 추정할 수 있다. 카일(Keil)은 B.C. 575년으로 계산한다.[118] 에스겔 40장은 새로운 성전의 모습을 소개한다. 동쪽을 향한 문, 바깥뜰, 북쪽을 향한 문, 남쪽을 향한 문, 안뜰 남쪽 문, 안뜰 동쪽 문, 안뜰 북쪽 문, 안뜰 북쪽 문의 부속 건물들, 성전 문 현관 등이 자세히 소개된다.

에스겔 41장 • 여호와께서 에스겔을 성소로 데리고 가서 성소와 지성소와 골방들을 보여주시고 측량하게 하신다(겔 41:1-11). 여호와께서 서쪽 건물과 성전의 넓이, 나무 제단과 성전의 문들을 에스겔에게 보

---

118 C. F. Keil, *Biblical Commentary on the Prophecies of Ezekiel*, Vol. II (Grand Rapids: Eerdmans, 1970), p. 183.

여 주신다(겔 41:1-26).

에스겔 42장 • 여호와께서 계속해서 에스겔에게 북쪽에 있는 골방과 남쪽에 있는 골방을 보여 주시고 그 방들의 넓이를 알려 주신다(겔 42:1-12). 그리고 여호와께서 계속해서 제사장의 방을 보여 주시고, 그리고 여호와께서 성전의 네 면 담을 측량하시는데 길이가 500척이며 너비가 500척이었다. 본 구절은 "그 담은 거룩한 것과 속된 것을 구별하는 것이더라"(겔 42:20)라고 설명한다(겔 42:13-20).

에스겔 43장 • 여호와께서 에스겔을 성전 안으로 인도하시어 에스겔이 보니 "여호와의 영광이 성전에 가득하였다"(겔 43:5)고 기록한다. 여호와는 하나님의 백성이 거룩한 삶을 살면 "내가 그들 가운데에 영원히 살리라"(겔 43:9)라고 약속하신다. 그리고 에스겔 43장은 번제단의 크기와 번제를 드리는 규례를 소개한다.

에스겔 44장 • "여호와의 영광이 여호와의 성전에 가득한지라"(겔 44:4)라고 소개하고 더는 성전에서 가증한 일을 행해서는 안 된다고 명령한다(겔 44:6-8). 또한, 에스겔 44장은 레위 사람들의 제사장 직분을 박탈하지만(겔 44:10) 사독의 자손 레위 사람은 성소의 직분을 잘 지켰으므로 그들은 제사장의 직분을 계속하도록 허락하신 내용이 나온다(겔 44:15-27).

에스겔 45장 • 이스라엘이 땅을 나눌 때 한 구역을 거룩한 땅으로 삼아 거기서 여호와께 예물을 바쳐야 하는 내용(겔 45:1-8)과 통치자들은 정의와 공의로 통치해야 한다는 말씀(겔 45:9-17), 여호와께서 정해 준 절기를 지켜야 하되 유월절을 7일 동안 명절로 지켜야한다는 내용과 번제와 소제를 드려야 한다는 내용(겔 45:18-25)이 담겨있다.

에스겔 46장 • 안식일과 초하루를 지키는 방법(겔 46:1-12)과 매일 드리는 제사는 아침마다 일년 되고 흠 없는 어린 양 한 마리를 번제

(burnt offering)로 준비하여, 번제와 함께 밀가루 육 분의 일 에바(ephah)와 기름 삼 분의 일 힌(hin)으로 섞은 소제(grain offering)를 드려야 한다(겔 46:13-15). 그리고 에스겔 46장의 나머지 부분은 군주가 받을 기업(겔 46:16-18)과 성전의 부엌(겔 46:19-24)이 소개되고 있다.

에스겔 47장 • 성전에서 나오는 물이 강을 이룰 것이라는 내용(겔 47:1-12)을 소개한다. 성전에서 나오는 물을 1,000척을 측량할 때마다 발목에 오르고, 무릎에 오르고, 허리에 오르고, 결국 건너지 못할 강이 되었다(겔 47:3-5). 이 강이 흐르는 곳마다 생물이 살고 진펄과 개펄이 되살아나고 각종 먹을 과실나무가 자라서 열매를 맺게 된다. 그 이유는 그 물이 성소를 통하여 나오기 때문이다(겔 47:6-12). 계속해서 여호와께서 땅의 경계선을 정하고 분배하는 원리(겔 47:13-23)를 소개하는 내용이 소개되어 있다.

에스겔 48장 • 각 지파가 받은 땅의 몫과 제사장이 받을 거룩한 땅을 소개하고(겔 48:1-22), 이미 언급된 단(Dan), 아셀(Asher), 납달리(Naphtali), 므낫세(Manasseh), 에브라임(Ephraim), 르우벤(Reuben), 유다(Judah)(겔 48:1-7)를 제외한 나머지 지파, 즉 베냐민(Benjamin), 시므온(Simeon), 잇사갈(Issachar), 스불론(Zebulun), 갓(Gad)의 몫(겔 48:23-29)이 소개된다. 그리고 예루살렘의 성읍의 문을 열두 지파의 이름을 붙여 소개한다. 그리고 "그 사방의 합계는 만 팔천 척이라 그날 후로는 그 성읍의 이름을 여호와삼마라 하리라"(겔 48:35)라는 말로 끝을 맺는다. 여호와삼마(Jehovah Shammah)는 "여호와께서 거기에 계시다"(The Lord is There.)는 뜻이다.

에스겔이 바벨론에 포로로 잡혀간 해

에스겔은 "우리가 사로잡힌 지 이십오 년이요 성이 함락된 후 십사
년 정월 십 일 곧 그 날에 여호와의 권능이 내게 임하여 나를 데리고
이스라엘 땅으로 가시되"(겔 40:1)라고 전한다. 에스겔이 사로잡힌 지
25년, 예루살렘 성이 함락된 지 14년을 계산하면 에스겔 40:1의 말씀
은 B.C. 572년 혹은 573년으로 에스겔이 50세 되던 해로 추산된다. 에
스겔은 B.C. 597년에 느브갓네살 왕에 의해 바벨론 포로로 잡혀 갔다
(597-25=572).

남유다가 멸망한 이유

이미 언급한 것처럼 예레미야 2:8은 첫째, 제사장들은 여호와 하
나님을 부인하고, 둘째, 법 집행자들은 하나님 무서운 줄 모르고 판단
하며, 셋째, 관리들은 하나님을 거역하는 일을 행하고, 넷째, 선지자들
은 이방신을 섬기고 헛된 일을 하였다고 요약한다. 예레미야 선지자는
계속해서 남유다의 멸망원인을 첫째, 각기 악한 길로 행했고 다른 신
을 따라 섬겼고(렘 35:15) 둘째, 여호와 하나님의 말씀을 준행하지 않았
으며(렘 34:13-22; 35:14-17) 셋째, 여호야김 왕이 두루마리를 불태웠다(렘
36:22-25)고 정리한다.

남유다 왕 여호사밧(Jehoshaphat, B.C. 870-848/873년부터 섭정)의 며느리
가 북이스라엘 왕 아합(Ahab)의 딸 아달랴이다(대하 18:1). 아달랴(Athaliah)
가 남유다를 6년 동안(B.C. 841-835) 통치하였다(왕하 11:3; 대하 21:6; 22:10-

12). 남유다 왕 여호사밧이 하나님의 뜻을 거스르고 북이스라엘의 악한 왕 아합(B.C. 874-853)과 연혼한 것도 멸망의 한 원인이 된다(대하 18:1).

남유다(Southern Kingdom)의 열왕들

르호보암(17년 통치, B.C. 930-913, 왕상 14:21)-아비얌(3년 통치, B.C. 913-910, 왕상 14:31; 15:1-2; 아비야, 대상 3:10; 대하 11:22; 13:1)-아사(41년 통치, B.C. 910-870, 왕상 15:9-10; 대하 14:2)-여호사밧(25년 통치, B.C. 870-848/872부터 섭정, 왕상 22:42; 대하 17:1)-여호람(8년 통치, B.C. 848-841, 왕하 8:17; 대하 21:1)-아하시야(1년 통치, B.C. 841, 왕하 8:26; 9:29; 대하 22:1, 6)-아달랴(6년 통치, B.C. 841-835, 북이스라엘 왕 아합의 딸, 왕하 11:1-3; 대하 18:1; 21:6; 22:10-12)-요아스(40년 통치, B.C. 835-796, 왕하 12:1; 대하 24:1)-아마샤(29년 통치, B.C. 796-767, 왕하 14:2, 17; 대하 25:1)-웃시야=아사랴(52년 통치, B.C. 767-740/792부터 섭정, 755부터 왕으로 인정; 왕하 15:1-2과 대상 3:12[아사랴로 기록]; 대하 26:1-3[웃시야로 기록])-요담(16년 통치, B.C. 740-732/748부터 섭정, 왕하 15:32-33; 대하 27:1)-아하스(16년 통치, B.C. 732-716, 왕하 16:2; 대하 28:1)-히스기야(29년 통치, B.C. 716-687/729부터 섭정, 왕하 18:2; 대하 29:1-2)-므낫세(55년 통치, B.C. 687-642/696부터 섭정, 왕하 21:1; 대하 33:1)-아몬(2년 통치, B.C. 642-640, 왕하 21:19; 대하 33:21)-요시야(31년 통치, B.C. 640-609, 왕하 22:1; 대하 34:1)-여호아하스(3개월 통치, B.C. 609, 왕하 23:31; 대하 36:2; 렘 22:11 참조)-여호야김(엘리야김; 11년 통치, B.C. 609-598, 왕하 23:34-36; 대하 36:4-5)-여호야긴(여호야김의 아들; 3개월 통치, B.C. 598-597, 왕하 24:6-8; 대하 36:9; 여호야긴은 여고냐[Jeconiah]로도 불리고, 고니야[Coniah]로도 불림[에 2:5-7; 렘 22:24; 37:1은 고니야로 부름, 렘 24:1은 여고냐로 부름])-시드기야(11년 통치, B.C. 597-586, 왕하 24:17-18; 25:1, 8-9; 대하 36:10-11; 렘 20:4).

남유다의 존속기간은 B.C. 930-586년(21대, 통산 344년)이다. 그러나 성경에 언급된 각 왕의 통치 기간을 합산하면 394년이 된다. 이와 같은 차이가 나는 것은 중복된 통치 기간이 있기 때문이며 또한 일 년이 두 왕의 통치 연대에 적용될 수 있기 때문에 정확하게 계산하는 것은 무리이다.[119] 제롬(Jerome)은 통치 연대의 난제에 대해 성경학자가 계속 연구할 수밖에 없다고 다음 말로 표현한다.[120]

바벨론에 의한 남유다의 멸망

B.C. 605년 갈그미스 전쟁(Battle of Carchemish: 왕하 23:28-29; 24:2-4)에서 바벨론의 느부갓네살 왕은 애굽의 바로 느고(Pharaoh Necho)를 패배시킨다. 유다의 요시야 왕은 전사하고 그의 대를 이은 여호아하스(Jehoahaz)는 갈그미스 전쟁에서 회군하는 바로 느고에 의해 폐위되고 여호야김이 유다의 왕위에 올랐다(왕하 23:34). 여호야김은 바로 느고의 꼭두각시 왕으로 악한 왕이었다(렘 22:13이하). 이 때 다니엘(Daniel)과 세 친구가 바벨론으로 포로로 잡혀간다.

B.C. 586년 6월 18일 남유다는 바벨론 왕 느부갓네살(Nebuchadnezzar)에 의해 멸망된다. 남유다의 멸망과 함께 솔로몬 성전은 불타고, 그리고 예루살렘 성벽은 허물어졌다(왕하 25:1-12; 대하 36:5-21). 예레미야는

---

119 통치 연대는 R. K. Harrison, *Introduction to the Old Testament*, pp. 735-736과 Edwin R. Thiele, *The Mysterious Numbers of the Hebrew Kings*, 1983, p. 10, "Dates of the Rulers of Judah and Israel"에서 참조한 것임.

120 Thiele, *op. cit.*, p. 39에서 재인용. "Read all the books of the Old and New Testament, and you will find such a discord as to the number of the years, such a confusion as to the duration of the reigns of the kings of Judah and Israel, that to attempt to clear up this question will appear rather the occupation of a man of leisure than of a scholar."(Hieronymus, *Traditio catholica*, ed. J. P. Migne (Paris, 1864), vol. 1, Ep. 72, *Ad Vitalem* (*Patrologia Latina*, vol. 22; col. 676).)

"바벨론 왕 느부갓네살의 십구 년 오월 십 일에 바벨론 왕의 어전 시위대 장관 느부사라단(Nebuzaradan)이 예루살렘에 이르러 여호와의 전과 왕궁을 불사르고 예루살렘의 모든 집을 귀인의 집까지 불살랐으며"(렘 52:12-13; 17-23)라고 기록한다(참조, 이안 프로반 외 2인, 「이스라엘의 성경적 역사」, pp. 570-571).

남유다의 특별한 왕들

B.C. 767-740 웃시야 왕의 통치(Rule of Uzziah)

웃시야 왕은 그의 부친이 B.C. 767년에 암살된 후 열 번째 유다 왕이 된다. 그는 아마 그의 통치 연대 52년이 제시한 바처럼 그의 아버지가 감옥에 갇힌 B.C. 792년부터 섭정을 했을 것이다(왕하 14:13-18; 15:1-2). 웃시야 왕은 유다의 경계를 넓혔고, 예루살렘 방위를 강화하였고, 경건을 유지했다. 그러나 웃시야 왕은 제사장들이 해야 할 분향하는 일을 자신이 하려고 하는 잘못을 범한 이유로 나병환자가 되었다(대하 26:19-20).

B.C. 740-732 요담 왕의 통치(Rule of Jotham)

요담 왕은 웃시야 왕의 아들로 하나님을 경외했고 B.C. 748년부터 웃시야 왕과 함께 섭정의 위치에 있었다. 성경은 요담이 왕이 될 때 "나이가 25세라 예루살렘에서 16년간 다스리니라"(왕하 15:33)라고 읽는다. "요담이 그의 아버지 웃시야의 모든 행위대로 여호와께서 보시기에 정직히 행하였으나 오직 산당을 제거하지 아니하였"(왕하 15:34-35)기 때문에 백성들이 산당에서 제사를 드렸다.

B.C. 732-716 아하스 왕의 통치(Rule of Ahaz)

아하스 왕은 요담 왕의 아들로 이방신 경배를 장려했고, 성전의 지성소를 폐쇄했고, 이방 사람의 가증한 일을 따라 그 자신의 아들을 태워 제물로 바쳤다(왕하 16:1-4; 대하 28:22-25). 아하스는 왕이 될 때 나이가 20세였고 예루살렘에서 16년간 다스렸다(왕하 16:2).

B.C. 716-687 히스기야 왕의 통치(Rule of Hezekiah)

히스기야 왕은 그의 아버지 아하스 왕과 함께 대략 B.C. 729-716년 기간에 섭정의 위치에 있었다. 히스기야 왕의 중요한 종교 개혁은 새롭게 단장한 성전에서 진정한 제사를 회복하는 것이었고, 유월절(Passover)을 성대히 지키는 일을 다시 제정했고, 이방 신전들을 파괴하였다(대하 29:3-31:21).

B.C. 640-609 요시야 왕의 개혁(Reform of Josiah 왕하 21:24-23:30)

요시야 왕은 앗수르와 다른 이방 종교의 관행으로부터 유대 나라를 자유롭게 함으로 나라를 하나님께로 돌려놓았다. 요시야 왕의 통치 기간인 B.C. 622~621년에 '율법책'이 성전에서 발견되었다(왕하 22:8이하). 그는 B.C. 609년 애굽의 바로 느고 2세(Pharaoh Necho II)와 전쟁 중 전사하였다.

바벨론으로 포로로 잡혀감(Exile to Babylon, 3차에 걸쳐)

- 1차 포로로 잡혀감(B.C. 605)

느부갓네살 왕에 의해 다니엘(벨드사살), 하나냐(사드락), 미사엘(메삭), 아사랴(아벳느고) 등이 잡혀간다(왕하 23:28-29; 단 1:3-4).

− 2차 포로로 잡혀감(B.C. 597)

느부갓네살 왕에 의해 여호야긴(여고냐), 에스겔, 모르드개 등이 잡혀간다(왕하 24:8-16; 대하 36:9-10; 겔 40:1(B.C. 573년경): 에 2:5-7).

− 3차 포로로 잡혀감(B.C. 586)

느부갓네살 왕에 의해 유다의 마지막 왕 시드기야가 잡혀간다. 시드기야는 두 눈이 뽑힌 채 포로 생활을 한다. 또한 느부갓네살은 이때 솔로몬 성전을 파괴한다(왕하 24:17-25:21; 대하 36:11-12; 렘 39:1-10; 52:9-16; 겔 40:1).

바벨론에서 귀환(Return from Exile, 3차에 걸쳐)

− 1차 귀환(B.C. 538-515)

지도자는 스룹바벨(Zerubbabel)과 예수아(Joshua)이며 귀환자의 수는 적어도 49,897명(스 2:64-65)이다. 에스더의 이야기는 이 사건 이후에 발생한다(B.C. 483-473, 참조, 에스더서).

− 2차 귀환(B.C. 458)

지도자는 에스라(Ezra)이며 귀환자의 수는 적어도 1,754명이다(참조: 스 8:3-20까지의 인원을 모두 합친 숫자). 아닥사스다 1세 제7년(B.C. 465-424)에 귀환하였다(스 7:7-10; 참조, 스 4:7).

− 3차 귀환(B.C. 444-425)

지도자는 느헤미야(Nehemiah)이며(느 2:1-20) 귀환자의 수는 적어도 42,360명(느 7:66)이다.

70년 포로 생활 예고와 성취 (Prophecy and Fulfillment of 70 years of Exile)

B.C. 586-B.C. 515년 (남유다 멸망에서 1차 귀환까지)

70년 포로 생활에 대한 예언과 성취(대하 36:21; 렘 25:11-12; 29:10; 단 9:1-2; 슥 1:1, 12)의 기간을 제3차 바벨론 포로로 잡혀간 때(B.C. 586)로부터 바벨론에서 제1차로 귀환한 때(B.C. 515)까지로 계산한다(586-515=71).

B.C. 586-B.C. 516년 (솔로몬 성전 파괴에서 스룹바벨 성전 완공까지)

70년 포로 생활 예언을 성전 중심으로 계산하여 솔로몬 성전이 파괴된 B.C. 586(남유다가 망한 해)으로부터 스룹바벨 성전이 완성된 B.C. 516까지로 계산하기도 한다(586-516=70).

29·30

열왕기상 · 하

1 and 2 Kings | 총 22, 25장

기록배경과 특징(B.C. 560-538)

열왕기상(1 Kings)은 22장 816절, 열왕기하(2 Kings)는 25장 719절로 구성되어 있다. 열왕기상은 B.C. 970년부터 B.C. 852년 사이의 사건들을 기록하고, 열왕기하는 B.C. 852년부터 B.C. 561년 사이의 사건들을 기록한다.

열왕기상은 "다윗 왕이 나이가 많아 늙으니"로 시작하는데 이 시기는 다윗 왕의 통치 말년인 B.C. 970경이었다. 열왕기상 22:51은 "유다의 여호사밧 왕 제17년에 아합의 아들 아하시야가 사마리아에서 이스라엘의 왕이 되어 2년 동안 이스라엘을 다스리니라"(개역개정)라고 기록한다. 이스라엘 왕 아하시야(Ahaziah)의 행적이 열왕기상의 마지막 부분이다(왕상 22:51-53). 그런데 아하시야의 통치 기간은 B.C. 853-852년이므로 열왕기상은 B.C. 970-852년 사이의 사건들을 다루고 있음이 분명하다.

열왕기하의 시작은 이스라엘 왕 아하시야의 죽음의 사건부터 시작한다(왕하 1:1-4). 그러므로 이 시기는 B.C. 852년에 해당한다. 그리고 열왕기하의 마지막은 "유다의 왕 여호야긴이 사로잡혀 간 지 37년 곧 바벨론의 왕 에윌므로닥이 즉위한 원년 12월"(왕하 25:27, 개역개정)에 발생한 사건들을 기록하고 있다. "여호와긴이 사로잡혀 간 지 37년"은 여호와긴(Jehoiachin)이 포로로 사로잡혀 간 해가 B.C. 597년임으로 37년되는 해는 B.C. 560년이 되고, 에윌므로닥(Evil-Merodach: B.C. 562-560)이 즉위한 원년은 대략 B.C. 562년이 된다. 고대의 통치 기간은 1년이 두 왕에 적용되거나, 섭정 등으로 정확하게 계산할 수 없는 점을 고려하면 열왕기하는 B.C. 852-561년 사이의 사건들을 다루고 있다고 말할수 있다.

그리고 열왕기상·하는 바벨론(Babylon)을 멸망시킨 바사(Persia)의 왕 고레스(Cyrus)가 성전 재건의 칙령을 선포한 B.C. 538년 이후의 역사적 사실들은 기록하지 않았다. B.C. 538년은 스룹바벨(Zerubbabel)의 영도 하에 유대인들이 바벨론으로부터 1차로 귀환한 해이다. 열왕기상·하는 분열된 이스라엘과 유다 왕들의 공식 왕실 연대기나 다름없는 내용으로 바벨론 포로 말기인 B.C. 561-538년 사이에 기록되었다고 추정할 수 있다(왕하 25:27-30).[121]

열왕기상·하는 저자가 미상이며 원래 한 권으로 되어 있었다. 그런데 칠십인 역(LXX)에서 "열왕기"를 열왕기상과 열왕기하로 나누었다. 저자는 자신이 구체적으로 밝힌 바대로 "솔로몬의 실록"(왕상 11:41), "이스라엘 왕 역대지략"(왕상 14:19), "유다 왕 역대지략"(왕상 14:29)을 열왕기상·하를 기록하는데 참조했으며, 또한 열왕기하 18:13-37이 이사야서 36장과 거의 동일하고, 열왕기하 24:18-25:30이 예레미야서 52:1-34(참조, 렘 39:1-10)과 비슷한 점으로 보아 이사야서와 예레미야서도 참조한 것으로 생각한다. 열왕기상·하는 왕국의 흥망성쇠가 궁극적으로 하나님의 백성이 하나님과의 언약을 얼마나 성실하게 지키느냐에 달려있으며 왕들의 성공여부도 모세의 법대로 하나님을 얼마나 진실하게 경외하느냐에 달려있다는 것을 가르치고 있다. 열왕기상·하는 주로 북이스라엘 왕들에게 초점이 맞추어 있다.

---

121 김진수, 「열왕기 주해」, pp. 29-30.

열왕기상 1장 • 다윗 왕이 나이가 많아 늙으니(왕상 1:1) 이스라엘 내에 왕권 때문에 약간의 혼란이 있었음을 시사한다. 학깃(Haggith)의 아들 아도니야(Adonijah)가 스루야(Zeruiah)의 아들 요압(Joab)과 제사장 아비아달(Abiathar)의 도움을 받아 스스로 왕의 행세를 하게 된다(왕상 1:5-7). 하지만 나단(Nathan) 선지자와 밧세바(Bathsheba)의 결정적 역할을 통해 결국 솔로몬(Solomon)이 이스라엘의 왕이 된다(왕상 1:11-31). 다윗 왕은 비록 늙어서 쇠약하지만 솔로몬을 그의 후계자 왕으로 세우는데 확실한 역할을 감당한다(왕상 1:32-48).

열왕기상 2장 • 다윗이 죽을 날이 임박하여 솔로몬에게 여호와의 명령을 지켜 "그 율법과 계명과 율례와 증거를 모세의 율법에 기록된 대로 지키라"(왕상 2:3)고 권고하는 내용이 나온다. 다윗은 이스라엘 왕으로 40년을 통치하는데 헤브론(Hebron)에서 7년 동안 다스렸고, 예루살렘(Jerusalem)에서 33년 동안 다스렸다. 그리고 다윗은 그의 조상들과 함께 눕는다(왕상 2:10-12). 솔로몬의 자리를 빼앗으려 했던 아도니야는 죽임을 당한다(왕상 2:13-25). 솔로몬 왕이 아도니야를 도왔던 제사장 아비아달을 추방하고 아도니야와 모의한 요압을 처형한 이야기(왕상 2:26-35)와 시므이(Shimei)가 처형된 이야기(왕상 2:36-46)가 기록되어 있다.

열왕기상 3장 • 솔로몬이 기브온(Gibeon)의 산당에서 1,000 번제를 드린 후에 여호와께서 "내가 네게 무엇을 줄꼬 너는 구하라"(왕상 3:5)라고 묻자, 솔로몬이 여호와에게 부귀와 영화를 구하지 아니하고 백성을 다스리는데 필요한 지혜를 구하는 이야기(왕상 3:1-15)와 산 아이와 죽은 아이를 두고 서로 산 아이의 어미라고 주장하는 두 여인의 송사를 솔로몬은 "산 아이를 둘로 나누어 반은 이 여자에게 주고 반은 저 여자에게 주라"(왕상 3:25, 개역개정)라고 판결하여 산 아이의 진짜 어미를 찾아준 지혜로운 재판 이야기(왕상 3:16-28)가 나온다.

열왕기상 4장 • 솔로몬이 거느린 신하들은 제사장 아사리아(Azariah), 서기관 엘리호렙(Elihoreph)과 아히야(Ahijah), 사관 여호사밧(Jehoshaphat), 군사령관 브나야(Benaiah), 제사장 사독(Zadok)과 아비아달(Abiathar), 지방 관장의 두령 아사리아(Azariah), 제사장 나단의 아들 사붓(Zabud), 궁내대신 아히살(Ahishar), 노동 감독관 아도니람(Adoniram)등이라고 말한다(왕상 4:1-19). 솔로몬의 영화는 "솔로몬이 사는 동안에 유다와 이스라엘이 단에서부터 브엘세바에 이르기까지 각기 포도나무 아래와 무화과나무 아래에서 평안히 살았더라"(왕상 4:25)라는 말이 극명하게 보여준다. 그리고 솔로몬은 "잠언 3,000가지를 말하였고 그의 노래는 1,005편이며 (왕상 4:32)라는 말이 그의 삶의 풍요를 짐작하게 한다(왕상 4:20-34).

열왕기상 5장 • 솔로몬이 성전 건축을 준비하는 내용(왕상 5:1-18)을 기록한다. 특히 두로(Tyre) 왕 히람(Hiram)과 다윗 왕과의 친밀한 관계가 돋보인다(왕상 5:1). 솔로몬은 여호와께서 그의 아버지 다윗 왕에게 "네 아들 그가 내 이름을 위하여 성전을 건축하리라"(왕상 5:5)라고 말씀하신대로 자신이 성전을 건축하기 원한다. 그리고 평생에 다윗을 사랑한 두로 왕 히람은 솔로몬이 성전을 건축할 수 있도록 백향목을 기꺼이 제공한다(왕상 5:7-12). 솔로몬 왕은 성전 건축을 위해 온 이스라엘 가운데서 역군 30,000명을 뽑는다(왕상 5:13). 이 말씀은 열왕기상 9:22에 "이스라엘 자손은 솔로몬이 노예로 삼지 아니하였다"(개역개정)라는 말씀과 상충을 일으키는 듯 보인다. 그러나 열왕기상 5:14의 설명은 "그들이 한 달은 레바논에 있고 두 달은 집에 있으며"(개역개정)라고 되어 있는 것처럼 이스라엘 역군은 이방인 노예와 달리 충분한 휴식과 생업을 돌볼 여유를 가지고 기쁜 마음으로 성전 건축을 도왔다고 사료된다. 그러므로 열왕기상 5:13-14의 내용과 열왕기상 9:21-22의 내용은 상충하지 않는다.

열왕기상 6장 • "이스라엘 자손이 애굽 땅에서 나온 지 480년이요 솔로몬이 이스라엘의 왕이 된 4년 둘째 달에"(왕상 6:1) 솔로몬이 성전 건축을 시작했다고 전한다. "이스라엘 자손이 애굽 땅에서 나온 지 480년"은 출애굽 연도가 B.C. 1446년이므로 솔로몬이 성전을 건축한 해는 B.C. 966년(1446-480=966)이 되며, 솔로몬이 이스라엘 왕위에 오른 해는 B.C. 970년이므로 성전을 건축하기 시작한 해는 역시 정확하게 B.C. 966년(970-4=966)으로 일치된다. 솔로몬이 7년 동안 성전을 건축하는 내용이 나온다(왕상 6:38). 그러므로 솔로몬 성전이 완성된 해는 B.C. 959년경이 된다. 그리고 솔로몬 성전의 내부 장식이 자세하게 소개되어 있다(왕상 6:14-38). 특별히 여호와의 언약궤를 모실 성전 안에 내소(지성소)를 마련하였는데 그 규모는 길이가 20규빗이요, 너비가 20규빗이요, 높이가 20규빗이다(왕상 6:19-20).

열왕기상 7장 • 솔로몬은 성전을 건축한 다음 자기의 왕궁을 건축한다. 열왕기상 7장은 솔로몬이 13년 동안 자기의 궁을 건축하는 이야기(왕상 7:1-12)와 솔로몬 왕이 놋쇠 대장장이 히람을 통해 놋 기둥과 놋 바다와 놋 받침 수레와 물두멍을 만든 이야기(왕상 7:13-39)와 솔로몬이 성전 기구들을 만든 이야기(왕상 7:40-51)가 나온다. 여기 열왕기상 7:13, 40에 언급된 히람은 두로(Tyre) 왕 히람(Hiram)과 다른 사람이다. 영어 번역 NKJV와 NIV는 열왕기상 7:13과 40, 그리고 역대하 4:11을 모두 Huram(후람)으로 처리하여 두로 왕 히람과의 구별을 시도하고 열왕기상 7:13과 40의 경우 난 하주의 참고란에 히브리어는 Hiram이라고 밝힌다. 반면 ESV는 세 구절 모두를 Hiram(히람)으로 처리했다. 그리고 NASB와 NRSV는 히브리어 원어와 한글 개역 및 개역개정의 번역처럼 열왕기상 7:13과 40은 Hiram(히람)으로 처리하고, 역대하 4:11은 Hur-am(후람)으로 처리했다. 또한, 두로 왕 히람에 관하여 역대하 2:3, 11의 "두로 왕 히람"을 한글번역 개역과 개역개정은 "두로 왕 후람"으로 번역했고, NASB와 NRSV는 "Huram, the king of Tyre"로 번역한 반면, NKJV, NIV, ESV는 "Hiram king of Tyre"로 번역했다. 히브리어 원어는 후람으로 되어 있다.

솔로몬 성전의 건축물 중 어떤 부분도 그 자체의 이름을 가지고 있지 않다. 그런데 히람이 만든 성전의 현관(주랑) 앞에 세운 두 기둥은 이름을 부여받았다. 오른쪽 기둥은 야긴(Jachin)이라 부르고, 왼쪽 기둥은 보아스(Boaz)라 불렀다. 야긴은 "그가 세울 것이다"라는 뜻으로 "이 성전이 영원히 서 있게 하소서"라는 소원을 상징하고, 보아스는 "능력 또는 견고함"의 뜻으로 "하나님이 이 성전에 능력과 안정성을 주시옵소서"라는 소원을 상징한다. 카일(Keil)은 "이 기둥들은 외적인 건물로서의 성전의 안정과 능력을 상징할 뿐만 아니라, 이스라엘 안에서 성전으로 구체화 되고 주님으로부터 받은 하나님 나라의 안정과 능력을 상징한다. 주님은 성전을 그의 백성 가운데서 거처할 처소로 선택하셨다."[122] 라고 해석한다. 이스라엘 백성은 성전의 완공으로 여호와께서 이스라엘에 안정과 능력을 주실 것을 소망하면서 성전의 두 기둥의 이

---

122 C. F. Keil, "The Book of the Kings," *Biblical Commentary on the Old Testament*, (Grand Rapids: Eerdmans, 1970), p. 103.: "The pillars were symbols of the stability and strength, which not only the temple as an outward building, but the kingdom of God in Israel as embodied in the temple, received from the Lord, who had chosen the temple to be His dwelling-place in the midst of His people."; 참조, 김진수,「열왕기 주해」, (수원: 합신대학원출판부, 2016), pp. 124-126.

름을 "야긴"과 "보아스"로 지었지만, 사실은 그들이 오직 여호와를 경외하며 여호와의 말씀을 실행할 때 그들의 안정과 능력이 계속될 수 있다는 것을 깨달았어야 했다. 여호와 하나님은 성전보다 더 크신 분이시다.

열왕기상 8장 • 성전 봉헌에 관한 기록을 세 부분으로 나누어 설명한다. 첫째 부분은 언약궤(the Ark)와 다른 거룩한 기구들을 성전 안으로 옮기는 내용과 성전 봉헌에 즈음한 솔로몬의 연설이요(왕상 8:1-21), 둘째 부분은 솔로몬의 성전 봉헌을 위한 봉헌 기도이며(왕상 8:22-53), 셋째 부분은 솔로몬이 이스라엘 온 회중을 위하여 축복하는 내용과 봉헌식을 행하고 희생제물을 바친 내용이다(왕상 8:54-66). 성전 봉헌에 관한 비슷한 내용은 역대하 5:2-7:10 사이에 좀 더 자세한 설명과 함께 나타난다. 열왕기상 8장은 먼저 솔로몬이 언약궤를 다윗성 시온에서 성전으로 옮기는 이야기로 시작한다(왕상 8:1-11). 여호와의 언약궤는 다윗성 곧 시온(Zion)에서 메어 올려 성전의 지성소에 안치된다(왕상 8:1-6). 언약궤 안에는 모세가 호렙(Horeb)산에서 여호와로부터 받은 두 돌판이 들어 있다(왕상 8:9). 솔로몬은 성전의 건축을 마치고 원래 아버지인 다윗이 성전을 건축하기 원했지만 여호와께서 그것을 허락하시지 않고 여호와께서 성전 건축의 영광을 자신에게 허락했다고 연설한다(왕상 8:12-21). 솔로몬의 기도는 여호와 하나님이 누구이신지를 분명히 알고 그에게 의존하는 기도를 드린다(왕상 8:22-53). 솔로몬은 여호와를 찬송하고 백성을 축복하며(왕상 8:54-61) 호화롭게 성전을 봉헌한다(왕상 8:62-66).

솔로몬 성전의 봉헌은 언제 행해졌는가? 우선 성경은 솔로몬 성전이 "넷째 해(B.C. 966) 시브 월에 여호와의 성전 기초를 쌓았고 열한째 해(B.C. 959) 불 월 곧 여덟째 달에 그 설계와 식양대로 성전 건축이 다

끝났으니 솔로몬이 7년 동안 성전을 건축하였더라"(왕상 6:37-38, 개역개정)라고 기록한다. 성전 완공은 솔로몬이 통치를 시작한지 열한째 해인 B.C. 959년에 완결되었다. 그런데 바로 다음 절인 열왕기상 7:1은 "솔로몬이 자기의 왕궁을 13년 동안 건축하여 그 전부를 준공하니라"(개역개정)라고 전한다. 그리고 성전 봉헌을 설명하는 열왕기상 8:2은 "이스라엘 모든 사람이 다 에다님(Ethanim) 월 곧 일곱째 달 절기에 솔로몬 왕에게 모이고"(개역개정)라고 설명한다. 열왕기상 8:2은 몇 년이라는 언급 없이 단순히 일곱째 달이라고만 기록한다.

그래서 어떤 이(Ewald)는 솔로몬이 그의 통치 열한째 해 여덟째 달에 성전을 완공했는데 성전 봉헌이 일곱째 달이기 때문에 솔로몬이 성전을 완공하기 1개월 전에 성전을 미리 봉헌했다고 주장하기도 한다. 하지만 이 견해는 "솔로몬 왕이 여호와의 성전을 위하여 만드는 모든 일을 마친지라 이에 솔로몬이 그의 아버지 다윗이 드린 물건 곧 은과 금과 기구들을 가져다가 여호와의 성전 곳간에 두었더라"(왕상 7:51, 개역개정)라는 말씀과 상충을 일으킨다. 왜냐하면, 성전이 완공되지도 않은 1개월 전에 성전 기물들을 성전에 배치해 놓을 수는 없기 때문이다. 그러므로 성전 봉헌이 성전 완공 다음 해 일곱째 달에 드려졌을 가능성은 있지만 성전 완공 1개월 전에 드려질 수는 없다. 그런데 열왕기상 9:1은 "솔로몬이 여호와의 성전과 왕궁 건축하기를 마치며"라고 기록한 후 여호와께서 솔로몬에게 나타나셔서 "나는 네가 건축한 이 성전을 거룩하게 구별하여 내 이름을 영원히 그곳에 두며 내 눈길과 내 마음이 항상 거기에 있으리니"(왕상 9:3)라고 축복하신다. 그리고 열왕기상 9:10이 "솔로몬이 두 집 곧 여호와의 성전과 왕궁을 20년 만에 건축하기를 마치고"(개역개정)라고 기록한다. 따라서 솔로몬 왕이 성전을 봉헌한 해는 성전 건축을 시작한 해로부터 20년째 되는 해이며, 혹은 성전 건축을 완공한 이후 13년째 되는 해라고 추정할 수 있다. 따라서 성전 봉헌은 B.C. 946년(966-20=946 혹은 959-13=946)으로 추정할 수 있다.[123]

열왕기상 9장 • 여호와께서 성전 건축을 마친 솔로몬에게 다시 나타나셔서 다른 신을 경배하면 징계가 뒤따를 것을 경고하신 사실을 기록한다. 여호와께서 솔로몬에게 "나의 계명과 법도를 지키지 아니하고 가서 다른 신을 섬겨 그것을 경배하면 내가 이스라엘을 내가 그들에게 준 땅에서 끊어 버릴 것이요 내 이름을 위하여 내가 거룩하게 구별한 이 성전이라도 내 앞에서 던져버리리니"(왕상 9:6-7, 개역개정)라고 엄중하게 경고하신다. 솔로몬은 20년 동안에 성전과 왕궁의 건축을 마치고(왕상 9:10) 성전 건축에 많은 도움을 준 두로(Tyre) 왕 히람(Hiram)에게 "갈릴리 땅의 성읍 스무 곳"(왕상 9:11)을 준다. 히람은 솔로몬이 준 땅을 탐탁하게 생각하지 않았지만 솔로몬 왕에게 금 120달란트를 바쳤다(왕상 9:14). 그리고 솔로몬 왕은 이스라엘 백성이 멸망시키지 못한 아모리 사람(Amorites), 헷 사람(Hittites), 브리스 사람(Perizzites), 히위 사람(Hivites), 여부스 사람(Jebusites) 등 가나안인들의 자손들을 노예로 역군으로 삼은 반면 이스라엘 자손은 노예로 삼지 아니하였다(왕상 9:20-22). 여기서 가나안인들(Canaanites)과 바로(Pharaoh)의 딸을 언급한(왕상 9:20, 24) 것은 솔로몬이 앞으로 배교의 위험에 처해 있음을 상기시킨다(왕상 11:2 참조). 바로의 딸은 열왕기상 3:1에서 처음으로 소개되어 왕궁이 완성되기를 기다리고 있었다(왕상 3:1). 열왕기상 9:21-22의 내용은 열왕기상 5:13-14의 내용과 연계하여 이해하여야 한다(열왕기상 5장의 설명 참조).

열왕기상 10장 • 스바(Sheba) 여왕이 솔로몬을 방문하는 이야기(왕상

---

123 Keil, "The Book of the Kings," p. 118.

10:1-13)와 솔로몬의 재산과 지혜에 관해 설명하는 이야기가 나온다(왕상 10:14-29). "솔로몬 왕의 재산과 지혜가 세상의 그 어느 왕보다 큰지라"(왕상 10:23)의 말씀이 솔로몬의 재산과 지혜의 많음을 증언한다. 스바 왕국의 위치는 아라비아(Arabia) 반도 남단의 한 국가로 생각된다. 이전에는 스바 왕국이 아프리카 애굽(Egypt)의 남쪽 지역에 위치한 것으로 생각했으나 지금은 사베아 인들이 세운 아라비아 반도 남쪽에 위치한 아랍의 한 국가로 보는데 이견이 없다.[124] 주의할 것은 아프리카 애굽의 남쪽에 위치한 시바와 아라비아 반도 남쪽에 위치한 스바를 혼동할 수 있다는 것이다. 그러므로 아라비아 반도 남쪽에 위치한 왕국은 스바(Sheba)로 표기하고 애굽의 남쪽의 왕국은 시바(Seba)로 표기하는 것이 좋다. 시편 72:10은 "다시스와 섬의 왕들이 조공을 바치며 스바와 시바 왕들이 예물을 드리리로다"(The kings of Sheba and Seba will offer gifts.)라고 두 왕국을 함께 표기하고 있다. 그런데 시편 72:10의 "스바"(Sheba: שׁבא)와 "시바"(Seba: סבא)는 히브리어 철자가 서로 다르다. 한글 개역개정은 솔로몬 왕을 방문한 여왕의 나라 이름을 "스바"(Sheba)로 번역하고, 영어 번역(NIV, NKJV, ESV)도 일관되게 스바(Sheba)로 번역한다(왕상 10:1, 4; 시 72:10, 15). 그런데 시편 72:10의 "스바"(Sheba)와 15절의 "스바(Sheba)"가 히브리어로 같은 용어(שׁבא)를 사용하는 것으로 보아 솔로몬 왕을 방문한 여왕은 "스바(שׁבא)여왕"(the queen of Sheba)으로 정리하고, 시편 72:10의 "시바(Seba) 왕"의 나라는 애굽의 남쪽에 위치한 왕국으로 정리하는 것이 일관성이 있다. (참고로 약간 혼란을 일으키는 것은 영어의 Sheba가 한글 음역으로 "스바" 보다는 "시바" 와 가까운 것 같고, Seba는 "시바" 보다는 "스바" 와 가깝게 발음되기 때문에 약간의 오해의 소지가 남아 있다).

---

124   참조, 김진수, 「열왕기 주해」, 2016, p. 148; 배리 J. 베이첼, 「New 무디 성서지도」, 2016, p. 93

열왕기상 11장 • 여호와께서 바로의 딸과 이방의 많은 여인과 통혼하지 말도록 명명백백하게 경고했음에도 불구하고 솔로몬이 그들을 사랑하였다(왕상 11:1-3). 그 결과 불행하게도 솔로몬의 마음이 여호와를 떠나 배교하기에 이른다(왕상 11:4-6). 열왕기상 11장은 그 당시의 상황을 "솔로몬이 여호와의 눈앞에서 악을 행하여 그의 아버지 다윗이 여호와를 온전히 따름같이 따르지 아니하고"(왕상 11:6, 개역개정)라는 표현으로 설명한다. 여호와는 솔로몬의 배교의 대가를 확실하게 치르게 하였다. 여호와는 에돔 사람 하닷(Hadad)을 일으키고(왕상 11:14-22), 엘리아다의 아들 르손(Rezon)을 일으키고(왕상 11:23-25), 느밧의 아들 여로보암(Jeroboam)을 일으켜(왕상 11:26-40) 솔로몬을 대적하게 만든다. 결국 여호와께서 실로 사람 선지자 아히야(Ahijah)를 통해 10 지파를 여로보암에게 준다고 말씀하신다(왕상 11:29-31). 이스라엘 왕 솔로몬은 그의 40년의 이스라엘 통치를 마치고 B.C. 930년에 죽고 그의 아들 르호보암(Rehoboam)이 왕이 된다(왕상 11:41-43).

> **이스라엘 왕 여로보암 1세**(B.C. 930-909)**에서 아합**(B.C. 874-853)**까지와 유다 왕 르호보암**(B.C. 930-913)**부터 아사**(B.C. 910-870)**까지의 행적**
> (열왕기상 12:1-16:34 The Reign of Kings of Israel from Jeroboam to Ahab and The Reign of Kings of Judah from Rehoboam to Asa)

열왕기상 12장 • 여로보암과 르호보암과의 충돌로 시작한다(왕상 12:1-5). 애굽의 피난길에서 돌아온 여로보암과 이스라엘의 온 회중이 (왕상 11:40; 12:1-3) 르호보암에게 왕의 아버지 솔로몬은 우리에게 고역과 무거운 멍에를 지웠지만 만약 왕이 그 고역과 멍에를 가볍게 하시면 왕을 섬기겠다고 제안한다(왕상 12:4-5). 르호보암은 노인들의 지혜를 따르지 않고 어린 사람들의 조언을 따라 "내 새끼손가락이 내 아버지의 허리보다 굵으니……. 너희의 멍에를 더욱 무겁게 할지라"(왕상 12:10-11, 개역개정)라고 어리석은 결정을 한다. 결국, 북쪽 10지파를 중심으로 여로보암이 이스라엘의 왕이 되었고, 르호보암은 유다(Judah)와 베냐민(Benjamin) 지파를 중심으로 남쪽 유다의 왕이 되었다(왕상 12:15-20). 여호와는 르호보암이 북쪽 이스라엘과 전쟁을 하려 하자 스마야(Shemaiah)를 통해 형제 이스라엘과 싸우지 말라고 명령하신다(왕상 12:21-24). 그런데 여로보암은 금송아지 2개를 만들어 "이는 너희를 애굽 땅에서 인도하여 올린 너희의 신들이라"(왕상 12:28)라고 선포하고 하나는 벧엘(Bethel)에 두고 하나는 단(Dan)에 둔다(왕상 12:25-33).

열왕기상 13장 • 여로보암이 벧엘의 제단에서 분향할 때 하나님의 사람이 벧엘의 제단을 규탄하는 내용을 전한다. 이에 여로보암이 제단에서 손을 펴며 "하나님의 사람"을 잡으라고 말하자 여로보암의 편 손이 마르게 된다. 하지만 여로보암의 간청으로 하나님의 사람이 여호와께 구하여 왕의 손을 다시 전과 같게 만드는 이야기(왕상 13:1-10)가 기록되어 있다. 그리고 벧엘에 한 "늙은 선지자"가 있었는데 그의 아들들이 유다에서부터 온 "하나님의 사람"이 벧엘의 제단에서 행한 놀랄만한 이야기를 들려준다(왕상 13:11-12). 한 "늙은 선지자"는 "하나님의 사람"이 가는 길로 뒤따라가서 여호와의 말씀을 거짓으로 이용하여 하나님의 사람을 자기 집으로 초청한다(왕상 13:14-15). 원래 "하나님의 사람"은 벧엘에서 "떡도 먹지 말고 물도 마시지 말며 또 네가 오던 길로 되돌아가지도 말라"는 여호와의 계시를 받은 바 있다. 그럼에도 불구하고 "하나님의 사람"은 벧엘의 "늙은 선지자"에게 속아 그와 함께 돌아가서 떡도 먹고 물도 마셨다(왕상 13:19). 이에 여호와의 말씀은 늙은 선지자를 통해 하나님의 사람이 죽게 될 것이라고 예고하고 그 예고처럼 하나님의 사람은 사자에게 찢겨 죽임을 당한다. 이렇게 된 이유는 "이는 여호와의 말씀을 어긴 하나님의 사람이로라"(왕상 13:26)라고 설명한 말씀이 웅변적으로 우리의 심장을 겨눈다. 늙은 선지자는 아들들에게 "내가 죽거든 하나님의 사람을 장사한 묘실에 나를 장사하되 내 뼈를 그의 뼈 곁에 두라"(왕상 13:31)라고 말하고 하나님의 사람이 벧엘의 제단과 사마리아 성읍에 관한 경고가 반드시 이루어질 것이라고 선언한다(왕상 13:32). 여로보암은 계속해서 악한 길에서 돌이키지 아니하고 일반 백성을 산당의 제사장으로 삼았다(왕상 13:33-34).

열왕기상 14장 • 여로보암의 아들 아비야(Abijah)가 병이 들자 여로보암이 그의 아내에게 실로(Shiloh)에 있는 선지자 아히야(Ahijah)에게 그의 아들이 어떻게 될지를 묻는 내용을 전한다(왕상 14:1-5). 여로보암의 아내를 만난 선지자 아히야는 여로보암이 다윗의 길을 따르지 않고 우상을 만들어 여호와를 노엽게 했다고 책망하고 여로보암의 아들 아비야가 성읍에 들어갈 때 죽게 될 것이라고 예고한다(왕상 14:6-12). 예고한 바와 같이 여로보암의 아내가 디르사(Tirzah)로 돌아가서 집 문지방에 이를 때에 그의 아들 아비야가 죽었다(왕상 14:17). 여로보암은 북이스라엘을 22년 통치하고 B.C. 909년에 죽는다. 그리고 여로보암의 아들 나답(Nadab)이 대신하여 왕이 된다(왕상 14:19-20). 유다 왕 르호보암(Rehoboam)은 41세에 왕이 되어 17년 동안 다스린다(왕상 14:21-22). 르호보암도 여호와 보시기에 악을 행하여 산당과 우상과 아세라 상을 세운다(왕상 14:22-24). 르호보암 제 5년 즉 B.C. 925년경 애굽의 왕 시삭(Shishak)이 예루살렘을 치고 성전의 보물들을 탈취해 간다(왕상 14:25-28). 르호보암과 여로보암 사이에 항상 전쟁이 그치지 아니하였고 르호보암은 B.C. 913년에 죽고 그의 아들 아비얌(Abijam)이 대신하여 왕이 되었다(왕상 14:29-31).

열왕기상 15장 • 유다 왕 아비얌도 그의 조상 다윗의 마음과 같지 아니하여 그의 하나님의 마음을 기쁘게 해 드리지 못했다고 진술한다 (왕상 15:3). 다윗은 "헷 사람 우리아(Uriah the Hittite)의 일 외에는 평생에 여호와 보시기에 정직하게 행하"(왕상 15:5)였다. 르호보암과 여로보암 사이에도 전쟁이 계속되었지만 아비얌과 여로보암 사이에도 전쟁이 계속 되었다(왕상 15:6-7). 아비얌이 B.C. 910년에 죽고 그의 아들 아사가 대신하여 왕이 되었다(왕상 15:8). 유다 왕 아사는 예루살렘에서 41년 동안(B.C. 910-870) 유다를 통치한다. 아사 왕은 "여호와 보시기에 정직하게 행하였고"(왕상 15:11) 우상을 없애는 등 좋은 일을 많이 행하였으나 "산당"(the high places: Places for pagan worship)만은 없애지 아니하였다(왕상 15:11-15). 유다 왕 아사(Asa)와 이스라엘 왕 바아사(Baasha) 사이에 일생동안 전쟁이 계속되었다(왕상 15:16). 유다 왕 아사는 아람(Syria) 왕 벤하닷(Ben-Hadad I)을 의존하여 이스라엘 왕 바아사를 견제한다(왕상 15:16-22). 유다 왕 아사는 41년 동안 유다를 통치하고 B.C. 870년에 죽는다. 그리고 그의 아들 여호사밧(Jehoshaphat)이 대신하여 왕이 되었다(왕상 15:23-24). 유다의 아사 왕 둘째 해(B.C. 908~909)에 여로보암의 아들 나답(Nadab)이 이스라엘의 왕이 되어 2년 동안 악한 방법으로 이스라엘을 다스린다(왕상 15:25-27). 따라서 바아사가 나답 왕을 죽이고 그를 이어 이스라엘의 왕이 된다(B.C. 908-886). 유다의 아사 왕과 이스라엘 왕 바아사 사이에 일생 전쟁이 계속되었다(왕상 15:32-34).

열왕기상 16장 • 여호와께서 15장에 이어 계속 여호와 보시기에 악을 행한 이스라엘 왕 바아사를 예후(Jehu)를 사용하여 책망하신 내용을 기록한다. 결국 바아사는 그의 조상들과 함께 자고 그의 아들 엘라가 B.C. 886~885년에 이스라엘의 왕이 되어 2년 동안 통치한다 (왕상 16:1-7). 이스라엘 왕 엘라(Elah)는 시므리(Zimri)에 의해 암살되고 (왕상 16:9-14) 시므리가 엘라를 대신하여 이스라엘의 왕이 되나 겨우 7

일 동안 통치하는데 그친다(왕상 16:15-20). 이스라엘의 왕권 문제로 디브니(Tibni)와 오므리(Omri) 사이에 한동안 혼란이 있었으나 결국 오므리가 이스라엘의 왕이 되어 12년 동안 다스린다(왕상 16:21-23). 오므리의 행적 중 주목할 것은 은 두 달란트로 세멜(Shemer)에게서 사마리아 산을 사고 그 산 위에 성읍을 건축하고 그 이름을 주인의 이름을 따라 사마리아(Samaria)로 명명했다(왕상 16:24). 이스라엘 왕 오므리가 죽고 그의 아들 아합이 대신하여 이스라엘의 왕이 되었다(왕상 16:29). 이스라엘 왕 아합은 악한 방법으로 22년 동안(B.C. 874-853) 이스라엘을 다스렸다(왕상 16:29-34).

엘리야와 아합 왕(열왕기상 17:1-22:40 Elijah and King Ahab)

열왕기상 17장 • 디셉 사람 엘리야(Elijah)와 아합(Ahab, B.C. 874-853)의 대결이 나온다. 엘리야 선지자는 여호와의 말씀에 따라 "내 말이 없으면 수년 동안 비도 이슬도 있지 아니하리라"(왕상 17:1)라고 선포한다. 엘리야 선지자는 여호와의 말씀처럼 요단(Jordan) 앞 그릿(Cherith) 시냇가에 숨어 있을 때 까마귀를 통해 음식을 제공받는다(왕상 17:2-7). 엘리야의 예고처럼 시내가 마를 정도로 비가 내리지 아니하였다(왕상 17:7). 여호와의 말씀에 따라 엘리야가 시돈(Sidon)에 속한 사르밧(Zarephath)으로 가서 한 과부를 만난다. 엘리야가 먹을 떡 한 조각을 요청하자 사르밧 과부는 자기에게 "다만 통에 가루 한 움큼과 병에 기름 조금"(왕상 17:12)이 있을 뿐이어서 그것을 음식으로 만들어 자신과 아들이 마지막으로 먹고 죽을 것이라고 대답한다. 엘리야가 그 가루와 기름으로 떡을 만들어 먼저 나에게 가져오고 그 후에 너와 네 아들을 위하여 만들라고 부탁한다. 사르밧 과부가 그렇게 순종하자 "그 통의 가루가 떨어지지 아니하고 그 병의 기름이 없어지지 아니했다"(왕상 17:14-16). 그 일이 있고 난 뒤에 사르밧 과부의 아들이 병들어 죽게 되자 엘리야가 그 죽은 아이 위에 자신의 몸을 3번 펴서 엎드림으로 그 아이의 혼이 다시 몸으로 돌아와 살아났다(왕상 17:17-24).

열왕기상 18장 • "많은 날이 지나고 제3년에"라고 시작한다(왕상 18:1). 본 절의 "제3년에"는 비가 오지 않은지 3년 째를 가리킨다. 그러나 더 정확한 기간은 3년 6개월이다(눅 4:25; 약 5:17 참조). 엘리야가 아합에게 바알의 선지자 450명과 아세라의 선지자 400명을 갈멜산으로 모아 달라고 하자 아합이 바알(Baal)의 선지자들과 아세라(Asherah)의 선지자들을 갈멜(Carmel)산으로 모이게 한다(왕상 18:16-20). 그러나 갈멜산에 모인 아합의 선지자는 바알의 선지자 450명 뿐이었다(왕상 18:22, 25; 참조 왕상 22:6). 갈멜산에서 엘리야 한 사람과 450명의 바알의 선지자들 사이에 큰 대결이 있었고 여호와의 도우심으로 엘리야가 승리하고 바알의 선지자들은 기손(Kishon) 시내에서 죽임을 당한다(왕상 18:21-40). 그리고 여호와의 간섭으로 멈춘 비가 와서 가뭄이 해결된다(왕상 18:41-46).

열왕기상 19장 • 이세벨(Jezebel)이 엘리야가 바알의 선지자들을 죽인 사실을 아합으로부터 듣고 엘리야의 생명을 노리는 기록이 나온다(왕상 19:1-2). 자신의 생명을 위해 피한 엘리야는 브엘세바(Beersheba)에 자기의 사환을 머물게 하고 자신은 "사십 주 사십 야를 가서 하나님의 산 호렙(Horeb)에 이른다"(왕상 19:3-8). 엘리야가 그곳 굴에 들어가서 절망에 빠져 있을 때 여호와는 바람을 통해서도, 지진을 통해서도, 불을 통해서도 계시지 아니하고 세미한 음성을 통해 나타나신다(왕상 19:9-13). 그리고 여호와는 엘리야에게 하사엘(Hazael)에게 기름을 부어 아람 왕으로 삼고, 예후(Jehu)에게 기름을 부어 이스라엘 왕으로 삼고, 사밧의 아들 엘리사(Elisha)에게 기름을 부어 너를 대신하여 선지자가 되게 하라는 사명을 주신다. 그리고 이스라엘 가운에 바알과 아세라에게 무릎을 꿇지 아니한 자들 7,000명이 있음을 알려 주신다(왕상 19:15-18). 그리고 엘리야는 엘리사를 만나고 엘리사는 모든 농기구를 불살라 없애고 철저하게 엘리야를 따른다(왕상 19:19-21).

열왕기상 20장 • 아람(Syria) 왕 벤하닷(Ben-Hadad II)이 군대를 모아 이스라엘의 사마리아를 에워싸고 공격을 한 사실을 소개한다(왕상 20:1-12). 여호와께서 한 선지자를 통해 이스라엘의 왕 아합(Ahab: B.C. 874-853)에게 말씀하신 대로 아합 왕은 아람 군대를 물리치고 아람 왕 벤하닷은 말을 타고 도망한다(왕상 20:13-21). 이 전쟁이 아람 왕 벤하닷이 이스라엘 왕 아합을 공격한 첫 번째 전쟁이다(왕상 20:1-21). 해가 바뀌니 벤하닷의 아람 군대가 다시 이스라엘을 공격한다. 그러나 이번에도 하나님의 사람이 예고한대로 이스라엘이 아람 군대를 대파하고 벤하닷은 도망하여 골방으로 숨는다. 이 전쟁이 아람이 이스라엘을 공격한 두 번째 전쟁이다(왕상 20:22-30). 두 번의 전쟁에서 패하자 벤하닷은 이스라엘의 아합 왕에게 "내 아버지께서 당신의 아버지에게서 빼앗은 모든 성읍을 내가 돌려보내리이다"(왕상 20:34)라고 말하면서 그의 생명을 살려줄 것을 간청한다. 이에 아합은 벤하닷과 더불어 조약을 맺고 벤하닷을 놓아 준다(왕상 20:31-34). 벤하닷이 풀려나자 한 선지자가 이스라엘 왕 아합에게 "여호와의 말씀이 내가 멸하기로 작정한 사람을 네 손으로 놓았은즉 네 목숨은 그의 목숨을 대신하고 네 백성은 그의 백성을 대신하리라"(왕상 20:42)라고 책망한다(왕상 20:35-43).

열왕기상 21장 • 아합 왕이 이스르엘(Jezreel)에 있는 나봇(Naboth)의 포도원을 탐내지만 나봇은 조상의 유산인 포도원을 다른 것과 바꿀 수 없다고 거절하는 내용이 나온다. 이 일로 아합 왕이 근심하자 그의 아내 이세벨(Jezebel)이 "왕이 지금 이스라엘 나라를 다스리시나이까"(왕상 21:7)라고 그 정도의 문제로 근심 걱정할 필요가 없다고 말한다(왕상 21:1-7). 이세벨은 아합의 이름으로 편지를 써서 성읍의 장로와 귀족들에게 나봇에 대해 거짓 증언을 하게하고 돌로 쳐 죽이라고 계략을 지시한다. 이에 성읍의 장로들과 귀족들이 나봇에 대해 거짓 증언을 하고 나봇은 돌에 맞아 죽는다. 결국 이세벨은 이스르엘에 있는 나봇의 포도원을 아합에게 준다(왕상 21:8-16). 디셉 사람 엘리야(Elijah)에게 임한 여호와의 말씀은 나봇을 죽이고 그의 포도원을 빼앗은 아합에게 "개들이 나봇의 피를 핥은 곳에서 개들이 네 피 곧 네 몸의 피도 핥으리라" (왕상 21:19)라고 경고하고, 이세벨에 대하여도 "개들이 이스르엘 성읍 곁에서 이세벨을 먹을지라"(왕상 21:23)라고 예고한다(왕상 21:17-26). 여호와의 진노의 말씀을 들은 아합 왕이 그의 옷을 찢고 잠시 겸비해지자 여호와께서 "내가 재앙을 저의 시대에는 내리지 아니하고 그 아들의 시대에야 그의 집에 재앙을 내리리라"(왕상 21:29)라고 재앙을 잠시 유예하신다(왕상 21:27-29).

열왕기상 22장 • 아람(Syria)과 이스라엘(Israel) 사이에 3년 동안 전쟁이 없었음을 전한다(왕상 22:1). 그런데 3년이 지난 후 유다의 여호사밧 왕의 방문을 받은 이스라엘의 아합 왕이 유다의 여호사밧 왕(B.C. 870-848)에게 길르앗 라못(Ramoth Gilead)으로 가서 아람과 싸우시겠느냐고 묻는다. 여호사밧 왕이 먼저 선지자들을 모아 하나님의 말씀을 듣자고 제안하여 아합이 선지자 400명쯤을 모은다. 이 400명의 선지자들이 갈멜 산에서 엘리야와 대결할 때 나타나지 않고 죽임을 당하지 않은 400명의 아세라(Asherah) 선지자들이다(참조 왕상 18:19, 22). 아세라 선지자 400명은 아합 왕에게 길르앗 라못으로 올라가서 싸우면 승리할 것이라고 예언한다. 유다 왕 여호사밧이 이스라엘 왕 아합에게 다른 선지자는 없느냐고 묻자, 아합이 선지자 미가야(Micaiah) 한 사람이 있으나 그는 항상 나에 대하여 흉한 일만 예언한다고 말한다(왕상 22:2-8).
비록 400명의 선지자들과 그나아나의 아들 시드기야(Zedekiah the son of
Chenaanah)도 유다와 이스라엘의 연합군이 아람을 물리칠 것이라고 좋
게 예언하지만, 미가야 선지자는 왕이 전쟁에서 평안히 돌아오지 못할
것이라고 예언한다(왕상 22:9-28).

이스라엘 왕 아합과 유다 왕 여호사밧은 길르앗 라못으로 올라
가 아람과 전쟁을 한다. 아합 왕은 유다 왕 여호사밧에게 이스라엘 왕
의 옷을 입혀 아람 군대를 피해보려고 꼼수를 사용했지만 한 병사가
쏜 화살이 아합의 갑옷 솔기(흉부 갑옷과 부속물 사이를 연결하는 부위)를 맞혀
서 결국 선지자 미가야의 예고처럼 아합은 아람과의 전쟁에서 살아 돌
아오지 못한다(왕상 22:28, 34-35). 이 길르앗 라못(Ramoth Gilead)에서의 전
쟁이 이스라엘과 아람과의 세 번째 전쟁이요 이스라엘은 아람에게 크
게 패한다(왕상 22:29-40). 아합 왕은 이스라엘을 22년 동안 통치하고(B.C.
874-853) 그의 생을 마감한다(왕상 16:29).

유다 왕 여호사밧(열왕기상 22:41-50 Jehoshaphat King of Judah)

본 구절은 아사(Asa) 왕의 아들 여호사밧(Jehoshaphat)이 유다 왕으
로 25년 동안 다스린 행적(B.C. 870-848~872부터 섭정)과 그의 아들 여
호람(Jehoram)이 아버지 여호사밧을 이어 왕이 된 이야기(왕상 22:41-50;
대하 17:1)가 나온다. 여호사밧은 여호와 앞에서 비교적 정직하였으나
산당은 폐하지 아니하였고 북이스라엘과 비교적 평화롭게 지냈다(왕상
22:43-44). 그 이유는 여호사밧의 행위가 북이스라엘 왕의 마음에 합한
것이었기 때문이다. 유다 왕 여호사밧이 죽고 그의 아들 여호람이 B.C.
848년에 그의 부친을 대신하여 왕이 되었다(왕상 22:50).

본 구절은 아합의 아들 아하시야(Ahaziah)가 이스라엘의 왕으로 사마리아에서 2년 동안(B.C. 853-852) 다스리며 "여로보암의 길로 행하는" 범죄를 범하는 내용을 기록한다(왕상 22:51-53). 아하시야는 바알(Baal)을 섬겨 여호와 하나님을 노하게 하였다(왕상 22:53).

열왕기하의 시작 부분은 아합이 죽은 후에 모압(Moab)이 이스라엘을 배반한 이야기부터 시작한다(왕하 1:1). 모압은 다윗 왕이 굴복시켜 다윗의 종들이 되게 하고 조공을 바치게 하였다(삼하 8:2). 그런데 모압은 이스라엘이 아람(Syria)과의 세 번째 전쟁에서 패하고 아합이 죽은 틈을 타서 이스라엘을 배반한 것이다(왕하 3:5 참조).

열왕기하 1장 • 아합(Ahab)이 죽은 후(B.C. 853년경)에 엘리야(Elijah)를 통해 여호와가 말씀한 대로 아하시야(Ahaziah) 왕이 죽고(B.C. 852년경) 여호람(Jehoram)이 그를 대신하여 왕이 된 이야기를 전한다(왕하 1:1-4, 17-18). 엘리야는 털이 많은 사람이요 허리에 가죽 띠를 띤 모습으로 묘사된다(왕하 1:8). 여호람은 이스라엘의 왕 아합의 아들이다(왕하 3:1).

열왕기하 2장 • 여호와 하나님이 엘리야를 회오리바람으로 하늘로 올리고자 하신 내용을 전한다(왕하 2:1). 엘리야는 엘리사와 함께 길갈(Gilgal)로 가서 엘리사에게 "너는 여기 머물라"라고 말하지만 엘리사는 "내가 당신을 떠나지 아니하겠나이다"라고 대답하고 함께 벧엘(Bethel)로 간다. 벧엘에서도 엘리야는 엘리사에게 "너는 여기 머물라"라고 말하지만, 엘리사는 엘리야에게 "내가 당신을 떠나지 아니하겠나이다"라고 다시 대답한다. 그들은 다시 여리고(Jericho)로 가서 같은 요청과 대답을 반복한다. 요단(Jordan)에서도 엘리사는 "여호와께서 살아계심과 당신의 영혼이 살아 있음을 두고 맹세하노니 내가 당신을 떠나지 아니하겠나이다"(왕하 2:6, 개역개정)라고 고백하고 두 사람이 함께 간다. 선지자의 제자 50명이 증언하기를 엘리야(Elijah)가 겉옷으로 물을 갈라 두 사람이 마른 땅으로 건너가서 엘리사가 엘리야에게 "당신의 성령이 하시는 역사가 갑절이나 내게 있게 하소서"(왕하 2:9)라고 요청하자 엘리야가 여호와께서 "나를 네게서 데려가시는 것을 네가 보면 그 일이 네게 이루어지려니와 그렇지 아니하면 이루어지지 아니하리라"(왕하 2:10, 개역개정)라고 말하고, 엘리야는 회오리 바람을 타고 하늘로 올라간다(왕하 2:11). 엘리사는 이 모든 광경을 보았다(왕하 2:12). 성령의 갑절의 능력을 받은 엘리사는 요단(Jordan) 언덕에 서서 엘리야의 겉옷으로 물을 치매 물이 갈라져 마른 땅으로 건넌다(왕하 2:12-14). 50명의 제자가 엘리야의 몸체를 사흘 동안 찾았으니 결국 찾지 못하고 여리고에 있는 엘리사에게 돌아 왔다(왕하 2:15-18). 엘리사는 하나님이 엘리야를 데려가셨음으로 그의 몸체를 찾을 수 없을 것임을 알고 있었다. 엘리사는 나쁜 물을 소금으로 좋은 물로 고치고(왕하 2:19-22), 벧엘(Bethel)로 올라가는데 작은 아이들이 "대머리여 올라가라 대머리여 올라가라"라고 조롱하자 엘리사가 여호와의 이름으로 저주함으로 암곰 둘이 수풀에서 나와 42명의 아이들을 찢었다(왕하 2:23-24). 엘리사는 갈멜산(Mount Carmel)을 거쳐 사마리아(Samaria)로 돌아왔다(왕하 2:25).

열왕기하 3장 · 유다의 여호사밧(Jehoshaphat) 왕 18째 해(B.C. 852년경)에 아합의 아들 여호람(Jehoram)이 사마리아에서 이스라엘을 열두 해 동안 다스리는 사실을 기록한다(B.C. 852-841). 여호람은 하나님 보시기에 악을 행하였다(왕하 3:1-3). 이스라엘 왕 여호람과 유다 왕 여호사밧과 에돔(Edom) 왕이 연합하여 모압 왕 메사(Mesha)와 싸울 때에 물이 부족한 상황에서 엘리사가 물 문제를 해결하고 전쟁에서 승리하는 이야기(왕하 3:4-27)가 나온다.

열왕기하 4장 • 엘리사의 제자가 죽은 후에 과부가 된 제자의 아내가 빚 준 사람이 두 아이를 종으로 삼으려 하자 엘리사에게 호소하는 내용이다. 엘리사가 네 집에 무엇이 있느냐고 묻자 그 여인은 기름 한 그릇 외에는 아무것도 없다고 대답한다(왕하 4:1-2). 엘리사는 그 여인에게 이웃으로부터 빌릴 수 있는 그릇은 모두 빌려오라고 한 후 그 그릇들에 이미 가지고 있는 기름을 조금씩 부으라고 말한다. 그러자 모든 그릇이 기름으로 가득 차게 되었다. 엘리사는 그 여인에게 "기름을 팔아 빚을 갚고 남은 것으로 너와 네 두 아들이 생활하라"(왕하 4:7)고 그 여인을 도와준다(왕하 4:3-7). 딜러드(Dillard)는 "과부가 빚을 갚을 수 있도록 해준 엘리사의 기적은 더 깊은 차원에서 구속적 의미가 있다. 그것은 십자가의 기적으로 우리의 죗값을 대신 지급하여 주신 하나님의 구속적 은혜와 연결 된다"라고 해석한다.[125] 엘리사가 수넴(Shunem)을 지날 때마다 수넴 여인의 집에서 음식을 먹고 쉬곤 하였다. 엘리사가 수넴 여인에게 은혜를 갚으려 할 때 엘리사의 사환 게하시(Gehazi)가 이 여인에게 아들이 없고 남편이 늙은 것을 알려준다. 이에 엘리사가 그 여인에게 아들이 있을 것을 말하고 그 약속대로 그 여인이 아들을 얻는다. 그런데 아들이 갑자기 아프게 되자 그 여인은 아들을 갈멜산에 있는 하나님의 사람 엘리사에게 데리고 간다. 엘리사는 죽은 아이 위에 "올라 엎드려 자기 입을 그의 입에, 자기 눈을 그의 눈에, 자기 손을 그의 손에 대고 그의 몸에 엎드리니 아이의 살이 차차 따뜻하여져"

---

125 김진수, 「열왕기 주해」, p. 296에서 인용.

(왕하 4:34) 아이가 일곱 번 재채기하고 눈을 떴다. 엘리사가 길갈(Gilgal)에서 솥에 죽음의 독이 있는 것을 듣고 가루를 던져 그 독을 제거하는 이적과 보리떡 20개와 자루에 담은 채소로 100명을 먹고 남게 하는 이적이 기록되어 있다(왕하 4:38-44).

열왕기하 5장 • 아람(Syria/Aram) 왕의 군대 장관 나아만(Naaman)의 이야기를 전한다(왕하 5:1-27). 이스라엘과 대적 관계에 있는 아람 왕의 군대 장관 나아만이 나병환자(leper)였다(왕하 5:1). 이스라엘에서는 나병환자는 사회로부터 격리되었지만(레 13:1-59; 14:1-57) 아람에서는 나병을 앓고 있는 사람도 왕의 측근으로 높은 관리가 될 수 있었다.[126] 마침 나아만의 집에서 수종드는 이스라엘 땅에서 온 여종이 이스라엘에 나병을 고칠 수 있는 선지자가 있다고 전한다. 나아만이 이를 알고 왕에게 자신이 이스라엘로 가겠다고 말하고 왕의 허락을 받는다. 아람 왕은 아스라엘 왕에게 나아만의 나병을 고쳐 달라고 편지를 보낸다. 그런데 이스라엘은 길르앗 라못(Ramoth Gilead)에서 있었던 아람과의 세 번째 전쟁에서 패배함으로 아람은 이스라엘에게 두려운 존재였다. 그런 상황에서 이스라엘 왕이 아람 왕으로부터 군대 장관 나아만의 나병을 고쳐 달라는 편지를 받는다. 이 편지를 받은 이스라엘 왕은 옷을 찢고 탄식하게 된다(왕하 5:2-7). 하나님의 사람 엘리사가 이스라엘 왕에게 나아만을 자신에게 보내라고 청하면서 "이스라엘에 선지자가 있는 줄을 알리이다"(왕하 5:8)라고 말한다. 나아만이 엘리사의 집 앞에 당도하자 엘리사는 친히 나아만을 맞이하지 않고 사자를 보내 "너는 가서 요단강에 몸을 일곱 번 씻으라 네 살이 회복되어 깨끗하리라"(왕하 5:10)라고 전한다. 화가 난 나아만이 "다메섹강 아바나(Abanah)와 바르발(Pharpar)은 이

---

126 Keil, "The Book of the Kings," p. 317.

스라엘 모든 강물보다 낫지 아니하냐"(왕하 5:12)라고 말하고 아람으로 돌아가려 하자, "그의 종들이 선지자가 더 큰 일을 하라 했어도 해야 할 판인데 요단강에 몸을 일곱 번 잠그라고 한 것이 무슨 문제입니까"라고 간청한다. 결국, 나아만은 요단강에 몸을 일곱 번 잠그고 "그의 살이 어린아이의 살처럼 회복되어 깨끗하게 되었다"(왕하 5:8-14). 나아만은 여호와 하나님만이 진정한 하나님임을 고백하고 가지고 온 선물은 받아달라고 간청하지만 엘리사는 선물을 받지 아니한다. 김진수 박사는 나아만의 나병이 나은 "이 기적은 질병의 치유 그 이상의 의미가 있다. 그것은 나아만에게 이스라엘의 하나님 여호와, 곧 살아계신 하나님을 경험하는 구속적 사건으로서 경험되었다"라고 해석한다.[127]

엘리사(Elisha)가 가져온 선물들을 거절하자 나아만은 여호와께 희생 제사를 드릴 때 필요한 "노새 두 마리에 실을 흙"(왕하 5:17)을 요청하고, 아람의 관습 때문에 림몬의 산당(the temple of Rimmon)에서 절을 하게 될 터인데 용서해 달라고 말한다. 엘리사가 전하는 평안의 말을 듣고 나아만 일행은 아람으로 향한다(왕하 5:15-19). 그런데 엘리사의 사환 게하시(Gehazi)가 나아만이 가져온 수많은 선물에 탐욕이 생겨 엘리사가 요청한 것처럼 은 한 달란트와 옷 두 벌을 두 청년에게 주라고 요청한다. 그러자 나아만은 오히려 강권해서 은 한 달란트보다 많은 은 두 달란트와 옷 두 벌을 게하시에게 준다. 열왕기하 5장은 게하시의 행동을 그림 보듯 알고 있는 엘리사가 게하시를 책망하고 "나아만의 나병이 네게 들어 네 자손에게 미쳐 영원토록 이르리라 하니 게하시가 그 앞에서 물러나오매 나병이 발하여 눈같이 되었더라"(왕하 5:27, 개역개정)라고 마무리한다(왕하 5:20-27).

---

127 김진수, 「열왕기 주해」, p. 309.

열왕기하 6장 • 엘리사(Elisha)의 제자들이 거주할 처소를 만들기 위해 빌려온 쇠도끼로 작업을 하다가 쇠도끼가 물에 빠져 난감하게 된 이야기를 전한다. 그런데 엘리사가 나뭇가지를 물에 던지는 행동으로 물에 빠진 쇠도끼를 떠오르게 하여 제자들의 난처함을 해결해 준다(왕하 6:1-7). 아람 왕이 다시 이스라엘과 싸울 때 번번이 자신의 계획이 새나가는 것을 알고 신복들을 불러 묻자 신복 중 한 사람이 이스라엘 선지자 엘리사는 왕의 침실에서 하는 말도 이스라엘 왕에게 고할 수 있다고 말한다(왕하 6:8-13). 엘리사가 도단(Dothan)에 있는 것을 안 아람(Syria) 왕은 엘리사를 잡기 위해 도단을 에워쌌다. 엘리사의 사환이 아람 군대를 목격하고 놀라자 엘리사가 여호와께 사환의 눈을 뜨게 해 달라고 기도하자 여호와께서 엘리사를 둘러싼 불 말과 불 병거를 사환에게 보여주셨다. 아람 군대가 공격해 오자 엘리사가 기도하여 아람 군대의 눈을 어둡게 만들고 오히려 아람 군대의 안내자가 되어 아람 군대를 사마리아(Samaria) 성안으로 안내한다(왕하 6:14-19). 아람 군대가 사마리아 성으로 들어갈 때 엘리사의 기도로 그들이 눈을 뜨고 자신들이 사마리아 성안에 있는 것을 알게 되었다. 이스라엘 왕이 아람 군대를 칠 것인지를 엘리사에게 묻자 엘리사는 치지 말고 오히려 잘 먹여서 그들의 주인에게로 돌려보내라고 한다. 이 일이 있고 난 뒤에 아람 군대가 이스라엘 땅을 노리지 못했다(왕하 6:20-23). 얼마 후에 아람 왕 벤하닷이 사마리아 성을 에워쌈으로 사마리아 성 내에 먹을 것이 없어 결국은 자기 아들을 잡아먹는 상황이 벌어지고 왕은 오히려 엘리사를 위협한다(왕하 6:24-33).

열왕기하 7장 • 아람 군대가 사마리아 성을 에워싸고 있는 상황에서 사마리아 성은 먹을 것이 고갈되어 절망적인 상황에 있을 때 엘리사가 내일 이맘때에 싼값으로 음식을 살 수 있을 것이라고 예언하는 내용이다. 이 예언을 믿지 못한 한 장관이 여호와께서 하늘의 창을 내신들 어찌 이런 일이 있겠느냐고 의심을 한다. 엘리사는 그 장관에게 너는 눈으로는 볼 수 있겠지만 정작 먹지는 못할 것이라고 예언을 한다(왕하 7:1-2). 여호와께서 아람 군대를 겁먹게 하셔서 모든 것 남겨두고 도망하도록 만드신다. 이에 성문 어귀에 있던 나병환자들이 아람 진영에 먹을 것이 풍요함을 제일 먼저 발견하게 된다(왕하 7: 3-8). 나병환자들의 보고를 받은 사마리아 사람들이 성 밖에서 엘리사의 예언대로 먹을 것이 풍요한 것을 발견하나 엘리사의 예언을 의심한 그 장관은 성문에서 백성들에게 밟혀 죽었다(왕하 7:9-20).

열왕기하 8장 전반부(왕하 8:1-15) • 엘리사가 아들을 살려준 수넴(Shunem) 여인이 기근으로 블레셋(Philistines)에서 7년을 살다가 이스라엘로 돌아오매 하나님의 사람 엘리사의 사환 게하시의 확인으로 이스라엘 왕이 여인에게 속한 모든 재산을 돌려주는 이야기(왕하 8:1-6)를 기록하였다. 아람 왕 벤하닷(Ben-Hadad II: B.C. 860-843)이 병들어 죽게 되자 하사엘(Hazael)을 시켜 자신의 병이 낫겠는지를 묻자 엘리사는 왕의 병이 낫겠다고 말하며 또한 여호와께서 그가 반드시 죽으리라고 말씀하신다(왕하 8:7-10). 그리고 엘리사는 하사엘의 눈을 쏘아보면서 하사엘이 아람 왕이 될 것을 예언하고 그 예언대로 하사엘이 벤하닷을 암살하고 그를 대신하여 아람 왕이 된다(왕하 8:11-15). 하사엘이 아람 왕이 된 것은 여호와께서 엘리야를 통해 그에게 기름을 붓게 한 결과이다(참조. 왕상 19:15).

<table>
<tr><td>이스라엘 왕 여호람 혹은 요람과 유다 왕 여호람부터
이스라엘이 앗수르에 의해 정복될 때까지 이스라엘과 유다
(열왕기하 8:16-17:41 From Jehoram or Joram King of Israel and Jehoram King of Judah to the Fall of Israel by Assyria)</td></tr>
</table>

이스라엘 왕 여호람(B.C. 852-841; 왕하 3:1)과 요람(왕하 8:16)은 동일 인

물이다. 여호람이란 이름으로 유다 왕 여호람(B.C. 848-841)도 있고 이스라엘 왕 여호람도 있으므로 앞뒤에 언급된 왕들의 이름을 주목할 필요가 있다.

열왕기하 8장 후반부(왕하 8:16-29) • 이스라엘의 왕 아합의 아들 요람 제5년에 유다 왕 여호사밧(Jehoshaphat)의 아들 여호람(Jehoram)이 유다의 왕이 된 사실을 기록한다(왕하 8:16). 여호람은 32세에 유다의 왕이 되어 예루살렘에서 8년 동안 다스린다(왕하 8:17). 여호람 때에 에돔(Edom)이 유다를 배반한 이야기와 여호람이 죽고 그의 아들 아하시야가 대신하여 유다의 왕이 된 이야기가 기록되어 있다(왕하 8:18-24). 여호람의 아들 아하시야(Ahaziah)가 유다의 왕이 된 때는 이스라엘의 왕 아합(Ahab)의 아들 요람(Joram) 제12년이었다. 아하시야는 22세에 유다의 왕이 되어 1년을 통치한다(왕하 8:25-26). 아하시야는 특이한 가족사를 가지고 있다. 그의 어머니는 아달랴(Athaliah)로 이스라엘 왕 오므리의 손녀였다. 즉, 유다 왕 아하시야는 이스라엘 왕 아합의 사위가 된 것이다. 유다의 아하시야 왕은 이스라엘의 요람 왕과 함께 길르앗 라못(Ramoth Gilead)으로 가서 아람 왕 하사엘(Hazael)과 싸울 때 아람 사람들이 요람 왕에게 상처를 입혔다. 이처럼 유다 왕 아하시야가 이스라엘 왕 아합의 길로 행하여 여호와께 악을 행했다(왕하 8:27-29).

열왕기하 9장 • 엘리사의 명에 따라 제자 중 한 사람이 군대 장관 예후(Jehu)에게 기름을 부어 이스라엘의 왕으로 삼고 예후에게 "네 주 아합의 집을 치라 내가 나의 종 곧 선지자들의 피와 여호와의 종들의 피를 이세벨에게 갚아 주리라"(왕하 9:7, 개역개정)라고 명하고 "이스르엘 지방에서 개들이 이세벨을 먹으리라"(왕하 9:10)라고 예고한 내용을 소개한다. 마침 이스라엘 왕 아람이 아람 왕 하사엘(Hazael)의 공격에 맞서 길르앗 라못을 지키다가 부상을 당하여(참조, 왕하 8:28-29) 치료차 이스르엘(Jezreel)로 돌아와 있던 때에 유다 왕 아하시야는 병문안을 와서 둘이 함께 있었다. 이때 예후의 방문을 받고 이스라엘 왕 요람과 유다 왕 아하시야가 예후를 맞이한다. 예후의 반역 의도를 알아차린 요람 왕이 도망하자 예후가 활을 쏴서 요람의 염통을 관통하므로 요람이 죽고 그의 시체를 이스르엘 사람 나봇의 밭에 던졌다(왕하 9:14-26). 이스라엘 왕 아합의 아들 요람 왕의 죽음은 여호와의 말씀 성취로 이루어졌다(참조, 왕상 21:19, 29). 요람 왕과 함께 있던 유다 왕 아하시야도 예후에 의해 므깃도에서 죽는다(왕하 9:27-28). 성경은 유다 왕 아하시야의 죽음을 설명하면서 그가 왕이 된 경위를 덧붙인다. "아합의 아들 요람의 제11년에 아하시야가 유다 왕이 되었었더라"(왕하 9:29)라고 아하시야가 이스라엘의 요람 왕 제11년에 유다의 왕이 되었다고 명시한다. 하지만 성경 다른 곳에서는 "이스라엘의 왕 아합의 아들 요람 제12년에 유다 왕 여호람의 아들 아하시야가 왕이 되니"(왕하 8:25, 개역개정)라고 기록한다. 이 두 구절은 서로 상충하는 듯 보인다. 그러나 그 당시의 왕의 연대기는 1년이 2년으로 계산될 수도 있고 또 통치의 시점이 보는 관점에 따라 다르기 때문에 크게 문제가 되지 않는다. 예후가 또한 이세벨(Jezebel)을 살해함으로 디셉 사람 선지자 엘리야(Elijah)의 예언이 성취된다(왕하 9:30-37).

열왕기하 10장 • 이스르엘 귀족들 즉 장로들과 아합의 여러 아들을 교육하는 자들이 예후를 따르기 위해 아합의 아들들 70명을 살해하는 내용을 소개한다. 이는 선지자 엘리야를 통해 예언하신 말씀의 성취이다(왕하 10:1-11; 참조, 왕상 21:19, 29). 유다의 왕 아하시야의 형제들 42명이 예후에 의해 살해된다(왕하 10:12-14). 예후와 레갑의 아들 여호나답이 힘을 합쳐 아합에게 속한 나머지 사람들을 살해한다(왕하 10:15-17). 예후가 바알(Baal)을 섬기는 자들을 죽이기 위한 계책을 세워 거짓

으로 "아합은 바알을 조금 섬겼으나 예후는 많이 섬기리라"(왕하 10:18)
라고 말하고 아합을 섬기는 자들을 모두 모이게 한다. 그리고 예후는
레갑(Rechab)의 아들 여호나답(Jehonadab)과 함께 바알을 섬기는 자들
을 모두 죽인다(왕하 10:18-24). 예후가 이처럼 바알을 섬기는 자들을 모
두 멸하였지만 자신은 "이스라엘에게 범죄하게 한 느밧의 아들 여로
보암의 죄 곧 벧엘(Bethel)과 단(Dan)에 있는 금송아지를 섬기는 죄에서
는 떠나지 아니하였다"(왕하 10:29; 왕상 12:25-33). 여호와께서 예후가 여
호와의 마음에 있는 대로 아합의 집에 모두 행하였으므로 예후의 자손
이 이스라엘 왕위를 이어서 4대를 통치하게 될 것이라고 약속하신다
(왕하 10:30). 예후(Jehu)는 28년 동안 이스라엘을 다스리면서(B.C. 841-813)
여호와 보시기에 악을 행하고 아람 왕 하사엘(Hazael)에게 많은 영토를
빼앗겼다. 예후는 B.C. 813년에 죽고 그의 아들 여호아하스(Jehoahaz)가
대신하여 이스라엘의 왕이 된다(왕하 10:32-36).

열왕기하 11장 • 유다 왕 아하시야의 어머니 아달랴(Athaliah)가 그의
아들이 죽는 것을 보고 왕의 자손을 모두 몰살시키는 내용을 기록한
다. 하지만 아하시야의 누이 여호세바(Jehosheba)가 아하시야의 아들 요
아스를 숨겼고 정통성이 없는 아달랴가 6년 동안 유다를 다스린다(왕
하 11:1-3). 아달랴가 왕이 된지 일곱째 해에 제사장 여호야다(Jehoiada)와
백부장들이 숨어 살던 요아스 왕자를 왕으로 세우매 아달랴가 "옷을
찢으며 외치되 반역이로다 반역이로다"(왕하 11:14)라고 항거했지만 제
사장 여호야다가 백부장들을 시켜 아달랴를 성전에서는 죽이지 않고
왕궁의 말이 다니는 길에서 죽였다(왕하 11:4-16). 제사장 여호야다는 바
알의 산당을 허물고 제단과 우상을 철저히 깨뜨리고 관리들로 하여금
여호와의 성전을 수직하게 하는 개혁을 단행하였다. 요아스가 왕이 될
때 나이가 겨우 7세였다(왕하 11:17-21).

열왕기하 12장 • 예후의 제7년에 요아스(Joash/Jehoash)가 유다의 왕(B.C. 835-796)이 되어 유다를 40년 동안 통치한 사실을 기록한다(왕하 12:1; 13:1). 요아스가 왕이 될 때에 그의 나이는 7세였다(왕하 11:21 참조). 요아스는 제사장 여호야다의 교훈을 받을 때 여호와 보시기에 정직히 행하였으나 산당들은 제거하지 않았다(왕하 12:2-3). 요아스는 제사장들에게 여호와의 성전을 수리하도록 명하지만 그 일이 잘 진행되지 못했다. 그러자 요아스 왕 제23년 즉 요아스가 30세였을 때 요아스 왕의 제안으로 제사장들이 다시 작심한다. 그리고 한 궤를 만들어 여호와의 성전 문 어귀 오른쪽에 두고 백성들이 성전 수리를 위해 바치는 모든 은을 궤에 넣도록 하여 여호와의 성전을 수리하도록 하였다(왕하 12:4-16). 그때 아람 왕 하사엘(Hazael)이 예루살렘을 공격하려 하자 유다 왕 요아스가 "그의 조상들 유다 왕 여호사밧(Jehoshaphat)과 여호람(Jehoram)과 아하시야(Ahaziah)가 구별하여 드린 모든 성물과 자기가 구별하여 드린 성물과 여호와의 성전 곳간과 왕궁에 있는 금을 다 가져다가 아람 왕 하사엘에게 보냈더니 하사엘이 예루살렘에서 떠나갔더라"(왕하 12:18, 개역개정)라고 기록한다. 요아스는 여호와를 의지하지 않고 성전의 기물을 뇌물로 사용하여 여호와 보시기에 악을 행하였다(왕하 12:17-18). 결국, 요아스는 실라(Silla)로 내겨가는 길가의 밀로(Millo) 궁에서 그의 신복들인 요사갈(Jozachar)과 여호사바드(Jehozabad)에 의해 살해되었고 그의 아들 아마샤(Amaziah)가 그를 대신하여 유다의 왕이 되었다(왕하 12:19-21).

열왕기하 13장 • 유다의 왕 요아스의 제23년에 예후의 아들 여호아하스(Jehoahaz: B.C. 814-798)가 이스라엘의 왕이 되어 사마리아에서 17년간 이스라엘을 다스린 사실을 소개한다(왕하 13:1). 이스라엘 왕 여호아하스가 악을 행하고 아세라(Asherah) 목상을 그대로 두고 느밧의 아들 여로보암(Jeroboam)의 죄를 따라가기 때문에 여호와께서 이스라엘을 아람 왕 하사엘과 그의 아들 벤하닷에게 맡긴다. 결국, 아람 왕이 이스라엘을 크게 멸절시키고 소수의 병력만 여호아하스에게 남겨둔다. 여호아하스는 죽고 그의 아들 요아스(Joash: B.C. 798-782)가 그를 대신하여 이스라엘의 왕이 된다(왕하 13:2-9). 유다 왕 요아스의 제37년에 여호아하스의 아들 요아스가 사마리아에서 이스라엘의 왕이 되어 16년간 이스라엘을 다스린다(왕하 13:10). 이스라엘 왕 요아스는 여호와 보시기에 악을 행하고 느밧의 아들 여로보암의 모든 죄를 떠나지 아니했다. 결국 요아스는 조상들과 함께 자고 여로보암(Jeroboam II)이 대신하여 이스라엘의 왕이 된다(왕하 13:10-13). 선지자 엘리사(Elisha)가 병이 들매 이스라엘 왕 요아스가 엘리사를 만난다. 엘리사가 활과 화살을 가져오게 하고 요아스 왕에게 동쪽 창을 통해 화살을 쏘게 한다. 이 화살은 이스라엘이 아벡(Aphek)에서 아람을 크게 칠 것을 상징하는 화살이다. 바로 다음에 엘리사가 이스라엘 왕 요아스에게 화살을 집고 땅을 치라고 말한다. 요아스가 세 번만 치자 엘리사가 화를 내면서 대여섯 번을 치지 않고 세 번만 쳤냐고 말한다. 엘리사는 요아스 왕이 세 번만 쳤기 때문에 아람을 세 번만 이기게 될 것이라고 예언한다. 이 사건 후에 엘리사는 죽는다(왕하 13:14-21). 이스라엘 왕 여호아하스 시대에 아람이 이스라엘을 학대한 사실과 여호아하스의 아들 이스라엘 왕 요아스가 하사엘(Hazael)의 아들 요람 왕 벤하닷(Ben-Hadad III: B.C. 796-770)에게서 그의 부친 여호아하스가 빼앗긴 성읍들을 다시 찾아온다. 하지만 요아스는 엘리사 앞에서 화살을 세 번만 친고로 벤하닷을 세 번 쳐서 무찌르고 성읍들을 회복시킨다(왕하 13:22-25).

열왕기하 14장 • 이스라엘 왕 요아스 제2년에 유다의 왕 요아스의 아들 아마샤(Amaziah)가 유다의 왕이 된 사실을 전한다. 아마샤는 25세에 유다의 왕이 되어 29년간 예루살렘에서 유다를 다스렸다(왕하 14:1-2). 아마샤는 여호와 보시기에 정직하게 행했으나 산당들은 제거하지 아니하였다. 아마샤 때에 유다가 굳건하게 서 갔다. 아마샤는 소금 골짜기에서 에돔(Edom) 사람 10,000명을 죽이고, 셀라(Sela)를 취하고 이름을 욕드엘(Joktheel)이라 하였다(왕하 14:3-7). 유다 왕 아마샤가 이스라엘 왕 요아스에게 사자를 보내 만날 것을 제의하자 이스라엘 왕 요아스가 유다 왕 아마샤에게 에돔과의 전쟁의 승리로 교만해졌음을 경고하였으나 오히려 아마샤가 유다의 벧세메스(Beth Shemesh)에서 이스라엘 왕 요아스와 대치한다. 이 전쟁에서 유다가 이스라엘에 대패하여 이스라엘 왕 요아스는 유다 왕 아마샤를 사로잡고 예루살렘 성전과 왕궁 곳간에 있는 금과 은과 기명들을 탈취하여 사마리아로 돌아갔다(왕하 14:8-14). 이스라엘 왕 요아스가 죽고 그의 아들 여로보암이 그를 대신하여 이스라엘의 왕이 되었다(왕하 14:15-16). 이스라엘 왕 요아스가 죽은 후에도 유다의 왕 요아스의 아들 아마샤가 15년간 생존해 있었다. 아마샤는 반역한 무리를 피해 라기스(Lachish)로 도망하였으나 반역자들에 의해 라기스에서 암살되고 온 백성이 16세 된 아사랴(Azariah)를 아마샤를 대신하여 유다의 왕으로 삼는다(왕하 14:17-22). 성경은 계속해서 "유다의 왕 요아스의 아들 아마샤 제15년에 이스라엘의 왕 요아스의 아들 여로보암이 사마리아에서 왕이 되어 41년간 다스렸으며"(왕하 14:23, 개역개정)라고 기록한다. 그런데 여로보암은 여호와 보시기에 악을 행하고 느밧의 아들 여로보암(Jeroboam I)의 모든 죄에서 떠나지 아니했다. 여로보암 2세가 죽고 그의 아들 스가랴(Zechariah)가 대신하여 이스라엘의 왕이 되었다(왕하 14:24-29).

　　열왕기하 15장 • "이스라엘 왕 여로보암(Jeroboam II) 제27년에 유다 왕 아마샤의 아들 아사랴가 왕이 되니"(왕하 15:1)라고 기록한다. 아사랴는 16세에 유다의 왕이 되어 52 년간 유다를 다스렸다(왕하 15:2). 아사랴 왕은 성경 다른 곳에서 웃시야 왕(대하 26:1-3)이라고 불린다. 아사랴(웃시야)의 통치 기간은 원래 B.C. 767-740 사이인데 본 구절이 52년으로 기록한 것은 그가 B.C. 792부터(792-740=52) 섭정을 했기 때문이다. 유다 왕 아사랴는 여호와 보시기에 정직하게 행하였으나 산당을 제거하지 않아 그 산당에서 제사를 드렸다. 이에 여호와께서 그를 쳐서 그가 죽는 날까지 나병환자가 되어 별궁에서 거하고 그의 아들 요담이 대신해서 백성을 다스렸다. 아사랴가 죽고 그의 아들 요담이 대신하여 유다의 왕이 되었다(왕하 15:3-7). 유다의 왕 아사랴의 제38년에 여로보암의 아들 스가랴(Zechariah)가 이스라엘의 왕이 되어 6개월 동안 이스라엘을 다스렸다(왕하 15:8). 스가랴는 여호와 보시기에 악을 행하고 느밧의 아들 여로보암의 죄에서 떠나지 아니함으로 야베스(Jabesh)의 아들 살룸(Shallum)이 그를 쳐 죽이고 대신하여 이스라엘의 왕이 되었다. 야베스의 아들 살룸이 이스라엘의 왕이 되므로 여호와께서 예후에게 네 자손이 4대 동안 이스라엘의 왕위에 있으리라(참조, 왕하 10:30)고 말씀한 바와 같이 예후의 아들 여호아하스, 여호아하스의 아들 요아스, 요아스의 아들 여로보암 2세, 그리고 여로보암 2세의 아들 스가랴까지 4대에 걸쳐 왕이 되었고 스가랴 다음에 야베스의 아들 살룸이 이스라엘의 왕이 되므로 여호와의 말씀처럼 그대로 되었다(왕하 15:9-12). 유다 왕 웃시야(아사랴) 제39년에 야베스의 아들 살룸이 이스라엘의 왕이 되어 한 달 동안 다스린다. 그리고 가디의 아들 므나헴(Menahem)이 사마리아에서 살룸을 쳐 죽이고 대신하여 이스라엘의 왕이 되어 10년간 이스라엘을 다스렸다. 므나헴은 여호와 보시기에 악을 행하고 느밧의 아들 여로보암의 죄에서 평생 떠나지 아니하였고 앗수르(Assyria) 왕 불(Pul)이 침공하려 하자 여호와를 의지하지 않고 앗수르

왕 불에게 뇌물을 바친다. 므나헴이 죽고 그의 아들 브가히야(Pekahiah)
가 대신하여 이스라엘의 왕이 되었다(왕하 15:13-22). 유다의 왕 아사랴
(웃시야) 제50년에 브가히야가 이스라엘의 왕이 되어 2년간 이스라엘을
다스린다. 브가히야가 여호와 보시기에 악을 행하고 느밧의 아들 여로
보암의 길로 감으로 그의 장관 르말랴의 아들 베가가 반역하여 브가
히야를 죽이고 대신하여 이스라엘의 왕이 되었다(왕하 15:23-26). 베가
는 유다의 왕 아사랴(웃시야) 제52년에 이스라엘의 왕이 되어 20년간 이
스라엘을 다스렸다. 베가가 이스라엘 왕으로 통치할 때(B.C. 740-732/752
부터 섭정) 앗수르 왕 디글랏 빌레셀(Tiglath-Pileser III: 통치 기간 B.C. 744-727)
이 이스라엘을 쳐들어와 여러 성을 점령하였고 웃시야의 아들 요담
(Jotham) 제20년에 엘라의 아들 호세아(Hoshea)가 베가를 쳐서 죽이고
대신하여 이스라엘의 왕이 되었다(왕하 15:27-31). 호세아는 북이스라엘
의 마지막 왕으로 B.C. 732년부터 B.C. 722년까지 9년동안 통치하고
북이스라엘은 B.C. 722년 앗수르 왕 살만에셀(Shalmaneser)에 의해 멸망
한다(왕하 17:1-6; 18:9-12). 이스라엘 왕 베가 제2년에 웃시야의 아들 요
담이 25세에 유다의 왕이 되어 유다를 16년간 다스렸다. 요담 왕도 여
호와 보시기에 정직하게 행했으나 산당은 제거하지 아니했다. 유다 왕
요담 때에 여호와께서 아람 왕 르신(Rezin king of Syria/Aram)과 이스라엘
왕 베가로 하여금 유다를 치도록 허용하셨고 요담의 아들 아하스(Ahaz)
가 그의 아버지를 대신하여 유다의 왕이 되었다(왕하 32-38).

　　열왕기하 16장 • 요담의 아들 유다 왕 아하스(Ahaz)의 행적(왕하 16:1-
20)이 기록되어 있다. 아하스는 이스라엘 왕 베가(Pekah: B.C. 740-732/752
부터 섭정) 제17년에 유다의 왕이 되었다(왕상 16:1). 특히 열왕기하 16장
은 역대하 28장과 대조하며 이해하는 것이 좋다. 열왕기하 16:5은 "이
때에 아람의 왕 르신과 이스라엘의 왕 르말랴의 아들 베가(Pekah the

son of Remaliah, king of Israel)가 예루살렘에 올라와서 싸우려 하여 아하스(Ahaz)를 에워쌌으나 능히 이기지 못하니라"(왕하 16:5, 개역개정)라고 읽는다. 그런데 역대하 28:5은 "그러므로 그(아하스)의 하나님 여호와께서 그를 아람 왕의 손에 넘기시매 그들이 쳐서 심히 많은 무리를 사로잡아 다메섹으로 갔으며 또 이스라엘 왕의 손에 넘기시매 그가 쳐서 크게 살육하였으니 이는 그의 조상들의 하나님 여호와를 버렸음이라"(대하 28:5-6)라고 열왕기하 16:5의 내용과는 상충되게 읽는다. 이와 같은 상충을 해결하기 위한 시도로 메켄지(McKenzie)는 역대기 저자가 열왕기하 16:5을 수정하여 역대하 28:5에 기록했기 때문인데 그 이유는 역대기의 주요 신학의 특징인 보응신학(retribution theology)을 드러내기 위해서였다고 주장한다.[128] 이렇게 해석할 경우 역대기하 28:5의 역사성을 희생시켜야 하는 어려움이 있다. 그러나 더 바른 해석은 열왕기하 16:5의 사건과 역대하 28:5의 사건을 다른 사건으로 이해하는 것이다. 이렇게 주장하는 근거는 열왕기하 16:5은 아람 왕 르신과 이스라엘 왕 베가가 연합으로 예루살렘에 올라와 유다 왕 아하스를 에워쌌으나 이기지 못한 싸움이었지만, 역대하 28:5은 아람 왕과 이스라엘 왕이 각각 단독으로 아하스와 싸워 승리한 전쟁으로 이해할 수 있기 때문이다.[129] 이 해석은 두 구절의 상충됨이 없이 두 구절의 역사성을 살릴 수 있기 때문에 더 나은 해석이라고 할 수 있다.

또 한 가지 열왕기하 16장과 역대하 28장 사이에 상충처럼 보이는 부분은 열왕기하에는 유다의 왕 아하스의 청을 받아들여 앗수르 왕 디

---

128 Steven L. McKenzie, *1-2 Chronicles: Abingdon Old Testament Commentaries* (Nashville: Abingdon, 2004), pp. 335-336.

129 Sara Japhet, *1-2 Chronicles: Old Testament Library* (Louisville: Westminster/John Knox, 1993), p. 899; 송병현, 「역대하」, (서울: Exposimentary, 2015), p. 330.

글랏 빌레셀(Tiglath-Pileser III)이 "곧 올라와서 다메섹을 쳐서 점령하여 그 백성을 사로잡아 기르(Kir)로 옮기고 또 르신(Rezin)을 죽였더라"(왕하 16:9)라고 디글랏 빌레셀 3세(통치 기간 B.C. 745-727)가 아하스를 도와 준 것으로 기록되어 있는 반면, 역대하 28장에는 아하스 왕이 성전의 기물들까지 바치면서(대하 28:21) 앗수르 왕에게 도움을 청했으나 도움을 주기는커녕 오히려 "앗수르 왕 디글랏 빌레셀이 그에게 이르렀으나 돕지 아니하고 도리어 그를 공격하였더라"(대하 28:20)라고 기록되어 있다. 이와 같은 차이는 역대하의 저자가 아하스의 범죄를 생각하고 열왕기하 16:9에 기록된 디글랏 빌레셀이 아하스를 도와 르신을 죽인 기록은 생략하고, 역대하 28장을 쓸 때 16절-21절의 내용을 삽입하여 아하스 왕의 범죄에 대한 하나님의 즉각적 보응을 드러내기 위한 그의 저작 목적에 부합시킨 것이다.[130]

열왕기하 17장 • 유다의 왕 아하스 제12년에 이스라엘의 마지막 왕인 호세아(Hoshea)가 9년간 사마리아에서 이스라엘을 다스린 사실을 기록한다(왕하 17:1). 호세아는 여호와 보시기에 악을 행하였다. 앗수르 왕 살만에셀(Shalmaneser)이 쳐들어오니 호세아가 그의 종이 되고 조공을 바쳤다. 호세아가 애굽 왕 소(So, king of Egypt)를 의지하고 앗수르 왕에게 조공을 바치지 아니하자 호세아 제9년에 살만에셀이 사마리아를 차지함으로 북이스라엘은 B.C. 722년에 멸망하게 된다(왕하 17:2-6). 북이스라엘이 멸망한 이유는 그들이 여호와 하나님만 경배하지 아니하고 우상을 섬기며 아세라(Asherah) 목상과 바알(Baal)을 섬겼기 때문이다(왕하 17:7-18). 앗수르 왕은 혼혈 정책을 사용하여 앗수르 사람들을 이스라엘의 사마리아에 거주하게 만들고(왕하 17:24) 그들로 하여금 여호

---

130 황선우, "열왕기의 아하스와 역대기의 아하스," 한국성경신학회 발표(2017년 2월 20일) 참조.

와도 경외하고 그들이 옮겨온 민족의 풍속대로 자기들의 신들도 섬겼다. 이스라엘 백성은 결국 "오직 너희 하나님 여호와만을 경외하라"(왕하 17:39)는 여호와의 명령을 실천하지 못하고 나라를 잃고 만다(왕하 17:34-41).

유다 왕 히스기야부터 바벨론 유수 때까지의 유다
(열왕기하 18:1-25:30 From Hezekiah King of Judah to the Babylonian Exile)

열왕기하 18장 • 이스라엘 왕 호세아(Hoshea) 제3년에 아하스(Ahaz)의 아들 히스기야(Hezekiah)가 유다 왕이 되는 이야기로 시작한다(왕하 18:1). 히스기야는 왕이 될 때에 25세였고 유다를 29년 동안 다스렸다(왕하 18:2). 호세아 제3년은 B.C. 729으로 히스기야 왕이 섭정을 시작한 B.C. 729과 일치한다. 히스기야 왕은 여호와 보시기에 정직하게 행했고 산당들을 제거하고 아세라 목상을 찍으며 전적으로 여호와를 의지하였다. 그런데 유다 왕 히스기야 제4년 곧 이스라엘 왕 호세아 제7년에 앗수르 왕 살만에셀(Shalmaneser)이 사마리아를 에워쌌다. 그리고 3년 후 이스라엘 왕 호세아 제9년에 사마리아가 앗수르에 의해 함락되었다(왕하 18:3-12). 유다 왕 히스기야 제14년에 앗수르 왕 산헤립(Sennacherib)이 유다의 여러 성읍을 점령하자 히스기야가 앗수르 왕의 요구대로 은 삼백 달란트와 금 삼십 달란트를 바쳤다(왕하 18:13-16). 앗수르 왕이 유다 왕 히스기야를 치기 위해 다르단(Tartan)과 랍사리스(Rabsaris)와 랍사게(Rabshakeh)를 예루살렘에 올려 보낸다. 랍사게가 유다 대신들에게 '저 상한 갈대 지팡이 애굽'을 의지하지 말라고 경고하고, 자기들이 예루살렘에 올라 온 것은 여호와의 뜻이라고 모든 유다 백성들이 들을 수 있도록 유다 말로 소리친다. 이에 엘리야김(Eliakim)과 셉나(Shebna)와 요아(Joah)가 랍사게에게 유다 말로 말하지 말고 아람 말로 말하여 달라고 간청하였으나 랍사게는 모든 백성이 들을 수 있도록 유다 말로 "너희는 대왕 앗수르 왕의 말씀을 들으라"(왕하 18:28)라고 말하고, "히스기야가 너희에게 여호와를 의뢰하라 함을 듣지 말라"(왕하 18:30)라고 소리친다. 하지만 백성들은 잠잠하고 한 마디도 반응을 보이지 않는다. 이는 히스기야 왕이 명하여 대답하지 말라고 했기 때문이다. 엘리야김과 셉나와 요아가 랍사게의 말을 히스기야 왕에게 전한다(왕하 18:17-37).

열왕기하 19장 • 유다 왕 히스기야가 랍사게의 말을 전해 듣고 자신이 굵은 베를 두르고 여호와의 전에 들어갈 뿐만 아니라 엘리야김과 셉나와 장로들에게도 굵은 베를 두르게 하여 이사야(Isaiah)에게 보내 그들이 랍사게가 하나님을 비방한 사실을 이사야에게 고하는 내용을 소개한다. 이사야 선지자는 앗수르 왕의 신복의 말 때문에 두려워하지 말라고 설명하고 오히려 산헤립이 그의 본국에서 죽임을 당할 것이라고 예고한다(왕하 19:1-7). 앗수르 왕이 다시 히스기야에게 사자를 보내 위협하지만, 히스기야는 성전에 들어가서 산헤립이 살아 계신 하나님을 비방하는 소리를 들으시고 우리를 그의 손에서 구원하시면 "천하만국이 주 여호와가 홀로 하나님이신 줄 알리이다"(왕하 19:19)라고 여호와께 기도한다(왕하 19:8-19). 그리고 선지자 이사야는 유대 왕 히스기야에게 앗수르 왕 산헤립이 예루살렘을 침공하지 못할 것이라고 예고하고(왕하 19:20-34) 결국 여호와의 사자가 앗수르 군사 185,000명을 죽이고 산헤립은 니느웨(Nineveh)에서 그의 신 니스록(Nisroch)에게 경배할 때 아드람멜렉(Adrammelech)과 사레셀(Sharezer)에게 살해된다. 앗수르 왕 산헤립(B.C. 704-681)을 이어 그의 아들 에살핫돈(Esarhaddon: B.C. 680-669)이 앗수르의 왕이 된다(왕하 19:35-37).

열왕기하 20장 • 히스기야(Hezekiah) 왕이 죽을병을 얻었으나 여호와께서 해 그림자를 10도 뒤로 물러가게 하시므로 15년의 생명을 연장해 주신 이야기(왕하 20:1-11)와 히스기야 왕의 병 문안차 바벨론 왕 브로닥발라단(Berodach-Baladan 혹은 므로닥발라단/Merodach-Baladan으로 불리기도 함, 참조, 사 39:1)의 사자들이 예루살렘을 방문했는데 히스기야가 그들에게 왕궁의 모든 것을 보여주었다는 이야기(왕하 20:12-15)와 그로 인해 예루살렘 왕궁의 모든 것이 바벨론으로 옮겨지게 될 것과 히스기야 왕의 죽음과 그의 아들 므낫세가 그를 대신하여 유다 왕이 된 이야기(왕하 20:16-21)가 기록되어 있다. 히스기야는 유다를 B.C. 729(섭정 시작)부터 687년까지 29년 동안 통치했다.

열왕기하 21장 • 므낫세(Menasseh)가 12세에 유다의 왕이 되어 55년간 유다를 통치(697-642=55)한 이야기로 시작한다(왕하 21:1). 므낫세는 그의 아버지 히스기야가 헐어버린 산당들을 다시 세우고 바알(Baal)과 아세라(Asherah)의 제단을 다시 쌓는 등 여호와 보시기에 악을 행했다. 여호와께서는 모든 선지자들을 통해 유다의 범죄가 이방인들의 범죄보다 더 악함을 경고하신다. 므낫세는 무죄한 자의 피를 심히 많이 흘리는 악행까지 행했다. 결국 므낫세는 죽고 그의 아들 아몬(Amon: B.C. 642-640)이 대신하여 유다의 왕이 되었다(왕하 21:2-18). 아몬은 22세에 유다의 왕이 되어 그의 아버지 므낫세처럼 여호와 보시기에 악을 행했다. 결국, 그의 신복들이 반역하여 아몬 왕을 암살하자 백성들이 반역한 자들을 죽이고 아몬의 아들 요시야(Josiah)를 아몬 대신 유다의 왕으로 세웠다(왕하 21:19-26)

열왕기하 22장 • 요시야가 유다 왕위에 오를 때에 그의 나이는 8세였고 예루살렘에서 31년간(B.C. 640-609=31년) 유다를 다스린 이야기로 시작한다(왕하 22:1). "요시야가 여호와 보시기에 정직히 행하여 그의 조

상 다윗의 모든 길로 행하고 좌우로 치우치지 아니하였더라"(왕하 22:2,
개역개정)라는 말씀은 요시야의 개혁을 짐작하게 한다. 요시야 왕의 명
으로 하나님의 성전을 보수할 때 대제사장 힐기야가 여호와의 성전에
서 율법 책을 발견한다(왕하 22:3-13). 요시야 왕의 명으로 힐기야(Hilkiah)
와 아히감(Ahikam)과 악볼(Achbor)과 사반(Shaphan)과 아사야(Asaiah)가 여
선지 훌다(Huldah)를 만나서 그들이 우리 조상들의 불순종으로 여호와
께서 준비한 진노에 관해 묻자 훌다는 여호와의 진노는 유다 왕이 읽
은 율법 책의 내용대로 이루어질 것이지만 여호와께서 요시야 왕에게
긍휼을 베풀어 모든 재앙을 왕이 직접 목격하지는 못할 것이라고 예언
한다(왕하 22:14-20).

열왕기하 23장 • 유다 왕 요시야(Josiah)가 이방 예배를 없애고 "여호
와의 성전 안에서 발견한 언약책의 모든 말씀을 읽어 무리의 귀에 들
리게"(왕하 23:2, 개역개정)하는 개혁을 진행한 사실을 소개한다(왕하 23:1-
3). 요시야 왕의 개혁은 비교적 철저하였다. 요시야 왕은 아세라 목상
을 태우고, 우상을 섬긴 제사장들을 폐하고, 바알을 분향하는 자들을
폐하고, 여호와의 성전 가운데 남창의 집을 헐고, 몰록에게 바치기 위
해 자녀들을 불로 지나가지 못하게 하고, 므낫세가 여호와의 성전 두
마당에 세운 제단들을 헐고, 느밧의 아들 여로보암이 벧엘(Bethel)에 세
운 제단과 산당들을 헐고, 벧엘의 산당에서 봉사한 제사장들은 모두
제단 위에서 죽였으나 하나님 사람의 묘실은 파괴하지 아니했다(왕하
23:4-20). 요시야 왕이 유월절(the Passover)을 지키는 일을 회복시켜 요시
야 왕 열여덟째 해에 예루살렘에서 유월절이 지켜졌다(왕하 23:21-23).
요시야 왕은 계속해서 신접한 자와 점쟁이와 드라빔과 우상과 모든 가
증한 것을 모두 제거하는 개혁을 단행했기 때문에 성경은 "요시야와
같이 마음을 다하며 뜻을 다하며 힘을 다하여 모세의 모든 율법을 따

라 여호와께로 돌이킨 왕은 요시야 전에도 없었고 후에도 그와 같은 자가 없었더라"(왕하 23:25, 개역개정)라고 기록한다. 여호와께서 요시야의 개혁을 좋아하셨지만 므낫세(Menasseh)의 범죄와 유다의 배반을 응징하시겠다는 뜻은 변하지 않으시고 "내가 택한 이 성 예루살렘과 내 이름을 거기에 두리라 한 이 성전을 버리리라"(왕하 23:27)라는 말씀으로 유다에게 진노가 임할 것을 분명히 하신다(왕하 23:26-27). 유다의 요시야 왕은 앗수르 왕을 치러 올라온 애굽 왕 바로 느고(Pharaoh Necho)에 의해 므깃도(Megiddo)에서 죽임을 당한다. 요시야 왕은 B.C. 640-609년까지 31년 동안 유다를 통치하고 그의 아들 여호아하스(Jehoahaz)가 대신 유다의 왕이 된다(왕하 23:28-30). 여호아하스는 왕이 될 때 23세였고 예루살렘에서 3달간 유다를 다스렸다. 여호아하스가 단지 3달 동안 유다의 왕 노릇을 한 이유는 바로 느고가 그를 하맛(Hamath) 땅 립나(Riblah)에 가두고 요시야의 아들 엘리야김(Eliakim)을 여호야김(Jehoiakim)으로 이름을 바꾸어 왕으로 삼았기 때문이다. 여호아하스는 애굽으로 끌려가 거기서 죽는다(왕하 23:31-35). 유다 왕 여호야김(엘리야김)이 25세에 유다의 왕이 되어 예루살렘에서 11년간 유다를 다스렸으나(B.C. 609-598) 여호와 보시기에 악을 행했다(왕하 23:36-37).

열왕기하 24장 • 유다 왕 여호야김이 바벨론 왕 느부갓네살을 3년간 섬기다가 배반한 사실을 기록한다(왕하 24:1). 유다가 당하는 침략과 고난과 고통은 여호와께서 므낫세가 지은 모든 죄를 중하게 생각하셔서 그의 마음을 돌이키지 않으셨기 때문이다. 여호야김이 죽고 그의 아들 여호야긴(Jehoiachin 혹은 Jeconiah 혹은 Coniah)이 대신하여 유다의 왕이 된다. 그 당시의 국제 정황은 "바벨론 왕이 애굽(Egypt) 강에서부터 유브라데(Euphrates) 강까지 애굽 왕에게 속한 땅을 점령하였음이더라"(왕하 24:7, 개역개정)라는 말씀에서 극명하게 드러난다(왕하

24:2-7). 바벨론의 영향력이 그만큼 강력해진 것이다. 여호야긴은 유다의 왕이 될 때에 18세였고 예루살렘에서 3달간 유다를 다스렸다(왕하 24:8). 여호야긴 왕 때에 바벨론 왕 느부갓네살이 예루살렘을 공격하여 성전의 귀한 기물들을 파괴하고 많은 사람을 바벨론으로 사로잡아 간다. 그리고 바벨론 왕은 여호야긴의 숙부 맛다니야(Mattaniah)를 시드기야(Zedekiah)로 이름을 고쳐 여호야긴 대신 유다의 왕으로 세운다(왕하 24:9-17). 시드기야는 21세에 유다의 왕이 되어 11년간 유다를 다스린다. 시드기야은 여호와 보시기에 악한 왕이었고 바벨론 왕을 배반하였다(왕하 24:18-20).

열왕기하 25장 • 시드기야 제구년 열째 달 십일에 바벨론 왕 느부갓네살(Nebuchadnessar)이 예루살렘 성의 포위를 시작하여 시드기야 제11년까지 계속하는 이야기(왕하 25:1-2)로 시작한다. 예루살렘 성은 성벽이 파괴되고 극심한 기근으로 모든 백성이 흩어지고 시드기야 왕도 아라바(Arabah: The Jordan valley) 길로 도망가다가 바벨론 군대에 붙잡힌다. 바벨론 왕은 시드기야의 아들들을 죽이고 시드기야의 두 눈을 빼고 그를 결박하여 바벨론으로 끌고 간다(왕하 25:3-7). 느부갓네살 왕 열아홉째 해에 왕의 신복 시위대장 느부사라단(Nebuzaradan)이 여호와의 성전과 왕궁을 불사르고 많은 귀인들을 바벨론으로 사로잡아 가고 비천한 자는 유다 땅에 남겨두어 농사를 짓게 했다. 그리고 바벨론의 느부사라단은 솔로몬 왕이 지은 성전에서 모든 귀한 기물들을 바벨론으로 옮겼다(왕하 25:8-17). 시위대장 느부사라단이 대제사장 스라야(Seraiah)와 부제사장 스바야(Zephaniah)와 성전 문지기 세 사람과 성 중의 백성들을 립나(Riblah)에 있는 바벨론 왕에게 데려가매 바벨론 왕이 느부사라단이 데려온 이스라엘 백성 모두를 쳐 죽였다(왕하 25:18-21). 이제 남유다는 바벨론에 의해 멸망하고(B.C. 586) 바벨론 왕 느부갓네살은 유다 땅에 남아있는 유다인들을 다스리도록 그달리야(Gedaliah)를 유다 지도자로 세운다. 그달리야가 미스바(Mizpah)에서 유다인들에게 "너희는 갈대아인을 섬기기를 두려워하지 말고 이 땅에 살며 바벨론 왕을 섬기라 그리하면 너희가 평안하리라"(왕하 25:24, 개역개정)라고 바벨론에 복종할 것을 말하자 왕족 엘리사마(Elishama)의 손자 느다니야(Nethaniah)의 아들 이스마엘(Ishmael)이 부하 10명을 데리고 와서 그달리야를 죽이고 애굽으로 피신한다(왕하 25:22-26). 유다 왕 여호야긴이 사로잡혀 간 지 37년 곧 바벨론 왕 에윌므로닥(Evil-Merodach)이 즉위한 원년에 유다 왕 여호야긴을 석방하고 종신토록 필요한 것을 제공해 주었다(왕하 25:27-30).

지금까지 진행된 이스라엘 왕들의 이야기를 요약하면 열왕기상은 통일 이스라엘로 시작하지만 열왕기하 18장에서 북이스라엘이 앗수르에게 멸망하고(B.C. 722), 열왕기하 25장 마지막 장은 남유다가 바벨론에 의해 멸망한(B.C. 586) 기록으로 끝을 맺는다. 이스라엘 백성을 애굽에서 이끌어내신 능력의 하나님을 의지하지 않고 우상을 섬기고 여호와 보시기에 악을 행함으로 결국은 이방 나라들에 의해 망하게 된 이스라엘 백성의 뒷모습이 씁쓸하게 보일 뿐이다.

"애굽 땅에서 나온 지 480년"(왕상 6:1)의 해석

"이스라엘 자손이 애굽 땅에서 나온 지 사백 팔십년이요, 솔로몬이 이스라엘 왕이 된지 사년 시브 월 곧 둘째 달에 솔로몬이 여호와를 위하여 성전 건축하기를 시작하였더라"(왕상 6:1, 개역개정)라는 말씀 중 480년을 어떻게 계산할 수 있을까? 그 계산은 광야 생활 40년, 가나안 정복 26년, 사사 통치 330년, 사울 통치 40년, 다윗 통치 40년, 솔로몬 통치 4년을 모두 합치면 480년이 나온다(40+26+330+40+40+4=480). 그리고 출애굽(Exodus)과 솔로몬 왕의 성전건축을 연계시키는 이유는 성전건축이 출애굽의 목표이자 완성이라는 점을 드러내기 위해서이다.[131]

북이스라엘(Northern Kingdom)의 열왕들

여로보암 1세(22년 통치, 약 B.C. 930-909, 왕상 14:20)-나답(2년 통치, B.C. 909-908, 왕상 15:25)-바아사(24년 통치, B.C. 908-886, 왕상 15:33)-엘라(2년 통치, B.C. 886-885, 왕상 16:8)-시므리(7일 통치, B.C. 885, 왕상 16:15)-디브니(5년 통치, B.C. 885-880, 왕상 16:21-22)-오므리(12년 통치, B.C. 885-874, 왕상 16:23, 디브니와 오므리의 통치연대가 겹친 것은 일정 기간 동안 나라가 나뉘어 같은 시기에 통치했기 때문임)-아합(22년 통치, B.C. 874-853, 왕상 16:29)-아하시야(2년 통치, B.C. 853-852, 왕상 22:51)-여호람/요람(12년 통치, B.C. 852-841, 왕하 3:1)-예후(28년 통치, B.C. 841-814, 왕하 10:36)-여호아하스(17년 통치, B.C. 814-798, 왕하 13:1)-요아스

---

131 김진수, "솔로몬 성전의 구속사적 의미," 한국성경신학회 발표, 2017, 2, 20.

(16년 통치, B.C. 798-782, 왕하 13:10)-**여로보암2세**(41년 통치, B.C. 782-753/793부터 섭정, 왕하 14:23)-**스가랴**(6개월 통치, B.C. 753, 왕하 15:8)-**살룸**(1개월 통치, B.C. 752, 왕하 15:13)-**므나헴**(10년 통치, B.C. 752-742, 왕하 15:17)-**브가히야**(2년 통치, B.C. 742-740, 왕하 15:23)-**베가**(20년 통치, B.C. 740-732/752부터 계산, 왕하 15:27)-**호세아**(9년 통치, B.C. 732-722, 왕하 17:1-6; 18:9-12).

북이스라엘의 존속기간은 B.C. 930-722(19대, 통산 208년)이다. 그러나 성경에 언급된 각 왕의 통치 기간을 합하면 242년이 된다. 이와 같은 차이가 나는 것은 중복된 통치 기간이 있기 때문이며 또한 일 년이두 왕의 통치 연대에 적용될 수 있기 때문에 정확하게 계산하는 것은무리이다.[132]

북이스라엘이 망한 이유

성경은 북이스라엘이 망한 이유를 다음과 같이 서술한다. "이스라엘 자손이 여로보암이 행한 모든 죄를 따라 행하여 떠나지 아니하므로...... 이스라엘이 고향에서 앗수르에 사로잡혀 가서 오늘까지 이르렀더라"(왕하 17:22-23, 개역개정).

"히스기야 왕 제4년 곧 이스라엘의 왕 엘라의 아들 호세아 제7년에 앗수르의 왕 살만에셀이 사마리아로 올라와서 에워쌌더라. 삼 년 후에 그 성읍이 함락되니 곧 히스기야 왕의 제6년(B.C. 722~723)이요 이스라엘 왕 호세아의 제9년(B.C. 722~723)에 사마리아가 함락되매 앗수르 왕이 이스라엘을 사로잡아 앗수르에 이르러 고산 강가에 있는 할라와 하

---

132 통치 연대는 R. K. Harrison, *Introduction to the Old Testament*, pp. 735-736과 Edwin R. Thiele, *The Mysterious Numbers of the Hebrew Kings*, p. 10. "Dates of the Rulers of Judah and Israel"에서 참조한 것임.

볼과 메대 사람의 여러 성읍에 두었으니 이는 그들이 하나님 여호와의 말씀을 듣지 아니하고 그의 언약과 여호와의 종 모세가 명령한 모든 것을 따르지 아니하였음이더라"(왕하 18:9-12, 개역개정).

B.C. 722년 북이스라엘이 앗수르 살만에셀 왕(Shalmanezer V: B.C. 726-722; 왕하 18:9-12)에 의해 멸망한다.[133] 살만에셀 왕은 디그랏 빌레셀(Tiglath-pileser III of Assyria)의 후계자이다. 앗수르는 혼혈정책을 사용한다(왕하 17:1-6). 앗수르 기록에 의하면 그 당시 잡혀간 이스라엘 포로는 27,290명 이었다.[134] 참고로 성경은 아브라함의 후처 그두라(Keturah)의 아들 드단(Dedan)의 자손들이 앗수르 족속이 되었다고 기록한다(창 25:1-3). 이들은 이삭을 떠나 동방 곧 동쪽 땅으로 갔다(창 25:6). 결국 아브라함의 후처 그두라의 자손들과 전처 사라의 자손들 사이에 전쟁이 있었다고 할 수 있다.

바벨론 왕들의 이름과 통치 연대 정리

- 나보폴라살(Nabopolassar: B.C. 626-605)의 통치

나보폴라살은 B.C. 626 바빌론(Babylon)을 제국의 수도로 만든다. 나보폴라살은 바벨론 제국의 기초를 놓은 왕으로 B.C. 605년 8월 16일에 사망했다.

- 느부갓네살(Nebuchadnessar II세: B.C. 605-562)의 통치

느부갓네살은 나보폴라살 왕의 장남으로 B.C. 605년 갈그미스(Carchemish)전투에서 애굽 군대를 물리치고 애굽(Egypt) 강에서부터

---

133 참조, Oswald T. Allis, *The Old Testament: Its Claims and Its Critics* (Philadelphia: The Presbyterian and Reformed Publ. Co,, 1972), p. 391.

134 Derek Williams (ed.), *New Concise Bible Dictionary*, p. 247.

유브라데(Euphrates) 강까지 광활한 땅을 점령한다. B.C. 597년 느부갓네살은 다시 유다를 침공하여 여호야긴(Jehoiachin: Jechoniah)과 에스겔과 모르드개(Mordecai)를 바벨론으로 잡아간다(왕하 24:8-16). B.C. 586년 느부갓네살 왕은 유다를 완전히 정복하고 멸망시킨다. 북이스라엘은 앗수르에 의해, 남유다는 바벨론에 의해 완전히 멸망하게 된다.

- 에윌므로닥(Evil-Merodach: B.C. 562-560)의 통치

에윌므로닥은 아멜마르둑(Amel-Marduk)으로도 불린다. 에윌므로닥은 느부갓네살 왕의 아들로 그의 부친을 이어 왕이 되었다(왕하 25:27; 렘 52:31). 에윌므로닥은 그의 형제 네르갈사레셀이 주도한 암살 계획에 의해 B.C. 560년 암살되었다.

- 네르갈사레셀(Nergal-sharezer: B.C. 559-556)의 통치

네르갈사레셀은 네리글리살(Neriglissar) 혹은 네르갈사루술(Nergal-shar-usur)로도 불린다. 네르갈사레셀은 느부갓네살 왕의 사위이다(렘 39:3, 13).

- 라바시마르둑(Labashi-Marduk: B.C. 556(9 개월)의 통치

라바시마르둑은 네르갈사레셀의 아들이다. 라바시마르둑은 나보니더스의 반란으로 B.C. 556 년에 9개월 동안 짧게 통치하고 권좌에서 물러난다.

- 나보니더스(Nabonidus: B.C. 556-539)의 통치

나보니더스는 나부나이드(Nabunaid)로도 불린다. 나보니더스는 그의 아들 벨사살에게 10년 동안 섭정을 하게 한다. 나보니더스는 왕족 출신이 아니었다.

- 벨사살(Belshazzar: B.C. 548-539)의 통치(바벨론의 마지막 왕)

바벨론 왕 벨사살은 바사(Persia)의 고레스(Cyrus)에 의해 멸망된다(단

5:1; 7:1; 8:1). 바벨론 왕 나보니더스의 통치 기간이 B.C. 556-539이요, 벨사살의 통치 기간이 B.C. 548-539으로 바사(Persia) 왕 고레스에 의해 멸망한 연도가 같은 이유는 아버지인 나보니더스 왕이 벨사살에게 섭정을 시켰기 때문이다.[135]

고레스(Cyrus)에 의한 바벨론 멸망(B.C. 539)

느부갓네살의 후계자들은 문제가 많았다. 6년 동안에 3명의 왕이 바뀔 정도로 혼란스러운 시기였고 3명의 왕 중에 두 명(에윌므로닥과 라바시마르둑)은 암살당했다. 마지막으로 왕족 출신이 아닌 나보니더스(Nabonidus, 재위 B.C. 556-539)가 바벨론의 왕이 되었고 그는 B.C. 552년 왕궁을 테이마(Teima)로 옮겼다. 바벨론(Babylon)과 페르시아(Persia)가 병존하던 시기인 B.C. 553년경 고레스(Cyrus: 키루스로 번역하기도 함)가 페르시아의 왕(현 이란 지역)으로 등극했다.[136]

페르시아 왕 고레스는 B.C. 539년 바벨론을 비교적 쉽게 점령한다. 그 이유는 바벨론 사람들이 나보니더스 왕에게 불만이 많았기 때문이다. 바벨론을 실질적으로 페르시아에 병합시킨 고레스 왕의 통치 기간은 B.C. 539-530이라고 말할 수 있다. 바벨론은 고레스 왕에 의해 점령당한 후 독립된 제국으로 존재하지 못하고, B.C. 330(331)년 그리스(Greece)의 알렉산더 대왕(Alexander the Great)에게 완전히 점령당하였다. 고레스는 엘람(Elam) 지역에 있는 안샨(Anshan)의 왕인 캄비세스 1세

---

135 알프레드 J. 허트(Hoerth) 외 2인 편집, 「고대 근동 문화 (B.C. 3,000년경-B.C. 323년)」, (서울: 기독교문서선교회, 2012), p. 91 참조; 이안 프로반 외 2인, 「이스라엘의 성경적 역사」, p. 580 참조.

136 마르크 반 드 미에룹, 「고대 근동 역사(B.C. 3000년경-B.C. 323년)」, 김구원 역 (서울: CLC, 2010), pp. 391, 403.

(Cambyses I)의 아들로 부친 별세 후 왕위를 계승하고 이어서 인근의 페르시아의 도(province of Persia)를 점령했고 주전 550년에는 메대(Media)왕 아스티아게스(Astyages)를 굴복시켰다.[137]

바벨론의 멸망은 예레미야 50:1-5과 51:11에 기록된 예언이 성취된 것이다. 성경은 "여호와께서 메대 왕들의 마음을 부추기사 바벨론을 멸하기로 뜻하시나니 이는 여호와께서 보복하시는 것 곧 그의 성전을 위하여 보복하시는 것이라"(렘 51:11, 개역개정)라고 기록한다. 고레스가 티그리스(Tigris) 강 북쪽 오피스(Opis)에서 거둔 승리로 바벨론은 큰 타격을 입는다. 드디어 고레스 휘하의 구바루(Gubaru)가 B.C. 539년 10월 12일에 바벨론을 무혈점령하는데 성공하자 고레스는 10월 29일에 바벨론에 입성했다.[138] 메데와 바사(Persia)가 연합하여 바벨론을 멸망시키고 B.C. 539에 바사를 건설한다. 그러므로 메데 속에 바사가, 바사 속에 메데가 들어 있다.[139] 고레스(B.C. 539-530)는 B.C. 538 성전 재건 칙령을 내린다(Edict of Reconstruction of the Temple by Cyrus). 역사적으로 볼 때 페르시아 제국(the Persian Empire)은 A.D. 1935년 그 이름을 Iran으로 개칭한다. 에스더서 1:1의 아하수에로 크세르크세스 1세(Ahasuerus Xerxes I)는 B.C. 486-465 기간 페르시아를 통치한다. 아하수에로 크세르크세스 1세는 B.C. 480, 479 년 두 차례 그리스(Greece)를 침공했지만 패배한다.

---

137 윤영탁, 「학개」, (수원: 합신대학원출판부, 2006), pp. 53-54.

138 윤영탁, 「학개」, pp. 53-54.; Oswald T. Allis, *The Old Testament its Claims and Its Critics*, 1972, p. 125.: "Darius the Mede(6:1) is probably the Gubaru whom Cyrus made governor or sub-king(6:28) over 'Babylon and the Region beyond' and who continued in office for at least fifteen years."

139 Derek Williams(ed.), "Persia," *New Concise Bible Dictionary*, p. 423; "By 540 B.C. Cyrus was strong enough to attack Babylon and entered the city in triumph in 539."

앗수르와 바벨론은 이스라엘과 유다를 징치하기 위해 하나님이 사용한 도구들이었다. 하나님은 이들 나라들을 도구로 사용한 후에는 멸하신다(참고, 렘 50:17-20).

바사의 왕들과 행적

- 고레스 왕(Cyrus of Persia)의 통치(B.C. 539-530)

고레스 왕이 B.C. 538년에 성전 재건 칙령(Edict of Reconstruction of the Temple)을 선포한다(스 1:1-2). 바사 왕 고레스는 "하늘의 하나님 여호와께서 세상 모든 나라를 내게 주셨고 나에게 명령하사 유다 예루살렘에 성전을 건축하라"(스 1:2, 개역개정)고 하셨다고 말하고 B.C. 538년에 성전 재건 칙령을 선포한다. 그 칙령에 의거하여 B.C. 536 예수아(Jeshua)와 스룹바벨(Zerubbabel)의 주도하에 성전 재건이 시작된다(스룹바벨은 총독 세스바살과 동일인이다. Temple Reconstruction Began ;스 3:2, 8-12; 5:14-15). 그런데 B.C. 534 주변 반대세력의 심한 반대에 부딪쳐 성전 재건이 중단되어 약 15년간 지속된다(Temple Reconstruction Halted for about 15 years). 고레스 왕 때에 중단된(B.C. 534) 성전 재건이 15년이 지난 후 다리오 히스타스피스 왕(Darius Hystaspis)에 의해 B.C. 520년 다시 시작되어 다리오 왕 6년(B.C. 516)에 완공된다(스 4:24; 6:13-15). 고레스 왕은 약 9년간 바사를 통치하고 전쟁터에서 B.C. 530년에 사망한다(헤로도투스에 의하면).[140] 고레스 왕은 고대의 통치자에게 요구되었던 용감하고 대담무쌍한 성격과 관용적인 성격을 가

---

140 cf. 마르크 반 드 미에롭, 「고대 근동역사(B.C. 3,000년경-B.C. 323년)」, 김구원 역, p. 417.

진 위대한 지도자였다.[141]

- 캄비세스(Cambyses)왕의 통치(B.C. 530-522)

고레스 왕의 아들로 캄비세스는 B.C. 525년에 이집트(Egypt)를 정복하여 이집트의 왕이 되었고 그곳에서 522년까지 재위의 대부분을 보냈다.[142]

- 가우마타(Gaumata)왕의 통치(죽은 스메르디스Smerdis를 지칭함, B.C. 522)

고레스 왕의 다른 아들로 캄비세스 후에 다리오 1세가 등극하기까지 잠시 동안 바사(Persia)를 통치한 것으로 사료된다. 가우마타(스메르디스)는 다리오 1세 히스타스피스에 의해 암살된다.

- 다리오 1세 히스타스피스(Darius I, Hystaspis) 통치(B.C. 522-486)

다리오 1세 히스타스피스는 그리스(Greece) 본토를 점령해야 한다는 생각으로 그리스를 침공하는데 다리우스 1세의 군대는 특히 B.C. 490년 아테네 동북의 마라톤(Marathon) 평원에서 그리스 군대와 싸웠지만 아덴(Athens) 사람의 군대에 의해 대패하고 만다. 이 전쟁을 "마라톤 전쟁"이라 부르고 마라톤 경기의 효시가 된다. 다리오 1세 히스타스피스는 B.C. 486년 사망한다. B.C. 516년 3월 12일 다리오 1세 히스타스피스 통치 6년(스 6:15)에 스룹바벨 성전 재건의 역사가 완성된다(Completion of the Zerubbabel Temple). 성경은 "다리오 왕 제6년 아달월 삼일에 성전 일을 끝내니라"(스 6:15)라고 스룹바벨 성전의 완공 날짜를 명확히 밝힌다. B.C. 586년 바벨론의 느부갓네살 왕에 의해 솔로몬 성전이 파괴된 후 70년 만에 제2성전인 스룹바벨 성전이 B.C. 516년에 다리오 1세 히스타스피스 왕 시대에 완

---

141 *The New Encyclopaedia Britannica*, Vol. 3, 15th edition(1994), p. 831.

142 Cf. 마르크 반 드 미에룹, 「고대 근동역사(B.C. 3,000년경-B.C. 323년)」, p. 417.; 이안 프로반, 외 2인, 「이스라엘의 성경적 역사」, p. 596.

공된다.

- 아하수에로 크세르크세스 1세(Ahasuerus Xerxes I)의 통치(B.C. 486-465)

아하수에로 왕은 다리오 1세 히스타스피스의 아들로 에스더(Esther)를 왕후로 맞이한 페르시아 왕으로 우리에게 잘 알려져 있다(에 1:1; 2:16-18). 하닷사(Hadassah)라는 히브리식 이름을 가진 에스더는 모르드개(Mordecai)와 함께 유대인을 말살하려는 하만(Haman)의 계획을 저지하고 "죽으면 죽으리이다"(에 4:16)라는 각오로 유대인들을 구한다. 하만은 모르드개를 달아 죽이기 위해 준비한 나무에 자신이 달려 죽는다(에 7:9-10).

- 아닥사스다 I 세(Artaxerxes)의 통치(B.C. 465-424)

아닥사스다 1세는 아하수에로 크세르크세스 1세의 아들이다. B.C. 450년 경 전쟁에 지친 페르시아는 그리스와 평화협정(칼리아스 평화조약)을 맺었다. 이 때가 에스라와 느헤미야가 예루살렘에서 사역했던 시기로 아닥사스다의 통치 기간이다(느 1:1; 2:1). 느헤미야서 13:6은 "바벨론 왕 아닥사스다 32년에 내가 왕에게 나아갔다가 며칠 후에 왕에게 말미를 청하고"(느 13:6, 개역개정)라고 아닥사스다를 바벨론 왕으로 묘사한다. 바벨론(Babylon)은 고레스(Cyrus) 왕에 의해 점령된 후 독립된 제국으로는 존재하지 못했지만 B.C. 330(331)년 그리스(Greece)의 알렉산더 대왕(Alexander the Great)에게 완전히 점령당할 때까지는 그 이름을 유지하고 있었다.

- 다리오 2세(크세르크세스 2세)의 통치(B.C. 424-405)

다리오 2세 즉 크세르크세스 2세는 에스더의 남편인 아하수에로 크세르크세스 1세의 다른 아들로 아닥사스다 1세를 이어 바사를 통치한다.

B.C. 400년경부터 유대인의 행적이 전무(No activities of Jews after B.C.

400)하다.

– 아닥사스다 2세(Artaxerxes II)의 통치(B.C. 404-358)

아닥사스다 2세는 다리오 2세의 아들과 내전을 했다. 결국 그는 다리오 2세 다음으로 바사의 왕위에 오르게 되었다.

– 아닥사스다 3세(Artaxerxes III)의 통치(B.C. 358-337)

아닥사스다 3세는 왕좌를 유지하기 위해 공포정치를 유지하면서 대학살을 행한 악한 왕이다.

– 다리오 3세(Darius III)의 통치(B.C. 336-330)

다리오 3세는 아닥사스다 3세를 이어 바사의 왕이 되었으나 헬라의 알렉산더(Alexander the Great) 대왕이 B.C. 330년 바사(Persia)를 정복함으로 다리오 3세를 마지막으로 바사(페르시아)는 망하고 만다.[143]

아람 왕 벤하닷(Ben-Hadad) 1세, 2세, 3세의 행적

열왕기상 · 하에 아람(Syria/Aram) 왕 벤하닷(Ben-Hadad)이 자주 등장한다. 벤하닷이라는 이름으로 1세, 2세 3세가 등장한다. 벤하닷 1세는 대략 B.C. 900-860에 아람을 통치했고 유다 왕 아사(Asa; B.C. 910-870)의 부탁을 받고 이스라엘 왕 바아사(Baasha; B.C. 908-886)를 공격한 왕이다(왕상 15:18-22). 벤하닷 2세는 대략 B.C. 860-843에 아람을 다스렸고 이스라엘 왕 아합(Ahab; B.C. 874-853)과 싸운 왕이다(왕상 20:1-34). 벤하닷 3세는 대략 B.C. 796-770에 아람을 다스렸고 계속적으로 이스라엘을 압박하였으나 요아스(Joash; B.C. 798-782)에 의해 퇴패된 왕이다(왕하 13:14-19).[144]

---

143 참조, Edwin R. Thiele, *The Mysterious Numbers of the Hebrew Kings*, pp. 227-228.

144 Derek Williams(ed.), "Ben-Hadad," *New Concise Bible Dictionary*, p. 57.

31

다 니 엘

Daniel | 총 12장

기록배경과 특징 (B.C. 530)

다니엘(Daniel)은 12장 357절로 구성되어 있다. 다니엘은 B.C. 605년 느부갓네살(Nebuchadnessar II세) 통치 때에 1차로 바벨론으로 잡혀간 유대 귀족 출신의 젊은이였다. 다니엘은 바벨론으로 잡혀 갈 때에 대략 16세였고 바벨론 포로 생활 70년 동안 계속 살아 있었다(단 1:4; 10:1) (NKJV의 다니엘서 소개부분에서 참고한 것임). 그는 포로 생활 초기에 바벨론 왕궁에서 높은 신하로 봉사했고 느부갓네살에게 조언을 할 수 있는 관리였다. 유대인으로 이방 나라의 총리 역할을 한 사람은 요셉(Joseph)과 다니엘(Daniel)이다. 요셉이 유대 나라 초창기에 애굽의 총리로서 유대인들의 생존을 책임진 것처럼(창 41:41), 다니엘은 유대 나라 소멸기에 바벨론의 총리로 하나님의 주권을 선포하였다(단 5:7). 그러나 느부갓네살의 계승자는 다니엘을 별로 주목하지 않았다. 다니엘의 친구들인 사드락(Shadrach), 메삭(Meshach), 아벳느고(Abed-Nego)는 우상을 숭배하지 않았기 때문에 평소보다 칠 배나 더 뜨거운 풀무불에 던져졌으나 하나님이 그들을 보호하셨다(단 3:19-27). 다니엘은 페르시아의 고레스 왕이 바벨론을 정복한 후(B.C. 539) 그의 통치 3년이 지날 때까지(B.C. 536) 살아 있었다(단 10:1 참조). 다니엘은 바사의 고관들의 모함에 빠져 사자 굴에 던져졌으나 하나님이 그를 보호하셨다(단 6:16-24). 다니엘은 이방인들과 유대인들에게 하나님의 영원한 목적과 현재 운영하시는 계획을 선포하는 예언자 역할을 했다. 다니엘은 이 당시 상당히 늙은 나이였다. 가이슬러(Geisler)는 다니엘이 80세를 향유했을 것으로 추정한다.[145] 다니엘은 많은 성경 인물 가운데 부정적인 기록이 전혀 없는 몇 안

---

145 노르만 가이슬러, 「구약성경개론」, 윤영탁 역 (서울: 엠마오, 1988), p. 403.

되는 사람 중의 한 사람이다. 다니엘 2:4-7:28은 아람어로 기록되어 있다.

요약(A Summary of Daniel)

다니엘서 1장 • 느부갓네살 왕의 통치 초기의 사건들을 다루고 있다. 여호야김(Jehoiakim)이 다스린 지 3년(B.C. 605년경)에 바벨론 왕 느부갓네살이 예루살렘을 공격해 왔다(단 1:1). 다니엘서 1장은 다니엘이 그의 친구 하나냐와 미사엘과 아사랴가 함께 바빌론으로 포로로 잡혀간 이야기를 기록한다. 환관장이 다니엘은 벨드사살(Belteshazzar), 하나냐는 사드락(Shadrach), 미사엘은 메삭(Meshach), 아사랴는 아벳느고(Abed-Nego)라고 이름을 고친다(단 1:1, 6-7). 다니엘이 이방나라 왕의 음식으로 자신을 더럽히지 않기 위해 환관장 아스부나스(Ashpenaz)의 허락 하에 열흘 동안 채식과 물만 마셨지만 왕의 진미를 먹은 다른 소년들 보다 더 좋아 보였다고 기록한다(단 1:8-16). 하나님께서 다니엘과 그의 세 친구에게 학문과 지혜를 주시고 특별히 다니엘에게는 모든 환상과 꿈을 깨달아 알도록 하셨다(단 1:17). 다니엘은 느부갓네살(Nebuchadnezzar II) 왕부터(B.C. 605-562) 고레스(Cyrus) 왕까지(B.C. 539-530) 궁중에서 왕을 섬긴다(단 1:21).

다니엘서 2장 • "느부갓네살이 다스린 지 2년이 되는 해에"(단 2:1, 개역개정) 꿈을 꾼 이야기가 나온다. 느부갓네살 왕이 꾼 꿈을 갈대아의 술사들이 해석하지 못하자 왕이 바벨론의 모든 지혜자들을 죽이라고 명한다(단 2:12). 왕의 근위대장 아리옥(Arioch)이 지혜자들을 죽이러 나갈 때 다니엘이 왕으로부터 약간의 말미를 얻은 후 그의 친구들인 하나냐, 미사엘, 아사랴에게 하나님께 기도할 것을 요청한다(단 2:17-18). 하나님께서 왕이 꾼 꿈의 내용을 다니엘에게 보여주시매 다니엘은 왕의 꿈을 해석해 준다(단 2:31-45). 이를 계기로 다니엘은 왕궁에 머물게 되었고, 사드락(하나냐), 메삭(미사엘), 아벳느고(아사랴)는 바벨론 지방을 다스리게 되었다(단 2:46-49).

다니엘서 3장 • 느부갓네살 왕이 금으로 자신의 신상을 만들고 바벨론의 모든 사람은 그 금 신상에게 절하게 하고 만약 누구든지 그 금 신상에 절하지 아니하면 맹렬히 타는 풀무불에 던지겠다고 명령했지만(단 3:1-7), 다니엘의 세 친구 사드락, 메삭, 아벳느고는 금 신상에게 절하지 아니한 기록이 나온다(단 3:12-14). 그 결과 다니엘의 세 친구는 평소보다 7배나 뜨거운 풀무불에 던져지나(단 3:19-23) 여호와 하나님의 간섭으로 그들은 구함을 받고 느부갓네살 왕은 "사드락 메삭 아벳느고의 하나님을 찬송할지로다"(단 3:28, 개역개정)라고 고백하게 된다.

다니엘서 4장 • 느부갓네살 왕이 큰 나무의 환상을 보고 다니엘이 그 환상의 뜻을 풀어 설명한다(단 4:10, 22-27). 느부갓네살이 본 나무는 곧 왕을 가리킨다. 처음에는 왕이 창대하게 될 것이지만 나중에는 왕이 사람에게서 쫓겨나서 들짐승과 함께 살며 소처럼 풀을 먹으며 하늘 이슬에 젖으면서 일곱 때를 지낼 것이라는 환상이다(단 4:22-25). "왕이 사람에게서 쫓겨나서 들짐승과 함께 살며 소처럼 풀을 먹으며 하늘 이슬에 젖을 것이요 이와 같이 일곱 때를 지낼 것이라 그때에 지극히 높으신 이가 사람의 나라를 다스리시며 자기의 뜻대로 그것을 누구에게든지 주시는 줄을 아시리이다"(단 4:25, 개역개정). 이 환상은 느부갓네살 왕에게 실제로 성취되었고(단 4:28-33) 일곱 때가 찬 후에 이전의 총명이 느부갓네살 왕에게 다시 돌아오매 느부갓네살 왕은 하나님을 찬양한다(단 4:34-37).

다니엘서 5장 • 벨사살(Belshazzar)은 바벨론 제국의 마지막 왕으로 B.C. 548-539 동안 바벨론을 통치한다. 다니엘서 5장은 벨사살 통치 말기의 비극적인 이야기를 전하고 있다. 벨사살 왕이 예루살렘 성전에서 탈취해 온 금 그릇으로 고관들과 술을 마시자, 사람의 손가락들이 나타나 석회벽에 글을 쓰는데 아무도 그 글이 무엇인지를 알지 못했다(단 5:5-9). 그런데 다니엘(벨드사살)이 그 글은 "메네 메네 데겔 우바르신"(MENE, MENE, TEKEL, UPHARSIN)이라고 말하고 그 뜻을 해석한다(단 5:25). 다니엘은 메네는 하나님이 왕의 나라를 끝나게 하셨다는 뜻이요(God has numbered thy kingdom and has finished it.), 데겔은 하나님이 왕을 저울에 달아 보니 부족함을 보였다는 뜻이요(Thou art weighed in the balances and art found too light.), 베레스는 왕의 나라가 나누어져서 메대와 바사 사람에게 준 바 되었다(The meaning is not that the kingdom was to be divided into two equal parts, but is to (be) divide(d) into pieces, to destroy, to dissolve the kingdom.)는 뜻이라고 해석한다(단 5:26-28). 다니엘은 처음에 복수형인 "우바르신"을 사용하고, 나중에 단수형인 "베레스"를 사용하여 해석한다.[146] 벨사살(Belshazzar) 왕은 다니엘이 그의 꿈을 해석하고 지식과 총명함이 남다름을 알고 다니엘을 "나라의 셋째 통치자"(단 5:16, 29)로 삼는다. 다니엘을 "셋째 통치자"로 삼은 것은 그의 아버지 나보니더스(Nabonidus)가 첫째 통치자요, 자신이 둘째 통치자였기 때문에 다니엘을 셋째 통치자로 부른 것이다. 갈대아 왕 벨사살은 그날 밤에 죽임을 당하였다(단 5:30). 히브리어 구약 성경은 다니엘 5:31을 다니엘 6:1에 속한 것으로 배열했다. (그러나 KJV, NKJV, NRSV, NIV, 칠십인경 성경[LXX], 현대어 헬라어 성경, 한글 개역, 한글 개역개정 등은 히브리어 성경을 따르지 않고 그대로 다니엘 5장의 마지막 절인 31절로 배열했다). 그러나 여기서는 다니엘 5:31을 다니엘 6:1과 함께 다루기로 한다.

다니엘서 6장 • "메대 사람 다리오(Darius the Mede)가 나라를 얻었는데 그때에 다리오는 육십이 세였더라"(단 5:31)에 이어 "다리오가 자기

---

146   C. F. Keil, *Biblical Commentary on the Book of Daniel* (Grand Rapids: Eerdmans, 1971), p. 189.

의 뜻대로 고관 120명을 세워 전국을 통치하게 하고 또 그들 위에 총리 셋을 두었으니 다니엘이 그중의 하나이라"(단 6:1-2, 개역개정)로 시작한다. 본 구절의 "메대 사람 다리오"(단 5:31; 6:1)는 스룹바벨 성전을 B.C. 516년에 완공한 다리오 1세 히스타스피스(Darius 1, Hystaspis)와는 다른 사람이다. 다리오 1세 히스타스피스는 고레스(Cyrus: B.C. 539-530)와 캄비세스(Cambyses: B.C. 530-522)와 가우마타(Gaumata 혹은 Smerdis로도 지칭함: B.C. 522년 잠시)를 이어 바사(Persia)를 통치(B.C. 522-486)한 왕이다. 만약 "메대 사람 다리오"(단 5:31)가 다리오 1세 히스타스피스와 같은 사람이라면 그는 B.C. 522년 62세의 나이로 나라를 얻은 것이다. 그런데 고레스가 바벨론의 벨사살 왕 때에 바벨론을 멸망시키고 메대와 바사 왕국을 세운 해는 B.C. 539년이다(단 5:1; 7:1; 8:1 참조). 그런데 다니엘 5:30은 "그날 밤에 갈대아 왕 벨사살이 죽임을 당하였고"라고 말한 직후 "메대 사람 다리오가 나라를 얻었는데"(단 5:31)라고 기록한 것으로 보아 이 두 구절은 메대와 바사의 연합군에 의해 바벨론이 망한 상황을 암시하고 있다.[147] 그러므로 "메대 사람 다리오"(단 5:31)는 B.C. 522-486년 어간에 바사(페르시아)를 통치한 다리오 1세 히스타스피스와 동일한 인물이 될 수 없다.

또한 다니엘 6:2은 메대 사람 다리오가 다니엘을 총리 셋 중의 하나로 임명했다고 전한다. 다니엘 1:4은 다니엘이 B.C. 605년 느부갓네살 왕에 의해 제1차로 바벨론으로 잡혀갈 때에 "소년"이었다고 전한다. 학자들은 다니엘(Daniel)이 바벨론(Babylon)으로 잡혀 갈 때에 대략 16세였고 바벨론 포로 생활 70년 동안 계속 살아 있었다(단 1:4; 10:1)고 주장한다(NKJV의 다니엘서 소개부분에서 참고한 것임). 그렇다면 B.C. 605년에

---

147 알프레드 J. 허트(Hoerth) 외 2인 편집, 「고대 근동 문화(B.C. 3,000년경-B.C. 323년)」, p. 91 참조; 이안 프로반 외 2인, 「이스라엘의 성경적 역사」, p. 580 참조.

16세인 다니엘은 다리오 1세 히스타스피스가 왕위에 오른 B.C. 522년
에는 99세의 노인이 되는 것이다(605-522=83+16=99). 그러므로 "메대 사
람 다리오"가 나라를 얻을 때 99세 된 다니엘을 세 사람의 총리 중 한
사람으로 임명했을 리 없다.

그러면 "메대 사람 다리오"는 누구인가? 윗트콤(Whitcomb)은 설형문
자(cuneiform)의 자료들을 근거로 두 사람의 이름을 제시한다. 그들은 나
보니더스 연대기(Nabonidus Chronicle)에도 언급된 우그바루(Ugbaru)와 구
바루(Gubaru)이다. 윌슨(Wilson)은 "지금까지 언급한 모든 사실들에 비추
어 볼 때 우리는 "메대 사람 다리오"(단 5:31)가 왕이 되기 전 어떤 다른
이름으로 알려졌을 개연성이 확실하다고 결론내릴 수 있다. 만약 우리
가 왕이 되기 전 이름을 우그바루(Ugbaru or Gobryas)라고 추정한다면, 우
리는 그의 역사가 고레스(Cyrus)의 씨린더(Cylinder)와 쎄노폰(Xenophon)의
싸이로피디아(Cyropaedia)와 그리고 다니엘서에 언급된 한 사람(역자 제공:
메대 사람 다리오)이 그 자체로 뿐만 아니라 모든 자료에 드러난 모든 정
보와도 완전하게 일치함을 알 수 있다"라고 "메대 사람 다리오"의 다
른 이름이 우그바루라고 정리한다.[148]

그런데 앨리스(Allis)와 해리슨(Harrison)은 우그바루 대신 구바루를
"메대 사람 다리오"로 생각한다. 왜냐하면 우그바루는 구티움의 총독
(the governor of Gutium)으로 B.C. 539년 바벨론의 멸망과 연계된 인물
임에는 틀림없지만 전쟁 중에 얻은 상처 때문에 얼마 후에 죽었기 때
문이다. 그러나 구바루는 고레스왕이 바벨론을 멸망시킨 후 "바벨론
과 그 너머 지역"을 통치하도록 임명했다는 기록이 수많은 설형문자
의 본문에 언급되어 있다. 그러므로 "메대 사람 다리오"는 고레스 왕이

---

148 Robert Dick Wilson, *Studies in the Book of Daniel* (Grand Rapids: Baker, 1979), pp.
229-230.

"바벨론과 그 너머 지역"을 통치하도록 임명한 구바루일 개연성이 크다.[149] 구바루는 바벨론을 점령하는데 큰 역할을 했다. 고레스 휘하의 구바루는 B.C. 539년 10월 12일에 바벨론을 무혈점령하는데 성공하고 고레스는 10월 29일에 바벨론에 입성했다.[150]

메대와 바사가 연합하여 바벨론을 멸망시키고 B.C. 539에 바사를 건설한다. B.C. 539년경에 다니엘의 나이는 대략 82세 정도 되었다 (605-539=66+16=82). 이 경우 학자들이 다니엘이 바벨론으로 잡혀 갈 때의 나이를 16세로 잡고 70년 동안 살아 있었다고 추정하는 나이와 거의 일치한다. 우리는 또한 다니엘 6:28에 "이 다니엘이 다리오 왕의 시대와 바사 사람 고레스 왕의 시대에 형통하였더라"(단 6:28, 개역개정)라고 말한 내용에 주목할 필요가 있다. 이 말씀은 다리오를 먼저 언급하고 그 다음으로 고레스를 언급한다. 만약 "메대 사람 다리오"가 다리오 1세 히스타스피스였다면 다니엘 6:28은 "고레스 왕의 시대와 다리오 왕의 시대"라고 순서를 바꾸어 읽는 것이 정상적인 것일 것이다. 그러므로 "메대 사람 다리오"는 고레스 왕의 시대에 활동한 구바루일 가능성이 크다.

다니엘의 대적들은 다니엘을 고발하기위해 왕의 신상을 만들어 30일 동안 그 신상에게만 절하고 다른 신에게 절하면 사자 굴에 넣도록 왕의 조서를 얻어낸 것이다(단 6:7). 그러나 다니엘은 왕의 조서가 반포된 것을 알면서도 "자기 집에 돌아가서는 윗방에 올라가 예루살렘으로 향한 창문을 열고 전에 하던 대로 하루 세 번씩 무릎을 꿇고 기도하며 그의 하나님께 감사하였다"(단 6:10, 개역개정). 왕은 다니엘의 대적자들의

---

149 See, Oswald T. Allis, *The Old Testament its Claims and Its Critics*, p. 125.; R. K. Harrison, *Introduction to the Old Testament*, p. 1122.

150 윤영탁, 「학개」, pp. 53-54.

꼬임에 넘어가 할 수 없이 다니엘을 사자 굴에 넣을 수밖에 없었지만 "네가 항상 섬기는 너의 하나님이 너를 구원하시리라"(단 6:16)라는 말로 다니엘을 아끼는 마음을 표현한다. 다니엘은 여호와 하나님을 믿는 신앙 때문에 사자 굴에 들어갔으나 하나님이 다니엘을 사자 굴에서 보호하신다(단 6:10-20). 그 결과 왕은 다니엘을 참소한 사람들을 사자 굴에 넣어 사자의 밥이 되게 하였다(단 6:24).

다니엘서 7장 • 벨사살(Belshazzar) 원년(B.C. 548)에 다니엘이 본 네 짐승에 대한 환상을 담고 있다(단 7:1-8). "그 네 큰 짐승은 세상에 일어날 네 왕이라"(단 7:17). 첫째 짐승인 사자는 바빌론(Babylon)을 가리키며, 둘째 짐승인 곰은 바사(Persia), 셋째 짐승인 표범은 그리스(Greece), 넷째 짐승인 '전의 모든 짐승과 다른 짐승'은 로마(Rome)를 가리킨다. 다니엘은 또 "인자 같은 이가 하늘 구름을 타고 오는"(단 7:13) 환상을 본다. "인자 같은 이"(One like the Son of Man)는 사람의 모습으로 오실 메시야(Messiah)를 가리키고 실제로 예수님께서 자신을 가리켜 "인자"라고 적용하셨다(마 25:31; 26:24; 막 10:45; 눅 17:24).[151]

다니엘서 8장 • 벨사살 왕 제3년에 수산(Shushan) 성 을래강(the River Ulai)변에서 다니엘이 숫양과 숫염소의 환상을 보고(단 8:1-14) 가브리엘 천사가 그 환상의 뜻을 다니엘에게 가르쳐 준 내용을 소개한다(단 8:15-27). "두 뿔 가진 숫양"은 메대(Media)와 바사(Persia) 왕들이요, 털이 많은 숫 염소는 헬라(Greece) 왕을 가리킨다(단 8:20-21).

다니엘서 9장 • 다니엘서에서 해석하기가 가장 복잡한 환상을 기록하고 있다. 먼저 다니엘서 9:1은 "메대 족속 아하수에로의 아들 다리오가 갈대아 나라 왕으로 세움을 받던 첫 해"라고 시작한다. 여기 언

---

151 E. J. Young, *The Prophecy of Daniel* (Grand Rapids: Eerdmans, 1970), pp. 154-155.

급된 아하수에로는 에스더(Esther)를 왕후로 맞이한 아하수에로 크세르크세스(Ahasuerus Xerxes I)가 아니다. 에스더를 왕후로 맞이한 아하수에로 크세르크세스 왕은 B.C. 486-465년 동안 바사를 통치한 왕이다. 영(Young)은 본 절의 아하수에로(Ahasuerus)가 누구인지는 알 수 없다고 해석한다.[152] 다니엘은 책을 통해 "예루살렘의 황폐함이 70년 만에 그치리라"(단 9:2)는 여호와의 말씀을 받는다. 그리고 다니엘서 9:3-19은 다니엘의 기도를 기록하고 있으며, 그리고 다니엘서 9:20-27은 일흔 이레(sevens or weeks)에 관한 환상과 예언을 소개한다. 그런데 일흔 이레는 일곱 이레와 예순두 이레 그리고 한 이레로 나누어져 설명되고 있다(단 9:25-27).

다니엘서 10장 • 바사와 고레스(Cyrus) 제3년에 벨드사살(Belteshazzar)이라는 다니엘이 환상을 받은 사실로 시작한다. 다니엘이 여기서 제3인칭으로 자신을 소개한 이유는 이 구절이 자신이 받은 계시의 서문과 같은 일반적 도입부분에 해당되기 때문이다. 그리고 다니엘이 자신의 바벨론 이름인 벨드사살을 여기서 소개한 이유는 바벨론이 이미 폐망했기 때문에 자신이 누구인지 정체성을 밝히기 위해서이다.[153] 그리고 다니엘서 10장은 다니엘이 받은 하나님의 비전(단 10:4-8)과 신적 존재인 "인자와 같은 이"(단 10:16)를 만나는 사건을 기록한다.

다니엘서 11장 • 바사 왕국에 고레스 이후 네 왕, 즉 1. 캄비세스(Cambyses), 2. 스메르디스(Smerdis), 3. 다리우스 히스타스피스(Darius Hystaspis), 4. 크세르크세스 1세(아하수에로: Ahasuerus Xerxes I세를 가리킴)등

---

152 Young, *The Prophecy of Daniel*, p. 183.

153 Young, *The Prophecy of Daniel*, p. 223.

의 왕들이 등장할 환상을 다니엘이 본다(단 11:2).[154] 칼빈(Calvin)은 스메르디스(혹은 가우마타) 왕(B.C. 522통치)을 협잡꾼(impostor)으로 생각하여 네왕 중에 포함시키지 않는다. 그래서 칼빈은 네 왕을 고레스 왕을 시작으로 1. 고레스(Cyrus), 2. 캄비세스, 3. 다리우스 히스타스피스(Darius Hystaspis), 4. 크세르크세스 1세(Xerxes)라고 해석한다.[155] 크세르크세스 1세는 아하수에로(Ahasuerus Xerxes I, B.C. 486-465)로 에스더(Esther)를 왕후로 맞이한 왕이다(에 1:1; 2:16-18). 칼빈의 견해가 더 타당한 것으로 생각된다. 그리고 다니엘 11장은 알렉산더 대왕을 가리키는 "한 능력 있는 왕"(단 11:3)의 등장과 그의 왕국이 분열될 환상(단 11:4)과 남방 왕과 북방 왕 사이의 전쟁(단 11:5-20)과 안티오커스 에피파네(Antiochus Epiphanes)의 등장(단 11:21-24)[156]과 남방 왕과 북방 왕의 전쟁(단 11:25-35)과 그리고 하나님의 대적의 오만함과 최종 전투에서 패망하게 될 예언을 기록한다(단 11:36-45). 영(Young)은 "적그리스도의 종말은 철저하게 정리될 것인데 그것은 하늘로부터 확실하게 임하실 하나님의 아들의 영광스런 재림 때문이다."[157]

다니엘서 12장 • 이스라엘 백성의 최종적인 구원(단 12:1-3)과 여호와 하나님이 보여주신 계시(단 10:2-12:3)를 봉함하라는 명령(단 12:4)과 그리고 계시가 결국 어떻게 될 것인지를 상징적으로 설명하는 내용(단 12:5-13)이 기록되어 있다.

---

154 Young, *The Prophecy of Daniel*, p. 232.

155 cf. C. F. Keil, *Biblical Commentary on the Book of Daniel*, p. 430.

156 Young, *The Prophecy of Daniel*, p. 241.

157 Young, *The Prophecy of Daniel*, p. 253: "His end will be complete, apparently brought about by the glorious return of the Son of God from heaven.

느부갓네살이 왜 벨사살의 부친으로 기록되었는가?

느부갓네살은 B.C. 605-562 기간 동안 바벨론을 통치했고, 벨사살은 B.C. 548-539 기간 동안 바벨론을 통치했다. 벨사살의 아버지는 나보니더스(Nabonidus: B.C. 556-539)이다. 벨사살 왕과 나보니더스의 통치 기간이 상당기간 겹치는 것은 아버지 나보니더스가 아들 벨사살에게 섭정을 허락했기 때문이다. 그런데 다니엘서 5:2, 11, 13, 18, 22에 느부갓네살이 벨사살의 부친으로 언급된 것은 "후손"을 "아들"로 통칭하는 그 당시 셈족 언어의 일반적 용례를 따른 것이다. 벨사살이 다니엘을 "나라의 셋째 통치자"(단 5:16, 29)로 삼은 것은 아버지 나보니더스가 첫째 통치자요, 자신이 둘째 통치자였기 때문에 다니엘을 셋째 통치자로 부른 것이다.

스룹바벨 성전의 완공과 관련된 난해한 성구들

다리오 히스타스피스(Darius Hystaspis) 왕이 메대(Media)도 악메다(Achmetha) 궁성에서 고레스 왕의 조서가 담긴 한 두루마리를 발견한다(스 6:2-5). 그 두루마리에 고레스(Cyrus) 왕이 예루살렘 성전 건축을 허락하는 칙령의 내용이 나타난다. 악메다는 하마단을 가리킨다(스 6:2). 하마단은 현재 이란의 수도 테헤란에서 서남쪽으로 337km 떨어져 있는 곳으로 옛 페르시아의 제3수도(여름궁전)였다. 하마단의 발굴에서 에스더와 모르드개의 무덤이 발견되었다. 에스더의 남편인 아하수에로 1세는 다리오 왕(Darius Hystaspis)의 아들이다. 아하수에로의 다른 이름은 크세르크세스 1세(Xerxes)이다. 하마단에서 서쪽으로 5km 떨어진 아바스아바드 계곡에 다리오 1세 히스타스피스와 아하수에로 크세르크세스 1세의 돌 비문이 있다. 아하수에로 크세르크세스 1세의 비문에 "많은 왕 가운데 뛰어난 왕, 많은 통치자 가운데 뛰어난 통치자, 나는 위대한 왕 크세르크세스다. 왕 중의 왕이며 수많은 거민이 있는 땅의 왕, 끝없는 경계의 거대한 왕국의 왕 아케메네스의 군주 다리우스(다리오)의 아들이다"라는 글이 적혀 있다.

이처럼 고레스 왕(King Cyrus, B.C. 539-530)은 성전 재건 칙령(B.C. 538, 스 1:1-3)을 내린다. "고레스 왕은 그의 통치 하에 있는 민족들의 종교나 종교적 관습을 존중하는 관대한 정책을 편 것으로 나타났다."(윤영탁, 알기 쉬운 구약 학개서 해설, 2016, p. 59). 고레스의 등극과 승리는 이사야 44:28과 이사야 45:1-4의 예언을 성취한 것이다. 스룹바벨 성전 건축은 반대자들의 방해로 말미암아 약 15년 동안 중단된 상태였다. 에스라 4:5은 "바사 왕 고레스의 시대부터 바사 왕 다리오가 즉위할 때까지 관리들에게 뇌물을 주어 그 계획(성전 건축)을 막았으며"(개역개정)로 읽는다. 이 기간은 성전 건축이 중단된 약 15년의 기간으로 그 기간은 B.C. 534년(성전 재건 중단)부터 B.C. 520년(성전 재건 재개)까지의 기간이다.

그런데 에스라 4:6은 "아하수에로가 즉위할 때(B.C. 486-465)에 그들이 글을 올려 유다와 예루살렘 주민을 고발하니라"(개역개정)라고 읽는다. 아하수에로(Ahasuerus Xerxes) 왕은 B.C. 486에 즉위한 왕으로 에스더(Esther)를 왕후로 세운 왕이다(에 2:16-18). 그렇다면 성전이 이미 다리오 왕(B.C. 522-486) 시대인 B.C. 520에 성전 건설이 재개되고 성전이 B.C. 516년 3월 12일에 완공되었는데 훨씬 후대인 아하수에로 시대에 유다와 베냐민의 대적들이 성전 건축과 관계하여 왜 유다와 예루살렘 주민을 고발했겠는가?(스 4:6). 또한 아하수에로 왕의 후계자인 아닥사스다 왕(B.C. 465-424)이 성전 공사를 그치게 하는 조서를 내렸다고 기술한다(스 4:23). 그리고 에스라 4:24은 하나님의 성전 공사가 바사 왕 다리오 제2년까지 중단되었다고 기술한다. 그렇다면 B.C. 516년 3월 12일(다리오 왕 6년, 스 6:15) 스룹바벨 성전이 이미 완공되었는데 어떻게 다리오 왕의 후대의 왕인 아닥사스다(Artaxerxes) 왕이 성전 공사를 그치게 하는 조서를 내릴 수 있는가?

에스라 6:14-15은 다음과 같이 읽는다. "유다 사람의 장로들이 선지자 학개와 잇도의 손자 스가랴의 권면을 따랐으므로 성전 건축하는 일이 형통한지라 이스라엘 하나님의 명령과 바사 왕 고레스와 다리오와 아닥사스다의 조서를 따라 성전을 건축하며 일을 끝내되 다리오 왕 제 육년 아달 월 삼 일(B.C. 516년 3월 12일)에 성전 일을 끝내니라."(개역개정). 아닥사스다 1세(Artaxerxes, B.C. 465-424)는 에스라와 느헤미야의 귀환을 도와 예루살렘 성을 수축하게 한 왕이다. 에스라는 이때에 학사 겸 제사장이었다(스 7:12). 이때 비슬람(Bishlam), 미드르닷(Mithredath), 다브엘(Tabel), 르훔(Rehum), 심새(Shimshai)등이 예루살렘 성벽 건축을 방해하였다(스 4:7-23; 7:1-8:36; 느 2:1-20).

가장 가능한 해석은 다음과 같다. 비록 스룹바벨 성전이 다리오 왕 통치 시기인 B.C. 516년에 이미 완성되었지만 예루살렘 성곽 건축은 계속되었을 수 있고 또한 아닥사스다 왕(B.C. 465-424)은 비록 후대의 왕이긴 하지만 유대인의 귀환과 정착에 많은 기여를 한 왕이다(참조. 스 4:5-7, 7장-8장). 그리고 에스라와 느헤미야가 아닥사스다 왕이 통치하던 시기 B.C. 440년에 에스라서와 느헤미야서를 기록했기 때문에 아닥사스다 왕을 자연스럽게 포함시켰을 가능성이 크다.

다니엘 6:28이 왜 다리오 왕을 먼저 언급하고 고레스 왕을 나중에 언급했는가?

고레스 왕(Cyrus, B.C. 539-530)이 B.C. 530년 전쟁터에서 사망하자 그의 아들 캄비세스(Cambyses)가 B.C. 529-522 기간 동안 페르시아(Persia)를 통치한다. 그 후에 다리오 히스타스피스(King Darius, Hystaspis, B.C. 522-486)가 왕위에 오른다(스 1:1, 7, 12; 6:6-15). 페르시아 초창기의 왕들은 고레스, 캄비세스, 다리오의 순서로 이어간다. 학개(Haggai)와 스가랴(Zechariah)가 다리오 히스타스피스 왕 통치 때에 사역했다. 학개 1:1은 "다리오 왕 제이 년 여섯째 달"로 기록하고, 스가랴 1:1은 "다리오 왕 제이 년 여덟째 달"로 기록한다. 그런데 한 가지 주목할 사항은 다니엘 6:28이 "이 다니엘이 다리오 왕의 시대와 바사 사람 고레스 왕의 시대에 형통하였더라"라고 다리오 왕을 먼저 언급하고 고레스 왕을 나중에 언급한 사실이다. 여기 언급된 다리오는 다리오 히스타스피스(B.C. 522-486 통치)인 다리오 1세로 사료된다. 다리오 1세(다리오 히스타스피스)는 고레스왕(Cyrus, B.C. 539-530)의 후계자이지 그의 조상이 아님은 확실하다. 다니엘서가 다리오와 고레스의 순서를 바꾼 것은 다니엘이 다리오 왕 시대에 더 활발히 활동했기 때문일 수 있다.

다니엘 5:31과 다니엘 6:1의 다리오는 누구인가?

다리오의 이름과 관련하여 또 한 가지 난해한 사실은 다니엘 5:30-31에 "그날 밤에 갈대아 왕 벨사살이 죽임을 당하고 메데 사람 다리오가 나라를 얻었는데 때에 다리오는 육십이 세였더라"(개역개정)는 기록이다. 이 구절은 다리오가 왕위에 오를 때 62세였다는 뜻이다. 그런데 벨사살(Belshazzar)은 B.C. 547-539년 기간 동안 바벨론을 통치했다. 벨사살 왕 때에 바빌론이 망하고 나라를 얻은 인물은 사실상 고레스(B.C. 539-530)인데, 다니엘 5:30-31은 "벨사살이 죽임을 당하고 메대 사람 다리오가 나라를 얻었다"고 기록한다. 다리오 히스타스피스 왕은 B.C. 522-486 기간 동안 페르시아를 통치했으니 왕위에 오를 때 62세가 되려면 B.C. 584년에 출생하여야 한다(522+62=584). 그런데 B.C. 584년은 남유다가 바빌론 왕 느브갓네살에게 멸망(B.C. 586)한 직후이기 때문에 바벨론 통치의 시작이지 끝이 아니다. 따라서 다니엘 5:31과 다니엘 6:1-2에 언급된 다리오는 다리오 히스타스피스가 아님이 확실하다. 다리오 히스타스피스 왕은 B.C. 520년 성전 재개를 명한 왕이다.

또한 다른 관점으로 계산을 해도 메대 사람 다리오(단 5:31)는 다리오 히스타스피스(다리오 1세)와 동일 인물일 수 없다. 메대 사람 다리오가 나라를 얻을 때를 바벨론 멸망의 해인 B.C. 539과 연계시켜 고찰해보자. 바벨론이 고레스에 의해 멸망한 해는 B.C. 539이다. 따라서 메대 사람 다리오가 나라를 얻을 때 62세였으니 메대 사람 다리오는 B.C. 601/600년에 태어난 것으로 추정된다(539+62=601). 하지만 우리가 알고 있는 스룹바벨 성전을 재건(B.C. 516년 3월 12일 완성)하도록 도운 다리오 1세(다리오 히스타스피스)는 B.C. 522-486년 사이에 바사를 통치했으니 메대 사람 다리오(단 5:31; 6:1-2)가 다리오 히스타스피스(다리오 1세)와 같은 사람이라면 다리오 1세는 그의 통치원년에 이미 79세가 되는 셈이다 (601-522=79). 그러므로 "메데 사람 다리오"(단 5:31; 6:1-2)는 다리오 히스타스피스 1세가 아니다.

그러면 다니엘 5:31에 언급된 "메대 사람 다리오"는 누구인가? 아마도 고레스 왕이 바빌론을 정복하고 잠시 통치자로 임명한 고레스 왕의 신하로 원래 이름이 구바루(Gubaru)일 가능성이 크다. 구바루는 고레스가 임명한 총독으로 나보니두스 연대기와 설형문자에 언급된 인

물이다.[158]

바사의 고레스(Cyrus) 왕으로부터 스룹바벨(Zerubbabel) 성전의 완성까지의 연대

B.C. 539-330 페르시아(Persia) 시대로 고레스 왕의 통치를 시작(B.C. 539)으로 페르시아 왕국이 알렉산더 대왕(Alexander the Great)에 의해 패망할 때(B.C. 330)까지의 기간이다.

B.C. 539-530 고레스 왕(Cyrus of Persia)의 통치 기간이다. 고레스 왕은 왕위에 오른 다음 해인 B.C. 538년에 성전 재건 칙령(Edict of Reconstruction of the Temple, 스 1:1-2)을 선포한다. 바사 왕 고레스는 "하늘의 하나님 여호와께서 세상 모든 나라를 내게 주셨고 나에게 명령하사 유다 예루살렘에 성전을 건축하라"(스 1:2, 개역개정)고 하셨다고 말하고 성전 재건 칙령을 선포한다.

B.C. 536 예수아(Jeshua)와 스룹바벨(Zerubbabel) 주도하에 성전 재건이 시작된다(스룹바벨은 총독 세스바살과 동일인임; 스 3:1-13; 5:14; Temple Reconstruction Began).

B.C. 534 성전 재건이 약 15년간 중단된다(Temple Construction Halted). 성전이 고레스 왕 때에 중단되고(B.C. 534) 15년이 지난 후 B.C. 520년 다리오 왕(Darius Hystaspis)에 의해 성전 재건이 다시 시작되고 4년 후인 다리오 왕 6년(B.C. 516)에 완공된다.

B.C. 530 고레스 왕은 약 9년간 바사를 통치하고 전쟁터에서 사망

---

158 Oswald T. Allis, *The Old Testament: Its Claims and its Critics*, p 125.

한다(헤로도투스에 의하면).[159] 고레스 왕은 고대의 통치자에게 요구되었던 용감하고 대담무쌍한 성격과 관용적인 성격을 가진 위대한 지도자였다.[160]

B.C. 529-522은 캄비세스(Cambyses)왕의 통치 기간이다. 캄비세스는 고레스 왕의 아들이다. 캄비세스는 B.C. 525년에 이집트를 정복하여 이집트의 왕이 되었고 그곳에서 522년까지 재위의 대부분을 보냈다.[161]

B.C. 522 가우마타(Gaumata: 죽은 Smerdis를 지칭함)는 고레스 왕의 다른 아들로 바사(Persia)를 잠시 통치하고 다리오 1세 히스타스피스에 의해 암살된다.

B.C. 522-486 다리오 1세 히스타스피스(Darius, Hystaspis) 통치 기간. 고레스 왕이 B.C. 534년 중단시킨 성전 건축을 B.C. 520 다리오 1세 히스타스피스가 성전건축을 재개한다(Construction Resumes by King Darius). 약 15년 동안 중단된 성전 건축이 다리오 1세 왕의 허락으로 성전 건축이 재개된다(스 4:24; 스 6:6-15).

B.C. 516년 3월 12일 다리오(Darius Hystaspis) 왕 6년에 스룹바벨 성전 재건이 완성된다(Completion of the Zerubbabel Temple). "다리오 왕 제육년 아달 월 삼 일에 성전 일을 끝내니라"(스 6:15).

B.C. 515-450 성전 완성(B.C. 516) 직후부터 유대인의 행적이 전무(No activities of Jews after the completion of the Zerubbabel Temple). 다리우스 1세 히스타스피스는 B.C. 490년 무모하게 그리스(Greece)를 침공하여 아

---

159 Cf. Marc Van De Mieroop, *A History of the Ancient Near East*, 김구원 역, p. 417.

160 *The New Encyclopaedia Britannica*, Vol. 3, p. 831.

161 cf. 미에룹, 고대 근동 역사, p. 417. Iain Provan, V. Philips Long, Tremper Longman III, *A Biblical History of Israel*, 김구원 역, p. 596.

테네 동북의 마라톤 평원에서 싸웠지만 다리우스 1세는 이 전쟁에서 패배하고 만다. 이 전쟁을 역사는 마라톤(Marathon) 전쟁이라 부르고 다리우스는 B.C. 486년 사망한다.

32

학개

Haggai | 총 2장

기록배경과 특징(B.C. 520)

학개(Haggai)는 2장 38절로 되어 있다. 학개 선지자가 사역한 기간은 "다리오 왕 제이 년 여섯째 달 곧 그달 초하루"(학 1:1)부터 "다리오 왕 제이 년 아홉째 달 이십사 일"(학 2:10)까지 약 4개월 정도이다. 학개 선지자의 사역기간은 다른 선지자들의 사역기간에 비하면 대단히 짧다.[162] 여기 다리오 왕은 다리오 1세 히스타스피스(Darius Hystaspis: B.C. 522-486)를 가리킨다. 학개서는 예루살렘에서 기록된 것으로 추정되며, 기록연대는 학개가 여호와의 말씀을 두 번째 받은 B.C. 520년 12월경으로 추정할 수 있다(학 2:10 참조). 학개는 백성들이 하나님의 성전 건축하는 일을 소홀히 하자(학 1:2), 하나님의 성전을 건축하는 일이 최고의 우선순위가 되어야 한다고 강조한다(학 1:8). 성전 재건은 B.C. 538년 고레스(Cyrus) 왕의 성전 재건 칙령이 발표된 후 B.C. 536년에 성전 재건이 시작된다. 그런데 성전 재건 역사는 산발랏(Sanballat)과 도비야(Tobiah) 등의 반대(느 2:10; 6:1-2)와 르훔(Rehum)과 심새(Shimshai) 등의 반대로(스 4:7-16) B.C. 534년에 중단되고 만다(15년간 중단됨). 그 후 B.C. 522년에 다리오 히스타스피스 왕이 등극하게 되고 B.C. 520년 성전 건설이 재개된다. 그리고 스룹바벨 성전(제2성전)은 B.C. 516년 3월 12일 완성된다. 스룹바벨 성전은 거의 500년 동안 존속함으로 솔로몬 성전이나 헤롯 성전보다 더 오래 존속하였다(스 6:16-22).[163]

학개서는 4편의 설교로 되어 있다. 학개서는 흐트러진 유대 공동체를 굳건하게 세우고, 성전 재건을 위해 계속 힘쓰라는 권고이다. 하나

---

162 윤영탁,「알기 쉬운 구약 학개서」, (수원: 합동신학대학원출판부, 2016), p. 11.

163 윤영탁,「알기 쉬운 구약 학개서」, p. 120.

님은 제2성전 재건 공사가 중단된 상황에서 선지자 학개와 스가랴를 부르셨다. 성전 재건 이전에 백성들의 마음이 바로 되어야할 것을 권면하고 그 결과 하나님의 영광이 재건된 성전 위에 충만히 임하였다. 학개서는 오바댜(Obadiah) 다음으로 구약에서 분량이 가장 적은 책이지만 학개서의 교훈은 대단히 중요하다. 학개 선지자는 불순종의 결과(학 1:6, 11; 2:16-17)와 순종의 결과(학 2:7-9, 19)를 선명하게 보여줌으로 이스라엘 백성들에게 여호와 하나님께 순종하라고 권면한다.

무어(Moore)가 남긴 다음의 말은 학개의 심정을 잘 묘사해 준다. "학개의 스타일은 그의 여러 가지 메시지의 성격에 적용된다. 그가 권면할 때는 연민의 정으로 하고 때로는 부드러움을 잃지 않는다. 그가 책망할 때는 불타는 엄격함으로 한다. 그리고 그가 장엄한 미래를 내다 볼 때는 그는 시적인 열정으로 점화시킨다."[164]

---

164 T. V. Moore, *Haggai and Malachi* (*The Geneva Series of Commentaries*) (Carlisle: The Banner of Truth Trust, 1974), p. 52.: "The style of Haggai is adapted to the nature of his various messages. When he exhorts, it is with pathos and sometimes with tenderness; when he reproves, it is with burning severity; and when he looks forward to the magnificent future, he kindles into a poetic fervor."

학개서는 학개가 받은 4개의 메시지를 전한다. 첫째 메시지는 학개 1:1-15이요, 둘째 메시지는 학개 2:1-9이며, 셋째 메시지는 학개 2:10-19이며, 그리고 넷째 메시지는 학개 2:20-23이다. 주목할 것은 이 4개의 메시지 시작 부분에 계시를 받은 시기가 명시되어 있다는 점이다.

제2성전 완공(학개 1:1-15 The Command to build God's House)

첫째 메시지를 받은 시기는 "다리오 왕 제이 년 여섯째 달 곧 그달 초하루"(학 1:1)이다. 이 때는 B.C. 520년 여섯째 달(오늘의 8월) 초하루를 가리킨다. "매달 첫날은 '월삭'이라 하여 이스라엘 백성들이 하나님께 자신들을 헌신하며 나팔을 불고 제물을 바치면서 기뻐하는 날이다"(참조, 민 10:10; 28:11-15).[165]

건축되어야 할 성전(학개 1:1-11 The Lord's House should be built)

본 단락은 다리오(Darius) 왕 제이 년 여섯째 달 초하루에 학개가 받은 계시로 이스라엘 백성들이 "여호와의 전을 건축할 시기가 이르지 아니하였다"(학 1:2)고 생각하면서 여호와의 전 건축은 지연시키고 자신들의 집을 짓는 일은 열심을 내고 있을 때(학 1:9) 여호와께서 학개 선지자를 통해 이스라엘 백성들에게 너희는 자신의 행위를 살피고 성전을 건축하라고 명령한다(학 1:7-8).

---

165 윤영탁, 「알기 쉬운 구약 학개서」, p. 76.

여호와의 명령을 받은 이스라엘 백성들은 유다 총독 스룹바벨 (Zerubbabel)과 대제사장 여호수아(Joshua) 그리고 학개의 지도하에 하나님의 전 공사를 시작하였다. "그 때는 다리오 왕 제이 년 여섯째 달 이십 사 일 이었다"(학 1:15). 학개가 성전 건축에 관한 계시를 받은 날(학 1:1)로부터 24일 만에 성전 건축이 시작된 것이다. 다리오 왕은 다리우스 히스타스피스(Darius Hystaspis: B.C. 522-486)로 B.C. 520에 성전 건설을 재개하도록 허락한다(스 4:24; 6:6-15).

제2성전의 영광(학개 2:1-9 The Coming Glory of God's House)

둘째 메시지를 받은 시기는 "일곱째 달 곧 그달 이십일 일"(학 2:1) 이다. 이 때는 첫 번째 메시지를 받은 날로부터 한 달 이십일 일째 되는 날로 B.C. 520년 일곱째 달(오늘의 10월)을 가리킨다. 성전 건축을 시작한 날이 "다리오 왕 제이 년 여섯째 달 이십사 일"(학 1:15)인고로 두 번째 메시지는 성전 재건사역을 시작한지 이십칠 일 되었을 때에 받은 것이다.

학개는 성전을 건축하기 시작한 날로부터 약 한 달 후에 다시 여호와 하나님의 계시를 받는다. 하나님은 "너희 가운데 남아 있는 자 중에서 이 성전의 이전 영광을 본 자가 누구냐"(학 2:3)라고 질문하심으로 제2성전이 제1성전(솔로몬 성전)의 연장선상에 있음을 밝힌다.

여호와 하나님은 앞으로 건축될 제2성전에 하나님의 영광이 충만하게 될 것이라고 약속하신다(학 2:7). 하나님은 "이 성전의 나중 영광이 이전 영광보다 크리라" "이곳에 평강을 주리라"(학 2:9, 개역개정)고 말씀하신다.

순종에 대한 복(학개 2:10-19 The Blessing for the Obedience)

셋째 메시지는 "다리오 왕 제이 년 아홉째 달 이십사 일"(학 2:10)이다. 이 때는 B.C. 520년 아홉째 달(오늘의 12월) 이십사 일로 성전 재건을 시작한 지 삼 개월이 지난 시기였다(참고, 학 1:15).

학개(Haggai)는 처음 계시를 받은 날(학 1:1)로부터 약 사 개월이 지나고 성전 재건이 시작된 후 삼 개월이 지난 다리오 왕 제이 년 아홉째 달 이십사 일(학 2:10)에 다시 계시를 받는다. 여호와 하나님은 학개를 통해 율법을 지키지 아니하는 제사장의 예를 들어 이스라엘 백성들의 불순종을 책망한다. 본 구절은 "여호와의 말씀에 내 앞에서 이 백성이 그러하고 이 나라가 그러하고 그들의 손의 모든 일도 그러하고 그들이 거기에서 드리는 것도 부정하니라"(학 2:14, 개역개정)라고 이스라엘 백성들의 불순종을 묘사한다.

여호와 하나님은 이스라엘 백성들에게 과거의 역사로부터 교훈을 받으라고 권면하고 "그러나 오늘부터는 내가 너희에게 복을 주리라"(학 2:19)고 약속하신다.

약속을 통해 주신 미래의 복(학개 2:20-23 Promised Future Blessings)

넷째 메시지는 "그 달 이십사 일"(학 2:20)임으로 "다리오 왕 제이 년 아홉째 달 이십사 일"(학 2:10)을 뜻한다. 학개는 같은 날에 두 번의 메시지를 받는다. 학개의 넷째 메시지는 종말론적인 메시지이다.

학개는 다리오 왕 제이 년 아홉째 달 이십 사 일에 여호와 하나님이 하늘과 땅을 진동시켜 열방의 보좌들과 여러 나라의 세력을 멸하시겠다는 계시를 받고 이 계시를 유다 총독 스룹바벨에게 전하라는 명령을 받는다(학 2:21-22).

여호와 하나님은 유다 총독 스룹바벨을 택하여 인장(일종의 도장)으로 삼겠다고 약속하신다(학 2:23). 이 말씀은 창세기 3:15에 약속된 "여인의 후손"에 대한 대망사상을 스룹바벨에게 귀결시킴으로 백성들에게 사명을 완수하도록 하는 강력한 동기부여가 된다.[166] 여호와 하나님은 그의 약속을 확실히 하기 위하여 "여호와가 말하노라"를 23절 한 절에서 세 번씩이나 사용하신다.

---

166 윤영탁,「알기 쉬운 구약 학개서」, p. 86.

33

스가랴

Zechariah | 총 14장

스가랴서(Zechariah)는 14장 211절로 구성되어 있다. 스가랴서는 예루살렘에서 기록된 것으로 추정되며 기록연대는 B.C. 520년 10월-11월(다리오 1세 히스타스피스 제이 년 여덟째 달)로 추정된다(슥 1:1 참조). 선지자 스가랴의 활동 시기는 에스라(Ezra)서의 기록이 증거하는 것처럼 학개(Haggai) 선지자와 동시대이다(슥 5:1; 6:14). 스가랴의 할아버지 잇도(Iddo)는 스룹바벨(Zerubbabel)과 예수아(Jeshua)와 함께 예루살렘으로 귀환한 제사장의 가족이었다(슥 6:14; 느 12:1, 4, 16). 잇도는 B.C. 538-515에 제1차로 바벨론에서 예루살렘으로 귀환한 사람들 중 한 사람으로 제사장이었다.

스가랴서는 8개의 환상, 4개의 메시지, 2개의 후렴구를 연이어 사용하여 언약 백성을 향한 하나님의 미래 계획을 제시하고 있다. 스가랴서 1장부터 8장까지는 예루살렘 성전 재건을 위해 수고하고 있는 남은 자들을 격려한다. 하나님은 예루살렘을 온 세상의 중심지로 삼고 자신이 임재해 계실 곳으로 삼으려고 하신다(슥 8:7-8). 스가랴서 9장부터 14장까지는 장차 오실 이스라엘의 메시야(Messiah)를 바라다보며 성전이 완공된 후에 기록된 것으로 생각된다.

이스라엘이 복을 누릴 수 있는 길은 하나님께 순종하는 것이요 비천한 모습의 메시야(슥 1장-8장)는 후반부에서(슥 9장-14장) 다윗처럼 목자로서(슥 11:4; 12:10; 13:7) 그리고 왕으로서(슥 9:9; 14:9) 묘사된다. 이스라엘 백성의 소망은 오직 하나님께만 달려있다.[167]

---

167 H. C. Leupold, *Exposition of Zechariah* (Grand Rapids: Baker, 1982), pp. 173-176.

회개의 촉구(스가랴 1:1-6 A Call to Repentance)

스가랴는 다리오 왕(Darius Hystaspis, B.C. 522-486) 제2년(B.C. 520) 여호와의 말씀을 받는다(슥 1:1). 그리고 스가랴는 백성들에게 너희 조상들을 본받지 말고 "악한 길, 악한 행위를 떠나서 돌아오라"(슥 1:4)고 회개를 촉구한다.

스가랴의 8개의 환상(스가랴 1:7-6:8 Eight Visions of Zechariah)

1. 말 탄 자에 대한 이상(스가랴 1:7-17 Vision of the Horses)

여호와께서 보내신 붉은 말과 자줏빛 말과 백마를 탄자들(슥 1:8-10)이 예루살렘과 유다 성읍들을 불쌍히 여겨서 위로의 말을 전한다(슥 1:12, 17). 예루살렘과 유다의 도시들은 하나님의 자비가 필요한 상태에 있었다. 스가랴는 천사의 말을 빌려 하나님이 진노하신지 70년이 되었음을 언급한다(슥 1:12). 여기 70년은 정확한 연 수를 가리키는 것이 아니요, 대략적인 연 수를 가리킨다. 천사는 하나님이 "내가 예루살렘을 위하며 시온을 위하여 크게 질투하며"(슥 1:14)라는 말씀으로 하나님의 백성들에게 "위로의 말씀"(the comforting words)을 주셨다고 전한다.[168]

---

168 Leupold, *Exposition of Zechariah*, p. 41.

2. 네 뿔과 네 대장장이에 대한 이상(스가랴 1:18-21 Vision of Four Horns and Four Craftsmen)

네 개의 뿔은 유다와 이스라엘과 예루살렘을 흩뜨린 뿔이며(슥 1:19) 네 대장장이는 유다 땅을 흩뜨린 여러 나라의 뿔들을 떨어뜨릴 뿔들이다(슥 1:21). 네 개의 뿔은 하나님의 백성을 해롭게 하고 파괴하려는 세상의 세력을 상징하고, 네 대장장이는 하나님께서 사용하시는 복수의 대리자들로 하나님의 백성을 괴롭히는 네 개의 뿔을 깨트릴 것이다.[169]

3. 측량줄을 잡은 자에 대한 이상(스가랴 2: 1-13 Vision of the Measuring Line)

측량줄을 잡은 사람이 예루살렘을 측량한즉 "예루살렘은 그 가운데 사람과 가축이 많으므로 성곽 없는 성읍이 될 것이라"(슥 2:4, 개역개정)라고 예루살렘은 하나님이 보호하시는 성읍이 될 것이라는 이상을 기록한다(슥 2:5, 12). 이 이상은 이스라엘 백성이 흩어진 과거의 사건(예: 바벨론 포로)을 가리키지 않고, 앞으로 "하늘 사방에 바람 같이" 하나님의 백성이 퍼지게 될 것이라는 이상을 가리킨다.[170]

4. 대제사장 여호수아에 대한 이상(스가랴 3:1-10 Vision of the High Priest Joshua)

대제사장 여호수아가 더러운 옷을 입고 천사 앞에 서 있자 하나님께서 그 더러운 옷을 벗기시고 "내가 네 죄악을 제거하여 버렸으니 네게 아름다운 옷을 입히리라"(슥 3:4, 개역개정)고 하나님이 그의 백성을 지키실 이상을 기록한다.

---

169 Leupold, *Exposition of Zechariah*, pp. 47, 50.

170 Leupold, *Exposition of Zechariah*, p. 58.

5. 등대와 두 감람나무에 대한 이상(스가랴 4:1-14 Vision of the Lampstand and Olive Trees)

천사가 일곱 등잔과 두 감람나무를 보여 주는데 스가랴(Zechariah)가 그 의미를 천사에게 묻자 천사가 여호와께서 스룹바벨(Zerubbabel)에게 하신 말씀으로 답을 한다. 여호와께서 스룹바벨에게 하신 말씀은 "이는 힘으로 되지 아니하며 능력으로 되지 아니하고 오직 나의 영으로 되느니라"(슥 4:6, 개역개정)였다.

6. 날아가는 두루마리에 대한 이상(스가랴 5:1-4 Vision of the Flying Scroll)

스가랴가 날아가는 두루마리(Flying Scroll)를 보는 이상이 기록되어 있는데 그 의미는 "이는 온 땅 위에 내리는 저주"(슥 5:3)를 가리킨다.

7. 바구니 속에 있는 여인에 대한 이상(스가랴 5:5-11 Vision of the Woman in a Basket)

천사가 스가랴에게 보여주는 이상은 에바(Ephah: 바구니) 가운데 앉아 있는 한 여인의 이상과 학의 날개 같은 날개가 있는 두 여인의 이상이었다(슥 5:7-9). 한 여인의 이상은 악(wickedness)을 여인으로 의인화한 것으로 그 땅의 모든 악이 에바 즉 바구니 속에 갇히게 된 것이다(슥 5:8). 그리고 학의 날개 같은 날개를 가진 두 여인의 이상은 두 여인이 하나님의 사자들로 악을 상징하는 한 여인을 담고 있는 바구니를 시날(Shinar=Babylon의 옛 이름) 땅으로 옮겨 다시는 하나님의 백성을 괴롭게 하지 못하게 할 것을 상징한다(슥 5:9-11). 류폴드(Leupold)는 악이 저 멀리 운반된 것은 너무도 당연하다. 그 곳이 바로 "제 처소"이다(슥 5:11). 그 한 여인을 위해 집을 짓는 것은 거주할 장소가 확정되었음을 암시한 것이라고 해석한다.[171] 학의 날개 같은 날개를 가진 두 여인이 하나님

---

171 Leupold, *Exposition of Zechariah*, p. 108.

의 천사를 가리킨다는 해석에 대해 해석자들의 견해가 일치된 것은 아니지만 두 여인이 하나님의 천사를 상징한다고 생각할 경우 이 구절이 천사를 남자가 아닌 여자로 묘사한 유일한 구절이다.

8. 네 병거에 대한 이상(스가랴 6:1-8 Vision of the Four Chariots)

스가랴는 네 병거를 보는데 첫째 병거는 붉은 말들이요, 둘째 병거는 검은 말들이요, 셋째 병거는 흰 말들이요, 넷째 병거는 어룽지고 건장한 말들이었다(슥 6:2-3). 네 병거는 하늘의 네 바람을 가리키는 상징이다(슥 6:5).

면류관을 쓰게 된 여호수아(스가랴 6:9-15 The Command to Crown Joshua)

대제사장 여호수아(Joshua)가 은과 금으로 만든 면류관을 쓰게 된다(슥 6:11). 그리고 여호와께서 "보라 싹이라 이름하는 사람이 자기 곳에서 돋아나서 여호와의 전을 건축하리라"(슥 6:12, 개역개정)고 말씀하심으로 앞으로 여호와의 전이 건축될 것을 예고하신다(슥 6:13).

금식 문제와 예루살렘의 회복에 대한 약속(스가랴 7:1-8:23 Obedience better than Fasting)

다리오 왕 제4년(B.C. 518)에 여호와의 말씀이 스가랴에게 임한다(슥 7:1). 여호와의 말씀은 백성들이 금식하고 애통하는 것은 모두 자신들을 위해 한 것이며(슥 7:5-6), 또한 진실한 재판을 하지 않고 궁핍한 자를 압제하며 여호와의 말씀을 듣지 아니한 관계로 여호와의 진노를 받게 되었다고 말한다(슥 7:8-14). 그러나 예루살렘(Jerusalem)은 회복될 것이며(슥 8:3), 하나님은 그의 백성을 진리와 공의로 다스리고 그들의 하나님이 되실 것이다(슥 8:8). 따라서 이스라엘 백성이 행할 일은 "너희는 이웃과 더불어 진리를 말하며 너희 성문에서 진실하고 화평한 재판을 베풀고 마음에 서로 해하기를 도모하지 말며 거짓 맹세를 좋아하지 말라"(슥 8:16-17, 개역개정)의 하나님의 뜻을 실천하는 것이다.

이스라엘의 대적에 대한 심판과 평화의 왕의 오심
(스가랴 9:1-17 Judgment on the Enemies and the coming of the peaceful King)

하나님의 심판은 하드락(Hadrach) 땅, 다메섹(Damascus), 하맛(Hamath), 두로(Tyre), 시돈(Sidon), 아스글론(Ashkelon), 가사(Gaza), 에그론(Ekron), 아스돗(Ashdod), 블레셋(Philistines)에 임하게 될 것이다(슥 9:1-7). 그 이유는 이들이 하나님의 백성을 괴롭혔기 때문이다. 반면 시온의 딸이 기뻐해야 할 이유는 "네 왕이 네게 임하시나니 그는 공의로우시며 구원을 베푸시며 겸손하여서 나귀를 타시나니 나귀의 작은 것 곧 나귀 새끼니라"(슥 9:9, 개역개정; 참조 마 21:5)의 말씀처럼 평화의 왕이 오실 것이기 때문이다.

선택받은 백성을 회복시키심(스가랴 10:1-12 Restoration of Judah)

여호와께서 선택받은 백성을 견고하게 하실 것이며(슥 10:3), 여호와께서 "유다 족속을 견고하게 하며 요셉 족속을 구원할"(슥 10:6) 것이다.

선한 목자와 어리석은 목자(스가랴 11:1-17 Prophecy of the Two Shepherds)

선한 목자는 양 떼를 먹이지만 어리석은 목자는 양 떼를 버린다(슥

11:4, 17). 스가랴 11:13은 "그들이 곧 은 삼십 개를 달아서 내 품삯을 삼은지라"라고 기록하는데 은 삼십은 가룟 유다가 예수님을 팔 때 받은 몸값이다(마 27:3). 그리고 "여호와께서 …… 그 삯을 토기장이에게 던지라 하시기로 내가 곧 그 은 삼십 개를 여호와의 전에서 토기장이에게 던지고"(슥 11:13)라는 말씀은 유다가 은 삼십을 성소에 던져 넣고 죽은 후에 대제사장들이 그 돈으로 토기장이의 밭을 사서 나그네의 묘지로 삼은 말씀에서 성취된다(마 27:6-8).

종말론적 구원의 신탁(스가랴 12:1-13:6 Oracles of Eschatological Deliverance)

본 구절은 여호와께서 유다 족속을 구원하고 예루살렘을 회복시키실 것이라는 약속을 담고 있다. "예루살렘 사람들은 다시 그 본 곳 예루살렘에 살게 되리라"(슥 12:6)의 말씀이나 "그날에 죄와 더러움을 씻는 샘이 다윗의 족속과 예루살렘 주민을 위하여 열리리라"(슥 13:1)의 말씀은 유다 족속을 회복시키실 것을 약속하신 말씀이다.

이스라엘의 정화와 심판 그리고 신적 왕국 안에서 누리는 복
(스가랴 13:7-14:21 Cleansing from Sins and the Blessings in the Day of the Lord)

본 구절은 이방 나라들은 망하고 예루살렘은 구원을 받을 것이다. 여호와의 날이 이르면(슥 14:1) 그날에는 여호와께서 이방나라들을 치실 것이요(슥 14:3), 그날에는 여호와께서 예루살렘 앞 곧 동쪽 감람산에 서실 것이요(슥 14:4), 그날에는 여호와가 계심으로 빛이 필요 없을 것이요(슥 14:6), 그날에는 생수가 예루살렘에서 솟아날 것이요(슥 14:8), 그날에는 여호와가 홀로 한 분이심이 확인될 것이요(슥 14:9), 그날에는 이스라엘의 대적이 요란하게 될 것이요(슥 14:13), 그날에는 말방울에까지 모든 것이 '여호와께 성결이라'고 고백할 것이다(슥 14:20).

34

에스더

Esther | 총 10장

기록배경과 특징 (B.C. 486-465)

에스더서(Esther)는 10장 167절로 구성되어 있다. 에스더서는 아하수에로(Ahasuerus) 왕 때에 있었던 일이라는 말로 시작한다. 아하수에로(크세르크세스 I) 왕은 바사(Persia)를 B.C. 486-465년 기간에 통치한 왕이다. 에스더서에 하나님이라는 이름은 한 번도 나타나지 않는다. 루터(Martin Luther)는 에스더서가 너무 공격적인 유대주의요 복음의 내용이 없다는 근거로 에스더서를 비평한다. 하지만 에스더서는 하나님이 배후에서 그의 백성을 구하고 메시야의 선조들을 보호하는 섭리적 인도를 묘사한다. 에스더는 하만(Haman)의 모략으로 풍전등화와 같은 상황에 처한 유대인들을 "죽으면 죽으리이다"(에 4:16)라는 각오와 함께 모르드개(Mordecai)의 도움으로 유대인들을 하만의 손에서부터 구한다. 에스더서에 기록된 사건들은 B.C. 483-473년에 일어난 것들이다(아하수에로 Ahasuerus Xerxes I 왕의 통치 기간이 B.C. 486-465임을 참조할 것). 이 기간은 스룹바벨(Zerubbabel)이 이끈 1차 귀환과 에스라가 이끈 2차 귀환 사이의 시기이다.[172]

---

172 *The New Encyclopaedia Britannica*, Vol. 3, 1994, pp. 886-887.

요약(A Summary of Esther)

1. 와스디 왕후의 폐위(에스더 1:1-22 The King Dethrones Queen Vashti)

에스더 1장 • 아하수에로(크세르크세스) 통치 삼년(B.C. 483)에 있었던 잔치에서 일어난 사건을 전한다(에 1:1-8). 아하수에로(Ahasuerus Xerxes I) 왕이 왕후 와스디(Vashti)를 부르나 와스디 왕후가 왕의 부름에 응하지 않자 아하수에로 왕은 대신들의 간언을 받아들여 와스디를 폐위하는 이야기(에 1:9-22)가 나온다.

2. 왕비로 간택된 에스더(에스더 2:1-18 Esther Becomes Queen)

에스더 2장 • 2장중의 본 구절은 아하수에로 왕이 왕비를 선택하는 과정에서 베냐민 자손 모르드개(Mordecai)의 도움이 있었음을 밝힌다. 모르드개는 여호야긴(여고냐)과 에스겔과 함께 제 2차로 B.C. 597년 느부갓네살 왕에 의해 바벨론에 포로로 잡혀 온 인물이다(왕하 24:8-16; 대하 36:9-10; 겔 40:1). 본 단락은 모르드개의 도움으로 에스더가 왕후로 선택받은 이야기(에 2:1-18)를 기록한다.

3. 왕의 목숨을 구한 모르드개(에스더 2:19-23 Mordecai Discovers a Plot)

본 구절은 왕의 내시 빅단(Bigthan)과 데레스(Teresh)가 아하수에로 왕을 암살하려는 음모를 모르드개가 밝혀서 암살자들을 죽이고 그 기록을 궁중 일기에 적어두었다는 이야기(에 2:19-23)가 기록되어 있다.

4. 하만의 음모(에스더 3:1-15 Haman's Conspiracy Against the Jews)

에스더 3장 • 아하수에로 왕이 아각(Agag) 사람 함므다다(Hammedatha)의 아들 하만(Haman)의 지위를 높여 모든 대신들 위해 두었는데 대궐 문을 지키는 모르드개가 하만에게 무릎을 꿇지도 아니하고 절하지도 아니하자 하만이 유다인들을 모두 도륙할 계획을 세우는 이야기(에 3:1-15)가 나온다.

5. 에스더의 '죽으면 죽으리라'의 각오(에스더 4:1-17 Esther's Conviction of 'If I Perish, I Perish')

에스더 4장 • 하만의 계략을 안 모르드개가 에스더에게 아하수에로 왕을 만나서 유다인들을 구하여야 한다고 하면서 "네가 왕후의 자리를 얻은 것이 이때를 위함이 아닌지 누가 알겠느냐"(에 4:14)라고 강권하자, 에스더가 "나도 나의 시녀와 더불어 이렇게 금식한 후에 규례를 어기고 왕에게 나아가리니 죽으면 죽으리이다"(에 4:16, 개역개정)라고 말하는 내용이 나온다(에 4:1-17).

유대인의 승리(에스더 5:1-10:3 The Victory of the Jews)

1. 하만을 이긴 모르드개(에스더 5:1-8:3 Haman Hanged Instead of Mordecai)

에스더 5장 • 에스더가 "죽으면 죽으리라"(에 4:16)는 심정으로 왕의 허락도 없이 아하수에로(Ahasuerus Xerxes I) 왕을 알현하는 기록이 나온다. 그 당시의 규례대로는 왕의 허락 없이 왕 앞에 나아갔는데 왕이 금 규(홀)를 내밀지 아니하면 죽을 수밖에 없었다(에 4:11 참조). 에스더가 왕과 하만을 잔치에 초대하자(에 5:1-8) 하만이 기뻐 즐거워하면서 대궐 문을 나오는데 모르드개가 그를 무시하자 하만은 그의 아내 세레스(Zeresh)의 제안에 따라 모르드개를 오십 규빗 되는 장대 위에 달아 죽일 계획을 세우는 이야기(에 5:9-14)가 실려 있다.

에스더 6장 • 아하수에로 왕이 잠이 오지 않아 역대 일기를 읽는 중 모르드개가 왕을 구한 이야기를 읽고 하만에게 이렇게 귀한 일을 한 사람에게 어떻게 보상해야 하느냐고 묻자 하만은 왕이 자신을 높이려 는 생각을 하고 있다고 착각하여 "왕께서 입으시는 왕복과 왕께서 타 시는 말과 머리에 쓰시는 왕관을 가져다가 그 왕복과 말을 왕의 신하 중 가장 존귀한 자의 손에 맡겨서 왕이 존귀하게 하시기를 원하시는 사람에게 옷을 입히고 말을 태워서 성 중 거리로 다니며 그 앞에서 반 포하여 이르기를 왕이 존귀하게 하기를 원하시는 사람에게는 이같이 할 것이라 하게 하소서"(에 6:8-9)라고 제안한다. 왕은 하만에게 그 일을 맡겨 모르드개를 높이라고 명령하는 이야기(에 6:1-14)가 나온다.

에스더 7장 • 에스더가 잔치를 열고 왕과 하만을 다시 초청한 자리 에서 왕이 "그대의 요구가 무엇이냐 곧 나라의 절반이라 할지라도 시 행하겠노라"(에 7:2)고 하자 에스더가 "내 생명을 내게 주시고 내 요구 대로 내 민족을 내게 주소서"(에 7:3, 개역개정)라고 말하고 바로 내 생명 을 노리는 사람이 하만이라고 고소하는 이야기(에 7:1-10)와 하만이 모 르드개를 달아 죽이려고 준비한 나무에 자신이 달려 죽는 이야기(에 7:10)가 나온다.

2. 대적들을 이긴 이스라엘(에스더 8:4-10:3 The Jews Destroy Their Tormentors)

에스더 8장 • 하만이 유다인들을 도륙하려고 각 도에 보낸 조서를 철회하고 유다인들을 보호하는 다른 조서를 써서 왕의 반지로 인을 친 후 각 도에 보내는 이야기(에 8:3-14)와 모르드개가 높임을 받는 이야기 (에 8:15-17)가 기록되어 있다.

에스더 9장 • 유다 사람들이 그들을 죽이려고 하는 대적들을 진멸하는 이야기(에 9:1-19)와 해마다 아달(Adar) 월 십사 일과 십오 일을 부림절(The Feast of Purim)로 지키기로 정한 이야기(에 9:20-32)가 기록되어 있다. 모르드개는 왕궁에서 존귀하게 되고 그의 명성이 각 지방에 퍼졌다(에 9:4).

　　에스더 10장 • 아하수에로 왕이 모르드개를 왕 다음으로 높이는 이야기와 모르드개가 유다인 중에 크게 존경받고 사랑받는 이야기(에 10:1-3)가 간략하게 기록되어 있다.

석가모니, 공자, 소크라테스의 연대

에스더(Esther)서의 사건들과 관련된 비슷한 시기(B.C. 486-465)에 인도에는 석가모니(SakyaMuni, 약 B.C. 560-480, 80세), 중국에는 공자(Confucius, B.C. 551-479, 72세), 그리고 그리스에는 소크라테스(Socrates, B.C. 470-399, 71세)가 활동하고 있었다. 불교에서 사용하는 부다(Buddha)는 깨우침을 받은 자(awakened one or enlightened one)라는 뜻이다.

아하수에로 왕에 대한 바른 이해

성경은 "메대 족속 아하수에로의 아들 다리오가 갈대아 나라 왕으로 세움을 받던 첫 해 곧 그 통치 원년에 나 다니엘이 책을 통해 여호와께서 말씀으로 선지자 예레미야에게 알려 주신 그 연수를 깨달았나니 곧 예루살렘의 황폐함이 칠십 년 만에 그치리라 하신 것이니라."(단 9:1-2, 개역개정; 참고, 렘 25:12)라고 기록한다.

본문의 "메대 족속 아하수에로의 아들 다리오가 갈대아 나라 왕으로 세움을 받던 첫 해"(단 9:1, 개역개정)라는 기록을 통해 볼 때 다니엘 9:1의 아하수에로가 다리오 왕(Darius: Hystaspis, B.C. 522-486)의 부친으로 기록되었다. 그런데 에스더의 남편인 아하수에로(Ahasuerus: Xerxes I, B.C. 486-465; 에 1:1)는 다리오 히스타스피스(다리오 1세)의 아들이다. 따라서 다니엘 9:1의 아하수에로와 에스더를 왕후로 맞이한 아하수에로는 다른 사람이다. 다니엘 9:1의 아하수에로(Ahasuerus)가 누구인지는 알 수 없다.[173]

---

173 cf. E. J. Young, *The Prophesy of Daniel*, p. 183.

아하수에로 크세르크세스 1세 왕부터 페르시아의 멸망까지의 연대(B.C. 486-B.C. 330)

B.C. 486-465 아하수에로 크세르크세스 1세(Ahasuerus Xerxes I)는 에스더(Esther)를 왕후로 맞이한 페르시아(Persia) 왕이다(에 1:1; 2:16-18).

B.C. 465-424 아닥사스다 1세(Artaxerxes)는 아하수에로 크세르크세스 1세의 아들이다. B.C. 450년경 전쟁에 지친 페르시아는 그리스와 평화협정(칼리아스 평화조약)을 맺었다. 이때가 에스라와 느헤미야가 예루살렘에서 사역했던 시기로 아닥사스다 I세의 통치 기간이다(느 1:1; 2:1). 느헤미야서 13:6은 "바벨론 왕 아닥사스다 삼십 이년에 내가 왕에게 나아갔다가 며칠 후에 왕에게 말미를 청하고"(느 13:6, 개역개정)라고 아닥사스다를 바벨론 왕으로 묘사한다.

B.C. 444 느헤미야가 성벽 재건을 위해 예루살렘에 도착한다.

B.C. 432 느헤미야가 페르시아 수사(Susa)로 되돌아간다.

B.C. 425년경 느헤미야가 2차로 팔레스틴으로 돌아온다.

B.C. 424 크세르크세스 2세는 에스더의 남편인 아하수에로 크세르크세스 1세의 아들로 잠시 동안 바사(Persia)를 통치한다.

B.C. 424-404 다리우스 2세의 통치 기간-왕위 계승문제로 충돌이 많았고 다리우스 2세는 반란세력을 몰아내는데 많은 시간을 보냈다.

B.C. 420-세례 요한까지(From B.C. 420-To John the Baptist)를 중간기라고 부른다. 약 400년(Intertestamental Period)에 해당하는 이 기간에 정경 66권에 속한 계시가 기록되지 않았다.

B.C. 404-358 아닥사스다 2세(Artaxerxes) - 다리우스 2세의 아들과 내전을 하였다.

B.C. 358-337 아닥사스다 3세(Artaxerxes) 대학살과 공포정치로 왕좌를 유지했다.

B.C. 336-330 다리우스 3세 때에 헬라의 알렉산더 대왕에 의해 페르시아가 정복된다.

35·36

역대상 · 하

1 and 2 Chronicles | 총 29, 36장

기록배경과 특징(B.C. 480-450)

역대상은 29장 941절, 역대하는 36장 822절로 구성되어 있다. 역대상·하(1 and 2 Chronicles)는 사무엘하에서 열왕기하까지 묘사된 이스라엘 역사와 동일한 기사를 다른 관점에서 기록한다. 열왕기가 주로 북이스라엘의 왕들에게 초점을 맞추어 기록하는 반면 역대기는 남유다 왕들에게 초점을 맞추어 기록하고 있다. 따라서 역대기는 예루살렘 성전과 제사장들에 대해 많은 관심을 보인다. 열왕기가 바벨론 포로 생활의 입장에서 이스라엘의 역사를 다루고 있다면, 역대기는 포로 생활에서 약속의 땅으로 돌아온 사람들의 포로기 이후의 관점에서 유대인의 역사를 제시하고 있다. 역대기상·하는 다윗 왕국(Davidic dynasty)이 그 기능을 상실한 시대에 하나님께서 다윗에게 영원한 왕국(eternal kingdom)을 약속하셨다는 것을 밝혀준다(대상 17:12-14; 대하 6:16-17; 13:5). 그리고 다윗 왕국은 하나님 자신의 보좌와 연결되어 있고 또한 다윗 왕국은 이스라엘을 통치하는 하나님의 통치의 도구로서 영원한 왕국과 연결됨으로(대상 28:5-6; 대하 9:8) 지상의 왕국들에 비교되는 초자연적인 특성을 가지고 있다(대상 29:30).

역대기가 상하(上下) 두 권으로 분리된 것은 칠십인 역(LXX)에서 처음 나타난다. 역대하가 끝나는 시점에서 에스라서가 시작되기 때문에 (참조, 대하 36:22-23; 스 1:1-3) 많은 학자들이 역대상하, 에스라(Ezra), 느헤미야(Nehemiah)를 한 사람의 저작으로 생각한다. 역대하 36:22-23의 내용이 에스라 1:1-3의 내용과 거의 일치한다. 하지만 역대상·하와 에스라 사이에 차이점이 많은 것을 근거로 한 사람의 저작설을 반대하는 학자들도 많다. 역대기, 에스라, 느헤미야는 모두 계보, 하나님의 성전과 제사, 예루살렘의 구심성을 강조하고 있다.

역대상 1장 • 아담(Adam)부터 아브라함(Abraham)까지의 족보(대상 1:1-27)가 기록되어 있다. 특이한 점은 "노아, 셈, 함과 야벳은 조상들이라"(대상 1:4)고 노아와 그의 아들들과의 관계를 설명하지 않고 단순히 "조상들이라"고 기록한 것이다. 이는 노아의 홍수 후에 살아남은 사람들이 노아(Noah)와 그의 아내, 셈(Shem)과 그의 아내, 함(Ham)과 그의 아내, 그리고 야벳(Japheth)과 그의 아내 여덟 사람들뿐이었기 때문이다(대상 1:4). 아브라함의 아들 이스마엘(Ishmael)의 자손(대상 1:28-33)의 족보와 이삭의 아들 에서(Esau)의 자손(대상 1:34-42)의 족보 그리고 에돔(Edom) 땅을 다스린 왕들의 이름이 열거 되어 있다(대상 1:43-54).

역대상 2장 • 먼저 이스라엘(야곱)의 열두 아들의 이름이 기록되어 있다(대상 2:1-2). 그리고 유다(Judah)의 자손을 언급하면서 유다가 며느리 다말(Tamar)을 통해 베레스(Perez)와 세라(Zerah)를 얻었다고(대상 2:3-4) 기록한 것은 주목의 대상이 된다(대상 2:3-8). 다윗의 족보(대상 2:3-17)는 아버지 이새(Jesse)가 맏아들 엘리압(Eliab)과 일곱째로 다윗(David)을 얻었다고 기록한 것은 특기할 만한 것이다. 헤스론(Hezron)의 자손 중 갈렙(Caleb)의 등장은 주목의 대상이 되며(대상 2:18-24) 계속해서 여라므엘(Jerahmeel)의 자손(대상 2:18-41)과 갈렙의 자손(대상 2:42-55)이 열거되어 있다.

역대상 3장 • 다윗 왕의 아들들과 딸들이 열거되어 있다. 다윗은 아히노암(Ahinoam)과의 사이에서 맏아들 암논(Amnon)을 얻었고, 아비가일(Abigail)과의 사이에서 다니엘(Daniel)을 얻었고, 마아가(Maacah)와의 사이에서 압살롬(Absalom)을 얻었고, 학깃(Haggith)과의 사이에서 아도니야(Adonijah)를 얻었고, 아비달(Abital)과의 사이에서 스바댜(Shephatiah)를 얻었고, 에글라(Eglah)와의 사이에서 이드르암(Ithream)을 얻었다. 이들 여섯은 헤브론에서 얻은 아들들이다. 그 외에도 다윗은 예루살렘에서 밧수아(밧세바)와의 사이에서 시므아(Shimea), 소밥(Shobab), 나단(Nathan), 그리고 솔로몬(Solomon)을 얻었고 또 다른 아들들을 두었다(대상 3:1-9). 솔로몬의 자손은 이스라엘이 남과 북으로 나누어진 후 남왕조의 왕들의 이름들과 일치한다. 남왕조의 왕 중 솔로몬의 자손에서 빠진 왕은 북왕조 아합의 딸인 아달랴(B.C. 841-835)와 비정상적인 왕이었던 여호아하스(3개월 통치), 여호야긴(3개월 통치)이 빠져있다(대상 3:10-24). 다윗은 헤브론(Hebron)에서 7년 6개월을 다스렸고 또 예루살렘에서 33년 다스렸다(대하 3:4). 다윗 왕은 40년 동안 이스라엘을 다스렸다.

역대상 4장 • 유다의 자손이 기록되어 있는데 특기할 것은 "야베스는 그의 형제보다 귀중한 자라"(대상 4:9)라고 언급한 부분이다(대상 4:1-10). 여러 다른 족보를 언급하면서 여분네(Jephunneh)의 아들 갈렙(Caleb)의 언급과 이들 모두가 토기장이의 일을 하면서 왕의 일을 했다고 언급한 것은 주목의 대상이 된다(대상 4:11-23). 시므온(Simeon)의 자손 중 특기할 부분은 시므온의 자손 500명이 아말렉 사람(Amalekites)을 물리쳤다는 내용이다(대상 4:24-43).

역대상 5장 • 르우벤(Reuben) 자손(대상 5:1-10)과 갓(Gad)의 자손(대상 5:11-17)과 므낫세(Manasseh) 반 지파의 용사와 자손들(대상 5:18-26)을 열거하고 있다. 특히 르우벤을 소개하면서 "르우벤은 장자라도 그의 아버지의 침상을 더럽혔으므로 장자의 명분이 이스라엘의 아들 요셉의 자손에게로 돌아가서 족보에 장자의 명분대로 기록되지 못하였느니라"(대하 5:1, 개역개정)라고 기록한 것은 주목할 만하다. 갓 자손의 이름들을 열거한 다음에 "이상은 유다 왕 요담 때와 이스라엘 왕 여로보암 때에 족보에 기록되었더라"(대상 5:17)라고 기록의 시간성을 언급한 것은 주목의 대상이 된다. 므낫세 반 지파의 용사와 자손들의 언급가운데 특이한 것은 "앗수르 왕 불의 마음을 일으키시며 앗수르 왕 디글랏빌레셀(Tiglath-Pileser)의 마음을 일으키셔서 르우벤과 갓과 므낫세 반 지파를 사로잡아 할라(Halah)와 하볼(Habor)과 하라(Hara)와 고산(Gozan) 강가에 옮겼다는 기록이다(대하 5:26).

역대상 6장 • 레위(Levi)의 자손을 소개하면서 "아므람의 자녀는 아론과 모세와 미리암이요"(대상 6:3)라고 언급한 것과 여호와께서 느부갓네살을 사용하여 유다와 예루살렘 백성을 바벨론으로 옮기실 때에 여호사닥(Jehozadak)도 함께 갔다는 언급(대상 6:15)과 사무엘의 아버지 엘가나(Elkanah)와 사무엘(Samuel)의 이름을 언급한다(대상 6:27-28, 참조, 삼상 2:11). 회막 앞에서 찬송하는 사람들을 소개하고 "레위 사람들은 하나님의 집 장막의 모든 일을 맡았더라"(대상 6:48)라고 그들의 책임을 언급한다(대상 6:31-48). 아론(Aaron)의 자손으로 사독이 포함된 것은 관심의 대상이 되며(대상 6:49-53) 레위 사람들의 정착지를 결정하면서 도피성의 언급(대상 6:67)은 하나님의 자비를 드러낸다(대상 6:54-81).

역대상 7장 • 잇사갈(Issachar)의 자손들은 다 용감한 장사라고 소개한다(대상 7:1-5). 베냐민(Benjamin)의 자손들(대상 7:6-12)과 납달리(Naphtali)의 자손(대상 7:13)과 므낫세의 자손(대상 7:14-19)과 에브라임(Ephraim)의 자손(대상 7:20-29)과 아셀(Asher)의 자손(대상 7:30-40)이 열거되어 있다.

역대상 8장 • 베냐민의 자손(대상 8:1-28)과 기브온(Gibeon)과 예루살렘에 사는 베냐민 사람들을 소개한다(대상 8:29-40). 특히 "넬(Ner)은 기스를 낳고 기스(Kish)는 사울을 낳고 사울(Saul)은 요나단과 말기수아와 아비나답과 에스바알을 낳았으며"(대상 8:33; 9:39)라고 사울의 족보를 소개한 것은 특기할 만하다.

역대상 9장 • 바벨론 포로 생활에서 귀환한 백성들을 소개하고(대
상 9:1-9), 예루살렘에 정착한 제사장들 중 하나님의 성전의 임무를 수
행할 힘 있는 자는 모두 1,760명(대상 9:13)이라고 소개한다(대상 9:10-13).
레위 사람들(대상 9:14-16)과 예루살렘에 정착한 회막 문지기들(대상 9:17-
27)과 성소의 기구를 맡은 사람들과 제사에 필요한 재료들을 맡은 사
람들과 찬송하는 사람들을 소개하고(대상 9:28-34), 사울(Saul) 왕의 족보
(대상 9:35-44)가 열거되어 있다.

다윗의 통치(역대상 10:1-29:30 The Rule of David)

역대상 10장 • 이스라엘과 블레셋 사람(Philistines)들과의 전쟁에서 블
레셋 사람들이 사울의 아들 요나단(Jonathan)과 아비나답(Abinadab)과 말
기수아(Malchishua)를 죽인 사실을 확인한다(대상 10:1-2). 본 구절은 블레
셋 사람들의 공격으로 패퇴한 사울 왕이 자기 칼을 뽑아서 그 위에 엎
드러져 죽는 이야기를 전한다(대상 10:3-6). 특히 성경은 "사울이 죽은
것은 여호와께 범죄하였기 때문이라 그가 여호와의 말씀을 지키지 아
니하고 또 신접한 자에게 가르치기를 청했기"(대상 10:13, 개역개정) 때문
이라고 명시한다(대상 10:7-14).

역대상 11장 • 사울 왕이 죽은 후 이스라엘 장로들이 헤브론(Hebron)
에 모여 다윗에게 기름을 부어 이스라엘의 왕으로 삼는 사실을 기록한
다. 이는 여호와께서 사무엘을 통해 하신 말씀의 성취이다(대상 11:1-3).
다윗이 온 이스라엘과 더불어 예루살렘(여부스)에 이르니(대상 11:4 참조)
여부스 땅의 주민들이 다윗을 환영하지 아니한다. 다윗이 먼저 여부
스(Jebus/Jerusalem) 사람을 치는 자는 지휘관으로 삼겠다고 하자 스루야

(Zeruiah)의 아들 요압(Joab)이 먼저 올라갔으므로 그를 우두머리로 삼았다. 다윗은 여호와께서 함께 하시매 점점 왕성해져 갔다(대상 11:4-9). 성경은 "다윗은 산성에 있고 블레셋 사람들의 진영은 베들레헴에 있는지라"(대상 11:16)라고 표현함으로 다윗의 베들레헴(Bethlehem)에 대한 갈망을 소개한다. 다윗이 "베들레헴 성문 곁 우물 물을 누가 내게 마시게 할꼬"(대상 11:17)라고 소원을 표현하자 세 사람이 생명을 무릅쓰고 그 물을 떠 왔다. 다윗은 장군들의 생명과도 같은 그 물을 마시지 않고 여호와께 부어드린다(대상 11:15-19). 다윗을 돕는 용사들을 소개하면서 요압의 아우 아비새(Abishai), 여호야다의 아들 브나야(Benaiah), 요압의 아우 아사헬(Asahel) 등이 소개된다(대상 11:20-47).

역대상 12장 • 다윗이 베냐민 지파 기스(Kish)의 아들 사울 왕의 핍박으로 시글락(Ziklag)에 숨어 있을 때 베냐민 지파의 용사들이 다윗을 따랐다(대상 12:1-7)고 진술한다. 본 구절은 "베냐민 지파 사울의 동족인데 그 이름은 이러하니라"(대상 12:2: 참조, 삼상 10:21)라고 비록 사울의 동족이지만 다윗을 도운 사실을 강조한다. 갓(Gad) 지파에서 다윗을 도운 용사들(대상 12:8-15)과 베냐민과 유다 자손 중에서 다윗을 도운 용사들(대상 12:16-18)과 므낫세(Manasseh) 지파에서 다윗을 도운 용사들(대상 12:19-22)과 다윗의 군사들을 전체적으로 소개한다(대상 12:23-40). 다윗의 군사들은 "한 마음으로 다윗을 왕으로 삼고자"(대상 12:38)하여 모여든 충성스런 용장들이었다.

역대상 13장 • 다윗 왕이 천부장과 백부장 곧 모든 지휘관과 의논하고 하나님의 궤를 기럇여아림(Kirjath Jearim)에서부터 오벧에돔(Obed-Edom)의 집으로 옮기는 이야기(대상 13:1-12)가 나온다. 하나님의 궤가 기돈(Chidon)의 타작마당에 이르렀을 때 소들이 뛰는 바람에 웃사(Uzza)가 궤를 붙들어 여호와께서 진노하사 웃사를 죽이는 이야기가 나온다

(대상 13:9-11). 하나님의 궤는 오벧에돔의 집에서 석 달 동안 머물렀다 (대상 13:14).

역대상 14장 • 두로(Tyre) 왕 히람(Hiram)이 다윗을 도와 궁전을 건축한 이야기가 기록되어 있다(대상 14:1). 그리고 다윗이 예루살렘에서 활동하면서 자녀를 두었는데 예루살렘에서 얻은 아들들의 이름이 열거되어 있고(대상 14:3-7), 다윗이 블레셋과 싸워 이기는 이야기(대상 14:8-17)가 나온다. "다윗의 명성이 온 세상에 퍼졌고 여호와께서 모든 이방 민족으로 그를 두려워하게 하셨더라"(대상 14:17, 개역개정)의 말씀은 그 당시 하나님이 다윗을 얼마나 사랑하셨는지 짐작하게 한다.

역대상 15장 • 다윗이 하나님의 궤를 옮길 준비를 철저하게 하고 (대상 15:1-24) 하나님의 궤를 오벧에돔에서 예루살렘으로 옮긴다(대상 15:25-29). 성경은 "여호와의 언약궤가 다윗 성으로 들어올 때 사울의 딸 미갈(Michal)이 창으로 내다보다가 다윗 왕이 춤추며 뛰노는 것을 보고 그 마음에 업신여겼더라"(대상 15:29, 개역개정)라고 다윗의 마음을 읽을 수 있는 의미 있는 기록을 한다.

역대상 16장 • 하나님의 궤를 옮기면서 다윗이 아삽(Asaph)과 그 형제들을 세워 여호와께 감사 찬송하게 한다(대상 16:1-36). "여호와 이스라엘의 하나님을 영원부터 영원까지 송축할지로다"(대상 16:36). 다윗이 기브온(Gibeon)에서 여호와께 번제를 드리는 이야기(대상 16:37-43)가 나온다.

역대상 17장 • 다윗이 그의 궁전에서 선지자 나단(Nathan)에게 "나는 백향목 궁에 거주하거늘 여호와의 언약궤는 휘장 아래에 있도다"(대상 17:1)라고 말하면서 여호와의 집을 건축하기를 원하는 소망을 밝힌다. 그런데 여호와께서 다윗에게 여호와의 성전을 건축하지 말라는 명령과 함께 그의 후손이 여호와의 성전을 건축할 것임을 분명히 한다(대상

17:1-15). 이 말을 들은 다윗은 여기까지 인도하신 여호와께 감사의 기도를 드린다(대상 17:16-27). 다윗은 "주와 같은 이가 없고 주 외에는 하나님이 없나이다"(대상 17:20)라고 고백한다.

역대상 18장 • 다윗의 승전 기록이 나온다(대상 18:1-13). 다윗은 블레셋, 소바 왕, 다메섹 아람 사람, 하맛(Hamath) 왕 도우(Tou)와 싸워 승리하는 기록이 나온다. 다윗은 이스라엘을 정의와 공의로 다스렸다(대상 18:14). 다윗 왕국은 요압(Joab)을 군대사령관으로, 여호사밧(Jehoshaphat)은 행정장관으로, 사독(Zadok)과 아비멜렉(Abimelech)은 제사장으로, 사워사(Shavsha)는 서기관으로 삼고 점점 튼실해져갔다(대상 18:15-17).

역대상 19장 • 다윗이 암몬 자손의 왕 나하스(Nahash)와 좋은 관계를 가졌기 때문에 나하스가 죽자 나하스의 아들 하눈(Hanun)에게 호의를 베풀어 그의 아버지의 죽음을 문상하도록 조문사절을 보냈는데 하눈이 방백들의 잘못된 조언을 듣고 다윗의 조문사절들을 잡아 수염을 깎고 그 의복을 볼기 중간까지 자르고 돌려보낸다(대상 19:1-5). 이에 다윗은 암몬(Ammon)과 아람(Arameans)을 쳐서 승리하는 기록이 나온다(대상 19:6-19).

역대상 20장 • 다윗이 암몬의 수도 랍바(Rabbah)를 함락시키고(대상 20:1-3) 블레셋 사람들과 싸우는 기록이 나온다(대상 20:4-8). 성경은 "가드(Gath)의 키 큰 자의 소생이라도 다윗의 손과 그 신하의 손에 다 죽었더라"(대상 20:8)라고 기록함으로 전쟁은 하나님의 손에 달려 있음을 환기시킨다.

역대상 21장 • 다윗이 사탄의 충동에 빠져 이스라엘 백성을 계수하는 잘못을 범한다(대상 21:1-17). "호사다마"(好事多魔)라는 말처럼 다윗이 승승장구하자 사탄은 다윗을 내버려 두지 않는다. 하나님은 다윗을 징계하기 위해 세 가지 징계 즉, 첫째 삼년 기근, 둘째 적군의 칼에 석 달 동안 쫓기는 일, 셋째 전염병이 사흘 동안 땅위에 퍼지는 일 중 하나를 다윗에게 택하라고 긍휼을 베풀고, 다윗은 하나님의 손에 맡기기 위해서 세 가지 중 셋째인 전염병을 택하고 그로 인해 백성 중 70,000명이 죽었다(대상 21:9-14). 다윗이 오르난(Ornan)의 타작마당에서 여호와를 위해 제단을 쌓으므로 전염병이 백성 중에서 그치게 되었다(대상 21:18-30).

역대상 22장 • 다윗이 성전 건축을 준비하나 여호와께서 "너는 피를 심히 많이 흘렸고 크게 전쟁하였"(대상 22:8)기 때문에 성전 건축을 허락하지 않고 그의 아들 솔로몬(Solomon)에게 성전 건축을 허락하신다(대상 22:1-19).

역대상 23장 • 다윗이 나이가 많아 아들 솔로몬을 이스라엘의 왕으로 삼은 이야기(대상 23:1)를 시작으로 역대상 23장은 여호와의 성전에서 일할 레위 사람들의 역할을 설명한다(대상 23:1-32).

역대상 24장 • 제사장 직분을 맡을 사람들을 소개하고(대상 24:1-19) 레위 자손 중에 남은 자들의 이름을 소개한다(대상 24:20-31). 특히 여호와께서 명령하시지 않은 다른 불을 담아 여호와 앞에 분향함으로 여호와 앞에서 죽은 아론의 아들 나답과 아비후(레 10:1-2) 대신 그들의 아버지 엘르아살과 이다말이 제사장의 직분을 행했다는 이야기는 제사장 직분의 고귀함을 천명한다(대상 24:1-2).

역대상 25장 • 찬송을 맡을 사람들의 이름이 열거되어 있다. 아삽의 아들들은 여호와께 신령한 노래를 할 책임을 가지고 있다(대상 25:2). 찬송을 배워 익숙한 자의 수효는 24명의 부친을 대표로 각각 12명씩으로(24x12=288) 전체 288명이 된다(대상 25:7-31).

역대상 26장 • 성전 문지기 역할을 할 사람들을 언급하고(대상 26:1-19), 성전 곳간을 맡을 사람들(대상 26:20-28)과 다른 레위 사람들이 맡아야 할 직임(대상 26:29-32)이 소개되고 있다.

역대상 27장 • 이스라엘 자손의 모든 가문의 우두머리와 천부장과 백부장과 왕을 섬기는 관원들을 매월 24,000명씩 12조로 나누어 1년 내내 왕을 섬기도록 하는 이야기가 소개되고(대상 27:1-24), 왕의 재산을 맡은 사람들(대상 27:25-31)과 다윗을 섬기는 몇 사람 즉, 요나단(Jehonathan), 여히엘(Jehiel), 아히도벨(Ahithophel), 후새(Hushai), 여호야다(Jehoiada)와 아비아달(Abiathar), 요압(Joab) 등이 소개(대상 27:32-34) 된다.

역대상 28장 • 다윗이 성전 건축에 관해 구체적으로 지시하는 내용(대상 28:1-21)이 나온다. 다윗은 자신이 성전을 건축할 마음이 있었지만 하나님이 "너는 전쟁을 많이 한 사람이라 피를 많이 흘렸으니 내 이름을 위하여 성전을 건축하지 못하리라"(대상 28:3, 개역개정)라고 말씀하셨다고 밝히고 그의 아들 솔로몬에게 "여호와께서 너를 택하여 성전의 건물을 건축하게 하셨으니 힘써 행할지니라"(대상 28:10, 개역개정)라고 권고한다.

역대상 29장 • 다윗이 성전 건축에 사용할 예물들을 준비한 내용(대상 29:1-9)과 다윗의 감사 기도가 나오며(대상 29:10-25), 다윗이 헤브론에서 7년, 예루살렘에서 33년 전체 40년간 이스라엘을 통치한 내용과 다윗을 이어 솔로몬이 왕이 된 사실(대상 29:26-30)이 소개된다.

솔로몬의 통치(역대하 1:1-8:18 The Rule of Solomon)

역대하 1장 • 다윗이 죽고(대상 29:28) 솔로몬 왕의 시대가 열린다. 솔로몬 왕은 여호와께 부와 재물을 구하지 않고 백성들을 잘 다스릴 수 있도록 지혜와 지식을 구한다(대하 1:7-10). 여호와께서 지혜와 지식뿐만 아니라 부귀영화를 솔로몬에게 허락하시는 내용이 나온다(대하 1:1-17).

역대하 2장 • 솔로몬 왕이 성전을 건축하고 궁궐을 건축할 것을 결심하고(대하 2:1) 준비한다. 솔로몬 왕이 두로 왕 히람(Hiram 혹은 Huram)에게 성전 건축을 알리고 금, 은, 동, 철을 다룰 줄 아는 기술자를 보내줄 것과 백향목과 잣나무와 백단목을 보내줄 것을 요청한다(대하 2:7-10). 이에 두로 왕 히람은 솔로몬 왕의 요청을 수락하고 단(Dan)의 여자들 중 한 여인의 아들로 두로(Tyre) 사람을 아버지로 둔 기술자와 필요한 목재를 보낸다(대하 2:13-16). 그리고 솔로몬 왕이 성전 건축을 시작하는 내용(대하 2:17-18)이 기록되어 있다. 참고로, 개역과 개역개정은 역대하 2장에서 두로 왕의 이름을 "후람"으로 기록한다(대하 2:3, 11-12). 그러나 열왕기상 5:1-2과 7절, 열왕기상 9:11-12, 역대상 14:1절에서 두로 왕의 이름을 히람(Hiram)으로 기록한다. 따라서 역대하 2:3, 11-12의 "후람"은 히람으로 읽는 것이 바르다고 사료된다. 영어 번역 NKJV, NIV, ESV는 모두 역대하 2:3, 11-12을 히람(Hiram)으로 처리했다.

역대하 3장 • 솔로몬 왕이 예루살렘 모리아(Moriah)산에 성전을 건축하기 시작한 내용이 기록되어 있다(대하 3:1-17). 솔로몬은 왕위에 오른 지 넷째 해에 성전 건축을 시작한다(대하 3:2). 성전 앞에 두 기둥을 만들고 오른쪽 기둥은 야긴(Jachin)이라 부르고 왼쪽 기둥은 보아스(Boaz)라 불렀다(대하 3:17).

역대하 4장 • 성전 안에 있는 물건들에 대한 설명이 나온다(대하 4:1-22). 역대하 4:11에 "후람이 또 솥과 부삽과 대접을 만들었더라 이와 같이 후람이 솔로몬 왕을 위하여 하나님의 성전에서 할 일을 마쳤으니"(대하 4:11, 개역개정)라는 기록이 나온다. 여기 역대하 4:11의 후람은 두로 왕 히람이 아니요 열왕기상 7:13, 40에 언급된 놋쇠 대장장이 후람을 가리킨다(왕상 7:13 참조). 두로 왕 히람과 성전 건축을 위해 솔로몬 왕을 도운 놋쇠 대장장이 후람은 명칭으로 인해 혼동을 일으킨다. 영어 번역 NKJV와 NIV 그리고 표준 새번역은 열왕기상 7:13과 40, 그리고 역대하 4:11을 모두 Huram(후람)으로 처리하여 두로 왕 히람(Hiram)과의 구별을 시도하고 열왕기상 7:13과 40의 경우 난 하주의 참고란에 히브리어는 Hiram이라고 밝힌다. 반면 ESV는 세 구절 모두를 일관성 있게 Hiram(히람)으로 처리했다. 그리고 NASB와 NRSV는 히브리어 원어와 한글 개역 및 개역개정의 번역처럼 열왕기상 7:13과 40은 Hiram(히람)으로 처리하고, 역대하 4:11은 Huram(후람)으로 처리했다.

또한 주목해야 할 부분은 두로 왕 히람의 명칭도 번역에 있어서 일관되지 않은 혼동이 있다는 사실이다. 역대하 2:3, 11은 "두로 왕 후람"(개역개정)이라고 기록한다. 한글번역 개역과 개역개정은 "두로 왕 후람"으로 번역했고, NASB와 NRSV는 "Huram, the king of Tyre"로 번역한 반면, NKJV, NIV, ESV는 "Hiram king of Tyre"로 번역했다. 히브리어 원어는 후람으로 되어 있다. 분명한 것은 두로 왕 히람과 놋쇠 대장장이 히람은 서로 다른 사람이라는 것이다. 또한 두로 왕 히람도 두로 왕 후람으로도 불린다는 사실이다. 번역의 문제는 히브리어 원본을 따르되 독자들의 이해를 위해 난 하주(footnote)에 두로 왕 히람인지 놋쇠 대장장이 후람인지를 밝히는 것이 좋을 것 같다.

역대하 5장 • 여호와의 성전 건축을 마친 솔로몬은 언약궤(The Ark)를 다윗 성 곧 시온(Zion)에서부터 메어 올려 여호와의 성전에 안치하는 내용이 나온다(대하 5:2-10). 여호와의 성전이 제 기능을 다 할 수 있도록 정돈될 때 여호와의 영광이 하나님의 전에 가득하게 되었다(대하 5:11-14).

역대하 6장 • 성전 공사를 마치고 솔로몬 왕이 성전 건축에 관한 하나님의 뜻을 이야기하는 내용(대하 6:1-11)이 기록되어 있다. 솔로몬은 원래 그의 부친 다윗이 여호와의 성전을 건축할 마음이 있었지만 여호와께서 그 일을 막으시고 그의 아들에게 성전을 건축하도록 허락하셨다고 설명한다(대하 6:4-11). 솔로몬은 여호와 하나님의 인도하심에 감사기도를 드린다(대하 6:12-42). 솔로몬은 "여호와 하나님이여 주의 기름 부음 받은 자에게서 얼굴을 돌리지 마시옵고 주의 종 다윗에게 베푸신 은총을 기억하옵소서"(대하 6:42, 개역개정)라고 간구한다.

역대하 7장 • 솔로몬이 기도를 마칠 때에 하늘에서 불이 내려와 번제물과 제물들을 사르고 여호와의 영광이 성전에 가득하게 되었다(대하 7:1). 이는 성전의 완공을 기뻐하시는 여호와 하나님 마음의 표현이다. 역대하 7장은 솔로몬 왕이 완공된 성전 낙성식을 7일 동안 지키는 이야기(대상 7:1-10)가 기록되어 있다. 솔로몬 왕이 드린 제물은 소가 22,000마리요 양이 120,000마리였다(대하 7:5). 여호와께서 솔로몬에게 나타나셔서 이 성전을 택하고 거룩하게 하여 내 이름을 여기에 영원히 있게 하시겠다고 약속하신 이야기(대하 7:11-22)가 나온다.

역대하 8장 • 솔로몬 왕의 좋은 업적이 소개되어 있다(대하 8:1-18). 솔로몬은 여호와의 전과 궁궐을 20년 동안에 건축한다(대하 8:1). 솔로몬은 모세의 명령대로 1년의 3절기 무교절(the Feast of Unleavened Bread)과 칠칠절(the Feast of Weeks)과 초막절(the Feast of Tabernacles)을 지켰다(대하 8:13).

스바 여왕의 방문과 솔로몬 왕의 영화(역대하 9:1-31 The Visit of the Queen of Sheba and the Glory of Solomon)

역대하 9장 • 스바 여왕이 솔로몬의 지혜와 명성을 듣고 솔로몬을 찾아 온 이야기(대하 9:1-12)가 나온다. 스바 여왕에 관한 설명은 열왕기상 10장의 설명을 참조하기 바란다. 본 구절에는 솔로몬 왕의 재산과 지혜가 넘쳐난 이야기(대하 9:13-28)와 솔로몬이 예루살렘에서 40년 동안 이스라엘을 다스리고 죽은 이야기(대하 9:29-31)가 기록되어 있다. 솔로몬 왕이 죽은 후에 이스라엘이 북이스라엘과 남유다로 분열된다(B.C. 930). 북이스라엘은 여로보암(Jeroboam)이, 남유다는 르호보암(Rehoboam) 이 왕이 된다(대하 9:31).

역대하 10장부터 36장까지는 남유다와 북이스라엘로 분열된 왕들의 행적을 기록하고 36장 마지막에 포로로 잡혀간 하나님의 백성을 이방 왕 고레스(Cyrus)를 사용하여 귀환시키실 것이라는 이야기(대하 36:22-23)로 끝을 맺는다.

역대하 10장 • 인간의 어리석음과 교만이 얼마나 비참한 결과를 가져오는지 보여준다. 르호보암이 원로들의 의견을 무시하고 자기와 함께 자란 젊은 신하들의 의견을 따라 "내 새끼 손가락이 내 아버지의 허리보다 굵으니", "나는 너희의 멍에를 더욱 무겁게 할지라 내 아버지는 가죽 채찍으로 너희를 치셨으나 나는 전갈 채찍으로 하리라"(대하 10:10-11, 개역개정)라고 지혜 없는 결정을 한다. 결국 유다 성읍들에 사는 이스라엘 자손들은 르호보암을 왕으로 모시고 이스라엘은 다윗의 집을 배반하는 사건이 발생했다(대하 10:17-19).

역대하 11장 • 여호와께서 하나님의 사람 스마야(Shemaiah)를 통해 르호보암에게 배반한 형제들과 싸우지 말라고 명령한 이야기(대하 11:1-4)와 르호보암이 방비하는 성읍들을 건축하는 이야기 가운데 유다와 베냐민이 르호보암에게 속하게 된 이야기(대하 11:5-12)와 제사장들과 레위 사람들이 유다로 모여든 이야기(대하 11:13-17)와 르호보암의 가족들이 소개되어 있다(대하 11:18-23). 르호보암은 마아가(Maachah) 의 아들 아비야(Abijah)를 후계자로 세운다(대하 11:22). 아비야는 열왕기상 15:1에서 아비얌(Abijam)으로 기록된다. 아비야는 3년(B.C. 913-910)동안 유다를 다스린다. 열왕기상 15:1의 영어번역은 NKJV와 ESV는 아비얌을, NIV는 아비야를 택한다.

역대하 12장 • 르호보암이 범죄 함으로 애굽의 왕 시삭(Shishak)이 침공하는 이야기(대하 12:1-12)와 르호보암이 41세에 왕위에 올라 17년 동안 통치(B.C. 930-913)하고 죽은 이야기(대하 12:13-16)가 나온다. 르호보암의 아들 아비야(혹은 아비얌)가 그를 대신하여 왕이 된다(대하 12:16).

역대하 13장 • 여로보암(Jeroboam I: B.C. 930-909) 왕 열여덟째 해에 아비야가 유다의 왕이 되어 예루살렘에서 3년을 다스리는 이야기로 시작한다(대하 13:1-2). 아비야 왕은 아비얌으로 불리기도 한다(왕상 15:1-2 참조). 유다 왕 아비야(Abijah: B.C. 913-910)는 르호보암(Rehoboam)을 대신하여 유다의 왕이 되어 이스라엘 왕 느밧의 아들 여로보암과 전쟁하는 이야기(대하 13:1-22)가 나온다. 유다 왕 아비야는 400,000명의 군사를 준비하고, 이스라엘 왕 여로보암은 800,000명을 택하여 서로 대진한다. 비록 군사의 숫자는 이스라엘이 배로 많지만 전쟁은 여호와 하나님께 속한다. "하나님이 여로보암과 온 이스라엘을 아비야와 유다 앞에서 치시니"(대하 13:15)의 말씀이 이를 확인한다.

역대하 14장 • 유다 왕 아비야가 죽고 그의 아들 아사(Asa)가 유다 왕(B.C. 910-870)이 된 이야기(대하 14:1-15)가 기록되어 있다. 여호와는 아사에게 평안을 주신다(대하 14:6). 그 이유는 아사가 여호와를 의지하고 "원하건대 사람이 주를 이기지 못하게 하옵소서"(대하 14:11)라고 여호와를 의지했기 때문이다.

역대하 15장 • 아사 왕이 오뎃(Oded)의 아들 아사랴(Azariah)를 통해 주신 하나님의 말씀을 듣고 개혁하는 이야기(대하 15:1-19)와 여호와께서 아사 왕 제35년까지 유다에 전쟁이 없도록 해 주신 이야기(대하

15:19)가 기록되어 있다. 아사 왕이 산당은 이스라엘 중에서 제하지 아니하였으나 그의 마음이 일평생 온전하였다(대하 15:17).

역대하 16장 • 유다 아사 왕 제36년에 이스라엘 왕 바아사(Baasha: B.C. 908-885)가 유다를 치러 올라왔을 때 아사 왕이 여호와 하나님을 의지하지 않고 아람(Syria) 왕 벤하닷(Ben-Hadad I)을 의지한 이야기(대하 16:1-6)와 유다 왕 아사가 선견자 하나니(Hanani)의 말을 듣지 아니한 이야기(대하 16:7-10)와 아사 왕이 유다를 41년을 다스린 후 죽은 이야기(대하 16:11-14)가 나온다. (역대하 16장의 연대 계산에 문제가 있다. 유다 왕 아사는 B.C. 910년에 왕이 되었으므로 아사 왕 제36년은 B.C. 874년이 되고 이스라엘 왕 바아사는 B.C. 908-885년에 이스라엘을 통치했음으로 이는 바아사 왕이 죽은 이후에 유다를 침공했다는 결론이 나온다. 이는 사서자들이 숫자를 가리키는 히브리어 철자를 혼동한 나머지 아사 왕 16년을 36년으로 오기한 것으로 사료된다. 아사 왕 16년은 B.C. 894년으로 바아사가 살아 있을 때이다.)

역대하 17장 • 아사의 아들 여호사밧(Jehoshaphat)이 유다의 왕(B.C. 870-848: 섭정시작 B.C. 873)이 되어 강성해진 이야기(대하 17:1-19)가 기록되어 있다. 여호사밧이 강성할 수 있었던 이유는 레위 사람들과 제사장들이 "여호와의 율법 책을 가지고 유다에서 가르치되 그 모든 유다 성읍들로 두루 다니며 백성들을 가르쳤"(대하 17:9, 개역개정)기 때문이다. 여호와께서 여호사밧과 함께 하시매 주변의 이방 나라들이 여호사밧을 두려워하여 유다와 싸우지 않고 조공을 바치게 되었다(대하 17:10-19).

역대하 18장 • 유다의 여호사밧 왕이 이스라엘의 아합(Ahab) 왕의 가문과 통혼함으로 친척 관계를 맺고(대하 18:1) 2년 후에 사마리아로 아합을 방문한다. 이 때 아합 왕이 유다의 여호사밧 왕에게 함께 길르앗 라못(Ramoth Gilead)으로 올라가 아람을 칠 것을 제안한다. 이 제안에 대해 선지자 400명과 시드기야(Zedekiah)는 올라가서 싸우라고 예언하나, 선지자 미가야(Micaiah)는 아람과 싸워서는 안 된다고 아합 왕에게 경고한다(대하 18:4-27). 결국 미가야의 예언대로 아합 왕은 아람 사람들을 막다가 활을 맞고 죽는(B.C. 853) 이야기가 기록되어 있다(대하 18:34).

역대하 19장 • 선견자 예후(Jehu)가 유다 왕 여호사밧을 대면하고 "왕이 악한 자를 돕고 여호와를 미워하는 자들을 사랑하는 것이 옳으니이까"(대하 19:2)라고 규탄하는 이야기(대하 19:1-3)와 여호사밧 왕이 개혁하는 이야기(대하 19:4-11)가 나온다. 여호사밧은 성읍마다 재판관을 세워 여호와를 두려워하면서 공의로운 재판을 하라고 명한다(대하 19:6-7).

역대하 20장 • 유다의 여호사밧 왕이 쳐들어온 모압(Moab)과 암몬(Ammon) 자손들과 전쟁하는 이야기(대하 20:1-30)와 여호사밧 왕의 행적(대하 20:31-37)이 기록되어 있다. 여호사밧이 이방인들의 공격을 두려워하자 여호와께서 레위 사람 야하시엘(Jahaziel)을 통해 "전쟁은 너희에게 속한 것이 아니요 하나님께 속한 것"(대상 20:15)임을 분명히 가르치고 쳐들어 온 모압과 암몬을 두려워하지 말라고 확신을 준다.

역대하 21장 • 여호사밧의 아들 여호람(Jehoram)이 32세에 유다 왕(B.C. 848-841)이 되어 8년 동안 통치하면서 행한 행적(대하 21:1-20)이 기록되어 있다. 여호람이 여러 산에 산당을 세워 예루살렘 주민을 음행하게 하므로 선지자 엘리야(Elijah)가 여호람에게 "네 아비 여호사밧의 길과 유다 왕 아사의 길로 행하지 아니하고 오직 이스라엘 왕들의 길로 행하여"(대하 21:12-13)라고 책망한다.

역대하 22장 • 여호람의 막내 아들 아하시야(Ahaziah)가 유다의 왕(B.C. 841)이 되어 1년 동안 유다를 다스리는 이야기가 기록되어 있고, 아하시야의 어머니요 북이스라엘 왕 아합의 딸인 아달랴(Athaliah)가 6년 동안 유다를 통치하는(B.C. 841-835) 이야기가 기록되어 있다. 아달랴는 북이스라엘 왕 아합(Ahab)의 딸로 유다 왕 여호람의 아내이고(대하

21:5-6) 아하시야의 어머니이다(대하 22:10). 이런 결과는 유다 왕 여호사
밧(B.C. 870-848)이 이스라엘 왕 아합(B.C. 874-853) 가문과 혼인함으로 생
긴 비극이다.

역대하 23장 · 제사장 여호야다(Jehoiada)를 중심으로 아달랴에 대
한 반역을 일으킨 이야기(대하 23:1-15)와 여호야다의 개혁의 행적(대하
23:16-23)이 기록되어 있다. 제사장 여호야다는 바알의 신당을 부수고
(대하 23:17), 여호와께 드리는 번제를 규례에 맞게 행하는(대하 23:18) 개
혁을 단행하였다. 백성들이 아하시야의 어머니 아달랴를 칼로 죽인다
(대하 23:21).

역대하 24장 · 아달랴가 죽은 후 요아스(Joash)가 왕위에 오를 때에
7세로 예루살렘에서 40년 동안(B.C. 835-796) 유다를 다스린다(대하 24:1).
악한 여인 아달랴는 자기의 아들이 죽은 것을 보고 유다 집의 왕족의
씨를 모두 진멸하였다. 그러나 왕의 딸 여호사브앗(Jehoshabeath)이 아하
시야의 아들 요아스를 감추어 두어(참조, 대하 22:10-12) 요아스가 아달랴
왕 다음으로 유다의 왕이 될 수 있었다. 요아스는 여호와 보시기에 정
직하게 행한 왕으로 여호와의 전을 보수할 뜻을 세운다(대하 24:4). 요아
스가 제사장들과 레위 사람들을 모으고 여호와의 전을 수리하도록 독
려하나 레위 사람이 게으름을 피우자 요아스가 제사장 여호야다를 불
러 그 이유를 물었다. 여호야다는 악한 여인 아달랴의 아들들이 하나
님의 전을 파괴하고 여호와의 전의 모든 성물들을 바알들을 위하여 사
용하였기 때문이라고 대답한다(대하 24:4-7). 이에 요아스가 모금 궤를 만
들어 여호와의 전 문 밖에 두고 모세가 광야에서 이스라엘에게 정한 세
를 바치게 하여 그 돈으로 여호와의 전을 보수하게 했다(대하 24:8-14).
그러나 제사장 여호야다가 130세로 죽자 유다 방백들의 간언을 듣고
요아스 왕은 여호와의 전을 버리고 아세라 목상과 우상을 섬겼다(대하

24:17-18). 하나님의 영이 여호야다의 아들 스가랴에게 임하여 여호와의 명령을 따르지 않은 유다를 경책한다. 그런데 무리가 왕의 명령에 따라 여호와의 전 뜰 안에서 스가랴를 돌로 쳐 죽인다(대하 24:21). 요아스 왕은 여호와의 전을 수리하는 등 좋은 일도 많이 하였지만, 그의 치세 말년에 여호와께 악을 행한 왕이다(대하 24:22). 아람 군대의 침공으로 크게 부상당한 유다 왕 요아스는 죽고 그의 아들 아마샤(Amaziah)가 왕이 되어 29년(B.C. 796-767)을 통치한다(대하 24:23-27).

역대하 25장 • 아마샤가 유다 왕이 될 때에 25세였고 예루살렘에서 29년 동안 유다를 다스렸다. 아마샤는 여호와 보시기에 정직히 행했으나 온전한 마음으로 행하지 아니했다(대하 25: 2). 아마샤가 에돔과의 전쟁에서 승리하는 이야기(대하 25:5-16)와 이스라엘 왕 요아스가 유다 왕 아마샤를 사로잡는 이야기(대하 25:17-28)가 나온다.

역대하 26장 • 아마샤의 아들 웃시야(Uzziah)가 16세에 유다 왕이 되어 52년 동안(B.C. 767-740: 791년 섭정시작) 유다를 통치하는 이야기(대하 26:1-15)를 기록한다. 웃시야는 여호와 하나님께서 함께 하시매 블레셋과 암몬을 쳐서 승리한다(대하 26:6-8). 그런데 웃시야 왕이 교만함으로 그가 죽는 날까지 나병환자로 별궁에서 살았고, 웃시야가 죽자 그의 아들 요담이 대신하여 왕이 되었다(대하 26:16-23).

역대하 27장 • 웃시야의 아들 요담(Jotham)이 25세에 유다 왕이 되어 16년 동안 유다를 통치(B.C. 740-732: 748부터 섭정)하는 행적(대하 27:1-9)이 기록되어 있다. 요담이 죽자 그의 아들 아하스가 대신하여 왕이 되었다(대하 27:9).

역대하 28장 • 요담의 아들 아하스(Ahaz)가 20세에 유다 왕이 되어 유다를 16년 동안 통치(B.C. 732-716)하면서 여호와 보시기에 악을 행한 이야기(대하 28:1-7)와 선지자 오뎃(Oded)이 사마리아로 돌아오는 이스라엘의 군대에게 형제를 포로로 잡는 것은 여호와께 죄를 짓는 것이라고 권고하는 내용(대하 28:8-15)과 아하스가 에돔(Edom)이 침공해 올 때 앗수르 왕 디글랏 빌레셀 3세(Tiglath-Pileser: B.C. 744-727)에게 도움을 요청하는 이야기(대하 28:16-21)와 아하스의 죄악이 기록되어 있다(대하 28:22-27). 역대하 28장은 열왕기하 16장과 대조하여 연구하고 읽어야 한다.

역대하 29장 • 아하스의 아들 히스기야(Hezekiah)가 25세에 유다 왕이 되어 29년 동안 유다를 통치(B.C. 716-687)한 행적이 기록되어 있다(대하 29:1-36). 히스기야는 "여호와 보시기에 정직하게 행하였고"(대하 29:2), 여호와의 전을 성결하게 했고(대하 29:5), 여호와의 전에서 섬기는 일을 순서대로 갖추어지도록 개혁하였다(대하 29:35).

역대하 30장 • 유다 왕 히스기야가 유월절을 준비하여(대하 30:1-12) 성대하게 지키는 이야기(대하 30:13-22)가 나온다. 히스기야는 백성들에게 "너희 조상들같이 목을 곧게 하지 말고 여호와께 돌아와 영원히 거룩하게 하신 전에 들어가서 너희 하나님 여호와를 섬겨 그의 진노가 너희에게서 떠나게 하라"(대하 30:8)라고 명한다.

역대하 31장 • 유다 왕 히스기야가 하나님 보시기에 선한 방법으로 개혁하는 내용(대하 31:1-21)이 나온다. 히스기야는 유다 여러 성읍에서 아세라 목상을 찍으며, 산당들과 제단들을 제거하였고(대하 31:1), "그의 하나님 여호와 보시기에 선과 정의와 진실함으로 행했다"(대하 31:20).

역대하 32장 • 앗수르 왕 산혜립(Sennacherib)이 예루살렘을 위협하지만 히스기야 왕이 선지자 이사야(Isaiah)와 함께 여호와께 기도하여 결국 앗수르 왕이 자기 나라로 돌아간 이야기(대하 32:1-23)와 히스기야의 병든 이야기(대하 32:24-26)와 히스기야의 재물과 영광이 기록되어 있고, 히스기야가 죽는 이야기(대하 32:27-33)가 나온다.

역대하 33장 • 히스기야의 아들 므낫세(Manasseh)가 유다의 왕이 되어 55년 동안 통치(B.C. 687-642: 696부터 섭정)한 행적(대하 33:1-13)과 므낫세가 죽고 그의 아들 아몬(Amon)이 유다의 왕이 된 이야기(대하 33:14-20)와 유다 왕 아몬의 행적(대하 33:21-25)이 기록되어 있다.

역대하 34장 • 아몬 왕의 아들 요시야(Josiah)가 유다 왕이 되어 31년 동안 유다를 통치(B.C. 640-609)하는 행적이 기록되어 있다(대하 34:1-7). 요시야 왕은 그의 조상 다윗의 길로 행하며 정직하게 행했다(대하 34:2). 요시야 왕 열여덟째 해에 제사장 힐기야(Hilkiah)가 여호와의 전을 보수하면서 여호와의 율법 책을 발견한 이야기(대하 34:8-28)와 요시야 왕이 여호와께 순종하기로 결심하고 실행함으로 요시야가 사는 날 동안에는 이스라엘의 모든 백성들이 하나님 여호와께 복종하고 떠나지 아니하였다(대하 34:29-33).

역대하 35장 • 유다 왕 요시야가 예루살렘에서 유월절을 지키는 이야기가 자세하게 기록되어 있다(대하 35:1-19). 애굽 왕 느고 2세(Necho II)는 유다와 전쟁을 할 생각 없이 갈그미스(Carchemish)를 치기 위해 유다 땅을 지나게 된다. 그런데 요시야는 느고의 대군을 맞아 서로 대치하게 된다. 느고는 "하나님이 나와 함께 계시니 그대는 하나님을 거스르지 말라"(대하 35:21)라고 경고했으나 요시야가 느고의 입에서 나오는 하나님의 말씀을 듣지 아니했다(대하 35:22). 결국 요시야는 애굽 왕 느고와 므깃도(Megiddo) 골짜기에서 싸울 때에 화살에 맞아 중상을 입어 전사하고 온 유다와 예루살렘 사람들은 요시야를 슬퍼한다(대하 35:23-27).

역대하 36장 • 요시야의 아들 여호아하스(Jehoahaz)가 23세에 유다의 왕이 되어 3개월 동안 유다를 통치(B.C. 609)하고 그의 부친 요시야처럼 반 애굽 정책(대하 35:20-22 참조)을 계속하기를 바랐으나 애굽왕 느고 2세가 이를 알고 미리 그의 왕위를 폐하고 그의 형제 엘리아김(Eliakim)을 여호야김(Jehoiakim)으로 이름을 바꾸어 유다 왕으로 삼았다(대하 36:1-

4). 역대하 36장의 나머지 부분은 유다가 바벨론에 의해 정복되기 전 유다의 왕들인 여호야김 왕의 11년 통치 행적(B.C. 608-597)과 여호야긴 (Jehoiachin) 왕의 3개월 통치 행적(B.C. 597)과 유다 왕국의 마지막 왕인 시드기야(Zedekiah)의 11년 통치 행적(B.C. 597-586)이 간략하게 기록되어 있고(대하 36:5-21), 바사의 고레스(Cyrus) 왕이 하나님의 백성을 예루살렘으로 귀환시켜 예루살렘 성전을 건축하라는 명령을 함으로 예레미야 선지자를 통해 주신 여호와의 말씀을 성취하시는 내용이 기록되어 있다(대하 36:22-23).

37

에스라

Ezra | 총 10장

기록배경과 특징(B.C. 458-444)

에스라서(Ezra)는 10장 280절로 구성되어 있다. 에스라서 1:1-3은 역대하 36:22-23의 내용을 그대로 사용한다. 그래서 역대상하와 에스라서의 저자가 동일인물일 가능성을 제시한다. 에스라서 1장부터 6장까지는 에스라 시대 훨씬 전에 발생한 사건들을 정리하고 7장부터 10장까지는 에스라가 중심이 된 사건들을 다룬다. 그러므로 에스라서 1장부터 6장까지의 시기와 7장부터 10장까지의 시기가 확실하게 다르다. 에스라서 1장부터 6장까지는 고레스 원년인 B.C. 539년부터 다리오 왕 제6년인 B.C. 516년까지의 기간에 발생한 사건들이요, 에스라 7장부터 10장까지는 바사 왕 아닥사스다(Artaxerxes)가 왕위에 있을 때인 B.C. 465-424년 기간 중 에스라가 바벨론에서 예루살렘으로 귀환한 B.C. 458-457년경에 발생한 사건들을 다루고 있다. 에스라서는 이 두 시기(B.C. 516-458)의 중간인 대략 58년의 기간에 대해서는 침묵하고 있다.

에스라서는 예루살렘으로 귀환한 후 B.C. 440년 경 에스라에 의해 기록되었다. 에스라는 70년 포로기가 끝나고, 하나님의 백성이 약속의 땅으로 돌아온다는 하나님의 약속을 하나님이 어떻게 성취하시는지 보여줌으로써 역대하의 이야기를 이어나간다. 에스라는 바벨론에서 돌아온 두 번의 귀환 이야기와 관련이 있다. 첫 번째 귀환은 성전을 재건하기 위해 스룹바벨이 이끌었으며(스 1:1-6:22), 두 번째 귀환은 백성들의 영적 상태를 재건하기 위해 에스라의 지도하에 이루어졌다(스 7:1-10:44).

요약(A Summary of Ezra)

하나님의 성전 재건(에스라 1:1-6:22 Rebuilding of the Temple)

1. 고레스의 허락으로 예루살렘 귀환(에스라 1:1-11 Cyrus Helps the Exiles to Return)

에스라 1장 • 바사 왕 고레스(Cyrus: B.C. 539-530)의 허락으로 하나님의 백성이 예루살렘으로 귀환하게 된 이야기(스 1:1-11)가 나온다. 바사(Persia)왕 고레스가 "하늘의 하나님 여호와께서 세상 모든 나라를 내게 주셨고 나에게 명령하사 유다 예루살렘에 성전을 건축하라 하셨다"(스 1:2, 개역개정)라고 말함으로 그가 하나님의 목자임을 증거한다(사 44:28 참조). 바사 왕 고레스는 바벨론 왕 느부갓네살이 예루살렘에서 가져온 성전 그릇을 유다 총독 세스바살(Sheshbazzar)에게 다시 돌려주기까지 했다(스 1:7-11).

2. 제 1차 예루살렘 귀환한 포로들(에스라 2:1-70 The List of the Exiles Who Returned)

에스라 2장 • 스룹바벨(Zerubbabel)과 예수아(Jeshua)와 느헤미야(Nehemiah)와 모르드개(Mordecai)와 함께 B.C. 538-515년 어간에 제1차로 바벨론에서 예루살렘으로 귀환한 포로들의 이름이 자세하게 기록되어 있다(스 2:1-70). 이 때 귀환한 온 회중의 합계는 42,360명이며 남종과 여종은 7,337명이며 노래하는 남녀가 200명이었다(스 2:64-65). 일차로 귀환한 사람의 총수는 49,897명이다.

3. 성전 건축(에스라 3:1-13 Rebuilding the Temple)

에스라 3장 • 스룹바벨과 예수아의 지도하에 성전을 건축하기 시작하는 이야기(스 3:1-13)가 기록되어 있다. 스룹바벨과 예수아는 "바사 왕 고레스의 명령대로 백향목을 레바논(Lebanon)에서 욥바 (Joppa) 해변까지 운송하게 하여"(스 3:7) 성전 건축 준비를 하였다. 제사장들과 레위 사람들은 성전의 기초가 놓일 때 대성통곡 했다 (스 3:12).

4. 성전 재건을 방해하는 사람들(에스라 4:1-24 Opposition to the Rebuilding the Temple)

에스라 4장 • 유다(Judah)와 베냐민(Benjamin)의 대적들이 성전 건축 소식을 듣고 자기들도 성전 건축에 참여할 수 있게 해 달라고 요청한 다. 이들은 앗수르(Assyria) 왕 에살핫돈(Esarhaddon)에 의해 이 지역으 로 이주하게 되었고 하나님께 제사도 드렸다고 말한다(스 4:1-2). 하지 만 스룹바벨과 예수아는 이들의 요청을 거절한다(스 4:3). 결국 방백 르 흠(Rehum)과 서기관 심새(Shimshai)가 아닥사스다(Artaxerxes) 왕에게 성전 건축을 방해하는 고발을 했고 결국 성전 건축이 다리오(Darius) 왕 제2 년까지 중단된 이야기(스 4:7-24)가 나온다.

5. 다리오에게 보낸 닷드내의 편지(에스라 5:1-17 Tattenai's Letter to Darius)

에스라 5장 • 유브라데(Euphrates) 강 건너편 총독 닷드내(Tattenai)와 스달보스내(Shethar-Boznai)가 다리오 왕에게 올린 글을 소개하고 있다. 닷드내의 글은 고레스 왕이 조서를 내려 성전을 건축하라고 허락했는 지 알려 달라는 내용이 포함되어 있다(스 5:1-17).

6. 다리오의 명령과 성전 건축 완공(에스라 6:1-22 The Decree of Darius and the Completion of the Temple)

에스라 6장 • 고레스 왕이 성전 건축을 허락하는 조서를 내렸는지 에 대해 다리오 왕이 바벨론의 보물을 쌓아둔 문서 창고를 조사하게 하여 그 사실을 확인하고 예루살렘 성전 재건을 다시 시작하는 이야기가 나온다(스 6:1-5). 예루살렘 성전은 다리오(Darius I, Hystaspis: B.C. 522-486) 왕 제육 년 아달 월 삼 일(B.C. 516년 3월 12일)에 완공된다(스 6:15). 포로로 잡혔던 자들이 유월절을 지키는 이야기가 나온다(스 6:19-22).

하나님 백성의 개혁(에스라 7:1~10:44 Reforming of God's People)

1. 에스라 인도하의 제2차 예루살렘 귀환(에스라 7:1-28 Ezra Comes to Jerusalem)

에스라 7장 • 아닥사스다(Artaxerxes: B.C. 465-424) 왕 제7년에 학자 겸 제사장인 에스라가 바벨론에서 예루살렘으로 귀환하는 이야기(스 7:1-28)가 나온다. 에스라는 B.C. 458년 제 2차로 바벨론에서 예루살렘으로 귀환했다. 아닥사스다 왕은 에스라에게 예루살렘 성전에서 하나님을 섬기는 일을 위해 모든 준비를 하도록 배려한다(스 7:16-20).

2. 에스라와 함께 돌아온 지도자들(에스라 8:1-36 List of the Family Heads Returning with Ezra)

에스라 8장 • 에스라와 함께 바벨론에서 예루살렘으로 귀환한 사람들의 이름을 열거한다(스 8:1-36). 에스라와 함께 귀환한 각 자손들의 숫자를 계산하면 대략 1,754명이 된다(스 8:3-20 참조). 에스라는 아하와(Ahava) 강가에서 금식을 선포하고 겸비한 마음으로 하나님께 평탄한 귀환 길이 되도록 해 달라고 간구한다(스 8:21-23). 에스라가 하나님의 도우심에 힘입어 예루살렘으로 돌아온 이야기가 기록되어 있다(스 8:21-36).

3. 에스라의 개혁(에스라 9:1-10:44 Ezra's Reforming Activities)

에스라 9장 • 에스라의 회개 기도와 개혁 활동(스 9:1-15)이 기록되어 있다. 에스라는 "우리 죄악이 많아 정수리에 넘치고 우리 허물이

커서 하늘에 미침이니이다"(스 9:6, 개역개정)라고 회개한다. 특히 에스라는 이스라엘 백성들이 이방인들과 통혼하는 죄를 심각하게 지적한다(스 9:11-12).

에스라 10장 • 하나님의 백성이 이방의 아내와 그 소생을 내쫓았고(스 10:1-17) 이방 여자와 결혼한 백성들은 이방 아내를 내보내기로 결정하고 이방 여인들과 결혼한 명단을 열거한다(스 10:18-44). 에스라서는 "이상은 모두 이방 여인을 아내로 맞이한 자라 그 중에는 자녀를 낳은 여인도 있었더라"(스 10:44)라는 말로 마무리한다.

38

느헤미야

Nehemiah | 총 13장

기록배경과 특징(B.C. 440)

느헤미야서(Nehemiah)는 13장 406절로 구성되어 있다. 느헤미야서는 에스라서와 함께 B.C. 440년 경 에스라에 의해 기록된 것으로 추정된다. 느헤미야서는 하나님과 그의 백성이 맺은 언약 개념이 두드러진다. 느헤미야서의 사건들은 바사 왕 아닥사스다 1세의 통치 기간(B.C. 465-424)에 발생한 것으로 보인다. 아닥사스다 1세는 에스더를 왕후로 맞이한 아하수에로 크세르크세스 1세(B.C. 486-465)의 아들로 아버지를 이어 바사를 통치한 왕이다. 아닥사스다 1세의 통치 기간에 에스라(Ezra)가 70년 포로 생활에서 2차로 예루살렘으로 귀환했고(B.C. 458), 느헤미야는 예루살렘 성벽 재건을 위해 3차로 바사로부터 예루살렘에 귀환했다(B.C. 444). 따라서 에스라와 느헤미야가 동시에 일정기간 예루살렘에 있었던 것이 확실하다(느 8:9 참조). 느헤미야는 약 12년 후(B.C. 432) 바사(페르시아)의 수사(Susa)로 돌아갔다가 다시 예루살렘으로 돌아온다(B.C. 425). 따라서 느헤미야가 예루살렘을 방문하여 활동한 기간이 모두 아닥사스다 1세의 활동기간에 발생한 것들이다. 느헤미야서는 약속된 메시야가 탄생하기 약 400년 전의 일을 기록하고 있다. 성벽 재건은 여러 가지 반대에도 불구하고 52일 만에 끝났으며, 느헤미야의 적들까지도 하나님의 간섭이었음을 인정했다(느 6:15-16). 느헤미야서는 크게 두 부분으로 나뉜다. 첫째 부분은 예루살렘 성벽을 재건하는 내용이며(느 1장-7장), 둘째 부분은 하나님의 백성을 소생시키고 개혁하는(느 8장-13장) 일이다.

요약(A Summary of Nehemiah)

1. 성벽 재건 준비(느헤미야 1:1-2:20 The Preparation for the Reconstruction of the Wall of Jerusalem)

느헤미야서 1장과 2장은 느헤미야 선지자가 아닥사스다(Artaxerxes) 왕 제20년(B.C. 445)에 수산 궁에서 유다와 예루살렘 성에 관한 좋지 않은 소식을 하나니(Hanani)로부터 듣는다(느 1:2-3). 느헤미야가 보통 때와는 달리 왕 앞에서 수심이 가득한 모습을 하고 있을 때 아닥사스다 왕이 이를 알아차리고 느헤미야에게 그 이유를 묻자 느헤미야가 예루살렘 성의 폐허 때문이라고 보고한다(느 2:1-3). 느헤미야 2장의 나머지 부분은 느헤미야가 아닥사스다 왕으로부터 성읍을 건축할 수 있는 허락을 받는 기록(느 1:2-3; 2:5)과 산발랏(Sanballat)과 도비야(Tobiah)와 게셈(Geshem)등이 성읍 건축을 방해하는 내용을 기록한다(느 2:10, 19).

2. 성벽 재건(느헤미야 3:1-7:73 The Reconstruction of the Wall of Jerusalem)

느헤미야서 3장부터 7장까지는 예루살렘 성의 건축이 계속 진행되는 가운데 산발랏과 도비야의 끈질긴 반대 때문에 느헤미야가 파수꾼을 세워 지키게 하면서 성읍을 계속 건축한 사실(느 4:7-9)이 기록되어 있다. 파수꾼들은 칼과 창과 활을 가지고 서 있었고(느 4:13) 한 손으로는 일을 하며 한 손에는 병기를 잡은 형국(느 4:17)에서 최선을 다 하였다. 이스라엘 백성들이 경제적 형편 때문에 자녀를 종으로 팔고(느 5:5), 형제에게 높은 이자를 받는 횡포가 계속되자(느 5:6-8), 느헤미야는 그들을 책망하고 자신은 12년 동안 총독의 녹을 받지 아니하고 봉사했다고 말한다(느 5:14). 느헤미야 6장에는 성벽 건축에 극심한 반대가 있었음에도 불구하고 성벽역사는 52일만에 끝나게 되었다는 사실(느 6:15)이 기록되어 있고, 느헤미야 7장에는 포로에서 돌아온 사람들의 이름이 열거되어 있다(느 7:6-60). "온 회중의 합계는 42,360명"(느 7:66)이었다.

백성의 회복(느헤미야 8:1-13:31 The Restoration of the People)

1. 언약의 갱신(느헤미야 8:1-10:39 Renewal of the Covenant)

느헤미야서 8장부터 10장까지는 학사 에스라(Ezra)가 율법 책을 읽고 그 뜻을 해석하여 백성이 깨닫게 하고 여호와의 성일을 기쁨으로 지키는 내용(느 8:1-12)과 이스라엘 백성들이 초막을 짓고 절기를 지키는 내용이 기록되어 있다(느 8:13-18). 이스라엘 자손들이 죄를 자복하며 여호와를 경배하는 이야기(느 9:1-6)와 여호와 하나님이 아브라함을 택하신 사실과 이스라엘 백성을 출애굽 할 수 있도록 인도하신 하나님을 기억하고 자신들의 잘못을 회개하고 하나님께 순종할 것을 언약으로 세워 인봉하는 내용(느 9:7-38)이 기록되어 있고, 그 언약에 인봉한 사람들의 이름을 열거하고 있다(느 10:1-27). 그리고 그 남은 백성들과 제사장들과 레위 사람들이 여호와께서 모세를 통해 주신 율법을 지킬 것을 다짐하는 내용이 기록되어 있다(느 10:28-39).

2. 언약에 순종함(느헤미야 11:1-13:31 Obedience in the Covenant)

느헤미야서 11장부터 13장까지는 예루살렘에 거주하는 백성의 지도자들의 이름이 열거되어 있고(느 11:1-6), 레위 사람들과 제사장의 족장들의 이름이 열거되어 있으며(느 12:1-21), 느헤미야가 예루살렘 성벽을 봉헌한 기록이 담겨 있다(느 12:27-43). 그리고 제사장 엘리아십(Eliashib)이 도비야(Tobiah)와 친분이 있어서 도비야에게 하나님의 전 뜰에 방을 만들어 준 사실을 알고 그 일을 개혁하고(느 13:4-9), 또한 레위 사람들의 잘못을 개혁하고(느 13:10-11), 안식일을 거룩하게 지키도록 개혁한 사실(느 13:16-21)과 느헤미야가 이방 족속과 결혼하는 것을 금하는 개혁을 단행한다(느 13: 23-28).

39

말라기

Malachi | 총 4장

기록배경과 특징(B.C. 430년경)

말라기(Malachi)는 4장 55절로 구성되어 있다. 말라기 1:8은 대략적 연대를 추정하는데 도움을 주는 페르시아 용어 페사흐(pechah)가 사용되었다. 통치자란 뜻을 가진 이 용어의 사용으로 보아 그 시기는 페르시아가 이스라엘을 다스릴 때임을 가리킨다. 그리고 말라기의 내용은 성전이 재건된 상태(말 1:7-10), 부패한 제사장(말 1:6-2:9; 참조 느 13:1-9), 십일조와 봉헌 제물에 대한 무관심(말 3:7-12; 참조 느 13:10-13), 이교도들과 통혼(말 2:10-16; 참조 느 13:23-28)등을 포함하고 있다. 느헤미야는 성벽 재건을 위해 B.C. 444년에 예루살렘에 도착했고 B.C. 432년 페르시아 수사(Susa)로 되돌아갔다. 이 시기는 에스더(Esther)를 왕후로 맞이한(에 1:1; 2:16-18) 아하수에로 크세르크세스 1세(Ahasuerus Xerxes I) 왕의 아들인 아닥사스다 1세(Artaxerxes)가 페르시아(Persia)를 통치(B.C. 465-424)한 때이다. 그런데 느헤미야서는 말라기서에 기록된 죄들을 다루었다. 이런 정황으로 보아 말라기서는 느헤미야가 2차로 예루살렘에 돌아오기 전 수사를 방문하고 있을 때 B.C. 432-425년 어간에 말라기 선지자에 의해 기록된 것으로 추정된다.

요약(A Summary of Malachi)

이스라엘을 사랑하시는 여호와(말라기 1:1-5 Israel Beloved of God)

본 단락은 여호와께서 이스라엘에게 경고하신 말씀이다(말 1:1). 그런데 하나님은 에서는 미워하시고 야곱은 사랑하셨다는 말씀으로 이스라엘의 사랑을 표현하신다(말 1:2-3). 말라기 선지자는 에스라(Ezra), 느헤미야(Nehemiah)와 동시대에 활동했던 선지자이다(느 8:1-9; 12:26).

제사장들의 부패를 책망함(말라기 1:6-2:9 The Warnings against the Priests)

하나님은 제사장들이 하나님의 이름을 멸시했다고 책망하신다(말 1:6). 제사장들은 총독들도 받지 않을 눈먼 희생제물을 하나님의 제단에 바쳤다(말 1:8). 따라서 하나님은 이스라엘 지역 밖에서 크시다 찬송을 받으시며(말 1:5), 이방 민족 중에서 그의 이름이 높임을 받게 될 것이다. 말라기 선지는 이스라엘의 범죄와 이방인들의 경외를 통해 복음이 이방인들에게 전파될 것을 예언하고 있다(말 1:14).

일반 백성의 죄를 책망함(말라기 2:10-3:18 The Warnings against the People)

하나님은 한 아버지를 모신 형제들이 서로 거짓을 행하며(말 2:10), 하나님의 백성이 어려서 맞이한 아내에게까지 거짓을 행하고 이혼을 함부로 하는 잘못된 삶을 사는 것을 책망하신다(말 2:14-16). 말라기 선지는 주께서 임하시는 날이 오면 그의 백성들이 여호와께서 기뻐하실 제물을 바치게 될 것이라고 증언한다(말 3:2-4). 말라기 선지는 하나님의 백성들이 온전한 십일조를 하나님께 바쳐야 하나님의 복을 받게 될 것이라고 가르친다(말 3:10-11).

여호와 날의 도래(말라기 4:1-6 The Coming of the Great Day)

말라기 선지는 여호와께서 정하신 날이 이르면 "교만을 행하는 자와 악을 행하는 자"(말 4:1)는 공의로운 심판을 받게 될 것이며, 여호와의 "이름을 경외하는 자"에게는 "의로운 해가 떠올라서 치료하는 광선"(말 4:2)이 비추이게 될 것이라고 말한다. 그리고 말라기 선지는 예수님이 오시기 전에 하나님이 선지자 엘리야(Elijah)를 보내주시겠다고 약속하신 것을 증언한다(말 4:5). 예수님은 바로 이 예언이 세례 요한을 통해 성취되었음을 밝힌다(마 11:11-14).[174]

---

174 Edward J. Young, *An Introduction to the Old Testament*, pp. 283-286; 정규남, 구약 개론, pp. 295-298; Ed. Nelson, *Nelson's Complete Book of Bible Maps and Charts*. Joy Mission 역 (Atlanta: Thomas Nelson Publishers, 2003), pp. 298-301.

사울 왕부터 바벨론(Babylon) 멸망까지의 연대

참고로 이스라엘의 초대 왕 사울(Saul) 이후부터 로마제국까지의 연대를 요약정리 한다. 다음의 연대가 섭정의 기간을 포함한다든지, 1년이 두 왕에게 적용된다든지 등의 여러 가지 이유로 약간의 차이가 있을 수 있음을 밝혀둔다. 이렇게 연대를 요약 정리하는 이유는 연대의 흐름을 이해하고 있으면 성경 본문을 이해하는데 도움이 되기 때문이다.

B.C. 1050-1010(사울 통치 40년) (삼상 12장-31장, 행 13:21).

B.C. 1010-970(다윗 통치 40년) (삼하 전체).

B.C. 970-930(솔로몬 통치 40년)-성전 건축 7년; 왕궁 건축 13년(왕상 6:37-38; 7:1)(이안 프로반 외 2인, 「이스라엘의 성경적 역사」, p. 405 참조).

B.C. 930 분열 왕국. 솔로몬 왕 때에 이스라엘이 북이스라엘과 남유다로 분열된다.

B.C. 722 북이스라엘 멸망(앗수르 살만에셀 왕에 의해 멸망)(왕하 17:1-6).

B.C. 612 앗수르 멸망(바벨론-메대 연합군에 의해 멸망).

B.C. 588 예루살렘 포위(바벨론 느부갓네살 왕에 의해).

B.C. 586 남유다는 시드기야 왕 제11년 4월에 바벨론 느부갓네살 왕에 의해 멸망(렘 39:1-2; 왕하 25:1-12).

B.C. 586년-B.C. 515 남유다 멸망에서 1차 귀환까지 70년 포로 생활.

B.C. 586년-B.C. 516 70년 포로 기간을 솔로몬 성전 파괴에서 스룹바벨 성전 완공까지로 계산하기도 한다.

B.C. 539 바벨론은 벨사살(Belshazzar) 왕 때 바사의 고레스 왕에 의

해 멸망. 참조, 벨사살 왕의 실제 부친은 나보니더스(Nabonidus) 왕인데 그는 아라비아에 칩거하면서 나라를 그의 아들 벨사살에게 섭정하도록 했다. 그러므로 바벨론이 고레스(Cyrus)에 의해 멸망한 해가 B.C. 539년으로 나보니더스 통치 말년(B.C. 556-539)과 일치하고 또한 벨사살 왕의 통치 말년(B.C. 547-539)과도 일치한 것이다. 벨사살의 실제 부친은 나보니더스인데 다니엘이 느부갓네살 왕을 벨사살의 부친으로 기록한 것은 그 당시 "후손"을 "아들"로 통칭하는 셈족 언어의 일반적 용례를 따른 것이다(단 5:1-2, 11, 13, 18, 22).[175]

---

175 알프레드 J. 허트(Hoerth) 외 2인 편집, 「고대 근동 문화(B.C. 3,000년경-B.C. 323년)」, p. 91 참조.

신약성경

1. 팔레스틴을 중심으로 한 통치 역사

(1) 페르시아(Persia) 시대(B.C. 539-330)

페르시아 인들은 B.C. 1200경에 러시아 남부에서부터 현재 이란 (Iran)의 평지로 옮겨온 유목민들이었다. 페르시아는 아시아의 남서부에 위치한 이란의 옛 왕국 이름이다. 1935년 이란 정부가 페르시아 (Persia)대신 이란(Iran)을 공식명칭으로 요청하여 사용하고 있다. 페르시아의 아케메니안 왕조(Achaemenian dynasty) 시대(B.C. 559-330)에 처음으로 헬라인들이 이란의 평지에서 페르시아인들과 접촉이 있었다.

고레스(Cyrus)의 군대는 B.C. 539년 10월 12일 어렵지 않게 바벨론에 들어갔다. 고레스(Cyrus) 자신은 17일 후인 B.C. 539년 10월 29일에 입성하였다. 고레스의 바벨론 입성으로 페르시아 시대가 개막되었다. 이사야 선지는 고레스를 가리켜 "기름 부음 받은 자"로서 유대인을 포로에서 풀어줄 것이라고 예언하였다(사 45:1). 유대인들이 포로 생활 70년을 채우고 귀국할 것이라는 예레미야 선지의 예언(렘 25:12; 29:10)도 고레스가 바벨론을 점령하면서 실현되었다.

다리우스 3세(Darius III)가 B.C. 336년에 페르시아의 왕위에 오를 때 마케도니아의 알렉산더(Alexander of Macedon)도 왕위에 올랐다. 약 5년 후 알렉산더는 아케메니안 왕조의 전체 페르시아를 점령하여 그 당시까지 전체 역사에서 가장 넓은 왕국의 주인이 되었다. 이렇게 페르시아 제국은 알렉산더 대왕에 의해 종말을 맞았다. 그리고 알렉산더는 그가 정복한 지역을 빠른 속도로 헬라화 시켰다.[176]

(2) 헬라(Greek) 시대(B.C. 330-166)

알렉산더 대왕(Alexander the Great, born in B.C. 356 in Pella, Macedonia-died in June 13, 323 B.C. in Babylon, 33세)은 페르시아의 아케메니안 왕조를 정복하고 페르시아 귀족들의 마음을 사기 위하여 페르시아 공주 록새인(Roxane)과 결혼한다. 그리고 그는 그의 군인들에게도 페르시아의 아내를 맞이하도록 권장했다. 알렉산더 대왕이 자신은 물론 자신의 부관들로 하여금 소위 "야만인"(barbarians)들과 결혼하게 하는 조치는 사실상 필요에 의해 시행되었지만 혁명적인 결과를 산출한다. 이런 정책으로 알렉산더는 한 때 온 인류를 한 형제로 묶는 새로운 이상의 상징으로 추대될 정도였다. 알렉산더 대왕은 B.C. 330-323년 기간에 헬라 왕국을 확장하고 통치했다. 그런데 알렉산더는 B.C. 323에 열병으로 33세의 나이에 요절하고 만다. 그의 죽음은 헬라 왕국을 결국 소용돌이 속에 휘말릴 수밖에 없는 상황으로 몰고 간다. 헬라 왕국이 여러 지역으로 분열되고 각 지역이 각 각의 통치자에 의해 다스려진다. 칠십인경(LXX)이 이 기간 동안에 번역되었다(B.C. 250). 알렉산더 대왕은 13세부터 16세까지 그 당시 유명한 헬라의 철학자 아리스토텔레스(Aristotle: B.C. 384-322)를 스승으로 모시고 그의 교육을 받았다.[177]

---

176 R.K. Harrison, "The Return from Captivity," *The Zondervan Pictorial Bible Atlas*, ed. by E.M. Blaiklock (Grand Rapids: Zondervan, 1975), pp. 224-225.

177 cf. *The New Encyclopaedia Britannica*, 15th edition (1994), p. 240.

헬라의 셀류키드(Seleucid) 왕조의 안티오커스 3세(Antiochus III; B.C. 242-187)가 B.C. 190 에 마그네시아(Magnesia)에서 로마 군대에 의해 패퇴되자, 유대인들은 많은 세금을 내야 했다. 안티오커스 3세에 이어 그의 셋째 아들 안티오커스 4세(에피파네-Epiphanes; B.C. 215-164)는 유대인들의 종교를 말살하기 위해 B.C. 167에 예루살렘 성전에 "멸망의 가증한 것"(the cult of Zeus Olympios, 마 24:15)을 세우고, 사마리아 성전에는 "제우스 쎄니오스 숭배"(the cult of Zeus Xenios)를 세웠다. (참조, 단 11:31-35 내용은 안티오커스 에피파네의 악한 행위를 열거하고 있다.) 에피파네(Epiphanes)는 "하나님이 드러내신다"라는 뜻이다.

안티오커스 4세는 왕국을 헬라화시키기를 원했고 이 정책 때문에 유대인들과 많은 충돌을 하게 되었다. 안티오커스 4세가 통치하기 전까지는 이스라엘의 대제사장이 사독의 계통에 의해 아론(Aaron)으로부터 계속 이어오고 있었다. 그런데 안티오커스 4세가 B.C. 175년에 불법적으로 예수스(Jesus/Jason)를 대제사장으로 임명하여 합법적인 계승이 깨어졌다.

오니아스 2세(Onias II; B.C. 175년까지)는 대제사장 시몬(Simon)의 아들로 정상적으로 대제사장 계승을 받는다.

예수스(Jesus/Jason; B.C. 175-172)는 대제사장 시몬의 아들로 안티오커스 4세가 명령하여 임명한다.

메네라우스(Menelaus; B.C. 172-162)는 비 사독 계통 제사장으로 안티오커스 4세가 임명한 사람이다.

자킴(Jacim/Alcimus)(B.C. 162-159)은 비 사독 계통 제사장으로 안티오커스 4세가 불법적으로 임명했다.

오니아스 2세가 사독 계통의 대제사장으로 계승받은 마지막 합법적인 대제사장이었다. 그 후 오니아스 2세의 아들 오니아스 3세(Onias III)

가 다음 대제사장으로 계승되어야 한다(II Macc. 4: 7-22). 그런데 안티오커스 4세가 오니아스 3세 대신 예수스를 대제사장으로 임명했다. 요세부스(Josephus)는 그의 책에서 예수스(Jason)의 불법적 대제사장 계승을 감추려한다. 요세부스는 오니아스 2세가 B.C. 175년에 자연사했고 그의 아들 오니아스 3세는 아직 어린 아이였다고 덧붙인다.[178] 하지만 성경 다니엘서 9:26; 11:22은 오니아스 2세가 과격한 죽음을 당할 것을 예언했고 따라서 마카비 2서 4:7-22의 기록이 확증된다. 요세부스가 이렇게 예수스의 불법적 대제사장 계승을 감추려 한 것은 확실하지는 않지만 그가 대제사장직을 무한히 존경한 것에서 비롯되었을 수 있고, 그리고 오니아스 3세가 이방인의 땅인 애굽의 레온토폴리스(Leontopolis)에서 성전을 건축하여 예루살렘 성전에 대항했기 때문일 수 있다(오니아스의 애굽 성전은 로마인들에 의해 A.D. 73에 파괴될 때까지 243년 동안 존재했다.).[179]

안티오커스 4세의 정책에 반대해서 마타타이아스(Mattathias)를 중심으로 한 하스모니안(Hasmonaean)제사장 가족이 무장궐기를 했고, 특히 유다 마카비(Judas Maccabaeus)는 게릴라전에 능숙해 안티오커스 4세로부터 종교적 자유를 보장받았다. 안티오커스 4세의 박해기간은 대략 6년 반 B.C. 175-164년 사이이다(2,300주야, cf. 단 8:14). B.C. 164년 마카비는 안티오커스 에피파네에 의해 더러워진 성전을 성결하게 했다. 안티오커스 4세는 B.C. 163년에 사망하고 그의 아들 안티오커스 5세가 권좌를 이어받는다.

결국 유다의 형제 시몬의 지도하에 유대인들은 B.C. 142년에 셀류키드 왕 데메트리우스 2세(Demetrius II)로부터 독립을 얻어 냈다. 그 후

---

178 Josephus, *Antiquities*, 12. 237.

179 Joachim Jeremias, *Jerusalem in the Times of Jesus* (Philadelphia: Fortress, 1978), 182-184.

B.C. 134년에 시몬의 아들 요한 힐가누스(John Hyrcanus)가 왕위를 이어받았고, B.C. 128년에 마지막으로 강한 셀류키드 왕 안티오커스 7세(Antiochus VII)의 사망으로 유대는 셀류키드 왕조로부터 완전히 독립하고 세금의 의무도 이행하지 않았다. 유대가 이제는 완전 독립국가가 된 것이다. 이 때 하스모니안 통치를 찬성한 종교적 그룹은 사두개인(Sadducees)들이었고, 반대한 종교적 그룹은 바리새인(Pharisees)들이었다.

(3) 하스모니아(Hasmonian) 시대(B.C. 166-63)

하스모니안(Hasmoneans)은 마카비(Maccabees)로도 불린다. 마타타이아스와 그의 아들들인 요나단(Jonathan), 시몬(Simon), 엘리아자르(Eleazar), 그리고 유다 마카비(Judas Maccabee) 등이 안티오커스 4세(에피파네)에 대항해서 "거룩한 자들의 봉기"(The Hasidean revolt)를 일으킨다. 마카비는 시리아의 유대 점령을 막고 유대인의 삶을 회복시킨다. 이 유대 가정은 안티오커스 4세(에피파네)를 대항하여 B.C. 166년경 하스모니안 통치를 시작하여 헤롯 대왕 때까지 계속한다. 헤롯 대왕은 마지막 하스모니안 공주인 마리암(Mariamne)과 결혼한다. 헤롯은 후에 그의 아내 마리암을 살해한다.

2. 로마 시대(B.C. 63-A.D. 476)

로마 시대를 B.C. 63년으로 계산하는 이유는 폼페이(Pompey)의 수리아(Syria) 정복과 관계가 있다. 폼페이는 폼페이우스(Pompeius)와 동일인이다. 폼페이는 B.C. 64년에 수리아 지역을 로마 영토로 합병한다. 그 당시 수리아 지역에 인접된 유대지역은 혼란에 혼란을 거듭한 상황이어서 유대인들이 폼페이에게 유대지역의 안정을 요청하여 폼페이는 그 요청에 따라 예루살렘을 점령하고 유대지역에서 내전을 종식시킨다. 그 결과 B.C. 63에 유대는 로마의 속국이 되었다. 따라서 유대지역과 관련하여 로마 시대를 B.C. 63년으로 계산한다. 그리고 서방 로마는 A.D. 476년에 멸망한다. 서방 로마의 마지막 황제는 로물루스 아우구스투루스(Romulus Augustulus; 475-476)였다. 로물루스는 동방 황제에 의해 적법한 통치자로 인정받지 못했다. 이 당시 동방 황제는 제노(Zeno, 474-491)였다. 동로마제국은 A.D. 1453년 무슬림들이 콘스탄티노플(Constantinople)을 점령함으로 멸망하게 된다.

(1) 제1차 삼두정치(Triumvirate, B.C. 61-54)

① 쥴리어스 씨저(Gaius Julius Caesar, 56세)

쥴리어스 씨저는 B.C. 100년 7월 12/13일에 태어나 B.C. 44년 3월 15일 브루터스(Marcus Junius Brutus, B.C. 85-42)에 의해 암살당한다. 브루터스는 B.C. 42년 안토니(Antony)와 옥타비안(Octavian) 군대에게 패한 후 공화국 정부의 회복(the restoration of republic government)이 불가능한 것을 알고 자살로 생을 마감했다.[180] 씨저는 B.C. 59년 로마의 집정관으로 취임했다.

② 크라서스(Marcus Licinius Crassus, 62세)

크라서스는 B.C. 115년경에 출생하여 B.C. 53년에 사망한다. 크라서스는 폼페이우스(Pompeius)와 긴장관계를 지속했다. 폼페이우스와 크라서스는 B.C. 70년 제1차 로마 집정관에 취임했고, B.C. 55년 제2차 집정관에 취임했다. 그리고 크라서스가 B.C. 53년 파르티아인(Parthians)

---

180 Marcus Junius Brutus, *The New Encyclopaedia Britannica*, Vol. 2, Micropaedia, 1994, p. 585.

에게 패배한 후 전사하자, 폼페이우스가 B.C. 52년 단독으로 집정관에 취임했다.

③ 폼페이우스(Gnaeus Pompeius Magnus, 58세)

폼페이우스는 "위대한 폼페이"(Pompey the Great)라고도 불린다. 그는 B.C. 106년 9월 29일에 태어나 B.C. 48년 9월 28일 사망한다. 폼페이우스는 씨저의 딸 쥴리아(Julia)와 결혼했다. 폼페이우스는 로마에 곡물을 제공하는 문제를 해결하기도 했으나 지속적으로 쥴리어스 씨저와 적대관계에 있었다.

폼페이우스(Pompey)는 B.C. 64년에 수리아(Syria) 지역을 로마 영토로 합병한다. 그 당시 유대지역은 혼란에 혼란을 거듭한 상황이어서 유대인들이 폼페이우스에게 요청하여 폼페이우스는 그 요청에 따라 예루살렘을 점령하고 유대지역에서 내전을 종식시킨다. 그 결과 B.C. 63에 유대는 로마의 속국이 되었다. 그런데 친로마 성향의 이두매 사람(Idumaean) 안티파테르(Antipater, 유대의 총독: B.C. 47-43)의 지지로 힐가누스 2세(Hyrcanus II)가 대제사장과 "국민적 지도자"(ethnarch)로 인정받았다. 힐가누스를 대적하여 내전을 일으킨 살로메(Salome)의 다른 아들인 아리스토불러스 2세(Aristobulus II)는 로마를 대항하여 반역을 조장했으나 결국 실패하였다.

그런데 B.C. 40년 파르티아(Parthians)가 수리아와 팔레스틴을 침략했을 때 아리스토불러스 2세의 아들인 안티고너스(Antigonus)가 힐가누스 2세를 몰아내고 왕좌에 오르게 되었다. 친로마 성향인 안티파테르의 아들인 헤롯(Herod)은 안티고너스의 뒤따른 숙청을 피해 로마로 도망하였다. 그 당시 로마의 실력자인 안토니(Anthony)와 옥타비안(Octavian)이 헤롯을 '유대인의 왕'(king of the Jews)으로 삼아 팔레스틴으로 다시 보냈다. B.C. 37년 헤롯은 안티고너스를 물리치고 유대인의 왕으로 책무를 시작하였다. 헤롯은 유대인들의 환심을 사기 위해 B.C. 19년에 제2성전(스룹바벨 성전)의 재건축을 시작하여 10년 만에 주요 구조는 마쳤으나 완성시키지 못한 상태였다. 헤롯 성전은 A.D. 64에 가서야 완공되었다. 헤롯 성전은 완공된 지 6년 후 A.D. 70년에 로마의 장군 디도(Titus)에 의해 파괴되었다. 디도 장군은 몇 년 후 로마의 제10대 황제(A.D. 79-81)가 된다.

(2) 제2차 삼두정치(Triumvirate, B.C. 43-B.C. 32)

① 옥타비안(Gaius Julius Caesar Octavianus, 77세)

옥타비안은 B.C. 63년 9월 23일 태어나 A.D. 14년 8월 19일 사망한다. 옥타비안은 역사상 천재적인 행정가들 중의 한 황제로 로마제국의 권력을 중앙집권적으로 운영하여 로마제국의 평화시대(Pax Romana)를 이루었다. B.C. 31년 9월 2일 악티움(Actium) 전쟁에서 안토니(Antony)와 클레오파트라(Cleopatra) 연합군대를 물리치고 로마의 유일한 권력자가 되었다. 옥타비안은 가이사 아구스도(Caesar Augustus, B.C. 31-A.D. 14)라는 칭호로 로마제국을 B.C. 31년부터 A.D. 14년까지 장기간 통치한 로마제국의 초대 황제였다(눅 2장; 행 5:37참조).

② 안토니(Mark Antony or Anthony, 52세)

안토니는 B.C. 82/81년에 태어나 B.C. 30년 8월에 옥타비안과의 전쟁에서 패배한 후 자결함으로 생을 마감한다. 안토니는 B.C. 31년 9월 2일 악티움(Actium) 전쟁에서 옥타비안에게 패배한 후 클레오파트라(Cleopatra)의 도움으로 애굽으로 피신하였으나 옥타비안의 군대가 애굽까지 추격하자 B.C. 30년 8월에 안토니가 먼저 자결하고 그 후에 클레오파트라도 자결했다.

③ 레피더스(Marcus Aemilius Lepidus, B.C. 13/12 사망)

레피더스는 로마의 원로원 의원(Roman senator)이셨던 같은 이름의 아버지 레피더스(Marcus Aemilius Lepidus, B.C. 77년경 사망)의 아들이다. 레피더스가 언제 태어났는지는 확실하지 않다. 레피더스는 B.C. 49-45사이의 내란 때에 폼페이우스(Pompey) 추종자들을 반대하고 쥴리어스 씨저(Julius Caesar) 편에 섰다. 그는 B.C. 48년과 47년 사이 스페인(Spain)의 일부를 통치했다. 씨저가 B.C. 44년에 브루터스에 의해 암살당하자 레피더스는 씨저 편의 리더인 안토니와 합세했다. 레피더스는 안토니의 도움으로 대제사장(High Priest/Pontifex Maximus) 직책을 맡게 되었다. 레피더스는 B.C. 43년 10월에 옥타비안, 안토니와 함께 삼두정치를 시작했으나 곧 옥타비안과 안토니에 의해 그의 권한 대부분을 박탈당했다. 레피더스는 B.C. 36년에 옥타비안을 대항해서 시썰리(Sicily)를 세우려고 시도하지만 그의 군인들이 변절하여 실패하고 결국 정치 일선에서 물러나게 되었다.

(3) 신약에 언급된 로마 황제

① 가이사 아구스도(Caesar Augustus, B.C. 31-A.D. 14, 눅 2:1-7 참조)

"그때에 가이사 아구스도가 영을 내려 천하로 다 호적하라 하였으니"(눅 2:1, 개역개정)의 말씀에 등장한 가이사 아구스도가 로마의 초대 황제이다. 그는 예수님의 탄생과 연관된 로마의 황제로 옥타비안(Octavianus)을 가리킨다.

② 가이사 디베료(Caesar Tiberius, A.D. 14-37, 눅 3:1-2; 마 22:15-22; 요19:22)

"디베료 황제가 통치한 지 열다섯 해 곧 본디오 빌라도가 유대의 총독으로 …… 있을 때에"(눅 3:1-2)의 말씀에 등장한 디베료 황제가 제

2대 로마 황제이다. 그가 통치하던 시기에 세례 요한(John the Baptist)이 활동했고, 예수님의 공생애 기간 3년이 포함된다. 예수님이 "가이사의 것은 가이사에게, 하나님의 것은 하나님께 바치라"(마 22:21)라고 하셨을 때 "가이사"가 가이사 디베료를 가리킨다. 예수님은 본디오 빌라도 총독(A.D. 26-36)의 오판으로 십자가에서 돌아가셨다.

③ 가이사 갈리굴라(Caesar Caligula, A.D. 37-41, 막 13:14 참조)

"멸망의 가증한 것이 서지 못할 곳에 선 것을 보거든 (읽는 자는 깨달을진저) 그때에 유대에 있는 자들은 산으로 도망할지어다"(막 13:14, 개역개정)라는 예수님의 말씀은 다니엘서의 용어들을 사용하여(단 9:27; 11:31; 12:11) 임박할 예루살렘 성전의 파괴에 대해 경고하고 계신다. 그런데 이 말씀은 안티오커스 4세 에피파네(Antiochus IV Epiphanes)가 B.C. 167년 예루살렘 성전의 번 제단 위에 제우스(Zeus)신에게 바친 작은 제단을 세운 사건도 생각나게 하지만 로마 황제 가이사 갈리굴라가 A.D. 40년 예루살렘 성전에 자신의 상을 세울 계획을 한 가증한 사건을 생각나게 한다.[181]

④ 가이사 글라우디오(Caesar Claudius, A.D. 41-54, 행 11:28; 17:7; 18:2)

"그중에 아가보(Agabus)라 하는 한 사람이 일어나 성령으로 말하되 천하에 큰 흉년이 들리라 하더니 글라우디오 때에 그렇게 되니라"(행 11:28)의 말씀에 등장한 글라우디오가 로마 황제 가이사 글라우디오를 가리킨다. 또한 "글라우디오가 모든 유대인을 명하여 로마에서 떠나라"(행 18:2)의 말씀에 등장한 글라우디오도 가이사 글라우디오를 가리킨다. 브리스길라와 아굴라 부부가 글라우디오 황제의 명령 때문에 로마(Rome)를 떠나 고린도에서 바울을 만나게 된다(행 18:1-3).

---

181   William L. Lane, *Commentary on the Gospel of Mark* (Grand Rapids: Eerdmans, 1974), p. 468.

⑤ 가이사 네로(Caesar Nero, A.D. 54-68, 빌 4:22참조)

"모든 성도들이 너희에게 문안하되 특히 가이사의 집 사람들 중 몇이니라"(빌 4:22, 개역개정)의 말씀에 나타난 가이사는 가이사 네로 황제를 가리킨다. 참고로, 사도 요한이 기록한 요한복음, 요한 1,2,3서 그리고 요한계시록을 제외한 대부분의 신약성경이 가이사 글라우디오 황제와 가이사 네로 황제 통치 기간에 기록되었다.

⑥ 가이사 갈바(Caesar Galba, A.D. 68-69)

신약성경에 나타나지 않는다.

⑦ 가이사 오토(Caesar Otho, A.D. 69)

신약성경에 나타나지 않는다.

⑧ 가이사 비텔리오(Caesar Vitellius, A.D. 69)

신약성경에 나타나지 않는다.

⑨ 가이사 베스파시안(Caesar Vespasian, A.D. 69-79)

가이사 베스파시안은 신약성경에 언급은 없지만 예루살렘 성전을 A.D. 70년에 파괴한 사건과 관련이 있다.

⑩ 가이사 디도(Caesar Titus, A.D. 79-81)

가이사 디도도 신약성경에 직접적으로 언급된 곳은 없지만 그의 아버지 베스파시안 휘하의 장군으로 A.D. 70년 예루살렘 성전을 파괴하는 일에 참여했다.

⑪ 가이사 도미티안(Caesar Domitian, A.D. 81-96)

가이사 도미티안의 이름이 신약성경에 직접 언급되지는 않았지만 시기적으로 볼 때 사도 요한이 도미티안 황제 말기에 계시를 받았다. 도미티안 황제 통치 기간에 요한복음, 요한 1, 2, 3서, 그리고 요한 계시록이 기록되었다.

⑫ 가이사 네르바(Caesar Nerva, A.D. 96-98)

신약성경에 나타나지 않는다.

⑬ 가이사 트라얀(Caesar Trajan, A.D. 98-117)

신약성경에는 기록되지 않았으나 사도 요한이 나이 많아 트라얀 황제 통치 때 사망한 것으로 추정된다.

(4) 신약성경기록과 로마 황제

가이사 아구스도(Caesar Augustus)는 우리가 일반 역사에서 배우는 옥타비안(Octavianus)으로 예수님의 탄생과 관련 있는 로마 황제이다(눅 2:1). 가이사 디베료(Caesar Tiberius)는 예수님의 공생애 기간과 관련된 황제로 예수님은 공생애 3년을 디베료의 통치(A.D. 14-37) 기간에 활동했다. 가이사 글라우디오(Caesar Claudius), 가이사 네로(Nero), 가이사 도미티안(Domitian) 등이 신약기록과 연관을 가지고 있다. 글라우디오 황제(A.D. 41-54) 때에 데살로니가전서, 데살로니가후서, 그리고 갈라디아서가 기록되었고, 글라우디오 황제(A.D. 41-54)와 네로 황제(A.D. 54-68) 통치 어간에 마가복음과 야고보서가 기록되었으며, 도미티안 황제(A.D. 81-96) 때에 요한복음, 요한 1, 2, 3서, 그리고 요한계시록이 기록되었으며, 네로 황제(A.D. 54-68) 때에 마태복음을 위시한 나머지 17권의 성경이 모두 기록되었다. 신약성경 기록에 관한한 대부분의 신약성경이 네로(Nero) 황제 통치시기에 기록되었다. 그리고 유대인의 왕인 헤롯왕의 통치와 관련하여 신약의 기록을 정리하면 신약 27권 모두 헤롯 아그립바 2세(Herod Agrippa II)의 통치 기간(A.D. 48-100)에 기록되었다.

(5) 총독 빌라도의 통치(A.D. 26-36)

빌라도 총독(Pontius Pilate)은 로마 황제 가이사 디베료(Caesar Tiberius,

A.D. 14-37)에 의해 유대지역 총독으로 A.D. 26에 임명되었다(눅 3:1 참조). 유대 역사가 요세부스(Josephus)에 의하면 빌라도 총독은 그의 임기 초기부터 유대인을 적대적으로 대했다.[182] 그는 성전 자금을 유용하여 수로를 만드는데 활용하기도 하였다.[183] 1세기 작가 필로(Philo)는 빌라도를 탐욕스럽고, 완고하며, 포악하고, 악의가 많은 인물로 묘사하고 그는 뇌물을 좋아하며 포악한 인물이라고 설명한다. 빌라도는 원리에 근거한 통치를 하지 않고 편의성에 근거하여 통치했다. 결국 빌라도는 유대인들을 두려워서라기보다 혹시 유대 땅의 소란 소식이 디베료 황제에게 전달될 것을 두려워한 나머지 예수님을 십자가에 못 박도록 내어 주었다. 빌라도가 조롱하듯 "나사렛 예수 유대인의 왕"이라고 써서 십자가 위에 붙인 패가 이를 증거한다(요 19:19-22). 빌라도는 예수님의 공생애 기간 동안 유대 지역을 다스린 로마의 총독이었다.[184]

(6) 열심당의 봉기와 예루살렘 파괴

유대주의의 열심당들은 60년대에 들어서서 더 적극적인 반로마 활동을 하다가 결국 A.D. 66년 네로(Nero) 황제의 통치 기간(A.D. 54-68)에 팔레스틴(Palestine)에서 봉기를 일으켰다. 네로 황제는 베스파시안 (Vespasian, 후일 로마 제9대 황제로 A.D. 69-79 통치)의 강력한 군대를 파견하여 팔레스틴을 점령하고, 그의 아들 디도(Titus)가 A.D. 70년에 예루살렘을 파괴함으로 유대의 봉기를 제압한다. 디도는 부친 베스파시안 황제를 이어 로마 황제로 A.D. 79-81 동안 비교적 짧은 기간 로마를 통치한

---

182 Josephus, *Antiquities*, 18. 3. 1.

183 Josephus, *Jewish War*, 2. 9. 3.

184 cf. H. W. Hoehner, "Pontius Pilate," *Dictionary of Jesus and the Gospels* (Downers Grove: InterVarsity, 1992), pp. 615-617.

다. 베스파시안과 디도는 기독교인들에게 비교적 유화한 정책을 썼다.

(7) 신약에 언급된 헤롯

① 헤롯 대왕(Herod the Great: B.C. 40-B.C. 4 통치, 약 69세)

대략 B.C. 73년에 안티파테르(Antipater, 유대의 총독: B.C. 47-43 통치)의 아들로 태어났다. 그는 B.C. 4년에 사망한다. 줄리어스 시저(Julius Caesar)는 B.C. 44년에 브루터스(Brutus)에 의해 시해되기 전 헤롯을 유대인의 왕으로 임명했다. 줄리어스 시저가 시해된 후 그 당시 로마의 실력자였던 안토니와 옥타비안은 B.C. 40년 헤롯을 명실상부한 유대인의 왕으로 임명하여 팔레스틴으로 보낸다. 그런데 B.C. 40년 파르티아(Parthians)가 수리아와 팔레스틴을 점령하고 안티고너스(Antigonus)를 유대인의 왕으로 세운다. 헤롯은 3년의 전쟁 끝에 안티고너스를 물리치고 명실공히 유대인의 왕이 될 수 있었다. 헤롯 대왕은 B.C. 40년부터 예수님의 탄생 때까지 유대인의 왕으로 통치했다(마2:1-20; 눅1:5). 헤롯 대왕은 유대인들의 환심을 사고 로마 세계에 그의 찬란한 건물로 인상을 남기기 위해 주전 19년 새로운 성전을 짓기 시작한다. 이 성전이 바로 헤롯 성전이다.[185] 헤롯 대왕이 주전 4년에 사망하자(약 69세) 유대 땅이 4등분되어 그의 아들들이 통치를 하였다.

② 헤롯 아켈라오(Herod Archelaus: Herod's elder son by Malthace, B.C. 4-A.D. 6)

B.C. 22년에 태어나 A.D. 18년경에 사망한다. 그는 헤롯 대왕의 계승자로 예루살렘을 중심한 유대 지역의 왕(king of Judea)으로 통치한다. 아켈라오는 헤롯의 장자요 유대 지역을 다스렸기 때문에 "민족의 왕"(ethnarch)이라 불린다. 헤롯 대왕이 사망한 후 나라가 나누어진 다음

---

185 *The Lion Encyclopedia of the Bible* (Surry Hills: Lion Publishing, 1978), p. 139.

다른 지역을 통치하는 왕은 "분봉 왕"(tetrarch)이라 부른다. 헤롯 아켈라오는 유대지역을 잔인하게 다스려 유대인들의 환영을 받지 못했다. 요셉과 마리아가 애굽에서 유대로 돌아와 나사렛에 정착하게 된 이유가 아켈라오의 잔인한 통치 때문이었다(마 2:22). 아켈라오는 예루살렘이 자신의 권위에 도전하는 봉기를 하자 잔인하게 진압하였다. 그 결과 가이사 아구스도가 시리아의 총독 바루스(Varus)의 보고를 듣고 아켈라오를 A.D. 6년에 폐위시킨다. 그 후 유대지역은 로마 총독의 관할 하에 들어간다.

③ 헤롯 빌립(Herod Philip: Herod's son by Cleopatra of Jerusalem, B.C. 4-A.D. 34)

원래 헤로디아의 남편이었던 빌립과는 다른 사람이다. 헤롯 빌립은 이두래와 드라고닛 지역의 분봉왕이다(tetrarch of Iturea, Trachonitis, Auranitis, and Batanaea)(눅 3:1). 헤롯 빌립은 파니아(Panias: modern Banyas)를 가이사랴 빌립보로 재건했다(마 16:13 이하). 헤롯 빌립은 헤로디아(Herodias)의 딸 살로메(Salome)와 결혼했다. 요세부스(Josephus)에 의하면 헤롯 빌립은 탁월한 성격을 소유한 사람으로 그의 백성들을 잘 보살폈다고 전한다.[186]

④ 헤롯 안디바(Herod Antipas: Herod's younger son by Malthace, B.C. 4-A.D. 39)

B.C. 21년에 태어나 A.D. 39년에 사망한다. 헤롯 안디바는 갈릴리와 베레아 지역의 분봉왕(tetrarch of Galilee and Peraea)으로 이복동생 빌립의 아내 헤로디아를 취한 일로 세례 요한의 책망을 들었다(눅 3:19; 막 6:14-29). 헤로디아의 남편 빌립은 이두래(Ituraea)와 드라고닛(Trachonitis) 지역의 분봉왕이 아니고 로마에서 조용히 살았다. 헤롯 안디바는 A.D. 23년 이전에 로마에서 헤로디아를 만났을 것으로 추정된다. 아마 이

---

186 Josephus, *Antiquities*, 18, 106-108.

스마엘의 아들 느바욧(Nebaioth)의 후손일 것이다(창 25:13; 28:9). 헤롯 안디바의 정실부인은 나바테안의 왕인 아레다 왕의 딸이었다. 헤롯 안디바의 아내는 헤롯과 헤로디아가 로마에서 도착하기 전에 페트라(Petra)로 도망하였다. 헤롯과 헤로디아의 관계가 지속되자 A.D. 36년 아레다 왕(King Aretas)이 헤롯 안디바를 공격하여 물리친다. 헤롯 안디바는 로마 황제 티베리우스(Tiberius, A.D. 37년 사망)의 후계자 가이우스 갈리굴라(Gaius Caligula)에게 왕의 칭호를 계속 유지할 수 있도록 청원했지만 갈리굴라의 친구이자 후일 안디바의 후임인 헤롯 아그립바 1세(Herod Agrippa)의 방해로 거절되고 A.D. 39년 헤롯 안디바는 헤로디아와 함께 귀양 갔다.

⑤ 루사니아(Lysanias: tetrarch of Abilene, A.D. 27-28)

아빌레네 지역의 분봉 왕이다(눅 3:1). 요세부스는 루사니아가 아빌레네 지역을 통치한 시기는 디베료 황제의 통치 기간(Caesar Tiberius, A.D. 14-37)보다 빠를 수는 없다고 말한다.[187] 아빌레네 지역은 다메섹(Damascus) 서쪽으로 인접된 지역이다.

⑥ 헤롯 아그립바 1세(Herod Agrippa I, A.D. 37-44)

헤롯 아그립바 1세는 원래 마커스 줄리어스 아그립바(Marcus Julius Agrippa)가 그의 본 이름이다. 그는 B.C. 10년경에 태어나 A.D. 44년에 사망한다. 헤롯 아그립바 1세는 헤롯 안디바가 통치한 지역을 물려받고 거기에 갈리굴라 황제가 헤롯 빌립(A.D. 34년에 사망)의 통치 지역인 이두래와 드라고닛(Trachonitis) 지역도 헤롯 아그립바에게 통치하도록 하였다. 헤롯 아그립바 1세의 통치 기간인 A.D. 37-44 동안에 로마 황제는 가이사 갈리굴라(A.D. 37-41)가 암살당함으로 가이사 글라우디오

---

187 Josephus, *Antiquities*, 19. 275.; Cf. (E. M. Blaiklock, *The Zondervan Pictorial Bible Atlas*, Grand Rapids: Zondervan, 1975.

(A.D. 41-54)로 바뀐다. 아그립바 1세는 이런 세력의 변화를 교묘히 대처함으로 새로운 황제 글라우디오의 인정을 받고 결국 헤롯 대왕이 통치하던 전 지역을 관할하게 된다. 헤롯 아그립바 1세는 하나님의 영광을 탈취한 연고로 충이 먹어 갑자기 죽는다(행 12:1-23).

⑦ 헤롯 아그립바 2세(Herod Agrippa II, A.D. 48-100)

헤롯 아그립바 2세는 A.D. 27년에 태어나 A.D. 100년에 사망한다. 그는 A.D. 48-66까지 유대의 대제사장을 임명할 특권을 가지고 있었다. A.D. 66년 로마에 대항한 유대인의 전쟁이 발발 했을 때 아그립바 2세는 항상 로마에 충성했다. 아그립바 2세는 잠시 바울사도를 만났으며(행 25:13-26:32) A.D. 100년 자녀 없이 사망했다. 헤롯 아그립바 2세가 통치하는 기간에 신약성경 27권 모두가 기록되었다.

3. 예수님의 탄생과 십자가상의 죽음

(1) 예수님의 탄생 연대

콘스탄틴 1세는 A.D. 280년경에 태어나 A.D. 337년에 사망했다. 콘스탄틴은 서방 로마의 패권을 차지하기 위해 로마 시에 진지를 구축하고 있는 막센티우스(Maxentius)와 일전을 할 수밖에 없었다. 유세비우스(Eusebius)에 의하면 콘스탄틴이 막센티우스와 싸우기 전에 "이 표시로 점령하라"(By this sign conquer)는 음성과 함께 하늘에서 불타는 십자가의 모형을 보았다. 콘스탄틴은 그의 모든 군대의 방패에 그리스도를 상징하는 표시(X중앙에 상하로 1자 모양의 선을 긋고 선의 상단을 오른쪽 방향으로 구부린 모양)를 넣도록 하였다. 그리고 콘스탄틴은 A.D. 312년 로마로 입성하여 막센티우스 군대를 물리치고 명실상부한 서방 로마의 황제가 되었

다.[188]

그리고 콘스탄틴(Constantine) 대제가 A.D. 313년에 밀란 칙령(The Edict of Milan)으로 기독교에 자유를 부여하고, A.D. 321년 주일을 공휴일로 제정하므로 기독교에 대한 사회의 인식이 달라지게 되었다. 그 당시 로마는 로마 도시의 축성을 기초로 만든 월력을 사용하고 있었다. 그런데 기독교가 국가의 인정을 받고 편만하게 되니 이곳저곳에서 그리스도의 탄생을 기초로 월력을 만들어야 한다는 견해가 제시되게 되었다. 그래서 6세기 중엽(A.D. 525) 교황 요한 I세가 씨시안 수도승(Scythian Monk)인 디오니시우스 엑시거스(Dionysius Exiguus)에게 예수 그리스도 중심의 월력을 만들도록 부탁하였다. 엑시거스는 헤롯 대왕의 사망 연도를 그 당시 사용하던 A.U.C.(Anno Urbis Conditae: From the foundation of the city of Rome: 로마시의 축성을 기초로 만든 월력) 754년으로 잡고, A.U.C. 754년 1월 1일을 A.D. 1년 1월 1일로 계산하여 달력을 만들었다. 그리고 A.D. 1년 1월 1일을 예수님의 할례받은 날로 계산 하였다. 예수님이 8일 만에 할례를 받았으므로 8일 전인 그 전해 12월 25일이 성탄절로 정해졌다. 그러나 후에 헤롯 대왕의 사망 연대가 A.U.C. 750년으로 밝혀졌다(B.C. 4년이 됨). 따라서 우리는 현재 예수님의 탄생 연대를 주전 4년이나 5년으로 계산한다.[189]

---

188 Bill Austin, *Austin's Topical History of Christianity* (Wheaton: Tyndale House, 1983), pp. 86-88.

189 Harold W. Hoehner, *Chronological Aspects of the Life of Christ* (Grand Rapids: Zondervan, 1979), pp. 11-25: "Hence, if Christ's ministry began in A.D. 27 or 29, His birth would have had to be no earlier than 5 B.C. and it seems that late 5 B.C. or early 4 B.C. best satisfies all the evidence."(p. 25)

(2) 예수님의 탄생과 사역(B.C. 4-A.D. 29/30)

복음서에 기록된 모든 사건들의 정확한 연대를 확정하는 것은 거의 불가능하다. 여기서 정리된 사건들의 연대는 대략적으로 추정된 연대임을 밝혀둔다.

① B.C. 4-5 예수님 성육신과 초기 사건

    예수님의 탄생(마 1:18-25; 눅 2:1-7)

    목자들의 방문(눅 2:8-20)

    애굽으로 피신(마 2:13-18)

    나사렛으로 돌아옴(마 2:19-23)

② B.C. 26 예수님의 공생애 시작

    세례 받으심(A.D. 26, 마 3:13-17)

    사단의 시험(마 4:1-11)

    첫 번째 이적(요 2:1-11)

    성전을 정결하게 함(A.D. 27, 요 2:14-22)

③ A.D. 27-28 예수님의 사역과 천국 실현

    첫째, 세례 요한과 예수님의 관계에서 본 천국 실현(눅 3:15-17; 요 3:30; 막 1:15; 눅 4:16-21; 마 11:2-13)

    둘째, 사단과 귀신을 쫓아냄으로 실현된 천국(마 12:28)

    셋째, 복음 전파로 실현된 하나님 나라(눅 16:16; 마 13:16, 17; 눅 4:16-21)

    넷째, 예수님의 인격과 하나님 나라의 실현(눅 17:20-21)

④ A.D. 28 열두 제자 선택을 완결(마 10: 2-4; 막 3:13-19)

    세례 요한의 죽음(마 14:1-12; 눅 9:7-9)

⑤ A.D. 29 봄 오천 명을 먹이심(마 14:13-21; 막 6:30-44)

    물 위를 걸으심(마 14:22-33; 막 6:45-52)

베드로의 유명한 고백(마 16:13-20)

변화산 사건(마 17:1-13; 눅 9:28-36)

초막절 참석(요 7:11-52)

⑥ A.D. 29-30 예수님의 공생애 마지막 사건들

예수님의 예루살렘 마지막 방문(눅 17:11)

죽음과 부활에 대한 예고(마 20:17-19; 눅 18:31-34)

두 번째 성전 정결(마 21:12-17; 눅 19:45-48)

베다니의 마리아와 마르다 집을 방문(요 11:55-12:1)

겟세마네 동산의 기도(마 26:36-46; 막 14:32-42; 눅 22:40-46)

십자가의 고난과 죽음(마 27:27-56; 막 15:16-41; 눅 23:26-49; 요 19:17-30)

(3) 예수님의 지상 생애의 마지막 한 주간(A.D. 29/30)

주   일: 승리의 입성(마 21:1-11; 막 11:1-10; 눅 19:29-44; 요 12:12-19)

월요일: 무화과나무 저주 (마 21:18-19; 막 11:12-14)

　　　　성전 정결(마 21:12-13; 막 11:15-18)

화요일: 예수님의 권위에 대한 질문(마 21:23-27; 막 11:27-33; 눅 20:1-8)

　　　　성전에서 가르치심(마 21:28-23:39; 막 12:1-44; 눅 20:9-21:4)

　　　　마리아가 예수님께 향유를 부음(마 26:6-13; 막 14:3-9; 요 12:2-11)

수요일: 예수님을 죽이려고 공모함(마 26:14-16; 막 14:10-11; 눅 22:3-6)

목요일: 최후의 만찬(마 26:17-19; 막 14:12-25; 눅 22:7-20; 요 13:1-38)

　　　　겟세마네 동산의 기도(마 26:36-46; 막 14:32-42; 눅 22:40-46)

　　　　예수님께서 심문 받으심(목요일에서 금요일 오전까지) (마 26:47-
27:26; 막 14:43-15:15; 눅 22:47-23:25; 요 18:2-19:16)

금요일: 십자가의 고난과 죽음(마 27:27-56; 막 15:16-41; 눅 23:26-49; 요
19:17-30)

무덤에 묻히심(마 27:57-66; 막 15:42-47; 눅 23:50-56; 요 19:31-42)

주 일: 죽은 자 가운데서 부활하심(마 28:1-20; 막 16:1-20; 눅 24:1-53;

요 20:1-21:25)

1

마태복음

Matthew | 총 28장

기록배경과 특징(A.D. 63-67)

마태복음(Matthew)은 28장 1,071절로 구성되어 있다. 마태복음은 주후 63-67년 사이에 기록된 것으로 추정되므로 제5대 로마 황제 네로(Nero)의 통치 기간(A.D. 54-68)에 기록된 것이다. 네로는 로마 시에 불을 지르고 그 죄를 기독교인들에게 돌려 핍박한 포악한 황제였다.

마태복음의 저자는 열두 사도 중의 한 사람인 세리 마태(Matthew)이다(마 9:9). 마태복음은 예수님이 유대인의 왕인 것을 천명한다. 마태복음은 유대인인 저자가 유대인으로 태어난 예수님을 유대인들에게 전하는 복음서이다. 마태가 마태복음의 저자라는 사실은 2세기 말엽 이전에 이미 확정지어진 상태이다. 또한 마태는 예수님께서 교훈하실 때 성전이 아직도 건재하고 있음을 전제하고 말씀하신 것으로 기록하고 있기 때문에 A.D. 70년 이전에 기록되었다고 추정할 수 있다(마 5:23-24; 12:5-7; 23:16-22). 성전세를 내는 이야기(마 17:24-27)는 성전이 아직 파괴되기 이전에 마태복음이 기록되었음을 증명한다. 예루살렘 성전은 후일 로마의 제10대 황제(A.D. 79-81)가 된 디도(Titus) 장군에 의해 A.D. 70년에 파괴되었다. 예루살렘 성전은 바로 헤롯 성전을 가리킨다.

마태복음은 천국 백성이 유대인으로만 구성되지 않는다고 밝힌다. 마태복음은 비록 아브라함(Abraham)이 조상일지라도 구원을 보장받지 못한다(마 3:9)고 기록하고, 나라의 본 자손들, 즉 유대인들이 쫓겨날 것이라고 말한다(마 8:11-12). 마태복음은 그리스도를 통해 성취된 복음을 유대인들에게 전하기 위해 기록되었지만 유대인들에게만 그 복음이 국한된다고 가르치지 않는다. 유대인들이 나사렛(Nazareth)에서 예수를 배척하는 것이 복음의 보편성을 증거한다. "예수께서 그들에게 말씀하시되 선지자가 자기 고향과 자기 집 외에서는 존경을 받지 않음이 없느니라."(마 13:57, 개역개정; 참조. 렘 12:6). 마태복음은 그리스도께서 유대 백성에게 배척당할 것을 여러 차례 언급한다(마 16:21-23; 17:22-23; 20:17-19). 포도원의 비유는 유대인들이 그리스도를 배척할 것을 암시 하는 내용이다(마 21:33-42). 예수님께서 "하나님의 나라를 너희는 빼앗기고 그 나라의 열매 맺는 백성이 받으리라"(마 21:43, 개역개정)라고 말씀한 내용도 복음이 유대인들에게만 적용되지 않는다는 것을 가르친다. 예수님께서 바리새인들(Pharisees)과 서기관들(Scribes)에게 일곱 번씩이나 "화 있을 진저"라고 책망한 사실도 유대인들이 그리스도를 배척할 것을 암시하는 내용이다(마 23:13-32).

예수님의 탄생을 경배하기 위해 처음으로 찾아온 동방박사들이 이방인이었다는 사실(마 2:1-12)은 유대인뿐만 아니라 이방인에게도 복음이 전파될 것을 함축하고 있다. 마태는 그리스도의 족보 속에 적어도 두 사람의 이방인(Rahab과 Ruth)을 포함시켜 기록했다(마 1:5). 그리스도가 이방지역인 수리아(Syria)와 데가볼리(Decapolis)에서도 복음을 전한 사실(마 4:24, 25)은 이방인에게 복음이 전파된 것을 증언한다. 예수님의 참다운 친족은 육체적, 자연적 관계 이상이라는 말씀(마 12:46-50)은 천국 백성 안에 이방인이 포함되어 있음을 암시하고 있다.

마태복음은 그리스도의 계속된 초청에도 불구하고 유대인들이 그리스도를 배척하므로 궁극적으로 받게 될 심판을 기록한다(마 23:33-39). 결국 유대인들은 그리스도를 못 박고 바라바(Barabbas)는 놓아 준다(마 27:15-16). 마태는 교회(ἐκκλησία)를 명시적으로 언급한 유일한 복음서이다(마 16:18; 18:17).

마태복음 1장 • 아브라함(Abraham)과 다윗(David)의 자손 예수 그리스도의 계보(마 1:1-17)와 그리스도의 탄생(마 1:18-25)기사가 기록되어 있다. 마태(Matthew)는 이사야 7:14절을 인용하여 "보라 처녀가 잉태하여 아들을 낳을 것이요 그의 이름은 임마누엘(Immanuel)이라 하리라"(마 1:23)라고 예수님의 탄생이 구약 성경 예언의 성취임을 밝힌다.

마태복음 2장 • 동방박사들(the Wise Men from the East)의 방문, 애굽으로 피난가고 다시 이스라엘 땅으로 귀환하는 내용(마 2:1-23)을 담고 있다. 요셉(Joseph)과 마리아(Mary)가 애굽에서 이스라엘로 돌아 왔을 때 헤롯 아켈라오(Herod Archelaus)가 예루살렘을 포함한 근처 지역을 다스리고 있었다. 그래서 요셉은 가족을 데리고 나사렛(Nazareth)으로 돌아간다. 성경은 이를 가리켜 "이는 선지자로 하신 말씀에 나사렛 사람이라 칭하리라 하심을 이루려 함이러라"(마 2:23, 개역개정)라고 말한다. 그러나 우리는 이와 같은 메시야에 관한 예언을 구약에서 찾을 수가 없다. 그러면 왜 성경이 예수님이 나사렛 사람이라 칭함 받을 것이라고 설명하는가? 그 이유는 나사렛 동네의 비천함과 하나님이신 예수님이 성육신하셔서 비천하게 되신 사실을 연계하여 설명하고 있는 것이다.

마태복음 3장 • 세례 요한이 "회개하라 천국이 가까이 왔느니라"(마 3:2)라고 회개를 선포하는 사역을 시작으로(마 3:1-10) 세례 요한이 자신은 "회개하게 하기 위하여 물로 세례를 베풀"지만 예수님은 "성령과 불로 세례를 베푸실 것"(마 3:11)이라고 자신은 준비자일 뿐임을 분명히 밝힌다. 또한 예수님이 세례 요한에게 물 세례를 받으시는 기록이 나온다(마 3:13-17).

마태복음 4장 • 예수님이 시험 받으시고(마 4:1-11) 천국을 전파한 내용을 담고 있다(마 4:12-17). 그리고 예수님이 베드로(Peter), 안드레 (Andrew), 야고보(James), 요한(John)을 제자로 부르시는 기록(마 4:18-22)이 나온다. 예수님은 "요한이 잡혔음을 들으시고"(마 4:12) 비로소 "회개하라 천국이 가까이 왔느니라"(마 4:17)라고 전파하신다. 이는 마치 복음 사역을 위해 세례 요한과 예수님이 배턴 터치(baton touch)하는 모습을 보여 준다. 세례 요한의 사역이 예수님의 사역으로 이어진다.

마태복음 5장부터 7장까지는 산상보훈(the Sermon on the Mount)의 가르침이 소개된다.

마태복음 5장 • 예수님이 가르치신 팔복의 교훈(마 5:3-10)과 성도들이 어떤 삶을 살아야 할 것인지를 가르치신다. 성도들은 "세상의 소금"으로, "세상의 빛"으로 살아야 한다(마 5:13-16). 예수님은 "내가 율법이나 선지자를 폐하러 온 줄로 생각하지 말라 폐하러 온 것이 아니요 완전하게 하려 함이라"(마 5:17)라고 말씀하심으로 자신이 죄 문제를 해결하기 위해 오셨음을 분명히 한다. 또한 천국에서의 삶은 형제에게 노해서는 안 되며(마 5:21-26), 부부의 생활이 건전해야 하며(마 5:27-32), 함부로 맹세해서는 안 되며(마 5:33-37), 또한 악한 자를 대적하지 말고 원수를 사랑하는 삶을 살아야 한다(마 5:38-48).

마태복음 6장 • 성도들이 구제할 때는 은밀하게 해야 한다고 가르치시고(마 6:1-4), 주님이 가르치신 기도(주기도)를 통해 우리가 어떻게 기도해야 할지를 가르치시고(마 6:5-15), 보물을 하늘에 쌓아 두라고 권면하시면서 "너희가 하나님과 재물을 겸하여 섬기지 못하느니라"(마 6:24)라고 말씀하신다. 그리고 예수님은 "너희는 먼저 그의 나라와 그의 의를 구하라 그리하면 이 모든 것을 너희에게 더하시리라"(마 6:33, 개역개정)라고 가르치신다.

마태복음 7장 • 형제를 비판하지 말라는 교훈(마 7:1-5)과 간절한 간

구의 필요성을 가르치면서 "구하라, 찾으라, 문을 두드리라"(마 7:7-12)
는 말씀의 교훈과 사람의 삶은 그 열매로 판단 받음으로 바른 삶을 살
아야 한다고 가르친다(마 7:15-27). 예수님의 산상 보훈의 말씀을 들은
무리들은 예수님의 "가르치시는 것이 권위 있는 자와 같고 그들의 서
기관들과 같지 아니하여"(마 7:28-29) 매우 놀랐다.

　　마태복음 8장 • 산에서 내려오신 예수님께서 나병환자(leper)를 깨끗
하게 하시고(마 8:1-4), 백부장의 하인을 고치시고(마 8:5-13), 베드로의 장
모의 열병을 고치신다(마 8:14-15). 그리고 예수님은 바람과 바다를 잔잔
하게 만드시고(마 8:23-27), 귀신들린 사람을 고치신다(마 8:28-34). 예수님
의 이와 같은 사역은 하나님의 나라를 확장하고 계신 모습을 보여준다.

　　마태복음 9장 • 예수님이 계속해서 중풍병자를 고치시고(마 9:1-8)
자신의 신성을 "인자가 세상에서 죄를 사하는 권능이 있는 줄을 너희
로 알게 하려 하노라"(마 9:6)고 말씀하시므로 자신이 하나님이심을 드
러내신다. 예수님은 세관에서 일하는 마태를 제자로 부르시고(마 9:9-
13), 열두 해동안 혈루증(discharge of blood)을 앓고 있는 여자를 고치시고
(마 9:20-22), 시각장애인들의 눈을 뜨게 하시며(마 9:27-31), 말 못하는 사
람을 고쳐 주신다(마 9:32-34). 이처럼 예수님은 자신이 하나님의 아들
되심을 조금씩 나타내신다.

　　마태복음 10장 • 열두 제자를 부르셔서 그들에게 더러운 귀신을 쫓
아내며 모든 병과 모든 약한 것을 고치는 권능을 주신다(마10:2-4). 열두
사도의 이름은 베드로(Peter), 안드레(Andrew), 야고보(James), 요한(John),
빌립(Philip), 바돌로매(Bartholomew), 도마(Thomas), 마태(Matthew), 알패오
의 아들 야고보(James the son of Alphaeus), 다대오(Thaddaeus), 가나안인 시
몬(Simon the Zealot), 가룟 유다(Judas Iscariot)이다(마 10:2-4; 막 3:16-19; 눅 6:14-
16; 행 1:13, 26 참조). 마가복음은 마태복음에서 사용한 열두 사도의 이름

을 순서만 약간 바꾸어서 똑같이 사용하고(막 3:16-19), 누가복음은 다른 사도들의 이름은 똑같이 사용하고 단지 "다대오" 대신 "야고보의 아들 유다"(Judas the son of James)로, "가나안인 시몬" 대신 "셀롯이라는 시몬"(Simon called the Zealot)으로 부른다(눅 6:14-16). 그리고 사도행전은 누가복음에서 사용한 열한 사도의 이름을 똑같이 사용하고 단지 이미 사망한 가룟 유다 대신 선택받은 맛디아(Matthias)를 사용한다(행 1:3, 26). 예수님은 그들을 세상으로 내 보내시면서 "너희는 뱀같이 지혜롭고 비둘기 같이 순결하라"(마 10:16)고 가르치신다. 예수님은 복음을 증거할 때 성령께서 도와주실 것을 분명히 하고(마 10:20), 이 세상에 반드시 심판이 있을 것이지만(마 10:34), 그리스도를 위해 자기 목숨을 잃은 자는 그 목숨을 얻게 될 것이라고 가르치신다(마 10:39).

마태복음 11장 • 세례 요한이 옥에 갇힌 내용과 함께 예수님께서 세례 요한(John the Baptist)을 가리켜 "여자가 낳은 자 중에 세례 요한보다 큰 이가 일어남이 없도다 그러나 천국에서는 극히 작은 자라도 그보다 크니라"(마 11:11, 개역개정)라고 세례 요한을 칭찬하신 내용이 나온다. "여자가 낳은 자 중에 세례 요한보다 큰 이가 없다"는 말은 무슨 뜻인가? 이 구절을 이해하기 위해서는 이 구절을 예수님 중심적으로 접근해야 한다. 이 구절을 사역적으로나 도덕적으로 접근하면 해결이 되지 않는다. 이 구절은 세례 요한은 선구자요 준비자로서 구약 시대의 어떤 사람보다 예수님을 가장 가까이에서 증언할 수 있었다. 세례 요한은 아브라함이나 다윗이나 솔로몬이 누릴 수 없는 특권인 예수님을 직접 만날 수 있는 위치에 있었다. 그러므로 예수님은 세례 요한이 여자가 낳은 자 중에 가장 크다고 말하는 것이다. 구약 시대의 어느 누구도 세례 요한만큼 예수님을 가까이에서 증거한 사람은 없다. 그러나 세례 요한은 예수님이 설립하신 천국에 속하지 않는다. 그는 구약시대의 인물이기 때문이다. 왜냐하면 천국은 예수님이 오셔서 설립했기 때문에 세례 요한은 천국에 속할 수 없는 것이다. 그런 의미로 천국에서는 극히 작은 자라도 세례 요한보다 큰 것이다. 예수님은 마태복음 11장에서 "수고하고 무거운 짐 진 자들아 다 내게로 오라 내가 너희를 쉬게 하리라"(마 11:28)라고 말씀하신다.

마태복음 12장 • 제자들이 안식일에 밀 이삭을 자르는 이야기(마 12:1-8)를 통해 예수님이 안식일의 주인인 것을 가르치시고, 또한 성령 훼방죄(성령 모독죄)에 대해서 가르치신다(마 12:22-37). 마태는 유대인들을 생각하면서 마태복음을 기록했기 때문에 마태복음에서 주로 "천국"을 사용한다. 예수님께서 선포하신 처음 음성도 "회개하라 천국이 가까이 왔느니라"(마 4:17)였다. 그런데 마태는 마태복음 12:28에서 "하나님의 나라"라는 표현을 사용한다. 마태복음에서 "하나님의 나라"라는 표현은 드물게 사용되는 예 중의 하나이다(마 12:28; 19:24; 21:31, 43). 이는 "천국"과 "하나님의 나라"가 동일한 것임을 증거 한다. 천국은 복음 선포를 통해, 귀신을 쫓아냄으로, 병자를 고쳐주심으로 확장되어 나간다.

마태복음 13장 • 예수님이 씨 뿌리는 비유와 해석을 통해 천국의 교훈을 가르치시고(마 13:1-30), 겨자씨 비유와 누룩 비유를 통해 역시 천국의 특징을 가르치신다(마 13:31-43). 예수님은 "밭에 감추인 보화"의 비유, "좋은 진주를 구하는 장사"의 비유, "각종 물고기를 모는 그물"의 비유(마 13:44-50)를 통해 천국을 가르치신다. 그리고 예수님은 자신이 고향에서 배척받으신 사실을 말씀하신다(마 13:53-58).

마태복음 14장 • 세례 요한이 헤롯 안디바(Herod Antipas)에 의해 목이 베어 죽은 이야기(마 14:1-12), 떡 다섯 개와 물고기 두 마리로 오천 명을 먹이신 이적 이야기(마 14:13-21), 예수님이 바다 위로 걸으신 이적 이야기(마 14:22-33)가 나온다. 베드로(Peter)는 물 위로 걸으신 예수님을 보고 자기도 배에서 내려 물 위로 걸어서 예수님께로 가다가 바람을 보고 무서워 물속으로 빠져 들어간다. 결국 예수님이 베드로의 손을 붙잡아 구해주시면서 "믿음이 작은 자여 왜 의심하였느냐"(마 14:31)라고 책망하신다.

마태복음 15장 • 바리새인과 서기관들이 예수님의 제자들은 장로들의 전통을 따르지 않고 먹을 때에 손을 씻지 아니한다고 지적하자, 예수님께서 바리새인과 서기관들에게 "너희는 '아버지나 어머니에게 드리려던 것을 하나님께 드렸다고 하면, 자기 부모를 공경하지 않아도 된다'라고 말하면서, 너희 전통을 빌미로 하나님의 말씀을 무시하고 있다"(마 15:5, 쉬운성경)며 그들의 잘못된 태도를 논박하신다. 예수님은 외식하는 바리새인과 서기관들에게 이사야의 말씀을 인용하여 "이 백성이 입술로는 나를 공경하되 마음은 내게서 멀도다"(마 15:8; 사 29:13 참조)라고 책망하신다. 계속해서 마태복음 15장은 가나안 여인의 놀라운 믿음 이야기(마 15:21-28), 떡 일곱 개와 작은 생선 두어 마리로 사천 명을 먹이신 이적 이야기(마 15:32-39)를 기록하고 있다.

마태복음 16장 • 예수님이 바리새인들(Pharisees)들의 교훈을 주의하라고 가르치시고(마 16:5-12), 가이사랴 빌립보(Caesarea Philippi) 지방에서 예수님이 "사람들이 인자를 누구라 하느냐"(마 16:13)라는 질문과 "너희는 나를 누구라 하느냐"(마 16:15)라는 질문을 하신 사실을 기록한다. 처음 질문에 제자들은 세례 요한, 엘리야, 예레미야, 선지자 중의 하나라고 실망스런 답을 한다(마 16:14). 그런데 베드로가 두 번째 질문에 대해 "주는 그리스도시요 살아 계신 하나님의 아들이시니이다"(마 16:16, 개역개정)라고 답변을 한다. 베드로의 답은 예수님을 바로 이해한 유명한 신앙고백이다(마 16:16). 이에 예수님은 베드로에게 "너는 베드로라 내가 이 반석 위에 내 교회를 세우리니 음부의 권세가 이기지 못하리라"(마

16:18)라는 의미심장한 말씀을 하신다. 예수님은 공생애 초기에 안드레의 소개로 베드로를 만났을 때 "네가 요한의 아들 시몬이니 장차 게바라 하리라 하시니라(게바는 번역하면 베드로라)"(요 1:42)라고 말씀하셨다. 예수님은 공생애 초기에 베드로가 예수님이 누구인지 알지 못할 때 베드로에게 "장차 게바라 하리라"라고 미래시상으로 말씀하셨는데, 공생애가 거의 끝날 무렵 베드로가 예수님에 대해 올바른 신앙고백을 하자 "너는 베드로라"라고 현재시상으로 베드로의 반석됨을 선언하신다. 그리고 예수님은 "이 반석 위에 내 교회를 세우리니"(마 16:18)라고 교회의 기초가 무엇이며 교회가 누구의 것인지를 분명하게 밝힌다. 교회의 기초는 사도인 베드로와 그의 바른 신앙고백이며 교회의 주인은 예수님 한 분 뿐이시다. 예수님이 이 시점에서 왜 교회 설립 시기를 미래의 시기로 언급하고 있는가? 그 이유는 예수님이 오신 목적이 그의 죽음과 부활을 통해 속죄의 길과 영생의 길을 열기 위한 것인데 바로 예수님의 죽음과 부활이 미래로 남아 있었기 때문이다. 신약교회는 예수님의 죽음과 부활 이후에 설립되어야 한다. 그래야 신약교회는 예수님이 그의 죽음과 부활을 통해 구속을 완성하셨다는 화목의 복음, 영생의 복음, 기쁨의 복음을 선포할 수 있게 되는 것이다. 가이사랴 빌립보 사건 이후 처음으로 예수님은 자연스럽게 자신의 죽음과 부활을 제자들에게 말씀하신다(마 16:21-28). 그리고 방금 전 유명한 신앙고백을 했던 베드로가 예수님의 십자가의 길을 방해하는 말을 하자 예수님은 단호하게 "네가 하나님의 일을 생각하지 아니하고 도리어 사람의 일을 생각하는도다"(마 16:23)라고 말씀하시고 "사탄아 내 뒤로 물러가라"라고 엄중한 말씀으로 경고하신다.

마태복음 17장 • 변화산 사건이 기록되어 있다(마 17:1-13). 예수님은 변형되셔서 모세(Moses)와 엘리야(Elijah)와 더불어 대화를 하신다. 이 광경은 모세와 엘리야가 그 당시 하나님의 품에서 살고 있었으므로 예수님도 십자가의 길을 걷지 아니해도 하나님의 품으로 갈 수 있음을 암시하고 있다. 그러나 변화산 상에서 예수님과 모세와 엘리야의 대화 내용은 예수님이 "예루살렘에서 별세하실 것"(눅 9:31; 마 16:12)에 관한 것이었다. 예수님의 별세를 누가복음은 출애굽이라는 의미의 엑소더스(Exodus)를 사용한다. 예수님의 죽음과 출애굽의 의미가 어떻게 연결되는지의 설명은 누가복음 9장의 설명을 참고하기 바란다. 마태복음 17장은 계속해서 예수님이 귀신들린 아이를 고치시고(마 17:14-20), 예수님이 두 번째로 자신의 죽음과 부활을 예고하신 내용(마 17:22-23)을 담고 있다.

마태복음 18장 • 예수님이 천국에서 큰 자는 어린아이와 같이 되어야 한다고 가르치시고(마 18:1-14), 형제를 용서하는 것은 일곱 번을 일흔 번까지 용서한다는 생각으로 끝까지 용서해야 한다고 가르치신다(마 18:21-35). 마태복음 18:17은 마태복음 16:18과 함께 복음서 중에서는 유일하게 "교회"(ἐκκλησία)라는 용어를 사용한다. 마태복음 이외의 다른 복음서는 "교회"라는 용어를 사용하지 않는다.

마태복음 19장 • 예수님께서 이혼에 대한 교훈을 말씀하시고(마 19:3-12), 재물이 많은 청년과 영생에 관한 대화를 나누신다(마 19:16-30). 예수님이 네 소유를 팔아 가난한 자들에게 주고 나를 따르라(마 19:21)고 말씀하시자, 그 청년은 재물 때문에 근심하며 떠나간다(마 19:22). 예수님은 구원받는 일이 "사람으로는 할 수 없으나 하나님으로서는 다 하실 수 있음"(마 19:26)을 가르치시기 원한 것이다. 리델보스(Ridderbos)는 구원은 사람이 획득하려 하면 전혀 불가능하지만(utter impossibility) 하나님이 하시면 무제한의 가능성(unlimited possibilities)이 있다고 설명한다.[190]

---

190 Herman Ridderbos, *The Coming of the Kingdom* (Philadelphia: The Presbyterian and Reformed Publ. Co., 1969), p. 223.

마태복음 20장 • 예수님께서 포도원의 품꾼들의 이야기를 통해 천국에서는 일찍 온 자나 늦게 온 자나 차별을 두지 않는다고 가르치시고(마 20:1-16), 세 번째로 자신의 죽음과 부활에 관해 설명하신다(마 20:17-19). 그리고 예수님은 세베대(Zebedee)의 아들의 어머니가 자신의 아들들을 천국에서 높은 자리에 앉혀 줄 것을 요청할 때 "인자가 온 것은 섬김을 받으려 함이 아니라 도리어 섬기려 하고 자기 목숨을 많은 사람의 대속물로 주려함이니라"(마 20:28, 개역개정)고 가르치신다.

마태복음 21장 • 예수님께서 나귀를 타시고 예루살렘에 들어가시는 이야기(마 21:1-11)와 성전 근처에서 장사하는 사람들을 쫓아내시면서(마 21:12-17) "내 집은 기도하는 집이라"(마 21:13)라고 가르치신다. 예수님은 무화과나무를 저주하시고(마 21:18-22), 예수님의 권위는 하늘로부터임을 가르치시고(마 21:23-32), 포도원 농부의 비유를 통해 하나님 나라에 관한 교훈을 가르치신다(마 21:33-46).

마태복음 22장 • 예수님이 혼인 잔치의 비유를 통해 천국을 설명하시고(마22:1-14), 성도들이 이 세상에서 세금을 바쳐야 한다는 것을 "가이사의 것은 가이사에게, 하나님의 것은 하나님께 바치라"(마 22:21)고 설명하신다. 본문의 가이사는 가이사 디베료(Caesar Tiberius, A.D. 14-37)를 가리킨다. 그리고 예수님은 가장 큰 계명이 "하나님을 사랑하고 이웃을 자신같이 사랑하는 것"(마 22:37-39)이라고 가르치신다. 사랑은 모든 계명을 완성하는 덕목이다.

마태복음 23장 • 예수님께서 무리와 제자들을 가르치시면서 너희는 서기관들과 바리새인들이 "하는 행위는 본받지 말라 그들은 말만 하고 행하지 아니한다"(마 23:3)고 지적하고 겸손의 삶을 제시하신다. 예수님은 "누구든지 자기를 높이는 자는 낮아지고 누구든지 자기를 낮추는 자는 높아지리라"(마 23:12)라는 말씀으로 예수님을 따르는 사람들의 삶이 어떤 삶이 되어야 하는지를 가르치신다. 예수님은 "화있을진저"를 일곱 번 사용하셔서 서기관들(Scribes)과 바리새인들(Pharisees)을 꾸짖으신다(마 23:13-36).

마태복음 24장 • 마지막 때에 일어날 사건들에 대한 이야기가 나온다. 예수님은 마지막 때와 복음 전파를 연계하여 설명하신다. 예수님은 "이 천국 복음이 모든 민족에게 증언되기 위하여 온 세상에 전파되리니 그제야 끝이 오리라"(마 24:14, 개역개정)며 복음 전파의 중요성을 가르치신다. 예수님은 마지막 때에는 재난이 많이 일어날 것이요(마 24:3-14), 또한 사람들이 견디기 힘들 큰 환난이 일어날 것이며(마 24:15-28), 그리고 그날과 그 때가 언제 올지 아무도 모르기 때문에 깨어 있어야 할 것을 강조하신다(마 24:32-51).

마태복음 25장 • 예수님이 열 처녀 비유(마 25:1-13)를 사용하여 언제 임할지 모르는 천국을 맞이하기 위해 슬기로운 다섯 처녀처럼 준비하고 있어야 한다고 가르치신다. 그리고 예수님은 달란트(Talents) 비유(마 25:14-30)를 사용하여 하나님은 천국 백성의 성실성을 귀하게 여기신다고 말씀하신다. 우리는 예수님께서 5달란트 받은 종과 2달란트 받은 종의 성실성을 칭찬하실 때 글자 하나도 틀리지 않은 같은 말(마 25:21, 23)로 칭찬하셨음을 주목하여야 한다. 하나님 나라의 백성의 헌신은 양(quantity)에 있지 아니하고 마음의 성실성에 있다. 예수님은 인자(the Son of Man)가 올 때에 엄정한 심판이 있을 것이기 때문에 하나님의 백성은 성실하게 살아야 한다고 가르치신다(마 25:31-46).

마태복음 26장 • 예수님의 수난과 승귀의 기사를 주로 다룬다. 대제사장들과 장로들이 예수님을 죽이기 위해 의논하는 이야기(마 26:1-5), 예수님이 베다니(Bethany) 시몬의 집에 있을 때 한 여인이 귀한 향유 한 옥합을 가지고 예수님의 장례를 준비하는 이야기(마 26:6-13), 유다(Judas)가 예수님을 배반하는 이야기(마 26:14-16), 유월절 음식을 드시면서 성만찬을 제정해 주신 이야기(마 26:17-30), 베드로가 예수님을 모른다고 배반할 것을 예고하신 이야기(마 26:31-35), 예수님께서 잡히시기 전 겟세마네(Gethsemane)에서 기도하신 이야기(마 26:36-46), 그리고 예수님이 잡히시고 공회 앞에서 심문 받으시는 내용(마 26:57-68)과 예수님의 예고처럼 베드로가 예수님을 부인하는 이야기(마 26:69-75)가 마태복음 26장에 나온다.

마태복음 27장 • 유대인들이 총독 본디오 빌라도(Pontius Pilate)에게 예수님을 심판하도록 넘겨주는 이야기(마 27:1-2)와 유다가 목매어 죽은 이야기(마 27:3-10), 빌라도가 세기의 오판으로 예수님을 십자가에 못 박는 판결을 하는 이야기(마 27:11-44), 제6시로부터 제9시까지 온 땅이 캄캄하게 된 이야기와 예수님이 제9시쯤에 죽으신 이야기(마27:45-56), 그리고 예수님을 아리마대 요셉(Arimathea Joseph)의 무덤에 안치한 이야기(마 27:57-61)와 경비병들이 예수님의 무덤을 지키는 이야기(마 27:62-66)가 나온다.

마태복음 28장 • 안식 후 첫날 예수님이 부활하신 사건을 기록하고 예수님께서 열한 제자에게 해야 할 일을 가르치시는 내용이 기록되어 있다(마 28:1-15). 부활하신 그리스도는 제자들에게 "너희는 가서 모든 민족을 제자로 삼아 아버지와 아들과 성령의 이름으로 세례를 베풀고 내가 너희에게 분부한 모든 것을 가르쳐 지키게 하라 볼지어다 내가 세상 끝날까지 너희와 항상 함께 있으리라"(마 28:19-20)고 명령하신다. 마태복음은 부활하신 예수님이 제자들에게 전도 대명령(the great commission)을 하신 것으로 끝을 맺는다(마 28:18-20).

2

마가복음

Mark | 총 16장

기록배경과 특징(A.D. 55-65)

마가복음(Mark)은 16장 678절로 구성되어 있다. 마가복음의 저자는 요한 마가이다. 요한(John)은 히브리식 이름이요 마가(Mark)는 로마식 이름이다. 마가복음의 기록연대는 약간의 논란이 있지만 주후 55-65 사이에 기록된 것으로 추정할 수 있다. 마가복음도 마태복음과 마찬가지로 로마 황제 네로(Nero)의 통치 기간(A.D. 54-68)에 기록되었다. 마가는 열두 사도 중의 한 사람이 아니다. 마가는 바나바(Barnabas)와 사울(Saul)이 제1차 전도여행을 떠날 때 함께 동행했으나 밤빌리아 버가(Perga)에서 이탈하여 예루살렘으로 돌아간 바로 그 요한 마가이다 (행 13:13). 바로 이 마가 때문에 바나바와 바울은 서로 갈라서게 되었다 (행 15:36-41). 마가복음 자체 속에 저자의 이름을 밝힌 언급은 없다. 하지만 전통은 요한 마가(John Mark)가 저자임을 일관되게 증거한다. 한 청년이 벗은 몸으로 도망한 기록은 마가복음만이 우리에게 전한다. "한 청년이 벗은 몸에 베 홑이불을 두르고 예수를 따라가다가 무리에게 잡히매 베 홑이불을 버리고 벗은 몸으로 도망하니라"(막 14:51-52, 개역개정). 많은 학자들은 본 절의 "한 청년"을 요한 마가로 해석한다.[191] 요한 마가는 예수님이 십자가에서 처형될 때 대략 20세의 청년이었을 것으로 추정된다.[192] 히에라폴리스(Hierapolis)의 감독이었던 파피아스(Papias, A.D. 130년 사망)는 요한 마가가 마가복음을 기록했다고 전한다. 그는 "장로의 말에 의하면 마가는 베드로의 통역자로서 예수님의 언행을 순서대

---

191 William Hendriksen, *The Gospel of Mark* (Grand Rapids: Baker, 1975), p. 602.

192 Merrill C. Tenney, *New Testament Survey* (Grand Rapids: Eerdmans, 1974), p. 153.

로 기록한 것은 아니지만, 그가 기억하는 것을 정확하게 기록했다."[193]
마가는 베드로의 급한 성격에서 오는 그의 설교 특성 때문에 예수님의
행적을 순서대로 기록할 수는 없었다. 이와 같은 사실은 마가복음의
저자가 요한 마가임을 비교적 안전하게 주장할 수 있게 한다.

마가복음의 특징은 "인자의 온 것은 섬김을 받으려 함이 아니라 도
리어 섬기려 하고 자기 목숨을 많은 사람의 대속물로 주려 함이니라"
(막 10:45, 개역개정)는 예수님의 이 한 마디 말씀에서 나타난다. 마가복음
은 매 장마다 예수님의 생애의 봉사와 희생의 양 축을 드러내 보인다.

마가복음에는 아람어가 자주 사용되었는데, 예를 들면 "우레의 아
들"이란 뜻의 보아너게(막 3:17), "소녀야 일어나라"라는 뜻의 달리다굼
(막 5:41), "열려라"라는 뜻의 에바다(막 7:34), "아버지"라는 뜻의 아빠(아
바; 막 14:36), "나의 하나님 나의 하나님 어찌하여 나를 버리셨나이까"라
는 뜻의 엘리 엘리 라마 사박다니(막 15:34) 등이 나타난다.

---

193 Pamphilus Eusebius, *The Ecclesiatical History* (Grand Rapids: Baker, 1977), p.
    127(Book 3, chapter 39).

마가복음 1장 • "하나님의 아들 예수 그리스도의 복음의 시작이라"(막 1:1)로 시작하여 예수님이 요단(Jordan)강에서 세례 요한에게 세례를 받으시는 기록(막 1:9-110)과 광야에서 사탄의 시험을 받으시는 기록(막 1:12-13)으로 이어진다. 마가복음 1장의 나머지 부분은 예수님의 갈릴리 가버나움(Capernaum) 지역에서의 사역을 기록하고 있다. 갈릴리 사역은 예수님이 처음으로 복음을 전파한 사실(막 1:14-15)과 가버나움에서 하루를 보내시면서 제자들을 부르시고(막 1:16-20), 많은 병자들을 고쳐주시고(막 1:21-34; 40-45), 전도 여행을 떠나시는 기록(막 1:35-39)이 담겨 있다.

마가복음 2장 • 계속되는 가버나움에서의 사역을 기록한다. 예수님이 중풍병자를 고치시고(막 2:1-12), 레위 마태(Levi Matthew)를 제자로 부르시고(막 2:13-17), "혼인 집 손님들이 신랑과 함께 있을 때"(막 2:19)는 금식할 필요가 없다며 말씀하신 금식에 관한 논쟁을 기록하고(막 2:18-22) 제자들이 안식일에 밀 이삭을 자르는 계기로 안식일에 관한 교훈을 하신다(막 2:23-28).

마가복음 3장 • 갈릴리 가버나움에서의 사역을 계속 기록한다. 예수님이 손이 마른 사람을 안식일에 고쳐주시고(막 3:1-6), 갈릴리 바다에서 많은 무리들을 고쳐주시고(막 3:7-12), 열두 사람을 제자로 세우시고(막 3:13-19), 미친 사람을 성령의 도움으로 고쳐주셨는데 서기관들이 바알세불(Beelzebub)에 걸렸다고 하자 성령 훼방죄(성령 모독죄)에 대해 가르치시는 내용(막 3:20-30)과 예수님의 진정한 가족이 누구인지를 말씀하신다(막 3:31-35).

마가복음 4장 • 계속되는 갈릴리 사역을 기록하는데 예수님이 씨 뿌리는 비유로 하나님 나라의 비밀을 설명하시고(막 4:1-20), 자라나는 씨 비유(막 4:26-29)와 겨자씨 비유(막 30-32)를 통해 하나님 나라의 특징을 가르치시고, 바람과 바다를 잔잔하게 하시는 이적을 행하신다(막 4:35-41).

마가복음 5장 • 계속되는 갈릴리 가버나움 지역의 사역에 대한 내용으로 예수님이 거라사인(Gerasenes or Gadarenes)의 지방에서 귀신들린 사람을 고쳐주시고(막 5:1-20), 회당장 야이로(Jairus)의 딸과 열두 해동안 혈루증으로 고생하는 병자를 고쳐주시는 내용(막 5:21-43)이 나온다.

마가복음 6장 • 갈릴리(Galilee) 지역의 사역을 계속 다룬다. 예수님이 자신의 고향에서 배척받은 이야기(막 6:1-6)와 열두 제자를 둘씩 내보내시는 이야기(막 6:7-13)와 세례 요한이 헤롯 안디바(Herod Antipas)에 의해 목 베임을 받은 이야기(막 6:14-29)와 5,000명을 떡 다섯 개와 물고기 두 마리로 먹이시는 이적 이야기(막 6:30-44)와 예수님이 바다 물 위로 걸으시는 이적 이야기(막 6:45-52)와 게네사렛(Gennesaret) 땅에서 병자들을 고치시는 이야기(막 6:53-56)가 마가복음 6장에 기록되어 있다.

마가복음 7장 • 예수님께서 하나님의 계명과 장로들의 전통을 비교하면서 하나님의 계명을 지키는 것이 옳다고 가르치는 이야기(막 7:1-23)와 수로보니게(Syro-Phoenician) 여인이 개 취급을 받으면서도 겸손하게 예수님의 도움을 구하는 이야기(막 7:24-30)와 갈릴리 호수에서 귀먹고 말 더듬는 사람을 고치시는 이야기(막 7:31-37)가 기록되어 있다.

마가복음 8장 • 예수님이 떡 일곱 개와 작은 생선 두어 마리로 4,000명을 먹이시는 이적 이야기(막 8:1-10)와 바리새인들과 헤롯의 교훈을 주의하라는 교훈(막 8:14-21)과 벳새다(Bethsaida)에서 시각장애인의 눈에 침을 발라 그의 눈을 고치시는 이야기(막 8:22-26)와 가이사랴 빌립보에서 베드로가 "주는 그리스도시니이다"(막 8:29) 라는 유명한 신앙

고백을 한 이야기(막 8:27-38)가 기록되어 있다. 예수님은 가이사랴 빌립보에서 자신의 죽음과 부활에 대해서 첫 번째로 언급하신다(막 8:31).

마가복음 9장 • 예수님의 갈릴리 가버나움(Capernaum) 지역에서 행하시는 마지막 사역이 나온다. 마가복음 9장에 예수님이 변화산에서 영광스러운 모습으로 변화되신 이야기(막 9:2-13)와 귀신 들린 아이를 고쳐주시면서 "기도 외에 다른 것으로는 이런 종류가 나갈 수 없느니라"(막 9:29)라고 기도를 강조하신 이야기(막 9:14-29)와 예수님이 자신의 죽음과 부활에 관해 두 번째로 말씀하신 이야기(막 9:30-32)와 제자들 사이에 누가 크냐라는 논쟁이 있었는데 예수님께서 섬기는 자가 큰 자라고 가르치신 이야기(막 9:33-37)와 우리를 반대하지 않는 자는 모두 우리를 위하는 자들이라고 가르치시는 이야기(막 9:38-50)가 기록되어 있다. 마가복음 1장 14절부터 9장 50절까지는 예수님의 갈릴리 지역에서의 활동을 다룬다.

마가복음 10장 • 예수님께서 유대 지역으로 옮겨 활동(Judaean Ministry)하시는 사역의 시작이다. 예수님은 예루살렘을 향해 가시면서(막 10:1, 46) 결혼의 중요성과 이혼의 심각성을 교훈하시고(막 10:1-12), 어린아이를 축복하시면서 "하나님의 나라를 어린아이와 같이 받들지 않는 자는 결단코 그곳에 들어가지 못하리라"(막 10:15)라고 가르치시고(막 10:13-16), 재물이 많은 사람에게 영생을 얻는 길을 가르치시고(막 10:17-31), 자신의 죽음과 부활을 세 번째로 언급하시며(막 10:32-34), 세베대의 아들들인 야고보(James)와 요한(John)에게 천국에서 큰 자가 어떤 사람임을 가르치시고(막 10:35-45), 그리고 시각장애인인 바디매오(Bartimaeus)를 고치신다(막 10:46-52).

마가복음 11장 • 예수님이 예루살렘에서 가까운 베다니(Bethany)에 오셔서(막 11:1) 아무도 타 보지 않은 나귀 새끼를 타시고 예루살렘으로 입성하시는 이야기(막 11:1-10)와 성전을 둘러보시고 베다니로 다시 돌아가시면서 무화과나무를 저주하시는 이야기(막 11:11-14), 다시 예루살렘으로 들어가셔서 성전을 깨끗하게 하신 이야기(막 11:15-19), 예수님의 저주로 말미암아 무화과나무가 마른 이야기(막 11:20-25), 그리고 다시 예루살렘에 들어가셨을 때 성전에서 대제사장들과 서기관들이 예수님의 권위에 도전하는 이야기(막 11:27-33)가 나온다.

마가복음 12장 • 예수님이 포도원 농부의 비유를 통해 자신이 걸어갈 길을 알리시는 이야기(막 12:1-12)와 가이사(Caesar)의 것은 가이사에게, 하나님의 것은 하나님께 바쳐야 한다(막 12:17)고 가르치신다. 본문의 가이사는 로마의 제2대 황제인 가이사 디베료(Caesar Tiberius, A.D. 14-37)를 가리킨다. 또한 마가복음 12장은 세금에 관한 교훈 이야기(막 12:13-17)와 부활을 부인하는 사두개인들과 부활에 관한 논쟁의 이야기(막 12:18-27)와 가장 큰 계명이 하나님을 사랑하고 이웃을 사랑하는 것이라는 교훈을 가르치는 이야기(막 12:28-34)와 자신은 다윗의 자손이 아니요 다윗의 주라는 교훈(막 12:35-37)과 서기관들의 행동을 주의하라고 경고하시는 이야기(막 12:38-40)와 마지막으로 가난한 과부의 헌금을 칭찬하시는 이야기(막 12:41-44)를 소개한다.

마가복음 13장 • 예수님이 종말론적인 교훈을 가르치시는 내용으로, 예루살렘 성전이 무너질 것을 예언하시고(마13:1-2), 종말에 나타날 재난에 대해 설명하시고(막 13:3-13), 종말에 있을 고난은 참기 어려운 고통을 수반할 것을 가르치시고(막 13:14-23), 종말의 때에 인자가 영광과 권능으로 올 것을 가르치시고(막 13:24-27), 그리고 종말을 준비하기 위해 무화과나무의 비유에서 교훈을 받으라(막 13:28-37)고 권면하신다.

마가복음 14장 • 대제사장들과 서기관들이 예수를 죽일 계획을 하는 이야기로 시작하여(막 14:1-2), 베다니의 나병환자 시몬(Simon)의 집에서 한 여자가 귀한 향유를 예수님의 머리에 붓는 이야기(막 14:3-9)와 유다가 배반하는 이야기(막 14:10-11)와 예수님이 제자들과 함께 유월절을 지키면서 성만찬을 제정해 주시는 이야기(막 14:12-26)와 베드로가 세 번 부인할 것을 예고하시는 것(막 14:27-31)과 겟세마네(Gethsemane)에서 죽음을 준비하시는 기도의 이야기(막 14:32-42)와 예수님이 유다의 배신으로 붙잡히시는 이야기(막 14:43-50)와 예수님을 따르던 한 청년이 벗은 몸으로 도망한 이야기(막 14:51-52)가 나온다. 많은 학자들이 여기 벗은 몸의 청년은 요한 마가를 가리킨다고 확언할 수는 없지만 마가가 자기 자신을 가리키고 있다고 생각할 개연성이 충분히 있다고 주장한다.[194] 그리고 마가복음 14장의 마지막 부분은 예수님이 공회 앞에서 심문 받는 내용(막 14:53-65)과 베드로가 예수님을 부인하는 내용(막 14:66-72)이 기록되어 있다.

마가복음 15장 • 예수님의 수난 이야기를 전한다. 예수님은 빌라도 (Pilate)의 심판을 받고(막 15:1-5), 빌라도는 예수님을 놓아주지 않고 오히려 대제사장들의 요구대로 바라바를 놓아주고 예수님을 처형하는 이야기(막 15:6-15)와 군인들이 예수님을 희롱하는 이야기(막 15:16-20)와 십자가에 못 박혀 죽으시는 이야기(막 15:21-32)와 예수님께서 죽으실 때 온 세상이 세 시간동안 암흑으로 변한 사실과 성소 휘장이 위로부터 아래로 갈라진 사실(막 15:33-41)과 아리마대 사람 요셉(Joseph of Arimathea)이 예수님의 시체를 돌무덤에 넣어두는 이야기(막 15:42-47)가 나온다.

마가복음 16장 • 부활을 묘사하는 장으로 예수님이 이미 예고하신 대로 죽음을 이기시고 부활하신 이야기(막 16:1-8)가 기록되어 있다. 특히 주목할 것은 여인들에게 예수님의 부활을 알리는 천사(마 28:5)를 마

---

194 William Hendriksen, *The Gospel of Mark* (NTC), pp. 599-602.

가복음은 "흰 옷을 입은 한 청년"(막 16:5)으로 묘사하고 있다는 점이다. 부활하신 예수님은 일전에 일곱 귀신을 쫓아내어 준 막달라 마리아(Mary Magdalene)에게 나타나시고(막 16:9-11), 시골로 가는 두 제자에게 나타나시어(막 16:12-13), 만민에게 복음을 전파하라는 대전도 명령을 하시고(막 16:14-18), 하늘로 올라가셔서 하나님 우편에 앉으신 이야기(막 16:19-20)가 나온다. 하나님 우편은 장소적인 개념이 아니요, 존귀의 자리, 영광의 자리, 권세의 자리를 상징한다.

3

누가복음

Luke | 총 24장

기록배경과 특징(A.D. 61-63)

누가복음(Luke)은 24장 1,151절로 구성되어 있다. 누가복음과 사도행전의 저자는 의사 누가이다. 누가복음과 사도행전은 대략 A.D. 61-63년 어간에 기록된 것으로 추정된다. 누가복음과 사도행전 역시 로마 황제 네로(Nero)의 통치 기간(A.D. 54-68)에 되었다.

누가는 바울의 제2차 전도 여행부터 바울과 함께 동행 하면서 바울의 사역을 직접 목격한 사람이다. 그래서 누가는 사도행전을 기록하면서 여러 곳에서 "우리가"라는 표현을 자주 사용한다. 이런 구절을 가리켜 "우리 구절"이라 부른다(행 16:10-18; 20:6-16; 21:1-17; 27:1-28:16).[195] 초기 기독교 전통은 "사랑받는 의원 누가"(골 4:14; 몬 24; 딤후 4:11)가 누가복음과 사도행전의 저자임을 지지한다. 누가는 바울의 동행자로서 선교 여행을 함께했던 사람이다.

누가에게 있어서 예수님은 하나님의 아들이며 세상을 죄에서 구원하실 구세주이시다. 누가가 변화산 사건을 묘사하면서 예수님의 죽음을 "출애굽"(Exodus)이라고 설명한 것은 의미심장한 일이다(눅 9:31). 이스라엘이 죄악으로 가득한 세상인 애굽을 떠나서 가나안 복지로 향한 것처럼 예수님의 죽음을 통해 성도들은 죄에서 구원받아 하나님의 나라로 전진하고 있는 것이다.[196]

---

195 박형용, 「사도행전 주해」, (수원: 합신대학원출판부, 2012), p. 202.

196 박형용, 「신약개관」, (서울: 아가페출판사, 2002), pp. 131.

누가복음 1장 • 누가가 데오빌로(Theophilus) 각하에게 예수님의 생애와 사역을 소상하게 전달하기 위해 기록한다는 서론적인 말과 함께 시작한다(눅 1:1-4). 누가복음 서두에 데오빌로의 이름이 나오고, 사도행전 서두에 데오빌로의 이름이 나오는 것으로 보아(행 1:1) 누가는 누가복음과 사도행전을 전편과 후편에 해당하는 한권의 책으로 생각하고 기록한 것이다. 누가복음 1장의 나머지 부분은 세례 요한의 출생 예고(눅 1:5-25)와 예수님의 출생 예고(눅 1:26-38)와 마리아(Mary)가 엘리사벳(Elizabeth)을 만난 사실(눅 1:39-45)과 마리아가 찬송하는 내용(눅 1:46-56)과 세례 요한이 출생한 이야기(눅 1:57-66)와 아들을 얻은 사가랴(Zacharias)가 세례 요한과 예수님의 관계를 예언하는 내용(눅 1:57-80)이 기록되어 있다.

누가복음 2장 • 예수님의 탄생 이야기(눅 2:1-7)로 시작한다. 예수님은 로마의 초대 황제인 가이사 아구스도(Caesar Augustus)가 로마제국을 통치할 때(B.C. 31-A.D. 14) 탄생했다. 본 절의 가이사는 줄리어스 시저(Julius Caesar)가 B.C. 44년 3월 15일 브루터스(Marcus Brutus)에 의해 암살된 후 안토니(Antony)의 세력을 물리치고 로마의 권력을 장악한 옥타비안(Octavian)을 가리킨다. 계속해서 누가복음 2장은 목자들이 예수님의 탄생 소식을 듣고, 예수님이 8일 만에 할례를 받는 이야기(눅 2:8-40)와 예수님이 열두 살 되었을 때 성전을 방문한 이야기(눅 2:41-52)가 기록되어 있다. 예수님은 그가 성전에서 율법 선생들과 토론을 하고 있을 때 부모가 그를 찾자 "내가 내 아버지 집에 있어야 될 줄을 알지 못하셨나이까?"(눅 2:49)라고 자신이 하나님 아버지의 아들임을 암시한다.

누가복음 3장 • 세례 요한과 그의 말씀 전파의 행적(눅 3:1-20)을 기록한다. 특히 세례 요한은 자신의 사역과 앞으로 있을 예수님의 사역을 비교하면서 자신의 사역은 "물로 너희에게 세례를" 베푸는 사역이지만 예수님은 "성령과 불로 너희에게 세례를" 베푸시는 사역을 할 것이라고 설명한다(눅 3:16). 누가복음 3장은 예수님이 세례 받으실 때 성령의 역할을 강조하고 있다(눅 3:21-22). 예수님의 족보는 마태복음과 누가복음에 기록되어 있는데, 누가복음에 기록된 예수님의 족보는 마태복음의 족보와는 달리 요셉(Joseph)부터 하나님까지 열거되어 있다(눅 3:23-38). 누가는 예수님의 족보를 하나님까지 언급함으로 예수 그리스도의 복음을 받을 대상이 유대인만이 아니요, 인류 전체임을 암시하고 있다.

누가복음 4장 • 예수님이 마귀의 시험을 받으시는 기록(눅 4:1-13)과 갈릴리(Galilee) 여러 지역에서 가르치시며(눅 4:14-15), 자신의 고향 나사렛(Nazareth)에서 배척받으신 사실(눅 4:16-30)과 갈릴리 가버나움(Capernaum)에서 더러운 귀신들린 사람을 고치시고(눅 4:31-37), 온갖 병자들을 고치시고 하나님 나라의 복음을 전파하신다(눅 4:38-44). 특히 누가복음은 "내가 다른 동네에서도 하나님 나라의 복음을 전하여야 하리니 나는 이 일을 위해 보내심을 받았노라"(눅 4:43, 개역개정)라고 예수님이 오신 목적을 분명히 한다.

누가복음 5장 • 게네사렛(Gennesaret) 호숫가에서 예수님이 어부들을 제자로 부르시는 사건(눅 5:1-11)을 기록하고 있다. 게네사렛 호수는 긴네렛 바다(민 34:11; 수 11:2; 12:3)라고 불리기도 하며, 로마식 이름으로는 디베랴 바다(요 6:1; 21:1)라고도 불리고, 갈릴리 호수의 다른 명칭이기도 하다. 예수님은 이미 헌신한 제자들이 세상에서 허우적거릴 때 그들을 찾아가셔서 이적을 통해 그들을 깨닫게 하시고 다시 헌신시키신다(눅 5:4, 8, 10). 예수님은 나병환자를 깨끗하게 하시고(눅 5:12-16), 중풍 병자를 고치신다(눅 5:17-26). 그리고 누가는 세리인 레위 마태가 예수님을 따르는 이야기와 신랑과 함께 있을 때는 금식하지 않는다는 교훈을 가르치신다(눅 5:27-39; 마 9:9-13 참조).

누가복음 6장 • 안식일에 제자들이 밀 이삭을 자르는 이야기(눅 6:1-5)를 통해 인자가 안식일의 주인임을 가르치신다. 누가는 예수님께서 안식일에 손 마른 사람을 고치시는 이야기(눅 6:6-11)와 베드로(Peter), 안드레(Andrew), 야고보(James), 요한(John), 빌립(Philip), 바돌로매(Bartholomew), 마태(Matthew), 도마(Thomas), 알패오의 아들 야고보(James the son of Alphaeus), 셀롯이라는 시몬(Simon called the Zealot), 야고보의 아들 유다(Judas the son of James), 그리고 가룟 유다(Judas Iscariot) 등 열두 제자를 사도로 택하시는 이야기(눅 6:12-19)와 복과 화를 선포하시며(눅 6:20-26) 원수를 진정으로 사랑하라는 교훈(눅 6:27-38)과 자신의 눈 속에 있는 들보를 볼 줄 아는 사람이 되어야 하며, 말씀을 듣고 행하는 사람이 되어야 함을 가르치시는 내용(눅 6:39-49)을 기록한다.

누가복음 7장 • 예수님이 가버나움과 그 근처 지역에서 사역하시는 내용이다. 예수님께서 가버나움에서 백부장(Centurion)의 종의 병을 고쳐주시고(눅 7:1-10), 나인(Nain)성 과부의 아들이 죽자 그를 살려주시고(눅 7:11-17), 요한이 제자를 통해 "오실 그이가 당신이오니이까 우리가 다른 이를 기다리오리이까"(눅 7:19)라고 묻자 예수님이 요한에 대해 설명하시고 요한을 가리켜 "여자가 낳은 자 중에 요한보다 큰 자가 없도다 그러나 하나님의 나라에서는 극히 작은 자라도 그보다 크니라"(눅 7:28)라고 대답하시는 이야기(눅 18-35)가 기록되어 있다. "여자가 낳은 자 중에 요한보다 큰 자가 없도다"라는 예수님 말씀의 뜻은 마태복음 11장의 설명을 참조하시기 바란다. 누가복음 7장은 계속해서 시몬(Simon)의 집에서 한 여자가 예수님의 발에 향유를 붓고 그의 머리털로

닦는 사건을 통해 예수님이 죄를 사할 수 있음을 가르치시는 내용(눅 7:36-50)이 기록되어 있다.

누가복음 8장 • 계속되는 가버나움(Capernaum)에서의 사역으로 예수님이 막달라 마리아(Mary Magdalene), 요안나(Joanna), 수산나(Susanna) 등의 여러 여자로부터 도움을 받는 이야기(눅 8:1-3)와 씨 뿌리는 비유와 해석을 통해 하나님 나라의 비밀을 밝히시는 이야기(눅 8:4-15)와 등불은 등경 위에 두는 것처럼 감추인 것은 장차 드러나게 될 것이라는 이야기(눅 8:16-18)와 예수님의 진정한 어머니와 동생들은 하나님의 말씀을 듣고 행하는 사람들이라는 이야기(눅 8:19-21)와 바람과 물결을 잔잔하게 하시고(눅 8:22-25), 귀신들린 사람을 고쳐주시고(눅 8:26-39), 회당장 야이로(Jairus)의 딸을 살리는 사건과 예수님의 옷에 손을 댄 열두 해 동안 혈루증(discharge of blood)을 앓은 여인을 고쳐주시는 이야기(눅 8:40-56)가 담겨 있다.

누가복음 9장 • 예수님이 열두 제자를 내보내시는 이야기(눅 9:1-6)가 처음 나타난다. 예수님이 열두 제자를 내 보내시는 이유는 "하나님의 나라를 전파하며 앓는 자를 고치게 하려"(눅 9:2)는 목적이었다. 이어서 분봉 왕 헤롯 안디바(Herod Antipas, 마 14:1 참조)가 예수님의 모든 활동을 듣고 자기가 목 베어 죽인 세례 요한이 살아서 돌아온 것처럼 생각하여 당황한 이야기(눅 9:7-9)와 떡 다섯 개와 물고기 두 마리로 오천 명을 먹이시는 이적 이야기(눅 910-17)와 베드로가 예수님을 가리켜 "하나님의 그리스도시니이다"(눅 9:20)라고 고백하는 내용이 나온다. 계속해서 예수님이 자신의 죽음과 부활을 예고하는 이야기(눅 9:18-27)와 변화산에서 자신의 죽음을 "별세"(exodus)라고 설명하신 이야기(눅 9:28-36)가 기록되어 있다. 여기서 주목할 내용은 예수님이 자신의 죽음을 "엑소더스"(출애굽: exodus)라고 표현한 것이다. 출애굽 사건은 세상을 대표하는 애굽 땅에서 하나님이 그의 백성을 구해내신 구속의 사건이다. 마찬가지로 예수님의 죽음은 죄 많은 세상에서 하나님이 그의 백성을 구하시기 위해 계획하신 구속의 사건이다. 성도들은 예수님의 죽음 때문에 예수님을 믿을 때 죄 문제를 해결 받고 하나님의 자녀가 되는 것이다(요 1:12). 누가복음 9장부터 누가는 예수님의 죽음과 부활을 예고하고 자주 언급한다(눅 9:22, 44; 12:50; 13:32, 33; 17:25; 18:32, 33; 24:6-7, 25-26, 46). 누가복음 9장은 계속해서 귀신들린 아이를 고쳐주시는 이야기(눅 9:37-42)와 인자가 사람들의 손에 넘겨지게 될 것이라는 이야기(눅 9:43-45)와 제자들이 누가 크냐는 논쟁을 할 때 예수님이 어린아이를 예로 들어 교훈하시는 내용(눅 9:46-48)과 그리고 요한 사도가 주의 이름으로 귀신을 쫓아내는 사람이 우리와 함께하지 않아서 금했다고 하자 너희를 반대하지 않는 자는 너희를 위하는 자라고 가르치시는 교훈(눅 9:49-50)이 담겨 있다.

그리고 누가복음 9장 51절부터는 예수님이 갈릴리에서 예루살렘(Jerusalem)으로 가시면서 사마리아(Samaria)의 한 마을에 들어가시는 이야기(눅 9:51-56)와 세 사람에게 나를 따르라고 말하지만 모두 당장 따를 수 없는 핑계를 대는 이야기(눅 9:57-62)가 기록되어 있다.

누가복음 10장 • 70인을 둘씩 내보내셔서 하나님 나라가 가까이 온 것을 전하게 하시는 이야기와 그들이 돌아온 이야기(눅 10:1-20), 예수님께서 성령으로 기뻐하면서 기도하시는 이야기(눅 10:21-24), 한 제사장(Priest)과 레위인(Levite)이 회피한 강도 만난 사람을 정성껏 도와주는 사마리아 사람(Samaritan)의 이야기(눅 10:25-37), 그리고 마르다(Martha)와 마리아(Mary) 집에서 음식 장만하는 일로 분주한 마르다와 말씀 듣는 일에 전념한 마리아의 이야기(눅 10:38-42)가 기록되어 있다.

누가복음 11장 • 예수님이 주기도문(The Model Prayer)을 사용하시어

기도를 가르치시는 이야기(눅 11:1-13)와 하나님의 나라와 귀신의 나라가 양립할 수 없음을 가르치시는 이야기(눅 11:14-26)가 기록되어 있다. 예수님은 "내가 만일 하나님의 손을 힘입어 귀신을 쫓아낸다면 하나님의 나라가 이미 너희에게 임하였느니라"(눅 11:20, 개역개정)라는 말씀을 통해 하나님의 나라(the Kingdom of God)가 이미 실현되었음을 확증하신다(눅 17:21 참조). 그리고 누가복음 11장에는 예수님께서 복 있는 자가 누구인지를 가르치시는 이야기(눅 11:27-28), 악한 세대가 표적을 구하나 요나(Jonah)의 표적밖에 없다고 가르치시는 이야기(눅 11:29-36), 바리새인들에게 "화 있을진저 너희 바리새인이여"라고 바리새인을 저주하신 이야기(눅 11:37-54)가 담겨 있다.

누가복음 12장 • 예수님이 제자들에게 바리새인들의 외식(hypocrisy)을 주의하라고 가르치시면서 성령 훼방죄(성령 모독죄)에 관해 가르치신다(눅 12:1-12). 성령 훼방죄는 하나님의 죄 용서를 거절하며 성령의 구원 사역을 구체적으로 부정하는 죄를 가리킨다(마 12:31-32). 계속해서 누가복음 12장은 한 부자의 비유를 통해 재물을 의존하지 말고 하나님을 의존하라고 가르치시고(눅 12:13-21), 제자들에게 목숨과 몸을 위해 염려하지 말라고 가르치시면서 "너희는 그의 나라를 구하라 그리하면 이런 것들을 너희에게 더하시리라"(눅 12:31)라고 가르치시고(눅 12:22-34), 그리고 인자가 생각하지 않을 때에 올 것이기 때문에 항상 깨어 있어야 한다고 가르치시고(눅 12:35-48), 땅에 불을 던져 분쟁하게 하시기 위해 자신이 오셨다고 가르치시고(눅 12:49-53), 그리고 시대를 분별하여 서로 화해하는 삶을 살라고 가르치시는 내용(눅 12:54-59)이 기록되어있다.

누가복음 13장 • 회개하지 아니하면 망할 것이라고 회개를 가르치시고(눅 13:1-5), 열매 맺지 못한 무화과나무(fig tree) 비유를 통해 죄인을 향한 하나님의 인내를 가르치시고(눅 13:6-9), 열여덟 해 동안이나 귀신 들려 앓으며 꼬부라진 여자를 안식일에 고쳐주시고(눅 13:10-17), 겨자씨(Mustard seed)와 누룩(Leaven) 비유를 통해 하나님 나라의 교훈을 가르치시고(눅 13:18-21), 좁은 문으로 들어가라고 가르치시고(눅 13:22-30), 헤롯이 예수님을 죽이려고 하자 예수님이 선지자들을 죽이는 예루살렘에 대해 한탄하시는 내용(눅 13:31-35)이 나온다.

누가복음 14장 • 예수님이 안식일에 수종병(dropsy)에 걸린 사람을 고쳐주시고(눅 14:1-6), 겸손을 가르치시면서 잔치 자리에서는 끝자리에 앉으라고 교훈하시고(눅 14:7-14), 큰 잔치에 초청받은 사람이 나타나지 않자 누구든지 청해서 자리를 채우라고 하나님 나라의 상황을 설명하고(눅 14:15-24), "자기 십자가를 지고 나를 따르지 않는 자도 능히 내 제자가 되지 못하리라"(눅 14:27)라고 말씀하심으로 예수님의 제자가 되는 길을 가르치시는 내용(눅 14:25-35)이 담겨 있다.

누가복음 15장 • 예수님이 잃은 양을 찾는 목자의 비유를 통해 천국에서는 한 생명을 귀하게 여긴다고 가르치시고(눅 15:1-7), 잃어버린 한 드라크마(drachma)를 찾은 여인의 기쁨을 비유를 통해 역시 천국에서는 한 생명을 귀하게 여긴다고 가르치시는 내용(눅 15:8-10)이 기록되어 있다. 한 드라크마는 로마의 한 데나리온(denarius)에 해당하는(참고, 마 20:2; 22:19) 헬라의 은전(silver coin)으로 노동자의 하루 품삯 정도의 가치가 있다. 누가복음 15장은 이어서 탕자의 비유를 통해 잃은 자를 찾으시는 아버지의 마음을 소개하는 내용(눅 15:11-32)을 소개하고 있다. 누가복음 15장 전체는 "잃은 양을 찾은 목자의 비유", "잃은 드라크마를 찾은 여인의 비유" 그리고 "잃은 아들을 찾은 아버지의 비유"를 통해 죄인을 찾으시는 하나님의 마음을 묘사하고 있다.

누가복음 16장 • 옳지 않은 방법으로 주인의 재산을 축내면서 빚진 자들에게 호의를 베푼 청지기의 비유(눅 16:1-13)와 율법과 하나님 나라의 복음에 관해 가르치시고(눅 16:14-18) 한 부자와 거지 나사로(Lazarus)의 이야기를 통해 지옥의 고통이 얼마나 큰 것임을 드러내고 전도는 이 세상에서만 가능함을 가르치시는 내용(눅 16:19-31)이 기록되어 있다.

누가복음 17장 • 예수님이 믿음의 중요성과 용서의 필요성 그리고 종이 지켜야 할 행동을 가르치시고(눅 17:1-10), 나병환자 열 명을 깨끗하게 고쳐주시고(눅 17:11-19), 하나님의 나라는 나라의 주인이신 예수님이 존재하는 곳에 있다고 가르치신 내용(눅 17:20-37)이 나온다. 예수님은 바리새인들의 질문을 받고 하나님의 나라는 "여기 있다 저기 있다고도 못하리니 하나님의 나라는 너희 안에 있느니라"(눅 17:21, 개역개정)라고 가르치신다. 여기 "너희 안에"는 사람들의 마음을 가리키지 않고 예수님이 계시는 바로 그곳을 가리킨다. 왜냐하면 천국에 관한 질문을 한 사람들이 바리새인들이었는데(눅 17:20) 바리새인들의 마음속에 천국이 있다고 대답하실 수 없기 때문이다. 본문의 "너희 안에"는 엔토스 휴몬(ἐντὸς ὑμῶν)으로 "너희 가운데"(in the midst of)로 해석할 수 있다.[197]

누가복음 18장 • 예수님께서 과부와 불의한 재판장의 비유를 들어 끈질기게 기도해야 함을 가르치시고(눅 18:1-8), 바리새인과 세리의 비유를 통해 하나님이 교만한 자의 기도보다 겸손하고 애통해 하는 자의 기도를 들으신다고 가르치시고(눅 18:9-14), 어린아이를 칭찬하시면서 "하나님의 나라가 이런 자의 것이니라"(눅 18:16)라고 가르치시고(눅 18:15-17), 영생을 얻기 원하는 부자의 예를 들어 재물의 유혹이 대단히 크다는 사실을 가르치시고(눅 18:18-30), 제자들에게 자신이 죽고 부활

---

197 G. Vos, *Biblical Theology: Old and New Testaments,* p. 408.; 박형용「신약성경신학」, (수원: 합신대학원출판부, 2005), pp. 258-261.

하게 될 것을 가르치시고(눅 18:31-34), 여리고(Jericho)에 가까이 가셨을 때 한 시각장애인을 고쳐주시는 내용(눅 18:35-43)이 나온다.

누가복음 19장 • 예수님이 삭개오(Zacchaeus)를 만나셔서 "이 사람도 아브라함의 자손임이로다"(눅 19:9)라고 가르치시는 내용(눅 19:1-10)과 열 므나(Minas)의 비유를 통해 하나님 나라 안에서 하나님께 충성한다는 의미가 무엇인지를 가르치시는 내용(눅 19:11-27)이 나온다.

누가복음 19장의 나머지 부분은 예수님께서 예루살렘(Jerusalem)에서 활동하시는 내용으로 예수님이 아무도 타 보지 않은 나귀 새끼를 타시고 예루살렘으로 들어가셔서(눅 19:28-44) 성전을 깨끗하게 하신 내용(눅 19:45-48)이 기록되어 있다.

누가복음 20장 • 예수님이 계속 예루살렘에서 사역하시는 내용으로 예수님이 대제사장들과 서기관들의 도전을 받고 예수님의 권위는 하늘로부터임을 가르치시고(눅 20:1-8), 포도원 농부의 비유를 통해 하나님의 아들인 예수님 자신이 죽임을 당할 것을 가르치시고(눅 20:9-18), 대제사장들과 서기관들이 덫을 놓을 생각으로 세금에 관한 질문을 하자 "가이사의 것은 가이사에게, 하나님의 것은 하나님께 바치라"(눅 20:25)라고 지혜롭게 대답하시고(눅 20:19-26), 예수님께서 부활을 부인하는 사두개인들(Sadducees)과 부활에 관해 논쟁을 하시고(눅 20:27-40), 예수님 자신이 다윗의 자손이 아니라 다윗의 주(Lord)라고 가르치시고(눅 20:41-44), 서기관의 교훈을 삼가라고 경계하시는 내용(눅 20:45-47)이 나온다.

누가복음 21장 • 예루살렘에서의 계속된 사역으로 예수님이 가난한 과부의 헌금을 칭찬하시고(눅 21:1-4), 예루살렘 헤롯(Herod) 성전이 파괴될 것을 예고하시고(눅 21:5-9), 환난이 다가올 것이지만 인내함으로 극복해야 한다고 가르치시고(눅 21:10-19), 예루살렘에 환난이 엄습해 올 것이며 인자는 구름을 타고 능력과 영광으로 오실 것이라고 가르치시고(눅 21:20-28), 무화과나무의 비유를 통해 하나님의 나라가 가까이 왔다는 것을 배우라고 말씀하시고(눅 21:29-33), 그리고 항상 기도하며 깨어 있으라고 가르치시는 내용(눅 21:34-38)이 기록되어 있다.

누가복음 22장 • 유월절(Passover)에 가롯 유다(Judas Iscariot)가 예수님을 배반하는 계획으로 시작한다. 누가복음 22장부터 24장까지는 예수님의 수난과 부활에 관해 설명하시는 내용이다. 누가복음 22장은 유다의 배반 계획(눅 22:1-6)과 예수님께서 유월절을 준비시키는 이야기(눅 22:7-13)와 마지막 만찬을 제정해 주시면서 인자를 파는 자가 있을 것이라고 예고하신 내용(눅 22:14-23)과 베드로(Peter)가 닭 울기 전에 예수님을 세 번 부인할 것을 예고하시는 이야기(눅 22:24-34)와 이전의 교훈과는 달리 이제는 전대도 취하고 검도 준비하라고 가르치시는 내용(눅 22:35-38)과 예수님이 십자가를 지시기 전 감람산(the Mount of Olives)에서 기도하시는 내용(눅 22:39-46)과 유다가 예수님과 입맞춤을 신호로 배반하여 예수님이 잡히시는 이야기(눅 22:47-53)와 베드로가 예수님을 모른다고 부인하는 이야기(눅 22:54-62)와 예수님이 희롱당하고 공회 앞에서 심판받는 이야기(눅 22:63-71)가 기록되어 있다.

누가복음 23장 • 예수님이 빌라도(Pilate)의 심판을 받으시고(눅 23:1-7), 헤롯 안디바(Herod Antipas)의 심문을 받으시고(눅 23:8-12), 빌라도가 바라바(Barabbas) 대신 예수님을 십자가에 처형하도록 내어 주는 세기의 오판 이야기(눅 23:13-25)와 예수님이 십자가에 처형되셔서 숨을 거두실 때 12시부터 오후 3시까지 세 시간 동안 온 땅에 어둠이 가득 차고 성소의 휘장이 위로부터 아래로 찢어진 사건(눅 23:26-49)과 공회 의원인 요셉(Joseph)이 예수님의 시체를 세마포로 싸서 바위에 판 무덤에 넣어 둔 이야기(눅 23:50-56)가 나온다.

누가복음 24장 • 안식 후 첫날 예수님이 부활하신 이야기(눅 24:1-12)
와 부활하신 예수님이 엠마오(Emmaus)로 가는 두 제자에게 나타나신
이야기(눅 24:13-35)와 예수님이 부활체의 모습으로 열한 제자에게 나타
나셔서 부활체가 어떤 몸체인지를 보여주시는 이야기(눅 24:36-43)와 하
나님의 구원 계획이 예수님의 죽음과 부활을 통한 구속 성취(눅 24:46)
와 구속의 복음이 전 세계에 전파될 것(눅 24:47)과 구속의 복음 전파는
교회(성도들)의 몫인 것(눅 24:48)을 가르치시는 이야기(눅 24:44-49)와 베
다니 앞까지 가셔서 승천하신 이야기(눅 24:50-53)가 기록되어 있다.

4

요한복음

John | 총 21장

요한복음(John)은 21장 878절로 구성되어 있다. 사도 요한은 로마 황제 가이사 도미티안(Caesar Domitian, A.D. 81-96) 통치 말기에 계시를 받았다. 요한복음은 A.D. 90-96년 사이에 기록된 것으로 추정된다. 신약성경 27권 중 요한 사도가 기록한 요한복음, 요한일서, 요한이서, 요한삼서, 요한계시록을 제외한 다른 모든 성경은 예루살렘에 위치한 헤롯 성전이 디도(Titus)장군에 의해 파괴된 A.D. 70년 이전에 모두 기록되었다.

요한복음의 저자는 사도인 세베대(Zebedee)의 아들 요한이다. 사도 요한이 요한복음의 저자인 것을 확실하게 증거한 사람은 이레니우스(Irenaeus)이다. 베드로와 바울이 순교한 후, 요한이 그리스도의 교회를 위해 봉사하게 된다. 사도 요한의 부모는 갈릴리의 어부 세베대와 살로메(Salome)로 추정된다(막 1:19, 20; 15:40; 16:1; 마 27:56). 요한의 부친 세베대는 여러 하인을 고용한 것으로 보아, 부유한 어부였을 것이다(막 1:20). 요한이 야고보(James)와 함께 언급될 때 항상 뒤에 언급되는데, 아마도 야고보가 형이며 요한이 동생인 듯하다. 사도 요한은 다른 제자들보다 비교적 오래 살았다.

현재 우리가 소유한 신약성경의 배열은 부피를 근거로 순서를 정한 것이다. 우선 바울 사도가 쓴 13개의 서신의 순서는 교리적인 근거로 배열한 것도 아니며, 기록된 순서를 근거로 배열된 것도 아니다. 로마서에서 빌레몬서까지의 배열은 각 책의 부피를 기준으로 부피가 많은 것으로부터 적은 것으로 순서를 잡아 배열한 것이다. 이 원리는 히브리서에서 유다서까지의 배열에도 적용되었다. 물론 요한계시록은 신약의 마지막에 배열해야 할 책이기에 그렇게 한 것이다. 그리고 마태복음에서 사도행전까지의 배열 역시 부피의 많고 적음을 적용하고 누가복음과 사도행전이 전편과 후편의 관계라는 점이 적용되었다. 그런데 거의 30여 년이 지난 후에 요한복음이 기록되어 현재의 배열처럼 마태, 마가, 누가, 요한, 사도행전의 순서로 배열된 것이다.

그런데 본 필자는 요한복음을 신약의 첫 책으로 배열했더라면 더 좋았을 것으로 생각한다. 그 이유는 마태복음의 저자 마태도 열두 사도중의 한 사람이요, 요한도 열두 사도중의 한 사람이다. 현재의 배열은 공관복음을 한데 묶고 그다음에 요한복음을 넣는 배열을 택한 것이다. 그러나 만약 요한복음을 처음에 넣었더라면 공관복음을 한데 묶을 뿐만 아니라 누가복음과 사도행전의 전편과 후편의 연결도 지키게 된다. 그렇게 되면 구약 창세기의 시작이 "태초에"가 되고, 신약의 시작도 요한복음의 "태초에"가 된다.[198]

우뢰의 아들 사도 요한

사도 요한(the Apostle John)은 예수님을 따르기 전에 세례 요한(John the Baptist)을 따랐다. 요한복음에는 요한이 자신의 이름을 밝히면서 예수님을 처음 만난 사실을 기록하고 있지 않다. 요한은 요한복음에서 자신을 암시하는 표현으로 "다른 제자 한 사람"(요 18:15), "예수께서 사랑하시던 그 다른 제자"(요 20:2)라고 묘사한다. 다른 복음서들에 의존하여 요한이 예수님을 만난 기록을 밝혀보면 요한은 처음 예수님을 만난후 얼마 있다가 예수님의 제자가 되었다(마 10:1-4; 막 1:16 이하; 눅 5:10). 요한(John)과 그의 형 야고보(James)는 감정이 속히 고조되는 사람들이었다. 그래서 예수님은 그들을 가리켜 "우뢰의 아들들"(막 3:17)이라고 했다. 복음서에는 이들의 이러한 성격을 잘 반영해 주는 기사가 실려 있다. 사마리아의 한 촌에서 예수님을 받아들이기를 거부했다. 야고보와 요한이 이를 보고 노하여, "주여 우리가 불을 명하여 하늘로부터 내려 저들을 멸하라 하기를 원하시나이까?"(눅 9:54, 개역개정)라고 했었다. 그러나 요한은 "사랑의 사도"였다. 그는 예수님을 사랑했기 때문에 격분하였다. 사랑이 없으면 무관심하게 된다. 요한은 자신을 묘사하면서 "그리스도가 사랑하는 제자"라고 했다(요 13:21).

예수님은 요한이 어떠한 죽음을 맞을 것인가에 대해 말씀하셨다. 요한의 죽음은 베드로의 죽음과는 다른 죽음이다(요 21:18-23). 예수님의 부활 승천 후, 요한은 베드로와 함께 사역하다가(행 15:6; 갈 2:9), 아마도 A.D. 66년 유대인의 전쟁(Jewish War)이 시작되었을 때 예루살렘을 떠난 것 같다.

어떤 이는 요한복음의 역사성을 인정하려하지 않고 요한복음의 역사성이 꾸며졌거나 영화화되었다(spiritualized)고 주장한다. 하지만 요한

복음 1:14에서 "육신"(flesh)을 언급한 것은 인간적인 것, 자연적인 것, 역사적인 것을 지칭하는 것이다. 하나님 아버지의 독생자의 영광이 여기에 감추어져 있는 것이다. 그러므로 육신에 거하신 그 영광의 계시를 보고 우리 가운데 거하신 그를 증거 하는 것은 넷째 복음서의 기초와 내용을 형성하는 것이다.[199]

초대 교회 문헌의 증거에 따르면, 요한은 에베소(Ephesus)로 가서 몇 해를 살다가 도미티안 통치 때(A.D. 81-96), 밧모(Patmos)섬으로 추방되었으며, 네르바(Nerva) 때에 에베소로 돌아오도록 허용받았다. 그리고 트라얀(Trajan) 통치 때(A.D. 97-98) 나이 많아 사망한 것 같다.

---

199 Herman Ridderbos, *The Gospel of John: A Theological Commentary* (Grand Rapids: Eerdmans, 1997), p. 13.

요약(A Summary of John)

요한복음은 창세기(Genesis)를 연상하게 하는 복음이다. 창세기도 "태초에"로 시작하고(창 1:1) 요한복음도 "태초에"로 시작한다(요 1:1). 창세기는 하나님이 7일 동안 창조하시고 쉬신 사실을 언급하고, 요한복음도 7일을 연상하게 한다. 요한복음은 "이튿날"을 세 번 사용하고(요 1:29, 35, 43) 이어서 "사흘째 되던 날"(요 2:1)이라고 언급함으로 전체 날짜가 7일이 되게 만든다. 또한, 창세기는 에덴동산에서 하나님이 아담(Adam)과 하와(Eve)를 부부로 만드셔서 가정을 이루게 하신 반면, 요한복음은 예수님이 처음 표적으로 가정을 이루는 혼인 잔치에서 물로 포도주를 만들어 주는 일을 행하신다. 우리는 하나님이 역사를 종결하시고 성도들에게 신천 신지를 허락하실 때 "어린양의 혼인 잔치"가 있을 것이라는 말씀에 주목하여야 한다(계 19:7-9).

요한복음 1장 • 태초에(In the beginning) 아버지의 독생자이신 예수님이 하나님과 함께 계셨는데 참 빛으로 이 땅에 오셨으나 세상이 그를 영접하지 않은 사실과 그를 믿는 자에게는 하나님의 자녀가 되는 특권을 주셨다는 내용(요 1:1-18)으로 시작한다. 요한복음의 "태초에"는 창세기의 "태초에"로 우리의 생각을 이끌어 준다. 요한복음은 태초에 하나님이 선하게 창조하신 세상에 죄가 들어옴으로 왜곡된 창조 질서를 태초에 계셨던 예수 그리스도께서 그의 죽음과 부활을 통해 회복시키신 사실을 전하기 원한다. 그래서 요한복음은 계속해서 세례 요한(John the Baptist)이 예수님에 관해 증언하면서 "나는 그의 신발 끈을 풀기도 감당하지 못하겠노라"(요 1:27)라고 예수님을 소개하는 이야기(요 1:19-28)와 요한이 예수님께서 그에게 나아오심을 보고 "보라 세상 죄를 지고 가는 하나님의 어린 양이로다"(요 1:29)라고 증언한 이야기(요 1:29-

34)를 전한다. 그리고 요한복음 1장은 예수님이 요한의 두 제자 안드레 (Andrew)와 시몬 베드로(Simon Peter)를 만나서 "네가 요한의 아들 시몬 이니 장차 게바라 하리라"(요 1:42)라고 이름을 고쳐주신 이야기(요 1:35-42)와 예수님이 빌립(Philip)과 나다나엘(Nathanael)을 부르시는 이야기(요 1:43-51)가 기록되어 있다. 예수님은 공생애 초기에 베드로에게 장차 게바(Cephas)가 될 것이라고 하셨고, 공생에 말기에는 베드로에게 "너는 베드로라"라고 현재 시상으로 말씀하시고, 이 반석 위에 내 교회를 세울 것이라(마 16:18)고 말씀하심으로 베드로를 제자로 부르신 것과 교회의 설립을 연계시키신다.

요한복음 2장 • 예수님께서 공적인 사역을 시작하시면서 갈릴리 가나(Cana)의 혼인 잔치에서 포도주가 떨어지자 예수님께서 물로 포도주를 만들어 혼인 잔치를 축복해 주시는 첫 번째 표적 이야기(요 2:1-12)와 유월절이 가까워 예루살렘(Jerusalem)에 올라가셔서 성전을 깨끗하게 하시면서 "너희가 이 성전을 헐라 내가 사흘 동안에 일으키리라"(요 2:19)라고 말씀하신 사건(요 2:13-22)과 예수님은 하나님이시므로 사람의 마음속을 아신다는 내용(요 2:23-25: 삼상 16:7 참조)이 기록되어 있다.

요한복음 3장 • 예수님과 니고데모(Nicodemus)와의 대화를 통해 중생과 하나님 나라의 일을 말씀하시면서 "하나님이 세상을 이처럼 사랑하사 독생자를 주셨으니 이는 그를 믿는 자마다 멸망하지 않고 영생을 얻게 하려 하심이라"(요 3:16)라고 하나님의 구원 계획을 가르치시는 내용(요 3:1-21)과 세례 요한이 예수님을 가리켜 증언하면서 "그는 흥하여야 하겠고 나는 쇠하여야 하리라"(요 3:30)라고 자신은 준비자요 선구자임을 분명히 하는 내용(요 3:22-36)이 나온다.

요한복음 4장 • 예수님께서 갈릴리로 가시면서 사마리아(Samaria)를 통과하는 중 사마리아 여자와 대화하시면서 "하나님은 영이시니 예배하는 자가 영(靈)과 진리(眞理)로 예배할지니라"(요 4:24, 개역개정)라고 말씀하시고, 사마리아 여자에게 자신이 바로 메시야(Messiah) 곧 그리스도임을 드러내시는 이야기(요 4:1-42)와 갈릴리 가나(Cana of Galilee)에 이르셔서 왕의 신하의 아들을 살려주시는 두 번째 표적의 이야기(요 4:43-54)가 나온다.

요한복음 5장 • 예수님은 "유대인의 명절"이 되어 다시 예루살렘(Jerusalem)에 올라가신다. 여기 "유대인의 명절"이 어느 명절인지는 확실하지 않지만, 예수님이 실제로 예루살렘에 올라가신 것을 증거하는 역할은 한다. 요한은 자주 "유대인의 유월절"(요 2:13), "유대인의 명절인 유월절"(요 6:4), "유대인의 명절인 초막절"(요 7:2), 수전절[200](요 10:22), "유대인의 유월절"(요 11:55)이라는 표현으로 예수님이 방문하신 절기를 명확히 한다. 그런데 요한복음 5:1의 "유대인의 명절"은 유월절일 개연성은 있지만, 어느 명절을 가리키는지 알 수가 없다.[201] 예수님은 유대인의 명절에 예루살렘에 올라가셔서 안식일에 38년 된 병자를 고쳐주시고(요 5:1-18), 예수님께서 자신이 하나님 아버지의 아들임을 분명히 하면서 아버지께서 심판을 아들에게 맡기셨다고 증언하시고(요 5:19-29), 예수님은 사람의 증언으로 인정을 받지 아니하시고 하나님이 예수님을 위해 직접 증언하셨다고 가르치시는 내용(요 5:30-47)이 나온다.

요한복음 6장 • 예수님께서 갈릴리 바다 건너편에서 한 어린아이가 제공한 보리 떡 다섯 개와 물고기 두 마리로 오천 명을 먹이시고

---

200 수전절은 엔티오커스 에피파네(Antiochus Epiphanes)가 더럽힌 성전을 유다 마카비(Judas Maccabaeus)가 B.C. 164년 12월에 정결하게 한 사건을 기념하는 절기임.

201 D. A. Carson, *The Gospel According to John* (Grand Rapids: Eerdmans, 1991), pp. 240-241.; William Hendriksen, *The Gospel of John*, Vol. 1 (Grand Rapids: Baker, 1975), pp. 188-189.

(요 6:1-15), 오병이어로 오천 명을 먹이신 곳에서 바다를 건너 가버나움 (Capernaum) 쪽으로 건너가시면서 예수님이 바다 위를 걸으시는 표적을 행하시고(요 6:16-21), 예수님께서 자신이 생명의 떡이므로 "내게 오는 자는 결코 주리지 아니할 터이요 나를 믿는 자는 영원히 목마르지 아니하리라"(요 6:35)라고 가르치시고(요 6:22-59), 영생의 말씀을 가르치시면서 제자 중에 한 사람이 자기를 팔 것임을 밝히신다(요 6:60-71).

요한복음 7장 • 예수님께서 갈릴리에서 다니시고 유대(Judea)에서 다니려 아니하심은 유대인들이 그를 죽이려 하기 때문이었다는 사실과 심지어 예수님의 형제들까지도 예수님을 믿지 아니했다는 내용과 예수님이 내 때가 이르지 아니하여 비록 초막절(the Feast of Tabernacles)이 가까이 왔지만 예루살렘에 올라가지 아니하시고 갈릴리에 머물러 계신 이야기(요 7:1-9)와 그러나 결국 초막절을 지키시기 위해 후에 예루살렘으로 올라가신 이야기(요 7:10-24)와 예루살렘에서 그를 죽이고자 하는 사람이 있으나 예수님은 공개적으로 성전에서 가르치신 사실(요 7:25-36)과 예수님께서 명절 끝 날에 성령(the Holy Spirit)에 관해 가르치시는 내용(요 7:37-44)과 예수님의 교훈을 대제사장들과 바리새인들이 믿지 못하는 내용(요 7:45-52)이 기록되어 있다.

요한복음 8장 • 예수님께서 초막절(장막절) 기간에 성전에서 음행 중에 잡혀 온 여자를 보시고 군중을 향해 "너희 중에 죄 없는 자가 먼저 돌로 치라"(요 8:7)고 말씀하시고 아무도 그 여자를 돌로 치려 하지 아니하자 예수님도 그 여자를 용서하시는 이야기(요 8:1-11)와 예수님이 세상의 빛이 되신다는 교훈을 가르치신 내용(요 8:12-20)과 예수님께서 가는 곳에 너희가 오지 못하리라고 가르치심을 통해 자신이 위에서 났으며 하나님이 그를 보냈다고 가르치신 내용(요 8:21-30)과 예수님께서 "진리를 알지니 진리가 너희를 자유롭게 하리라"(요 8:32)라고 가르치시면서 그 진리는 내 말을 믿고 내 말을 지키는 것이 진리요 영원히 죽음을 보지 아니할 길이라고 가르치시는 내용(요 8:31-59)이 나온다.

　　요한복음 9장 • 예수님께서 나면서부터 시각장애인이 된 사람을 고쳐주시면서 이 시각장애인 된 사람이 태어날 때 자신의 죄 때문에 시각장애인이 된 것도 아니요 부모의 죄 때문에 시각장애인이 된 것도 아니며 오히려 하나님 나라의 일을 나타내기 위해 시각장애인으로 태어났다고 가르치신 내용(요 9:1-12)과 바리새인들이 그 시각장애인이 눈을 뜨게 된 사실을 믿지 못하는 내용(요 9:13-34)과 예수님께서 보면서도 깨닫지 못하고 믿지 못하는 사람들을 가리켜 오히려 시각장애인이 되었더라면 죄를 짓지 아니했을 것이라고 가르치시는 내용(요 9:35-41)이 기록되어 있다.

　　요한복음 10장 • 예수님께서 자신이 선한 목자임을 가르치시면서 목자가 양을 알고 양도 목자를 아는 관계가 선한 목자이며 선한 목자는 목숨을 바쳐 양을 보호한다고 가르치시고(요 10:1-21), 수전절(the Feast of Dedication)에 예수님께서 성전 안 솔로몬 행각(Solomon's porch)에서 자신이 하나님과 하나이라(요: 10:30)고 말씀하시고 자신이 하나님의 아들임을 분명히 밝히고(요 10:22-39), 예수님께서 유대인들이 그를 잡고자 하니 세례 요한(John the Baptist)이 처음으로 세례 베풀던 곳 요단강 저편에 가서 거하시는 내용(요 10:40-42)이 나온다.

　　요한복음 11장 • 예수님께서 마르다(Martha)와 마리아(Mary)의 오라버니인 죽은 나사로(Lazarus)를 살리시면서 "나는 부활이요 생명이니 나를 믿는 자는 죽어도 살겠고 무릇 살아서 나를 믿는 자는 영원히 죽지 아니하리니 이것을 네가 믿느냐"(요 11:25-26, 개역개정)라고 마르다에게 질문하신 후 "큰 소리로 나사로야 나오라"라고 명령하심으로 죽은 나사로를 살리신 내용(요 11:1-44)과 대제사장들과 바리새인들이 예수님을 죽이려고 모의하는 내용(요 11:45-57)이 나온다.

요한복음 12장 • 예수님께서 마르다와 마리아가 사는 베다니(Bethany)에 갔을 때 마리아가 비싼 향유를 예수님의 발에 붓고 자기 머리털로 예수님의 발을 닦으니 향유 냄새가 집에 가득하게 되었다. 이 사실을 안 가룟 유다(Judas Iscariot)가 마리아를 책망하면서 삼백 데나리온에 팔아 가난한 자를 도울 수 있겠다고 하자 예수님이 마리아의 행위는 자신의 장례의 날을 위한 것이라고 설명하시는 내용(요 12:1-8)과 유대인들이 나사로까지 죽이려고 모의한 내용(요 12:9-11)과 예수님께서 한 어린 나귀를 타시고 예루살렘으로 입성하시는 이야기(요 12:12-19)와 이제 인자(the Son of Man)가 영광을 얻을 때가 왔다고 말씀하시면서 자신의 죽음을 예고하는 내용(요 12:20-36)이 기록되어 있다. 예수님은 "세상의 빛"이신 자신(요 8:12)이 그들과 함께 있을 기간이 얼마 남지 않은 "잠시 동안" 뿐임을 강조하신다(요 12:36). 예수님께서는 많은 표적을 사람들 앞에서 행하셨으나 그들은 예수님을 메시야로 믿지 못하였다(요 12:37). 이에 예수님은 그들이 예수님을 믿지 못하는 이유를 이사야 6:10을 인용하여 그들이 눈이 멀게 되고 마음이 완악하게 되었기 때문이라고 가르치신다. 그런데 백성들의 눈을 멀게 하고 마음을 완악하게 하신 분이 하나님 자신이시다(요 12:40). 그러면 무슨 이유로 요한 사도가 이사야서를 여기서 인용했는가? 이사야 6:6-13의 문맥을 살피면 이스라엘의 불신은 하나님의 심판을 초래했음을 알 수 있다. 그 결과 북이스라엘은 결국 B.C. 722년 앗수르(Assyria)에 의해 멸망되었다. 이스라엘 백성의 눈이 멀고 마음이 완악함이 그들을 구원받을 수 없는 멸망의 상태로 떨어뜨린 것이다. 그래서 요한 사도는 이사야서의 이스라엘의 불신이 이스라엘 백성을 멸망으로 빠지게 한 것처럼 예수님을 메시야로 믿지 못하는 백성들의 불신이 종국에는 그들을 멸망으로 빠지게 하고 심판이 그들을 기다리고 있다는 사실을 증언하기 위해 이사야서를 인용한 것이다(요 12:48). 리델보스(Ridderbos)는 "그는(요한 사도) 그 뜻이 상실되지 않았고 오히려 예수님을 배척한 사실에서 온전한 의미를 드러내며, 정확하게 최고의 적용이 된 예언적인 하나님의 말씀을 여기서 인용한 것이다."라고 요한 사도가 이사야서를 인용한 이유를 설명한다.[202] 이처럼 요한 사도는 이사야서의 이스라엘 백성들의 불신을 예수님 당시의 예수님을 배척한 백성들의 불신에 적용해 예수님을 믿지 않으면 멸망의 길로 빠지게 될 것을 증언하고 있다. 요한복음 12장 마지막 부분은 예수님께서 하나님 아버지의 계획대로 자신이 세상의 빛으로 왔다고 가르치시며 마지막 날에 반드시 심판이 있을 것을 가르치시는 내용(요 12:44-50)을 기록하고 있다.

요한복음 13장 • 예수님의 수난과 부활의 이야기를 시작한다. 예수님이 제자들의 발을 씻어 주심으로 십자가의 종교는 섬김의 종교인 것을 가르치실 때 베드로가 "내 발을 절대로 씻지 못하시리이다"라고 저항하자, 예수님께서 "내가 너를 씻어 주지 아니하면 네가 나와 상관이 없느니라"(요 13:8)라고 가르치심으로 제자들의 발을 씻으신 예수님의 행위는 바로 십자가의 죽음과 직결되고 따라서 십자가와 연관되지 아니하면 예수님과 베드로가 상관이 없다고 가르치시고(요 13:1-20), 가룟 유다(Judas)가 예수님을 팔게 될 것을 예고하시고(요 13:21-30), 예수님이 "서로 사랑하라"(요 13:34)는 새 계명을 제자들에게 가르치시고(요 13:31-35), 베드로(Peter)가 닭 울기 전에 세 번 부인 할 것을 예고하시는(요 13:36-38) 내용이 담겨 있다.

요한복음 14장 • 예수님께서 두려워하는 제자들에게 "너희는 마음

---

202 Herman Ridderbos, *The Gospel of John*, p. 445.

에 근심하지 말라 하나님을 믿으니 또 나를 믿으라"(요 14:1)고 말씀하시고 "내가 곧 길이요 진리요 생명이니 나로 말미암지 않고는 아버지께로 올 자가 없느니라"(요 14:6, 개역개정)라고 가르치시고(요 14:1-24), 아버지께서 예수님의 이름으로 보혜사(the Comforter)를 보내 주실 것이라고 가르치시는 내용(요 14:25-31)이 기록되어 있다. 요한복음 14:16, 26; 15:26; 16:7-13에서 보혜사를 보내주시겠다는 예수님의 말씀은 사도행전 2:1-4의 오순절 성령강림 사건으로 성취되는 구속역사 진행을 위한 중요한 교훈이다.

요한복음 15장 • 예수님이 "나는 참 포도나무요 내 아버지는 농부라"(요 15:1)라고 가르치시고, "나는 포도나무요 너희는 가지라"(요 15:5)고 말씀하심으로 예수님과 성도들의 관계를 분명하게 설명하시고, 예수님은 아버지로부터 나오시는 진리의 성령이 예수님을 증언할 것이라고 말한다(요 15:1-27). 예수님은 자신이 친구를 위해 죽을 것을 확실히 하고 제자들이 예수님의 명령대로 행하면 예수님의 친구라고 말씀하신다(요 15:13-15). 예수님은 죄 문제 해결을 위해 돌아가셔야만 했다.

요한복음 16장 • 예수님께서 자신이 죽어야만 성령이 오실 것이요, 자신이 죽지 아니하면 보혜사 성령이 오시지 못할 것이라고 자기 죽음과 성령의 오심을 연계시켜 설명하시면서 이 방법이 제자들에게 가장 유익한 것이라고 가르치시고(요 16:1-24), 예수님께서 세상을 이기셨으므로 예수님이 "너희가 환난을 당하나 담대하라 내가 세상을 이기었노라"(요 16:33, 개역개정)라고 가르치시는 내용이 나온다(요 16:25-33).

요한복음 17장 • 예수님의 대제사장적인 기도로 예수님께서 성도들을 보전해 주시라고 아버지께 간구하시면서 그를 믿는 성도들이 어떻게 살기를 가르치시는 내용이 담겨 있다. 예수님은 성도들이 기쁨으로 살기를 원하시며(요 17:13), 세상으로부터 성별된 삶을 살기 원하시고(요

17:17, 19), 항상 진리에 뿌리를 내리고 살기를 원하시며(요 17:17), 복음을 전하는 전도에 힘쓰는 삶을 살기 원하시고(요 17:18), 성도 상호 간에 마음과 뜻을 하나로 묶는 삶을 살기 원하시며(요 17:21-23), 서로 사랑하면서(요 17:24-26) 살기 원하신다(요 17:1-26). 예수님의 대제사장적인 기도는 처음 신약교회로 설립된 예루살렘 교회를 통해 실천되었고(행 2:41-47) 예수님 재림 때까지 모든 그리스도의 교회가 실천해야 할 의무이다.

요한복음 18장 • 예수님께서 유다의 배반으로 겟세마네(Gethsemane) 동산에서 붙잡히실 때 베드로가 대제사장의 종 말고(Malchus)의 귀를 베는 이야기(요 18:1-11)와 예수님이 그해의 대제사장 가야바(Caiaphas)의 장인인 안나스(Annas)에게 먼저 끌고 가서 심문을 받고 시몬 베드로는 자신이 예수님의 제자가 아니라고 부인하는 이야기(요 18:12-18)와 대제사장이 예수님을 심문하는 이야기(요 18:19-24)와 베드로가 다시 예수님을 부인하는 내용(요 18:25-27)과 예수님께서 새벽에 그해의 대제사장 가야바 앞에 선 후 다시 빌라도(Pilate)의 심문을 받고 빌라도가 예수님을 십자가에 못 박도록 넘겨주는 세기의 오판을 한 이야기(요 18:28-40)가 나온다.

요한복음 19장 • 빌라도가 예수님을 데려다가 채찍질하고 예수님을 놓아주려고 노력했으나 유대인들의 압력에 굴복하여 예수님을 십자가에 못 박도록 유대인들에게 넘겨주는 이야기(요 19:1-16)와 예수님을 다른 두 강도와 함께 십자가에 못 박고 군인들이 예수님의 속옷을 제비뽑아 취하는 이야기(요 19:17-27)와 예수님의 영혼이 떠나가시는 이야기와 예수님의 시체를 새 무덤에 넣어두는 이야기(요 19:28-42)가 기록되어 있다.

요한복음 20장 • 예수님이 부활하신 부활 장으로 안식 후 첫날 막달라 마리아(Mary Magdalene)가 무덤을 방문했을 때 무덤을 가렸던 돌이 옮겨진 것을 발견하고 제자들에게 그 사실을 전하자 베드로와 요한(예수께서 사랑하시던 그 다른 제자)이 무덤으로 달려가 무덤 안에서 예수님의 시체를 쌌던 세마포와 수건만 보았을 뿐 예수님의 시체는 발견하지 못한 이야기(요 20:1-10)와 예수님이 막달라 마리아에게 나타나셔서 마리아가 기뻐한 나머지 부활하신 예수님을 너무 꽉 붙잡자 "나를 그렇게 붙들지 말라"(요 20:17)라고 말씀하신 이야기(요 20:11-18)와 부활하신 예수님이 문을 닫고 숨어있는 제자들에게 나타나신 이야기(요 20:19-23)와 8일 후에 도마와 제자들이 함께 있을 때 예수님이 의심하는 도마에게 나타나신 이야기(요 20:24-29)와 요한복음을 기록한 목적이 무엇인지 밝히는 내용(요 20:30-31)이 나온다.

요한복음 21장 • 부활하신 예수님께서 베드로(Peter), 도마(Thomas), 나다나엘(Nathanael), 세베데의 아들들, 그리고 다른 두 제자에게 나타나셔서 물고기 153마리를 잡게 하신 이야기(요 21:1-14)와 예수님께서 세 번에 걸쳐 "요한의 아들 시몬아 네가 이 사람들보다 나를 더 사랑하느냐"라고 물으시고, 베드로가 예수님께 대한 사랑을 고백하자 "내 어린 양을 먹이라"고 사명을 주신 이야기, 그리고 베드로가 어떻게 죽게 될 것인지를 예고하는 이야기(요 21:15-23)와 예수님이 행하신 일이 더 많이 있다는 말씀을 하시는 이야기(요 21:24-25)가 기록되어 있다.

예수님과 성전(Jesus and the Temple)

① 솔로몬 성전

솔로몬이 왕이 된 지 넷째 해에 솔로몬 성전을 건축하기 시작하였다(왕상 6:1; 대하 3:1-2). 솔로몬은 B.C. 970년에 이스라엘의 통치를 시작하였기 때문에 솔로몬 성전은 B.C. 966년 건축을 시작하여 7년 동안에 완공하였다(왕상 6장-7장; 대하 3장-4장 참조). 그러므로 솔로몬 성전은 B.C. 959년경 완성된 것이다. 솔로몬의 부친 다윗 왕은 성전을 건축하기 위해 철저한 준비를 한다. 그러나 하나님은 "너는 전쟁을 많이 한 사람이라 피를 많이 흘렸으니 내 이름을 위하여 성전을 건축하지 못하리라"(대상 28:3, 개역개정)라고 다윗에게 성전 건축을 허락하지 아니하신다. 반면 하나님은 솔로몬에게 성전 건축을 허락하신다(대상 28:6). 다윗의 철저한 준비 때문에 솔로몬 성전은 크고 화려한 성전으로 건축되었다(대하 2:9).

솔로몬 성전은 남유다가 망할 때 B.C. 586년 느부갓네살(Nebuchadnezzar)에 의해 파괴되었다(렘 52:13). 그리고 성전의 중요한 모든 기물들은 바벨론으로 옮겨졌다(렘 52:17-23).

② 스룹바벨(Zerubbabel) 성전(제2성전)

바사 왕 고레스(Cyrus)가 B.C. 538년에 성전 재건 칙령을 선포하고(스 1:1-2) B.C. 536년 예수아(Jeshua)와 스룹바벨(Zerubbabel) 주도로 성전 재건이 시작 된다(스 3:2, 8-12). 하지만 산발랏(Sanballat), 도비야(Tobiah),

르훔(Rehum) 등의 반대로 B.C. 534년 성전 재건이 중단되었다가(스 4:7-16, 21-24), 15년이 지난 후 다리오 1세 히스타스피스에 의해 B.C. 520년 성전건설을 재개하여(스 4:24; 6:6-15) B.C. 516년 3월 12일 성전 재건을 완성한다(스 6:15).

　　B.C. 167년 안티오커스 4세 에피파네(Antiochus Epiphanes)가 스룹바벨 성전을 더럽힌다. 유다 마카비(Judas Maccabaeus)가 주동이 되어 B.C. 164년에 안티오커스 에피파네를 대항해서 "거룩한 자들의 봉기"(The Hasidean revolt)를 일으켜 성전을 정결하게 한다(요 10:22, 봉헌절).

③ 헤롯(Herod) 성전

　　헤롯이 유대인들의 환심을 사기 위하여 B.C. 19년(혹은 20년) 건축을 시작한다. 헤롯 성전은 제2성전을 보수(재건축: Remodeling)한 것이다. 헤롯 성전은 A.D. 65년에야 완공되었다. 그리고 A.D. 70년 로마의 디도 장군(Titus: 후일 제 10대 가이사 디도, A.D. 79에서 81까지 3년 통치)이 예루살렘을 정복할 때 헤롯 성전도 파괴되었고 현재까지 그 상태로 이르고 있다.

④ 구약의 성전 제도를 완성하신 예수님

　　예수님은 "너희가 이 성전을 헐라 내가 사흘 동안에 일으키리라"(요 2:19, 개역개정)고 헤롯 성전에 대해 말씀하신다. 그때 유대인들이 "이 성전은 사십 육 년 동안에 지었거늘 네가 삼 일 동안에 일으키겠느냐"(요 2:20, 개역개정)라고 말하자 예수님은 "성전된 자기 육체를 가리켜 말씀하신 것이라"(요 2:21)고 설명하신다. 예수님은 십자가의 죽음으로 구약의 모든 성전의 기능을 완성하신 성전이시다. 그러므로 예수님을 믿음으로 예수님과 연합된 성도들의 몸도 성전이라고 부르게 된다(고전 3:16; 6:19). 예수님은 구약의 성전 기능을 자신의 몸을 단번에 드려 완성하신 것이다. "구약의 제사장들은 자기 스스로 약점을 가진 존재들이었지만 예수님은 영원히 온전하게 된 아들로 우리를 위해 자기 자신을 단번에 드리신 것이다(히 7:27-28)."[203] 구약시대에는 하나님의 백성이 성전에서 하나님을 만나고, 죄 용서함을 받고, 하나님과 어떤 관계를 유지하면서 사는 것을 배웠던 것처럼, 신약시대에는 성도들이 예수님 안에서 하나님을 만나고, 죄 용서함을 받고, 예수님의 삶처럼 살아야 한다.

---

203 박형용, 「히브리서」, 2003, 191

5

사도행전

Acts | 총 28장

기록배경과 특징 (A.D. 61-63)

사도행전(Acts)은 28장 1,007절로 구성되어 있다. 사도행전은 누가복음과 거의 같은 시기인 A.D. 61-63에 기록된 것으로 추정되며 이 시기는 로마의 네로(Nero) 황제 통치 기간(A.D. 54-68)에 해당한다. 사도행전의 저자는 누가이다. 누가는 누가복음에서 예수님의 사역을 기술하고 사도행전에서 승천하신 예수님이 교회를 통해 사역하시는 것을 묘사한다. 누가는 누가복음을 제1권, 사도행전을 제2권으로 생각하고 복음의 기원과 확산을 잘 정리한다. 그래서 누가는 누가복음 1장에서 "데오빌로 각하에게 차례대로 써 보내는 것이 좋은 줄 알았노니"(눅 1:3, 개역개정)라고 쓰고, 사도행전 1장에서는 "데오빌로여 내가 먼저 쓴 글에는 무릇 예수께서 행하시며 가르치시기 시작하심부터 그가 택하신 사도들에게 성령으로 명하시고 승천하신 날까지의 일을 기록하였노라"(행 1:1-2)라고 기록하는 것이다.

사도행전의 특징은 사도행전 1:8과 사도행전 구조의 관계에서 찾아볼 수 있다. "오직 성령이 너희에게 임하시면 너희가 권능을 받고 예루살렘과 온 유대와 사마리아와 땅끝까지 이르러 내 증인이 되리라 하시니라"(행 1:8, 개역개정)[204] 사도행전은 복음전파의 진전이 사도행전 1:8의 말씀처럼 예루살렘과 온 유대와 사마리아와 땅 끝까지 진행되는 것을 보여준다.

---

204 Acts 1:8: ἀλλὰ λήμψεσθε δύναμιν ἐπελθόντος τοῦ ἁγίου πνεύματος ἐφ᾽ ὑμᾶς καὶ ἔσεσθέ μου μάρτυρες ἔν τε Ἰερουσαλὴμ καὶ [ἐν] πάσῃ τῇ Ἰουδαίᾳ καὶ Σαμαρείᾳ καὶ ἕως ἐσχάτου τῆς γῆς.

사도행전 내용의 전체 조망

사도행전의 전체적인 구조를 살펴보면, 사도행전 1:8의 내용이 체계 있게 전개되었다는 것을 알 수 있다.

1. 사도행전 1장 - 준비장(12번째 사도인 맛디아를 선택하고 오순절을 위해 준비함).

2. 사도행전 2장~8장 복음이 열두 사도(특히 베드로)중심으로 예루살렘으로부터 사마리아 까지 전파됨(A.D. 30-34; 행 6:7)

3. 사도행전 9장~12장 이방선교(전도) 준비장

   1) 9장 이방인의 사도 바울의 회심(행 9:31; A.D. 36)

   2) 10장 이방인의 대표 고넬료와 그의 가정 회심

   3) 11장 이방인 선교의 보루 안디옥 교회 설립(행 11:21;A.D. 41)

   4) 12장 야고보 사도 순교와 베드로 사도 순회전도 시작(행 12:24; A.D. 44)

4. 사도행전 13장~28장 바울 사도를 중심으로 복음이 땅 끝까지 전파됨

   1) 13:1~14:28 바울 사도의 제1차 전도 여행

   2) 15장 ...... 예루살렘 공회, 이방인 선교의 지지(행 15:1-29; A.D. 50/51)

   3) 15:36~18:22 바울 사도의 제2차 전도 여행(살전, A.D. 52; 살후, A.D. 52; 갈, A.D. 52) (A.D. 51; 행 16:5)

   4) 18:23~21:17 바울 사도의 제3차 전도 여행(고전, A.D. 57; 고후, A.D. 57; 롬, A.D. 58) (행 19:20; A.D. 55)

   5) 21:18~26:32 가이사랴에서의 감옥생활

   6) 27:1~28:31 바울 사도의 로마여행과 1차 투옥(골, 62; 몬, 62; 엡,

63; 빌, 63) (행 28:30-31; A.D. 60-63)

7) 석방 이후 소아시아 지역 여행(딛, A.D. 67; 딤전, A.D. 67)

8) 로마감옥에 2차 투옥 ...... 디모데후서 기록(A.D. 68), 그리고
   순교(약 74세)

요약(A Summary of Acts)

사도행전 1장 • 오순절 사건의 준비적인 역할을 한다. 사도행전 1:1-11은 전편 역할을 하는 누가복음에 대한 간략한 요약과 후편인 사도행전에서 어떤 일이 진행될 것인지를 밝힌다. 그래서 누가복음 1:3 에 "데오빌로"의 이름이 나오고, 사도행전 1:1에 "데오빌로"의 이름이 나온다. 사도행전 1장은 오순절을 준비하면서 가룟 유다의 배신으로 인해 결원이 된 열두 사도의 수를 맛디아(Matthias)를 선택함으로 채우는 이야기가 나온다(행 1:26). 맛디아를 선택하기 전에 제시된 사도의 자격은 첫째, 예수님의 공생애 동안 예수님과 함께 다니며 예수님의 활동과 교훈을 목격한 사람으로 증언할 수 있는 사람이어야 하며 둘째, 예수님의 부활을 증언할 수 있는 사람이어야 한다(행 1:21-22). 베드로의 설교가 사도행전에 8개 등장하는데 그 첫 번째 설교가 맛디아를 선택할 때 행한 설교이다(행 1:16-22).

사도행전 2장 • 오순절 성령 세례 사건의 발생과 그 이후 예수님의 약속에 따라 신약교회가 설립되는 것을 기록하고 있다. 요엘서를 인용한 설교가 베드로의 두 번째 설교이다(행 2:14-36). 베드로는 요엘서 2:28-32을 사도행전 2:17-21에서 인용함으로 말세가 시작된 것을 선언한다. 베드로의 설교 결과로 신약교회가 설립된다(행 2:41-47). 오순절 사건은 성령의 여러 역사 중 하나가 아니요, 구속역사(redemptive history) 성취를 위해 하나님이 예수님의 죽음 그리고 부활과 함께 계획하신 반복될 수 없는 유일한 사건이다. 하나님의 계획에 따라 오순절에 신약교회가 설립되었고 하나님은 신약교회를 통해 그리스도의 복된 소식을 예루살렘에서부터 땅끝까지 전파하시기를 원하셨다(눅 24:46-48; 행 1:8).

사도행전 2장-8장 • 열두 사도를 중심으로 하여, 복음이 예루살렘과 온 유대와 사마리아까지 퍼져나가 전파된 것을 기록하고 있다. 사도행전 3장은 성전 미문에 있는 나면서부터 못 걷게 된 이를 고쳐주는 사건을 계기로 베드로의 세 번째 설교가 나온다(행 3:12-26). 열두 사도를 통해 복음은 계속 전파되고 3,000명이 예수님을 구주로 믿게 되고(행 2:41), 더하여 5,000명이 예수님을 영접하게 된다(행 4:4). 베드로는 공회 앞에서 네 번째 설교를 한다(행 4:8-12). 사도행전 5장은 아나니아(Ananias)와 삽비라(Sapphira) 사건과 같은 위선적인 일이 발생한 것을 전하기도 하지만(행 5:1-11) 사도들이 능욕을 받는 사건과 베드로의 다섯 번째 설교가 나온다(행 5:29-32). 신약교회는 계속 흥왕하여 필요한 교회의 일을 처리하기 위해 일곱 집사인 스데반(Stephen), 빌립(Philip), 브로고로(Prochorus), 니가노르(Nicanor), 디몬(Timon), 바메나(Parmenas), 니골라(Nicolas)를 세운다(행 6:4-6). 스데반 집사는 구약을 배경으로 그리스도의 죽음과 부활을 전하는 명쾌한 설교 끝에 순교하기에 이른다(행 7:1-60). 복음이 사마리아에 전파된 것은 빌립 집사를 통해서 성취된다(행 8:4-17). 복음은 이제 예루살렘과 온 유대와 사마리아까지 전파되었다.

사도행전 9장-12장 • 이방전도, 즉 땅 끝까지의 전도를 위해 준비하는 사건들을 읽을 수 있다. 사도행전 9장은 이방 선교를 위해 예정된 사도 바울의 회개 사건(행 9:1-15)을 기록하며, 사도행전 10장은 이방인을 대표하는 고넬료(Cornelius)와 그 가정의 구원 사건(행 10:1-22)을 기록한다. 고넬료 사건과 연계하여 베드로의 여섯 번째 설교가 등장한다(행 10:34-43). 사도행전 11장은 베드로가 예루살렘에서 할례자들의 비난을 받을 때 행한 베드로의 일곱 번째 설교를 기록하고(행 11:5-17), 이방 선교의 보루인 안디옥 교회의 설립(행 11:19-26)에 관해 기록이 나온다. 그리고 사도행전 12장은 열두 사도의 행적을 마무리하는 기록을 담고 있다. 누가(Luke)는 사도행전 15장의 예루살렘 공회에서 열두 사도의 활동을 언급한 것을 제외하고 사도행전 12장 이후에서는 열두 사도의 행적을 추적하지 아니한다.

사도행전 13장에서 28장은 이방인을 위한 사도인 바울을 중심으로 하여 복음이 로마까지 전파되는 것을 기록하고 있다.

사도행전 13:1-14:28 ● 제1차 전도(선교) 여행으로 바나바(Barnabas)와 사울(Saul)이 중심이 되어 마가를 데리고 전도여행을 떠난다. 구브로 (Cyprus)에서 총독 서기오 바울(Sergius Paulus)을 만난 후 사울이 바울이라는 이름을 사용하기 시작한다(행 13:9, 12). 함께 갔던 마가는 버가(Perga)에서 바나바와 바울을 떠나 예루살렘으로 돌아간다(행 13:13).

사도행전 15장 ● 예루살렘 공회의 의논과 결정을 기록한다(행 15:1-35). 베드로는 예루살렘 공회에서 그의 여덟 번째 설교를 한다(행 15:7-11). 예루살렘 공회의 결정은 할례가 구원의 요건이 아니라는 것이었다 (행 15:5, 28).

사도행전 15:36-18:22 ● 제2차 전도 여행의 기록으로 바울(Paul)과 실라(Silas)와 디모데(Timothy)와 누가(Luke)가 팀을 이루어 아시아 지역에 복음을 전하고 성령의 인도하심에 따라 처음으로 복음이 유럽으로 확장된 것을 기록한다(행 16:11-15). 제2차 전도 여행 기간에 빌립보 교회, 데살로니가 교회가 각각 설립된다. 이 기간에 바울은 고린도에서 18개월동안 머물면서 고린도 교회를 설립하고 거기에서 데살로니가전·후서, 갈라디아서를 기록한다.

사도행전 18:23-21:17 ● 제3차 전도 여행으로 바울이 에베소 교회를 3년간 목회한 사실을 기록하고 고린도 교회의 교정을 위해 많은 노력을 기울인 것을 기록한다. 그리고 제3차 여행기간동안 에베소에서 고린도 교회 교정을 위해 고린도에 다녀온다(고후 12:14: 13:1). 이 고린도 방문은 사도행전에 기록되지 않았다. 바울은 에베소에서 고린도전서를 기록하고, 빌립보에서 고린도후서를 기록하며, 고린도에서 로마서를 기록한다.

사도행전 21:18-26:32 • 바울이 예루살렘과 가이사랴를 오가면서 겪은 경험을 기록한다(행 21:27-32; 23:21-30). 바울이 유대인들에 의해 붙잡히지만(행 21:27-29) 천부장에 의해 구출되는 사실을 기록한다(행 21:31-33). 또한, 바울이 유대 백성들에게 히브리말로 연설하는 내용(행 22:1-21)과 바울이 공회 앞에서 연설하는 내용(행 23:1-8)과 바울을 죽이려는 간계가 발각되는 기록(행 23:12-16)과 바울과 더둘로(Tertullus)의 논쟁(행 24:1-9), 바울이 벨릭스(Felix)와 베스도(Festus) 앞에서 증언하는 기록(행 24:24-27; 25:1-12), 바울이 아그립바 왕 앞에서 증언하는 내용(행 26:1-32) 등을 담고 있다.

사도행전 27:1-28:31 • 바울이 276명과 함께 죄수의 몸으로 로마로 호송되는 사실과 로마에서의 활동을 기록한다. 바울은 로마의 1차 감금 기간에 하나님의 나라와 주 예수 그리스도를 전파하고(행 28:31), 2년 동안의 1차 감금 기간에 골로새서, 빌레몬서, 에베소서, 빌립보서를 쓴다. 이 네 서신을 옥중서신이라 부른다.

참고로, 바울은 2년의 감금 후에 풀려나와 아시아를 방문하여 빌립보에서 그레데(Crete)에서 목회하는 디도에게 디도서를 쓰고, 에베소(Ephesus)에서 목회하는 디모데에게 디모데전서를 쓴다. 그리고 드로아(Troas)에서 다시 붙잡혀 두 번째 로마 감옥에 감금되어 마지막 서신인 디모데후서를 쓴 후 순교한다.

사도행전은 초대 교회의 훌륭한 행적을 바라보고 칭찬하기 위해 기록된 책이 아니요, 신약의 교회가 예수님의 재림 때까지 어떤 교회가 되어야 할 것을 가르치기 위해 기록된 책이다.

신약성경을 가장 많이 기록한 저자는 누구인가?

이 질문을 받으면 선뜻 떠오르는 답이 바울이다. 바울 사도가 신약 27권 중 13권을 기록했으니 거의 절반을 기록한 것이 아닌가. 물론 신약성경 중 가장 많은 책을 기록한 저자는 바울(Paul)임이 틀림없다. 그러나 누가 신약성경 내용을 가장 많이 기록했느냐를 묻는다면 그 답은 단연코 누가(Luke)이다.

바울은 그의 13권의 성경을 장(chapter) 수로 계산하면 전체 87장을 기록했고, 누가는 누가복음과 사도행전을 합쳐 52장을 기록했다. 두 저자가 기록한 장(chapter) 수로 계산하면 바울이 누가보다 35장을 더 많이 기록한 셈이다. 그러나 두 저자가 기록한 성경을 절(verse) 수로 계산하면 바울 사도는 전체 1,697절을 기록했지만, 누가는 누가복음 1,151절과 사도행전 1,007절을 기록하여 전체 2,158절을 기록했다. 결국 누가는 바울보다 절 수로 계산하면 461절을 더 많이 기록한 것이다. 그러므로 누가 가장 많이 신약성경을 기록했느냐고 질문을 하면 그 답은 바울이 아니라 누가이다.

6

데살로니가전서

1 Thessalonians | 총 5장

기록배경과 특징(A.D. 52)

바울 사도는 1차 전도 여행 기간에는 서신을 기록하지 않는다. 바울은 2차 전도 여행 기간에 고린도에서 데살로니가전서, 갈라디아서, 데살로니가후서를 기록한다.

데살로니가전서(1 Thessalonians)는 5장 89절로 구성되어 있다. 데살로니가전서는 A.D. 52년경에 고린도에서 기록된 것으로 추정된다. 데살로니가전서는 제4대 로마 황제 가이사 글라우디오(Caesar Claudius)의 통치 기간(A.D. 41-54)에 기록된 것으로 추정된다. 가이사 글라우디오 황제는 아가보(Agabus)의 예언처럼 큰 흉년이 통치시기에 있었던 황제이며(행 11:28) 또한 본도(Pontus) 사람 브리스길라(Priscilla)와 아굴라(Aquila) 부부를 로마에서 떠나라고 명령한 로마 황제가 바로 글라우디오 황제(행 18:2)였다.

바울(Paul)은 빌립보(Philippi)에서 교회를 설립한 이후 다음으로 데살로니가 도시를 찾는다. 바울은 데살로니가 시에서도 교회를 설립한다. 그런데 유대인들의 심한 핍박으로 인하여 바울은 데살로니가를 떠날 수밖에 없었다(살전 2:2 참조). 형제들이 밤에 바울과 실라(Silas)를 베뢰아(Berea)로 보냈고(행 17:10) 그들은 베뢰아에서 성공적으로 복음을 증거하였다(행 17:10-12). 누가는 바울의 베뢰아에서의 사역을 "베뢰아에 있는 사람들은 데살로니가에 있는 사람들보다 더 너그러워서 간절한 마음으로 말씀을 받고 이것이 그러한가 하여 날마다 성경을 상고하므로 그중에 믿는 사람이 많고 또 헬라의 귀부인과 남자가 적지 아니하나"(행 17:11-12, 개역개정)라고 기록한다. 그런데 데살로니가에서 바울을 배척하였던 유대주의자들은 베뢰아까지 따라와서 무리를 충동하여 바울을 핍박하였다(행 17:13). 심한 반대에 봉착한 바울은 몇 사람의 베뢰아

기독교인의 보호 아래 아덴(Athens)까지 왔다(행 17:14-15). 바울을 보호하여 아덴까지 온 베뢰아의 기독교인들은 실라와 디모데(Timothy)를 속히 오게 해 달라는 바울의 부탁을 받고 베뢰아로 돌아갔다(행 17:15).

바울 사도는 아덴에서 복음을 전하면서(행 17:16-31), 데살로니가 교회를 염려하여(살전 2:8), 한두 번 데살로니가를 방문하기 원했지만, 사탄의 방해로 뜻을 이루지 못하였다(살전 2:18). 실라와 디모데는 베뢰아에 그대로 남아 있었다. 그런데 디모데가 먼저 바울을 찾아 아덴에 도착하자 바울은 디모데를 데살로니가 지방으로 보내 데살로니가 교회의 믿음을 격려하게 시킨다(살전 3:1-3). 한편, 바울은 고린도(Corinth)로 향했고 실라와 디모데는 고린도에서 바울과 합류하여(행 18:5) 데살로니가 교회가 사도의 전한 말씀을 받고 사도를 사모하고 있음과 몇 가지 문제점이 있음을 보고한다(살전 3:6-10). 따라서 바울 사도는 데살로니가 교회에 그의 사랑과 감사를 확증하고 그들을 격려하는 편지를 쓴 것이다. 바울은 핍박과 고난 중에서 신앙생활을 해야 하는 데살로니가 교회 성도들에게 격려와 위로의 메시지를 전하기 원한다. 그래서 바울은 비교적 짧은 데살로니가전서에서 매 장마다(살전 1:10; 2:19; 3:13; 4:13-18; 5:2, 23) 예수님의 강림을 언급하고 예수님이 재림하시면 하나님의 공의가 실현될 것임을 밝힌다. 바울은 핍박이 심한 상황 속에서 신앙생활을 하는 데살로니가 교회에 소망을 강조하는 서신을 보낸다.

데살로니가전서 1장 • 바울은 데살로니가 교회가 고난과 핍박 중에 있으면서도 믿음을 굳게 지키고 주님을 본받는 자의 삶을 살고 모든 믿는 자의 본이 되었다고 격려한다(살전 1:6-7). 바울 사도는 핍박이 심한 장소에서 신앙 생활하는 교회이기 때문에 소망을 강조하기 위해 우리에게 익숙한 순서인 믿음, 소망, 사랑(고전 13:13)의 순서를 바꾸어 "믿음의 역사, 사랑의 수고, 소망의 인내"라고 말함으로 소망을 강조하고 있다(살전 1:3; 5:8). 그리고 데살로니가 교회가 기다리고 있는 예수님이 강림하시면 그 예수님이 장래 우리를 심판에서 구원하실 것을 확실히 한다(살전 1:10).

데살로니가전서 2장 • 바울은 자신과 실라(Silas)와 디모데(Timothy)가 어떤 마음가짐으로 복음을 전했는지 밝히고(살전 2:1-6) 복음을 받고 예수님을 구주로 믿는 사람들은 유대인이나 이방인이나 할 것 없이 핍박을 받게 되어 있음을 말한다(살전 2:14-16). 데살로니가 교회는 바울 사도가 전파한 하나님의 말씀을 사람의 말로 받지 아니하고 하나님의 말씀으로 받았다(살전 2:13). 바울은 데살로니가 교회의 성도들이 예수님 강림하실 때에 "우리의 영광이요 기쁨이니라"(살전 2:20)고 전도자의 감격을 밝힌다.

데살로니가전서 3장 • 바울 사도는 디모데를 보낸다는 사실을 전하고 또 디모데가 데살로니가 교회를 보살피고 돌아와 그 결과를 긍정적으로 보고하자(살전 3:2, 6-7) 바울은 "너희가 주 안에 굳게 선즉 우리가 이제는 살리라"(살전 3:8, 개역개정)고 격려를 받는다. 데살로니가전서 3장은 바울의 디모데에 대한 신뢰와 디모데의 바울에 대한 충성심과 복음에 대한 철저한 헌신을 진지하게 묘사하고 있다. 그리고 바울은 데살로니가 교회 성도들을 간절히 보기 원한다고 전하고(살전 3:11) 예수님이 강림하실 때 모든 성도가 거룩함에 흠이 없게 될 것을 소망한다(살전 3:13).

데살로니가전서 4장 • 바울은 성도들이 자기 자신의 삶을 거룩하게 이어나가야 한다고 설명하고 바로 그것이 우리를 부르신 하나님의 목적이라고 천명한다(살전 4:3-8). 그리고 바울은 예수님이 강림하실 때 예수를 믿는 성도들이 어떻게 될 것인지를 비교적 상세하게 설명한다. 예수님의 재림 때에 그리스도 안에서 죽은 자들이 먼저 일어나 부활체를 입고 그리고 예수님 재림 당시 살아 있는 자들은 죽음을 맛보지 않고 부활체로 변형되어 모든 부활체를 입은 성도들이 강림하시는 예수님을 영접하고 환영할 것이라고 설명한다(살전 4:13-18).

데살로니가전서 5장 • 바울 사도는 예수님의 강림이 예고 없이 있을 것을 설명하고(살전 5:2) 그러기 때문에 성도들은 항상 마음을 다잡고 정신을 차리고 깨어 있는 자세로 삶을 살아야 한다(살전 5:6-11). 예수님의 강림을 고대하고 사는 삶은 "항상 기뻐하라 쉬지 말고 기도하라 범사에 감사하라"(살전 5:16-18, 개역개정)를 실천하는 삶이다. 그러므로 성도는 "성령을 소멸하지 말며 예언을 멸시하지 말고 범사에 헤아려 좋은 것을 취하고 악은 어떤 모양이라도 버리라"(살전 5:19-22, 개역개정)는 교훈의 말씀을 따라 살아야 한다. 바울은 "너희의 온 영과 혼과 몸이 우리 주 예수 그리스도께서 강림하실 때에 흠 없게 보전되기를 원하노라"(살전 5:23, 개역개정)는 말씀으로 데살로니가전서를 마무리한다.

7

데살로니가후서

2 Thessalonians | 총 3장

기록배경과 특징(A.D. 52)

데살로니가후서(2 Thessalonians)는 3장 47절로 구성되어 있다. 데살로니가후서는 A.D. 52경에 갈라디아서와 비슷한 시기에 고린도에서 기록된 것으로 추정된다. 그러므로 데살로니가후서는 제4대 로마 황제인 가이사 글라우디오(Caesar Claudius) 통치 기간(A.D. 41-54)에 기록되었다.

사람은 항상 주관적으로 되기 쉽다. 데살로니가 교회의 경우도 당장 유대주의자들의 핍박이 심각하게 엄습해 오는 상황에서 바울이 보낸 예수님의 재림을 강조하는 데살로니가전서를 받고 예수님의 재림이 곧 임할 것으로 생각한다. 왜냐하면, 핍박 속에 있는 성도가 위로를 받을 수 있는 길은 예수님이 재림하셔서 공의롭게 판단해 주시는 것이기 때문이다. 사실상 바울은 데살로니가전서에서 매 장마다 주님의 강림을 강조한다(살전 1:10; 2:19; 3:13; 4:13-18; 5:2, 23). 예수님의 재림이 속히 올 것을 생각한 데살로니가 교회 성도들 중 일부가 일상의 삶의 균형을 상실하게 되었다.

데살로니가후서는 "주의 날이 이르렀다"(살후 2:2)고 한 것에 대한 잘못된 오해를 교정해 주기 위해 기록되었다. 그래서 바울은 데살로니가후서 1장과 2장에서 예수님의 재림에 대해 상당히 구체적으로 설명하고 3장에서는 성도들의 흐트러진 삶을 바로잡아 주는 것이다. 바울은 "우리가 들은즉 너희 가운데 게으르게 행하여 도무지 일하지 아니하고 일을 만들기만 하는 사들이 있다 하니 이런 자들에게 우리가 명하고 주 예수 그리스도 안에서 권하기를 조용히 일하여 자기 양식을 먹으라 하노라 형제들아 너희는 선을 행하다가 낙심하지 말라"(살후 3:11, 개역개정)라고 책망과 함께 권면하고 있다.

데살로니가후서 1장 • 바울은 예수님이 강림하시면 하나님의 공의로운 심판이 있게 될 것이라고 가르친다(살후 1:5-9). 그리고 바울은 예수님이 강림하실 때 어떤 일이 발생할 것인지를 설명한다. 강림하시는 예수님은 성도들로부터 영광을 받으실 것이요, 부활체를 입은 성도들의 모습을 보시고 그 모습이 최상의 걸작품의 모습이기 때문에 깜짝 놀라실 것이라고 설명한다(살후 1:10-12). "모든 믿는 자들에게서 놀랍게 여김을 얻으시리라"(살후 1:10, 개역개정)의 말씀이 부활체를 입고 예수님을 환영하는 성도들의 모습에 대한 예수님의 반응을 묘사하는 표현이다. 바울은 부활체를 입게 될 성도들은 첫째, 하나님의 부르심에 합당한 생활을 해야 하고, 둘째, 모든 선한 일을 기뻐하는 삶을 살아야 하고, 셋째, 믿음의 역사를 이루면서 살아야 한다고 기도한다(살후 1:11).

데살로니가후서 2장 • 바울은 불법한 자와 배도하는 일에 관해 설명하고 있다(살후 2:1-12). 이 말씀은 데살로니가후서의 중심이 되는 구절이라 할 수 있다. 바울 사도는 불법의 사람(the man of lawlessness) 곧 멸망의 아들이 나타나기 전에는 예수님의 재림이 일어나지 않을 것이라고 설명한다(살후 2:3). 그러나 적그리스도, 즉 불법한 자는 예수님의 재림 때까지 성도들을 괴롭히고 핍박할 것이다. 하지만 예수님이 재림하시면 불법한 자는 예수 그리스도에 의해 멸망을 받게 될 것이다(살후 2:8). 그러므로 바울은 기독교인들이 예수님의 재림 때까지 많은 어려움을 당하면서 살아가게 될 것을 가르친다(살후 2:3, 8). 성도들은 예수님의 재림을 고대하고 살아야 하지만 또한 매일 매일의 삶을 정직하고 성실하게 살아야 한다.

데살로니가후서 3장 • 바울은 예수님의 강림을 고대하면서 사는 성도들은 열심히 일하면서 성실하게 살아야 한다고 가르친다. 성도들은 다른 사람들에게 피해를 끼치지 아니하면서 자신의 삶을 부끄럽지 않게 살아야 한다(살후 3:10-14). 그래서 바울은 자신을 본으로 내세워 "우리가 너희 가운데서 무질서하게 행하지 아니하며 누구에게서든지 음식을 값없이 먹지 않고 오직 수고하고 애써 주야로 일함은 너희 아무에게도 폐를 끼치지 아니하려 함이니"(살후 3:7-8, 개역개정)라고 가르친다.

8

갈라디아서

Galatians | 총 6장

갈라디아서(Galatians)는 6장 149절로 구성되어 있다. 갈라디아서는 일반적으로 바울이 제2차 전도 여행 도중 데살로니가전 · 후서와 함께 A.D. 52년경에 고린도에서 기록한 것으로 추정된다. 갈라디아서는 제4대 로마 황제 가이사 글라우디오(Caesar Claudius) 통치 기간(A.D. 41-54)에 기록된 것으로 추정할 수 있다. 스토트는 바울이 갈라디아서를 예루살렘 공회(The Council at Jerusalem) 참석차 예루살렘으로 가는 도중 기록했다고 말한다.[205] 그러나 바울이 갈라디아서를 예루살렘 공회로 가는 도중 기록했다는 견해는 설득력이 약하다.

갈라디아서는 사울이 예루살렘 방문 후 다소에서 머물 때의 경험과 제1차 전도 여행 기간 동안 체험한 경험과 관계가 있다. 사울이 이런 경험을 하게 된 경위를 간략하게 점검해 보자. 예수 믿는 자를 잡아 가두기 위해 다메섹(Damascus)으로 향해 가던 사울은 부활하신 예수님을 만나서 개종하게 된다(행 9:1-18). 다메섹에서 예수님을 주님으로 모신 사울은 정확하게 어느 시기인지는 알 수 없지만, 아라비아(Arabia)로 여행을 한다(갈 1:17). 바울이 아라비아로 간 여행은 다메섹에서 복음을 전하고 있었을 때이거나 아니면 다메섹에서 도망한 후에 이루어졌을 것이다. 바울은 아라비아 여행을 마치고 다시 다메섹을 돌아간다(갈 1:17) 그 후 바울은 예루살렘을 방문하여 열두 제자를 만난다(행 9:26-29). 사울이 예루살렘의 열두 제자를 만나는 데는 바나바(Barnabas)의 노력이 컸다. 바나바는 열두 제자가 사울 만나기를 두려워하자 사울이 어떻게 주를 보았고, 주님이 사울에게 말씀했고, 예수를 주로 믿은 사

---

205 John Stott, *The Spirit, The Church and The World: The Message of Acts* (Downers Grove: IVP, 1990), pp. 403-404.; 박형용, 「신약개관」, p. 178.

울이 다메섹에서 어떻게 담대하게 복음을 전한 사실을 소개하면서 열두 제자에게 사울과 교제하도록 권한다(행 9:27). 사울은 열두 제자와 교제를 하면서 예루살렘에서도 담대히 그리스도를 전파한다(행 9:29). 이와 같은 상황에서 헬라파 유대인들이 사울을 죽이려고 함으로 사울은 그들의 살인 위협을 피해 가이사랴(Caesarea)를 거쳐 자신의 고향 다소(Tarsus)에 가서 정착한다(행 9:30). 아마 바울은 다소에서 약 8-9년 동안 복음 전도, 영적 체험(고후 12:1-9)을 하면서, 핍박도 받았을 것이다(고후 11:23-27). 세월이 약간 흐른 후 수리아 안디옥(Antioch)에 교회가 설립되었고 열두 제자는 바나바를 안디옥으로 보내 안디옥 교회를 섬기도록 한다. 바울은 바나바의 초청으로 안디옥에 도착하여 안디옥 교회를 섬겼으며(행 11:25-26), 안디옥 교회의 파송으로 전도 여행에 임하게 된다. 바울은 바나바와 함께 구브로(Cyprus)와 남 갈라디아 지역을 방문하고 복음을 전한다. 이 여행이 바울의 제1차 전도 여행이다(행 13장-14장). 바울과 바나바는 1차 전도 여행 기간에 유대인들의 많은 반대에 부딪혔다. 갈라디아서는 바로 이 남갈라디아 지역에 위치한 교회에 보낸 편지이다.

사도행전 15장에 언급된 사도 회의(Jerusalem Council)는 구원의 요건이 하나님의 은혜이며 믿음이지 할례가 아님을 분명히 한다(행 15:9-11). 이와 같은 사도 회의의 결정에도 불구하고 유대 기독교인들은 바울이 전한 복음에 도전하였다. 바울이 전한 복음을 공격하고 갈라디아 교회를 유혹해서 바울을 반대하게 한 지도자는 한 사람으로 추정된다. "너희를 요동하게 하는 자는 누구든지 심판을 받으리라"(갈 5:10, ὁ δὲ ταράσσων ὑμᾶς βαστάσει τὸ κρίμα)의 요동하게 하는 자가 단수로 되어 있다. 한 사람이 나서서 많은 사람을 유혹하여 바울을 반대하게 한 듯하다.

유대주의자들의 공격

바울은 율법의 의식과 할례(circumcision)를 지켜야 한다고 주장하는 유대주의자들에게 "그리스도의 삶은 사람들 사이의 국가적이요 사회적인 구분을 초월하고 그 구분을 제거한다. 그리스도의 삶은 모세의 법과 다른 국가적이거나 시민적인 율법들이 만들어낸 구분을 철폐(撤廢)한다. 그러므로 '그리스도의 법'은 역사적으로나 국가적으로 제한받지 않고 우주적이다(갈 5:6, 14; 6:2, 15)"[206]라고 가르치고 있다. 갈라디아서는 행위의 복음을 강하게 공격하고 믿음으로만 구원 얻을 수 있다는 은혜의 복음을 옹호한다. 유대주의자들은 다음과 같이 바울에게 삼중 공격을 가하지만, 바울은 명백하게 그들의 공격에 대응을 한다.

첫째, 유대주의자들은 은혜로만, 믿음으로만 구원을 받는다는 기독교의 복음이 초보적이요, 불완전하기 때문에 완전한 구원을 위해서는 할례(circumcision)를 부가적으로 받아야 한다고 주장한다. 유대주의자들은 바울이 전파한 복음은 일부가 생략된 불완전한 것이라고 공격한다. 이 공격에 대해 바울은 그리스도를 통해서만(Christ only), 은혜로만(Grace only), 그리고 믿음으로만(Faith only) 구원을 받을 수 있다(갈 2:16; 3:10-11, 26)고 복음의 진리를 단호하게 옹호한다. 바울은 그리스도의 죽음과 부활을 통해 구속이 완성되었기 때문에 그리스도를 믿음으로만 구원을 받을 수 있다고 강조하고 있다.

둘째, 유대주의자들은 바울의 사도성에 도전한다. 그들은 바울의 사도직이 2급이라고 공격한다. 그들은 바울이 구원에 필요한 모든 것을 갈라디아 교인들에게 전해주지 않고 일부만 전해 주는데 그 이유는

---

206 David John Lull, *The Spirit in Galatia* (Chico: Scholars Press, 1978), p. 30.

그가 1급 사도가 되지 못하며 예루살렘 사도와 동등한 위치에 있을 수 없기 때문이라고 주장한다. 이 공격에 대해 바울은 자신이 사도가 된 것은 "오직 예수 그리스도와 그를 죽은 자 가운데서 살리신 하나님 아버지로 말미암아"(갈 1:1) 된 것이라고 그의 사도직을 옹호한다. 바울의 사도직은 하나님 아버지로부터 직접 임명받은 것이다.

셋째, 유대주의자들은 율법을 제거하는 것은 의심스러운 행위이며 또한 율법을 강조하지 않으면 사람들이 방종에 빠지게 되는 위험이 있다고 말한다. 유대주의자들은 바울이 하나님의 은혜만 강조하고 용서만 강조하는데 이는 도덕적 위험만 초래하게 된다고 공격한다. 이 공격에 대해 바울은 그리스도 안에서의 자유(갈 4:31; 5:13)를 옹호하면서 그리스도인들은 험난한 이 세상에서 정직하고 바른 삶을 살아야 한다고 강조한다.

유대주의자들의 공격은 교묘하고 치명적이었으므로 바울이 전한 복음은 공격을 받게 되었다. 바울은 자기 개인이 모욕을 당하는 것은 참았지만(빌 1:12-18), 자신이 전한 그리스도의 복음이 공격을 당할 때는 용사같이 공격에 대응했다.

갈라디아서 1장 • 바울은 자신이 사도로 임명받은 것을 분명히 하면서 그리스도의 은혜로, 믿음으로 구원받는 복음 이외에 "다른 복음은 없다"(갈 1:6-7)고 말하면서 "내가 사람들에게 좋게 하랴 하나님께 좋게 하랴 사람들에게 기쁨을 구하랴"(갈 1:10, 개역개정)라고 자신의 소명대로 복음을 전했음을 확실히 한다. 바울은 예수 그리스도의 복음(τὸ εὐαγγέλιον τοῦ Χριστοῦ)외에 "다른 복음"은 없다는 사실을 강조하기 위해 "다른 복음"(ἕτερον εὐαγγέλιον)을 갈라디아서 1장에서만 4번이나 언급한다(갈 1:6, 7, 8, 9). 헬라어 원문에는 "다른 복음"이라는 표현이 갈라디아서 1:6에 한 번 나타나고 다른 구절에는 관계대명사를 사용하여 그 뜻을 확인한다. 바울은 자신이 전한 복음은 사람에게서 받은 것이 아니요 예수 그리스도의 계시로 말미암은 것임을 분명히 한다(갈 1:11-12).

갈라디아서 2장 • 바울은 자신이 예루살렘에 올라가 그 당시 교회의 지도자들인 기둥같이 여기는 야고보(James)와 게바(Cephas)와 요한(John)을 만난 사실을 밝히고(갈 2:9) 자신이 전한 복음의 진리는 예수 그리스도로부터 받은 것이지 인간의 전통으로부터가 아님을 분명히 한다. 그리고 바울은 베드로와 바나바(Barnabas)의 위선(hypocrisy)을 책망하기까지 하였다고 말한다(갈 2:11-13). 복음은 율법의 행위로가 아니라 그리스도를 믿음으로만 의롭게 될 수 있다는 것을 확실하게 가르친다(갈 2:16). 루터(Luther)는 하나님이 누구에게도 공로의 보상으로 은혜와 영생을 주신 적이 결코 없다고 강하게 주장한다.[207] 바울은 우리가 의롭게 되는 것은 "율법의 행위로가 아니고 그리스도를 믿음으로"

207　Martin Luther, *Commentary on the Epistle to the Galatians* (Grand Rapids: Zondervan, 1968), p. 64.

(갈 2:16)라고 분명하게 천명한다. 루터도 갈라디아서 2:16을 해석하면서 "우리는 이 의의 전가가 절실하게 필요하다. 왜냐하면 우리는 완전에서부터 멀리 떨어져 있기 때문이다. 우리가 이 몸을 가지고 있는 동안은 죄가 우리들의 육체에 머물러 있다."[208]라고 공로가 아닌 은혜로 의롭게 될 수 있음을 명백히 밝힌다.

갈라디아서 3장 • 바울은 진정한 복음을 따르지 않고 다른 복음을 따르는 갈라디아 교회에 대해 "어리석도다 갈라디아 사람들아 예수 그리스도께서 십자가에 못 박히신 것이 너희 눈 앞에 밝히 보이거늘 누가 너희를 꾀더냐"(갈 3:1, 개역개정); "너희가 이같이 어리석으냐 성령으로 시작하였다가 이제는 육체로 마치겠느냐"(갈 3:3, 개역개정); "무릇 율법 행위에 속한 자들은 저주 아래에 있나니"(갈 3:10, 개역개정)라고 말하고, 의인은 믿음으로만 살 수 있다고 밝힌다(갈 3:11). 바울은 "너희가 다 믿음으로 말미암아 그리스도 예수 안에서 하나님의 아들이 되었기"(갈 3:26, 개역개정) 때문에 유대인이나 이방인이나 구별 없이 예수 안에서 한 가족임을 분명히 천명한다.

갈라디아서 4장 • 바울은 "때가 차매 하나님이 그 아들을 보내사 여자에게서 나게 하시고 율법 아래에 나게 하신 것은 율법 아래에 있는 자들을 속량하시고 우리로 아들의 명분을 얻게 하려 하심이라"(갈 4:4-5, 개역개정)고 하나님의 계획에 따라 예수님께서 성육신하신 것을 설명한다. 바울은 지금 이 말씀으로 새로운 세상(the new aeon)이 현 세상에 침투해 들어온 사실을 설명하고 있다.[209] 하나님의 아들이 인간의 몸을 통해 성육신하였고 율법의 적용을 받는 세상에 태어나셨다. 이는 율법

---

208 Luther, *Commentary on the Epistle to the Galatians*, p. 66.

209 Herman N. Ridderbos, *When the Time Had Fully Come* (Jordan Station, Ontario: Paideia Press, 1957), p. 48.

의 정죄 아래 있는 죄인들을 구속하셔서 하나님의 아들로 삼으시기 위함이다. 그래서 바울은 성도들이 예수 안에 있을 때 아브라함과 이삭의 계통을 따른 "약속의 자녀"라고 천명한다(갈 4:28).

갈라디아서 5장 • 바울은 다시 한번 성도들이 자유자임으로 종의 멍에를 메어서는 안 된다고 선언한다(갈 5:1). 바울은 하나님의 나라에 들어가는 유일한 방법은 율법을 통해서가 아니요, 오직 성령을 따라 행하고 믿음으로만 가능하다고 분명히 말한다(갈 5:16). 그래서 바울은 "내가 할례를 받는 각 사람에게 다시 증거하노니 그는 율법 전체를 행할 의무를 가진 자라 율법 안에서 의롭다 함을 얻으려 하는 너희는 그리스도에게서 끊어지고 은혜에서 떨어진 자로다"(갈 5:3-4, 개역개정)라고 단호하게 증언한다. 우리는 바울이 왜 율법 문제와 할례 문제를 언급하면서 갈라디아서 5장에서 "너희는 성령을 따라 행하라"(갈 5:16), "너희가 만일 성령의 인도하시는 바가 되면"(갈 5:18), "우리가 성령으로 살면 또한 성령으로 행할지니"(갈 5:25)등의 말씀을 해야만 했는지 그리고 성령의 열매를 왜 갈라디아서 5장에서 언급을 했는지 그의 의도를 짐작해야 한다. 바울은 성도들의 구원은 성령으로 성취되었으며 참된 자유는 성령이 주시는 자유임을 밝히고 성령을 따라 행하는 그리스도인만이 성령의 열매를 맺는 삶을 살 수 있음을 가르치기 원한 것이다. 바울은 성령의 열매는 믿음의 공동체를 하나로 묶는 역할을 한다고 가르친다. 성령의 은사는 교회 공동체의 다양성(diversity)을 나타내지만, 성령의 열매는 교회 공동체의 통일성(unity)을 나타낸다. 특히 성령의 열매 중 사랑은 단순히 도덕적 요구가 아니요, 믿음의 공동체를 구성하는 기본이요 실재이다.[210]

---

210 David John Lull, *The Spirit in Galatia*, p. 74.

갈라디아서 6장 • 바울은 마지막으로 성도들이 서로 협력하면서 "짐을 서로 지라"(갈 6:2, 5)고 권면한다. 성도들은 한 몸의 지체이기 때문에 자기의 몫을 감당하면서 다른 사람을 도와야 한다. 바울은 할례를 강요하는 유대주의자들은 사실상 육체의 모양을 내는 행위를 강요하는 것이고 육체로 자랑하게 하기 위한 것이지 구원을 받는 것과는 전혀 관계가 없음을 밝힌다(갈 6:12-13). 그래서 바울은 "내게는 우리 주 예수 그리스도의 십자가 외에 결코 자랑할 것이 없으니"(갈 6:14)라고 선포하고 있다. 그리고 바울 사도는 우리에게 가장 중요한 것은 새로 지으심을 받는 것이라고 말한다(갈 6:15).

8

고린도전서

1 Corinthians | 총 16장

기록배경과 특징(A.D. 57)

바울 사도는 3차 전도 여행 기간에 에베소(Ephesus)에서 고린도전서를 기록하고, 빌립보(Philippi)에서 고린도후서를 기록하며, 그리고 고린도(Corinth)에서 로마서를 기록한다. 이제 고린도전서, 고린도후서, 그리고 로마서를 좀 더 구체적으로 접근하기로 한다.

고린도전서(1 Corinthians)는 16장 433절로 구성되어 있다. 고린도전서는 대략 A.D. 57년에 바울이 에베소에서 기록한 것으로 로마 황제 네로(Nero)의 통치 기간(A.D. 54-68)에 쓴 것이다. 바울은 제2차전도 여행 시 고린도에서 18개월 동안 머물면서 고린도 교회를 설립하고 그 교회를 섬긴다(행 18:11). 고린도 교회의 특징은 고린도시의 특징과 무관하지 않다. 고린도는 아덴(Athens)과 인접한 도시이다. 아덴은 문학과 철학과 예술이 융성했지만, 고린도는 해변에 위치한 상업의 도시로 '돈이 많고 흥청거리는 도시'였다. 따라서 고린도는 호화찬란하고, 운동 경기가 많이 열렸고, 도덕적으로도 문란한 도시였다. 고린도 사람들은 그 당시의 자유로운 이방인의 기준으로 비추어 보아도 저급한 생활에 젖어 있었다. "고린도 사람들처럼 산다"(To live as do the Corinthians)는 말은 "인생의 찌꺼기처럼 산다"는 뜻을 함축하고 있다. 고린도에 위치한 아프로디테(Aphrodite) 신전에는 한때 1,000여 명이나 되는 신전 창녀가 기거하면서 공적으로 성행위가 이루어지고 있었고, 이들 가운데 한 사람과 성관계를 갖는 것이 예배의 행위로 생각될 정도였다. 아프로디테는 로마의 미의 여신 비너스(Venus)에 상응하는 헬라의 사랑과 미(美)의 여신이다.[211] 아프로디테는 바다의 여신으로 그리고 해상 여행의 여신

---

211 박형용, 「신약개관」 pp. 182-183.

으로 숭배되었다.[212]

고린도 교회는 이와 같이 이방 도시에 설립된 교회로 그 멤버들이 주로 이방인들로 구성되어 있었다. 따라서 고린도 교회 성도들은 구약 성경을 잘 알지 못했고, 그들의 종교적이고 도덕적인 상태는 매우 해이한 형편에 있었다(고전 3:1-3). 고린도 교회는 파당이 있었고(고전 1:12), 음행의 문제가 있었으며(고전 5:9), 같은 믿음의 동료를 세상 법정에 고소하는 일도 있었으며(고전 6:1-8), 우상에게 바쳐진 제물을 먹는 일로 서로 다툼이 있었고(고전 8:1-13), 성만찬 참여하는 문제로 논쟁이 있었으며(고전 10:14-22; 11:23-34), 은사 문제로 서로 논쟁이 있는 등(고전 14:26-40) 여러 가지 문제가 교회 내에 있었다.

바울은 3차 전도 여행(행 18:23-21:16)을 시작하면서 에베소에 도착한다. 에베소에 도착한 바울은 주로 세 경로를 통해 고린도 교회의 형편을 듣고 문제 많은 고린도 교회를 개선하기 위해 많은 노력을 기울이며 또한 그 일환으로 고린도전서도 기록하게 된다.

첫째, 바울은 글로에(Chloe)의 집편을 통해서 고린도 교회의 형편을 들었다(고전 1:11). 바울은 글로에의 집편을 통해서 특히 고린도 교회의 분쟁에 관해 자세히 들었다. 고린도 교회 내에는 바울(Paul)파, 아볼로(Apollos)파, 게바(Cephas)파, 그리스도(Christ)파가 있어서 파당이 계속 되고 있었다(고전 1:12).

둘째, 스데바나(Stephanas)와 브드나도(Fortunatus)와 아가이고(Achaicus)가 바울을 위한 헌금과 고린도 교회가 명백히 하기를 원하는 질문을 포함한 편지를 가지고 바울에게 왔다(고전 16:17). 바울이 "내가 스데바나와 브드나도와 아가이고가 온 것을 기뻐하노니 그들이 너희의 부족

---

212 *The New Encyclopaedia Britannica*, Vol. 1. 1994, p. 480.

한 것을 채웠음이라. 그들이 나와 너희 마음을 시원하게 하였으니 그러므로 너희는 이런 사람들을 알아주라"(고전 16:17-18, 개역개정)라고 쓴 것은 이를 증거한다. "너희의 부족한 것"은 성경에서 바울의 생활을 위해 보탬이 되는 것을 가리킨다(참조. 고후 11:9; 빌 4:16-19).

셋째, 바울이 고린도 교회의 구체적인 질문을 받고 고린도전서를 기록했다는 사실은 고린도전서의 내용이 증명한다. "너희가 쓴 문제에 대하여 말하면"(고전 7:1); "처녀에 대하여는"(고전 7:25); "우상의 제물에 대하여는"(고전 8:1); "형제들아 신령한 것에 대하여는"(고전 12:1); "성도를 위하는 연보에 관하여는"(고전 16:1)의 구절은 바울이 고린도 교회의 질문을 받고 구체적으로 대답한 사실을 알게 해 준다.

에베소에서 고린도 교회의 형편을 알게 된 바울은 먼저 한 통의 편지를 써서 고린도 교회에 보낸다. "내가 너희에게 쓴 편지에 음행하는 자들을 사귀지 말라 하였거니와"(고전 5:9, 개역개정)가 이를 증거한다. 분명한 것은 바울이 고린도전서를 쓰기 전에 다른 편지를 써서 고린도 교회에 보냈다는 사실과 그 편지가 우리에게 전해지지 않고 있다는 것이다. 고린도전서 5:9-11은 바울이 우리에게 고린도 교회의 당면한 문제들, 즉 음행, 토색, 우상숭배 등에 대해서 다루었다는 것을 전해 준다.

첫 번째 편지(행 5:9-11)에 대한 결과는 만족스럽지 못했다. 아볼로 (Apollos)도 고린도를 떠나 다른 곳으로 갔고 베드로(Peter)도 고린도를 떠났다. 지도자가 없는 고린도 교회는 많은 문제를 안고 혼란에 빠졌다. 이런 소식이 에베소에 있는 바울에게 전해졌다. 바울은 이제 에베소에서 고린도 교회의 어려운 일들을 보살필 수 있도록 디모데 (Timothy)를 고린도로 보낸다. "이로 말미암아 내가 주 안에서 내 사랑하고 신실한 아들 디모데를 너희에게 보내었으니 그가 너희로 하여금 그리스도 예수 안에서 나의 행사 곧 내가 각처 각 교회에서 가르치는 것을 생각나게 하리라"(고전 4:17, 개역개정). 디모데는 육로로 고린도로 떠난다(행 19:22). 그래서 바울은 디모데가 이르거든 조심하여 그로 너희 가운데 두려움 없이 있게 하라고 고린도 교회에 부탁한다(고전 16:10-11).

고린도 교회는 디모데의 권면을 받아들이지 않은 것 같다. 디모데의 사명이 어떤 결과를 가져왔는지에 대해서는 언급이 없다(행 19:22; 고전 16:10-11). 정황으로 보아 디모데는 그의 사명을 감당하지 못한 것 같다. 그래서 바울은 친히 고린도 교회를 방문하여 교정을 시도한다(고후 12:14; 13:1 참조). 이 고린도 방문은 바울에게는 고통스러운 것이었는데 사도행전에는 기록되지 않았다. 헨드릭센은 이 방문을 인정하지 않는다.[213] 바울은 목회자적 심정으로 고린도 교회의 잘못을 교정해 주고 그들의 문제에 대한 길을 제시해 준다. 하지만 고린도 교회가 바울의 권면을 받아들이지 않았다. 그러나 바울의 고통스러운 고린도 방문을 말할 수밖에 없는 것은 고린도후서에서 바울은 자신의 앞으로의 방문이 "세 번째"가 될 것이라고 확언하고 있기 때문이다(고후 12:14; 13:1-2). 사도행전과 바울의 드러난 행적을 참조하건대, 바울의 첫 번째 고린도 방문은 2차 전도 여행 때의 방문이다. 그리고 바울이 고린도 교회를 개척한 후에 고린도를 방문한 기록은 3차 전도 여행 때 방문한 것밖에 없다. 그런데도 바울은 3차 전도 여행 때의 방문이 있기 전 자신이 두 번 고린도를 방문했다고 말함으로써 3차 전도 여행 시의 방문 이전에 또 한 차례의 방문이 있었음을 확실히 말해 주고 있다. 이 방문이 바로 바울이 에베소에 체재할 동안 고린도를 방문한 고통스러운 방문이었다. 이 방문을 통해 바울은 고통과 반대에도 불구하고 문제를 일으킨 사람들에 대해 올바른 권징을 시행한 것이다. 그리고 바울은 계속

---

213 William Hendriksen, *Survey of the Bible* (Grand Rapids: Baker, 1976), p.338.

해서 디도(Titus)를 파송하여 고린도 교회의 문제점을 해결하기 원했다(고후 2:13; 7:5-7, 13; 8:6, 16, 23; 12:18). 바울은 에베소에 체재하는 동안 고린도 교회의 문제를 해결하기 위해 에베소를 떠나기 얼마 전 고린도전서를 기록한다.

여기서 고린도전서를 쓰게 된 배경을 요약하면 다음과 같다.

1. 바울이 3차 여행 시 에베소에서 3년 동안 복음 사역을 하고 있을 때(행 20:31) 고린도 교회의 문제에 대해 전해 들었다.

2. 바울은 한 통의 편지를 써서 고린도 교회에 보냈다. 이 편지는 "내가 너희에게 쓴 편지에 음행하는 자들을 사귀지 말라"(고전 5:9, 개역개정)라고 진술한 것처럼 고린도 교회 내의 음행에 관한 것을 지적한 편지인데 이 편지는 우리에게 전해 내려오지 않고 있다. 고린도 교회는 바울의 편지를 달게 받지 않았다.

3. 바울은 디모데를 육로로 고린도에 보내 고린도 교회의 문제를 보살피게 한다(행 19:22; 고전 16:10-11). 고린도 교회는 디모데의 권면을 받아들이지 않았다.

4. 바울 사도는 사태를 수습하기 위해 고린도 교회를 방문하기로 하고 소위 "고통스러운 방문"(고후 12:14; 13:1, 2; 참고. 고후2:1)을 한다. 이 "고통스러운 방문"은 사도행전에 나타난 바울의 일정에 포함되어 있지 않지만 바울이 고린도후서 12:14, 13:1등에서 고린도를 "세 번째" 방문할 것이라고 기록한 사실로 미루어 짐작할 수 있다. 바울은 선교여행 일정으로 보아 빌립보에서 두 번째의 고린도 방문을 준비할 상황인데 편지(고린도후서)를 쓰면서 "세 번째"라고 말한다. 이는 바울이 에베소에서 두 번째의 고린도 방문을 한 것으로 추정된다. 그런데 바울의 이 방문은 아무런 성과도 얻지 못했다. 그래서 이 방문을 "고통스러운 방문"이라고 명

명한다.

5. 바울은 다시 디도를 고린도 교회에 보내 그들의 잘못을 회개하도록 촉구한다.

6. 고린도 교회는 스데바나와 브드나도와 아가이고를 바울에게 보내, 쓸 것을 전하고 여러 문제점에 대해 바울에게 질문한다(고전 16:17; 참조. 7:1; 7:25; 8:1; 12:1; 16:1).

7. 그래서 바울은 고린도 교회를 교정하고 교훈하기 위해 고린도전서를 기록한다.

8. 바울은 에베소에서 두 통의 편지를 고린도 교회에 썼는데 하나는 음행에 관한 편지(고전 5:9)요, 또 하나는 고린도전서이다. 바울은 에베소를 떠난 후 드로아(Troas)에서 디도를 만나기 소원했지만 만나지 못하고(고후 2:13) 마게도냐 지역(빌립보)으로 건너가 거기서 디도를 만난다(고후 7:5-8), 디도는 바울에게 고린도 교회가 회개하고 화해하게 되었다고 보고했다(고후 7:9-12). 바울은 디도의 보고를 들은 후 고린도후서를 쓴다. 이처럼 바울은 고린도교회에 세 통의 편지를 썼다.

어떤 이는 바울이 네 통의 편지를 썼다고 주장한다. 첫째는 음행에 관한 편지요(고전 5:9), 둘째는 우리에게 전해지지 않은 잃어버린 편지요, 셋째는 고린도전서요, 넷째는 고린도후서라고 주장한다. 스토트(Stott)는 고린도후서를 바울이 고린도 교회에 쓴 네 번째 서신으로 생각한다.[214] "내가 편지로 너희를 근심하게 한 것을 후회하였으나"(고후

---

214 John Stott, *The Spirit, the Church and the World*, p. 316: "The good news Titus brought, along with other information, prompted Paul to write what we call his Second Letter to the Corinthians (which was actually his fourth)."

7:8, 개역개정)의 내용이 반드시 고린도전서 이외의 다른 서신을 가리킨다고 생각할 수 없다. 고린도전서 속에는 이런 책망의 내용이 얼마든지 있다. 교부 터툴리안(Tertullian, c.160-c.220)은 고린도전서를 평하면서 "잉크로 쓰지 않고 쓸개즙으로 쓴 서신"이라고 말할 정도였다.[215] 그러므로 우리의 주장대로 바울은 세 통의 편지를 썼는데 그중 맨 처음 기록한 것이 우리에게 전해지지 않는다고 생각하는 것이 타당할 것이다. 참고로, 터툴리안은 "순교자들의 피는 교회의 씨앗이다"(The blood of the martyrs is the seed of the church.)라는 말을 했다. 비록 순교자들의 피가 귀하지만 교회의 씨는 그리스도와 그리스도의 구속 복음이라고 말하는 것이 옳다.

어떤 학자는 기발한 추측으로, 고린도전서 6:12-20과 고린도후서 6:14-7:1이 잃어버린 편지의 일부분으로 보존되었다가 후에 고린도전서와 고린도후서에 삽입되었다고 주장한다. 이런 주장은 내용의 연계성으로 인하여 생긴 주장이나[216] 순전히 주관적 판단이요, 그것을 증명할 외적인 증거도 없고 현존하는 모든 사본이 현재의 내용을 고린도전서와 고린도후서에 모두 포함하고 있으므로 받아들일 수 없는 견해이다.

고린도전서의 기록장소에 관한 힌트는 고린도전서 15:32에서 찾을 수 있다. "내가 사람의 방법으로 에베소에서 맹수와 더불어 싸웠다면 내게 무슨 유익이 있으리오"(고전 15:32, 개역개정)의 말씀은 그 근거를 제공한다. 만약 바울이 에베소 이외의 다른 곳에서 고린도전서를 기록했다면 본문의 "에베소" 대신 다른 지역 명칭이 삽입되었을 가능성이 높다. 바울이 에베소에 있었기 때문에 "에베소"라는 지역이 자연스럽게

---

215 Tertullian, *De Pidicitia*, xlv.

216 참고. David Smith, *Life and Letters of St. Paul*, Appendix Ⅰ (New York: George H. Doran Co., n.d.), p. 654.

들어간 것이다. 고린도전서 15:32의 문장구조(eij+단순과거)는 이미 발생한 사건을 실제(real)로 가리키거나 가상(assumption)으로 가리킬 때 사용하는 문장구조이다.

고린도전서 1장 • 바울은 그리스도의 교회에 대해 숙연한 마음을 갖게 하는 말씀으로 시작한다. 바울은 여러 경로를 통해 고린도 교회 안에 많은 문제점이 있음을 들었다. 그런데도 바울은 고린도전서를 시작하면서 고린도 교회를 향해 "하나님의 교회"(the church of God)라고 부른다(고전 1:2). 바울은 글로에(Chloe)의 집편을 통해 고린도 교회 내에 바울(Paul)파, 아볼로(Apollos)파, 게바(Cephas)파, 그리스도(Christ)파 등 파당이 있음을 듣고(고전 1:11-12) 그리스도 안에서 파당은 있을 수 없음을 분명히 한다(고전 1:13). 그리고 바울은 십자가의 도(the word of the Cross)가 구원을 받는 사람들에게는 하나님의 능력임을 분명히 한다(고전 1:18). 그래서 바울은 "십자가에 못 박힌 그리스도를 전한다"(고전 1:23)고 고백한다.

고린도전서 2장 • 바울은 "예수 그리스도와 그가 십자가에 못 박히신 것 외에는 아무것도 알지 아니하기로 작정하였음이라"(고전 2:2, 개역개정)고 확인한다. 이 비밀은 "이 세대의 통치자들이 한 사람도 알지 못한"(고전 2:8) 비밀이다. 바울 사도는 "하나님의 지혜"는 예수 그리스도의 십자가의 죽음과 부활을 통해 구속을 성취하시고 이 구속의 복음을 믿는 자들이 구원함을 받게 될 것이라고 설명한다(갈 2:6-8). 그리고 이 구속의 복음은 하나님의 깊은 뜻을 헤아릴 수 있는 성령을 통해서만 알 수 있다고 말한다(고전 2:10-16).

고린도전서 3장 • 바울은 예수 그리스도만이 진정한 교회의 터가 된다고 밝히고(고전 3:11) 아볼로나 베드로나 바울 자신이나 복음의 사역자에 지나지 않는다고 분명히 한다(고전 3:5-9). 바울은 성도들의 몸이 "하나님의 성전"(the temple of God)임을 확실하게 증언하고 하나님의 성전은 거룩하기 때문에 성도들의 삶도 거룩한 삶이 되어야 한다고 권면한다(고전 3:16-17). 성도가 하나님의 성령이 거하시는 하나님의 성전인 이유는 예수님 자신이 성전이시기 때문이다(요 2:20-22).

고린도전서 4장 • 바울은 성도들이 "그리스도의 일꾼이요 하나님의 비밀을 맡은 자"(고전 4:1)라고 설명한다. 여기 사용된 "일꾼"은 신약 전체에서 20회 사용되지만 바울 서신에서는 본 절에서만 나타나는 유일한 예이다. 바울 사도는 우리들이 교회 내에서 일꾼이지 주인이 아님을 분명히 한다. 그리고 바울은 고린도 교회의 문제를 해결하기 위해 디모데를 보낸다는 말을 전하고(고전 4:17), "하나님 나라는 말에 있지 아니하고 오직 능력에 있음이라"(고전 4:20, 개역개정)는 금언과 같은 말을 한다.

고린도전서 5장 • 바울은 고린도전서를 쓰기 전 음행에 관한 한 통의 편지를 썼다고 확인한다. 바울은 고린도 교회 내에서 행해지고 있는 음행은 이방인 중에서도 없는 행위라고 강하게 책망하면서(고전 5:1) 고린도 교회 내에서 행해지고 있는 음행에 대해 경고와 권면의 말씀을 한다. 바울은 "음행하는 자들을 사귀지 말라"(고전 5:9)라고 강하게 경고하면서도 죄지은 자들을 "도무지 사귀지 말라 하는 것이 아니니 만일 그리하려면 너희가 세상 밖으로 나가야 할 것이라"(고전 5:10)라고 이 세상에서의 삶을 이해하면서 균형 잡힌 권면을 한다.

고린도전서 6장 • 바울은 성도가 다른 성도를 불신 법정에 고발하는 것은 하나님의 뜻이 아니라고 말한다(고전 6:6-8). 그리고 바울은 불의한 자가 하나님의 나라를 유업으로 받지 못한다고 천명한다(고전 6:9). 하나님의 나라는 "성령 안에서 씻음과 거룩함과 의롭다 하심을 받은 자들"이 유업으로 받게 될 것이다(고전 6:10-11). 바울은 고린도전서 3장에서처럼(고전 3:16) 고린도전서 6장에서도 다시 한번 성도들의 몸이

"성령의 전"(the temple of the Holy Spirit)임을 확실하게 밝힌다(고전 6:19).

고린도전서 7장 • 바울은 고린도 교회가 질문한 것에 대한 답을 한다. 바울은 "너희가 쓴 문제에 대하여 말하면"(고전 7:1)이라는 말로 시작하여 결혼한 사람은 남편과 아내가 분방하지 말 것을 권면하고(고전 7:5) 혹시 기도해야 할 형편이라면 서로 의논하여 잠시 분방이 가능하나 곧 다시 합하라고 권한다. 그리고 처녀에 대하여는 시집 갈수도 있고 그대로 독신으로 살 수도 있다고 권면한다(고전 7:38).

고린도전서 8장 • 바울은 세상에 존재하는 우상은 아무것도 아니며 하나님은 오직 한 분밖에 없다고 단언한다(고전 8:4). 그러므로 우상에게 받쳐진 제물은 그냥 음식이기 때문에 얼마든지 먹을 수 있지만, 우상에게 받쳐진 음식을 먹는 것 때문에 형제를 실족하게 된다면 먹지 않는 것이 좋다고 말한다(고전 8:13).

고린도전서 9장 • 바울은 자신이 고린도 교회의 사도임을 확실히 하고(고전 9:2) 따라서 바울 사도는 "내가 복음을 전할지라도 자랑할 것이 없음은 내가 부득불 할 일임이라 만일 복음을 전하지 아니하면 내게 화가 있을 것이로다"(고전 9:16, 개역개정)라고 고백한다. 바울은 더 많은 사람을 얻기 위해 복음을 열심히 전하고 있다고 밝힌다(고전 9:19). 바울은 "내가 여러 사람에게 여러 모습이 된 것은 아무쪼록 몇 사람이라도 구원하고자 함이니"(고전 9:22)라는 말로 복음 전도를 위한 융통성을 내비친다.

고린도전서 10장 • 바울은 성도들은 반석이신 그리스도로부터 신령한 음료를 마신 사람들로(고전 10:4) 그리스도와 연합되어 "축복의 잔"에 참여한 몸이기 때문에 "귀신의 잔"에 참여할 수 없다고 말한다(고전 10:16-21). 바울은 "주의 잔"(the cup of the Lord)과 "귀신의 잔"(the cup of the demons)을 대칭 시켜 "주의 잔"에 참여한 성도는 "귀신의 잔"에 참여할 수 없다고 못 박는다(고전 10:21). 그래서 바울은 성도들에게 "먹든지 마시든지 무엇을 하든지 하나님의 영광을 위하여 하라"(고전 10:31, 개역개정)고 권면한다.

고린도전서 11장 • 바울은 남자와 여자를 창조하신 하나님의 창조 질서를 설명하면서 "각 남자의 머리는 그리스도요 여자의 머리는 남자요 그리스도의 머리는 하나님이시라"(고전 11:3, 개역개정)고 가르친다. 또한, 바울은 주 안에서 남자와 여자의 인격적인 차이가 없음을 분명히 하기 위하여 "주 안에는 남자 없이 여자만 있지 않고 여자 없이 남자만 있지 아니하니라 이는 여자가 남자에게서 난 것같이 남자도 여자로 말미암아 났음이라"(고전 11:11-12, 개역개정)고 정리한다. 그리고 바울은 주님의 만찬 의미를 설명하고 어떤 마음가짐으로 참여해야 할 것을 가르친다(고전 11:23-29).

고린도전서 12장 • 바울은 성도들의 구원에 있어서 성령의 역할을 설명하면서 구원은 오로지 성령을 통해서만 가능하다고 가르친다(고전 12:3, 13). 바울은 각 성도가 그리스도의 몸의 지체들이기 때문에 우리들의 몸의 각 지체가 몸을 유익하게 하기 위해 역할을 하는 것처럼 성도들도 그리스도의 몸인 교회를 유익하게 하기 위해 활동을 해야 한다고 말한다(고전 12:18-27). 교회를 인간의 몸에 비유한 것은 인간의 몸이 유기체인 것처럼 교회도 유기체이기 때문이다.

고린도전서 13장 • 바울은 사랑의 탁월성(고전 13:1-3), 사랑의 특성(고전 13:4-7), 그리고 사랑의 영원성(고전 13:8-13)을 가르치면서 믿음 소망 사랑이 항상 있을 것인데 그중에 사랑이 제일이라고 사랑을 강조한다. 바울은 믿음을 강조한 사도이다(롬 9:30, 10:9-10; 엡 2:8; 갈 3:11). 믿음과 소망은 하나님의 속성이 아니다. 사랑은 하나님의 속성에서 중요한 위치를 차지하고 있다. 바울은 고린도전서 13장에서 믿음과 소망보다 사랑을 더 강조하고 있다. 그 이유는 고린도 교회가 다른 무엇보다 사랑의 실천을 더 필요로 하기 때문이다. 사랑의 탁월성은 사랑이 웅변보다도, 예언보다도, 구제보다도 더 탁월하다고 말한다. 사랑의 특성은 인내, 친절, 겸손, 예의범절, 무 사욕, 온순, 정직, 신실성 등으로 실현된다. 사랑의 영원성은 예수님 재림 이후까지도 계속 있을 것이다.

고린도전서 14장 • 바울은 성도들이 교회 내에서 덕을 세우는 행동을 하는 것이 중요함을 설명하기 위하여 "덕 세우는 것"(οἰκοδομή: building as a process, construction)을 여러 차례 언급 한다(고전 14:3, 4, 5, 12, 17, 26). 따라서 성도들이 교회 내에서 아무도 알아들을 수 없는 방언을 말하는 것보다 모든 사람이 알아들을 수 있는 예언을 말하는 것이 유익하다고 가르친다(고전 14:1-5). 바울은 성도들이 교회의 덕을 세우기 위해서 질서 있게 활동할 것을 권면하면서 "모든 것을 품위 있게 하고 질서 있게 하라"(고전 14:40)고 권면하면서 본 장을 마친다.

고린도전서 15장 • 바울은 예수님 부활의 역사성(고전 15:1-11)과 성도들은 예수님의 부활에서 연합된 사실(고전 15:12-20)과 성도들의 부활의 때가 언제가 될 것인지(고전 15:21-28)와 성도들이 어떤 부활체를 입을 것인지(고전 15:42-49)와 그와 같은 영광의 부활을 고대하면서 사는 성도들이 이 세상에서 어떻게 살아야 할 것(고전 15:57-58)을 가르친다. 부활 생명을 사는 성도들은 항상 감사하는 삶을 살아야 하고(고전 15:17), 주님의 일을 열심히 하여야 한다(고전 15:58). 특별히 성도들이 예수님의 재림 때에 입을 부활체는 예수님이 입으신 부활체와 같은 몸체가 될 것이다. 그래서 바울은 고린도전서 15:45에서 "첫 사람 아담은 생령이 되었다 함과 같이 마지막 아담은 살려주는 영이 되었나니"(개역개정)라고 기록한다. "살려주는 영"(πνεῦμα ζῳοποιοῦν)은 예수님이 부활 후에 어떤 몸체로 존재하시게 된 지를 설명해 준다. 예수님은 부활체라는 몸체를 입으셨지만 편재하실 수 있는 존재로 복귀하신 것이다. 성도들도 부활의 때에 예수님의 부활체와 같은 부활체를 입게 될 것이다. 하지만 부활 후에도 예수님은 창조주요, 성도들은 피조물이다.

고린도전서 16장 • 바울은 성도들을 위하여 연보를 어떻게 해야 할지를 가르치고(고전 16:1-2) 디모데(Timothy)와 아볼로(Apollos), 스데바나(Stephanas)의 형편을 설명한 후(고전 16:11-12) 교회에 문안하고 복을 비므로 서신을 마친다(고전 16:19-24).

10

고린도후서

2 Corinthians | 총 13장

기록배경과 특징(A.D. 57)

고린도후서(2 Corinthians)는 13장 257절로 구성되어 있다. 고린도후서는 A.D. 57년경에 바울이 빌립보 지역에서 기록한 것으로 추정됨으로 로마 황제 네로(Nero)의 통치 기간(A.D. 54-68)에 기록된 것으로 간주한다. 고린도후서는 바울이 빌립보에서 디도(Titus)를 만난 후 고린도 교회의 형편을 전해 듣고 기록한 서신이다.

바울은 3년 동안 에베소 교회를 섬기면서(행 20:31) 고린도 교회의 잘못을 다스리려고 노력했다. 하지만 고린도 교회를 바른길로 인도하는 데는 많은 어려움이 있었다. 그러나 바울은 포기하지 않고 끝까지 노력한다. 바울이 에베소를 떠나기 얼마 전 디도를 고린도로 보내 고린도 교회의 회복을 위해 힘쓰도록 부탁한다. 바울은 에베소 교회에서 3년의 목회를 마무리하고 에베소를 떠나기 전 고린도전서를 쓰고 마게도냐(Macedonia)를 향해 떠난다(행 20:1). 그런데 바울은 고린도 교회의 형편을 이미 고린도 교회로 보낸 디도가 사명을 감당하고 돌아오는 길에 드로아(Troas)에서 보고해 주기를 원했다(고후 2:12-13). 그러나 바울이 드로아에 도착했을 때 디도는 드로아에 없었다. 바울이 마게도냐에 갔을 때 디도를 거기서 만나 고린도 교회가 회개했다는 소식을 듣고 크게 기뻐하였다(고후 7:5-7). 디도의 보고는 고린도 교회가 분쟁과 파당과 음행에 그대로 머물러 있지 않고 회개와 서로의 화해에 힘쓰고 있다는 내용이었다. 바울은 디도의 보고를 "오직 그가 너희에게서 받은 그 위로로 위로하고 너희의 사모함과 애통함과 나를 위하여 열심 있는 것을 우리에게 보고함으로 나를 더욱 기쁘게 하였느니라"(고후 7:7, 개역개정)라고 기술한다. 이는 고린도 교회가 잘못을 깨닫고 바로 되었음을 증거하고 있다. 이런 상황 가운데서 바울은 고린도후서를 마게도냐(아마 빌립보)에서 썼다.

고린도후서는 고린도전서와 달리 바울의 인간적인 요소가 상당 부분에 담겨 있다. 바울의 느낌, 소망, 기대, 책무 등이 그 밑바닥에 짙게 깔렸다. 이는 바울의 반대자들에 대한 자신의 변호를 했기 때문이다. 바울의 반대자들은 바울이 육체대로 행하며(고후 10:2), 비겁자로서 대면하여 말할 때는 약하고 편지로 쓸 때는 우뢰와 같은 권위를 내세우며(고후 10:10), 스스로 일하고 교회의 사례를 받지 않으므로 자신의 권위를 떨어뜨렸으며(고후 11:17), 바울이 원 사도들보다 못하다고 힐난했다. 따라서 바울은 신임장을 가지고 있지 않기 때문에(고후 3:1) 가르칠 자격이 없다(고후 11:5; 12:11-12)고 공격했다. 반대자들은 바울을 인격적으로 공격하여 바울이 자랑을 많이 하고(고후 10:8,15), 간사하고(고후 12:16) 연보를 잘못 사용했다(참조, 고후 8:20-23)고까지 공격했다.[217]

바울을 비평하는 반대자들은 여러 가지 면에서 바울을 공격했다. 바울이 고린도 교회를 방문하기로 한 일정의 변경을 놓고도 바울을 공격했다. 바울이 에베소를 떠나기 전 고린도 교회에 전한 자신의 순회 계획은 에베소에서 직접 고린도로, 고린도에서 마게도냐로, 마게도냐에서 다시 고린도로, 그리고 거기서 예루살렘으로 가는 것이었다(고후 1:15,16). 이 내용이 어느 편지에 기록되었는지는 알려지지 않고 있으나 아마도 분실된 첫째 편지에 기록된 듯하다. 그러나 고린도 교회를 위한 선한 이유로(고후 1:23), 바울은 이 계획을 변경하고 이 사실을 고린도 교회에 전달했다. 바울은 방문 일정의 변경 이유로 "내가 다시 고린도에 가지 아니한 것은 너희를 아끼려 함이라"(고전 1:23, 참조, 고전 16:5)라고 쓴다. 이렇게 일정을 변경함으로써 바울은 반대자들의 심한 혹평을

---

217 박형용, 「신약개관」 p. 193.

받게 되었다(고후 1:15-23).

바울을 비판하는 반대자들은 유대인으로, 그리스도의 일꾼처럼 행세하고(고후 11:22-23), 바울이 개척한 교회에 들어와 교회를 마음대로 좌지우지하던 자들이며(고후 11:19, 20), 그리스도를 위해 고난은 받지 않고 이득만 위하는 그런 사람들이었다(고후 11:23ff).

바울은 문제가 많은 이런 교회를 대하면서도 끝까지 인내로써 교회를 바로잡고 인도했다. 그러나 바울은 단호한 태도로 회개하지 않는 자들에 대해서 엄하게 다룰 것을 말한다. 이를 위해 그의 사도권을 최대한 행사할 것이다(고후 13:1-10). 그러므로 바울은 바른 일을 행하라고 촉구한다(고후 13:7). 바울은 자신이 "실패한 것처럼 보일지라도"(버림받은 자 같을지라도; 고후 13:7), 그들을 권면하여 그들이 악을 행하지 않고 선을 행하도록만 하면 좋다고 말한다. 자신은 어떤 형편에 처해져도 고린도 교회가 바로 서면 좋다는 심정의 토로이다. 그래야 그리스도를 통해 자신에게 부여된 사도권을 행사하지 않을 수도 있기 때문이라고 권면한다(고후 13:7-10).[218]

---

218 박형용, 「신약개관」 pp. 193-194.

요약(A Summary of 2 Corinthians)

고린도후서 1장 • 바울은 고린도 교회가 회개의 길로 들어섰다는 보고를 디도(Titus)로부터 받았기 때문인지 하나님의 위로(παρακαλέω; παράκλησις; comfort or consolation)를 여러 차례 언급한다(고후 1:3(1회), 4(4회), 5(1회), 6(3회), 7(1회)-총 10회). 바울이 이처럼 "위로"를 강조한 것은 고린도후서를 쓰는 이유가 고린도 교회를 위로하기 위해서임을 시사한다. 바울은 여기서 자신의 고린도 방문 일정의 변경은 고린도 교회를 아끼는 마음에서였다고 보고하면서 하나님을 증인으로 세운다(고후 1:15-24).

고린도후서 2장 • 바울은 에베소에서 고린도전서를 써서 고린도 교회에 보낸 후 에베소(Ephesus)를 떠나면서 고린도 교회에 대한 "큰 눌림과 걱정"(고후 2:4)이 있었다. 그래서 바울은 미리 파송한 디도를 드로아(Troas)에서 만나 고린도 교회의 형편을 듣기 원했지만 드로아에서 디도를 만나지 못하게 된다. 바울은 이를 안타깝게 생각하면서 마게도냐(Macedonia)로 갔다고 전한다(고후 2:12-13). 바울은 성도들이 어떤 상황에 부닥치든지 그리스도를 아는 냄새를 나타내는 "그리스도의 향기"(고후 2:14-15)임을 밝힌다.

고린도후서 3장 • 바울은 성도들이 그리스도의 편지로서 하나님의 영으로 쓴 것임을 밝히고(고후 3:3) 따라서 그리스도가 성취하여 새 언약의 일꾼들에게 주신 직분은 구약에서 모세가 받은 직분보다 더 영광스러운 직분임을 설명한다(고후 3:6-9). 왜냐하면 "주는 영이시니 주의 영이 계신 곳에는 자유가 있"(고후 3:17, 개역개정)기 때문이다. 바울 사도가 본문에서 주(the Lord)와 영(the Holy Spirit)을 동일시 한 것은 본체론적 의미로 동일시 한 것이 아니요, 경륜적 의미에서 동일시 한 것이다. 바울은 삼위일체 하나님을 분명히 알고 믿었다. 본문은 예수님이 부활하심으로 "살려주는 영"(고전 15:45)이 되셔서 성령과 사역적인 면에서 동일한 부분이 많기 때문에 여기서 주와 영을 동일시 한 것이다.

고린도후서 4장 • 바울은 예수를 믿는 성도들은 "보배를 질그릇에 가진 사람"(고후 4:7)들로서 예수의 생명을 소유했으며(고후 4:10) 불신자들과는 달리 "속사람"(the inward man)을 소유했다(고후 4:16)고 가르친다. "속사람"은 성도 안에 어떤 새로운 사람이 존재한다는 뜻이 아니요, 성도를 구원 받은 관점에서 설명하는 것이다. 성도는 "예수의 생명"을 소유한 사람으로 세상을 향해 예수의 향기를 전파하는 사람이다(고후 4:10-11). 그러므로 "속사람"과 "겉사람"은 한 인격체인 성도를 구원받은 관점에서는 "속사람"으로 표현하고, 세상을 향해 활동하는 존재로서는 "겉사람"이라고 표현하는 것이다(고후 4:16). 그래서 바울은 성도의 부활을 확신하면서 "주 예수를 다시 살리신 이가 예수와 함께 우리도 다시 살리사 너희와 함께 그 앞에 서게 하실 줄을 아노라"(고후 4:14, 개역개정)고 말한다.

고린도후서 5장 • 바울은 자신이 예수님을 인간적으로만 판단하고 알았으나(고후 5:16) 예수님은 온 세상을 새롭게 창조한 창조주이심을 밝힌다(고후 5:17). "그런즉 누구든지 그리스도 안에 있으면 새로운 피조물이라 이전 것은 지나갔으니 보라 새것이 되었도다"(고후 5:17, 개역개정)라는 말씀은 흔히 잘못 해석되는 구절이다. 본문의 "새로운 피조물"은 "새로운 창조물"(new creation)로 번역하는 것이 더 정확하다. 이 말씀은 그리스도께서 그의 죽음과 부활을 통해 온 세상을 새롭게 만드셨다는 뜻이다(참조, 롬 8:18-26). 따라서 본 구절의 "새로운 창조물"은 일차적으로 성도 개인의 회심을 가리키는 것이 아니요, 그리스도 안에서 새로운 세상이 되었다는 구속역사적인 뜻이다. 바울은 아담이 하나님과 사람, 하나님과 창조세계, 사람과 사람 사이의 관계를 불목의 관계로 만들었는데 예수님께서 그의 죽음과 부활을 통해 화목의 관계로 바꾸어 놓으셨다고 가르친다(고후 5:18-20).

고린도후서 6장 • 바울은 예수님이 구속을 성취하셨기 때문에 "보라 지금은 은혜받을만한 때요 보라 지금은 구원의 날이로다"(고후 6:2, 개역개정)라고 가르친다. 본 구절의 "지금"은 예수님의 초림에서 재림까지의 시간을 가리키는 구속역사적인 지금이다. 그리고 성도들은 "살아 계신 하나님의 성전"(고후 6:16; 참조, 고전 3:16; 6:19)이기 때문에 믿지 않는 자와 멍에를 함께 메지 말라고 권면한다.

고린도후서 7장 • 바울은 마게도냐의 빌립보에서 기다렸던 디도(Titus)를 만나 위로를 받았다고 보고한다(고후 7:5-7). 원래 바울은 디도를 드로아에서 만나길 원했다. 하지만 바울이 드로아에 도착했을 때 디도가 도착하지 못하여 심령이 편하지 못했다고 고백한 바 있다(고후 2:12-13). 고린도후서 7장은 바울과 디도가 마게도냐의 빌립보(Philippi)에서 서로 만나 고린도 교회의 형편을 공유한 것으로 기록한다(고후 7:5-7). 바울은 고린도 교회가 회개하고 바로 서게 되었음을 디도로부터 보고 받고 무척 기뻐했다고 전한다(고후 7:13).

고린도후서 8장 • 바울은 고린도 교회에 관한 디도의 보고에 감사하여 디도의 이야기를 계속해서 말한다(고후 8:6, 16-18, 23). 바울은 연보에 관해 설명하면서 성도들이 선한 일을 하면서도 조심스럽게 일을 처리해야 한다고 가르치면서 성도는 항상 신중한 태도를 가지고 생활해야 한다고 가르친다(고후 8:20-21).

고린도후서 9장 • 바울은 연보에 관하여 설명하면서 연보는 미리 준비해야 하며(고후 9:5) 또 억지로 해서는 안 된다고 가르친다(고후 9:7). 바울은 어려운 형편에 있는 성도들을 돕는 일은 하나님께 영광을 돌리는 일이라고 가르친다(고후 9:11-13). 성도들은 연보를 할 때 "하나님은 즐겨 내는 자를 사랑하시느니라"(고후 9:7)는 말씀을 기억해야 한다.

고린도후서 10장 • 바울은 자신을 비판하는 사람들에게 변증하면서 우리는 "분수 이상의 자랑"을 하지 않고 하나님이 정해주신 "범위의 한계"를 따를 뿐이라고 가르친다(고후 10:10-13). 그리고 바울은 성도들이 인간의 판단에 크게 계의하지 말 것을 가르치면서 인정함을 받는 자는 "오직 주께서 칭찬하시는 자"(고후 10:18)라고 확언한다.

고린도후서 11장 • 바울은 자신이 고린도 교회를 위해 열심을 내는 것은 "내가 너희를 정결한 처녀로 한 남편인 그리스도께 드리려고 중매함이로다"(고후 11:2, 개역개정)라고 자신의 사역 목적을 밝힌다. 바울은 이 값진 복음을 전하기 위해 자신이 여러 가지 박해를 받았다고 밝히고(고후 11:24-28), "유대인들에게 사십에서 하나 감한 매를 다섯 번 맞았고"(고후 11:24), 심지어 다메섹에서 광주리를 타고 도망하였다고 말한다(고후 11:32-33).

고린도후서 12장 • 바울은 자신이 "셋째 하늘에 이끌려 간"(고후 12:2) 경험을 밝히고, 이런 복을 받은 자신이지만 하나님이 자신에게 "육체에 가시 즉 사탄의 사자"를 주셨는데 고쳐 달라고 세 번 간구하였지만 하나님이 거절하셨다고 말한다(고후 12:7-10). 바울은 하나님으로부터 "내 은혜가 네게 족하도다"(고후 12:9)라는 답을 받았다. 바울은 빌립보에서 고린도를 향해 가면서 "내가 이제 세 번째 너희에게 가기를 준비하였으나"(고후 12:14)라고 말함으로 자신이 에베소(Ephesus)에 머물러 있을 때 고린도를 두 번째 방문했음을 간접 시사한다. 바울이 고린도를 첫 번째 방문한 기록은 사도행전 18:1-17에서 찾을 수 있다.

고린도후서 13장 • 바울은 자신이 고린도에 세 번째 갈 것을 약속하고(고후 13:1), 하나님께서 예수 그리스도를 죽음에서 부활시키셨다고 가르치면서 성도들도 하나님의 능력으로 예수님과 함께 살 것을 확실히 한다(고후 13:4). 그리고 바울은 오늘날 예배의 마지막 순서에 나오는 축도(Benediction)의 본이 되는 "주 예수 그리스도의 은혜와 하나님의 사랑과 성령의 교통하심이 너희 무리와 함께 있을지어다"(고후 13:13, 개역개정)라고 고린도 교회를 축복하고 고린도후서를 마감한다. 우리는 축도의 내용을 음미해 볼 필요가 있다. 왜 본문은 "주 예수 그리스도의 은혜"(the Grace of the Lord Jesus Christ)와 "하나님의 사랑"(the love of God)과 "성령의 교통"(the fellowship of the Holy Spirit)이라고 말씀하고 있을까? 그 이유는 죄인을 구속하시는 하나님의 속성과 관련이 있다. 하나님의 공의는 죄인을 모두 죽여야 한다. 그러나 하나님의 사랑은 죄인을 살리시길 원하신다. 우리들의 죄 문제에 관해 하나님의 공의를 충족하신 분은 우리를 대신해서 십자가에서 돌아가시고 사흘 만에 부활하신 예수님이시다. 죄인인 인간은 하나님의 공의를 전혀 충족시켜드리지 못했다. 하나님이 우리를 용서하시고 구원하신 것은 예수님의 공로 때문이지 인간의 공로 때문이 아니다. 그런데 예수님은 우리를 위해 아무런 조건 없이 우리에게 은혜를 베푸셔서 우리 대신 죽어주셨다. 예수님은 우리에게 은혜를 베푸셨고, 하나님은 우리를 끝까지 사랑하셨고 성령은 항상 우리를 도우신다. 그러므로 본문은 "주 예수 그리스도의 사랑과 하나님의 은혜와 성령의 교통"이라고 말하지 않고 "주 예수 그리스도의 은혜와 하나님의 사랑과 성령의 교통"이라고 말하는 것이다.

11

로마서

Romans | 총 16장

기록배경과 특징(A.D. 58)

로마서(Romans)는 16장 433절로 구성되어 있다. 로마서의 기록연대는 일반적으로 가이사 네로 황제(Caesar Nero, A.D.54-68)가 로마를 통치하던 시기인 A.D. 58년경으로 추정된다. 바울은 로마서를 쓸 때 대략 64세쯤 되었다. 바울 사도는 제1차, 제2차 선교 여행을 마치고 이제 제3차 선교 여행 중 여러 도시를 방문하면서 교회를 든든히 하고 또 새로운 교회를 설립했다. 바울이 제3차 선교 여행 도중 고린도(Corinth)에 도착하여 약 3개월을 거기서 머문다(행 20:2-3). 바울은 고린도에서 자신의 선교여행들을 회고하면서 더 넓은 선교 비전(vision)을 갖게 된다. 바울은 이방인들의 교회인 로마교회에 진정한 복음이 무엇인지를 확실하게 전하기 원했다(롬 1:1-4). 진정한 복음은 예수 그리스도의 죽음과 부활을 통해 죄 문제가 해결되고 구속이 성취되었다는 것이다. 로마서는 그리스도의 희생적 죽음과 부활의 의미가 무엇인지를 밝힌다. 바울은 로마서 1장에서 8장까지 예수 그리스도와 연합되어 구원받은 성도들이 얼마나 놀라운 존재인지를 설명한다(롬 8:1). 그리고 바울은 로마서 9장부터 11장까지 자신의 동족인 유대인들의 구원 문제를 다룬다. 바울은 분명하게 유대인들도 예수 그리스도를 구주로 인정하고 예수님의 죽음과 부활을 믿을 때 구원을 받을 수 있다고 증언한다(롬 10:9-10). 바울은 자신이 아직 방문하지 않은 로마 교회에 로마서를 쓰면서 선교에 대한 더 넓은 비전도 잊지 않는다. 바울이 로마서 15:19에서 "예루살렘으로부터 두루 행하여 일루리곤(Illyricum)까지 그리스도의 복음을 편만하게 전하였노라"(개역개정)고 말한 것은 그가 얼마나 넓은 지역에 복음을 선포하고 교회를 설립했는지 증거해 준다. "두루 행하여"(κύκλῳ)는 예루살렘으로부터 시작하여 여러 넓은 지역을 원을 그리며 여행했다는 뜻이다.[219] 바울은 이제 더 넓은 지역을 바라다본다. 바울의 마음은 로마를 거쳐 서바나에까지 가 있다(롬 15:23-24, 28). 바울 사도는 예수님의 명령인 그리스도의 생명을 살리는 복음이 땅끝까지 전파되어야 한다는 말씀을 기억하고 있는 것이다(마 28:18-20; 행 1:8). 그러나 바울은 로마를 가기 전 해야 할 일이 한 가지 남아 있다. 그것은 바울이 "성도를 섬기는 일로 예루살렘"(롬 15:25-26)에 먼저 가야 한다. 이런 상황 속에서 바울은 고린도 체재 3개월의 거의 마지막에 로마서를 기록했다.

---

219 J.A. Fitzmyer, "κύκλῳ" *Exegetical Dictionary of the New Testament,* Vol. 2 (Grand Rapids: Eerdmans, 1991), p.327.

로마서 1장 • 바울은 죄인들에게 복된 소식이 무엇인지를 밝힌다. 복음은 "아들에 관한" 것으로 그 아들은 "육신으로는" 다윗의 혈통에서 나셨고 "성결의 영으로는" 죽은 자들 가운데서 부활하사 능력으로 하나님의 아들로 선포되신 분에 관한 것(롬 1:3-4)이다. 바울은 "육신으로는"(according to the flesh)과 "성결의 영으로는"(according to the Spirit of holiness)을 대칭시킴으로 예수님의 비하 상태와 승귀 상태를 포함해 예수님의 십자가상의 죽음과 사흘 만에 부활하신 사실을 강조한다.[220] 그러므로 복음의 내용은 예수님의 죽음과 부활을 포함하지 않으면 안 된다. 바울은 구원 문제를 설명할 때 예수님의 죽음과 부활을 항상 강조하였다(롬 10:9-10; 행 17:31). 바울은 불의한 죄인들이 예수님을 믿어 의롭게 되는 것이 복음이라고 설명한다. 그래서 바울은 "복음에는 하나님의 의가 나타나서 믿음으로 믿음에 이르게 한다"(롬 1:17, 개역개정)고 천명한다. 바울은 하나님의 의가 필요한 것은 인간이 유대인이나 이방인이나 모두 죄인들이기 때문이라고 설명한다.

로마서 2장 • 바울은 계속 인간이 핑계할 수 없는 죄인이라고 분명하게 밝힌다. 바울은 "하나님께서 외모로 사람을 취하지 아니하시기"(롬 2:11) 때문에 인간의 감추어진 죄까지도 철저하게 심판하실 것이라고 말한다. 율법이 없는 이방인은 물론 율법을 자랑하는 유대인들도 모두 죄인이라고 천명한다. 바울은 유대인들도 율법을 자랑하지만 율법을 범하는 죄인들이라고 선언한다(롬 2:17-29).

로마서 3장 • 바울은 "의인은 없나니 하나도 없기"(롬 3:10) 때문에

---

220 박형용, 「바울신학」, (수원: 합신대학원출판부, 2016), pp. 163-171.

모든 사람이 율법 아래서 죄인이라고 말한다. 그런데 이제 "율법 외에 하나님의 의가 나타났다"(롬 3:21)고 증언하고, 나타난 그 "하나님의 의"가 바로 화목제물이 되신 예수 그리스도라고 설명한다. 그러므로 사람이 의롭게 될 수 있는 길은 율법을 지킴으로가 아니요 예수를 믿음으로 의롭게 될 수 있다고 가르친다(롬 3:28). 루터(Luther)는 "인간의 부패가 너무 깊기 때문에 성도들도 그것을 완전하게 이해하지 못한다. 이런 이유 때문에 진정으로 의롭게 된 성도들도 자신들의 의지도 악할 뿐만 아니라 자신들의 타락이 말로 표현할 수 없을 정도로 깊다는 것을 완전히 이해할 수 없기 때문에 하나님께 열정적으로 그리고 간절한 마음으로 하나님의 은혜를 위해 기도한다."[221]라고 인간이 스스로 의롭게 될 수 없을 정도로 철저하게 타락했음을 분명히 한다.

로마서 4장 • 바울은 아브라함(Abraham)을 예로 들어 의롭게 되는 것은 행위로가 아니요 믿음으로라고 가르친다(롬 4:2-3). 그래서 바울은 "성경이 무엇을 말하느냐 아브라함이 하나님을 믿으매 그것이 그에게 의로 여겨진 바 되었느니라"(롬 4:3, 개역개정)고 가르친다. 아브라함은 "백 세나 되어 자기 몸이 죽은 것 같고 사라의 태가 죽은 것 같음을 알고도"(롬 4:19) 사라(Sarah)를 통해 아들을 주시겠다는 하나님의 약속을 견고하게 믿어 의롭다 인정함을 받았다.

로마서 5장 • 바울은 인간이 왜 죄에 빠지게 되었으며 하나님과 불목의 관계에 들어갔는지와 그 불목의 관계에서 화목의 관계로 어떻게 들어갈 수 있는지를 아담(Adam)과 예수 그리스도(Jesus Christ)를 대치시켜 설명한다(롬 5:15, 17-19). 바울은 죄가 이 세상에 들어온 것은 한 사람 아담으로 말미암은 것이므로 또한 예수 그리스도 한 분의 "의로운 행

---

221 Martin Luther, *Commentary on the Epistle to the Romans* (Grand Rapids: Zondervan, 1962), pp. 53-54.

위로 말미암아 많은 사람이 의롭다 하심을 받아 생명에 이르렀다"(롬 5:18, 개역개정)고 설명한다. 그러므로 바울은 성도들의 구원이 우리들의 공로를 통해 받을 수 있는 것이 아니요 오직 하나님의 사랑으로 성취된 것임을 밝힌다(롬 5:8).

로마서 6장 • 바울은 어떻게 죄인이 의롭게 될 수 있느냐를 설명하면서 연합개념을 설명한다. 성도들은 예수님의 돌아가심과 연합되었고, 예수님의 부활과 연합되었기 때문에(롬 6:3-5) 그리스도가 사신 것처럼 성도들도 부활하여 살아 있다고 말한다(롬 6:8). 바울은 성도들이 죄로부터 해방되었고 하나님께 종이 된 사람들로 영생을 소유한 사람들임을 분명히 한다(롬 6:22). 따라서 바울은 "죄의 삯은 사망이요 하나님의 은사는 그리스도 예수 우리 주 안에 있는 영생이니라"(롬 6:23)라고 고백한다.

로마서 7장 • 바울은 예수 그리스도 안에서 의롭게 되어 구원받은 성도들일지라도 현재의 몸을 가지고 사는 한 죄를 지을 수밖에 없는 형편이라고 설명한다. 그러므로 바울은 성도의 삶에서 "하나님의 법"과 "죄의 법"이 주장하고 있음을 설명한다(롬 7:21-25). 루터(Luther)는 "성도가 의인이면서 동시에 죄인이다"(simul iustus et peccator)라는 말로 구원받은 성도의 현재 상태를 설명하고 있다.[222] 멀러(Muller)의 다음 말은 루터가 "성도는 의인이면서 동시에 죄인이다"라고 말한 견해와 일맥상통한다.

"은혜에 의해 믿음을 통해 의롭게 되는 신자에 관한 루터의 특성 묘사, 행위가 아니라 믿음이 우리들의 칭의의 근거이기 때문

---

222 Luther, *Commentary on the Epistle to the Romans*, pp. 98-99.

에, 그리고 칭의는 죄인을 실존적으로 의롭게 만드는 의의 주입이 아니기 때문에, 죄인은 그리스도 때문에 하나님의 보시기에 의로운 존재요 동시에 그 자신의 공적에 따라 판단할 때 죄인이다."[223]

로마서 8장 • 바울은 믿는 성도가 누리는 "대 선언"을 통해 반전을 제시한다. 바울은 "이제 그리스도 예수 안에 있는 자에게는 결코 정죄함이 없다"(롬 8:1, 개역개정)고 선언하고 세상의 어떤 것도 우리를 하나님의 사랑에서 끊을 수 없다고 천명한다(롬 8:35-39). 바울은 성도들이 성령을 소유한 존재들이기 때문에 하나님께서 우리 안에 "거하시는 그의 영으로 말미암아" 우리의 죽을 몸도 살리실 것(롬 8:11)이라고 성도들의 부활의 확실성을 가르친다. 바울은 로마서를 쓰면서 첫 사람 아담의 실패를 예수 그리스도께서 회복하셨다는 사실을 확실하게 증언한다. 그래서 바울은 "현재의 고난은 장차 우리에게 나타날 영광과 비교할 수 없다"(롬 8:18)고 선언하고, 피조물들이 바라는 것은 "피조물도 썩어짐의 종노릇 한 데서 해방되어 하나님의 자녀들의 영광의 자유에 이르는 것"(롬 8:21, 개역개정)이라고 창세기 3장의 내용을 상기시킨다. 예수님은 성도들의 구속을 위해서 돌아가시고 부활하셨다. 하지만 예수님의 죽음과 부활의 효과는 창조된 세상에도 영향을 미칠 것이다. 왜냐하면, 타락한 사람들이 완전하게 구원받는 날, 즉 예수님이 재림하시

---

223 Richard A. Muller, *Dictionary of Latin and Greek Theological Terms* (Grand Rapids: Baker, 1985), p. 283.: "Luther's characterization of the believer justified by grace through faith. Since faith, not works, is the ground of our justification (*iustificatio*, q.v.), and since justification is not an infusion of righteousness that makes a sinner righteous in and of himself, the sinner is both righteous in God's sight because of Christ and a sinner as measured according to his own merits."

는 날 창조된 온 세상은 썩어짐의 종노릇 한데서 해방될 것이기 때문이다.

바울 사도는 이렇게 로마서 1장부터 8장까지 예수 그리스도의 구속 성취로 인해 죄인이 의인으로 구원받게 되었다고 말하고, 그리스도의 구속 성취의 전 우주적인 영향을 상기시킨다. 그리고 바울은 로마서 9장부터 11장까지 자신의 골육 친척이라 할 수 있는 이스라엘 백성의 구원이 어떻게 이루어질 것인지를 밝힌다. 바울은 이스라엘 백성도 율법을 지킴으로 구원받는 것이 아니요 예수 그리스도를 구주로 믿음으로 구원받는다는 사실을 분명히 한다.

로마서 9장 • 바울은 "나의 형제 곧 골육의 친척"(롬 9:3)의 구원 문제를 다룬다. 바울은 아브라함(Abraham)에게 하갈(Hagar)을 통해 얻은 이스마엘(Ishmael)과 사라(Sarah)를 통해 얻은 이삭(Isaac)이 있음을 근거로 (창 16:11; 17:19) "아브라함의 씨가 다 그의 자녀가 아니라 오직 이삭으로부터 난 자라야 네 씨라 불리리라"(롬 9:7, 개역개정)고 약속의 자녀가 하나님의 백성이라고 말한다. 바울은 계속해서 야곱과 에서의 이야기를 통해 하나님이 선택한 자가 하나님의 백성이라고 말한다(롬 9:10-13). 이처럼 구원 받은 하나님의 백성이 되는 것은 하나님께서 정해 놓은 대상이어야만 한다고 말한다(롬 9:27). 그리고 바울은 하나님의 백성이 되는 길은 오직 믿음의 길이라고 천명한다(롬 9:30-32).

로마서 10장 • 바울은 구원을 얻을 방법을 가르친다. 바울은 "네가 만일 네 입으로 예수를 주로 시인하며 또 하나님께서 그를 죽은 자 가운데서 살리신 것을 네 마음에 믿으면 구원을 받으리라 사람이 마음으로 믿어 의에 이르고 입으로 시인하여 구원에 이르느니라"(롬 10:9-10, 개역개정)고 구원의 길은 예수를 구주로 인정하고 예수님의 죽음과 부활을 마음으로 믿고 입으로 시인하여야 한다고 가르친다. 바울은 구원을 얻는 길이 마음으로 믿고 입으로 시인하는 것이라고 요약 정리한다. 이는 사람이 구원을 받기 위해서는 내적 위탁(inner commitment)과 외적 확신(outer confirmation)이 필요하다고 설명한다. 바울은 자신의 동족 유대인들도 믿음의 길 이외에 다른 길이 없다고 못 박아 말하고 있다.

로마서 11장 • 바울은 하나님이 자기 백성을 버리지 않았다고 말한다(롬 11:1). 그래서 하나님은 "은혜로 택하심을 따라 남은 자"(롬 11:5)를 구원하실 것이다. 바울은 하나님이 이방인을 구원하신 것은 "자신의 골육으로 하여금 시기하게 하여 그들 중에서 얼마를 구원하려"(롬 11:14)는 의도가 있었다고 설명한다. 바울은 개혁주의자들이 즐겨 인용하는 "이는 만물이 주에게서 나오고 주로 말미암고 주에게로 돌아감이라 그에게 영광이 세세에 있을지어다 아멘"(롬 11:36)의 말씀으로 본 장을 끝맺는다.

로마서 12장 • 12장부터 바울은 성도들이 이 세상에서 어떻게 살아가야 할 것을 설명한다. 바울은 성도들의 삶이 "하나님이 기뻐하시는 거룩한 산 제물"(a living sacrifice, holy, acceptable to God)로 드리는 삶이어야 하고 그런 삶이 바로 "영적 예배"(롬 12:1)라고 설명한다. 바울은 성도들의 삶은 첫째 "하나님이 기뻐하시는 삶"이 되어야 하며, 둘째, "거룩한 삶이 되어야 하고," 셋째, "살아 있으면서 제물"이 되어야 한다고 가르친다. 그리고 하나님이 성도들을 구원하신 것은 교회로 한 몸을 이루어 살아가도록 하게 하신 것이다. 몸에 속한 모든 지체는 몸이 몸 역할을 제대로 할 수 있도록 서로 돕는 위치에 있다. 바울은 성도들이 각자 가지고 있는 은사는 하나님이 주신 것인데 이는 몸을 세우기 위한 것임을 분명히 한다(롬 12:3-13). 바울은 구원받은 성도들의 삶은 죄 자체는 미워하되 죄지은 인간은 긍휼히 여기면서 살아야 한다고 가르친다. 성도들은 궁극적인 심판자는 하나님이심을 굳게 믿고 "악에게 지지 말고 선으로 악을"(롬 12:21) 이기라고 권면한다.

로마서 13장 • 바울은 성도들과 정부 관리들과의 관계를 설명한다. 성도들은 "위에 있는 권세들에 복종"해야 하는데 그 이유는 권세는 하나님에게서 나왔기 때문이다(롬 13:1). 하나님이 권세자들을 세운 것은 선한 일을 하는 자를 격려하고, 악한 일을 하는 자들을 심판하시기 위해서이다(롬 13:3). 그러므로 바울은 성도들이 사랑으로 선한 일을 행하면서 주님의 재림이 점점 더 가까워졌다는 것을 깨달아야 한다고 가르친다(롬 13:10-11). 성도들은 옷깃을 단정히 하고 그리스도의 나타나심을 고대하면서 정결한 삶을 이어가야 한다(롬 13:11-14).

로마서 14장 • 바울은 믿음이 강한 자는 믿음이 약한 자를 배려하고 도와주어야 한다고 가르친다. 사람은 상대방을 비판부터 먼저 하는 기질들이 있는데 성도들은 상대방을 세워주는 역할을 해야 한다고 말한다(롬 14:3-5). 바울은 성도들이 주님께 속해있는 자들이기에 사랑의 실천을 통해서 형제를 보살펴야 한다고 가르친다(롬 14:8, 13-15). 그리고 바울은 "하나님의 나라는 먹는 것과 마시는 것이 아니요 오직 성령 안에 있는 의와 평강과 희락이라"(롬 14:17, 개역개정)고 하나님 나라 안에서의 삶을 간결하게 요약한다.

로마서 15장 • 바울은 자신이 마음속에 품고 있는 선교의 포부를 분명하게 설명한다. 바울은 그리스도가 성육신하셔서 구속을 성취하신 것은 유대인뿐만 아니라 이방인들도 "하나님께 영광"을 돌리게 하시기 위한 것이라고 설명한다(롬 15:7-12). 바울은 "너희에게 들렀다가 서바나(Spain)로 가리라"(롬 15:28)라고 말함으로 자신의 선교 열망이 로마에 그치지 않고 더 광범위한 지역을 염두에 두고 있다고 밝힌다. 바울은 그리스도의 복음을 편만하게 전함으로 이방인의 사도 역할을 감당했음을 밝힌다(롬 15:19-20). 원래 하나님의 계획은 사도행전 1:8에서

"땅끝까지" 복음이 전파되어야 한다고 가르친 것처럼 바울을 "내 이름을 이방인과 임금들과 이스라엘 자손들에게 전하기 위하여 택한 나의 그릇"(행 9:15)으로 사용하여 로마에 복음을 전하기 원하셨다(행 28:23-31). 바울이 로마서 15장에서 로마 방문 계획을 밝힌 것은 앞으로 있을 로마 방문을 예고하고 있다(롬 15:22-29).

로마서 16장 • 바울은 마지막으로 대략 28명의 성도의 이름을 일일이 언급하면서 그들에게 "문안하라"고 안부를 부탁한다. 여러 성도 가운데 특히 뵈뵈(Phoebe), 브리스가와 아굴라(Priscilla and Aquila), 루포(Rufus) 등이 관심을 끈다. 마가복음은 알렉산더와 루포의 아버지인 구레네 사람 시몬이 예수님의 십자가를 대신 졌다고 전한다(막 15:21). 바울이 "루포와 그의 어머니에게 문안하라"(롬 16: 13)라고 기록한 것으로 보아 시몬의 아내이며 루포의 어머니인 그녀가 바울을 위해 봉사한 것이 확실하다. 그런 다음 바울은 영세 전부터 감추어진 신비의 계시인 복음이 예수 그리스도 안에서 나타났다(롬 16:25-26)고 다시 한번 확인한 후 편지를 끝낸다.

그리스도의 구속과 창조세계의 회복

아담의 범죄로 인해 타락한 "그 하늘과 그 땅"(창 1:1)은 그리스도
의 구속으로 인해 더 나은 상태로 회복될 것이다. 로마서 8:15-25
은 성도들이 "이 세상"에서 받는 고난과 "오는 세상"에서 받을 영광
을 비교하고 있다. 바울은 로마서 8:17에서 "그와 함께 영광을 받
기 위하여(συνδοξασθῶμεν) 고난도 함께 받아야 할 것이니라"(συμπάσχομεν)
라고 말한다. 따라서 로마서 8:18의 "고난"은 그리스도와 함께 받
는 고난임을 입증하고 있다. 그리스도와 함께 받는 고난에의 참여
는 오는 세상에서 그리스도와 함께 충만히 받을 영광의 길을 준비하
는 것이다. 우리가 이 점에서 주목해야 할 것은 "장차 나타날 영광"
은 예수 그리스도의 부활로 인하여 성도들의 생애에 이미 존재한다
는 사실이다(롬 8:11, 17). 그러나 그 영광이 "두 세상"이 공존하는 세
대에는 아직 공개적으로 표명되지 않은 것이다. 바울 사도는 로마서
8:19에서 "피조물이 고대하는 바는 하나님의 아들들이 나타나는 것
이니"라고 하나님의 아들들의 나타나는 것을 강조하는 것처럼 로마
서 8:18에서도 공개적인 표명(open manifestation)에 강조점을 두고 있
다. 로마서 8:19의 나타남(revelation)은 하나님의 자녀들의 영광이 이
미 존재하지만 오직 공개적으로 표명되는 것만을 기대하고 있다는
사상을 제시한다(골 3:4; 요일 3:2).[224] 바울은 다른 곳에서 "우리 생명이
신 그리스도께서 나타나실 그때에 너희도 그와 함께 영광 중에 나타나

---

224 G, Vos, *The Pauline Eschatology* (Grand Rapids: Eerdmans, 1966), p.175.

리라"(골 3:4, 개역개정)라고 말한다. 로마서 8:15에 언급된 대로 신자들은 이미 양자의 영을 받았다. 신자들의 양자된 상태는 다만 표명되지 않은 모습으로 현존하고 있다(요 1:12; 5:24; 빌 3:20).

바울 사도는 "고대하는바"(ἀποκαραδοκία)라는 특이한 용어를 사용함으로써 하나님의 아들들의 나타남이 얼마나 간절히 기대되고 있는가를 강력하게 표현하고 있다. 이 용어의 뜻은 목을 길게 빼고 주시하는 것을 뜻한다. 또한 "간절한 기다림"의 사용은 그 간절한 기대의 개념을 더욱 강조하고 있다(롬 8:23, 25; 고전 1:7; 갈 5:5; 빌 1:20; 3:20).

그러면 누가 하나님의 아들들의 나타남을 간절히 고대하고 있는가? 하나님 아들들의 영광의 표명을 위해 기대하는 것은 바로 창조물(ἡ κτίσις)이다. 다시 말하면 하나님의 아들들의 나타남을 간절히 고대하고 있는 것은 인간의 범죄로 인해 저주받은 "그 하늘과 그 땅"이라고 할 수 있다(창 3:17-18). 이 말은 "그 하늘과 그 땅"을 위해 예수님이 죽고 부활했다는 뜻은 아니다. 하지만 예수님의 구속 성취는 전 우주에 영향을 미친다는 뜻이다. 바울 사도는 그리스도의 구속사역의 영향이 전 우주에 영향을 미치게 될 것을 설명하고 있다. 창조의 개념은 구속 개념의 기초가 되며 바울의 위대한 구속적 역사적 전망의 배경을 형성하는 것이다.[225] 이 개념은 바울이 아담과 그리스도를 비교하여 그의 사상을 발전시키는데도 찾아볼 수 있다(롬 5:12-21, 고전 15:45,49).

그러면 무엇 때문에 온 창조물이 하나님 자녀들의 영광의 표명을 간절히 고대하고 있는가? 그 연유(緣由)는 창조물이 허무한데 굴복되었기 때문이며 썩어짐의 종노릇한 데서 해방되어야 하기 때문

---

225 Herman Ridderbos, *Paul and Jesus* (Philadelphia: Presbyterian and Reformed Publ. Co., 1958), p. 121.

이다(롬 8:20-21, 참고 창 3:17). 바울 사도의 이 표현은 창세기 3:17-18을 배경으로 생각하고 있음이 분명하다. 이 구절은 창조물이 하나님의 저주로 굴복당한 것은 자체의 성향 때문이 아니라 비참한 인류의 상태(狀態) 안에 엉키게 된 연고이다.[226] 인간의 범죄 때문에 땅 위에 저주가 선포되었다(창 3:17 이하). 그러나 바울은 "그 하늘과 그 땅"에 내린 하나님의 저주는 하나님의 자녀들의 영광이 표명될 때 풀리게 될 것이라고 말하는 것이다. 그래서 바울은 "피조물이 고대하는 바는 하나님의 아들들이 나타나는 것이니 피조물이 허무한 데 굴복하는 것은 자기 뜻이 아니요 오직 굴복하게 하시는 이로 말미암음이라 그 바라는 것은 피조물도 썩어짐의 종노릇 한 데서 해방되어 하나님 자녀들의 영광의 자유에 이르는 것이라"(롬 8:19-21)고 설명한다. 창조물이 하나님께 대한 인간의 불순종 때문에 저주를 받았으므로 인간의 완전한 회복과 함께 썩어짐의 종노릇 한데서 해방될 수 있는 소망이 있는 것이다. 우주적 회복이 신자들의 구속과 분리될 수 없는 것이다.[227]

분명히 바울 사도는 창세기 3:17-18의 기록을 그리스도께서 부활하신 이후의 관점에서 해석하고 있다. 바울에게는 모든 것이 완성될 때는 창조물이 썩어짐의 종노릇한 데서 구출되어 하나님 아들들의 영광의 자유에 이르는 때요, 모든 적의 행위가 완전히 소멸할 때이다. 바로 그때 하나님의 아들들의 나타남이 충만하게 될 것이다. 로마서 8:23에서 바울 사도는 왜 "성령의 처음 익은 열매"를 이미 소유한 자들도 탄식하는가를 설명한다. 그 이유는 "두 세대"가

---

226 Vos. *The Pauline Eschatology*, p. 85.

227 O. Cullmann, *Salvation in History* (New York and Evanston: Harper and Row, 1967), p. 146.

공존하는 현재는 성취와 완성의 때가 아니기 때문이다. 현재는 소망의 때로 주님의 재림 때 "오는 세상"의 완성을 고대하는 때이다. 신자들은 몸의 구속 곧 몸의 부활(고후 5:2)을 기다리고 있다. 그날에 "우리의 겸양(謙讓)의 몸은 그리스도 영광의 몸과 같이 될 것이고(빌 3:21) 바로 그 완성을 위해 하나님의 아들들이 탄식하는 것이다."[228] 하나님의 아들들이 탄식하며 기다리는 이 완성은 모든 창조물의 회복과 함께 성취될 것이다. 이 완성은 우리 속에 거하시는 성령이 현재 확증하시고 있지만(고후 5:5; 롬 8:9-11) 미래에 성취될 것이다. 이와 같은 이유로 바울은 로마서 8:24에서 "우리가 소망으로 구원을 얻었다"라고 말한다. 신자들은 이미 구원을 받았다. 그러나 구원은 완성되지 않았다. 지금 소유하고 있는 우리의 구원은 확실하지만 완전하지 않다. 이 사실은 몸의 구속 즉, 양자 될 소망 안에 사는 신자들의 양심에서 반영되고 있다." 우리는 이 점에서 구원개념 자체에 있어서 "이미 …. 그러나 아직"(already and not yet)이라는 사실을 발견할 수 있다.[229]

---

228 John Murray, *The Epistle to the Romans* (*NICNT*), Vol I (Grand Rapids: Eerdmans, 1968), p. 308.

229 박형용, 「바울신학」, pp. 63-68.

12

골로새서

Colossians | 총 4장

기록배경과 특징(A.D. 62)

골로새서(Colossians)는 4장 95절로 구성되어 있다. 바울이 1차로 로마의 감옥에 투옥된 시기는 네로(Nero) 황제가 로마를 통치(A.D. 54-68)하던 시기이다. 바울은 골로새서를 A.D. 62년경에 기록했다. 바울은 골로새서를 쓸 당시 대략 68세쯤 되었다. 골로새 교회는 아마 이방 교회로 에바브라(Epaphras)에 의해 설립되었을 것이다(골 1:7). 바울 자신은 "내가 너희와 라오디게아(Laodicea)에 있는 자들과 무릇 내 육신의 얼굴을 보지 못한 자들을 위하여 얼마나 힘쓰는지를 너희가 알기를 원하노니"(골 2:1, 개역개정)라고 말한 것으로 보아, 골로새(Colosse)를 방문하지 않았던 것 같다. 대신 골로새 교회의 사정을 에바브라로부터 들었다. 골로새 교회는 "거짓된 가르침" 때문에 복음이 위태함에 이르게 되었다. 사도 바울은 이런 형편에 처한 교회를 위해 편지를 써야 한다고 생각한 것이다.

에베소서가 "그리스도의 교회"(the Church of Christ)를 묘사한 서신이라면, 골로새서는 "교회의 그리스도"(the Christ of the Church)를 묘사하는 서신이다. 골로새서는 교회의 머리되신 그리스도를 부각한다. 바울은 예수 그리스도가 창조 때에 하나님으로 존재하면서 창조에 참여하셨고(골 1:14-16) 부활을 통해 성도들의 영생의 길을 열어 놓으신 분임을 확실히 한다(골 1:18). 골로새서는 그리스도의 탁월하심을 드러내는 서신이다. 성도들은 그리스도에게 뿌리를 내리고, 그리스도 안에서 살며, 그리스도 안에서 온전하게 되었기 때문에 그리스도를 나타내는 삶을 살아야 한다. 그런데 도망쳐 나온 노예 오네시모(Onesimus)는 로마에서 바울의 전도로 기독교인이 되었다. 오네시모의 주인 빌레몬(Philemon)이 마침 골로새 교회의 성도였기 때문에 빌레몬에게 오네시모의 개종에 대한 이야기와 그를 형제처럼 용납하라는 편지를 쓰게 된다. 두기고(Tychicus)와 오네시모가 함께 골로새서와 에베소서를 가지고 가서 각 교회에 전달한다(골 4:7-9; 엡 6:21-22).

골로새서 1장 • 바울은 에바브라(Epaphras)가 골로새 교회를 설립한 사실을 밝히고 그가 그리스도의 신실한 일꾼이라고 칭찬한다(골 1:7-8). 그리고 바울은 골로새 교회의 문제를 풀기 위해 예수 그리스도가 누구인지를 설명한다. 바울은 "먼저 나신이"(πρωτότοκος)라는 용어를 창조(the Creation)와 부활(the Resurrection)에서 대칭시켜 사용함으로(골 1:15, 18) 예수님이 창조 때에 계셨던 하나님이요(골 1:15-17), 또한 부활을 통해 만물의 으뜸이 되신 하나님이라고 진술한다(골 1:18-20). 바울은 예수님께서 십자가의 피로 우리의 죄 문제를 해결하시고 우리를 "거룩하고 흠 없고 책망할 것이 없는 자"(골 1:22)로 하나님 앞에 설 수 있도록 만드셨다고 전한다. 그리고 자신은 복음의 일꾼으로 이 복음을 위하여 그리스도의 남은 고난을 자신의 육체에 채우고 있다고 증언한다(골 1:23-29).

골로새서 2장 • 바울은 그리스도가 하나님의 비밀이요(골 2:2) 신성의 충만함이 그 안에 거하신다(골 2:8)고 설명한다. 그런데 어떤 사람들이 철학과 헛된 속임수로 성도들을 유혹하지만, 성도들은 그리스도와 함께 장사되고, 함께 일으키심을 받고, 함께 살리심을 받은 존재들이라고 가르친다(골 2:12-13). 성도들은 예수 그리스도가 그의 죽음과 부활을 통해 성취하신 모든 것을 소유한 사람들이다. 그러므로 성도들은 세상의 초등학문에 매여 있어서는 안 된다(골 2:20-23).

골로새서 3장 • 바울은 성도들이 그리스도와 함께 다시 살아났기 때문에 이제는 "땅의 것"을 생각하지 말고 "위의 것" 즉 "하늘의 것"을 생각하여야 한다(골 3:1-2)고 가르친다. 하나님이 성도들을 택하신 이유는 "거룩하고 사랑받는 자처럼 긍휼과 자비와 겸손과 온유와 오래 참음을 옷 입고"(골 3:12) 서로 용서하고 사랑을 더하며 감사하는 자가 되도록 하게 하시기 원해서이다(골 3:13-17). 그러므로 성도들의 삶은 성령이 충만한 삶을 이어가야 한다. 성령의 충만한 삶은 아내와 남편이, 자녀와 부모가, 종들과 상전들이 항상 하늘에 자신들의 상전인 하나님이 계신 것을 생각하면서 자신의 위치를 겸손하게 그리고 성실하게 지켜야 하는 삶이다(골 3:18-4:1). 본 구절의 내용이 에베소서 5:22-6:9까지의 내용과 비슷한 사실은 골로새서와 에베소서가 같은 시기에 기록된 것을 암시하고 있다.

골로새서 4장 • 바울은 골로새 교회 성도들에게 자신이 "그리스도의 비밀"을 전할 수 있도록 기도 요청을 한다(골 4:3-4). 그리고 바울은 두기고(Tychicus)를 통해 편지를 전달할 것임을 밝히고(골 4:7), 골로새 교회 성도인 빌레몬의 노예 오네시모(Onesimus)도 함께 보낸다고 말한다(골 4:9). 바울은 아리스다고(Aristarchus), 마가(Mark), 유스도(Justus)라 하는 예수(Jesus), 에바브라(Epaphras)가 골로새 교회에 문안한다고 전하고 서신을 마무리한다(골 4:10-12).

우리는 여기서 마가의 등장에 관심을 두게 된다. 바울은 예루살렘 공회를 마치고(A.D. 50/51) 제2차 전도 여행을 떠나기 위해 준비하면서 사역자 선택 문제로 마가를 데리고 가고자 하는 바나바(Barnabas)와 심히 다툰 것을 끝으로(행 15:36-39) 마가와 교제하지 않았다. 그런데 바울은 로마 감옥에 1차로 감금되었을 당시 A.D. 62년경에 기록한 그의 서신 골로새서 4:10에서와 같은 해 A.D. 62년경에 기록한 빌레몬서 24절에서 마가가 각각의 교회에 문안을 전한다고 언급한다. 그리고 바울은 로마 감옥에 2차로 감금된 A.D. 68년에 그의 순교를 예상하면서 쓴 그의 마지막 서신 디모데후서 4:11에서 역시 마가를 언급하면서 "누가만 나와 함께 있느니라 네가 올 때에 마가를 데리고 오라 그가 나의 일에 유익하니라"라고 쓴다. 이와 같은 기록을 정리하면 마가는 바울이

A.D. 62년 제1차 로마 감옥에 감금되었을 때에 바울과 함께 로마에 있었음에 틀림이 없다. 그러므로 정확한 연도는 알 수 없지만 약 10여 년 어간 어느 시점에 바울은 다시 마가와 재회한 것으로 보인다.

13

빌레몬서

Philemon | 총 1장

빌레몬서(Philemon)는 1장 25절로 구성되어 있다. 바울이 빌레몬서를 기록한 연도는 A.D. 62년으로 그가 68세쯤 되었을 때이다. 네로(Nero) 황제가 로마를 다스린 기간(A.D. 54-68)에 바울이 그의 서신 13개 중에서 개인에게 쓴 편지는 디모데전서, 디모데후서, 디도서, 그리고 빌레몬서이다. 그런데 디모데전서, 디모데후서, 디도서는 그들에게 그리스도의 교회를 어떻게 섬기고 목회할 것인지를 중점적으로 설명하는 목회 서신이다. 사실상 바울의 서신들은 대부분 교회를 향한 서신이기 때문에 모두 "목회 서신"이라고 부를 수 있으나 특히 디모데전서, 디모데후서, 디도서는 디모데와 디도에게 그리스도의 몸된 교회를 어떻게 섬겨야 할지를 가르치는 서신이기에 "목회 서신"(Pastoral Epistles)이라고 명칭을 부치는 것은 타당하다.[230]

그러나 빌레몬서는 오네시모(Onesimus) 한 사람을 위해 쓴 서신이다. 어쩌면 빌레몬서는 한 사람을 위한 구명운동을 하기 위해 쓴 서신이라고 할 수 있다. 바울은 그리스도 안에서 얻은 한 사람의 노예를 위해 많은 배려를 아끼지 않는다. 그것도 노예인 오네시모를 회복시키기 위해 쓴 빌레몬서의 내용은 그 당시의 사회적 상황으로 보아 혁명적 발상이라고 할 수 있다. 칼빈(Calvin)은 빌레몬서는 바울의 고상한 정신을 드러내는 서신이라고 평가한다. 그리고 칼빈은 빌레몬서에서 가장 천한 위치에 있는 사람을 위해 스스로 낮아진 바울을 발견하고, 세상 어디에서도 발견할 수 없는 그의 검소와 겸손을 명명백백하게 체험

---

230 "목회 서신"이라는 명칭은 1703년 베르도(D. N. Berdot)에 의해 처음으로 사용되었고 1726년 폴 안톤(Paul Anton)이 그의 책을 통해 대중화시킨 명칭이다.

할 수 있다고 평가한다.[231] 바울 사도는 저명한 노예 주인과 도망친 노예 사이의 특별한 긴장과 어려움 속에서도 그리스도 안에서의 사랑이 그 효과를 발휘할 수 있다는 사실을 빌레몬서를 통해 전한다. 바울 사도가 쓴 13개의 서신 중에서 빌레몬서만이 유일하게 개인적인 서신이라고 할 수 있다.

---

231 John Calvin, *The Second Epistle of Paul to the Corinthians, and the Epistles to Timothy, Titus and Philemon* (Grand Rapids: Eerdmans, 1973), p. 393.

빌레몬서 1-3 • 시작하는 인사로 바울이 "그리스도 예수를 위하여 갇힌 자"(몬 1) 되었음을 밝히고 빌레몬(Philemon)과 자매 압비아(Apphia) 와 아킵보(Archippus)와 네 집에 있는 교회에 인사함으로 편지를 시작한 다(몬 1-3). 바울 사도는 그가 쓴 13개의 편지를 시작할 때 항상 하나님 의 은혜(χάρις)와 평강(εἰρήνη)이 성도들에게 함께 있기를 소원한다. 그런 데 바울은 디모데전서와 디모데후서에서는 긍휼(ἔλεος)을 은혜와 평강 과 함께 사용한다(딤전 1:2; 딤후 1:2).

빌레몬서 4-7 • 바울이 오네시모를 소개하기 전에 빌레몬의 믿음과 사랑을 칭찬하고 성도들이 빌레몬을 통해 평안함을 얻었고, 바울 자신 도 빌레몬의 "사랑으로 많은 기쁨과 위로를 받았다"(몬 7)고 감사한다.

빌레몬서 8-18 • 빌레몬서의 중심내용이 담겨있는 부분이다. 바울 은 이제 본격적으로 빌레몬에게 오네시모(Onesimus)를 소개한다. 바울 은 빌레몬서 10절에 가서야 오네시모의 이름을 언급한다. 그 이유는 빌레몬의 마음을 철저하게 준비시킨 다음 오네시모를 등장시키기 원 했기 때문이다. 바울은 오네시모를 가리켜 "갇힌 중에서 낳은 아들"(몬 10), "내 심복"(몬 12), "사랑받는 형제"(몬 16) 등의 표현을 사용하여 그 를 높이 평가한다. 바울은 오네시모를 위해 빌레몬의 마음을 열기 위 해 자신이 갇혀있다는 사실을 강조한다(몬 1, 9, 10, 13). 그리고 바울은 오 네시모가 전에는 무익하였으나 이제는 유익하다고 비교하고(몬 11), 그 가 잠시 떠났었으나 그것은 영원히 함께하도록 하기 위해서라고 비교 하고(몬 15), 그가 전에는 종이었으나 지금은 사랑받는 형제라고 비교한 다(몬 16). 그리고 바울은 본격적으로 오네시모를 그리스도 안에서 형제 처럼 받으라고 빌레몬에게 여러 가지 말로 설득을 한다(몬 17). 바울은 더 나아가 그리스도의 성육신적인 행동처럼 오네시모가 주인인 빌레몬에게 잘못한 모든 것은 바울 자신이 책임지겠다고 말한다(몬 18). 칼빈은 바울이 도둑이요 도망자인 노예를 그의 주인의 분노에서부터 보호하기 위해 전혀 주저함 없이 그 노예를 가슴에 품는 친절한 행위는 놀랄만한 일이라고 설명한다.[232]

빌레몬서 19-20 • 바울은 빌레몬이 오네시모를 영접할 수밖에 없도록 이 편지를 친필로 쓰고 있음을 강조하고 "네 자신이 내게 빚진 것은 내가 말하지 아니하노라"(몬 19)라고 말함으로 빌레몬이 결단할 수밖에 없도록 만든다. 그리고 바울은 빌레몬이 오네시모를 영접함으로 사도로서가 아니라 형제로서 빌레몬으로부터 사랑을 얻게 되고, 빌레몬이 오네시모를 형제로 받음으로 그리스도 안에서 평안을 얻게 되기를 원한다고 말함으로 빌레몬의 마음을 흔들고 있다(몬 20). 바울은 오네시모 한 사람을 위해 그 당시 사회적인 제도도 초월하고 사도의 체면도 접어놓고 모든 희생을 감수하면서 이 편지를 쓴다.

빌레몬서 21-22 • 바울은 빌레몬이 자신의 요청을 들어줄 것을 확신하면서(몬 21) "나를 위하여 숙소를 마련하라"(몬 22)라고 말함으로 로마 감옥에서 풀려나 다시 만날 수 있을 것을 내다본다. 또한, 숙소를 마련해 달라고 부탁하는 바울의 말은 빌레몬에게 오네시모를 형제처럼 받아들일 수밖에 없도록 하는데 심리적인 작용을 했을 것이다.

빌레몬서 23-25 • 바울의 마지막 인사로 바울이 골로새서에서도 발견되는 에바브라(Epaphras), 마가(Mark), 아리스다고(Aristarchus), 데마(Demas), 누가(Luke) 등 동역자들이 빌레몬서에서도 문안한다고 기록한다(몬 23-24; 골 4:10, 12, 14). 이는 골로새서와 빌레몬서가 같은 장소에서

---

232 Calvin, *The Second Epistle of Paul to the Corinthians, and the Epistles to Timothy, Titus and Philemon*, p. 397.

동시에 기록된 것을 증거한다. 바울은 그리스도의 은혜가 빌레몬과 함께 하기를 빌면서 편지를 마무리한다(몬 25).

14

에베소서

Ephesians | 총 6장

기록배경과 특징(A.D. 63)

에베소서(Ephesians)는 6장 155절로 구성되어 있다. 바울이 에베소서를 기록한 연도는 A.D. 63으로 로마 황제 네로(Nero)가 통치(A.D. 54-68)하던 때이다. 바울은 이때 대략 69세쯤 되는 노인이었다. 에베소 교회는 초대 기독교회의 유명한 지도자들과 깊은 연관을 가지고 있다. 바울, 사도 요한, 마가, 디모데, 브리스길라(Priscilla)와 아굴라(Aquila) 등과 같은 그 당시 기독교회 내의 유명한 인물들이 관련이 있었다.

에베소 교회와 사도 요한과의 관계는 1세기 후반부터 시작되었다. 사도 요한이 밧모(Patmos) 섬에 귀양 가기 전에 그는 에베소에 살고 있었다(계 1:11; 2:1). 이런 상황은 에베소교회와 사도 요한과의 관계를 친밀하게 만들었다. 요한 마가도 한때 에베소에 머물렀다. 에베소에서 교회를 보살피는 디모데에게 "누가만 나와 함께 있느니라 네가 올 때 마가를 데리고 오라 그가 나의 일에 유익하니라"(딤후 4:11, 개역개정)라고 말한 바울의 부탁은 이를 증거한다. 디모데는 바울의 요청으로 에베소에 머물러 에베소 교회를 목회했었다(딤전 1:3). 그리고 브리스길라와 아굴라는 바울이 2차 전도 여행에서 귀환하는 도중 에베소에 들렀을 때 그들을 거기 머물게 함으로 에베소 교회와 연관을 갖게 되었다(행 18:18).

에베소 도시와 바울과의 관계는 바울이 2차 전도 여행 도중 유대로 귀환하면서 에베소에 들린 것이 처음 접촉이었다. 바울은 그때 "회당에 들어가서 유대인들과 변론"(행 18:19)했다. 바울의 이 짧은 에베소 방문과 복음 전도는 뒤에 남은 브리스길라와 아굴라에 의해 계속되었음이 틀림없다. 그리고 이런 노력의 결과로 에베소 교회가 설립되었다. 그런데 바울이 유대로 떠난 후 아볼로(Apollos)가 에베소 교회를 방문하여 요한의 세례만을 전하자 브리스길라와 아굴라가 아볼로에게 "하나님의 도를 더 자세히 풀어"(행 18:26) 설명해 줌으로 아볼로도 "예수는 그리스도라"(행 18:28)고 유력하게 증거하게 된다.

그 후 바울은 3차 전도 여행 도중 에베소에 들러 약 3년 동안 에베소 교회를 목회한다(행 19:1; 20:17~35). 에베소 교회에서 바울의 목회는 일사각오의 태도를 가진(행 20:24) 눈물과 기도로 점철된 목회였다(행 20:31). 그 후 바울의 3차 전도 여행은 마게도냐와 아가야 지방으로 계속된다. 바울이 예루살렘으로 귀환하는 도중 밀레도(Miletus)에서 에베소 장로들을 만나 눈물로 작별한 것이(행 20:17, 36~38) 사도행전에 나타난 바울과 에베소 교회와의 마지막 만남이었다.

그러나 목회 서신에 보면 바울은 1차 로마 감옥에서 풀려난 후 다시 에베소에 들렀던 것이 확실하다(딤전 1:3). 디모데후서 1:18에 나타난 대로 바울이 에베소에 있을 때 오네시보로(Onesiphorus)가 바울을 위해 봉사했었다고 기록한 사실은 1차 감금에서 풀려난 후 바울의 에베소 방문을 확실하게 해준다. 이처럼 바울과 에베소 교회와의 관계는 대단히 밀도 있는 친근한 관계였다.

에베소서는 하나님의 자비의 영원한 목적이 무엇인지를 가르쳐주는 서신이다. 에베소서는 하나님의 장엄한 구원 계획을 펼쳐 보이는 서신이다. 반즈(Barnes)는 하나님의 구원 계획을 바울이 에베소서에서 온 힘을 기울여 설명하고 있다고 말한다. 반즈는 "바울은 이 주제를 논의하면서 그의 모든 정신을 쏟는다. 그리고 이 서신(에베소서) 보다 바울의 전 열정과 숭고함과 영혼이 잘 표명된 바울의 다른 저작물의 어느 부분도 존재하지 않는다"[233]라고 정리한다.

---

233 Albert Barnes, *Notes on the New Testament* (Grand Rapids: Baker, 1982), p. xiv.

에베소서는 구원받은 자의 모임인 "그리스도의 교회"(the church of Christ)를 묘사하는 서신이다. 에베소서는 교회가 그리스도의 몸이라는 진리를 집중적으로 부각시킨다. 에베소서는 예수 그리스도 안에서의 부요를 잘 설명한다. 그리스도인은 예수 안에서 수양 되었고(adoption), 인정받았으며(acceptance), 속량 받았고(redemption), 죄 용서를 받았으며 (forgiveness of sins), 그리고 신령한 복(spiritual blessing)을 받은 사람들이다. 따라서 성도는 이런 변치 않을 축복을 받은 사람처럼 신령한 부요를 드러내며 살아야 한다. 에베소 교회는 처음부터 유대인과 이방인을 모두 포함한 교회였다(행 19:1-10; 20:21). 그러나 이방인들의 수가 점점 더 많아져 후에는 실제로 이방인들을 중심으로 한 기독교회가 되었다. 따라서 에베소 교회 내에는 유대인 신자와 이방인 신자 사이에 긴장이 발생하게 되었고, 바울은 이를 의식하고 그리스도 안에서 유대인과 이방인이 모두 하나로 통일되었음을 강조하고 있다(엡 2:11-22; 4:1-6).[234]

---

234 Cf. C. E. Arnold, "Ephesians," *Dictionary of Paul and His Letters* (Downers Grove, 1993), p. 246.

요약(A Summary of Ephesians)

에베소서 1장 · 바울은 성부, 성자, 성령 삼위일체 하나님께서 구속을 계획하시고, 성취하시고, 적용하시는 사역을 설명한다(엡 1:3-14). 우리가 주목할 것은 바울 사도가 성부 하나님의 사역을 설명한 후 "그의 은혜의 영광을 찬송하게 하려는 것이라"(엡 1:6)라고 설명하고, 성자 예수님의 사역을 설명한 후에도 "그의 영광의 찬송이 되게 하려 하심이라"(엡 1:12)라고 설명한다. 그리고 성령 하나님의 사역을 설명하고 역시 "그의 영광을 찬송하게 하려 하심이라"(엡 1:14)라고 정리한 부분이다. 우리는 여기서 하나님이 우리를 구속하신 이유는 우리가 그의 영광을 찬송하게 하려는 목적이 있었음을 발견하게 된다. 바울은 세상을 새롭게 하고 인간의 구속을 성취하신 분이 주 예수 그리스도로서 그는 "이 세상뿐 아니라 오는 세상에 일컫는 모든 이름 위에"(엡 1:21) 뛰어난 이름을 얻으실 분이라고 설명한다.

에베소서 2장 · 바울은 인간이 죄와 허물로 죽은 상태에 있었는데 하나님께서 성도들을 그리스도와 함께 살리셨고, 함께 일으키셨고, 함께 하늘에 앉혀 주셨다(엡 2:4-6)고 설명한다. 바울은 우리의 구원이 하나님의 선물이며 또한 우리의 믿음도 하나님의 선물임을 확실히 한다(엡 2:8). 선물의 개념은 은혜의 개념이지 공로의 개념이 아니다. 바울은 그리스도의 구속은 유대인만을 위한 것이 아니요, 유대인과 이방인 모두를 위한 것임을 분명히 밝힌다. 그래서 바울은 하나님이 유대인과 이방인을 "한 새 사람"(엡 2:15)으로 만들었다고 설명한다. 교회는 "사도들과 선지자들의 터 위에 세우심을 입은 자"(엡 2:20)이다.

에베소서 3장 · 바울은 그가 받은 계시를 글로 기록했다고 밝히고 그 기록된 말씀을 읽으면 자신이 받은 계시를 독자들도 이해할 수 있다고 설명한다(엡 3:3-4). 이 말씀은 하나님의 말씀이 인간의 글로 기록될 수 있고 또 그 기록된 말씀 자체가 하나님의 말씀임을 확증해 주는 것이다. 바울은 "모든 성도 중에 지극히 작은 자보다 더 작은 나에게 이 은혜를 주신 것은 측량할 수 없는 그리스도의 풍성함을 이방인에게 전하게 하시고"(엡 3:8)라고 말함으로 하나님의 은혜, 그리스도의 풍성함, 자신의 겸손, 자신의 사명을 설득력 있게 설명한다. 바울은 구속 받은 그리스도의 교회의 중요성을 설명하면서 천사들까지도 교회를 통해 하나님의 각종 지혜를 알 수 있게 된다고 설명한다(엡 3:10).

에베소서 4장 • 바울은 하나님이 성도들에게 은사와 직분을 주신 것은 "그리스도의 몸을 세우기"(엡 4:12) 위한 것임을 분명히 한다. 그리고 바울은 교회가 그리스도와 연결되지 않고는 성장하는데 필요한 영양분을 공급받지 못한다고 말한다(엡 4:13-16). 성도들은 "새 사람"이기 때문에 성령을 근심하게 하는 행동을 해서는 안 된다(엡 4:25-30). 반즈(Barnes)는 성령을 근심하게 하는 인간의 행동은 첫째, 공개적인 모든 죄, 둘째, 모든 형태의 분노, 셋째, 음탕한 생각과 욕망, 넷째, 감사하지 않는 마음, 다섯째, 태만, 여섯째, 저항심 등으로 정리한다.[235]

에베소서 5장 • 바울은 성령 충만한 삶이 어떤 것인지를 가르친다. 성령 충만한 삶은 인간의 모든 관계에서 성령의 인도에 따라 하나님이 원래 계획하신 바른 삶을 살아야 한다. 가정에서 남편과 아내는 자신의 역할을 성실하게 함으로 성령을 근심시켜서는 안 된다. 아내는 자기 남편에게 복종하고(엡 5:22), 남편은 아내를 그리스도께서 교회를 희생적으로 사랑하신 것처럼 사랑해야 한다(엡 5:25).

에베소서 6장 • 바울은 성령의 충만한 삶을 자녀와 부모, 종들과 상

---

235 Albert Barnes, *Notes on the New Testament*, 1982, p. 93.

전들의 관계에서 가르친다(엡 6:1-9). 자녀들은 부모를 거짓 없는 마음으로 공경하고, 부모들은 자녀들을 노엽게 하지 말고 주의 교훈으로 훈계해야 한다(엡 6:1-4). 그리고 종들은 상전들을 기쁜 마음으로 즐겁게 순종해야 하고, 상전들은 자신들의 상전이 하늘에 계신 하나님임을 분명히 알고 진심으로 종들을 배려하며 보살펴야 한다(엡 6:5-9). 에베소서 5:22-6:9까지 남편과 아내, 부모와 자녀, 그리고 상전들과 종들의 관계를 설명하는 내용이 골로새서 3:18-4:1까지의 내용과 비슷한 점은 두 서신이 같은 시기에 기록되었음을 암시하고 있다. 바울은 끝으로 성령 충만한 삶을 이어가기 위해서는 "하나님의 전신갑주"(엡 6:13)를 입고 철저하게 마귀의 간계를 대비해야 함을 설명한다.

15

빌립보서

Philippians | 총 4장

기록 배경과 특징(A.D. 63)

빌립보서(Philippians)는 4장 104절로 구성되어 있다. 빌립보서의 기록 연대는 대략 A.D. 63으로 추정한다. 이 시기는 로마 황제 네로(Nero)가 통치하던 시기(A.D. 54-68)와 맞물린다. 바울의 당시 나이는 대략 69세쯤 되었을 때이다. 바울 사도는 로마 감옥에 1차로 감금된 상태에서 빌립보서를 기록한다. 바울은 에바브로디도(Epaphroditus) 편에 빌립보 교회의 소식과 함께 빌립보 교회가 헌금한 바울의 쓸 것을 전해 받는다(빌 4:15-18). 바울은 그들의 사랑에 대해 감사의 말과 함께 빌립보 교회의 관심을 목회적 심정으로 설명한다. 빌립보 교회의 관심은 사도가 갇혔으므로 복음도 갇히게 되었다고 생각한 것이다. 이에 대해 바울은 자신이 로마의 옥중에 있으므로 복음이 갇힌 것이 아니요 "도리어 복음의 진보가"(빌 1:12) 되었다고 말한다. 바울은 자신이 옥중에 갇히지 않았으면 복음을 전하지 못했을 사람들까지도 자신이 옥중에 갇힘으로 그리스도를 전파했다고 말하고 이를 기뻐한다고 자신의 심경을 토로한다. 자신은 인격적으로 손해를 보고 어려움을 당할지라도 그리스도만 전파되면 기뻐한다고 말한다(빌 1:13-18). 바울은 자신의 죽고 사는 문제도 복음 중심적으로 생각한다. 그는 죽는 것이 자신에게는 더 유익하지만, 복음을 위해 살아 있기를 원한다고 말한다(빌 1:21-26). 그리고 바울은 자신의 학문적, 가정적, 사회적 자랑거리도 그리스도의 "부활의 권능과 그 고난에 참예함"(빌 3:10)과 비교할 때는 배설물과 같은 것들이라고 말한다. 바울의 이와 같은 태도는 자기 자신 중심적으로 생각하지 않고 그리스도 중심적으로 자신의 생을 생각하는 본이 되는 것이다. 바울은 에바브라디도 편에 빌립보서를 빌립보 교회에 전달했다.

빌립보서 1장 • 바울은 자신이 그리스도의 심장으로 빌립보 교회를 사랑하고 있다고 밝히고(빌 1:8), 자신의 매임, 즉 로마 감옥에 갇혀있는 것이 오히려 복음의 진보에 보탬이 된다고 말한다(빌 1:12-17). 바울은 성령께서 자신을 로마의 감옥에서 구출해 주실 것을 확신하고 있다(빌 1:19). 바울은 사실상 죽어서 그리스도와 함께 있는 것이 좋으나 복음을 증거하기 위해 살아남기를 원한다고 말한다(빌 1:21-24). 바울은 성도가 하나님의 은혜로 구원을 받게 된 것은 예수 그리스도를 믿게 하시기 위함뿐만 아니라 또한 그를 위하여 고난도 받게 하려 함이라고 말한다(빌 1:29-30). 바울은 성도가 구원을 받았을지라도 고난을 면제받지 않았음을 확실히 한다.

빌립보서 2장 • 바울은 예수 그리스도의 성육신의 신비를 밝힌다. 예수님의 비하와 승귀의 비밀은 우리들을 죄로부터 구속하시고 하나님의 자녀들처럼 살도록 하시기 위해서라고 설명한다(빌 2:1-12). 바울은 빌립보서 2:5-11에서 바울서신 다른 곳에서 사용하지 않는 용어들인 "본체 혹은 형체"(빌 2:6-7), "취할 것"(빌 2:6), "지극히 높여"(빌 2:9) 등의 용어들을 사용하여 예수님의 비하와 승귀를 묘사한다. 바울은 빌립보서 2:6-11을 두 부분으로 나누어 빌립보서 2:6-8은 예수님의 비하 상태를 묘사하고, 빌립보서 2:9-11은 예수님의 승귀 상태를 묘사하고 있다. 바울은 예수님의 비하 상태를 묘사할 때는 예수님을 주어로 하여 두 개의 독립적인 동사 "비우다"(ἐκένωσεν)와 "낮추다"(ἐταπείνωσεν)를 사용하여 예수님의 적극적인 겸손과 순종을 부각한다. 그리고 바울은 예수님의 승귀 상태를 묘사할 때는 하나님을 주어로 하여 역시 두 개의 독립적인 동사 "지극히 높인다"(ὑπερύψωσεν)와 "주신다"(ἐχαρίσατο)

를 사용하여 하나님이 겸비해지신 예수님을 높인 사실을 강조하고 있다.[236] 반즈(Barnes)는 예수님의 비하를 해석하면서 "만약 예수님이 진정으로 신이셨다면, 그렇다면 그가 한 인간이 되시기로 동의하신 그 자체가 모든 가능한 겸손의 행위 중 가장 놀랄만한 것이다"라고 말한다.[237] 그리고 바울은 디모데(Timothy)와 에바브로디도를 먼저 빌립보 교회에 보낼 계획을 밝힌다(빌 2:19-30).

빌립보서 3장 • 바울은 육신의 자랑거리가 구원을 받는 데는 아무 소용이 없고 구원은 오로지 믿음으로 가능하다고 가르친다(빌 3:4-9). 바울은 자신이 팔일 만에 할례를 받았고, 이스라엘 족속이요, 베냐민 지파요, 히브리인 중의 히브리인이요, 율법으로는 바리새인이며 율법의 의로는 흠이 없는 자라고 자신의 자랑거리를 정리 한다(빌 3:5-6). 바울의 자랑거리는 그 당시 최고의 자랑거리라고 할 수 있다. 하지만 이런 자랑거리는 구원을 받는데 아무 소용이 없다. 바울이 가진 의는 오직 그리스도를 믿음으로 하나님으로부터 난 의이기 때문이다(빌 3:9). 바울은 성도들의 시민권이 하늘에 있음을 확신하면서(빌 3:20) 성도들은 하나님 나라의 시민으로서 푯대를 향해 전진하는 삶을 살아야 한다고 권면한다(빌 3:14-16).

빌립보서 4장 • 바울은 에바브로디도(Epaphroditus)를 통해 전해 들은 빌립보 교회 내의 불협화음의 문제를 해결하기 위해 유오디아(Euodia)와 순두게(Syntyche) 모두 생명책에 기록된 동료들임을 강조한다(빌 4:1-3). 바울은 계속해서 여섯 개의 명령형을 사용하여 성도들이 어떻게 하나님의 평강을 누리며 기쁨의 삶을 살 수 있는지를 가르친다. 바울은 "기

---

236 참조, 박형용, 「빌립보서 주해」 (수원: 합신대학원출판부, 2011), pp. 144-182.

237 Albert Barnes, *Notes on the New Testament*, 1982, p. 169.

뻐하라"(빌 4:4), "알게 하라"(빌 4:5), "염려하지 말라"(빌 4:6), "하나님께 아뢰라"(빌 4:6), "이것들을 생각하라"(빌 4:8), "내게 배우고 받고 듣고 본 바를 행하라"(빌 4:9)의 여섯 개의 명령형을 사용한다. 그리고 바울은 자신은 그리스도 안에 있기 때문에 어떤 상황에서도 자족할 수 있다고 증언하고 빌립보 교회가 보내 준 선물이 "향기로운 제물"이라고 말하면서 감사의 말을 전한다(빌 4:14-18).

特   주

빌립보 시와 그리스도의 복음 전파

빌립보(Philippi)시의 이름은 알렉산더 대왕(Alexander the Great)의 부친인 빌립(Philip) 왕으로부터 유래되었다. 빌립(Philip II) 왕이 빌립보 근처에 있는 금광을 장악하기 위해 B.C. 356년 타시안 정착촌(Thasian settlement)을 요새화한 곳이 빌립보시이다. 역사적으로 빌립보시는 로마 제국의 장래를 결정하는 큰 전쟁으로 유명하다. 제1차 삼두정치가 B.C. 44년 3월 15일 줄리어스 시저(Julius Caesar)가 브루터스(Marcus Brutus, B.C. 85-42)에 의해 암살됨으로 와해된 이후 빌립보시에서 B.C. 42년 옥타비안(Octavianus)과 안토니(Antony)의 연합군과 브루터스와 캐시우스(Cassius) 연합군과의 전쟁이 있었다. 이 전쟁에서 옥타비안과 안토니의 군대가 승리함으로 로마 제국의 향방이 결정되는 계기가 마련되었다. 캐시우스는 패전으로 절망한 나머지 자살함으로 생을 마감했고, 브루터스는 몇 동료들과 함께 피신했지만 다시 회복할 수 없음을 깨닫고 그의 동료인 스트라토(Strato)에게 자신을 죽여 달라고 명했지만 스트라토는 오랫동안 그 요청을 거절하였다. 그러나 스트라토는 브루터스의 의지가 확고한 것을 알고 브루터스에게 기회를 주기 위해 그의 칼을 들고 자신의 얼굴을 다른 방향으로 돌리고 있는 사이 브루터스는 스트라토의 칼 위에 엎드러져서 자신의 생명을 마감하게 되었다. 브루터스는 패전한 후 공화국 정부(Republican Government)의 회복이 불가능함을 알고 자신을 가리켜 "로마인들의 최후"라고 말하고 자살한 것이다.[238]

---

238 Albert Barnes, *Notes on the New Testament*, 1982, p. cxxxviii.

옥타비안과 안토니는 전쟁에서 승리하고 빌립보 시를 퇴역 군인들을 위한 로마의 식민지(colony)로 만들어 거주자들에게 로마 시민의 특권을 부여했다. 옥타비안은 초대 로마 황제가 되어 자신을 가이사 아구스도(Caesar Augustus)로 불렀다(눅 2:1). 빌립보시는 초대 로마 황제 가이사 아구스도에 의해 더욱 보강된 도시로 정비된다.[239]

빌립보시는 그리스도의 복음이 전파된 최초의 유럽 도시이다. 복음이 빌립보에 전파된 경위는 특이하다. 바울과 그 일행이 아시아 지역인 비두니아(Bithynia)에 복음을 전하고자 하였지만 성령($\tau o\hat{v}$ $\dot{\alpha}\gamma i o v$ $\pi v \epsilon \dot{v} \mu \alpha \tau o \varsigma$)과 예수의 영($\tau \grave{o}$ $\pi v \epsilon \hat{v} \mu \alpha$ $' I \eta \sigma o \hat{v}$)이 이를 막았고 "마게도냐로 건너와서 우리를 도우라"(행 16:9)라는 환상을 바울이 보고 아시아에서 유럽으로 건너가 복음을 전파한 처음 도시이다.

---

239 *The New Encyclopaedia Britannica*, Vol. 9, Micropaedia, "Philippi," p. 380.

16

디모데전서

1 Timothy | 총 6장

디모데전서(1 Timothy)는 6장 113절로 되어 있다. 사도행전 28:30-
31은 바울이 로마 감옥에 갇혀있는 상황을 기록한다. 바울은 1차로 감
금된 로마 감옥에서 풀려난 후 아시아 지역을 여행한다. 디모데전서는
바울이 A.D. 67년에 기록한 것으로 추정되기 때문에 아직도 로마 황제
네로(Nero)가 권좌에 앉아 있을 때이다(A.D. 54-68). 바울은 당시 대략 73
세 정도 되었다. 나이 많고 경험이 풍부한 사도 바울은 에베소에서 교
회를 섬기는 막중한 책임을 지고 있는 디모데(Timothy)에게 목회에 필
요한 여러 가지 권면을 한다. 바울은 먼저 디모데에게 바른 교훈을 따
라야 한다고 권면한다. 디모데는 신화와 족보(딤전 1:4; 4:7), 미혹하는 거
짓 교사들(딤전 1:20)을 조심하여야 한다. 그리고 디모데는 바른 생활을
통해 진리를 드러내야 한다. 디모데는 거짓 교사의 헛된 말(딤전 1:4, 6;
4:20), 거짓말(딤전 4:1-2), 탐욕(딤전 6:10)등에 귀를 기울이지 말아야 한다.
바울은 교회의 지도자들은 물론 모든 성도도 비도덕적 관행과 물질주
의에 빠지지 않고 진리에 헌신된 사람이어야 한다(딤전 6:7-10, 17-19)고
가르친다.

디모데전서 1장 • 바울은 디모데가 믿음 안에서 자신의 "참 아들"이 되었다고 말하고(딤전 1:2) 에베소 교회를 섬길 때 바른 교훈을 전하라고 권면한다. 왜냐하면, 이 교훈은 "하나님 영광의 복음"(딤전 1:11)이기 때문이다. 바울은 자신이 "죄인 중에 괴수"이지만 하나님의 긍휼로 영생을 얻게 되었다고 고백한다(딤전 1:15-17). 바울은 후메내오(Hymenaeus)와 알렉산더(Alexander)가 신성을 모독하지 못하게 하려고 사탄에게 내어 주었다고 말하면서 "너를 지도한 예언을 따라 그것으로 선한 싸움을 싸우며 믿음과 착한 양심을 가지라"(딤전 1: 18-20)고 권고한다.

디모데전서 2장 • 바울은 교회를 섬길 때 하나님과 깊은 교제 관계에 있어야 한다고 가르친다. 바울은 간구(request), 기도(prayer), 도고(intercession), 감사(thanksgiving)의 기도를 하나님께 드려야 한다고 말하면서 하나님과 죄인 사이에서 중보 역할을 하실 분은 예수 그리스도뿐이라고 가르친다(딤전 2:1-7). 바울은 남자들이 교회 내에서 어떻게 처신해야 할 것을 언급한(딤전 2:8) 직후 여자들도 교회 안에서 선행을 하고 순종하며 정숙한 처신을 해야 할 것이라고 가르친다(딤전 2:9-10). "이와 같이 여자들도"(딤전 2:9)라는 표현은 교회 안에서 남자들과 여자들이 어떻게 행동해야 할지를 설명하고 있음을 증거 한다.

그런데 바울은 갑자기 논조를 바꾸어 "여자는 일체 순종함으로 조용히 배우라"(딤전 2:11)라고 말하고, 또한 "여자가 가르치는 것과 남자를 주관하는 것을 허락하지 아니하노니"(딤전 2:12)라고 말한 후 그 이유로 첫째 창조의 질서에서 아담이 먼저 창조되고 하와가 나중이며, 둘째 타락의 경우 아담이 먼저 속은 것이 아니요 하와가 죄에 빠졌다(딤전 2:13-14)고 정리를 한다. 그리고 이어서 난해 구절 중의 하나인 "그러나 여자들이 만일 정숙함으로써 믿음과 사랑과 거룩함에 거하면 그의 해산함으로 구원을 얻으리라"(딤전 2:15, 개역개정)라는 말을 덧붙인다. 본 구절을 자세히 관찰하면 바울 사도는 디모데전서 2:13에서 창조의 질서를 언급하면서 아담(Adam)과 하와(Eve)를 이름으로 언급하고, 디모데전서 2:14에서 타락의 사건을 언급할 때는 아담의 이름은 언급하나 하와의 이름은 언급하지 않고 "그 여자"(ἡ γυνή)라고 표현한다. 물론 디모데전서 2:14의 "그 여자"는 하와를 가리킴이 틀림없다. 그러나 디모데전서 2:14에서 "여자"를 단수로 사용하고 곧이어 디모데전서 2:15에서 복수형의 주어를 요구하는 "구원을 얻으리라"를 사용한 것은 하와와 일반적인 모든 여자를 연계시키려는 의도가 함축된 것으로 볼 수 있다. 바울은 본 구절에서 "돕는 배필"(창 2:18)로 창조된 하와의 역할과 타락할 때 앞장선 하와의 역할(창 3:1-6)과 하나님의 저주 말씀(창 3:15-16)을 근거로 모든 일반 여자들이 교회 안에서 어떻게 행동해야 할 것을 가르치고 있다. 바울은 교회 안에서 여자들이 "정숙함으로써 믿음과 사랑과 거룩함에 거하는"(딤전 2:15) 삶을 살아야 한다고 가르치고 있다.

그러면 바울이 "여자들이 만일 정숙함으로써 믿음과 사랑과 거룩함에 거하면 그의 해산함으로 구원을 얻으리라"(딤전 2:15)고 말한 것을 어떻게 이해할 수 있는가? 바울이 "해산함으로 구원을 얻으리라"(딤전 2:15)고 말한 것은 해산하는 행위 자체가 죄와 사망에서 구원을 얻는다는 뜻으로 쓴 것이 아니다. 바울은 항상 예수 그리스도를 믿음으로 구원을 얻을 수 있다고 가르쳤다(롬 3:22-28; 4:2-3; 10:9-10). 출산 자체는 구원을 확보하는 수단이 될 수 없다. 바울이 여기서 "해산함"이 구원의 수단(means)이라고 말했다고 생각하는 것은 타당하지 않다. (διά와 함께 소유격(διά τῆς τεκνογονίας)이 사용될 때 수단(means)을 뜻하지 않는다.) 왜냐하면 하와가 타락하기 전에도 출산의 복은 있었기 때문이다(창 1:28). 그런데 본문은 "여자들이 만일 정숙함으로써 믿음과 사랑과 거룩함에 거하면"이라는 조건을 붙인 후 "그의 해산함으로 구원을 얻으리라"(딤전 2:15)고 말한다. 그러므로 여기서 사용된 "구원"은 성도의 삶의 구현과 연관된 구원을 가리킨다.

바울이 여기서 사용한 "구원을 얻으리라"(σωθήσεται)는 그의 서신에서 두 가지의 의미로 사용된다. 첫째 의미는 하나님의 은혜로 믿음으로 말미암아 얻는 구원을 설명할 때 사용하고(롬 1:16; 10:10; 11:11; 엡 1:13), 둘째 의미는 이미 구원받은 사람이 구원받은 자의 역할과 삶을 통해 그 구원을 실현해 나가는 것을 묘사할 때 사용 된다(빌 2:12, 빌 1:19). 여기 디모데전서 2:15의 "구원을 얻으리라"는 후자의 의미에 해당한다. 그러므로 여기서 언급된 구원은 하나님 편에서 이룰 구원으로 생각할 수 없고, 사람 편에서 이룰 구원으로 생각해야 한다. 하나님이 주신 구원은 믿음으로 단번에 주신 선물이다. 여자가 한번 구원을 받으면 영원히 구원의 반열에 속해 있다.

바울은 본 절에서 여자의 역할과 연계하여 구원을 말하고 있다. 바울은 "그의 해산함으로"라는 표현으로 기독교 여성의 가장 높은 이상을 말하고 있다. 칼빈(Calvin)은 "'출산하는 일'까지도 그 일을 믿음과 사랑으로 실천할 때 하나님을 기쁘게 하는 순종의 행위이다. 그는 기독교 여성에게 적합한 모든 순결의 삶을 묘사한 거룩함을 첨가한다."[240] 고 해석한다. 교회 안에서의 여자는 "정숙함으로써 믿음과 사랑과 거룩함"(딤전 2:15)에 거함으로 하나님이 계획한 여자의 위치를 지키는 것이다. 헨드릭센은 "그러므로 완전한 사상을 다음과 같다. 만약 교회 안에서 여자 회원들이 자기 제어와 자제의 삶을 살면서 믿음과 사랑과

---

240 Calvin, *The Second Epistle of Paul to the Corinthians, and the Epistles to Timothy, Titus and Philemon*, p. 220.

거룩함에 거하면 그들은 하나님의 영광을 위해 자녀들을 출산하고 양육함으로, 즉 기독교 모성의 모든 책임과 즐거움 안에서 기쁨과 구원을 발견하게 될 것이다."[241]라고 설명한다. 바울 사도는 여기서 기독교 여성이 교회 안에서 실천해야 할 올바른 역할을 강조하고 있다.

디모데전서 3장 • 바울은 감독(목사)과 집사들의 자격을 상세히 설명한다. 감독은 교회 안에서뿐만 아니라 교회 밖에서도 모든 면에서 칭찬을 받는 사람이어야 한다(딤전 3:2-7). 집사들도 깨끗한 양심과 믿음의 비밀을 가진 사람이어야 한다(딤전 3:8-13). 바울은 교회의 중요성을 말하면서 "이 집은 살아 계신 하나님의 교회요 진리의 기둥과 터니라"(딤전 3:15)고 가르친다. 그리고 바울은 간략하게 예수님의 성육신과 승귀를 설명한다(딤전 3:16).

디모데전서 4장 • 바울은 디모데에게 후일에 어떤 사람들은 믿음을 버리고 세상의 방법으로 복음을 반대할 것임을 말하고 특별히 그들은 외식적인 방법으로 그리스도인의 자유를 얽어맬 것이라고 가르친다(딤전 4:1-5). 바울은 디모데가 교회를 섬길 때 나이가 어리다는 이유로 움츠러들어서는 안 된다고 가르친다(딤전 4:12-16).

디모데전서 5장 • 바울은 교회의 질서를 위해 젊은 과부는 가족들이 보살피게 하고 늙은 과부는 어머니에게 하듯 존대하라고 가르친다(딤전 5:1-16). 바울은 교회를 다스리는 장로들을 존경하되 특히 말씀을 가르치는 장로를 더욱 존경하여야 한다고 가르친다. 그리고 바울은 장로들에 대한 고발은 신중하게 다루어야 한다고 말한다(딤전 5:17-20). 바울은 디모데의 건강을 염려하면서 "이제부터는 물만 마시지 말고 네 위장과 자주 나는 병을 위하여는 포도주를 조금씩 쓰라"(딤전 5:23, 개역개

---

241 William Hendriksen, *I-II Timothy and Titus* (Grand Rapids: Baker, 1974), p. 112.

정)고 조언하기도 한다.

디모데전서 6장 • 바울은 교회 내에서 "바른말 곧 우리 주 예수 그리스도의 말씀과 경건에 관한 교훈"(딤전 6:3)을 따르지 않고 오히려 "경건을 이익의 방도"(딤전 6:5)로 생각하면서 돈만 사랑하는 사람들이 있을 것을 예고한다. 바울은 "하나님의 사람"인 디모데(Timothy)에게 "피하라"(딤전 6:11), "따르라"(딤전 6:11), "싸우라"(딤전 6:12), "취하라"(딤전 6:12) 등 네 개의 명령형을 사용하여 어떻게 교회를 섬길지를 가르친다. 바울은 예수 그리스도께서 재림하실 때까지 정함이 없는 재물에 소망을 두지 말고 하나님의 영광을 위해서 살아야 한다고 권면 한다(딤전 6:14-19).

17

디도서

Titus | 총 3장

기록배경과 특징(A.D. 67)

디도서(Titus)는 3장 46절로 구성되어 있다. 바울은 로마 감금에서 풀려난 후 아시아 지역을 방문한다. 바울은 빌립보(Philippi)에서 A.D. 67년경 그레데(Crete)에서 교회를 섬기는 디도(Titus)에게 편지를 쓴다. 로마 황제 네로(Nero)의 통치 기간(A.D. 54-68)이 거의 끝날 시점이다. 바울은 당시 대략 73세쯤 되었다. 목회 서신은 완숙단계에 있는 순교 직전의 바울 사도가 젊은 후배들에게 그리스도의 교회를 목회하는데 필요한 공적인 내용과 사적인 권고들을 담고 있다. 바울은 자신의 순교 이후에도 그리스도의 교회가 바른 조직과 건전한 교리에 의해 운영되어야 함을 내다보고 후배들이 바른 목회를 할 수 있도록 권면하고 있다.

바울은 디도에게 그레데 문화의 타락을 지적하고(딛 1:12) 교회의 지도자는 흠잡을 데 없는 행실로 다른 사람의 모범이 되어야 한다고 권면한다. 교회 지도자들은 거짓 교사들을 경계해야 한다(딛 1:10-16). 기독교인은 나이 든 남자(딛 2:2), 젊은 여인을 가르치는 나이 든 여인(딛 2:3-5), 젊은 남자(딛 2:6) 등 누구를 막론하고 항상 절제하여야 하며, 종들(딛 2:9-10)도 정직과 성실과 겸손의 삶을 살아야 한다. 성도들은 항상 타인의 모범이 되는 삶을 이어가야 한다.

디도서 1장 • 바울은 디모데(Timothy)에게 대한 것처럼 디도도 "나의 참 아들 된 디도"(딛 1:4)라고 부른다. 바울은 교회의 행정과 질서를 위해 어떤 덕목을 가진 사람들이 장로로 세움을 받아야 하는지 가르친다(딛 1:5-9). 바울은 특히 "하나님을 시인하나 행위로는 부인하는"(딛 1:16) 할례파 유대인들을 경계해야 할 것이라고 가르친다(딛 1:9, 14-16).

디도서 2장 • 바울은 늙은 남자, 늙은 여자, 젊은 여자, 젊은 남자들이 교회 내에서 "책망할 것이 없는 바른말을 하게"(딛 2:8)해야 한다고 가르친다. 바울은 성도들이 하나님의 은혜로 구원을 받은 것은 "우리를 깨끗하게 하사 선한 일을 열심히 하는 자기 백성이 되게 하려 하심이라"(딛 2:14, 개역개정)고 말한다.

디도서 3장 • 바울은 통치자들과 권세 잡은 자들에게 복종하며 순종하라고 가르친다(딛 3:1). 바울은 누구에게나 약점이 있다고 시인하고 서로 관용을 베풀고 범사에 온유한 태도로 대하여야 한다고 가르친다(딛 3:2). 바울은 우리들이 "영생의 소망을 따라 상속자"(딛 3:7)가 된 것은 오로지 하나님이 "그의 긍휼하심을 따라 중생의 씻음과 성령이 새롭게 하심으로 하셨다"(딛 3:5)고 말한다. "중생의 씻음"(the washing of rebirth)은 성령의 역사와 성도의 믿음으로 단번에 영원한 생명을 소유하게 된 것을 말하며, "성령이 새롭게 하심"(renewal by the Holy Spirit)은 성도가 성령의 도우심으로 예수님을 닮아가는 삶을 사는 것이다.

18

디모데후서

2 Timothy | 총 4장

기록배경과 특징(A.D. 68)

디모데후서(2 Timothy)는 4장 83절로 구성되어 있다. 디모데후서는 바울의 마지막 서신으로 바울이 A.D. 68년 로마의 감옥에 2차로 감금되어 순교를 예상하면서 쓴 서신이다. 로마 황제 네로(Nero)의 통치 기간(A.D. 54-68) 마지막 해에 해당되는 연도이다. 네로는 A.D. 68년 6월 9일에 자살하여 그의 생을 마감한다. 그의 로마 황제로서의 14년간의 통치도 마감된 셈이다.[242] 바울은 이때 74세쯤 되었다. 바울 사도는 로마의 1차 감금에서 풀려난 후 아시아 지역 특히 드로아(Troas)에서 다시 붙잡힌다(딤후 4:13). 바울이 로마 감옥에 재차 투옥되어 순교하기 직전 믿음의 아들 디모데에게 마지막으로 쓴 서신이 디모데후서이다. 디모데후서는 바울 사도가 자신의 전체 삶을 정리하여 디모데에게 교훈하는 유언과 같은 말씀이다. 바울이 "전제와 같이 내가 벌써 부어지고 나의 떠날 시각이 가까웠도다 나는 선한 싸움을 싸우고 나의 달려갈 길을 마치고 믿음을 지켰으니 이제 후로는 나를 위하여 의의 면류관이 예비되었으므로 주 곧 의로우신 재판장이 그날에 내게 주실 것이며 내게만 아니라 주의 나타나심을 사모하는 모든 자에게니라"(딤후 4:6-8, 개역개정)의 말씀이 이를 증거한다.

바울은 목회의 사역에서 믿음의 전통의 중요함을 강조하고(딤후 1:3, 5: 2:2), 목회에 있어서 구원의 핵심이 예수 그리스도의 죽음과 부활이라는 사실을 강조 한다(딤후 2:8). 바울은 성도들의 구원은 성도들 자신의 공로로 이루어진 것이 아니요 그리스도와 연합되어 그리스도가 성취한 온전한 구속 때문인 것을 강조한다. 그래서 바울은 "미쁘다 이 말

---

242 Jerome Murphy-O'Connor, *Paul: A Critical Life* (Oxford: Oxford University Press, 1997), p. 370.

이여, 우리가 주와 함께 죽었으면 또한 함께 살 것이요 참으면 또한 함께 왕 노릇 할 것이요"(딤후 2:11-12, 개역개정)라고 성도들의 그리스도와의 연합을 분명히 한다(롬 6:3, 5, 8-11).

따라서 바울은 하나님의 말씀인 성경이 목회 사역의 기초가 되어야 한다고 강조한다. 바울은 "모든 성경은 하나님의 감동으로 된 것으로 교훈과 책망과 바르게 함과 의로 교육하기에 유익하니 이는 하나님의 사람으로 온전하게 하며 모든 선한 일을 행할 능력을 갖추게 하려 함이라"(딤후 3:16-17, 개역개정)고 말한다. 성경은 성령의 감동으로 정확무오하게 기록되었을 뿐만 아니라, 사람으로 하여금 예수 그리스도 안에 있는 구원에 이르는 지혜를 얻게 하고(딤후 3:15), 그리고 하나님의 사람을 온전하게 하는 역할을 한다(딤후 3:17).

바울 사도는 젊은 목회자 디모데에게 자신을 목회자의 본으로 제시한다. 바울은 자신이 "달려갈 길을 마치고 믿음을 지켰으니 이제 후로는 나를 위하여 의의 면류관이 예비 되었다"(딤후 4:7-8, 개역개정)고 자신을 목회자의 모델로 설명한다. 바울은 이 말씀을 교만의 마음으로 한 것이 아니요, 오히려 자신이 "죄인 중에 괴수"(딤전 1:15)이지만 그의 삶을 인도하신 하나님의 은혜를 생각하며 쓴 고백이다.

디모데후서 1장 • 바울은 디모데의 외조모 로이스(Lois)와 어머니 유니게(Eunice)의 이름을 밝히면서 믿음의 유산의 중요함을 설명한다(딤후 1:5). 바울은 하나님이 우리를 은혜로 구원하신 것은 우리를 복음을 위하여 선포자와 사도와 교사로 세우기 위해서라고 밝힌다(딤후 1:9-11). 그러므로 디모데는 "그리스도 예수 안에 있는 믿음과 사랑으로써" "아름다운 것"을 지켜야 한다(딤후 1:13-14).

디모데후서 2장 • 바울은 디모데가 "그리스도 예수의 좋은 병사"(딤후 2:3)로서 구속을 성취하신 예수님의 죽음과 부활을 항상 생각해야 한다(딤후 2:8). 바울은 성도들이 주님과 함께 살 것이요, 주님과 함께 왕노릇 할 것이라고 가르친다(딤후 2:11). 그러므로 성도들은 하나님의 나라를 위하여 금 그릇처럼 쓰일 수 있어야 한다(딤후 2:20).

디모데후서 3장 • 바울은 말세에는 "경건의 모양은 있으나 경건의 능력은 부인하는"(딤후 3:5, 개역개정) 사람들이 있을 것이기 때문에 이들을 조심하라고 권면한다. 그리고 바울은 디모데가 외조모 로이스와 어머니 유니게에게 배운 성경이 어떤 책인 것을 가르친다. 바울은 "모든 성경은 하나님의 감동으로 된 것으로 교훈과 책망과 바르게 함과 의로 교육하기에 유익한"(딤후 3:16, 개역개정) 진리라고 가르친다. 바울은 성경 66권의 일부가 아니라, 모든 성경, 즉 전부가 영감 되었음을 밝히고, 본문에서 성경(그라페) 앞에 정관사를 부치지 않으므로 성경이라는 용어가 성경의 질을 가진 모든 문헌이 영감 되었음을 암시하고 있다. 주목할 사항은 바울이 디모데후서를 기록하기 전에 신약성경 중 요한복음, 요한 일서, 요한이서, 요한삼서, 그리고 요한계시록을 제외한 다른 모든 성경이 이미 기록되었다는 사실이다. 그러므로 바울은 "모든 성경"을 생각할 때 자신의 서신뿐만 아니라 이미 기록된 다른 사람들의 기록도 성경에 포함시키고 있다고 생각할 수 있는 것이다. 또한 바울은 "하나님의 감동으로 된 것으로"(θεόπνευστος)를 형용적 위치가 아닌 서술적 위치에 있는 것으로 사용하고, 능동(active)이 아닌 수동(passive)의 기능으로 사용함으로 성경이 객관적으로 영감된 기록임을 분명히 하고 있다. 성경은 하나님의 성령으로 영감된 정확무오한 객관적 계시인 것이다.[243]

디모데후서 4장 • 바울은 예수님의 재림을 고대하면서(딤후 4:1) 항상 하나님의 말씀을 전파해야 한다고 가르친다. 그리고 바울은 디모데에게 자신의 일생의 단면을 보여주면서 자신을 의의 면류관을 받게 될 것임을 확신한다. 바울은 "나는 선한 싸움을 싸우고 나의 달려갈 길을 마치고 믿음을 지켰으니 이제 후로는 나를 위하여 의의 면류관이 예비되었으므로 주 곧 의로우신 재판장이 그날에 내게 주실 것이며 내게만 아니라 주의 나타나심을 사모하는 모든 자에게도니라"(딤후 4:7-8, 개역개정)라는 유언과 같은 말씀을 남긴다. 바울은 순교를 얼마 앞둔 사람처럼 복음의 동역자들을 기억하며 그들을 보고 싶은 심경을 토로한다(딤후 4:11, 21).

---

243 박형용, 「성경해석의 원리」, pp. 183-189

19

히브리서

Hebrews | 총 13장

기록연대 순으로 계산하면 야고보서, 베드로전·후서, 유다서, 히브리서, 그리고 요한일·이·삼서와 요한계시록의 순서로 다루어야 한다. 그러나 요한일·이·삼서와 요한계시록 이외의 성경들은 기록연대에 큰 차이가 없기 때문에 편의상 현재의 성경 배열의 순서를 따라 히브리서를 먼저 다룬다.

히브리서(Hebrews)는 13장 303절로 구성되어 있다. 히브리서의 저자는 아볼로(Apollos), 바울(Paul), 누가(Luke), 바나바(Barnabas), 브리스길라(Priscilla), 실라(Silas), 빌립(Philip), 베드로(Peter) 등 많은 사람을 저자로 지목하지만, 오리겐(Origen)이 히브리서의 저자는 "오직 하나님만이 아신다."[244]라고 말한 것처럼 아직 밝혀지지 않았다. 이처럼 히브리서의 저자를 알 수 없기 때문에 히브리서를 "고아 서신"(The orphan epistle)이라고 부른다. 히브리서의 저작 연대는 A.D. 70년에 헤롯 성전이 파괴되기 전인 대략 A.D. 64-67으로 추정된다. 따라서 이 기간은 로마 황제 네로(Nero)의 통치 기간(A.D. 54-68)에 해당한다.

히브리서는 수필처럼 시작하고 편지처럼 끝맺는다. 히브리서는 신약의 다른 서신들처럼 저자가 누구이며 수신자가 누구인지를 밝히지 않고 수필처럼 시작한다. 그러나 히브리서의 마지막은 다른 서신들과 비슷하게 서신처럼 끝맺는다(히 13:22-25). 이처럼 히브리서는 특이한 형식으로 쓰인 책이다.

히브리서는 형식뿐만 아니라 내용에서도 특이한 특징을 가지고 있다. 예수 그리스도가 멜기세덱의 반차를 따른 우리의 대제사장이라는

---

244 Quoted from P. Eusebius, *Historica Ecclesiastica*, VI, 25.

사실을 신약 가운데서 히브리서만큼 자세하고 구체적으로 다루고 있는 책이 없다. 히브리서가 아니었더라면 그리스도의 대제사장직에 대해 자세히 알 수 없었을 것이다. 이와 같은 강조 때문에 히브리서를 연구할 때는 전통적으로 예수님의 대제사장직을 중심으로 접근한다. 물론 전통적인 연구 방법이 잘못된 것은 아니지만 히브리서를 예수님의 대제사장직을 다루는 교리적인 차원에서만 접근하게 되면 히브리서 전체 사상의 흐름을 놓치게 된다.[245]

히브리서의 저자는 뚜렷한 신학 체계를 염두에 두고 히브리서를 썼다. 히브리서의 저자는 심오한 신학자요 설득력있는 설교자이다. 히브리서의 저자는 구약의 제사제도가 예수님을 통해 완성된 사실을 근거로 그 당시 어려운 상황에 처한 수신자들을 권면하고 있다. 그래서 히브리서는 구약을 자주 인용한다. 히브리서 1장의 경우만 정리해도 히브리서 1:5은 시편 2:7과 사무엘하 7:14를 인용하고, 히브리서 1:6은 신명기 32:43을, 히브리서 1:7은 시편 104:4을, 히브리서 1:8은 시편 45:6-7을, 히브리서 1:9은 이사야 61:1, 3을, 히브리서 1:10은 시편 102:25-27을, 그리고 히브리서 1:13은 시편 110:1을 인용한다. 히브리서 2장부터 13장까지도 많은 구약인용이 나타난다. 히브리서 저자는 구약을 사용하고 예수님의 구속 성취를 근거로 히브리서 전체를 통해 성도들이 어떻게 살아야 할 것을 권면하고 있다.

바울 사도는 그의 서신을 쓸 때 일반적으로 서신의 전반부에서는 교리적인 내용을 기록하고 서신의 후반부에서는 실제적인 내용을 기록한다. 그런데 히브리서 저자는 교리적인 내용과 권면의 내용을 처음부터 끝까지 서로 관련시킨다. 이와 같은 사실은 히브리서 13:21과

---

245 박형용, 「히브리서」, (서울: 도서출판 횃불, 2003), p. 23.

13:22의 관계를 정리하면 증명된다. 히브리서 13:21은 "영광이 그에게 세세 무궁토록 있을지어다 아멘"(개역개정)으로 끝난다. 내용으로 보아 저자는 거기에서 서신을 끝내려고 생각한 것이다. 그러나 저자는 지금까지 쓴 히브리서 전체를 생각하면서 몇 마디 더 적는다. 히브리서 13:22에 "형제들아 내가 너희를 권하노니 권면의 말을 용납하라. 내가 간단히 너희에게 썼느니라"(개역개정)라고 히브리서를 쓴 목적을 기술한다. 그런데 여기 사용한 "권면의 말"(τοῦ λόγου τῆς παρακλήσεως)이라는 표현 중 "권면"이라는 용어는 "권면"과 "위로"라는 두 가지의 의미로 사용할 수 있다. 먼저 권면(파라클레세오스)이 "위로"의 뜻으로 본 구절에서 사용되었다면 본문은 "위로를 용납하라"로 읽혀진다. 이 경우 "위로"와 "용납하라"는 서로 잘 맞지 않는 개념이다. 그러므로 히브리서 저자는 본문의 "파라클레세오스"(권면)를 권면의 개념으로 사용하여 "권면을 용납하라"는 뜻으로 사용했다고 생각할 수 있다.

그리고 "권면"으로 본 문장의 뜻을 받을 때, 히브리서 13:22의 위치로 보아 히브리서 저자는 단순히 히브리서 13장만을 권면으로 생각했다고 말할 수 없고 히브리서 전체를 권면으로 생각하고 기록한 것으로 볼 수 있다. 히브리서 전체의 내용이 권면의 성격을 가지고 있는 것도 이를 뒷받침하지만 군데군데 구체적인 권면의 말이 나오는 사실도 이를 지지해 주는 것이다(히 3:12-19; 4:1-2; 6:1-3; 6:4-8; 10:32-39).

그러므로 히브리서의 권면은 히브리서에 기록된 교리에 부수적인 것이 아니요, 오히려 권면의 말씀이 교리적인 부분을 지배하고 있다고 생각할 수 있다. 즉 히브리서의 교리는 히브리서의 수신자들과 히브리서를 읽는 독자들에게 권면의 말씀을 주기 위해 사용된 것이다. 히브리서에 강조된 예수님의 대제사장 되심도 신약 성도들의 삶을 바른길로 인도하기 위한 권면으로 사용한 것이다. 히브리서 저자는 히브리서 11장 마지막 절에서 "하나님이 우리를 위하여 더 좋은 것을 예비하셨은즉 우리가 아니면 그들로 온전함을 이루지 못하게 하려 하심이니라"(히 11:40, 개역개정)고 말한다. 히브리서 저자는 구약 성도들의 믿음의 삶을 설명하고(히 11장) 하나님께서는 신약시대 성도들에게 "더 좋은 것"을 주셨다고 말하고 있는 것이다. 그러므로 히브리서 저자는 "더 좋은 것"을 받은 신약시대 성도들이 히브리서 11장에 열거된 족장들의 삶보다 하나님을 더 기쁘시게 하는 삶을 살아야 한다고 권면하고 있다.[246]

---

246 박형용, 「히브리서」, 2003, p. 24.

히브리서 1장 • 저자는 "하나님이 이 모든 날 마지막(in these last days)에는 아들을 통하여 우리에게 말씀하셨"다고(히 1:1, 2, 개역개정) 예수 그리스도를 소개한다. 예수 그리스도는 "만유의 상속자"이며 "창조자"이시고, "본체의 형상"이시다(히 1:2-3). 히브리서 저자는 예수님이 천사들보다도 탁월하며 예수님이 "공평한 규" 혹은 "공평한 홀"(히 1:8)을 소유하신 하나님이심을 분명히 한다. 그리고 모든 천사는 구원받은 성도들을 섬기는 영의 역할을 할 것을 밝힌다(히 1:14).

히브리서 2장 • 저자는 성도들이 큰 구원을 등한히 여기면 안 된다고 가르치고(히 2:3), 이 구원은 바로 인자이신 예수 그리스도가 성취한 것이라고 말한다(히 2:9). 히브리서 저자는 예수님이 "많은 아들을 이끌어 영광에 들어가게 하시는 일"(히 2:10)을 하시기 위해 성도들을 "형제"라고 부르셨다고 가르친다(히 2:11). 그래서 히브리서 저자는 예수님이 우리와 같은 모양으로 혈과 육을 함께 지니시는 성육신을 통해 인간의 몸을 입으셨다고 가르친다(히 2:14).

히브리서 3장 • 저자는 모세(Moses)와 그리스도(Christ)를 비교하면서 모세는 "하나님의 온 집에서 종"(히 3:5)의 역할을 충실히 수행했지만, 그리스도는 "하나님의 집을 맡은 아들"(히 3:6)이라고 가르친다. 그리고 히브리서 저자는 모세 시대에 살았던 사람들은 하나님의 안식을 누리지 못했지만 예수님께서 이 안식을 제공할 것임을 가르친다(히 3:11, 14).

히브리서 4장 • 저자는 그리스도를 "믿는 우리들은 저 안식에 들어가는도다"(히 4:3)라고 천명한다. 히브리서 저자는 여호수아(Joshua)가 제공하지 못한 안식을 예수님이 성도들을 위해 성취해 주셨다고 말한다(히 4:8). 그리고 히브리서 저자는 "하나님의 말씀은 살아 있고 활력이 있어 좌우에 날 선 어떤 검보다도 예리하여 혼과 영과 및 관절과 골수를 찔러 쪼개기까지 하며 또 마음의 생각과 뜻을 판단하나니"(히 4:12, 개역개정)라는 자주 언급되는 말씀을 기록한다.

히브리서 5장 • 저자는 일반적인 구약의 대제사장과 예수님의 대제사장 되심을 비교하면서 예수님의 대제사장 되심에 관한 구체적인 교훈을 가르친다(히 5:1-10). 일반적인 대제사장은 사람 가운데서 택함을 받았고, 하나님의 부르심을 받아, 백성을 위해 대신 제사를 드리는 일을 한다(히 5:1-4). 그러므로 히브리서 저자는 "그리스도께서 대제사장 되심"(히 5:5)을 설명하면서 예수님이 "멜기세덱(Melchizedek)의 반차를 따르는 제사장"(히 5:6)으로 육체를 입으시고 고난을 받으셨다고 말한다(히 5:7-8). 히브리서 5:8은 "그가 아들이시면서도 받으신 고난으로 순종함을 배워서"(개역개정)라고 기록한다. 본 구절은 아들과 순종을 대칭시켜 읽어서는 안 된다. 아들은 마땅히 순종해야 하고 그 안에 순종의 원리가 이미 내재해 있었다(히 10:7 참조). 그러므로 본 구절은 아들과 고난을 대칭시켜 읽어야 한다. 아들은 고난을 받아서는 안 되지만 받으신 고난으로 순종함을 배웠다는 것이다. 즉 본 구절은 예수님이 받으신 고난으로 순종을 배운 후에야 순종할 수 있었다고 말하는 것이 아니요, 예수님이 고난의 과정을 순종함으로 체험적으로 순종이 무엇인지를 알게 되었다는 뜻이다.[247] 칼빈(Calvin)은 본 구절이 "예수님께서 순종하심으로 순종에 익숙해지셨으며 강제로 순종을 요구받은 것이 아니요 순종의 방법으로 아버지에게 드려야 할 순종을 스스로 기꺼이 드리셨다."[248]는 뜻이라고 해석한다.

---

247 박형용,「히브리서」, pp. 135-137.

248 John Calvin, *The Epistle of Paul the Apostle to the Hebrews and the First and Second Epistles of St. Peter* (Grand Rapids: Eerdmans, 1974), pp. 65-66.

히브리서 6장 • 저자는 예수 그리스도를 외형적으로 믿는 사람들의 형편을 심각하게 설명한다(히 6:4-6). 그래서 히브리서 저자는 "하나님의 선한 말씀과 내세의 능력을 맛보고도 타락한 자들은 다시 새롭게 하여 회개하게 할 수 없나니 이는 그들이 하나님의 아들을 다시 십자가에 못 박아 드러내 놓고 욕되게 함이라"(히 6:5-6, 개역개정)고 가르친다. 히브리서 저자는 하나님이 자신을 가리켜 맹세하시면서 성도들의 구원을 확정해 주셨다고 말한다(히 6:13-16).

히브리서 7장 • 저자는 "하나님의 제사장"이신 멜기세덱에 대해 설명한다(히 7:1). 멜기세덱은 "의의 왕이요 그 다음은 살렘(Salem) 왕이니 곧 평강의 왕"(히 7:2, 개역개정)으로 아브라함으로부터 십분의 일을 받았고 아브라함을 위하여 복을 비는 제사장이다(히 7:1, 6-8). 히브리서 저자는 예수님의 대제사장 되심은 아론(Aaron)의 반차를 따르지 않고 멜기세덱의 반차를 따르는 것이라고 설명한다(히 7:11). 그리고 히브리서 저자는 구약의 제사장들은 자주 바뀌었지만 "예수는 영원히 계시므로 그 제사장 직분도 갈리지 아니하느니라"(히 7:24, 개역개정)라고 말한다. 왜냐하면, 대제사장이신 예수님은 "단번에 자기를 드려"(히 7:27) 구약의 모든 제사 제도를 완성하셨기 때문이다.

히브리서 8장 • 저자는 우리에게 있는 대제사장은 하나님 우편에 앉아 계신 살아계신 분이라고 말한다(히 8:1). 예수님은 "더 좋은 약속으로 세우신 더 좋은 언약의 중보자"(히 8:6, 개역개정)로서 옛 언약을 폐하시고 성도들에게 새 언약을 주셨다고 가르친다(히 8:8). 그래서 "나는 그들에게 하나님이 되고 그들은 내게 백성이 되리라"(히 8:10, 개역개정)는 새 언약의 관계가 형성될 것이다.

히브리서 9장 • 저자는 "첫 언약"과 "새 언약"을 비교하면서 첫 언약도 제사 제도의 질서가 있었던 것처럼 새 언약의 중보자이신 그리스도께서 "흠 없는 자기를 하나님께" 자신의 피를 드려서(히 9:14) "부르심을 입은 자로 하여금 영원한 기업의 약속을 얻게 하려"(히 9 15, 개역개정) 하셨다고 말한다. 히브리서 저자는 죄를 용서받기 위해서는 피 흘림이 있어야 함을 분명히 한다(히 9:22). 히브리서 저자는 세 개의 다른 용어를 사용하여 예수님이 구속역사 성취를 위해 세 번 나타나셨다고 설명한다. 예수님의 나타나심은 과거에 나타나셨고, 현재에 나타나고 계시고, 그리고 미래에 나타나실 것이다. 히브리서 저자는 먼저 예수님의 현재 나타나심을 다룬다. 예수님은 "우리를 위하여 하나님 앞에 나타나신다."[249] 히브리서 저자는 여기서 엠파니스데나이(ἐμφανισθῆναι)라는 용어를 여격(dative)과 함께 사용하여 예수님이 "하나님의 면전에 나타나신 것을 강조한다. 엠파니죠(ἐμφανίζω)는 임무를 맡은 사람이 임무를 완성한 후 임무를 맡긴 자에게 공적으로 보고하기 위해 나타날 때 사용된다. 그러므로 예수님은 그의 죽음과 부활을 통해 아버지 하나님이 맡기신 구속을 완성한 후 승천하셔서 맡은 바 임무의 완성을 보고하고 대제사장직을 포함하여 다른 사역을 하고 계시는 것이다. 히브리서 저자는 예수님이 과거에 나타나신 사실을 다룬다. 예수님은 "자기를 단번에 제물로 드려 죄를 없이하시려고 세상 끝에 나타나셨다."[250] 히브리서 저자는 본 구절의 나타나심을 묘사하는 용어로 페파네로타이(πεφανέρωται)를 사용한다. 이 용어는 하나님의 아들이 성육신을 통해 인간들에게 표명될 때 쓰이는 용어이다. 예수님은 십자가의 죽음으로 자신을 단번에 제물로 드려 인간의 죄 문제를 해결하신 것이다. 여기서

---

249 ESV: "Christ has entered ... into heaven itself, now to appear in the presence of God on our behalf." (히 9:24).

250 ESV: "he has appeared once for all at the end of ages to put away sin by the sacrifice of himself."(히 9:26).

주목해야 할 것은 예수님의 성육신 사건을 세상 끝에 발생했다는 사실이다(참조, 행 2:17). 이제 히브리서 저자는 예수님이 미래에 나타나실 것을 다룬다. 히브리서 저자는 예수님이 "죄와 상관없이 자기를 바라는 자들에게 두 번째 나타나시리라"[251]라고 말한다. 히브리서 저자는 예수님이 미래에 나타나심을 설명하는 용어로 옵데세타이(ὀφθήσεται)를 사용한다. 이 용어는 가시적 성격을 강조하는 용어이기 때문에 예수님의 재림의 가시적 성격을 강조하고 있다. 예수님의 재림은 누구나 볼 수 있도록 발생할 것이다(계 1:7).[252]

히브리서 10장 • 저자는 예수님이 오셔서 첫째 것을 폐하시고 둘째 것을 세우시기 원하셨다고 가르친다(히 10:9). 즉 예수님이 자신의 "몸을 단번에 드리심으로 말미암아 우리가 거룩함을 얻었다"(히 10:10)고 가르친다. 히브리서 저자는 예수님이 자신의 몸을 단번에 드리시므로 성도들이 온전하게 되었다고(히 10:14) 가르치고, "잠시 잠깐 후면 오실 이가 오시리니 지체하지 아니하시리라 나의 의인은 믿음으로 말미암아 살리라"(히 10:37-38, 개역개정)고 성도들에게 예수님의 재림을 고대하면서 의인의 삶을 살아야 한다고 가르친다.

히브리서 11장 • 저자는 구약시대의 믿음의 용장들의 삶의 면면들을 소개한다. 히브리서 저자는 아벨, 에녹, 노아, 아브라함, 사라, 이삭, 야곱, 요셉, 모세 등 구약의 믿음의 용장들이 그들의 삶을 "믿음으로"(by faith) 살았음을 설명한다(히 11:4-24). 그래서 히브리서 저자는 "믿음으로 아벨은," "믿음으로 아브라함은" 등의 표현을 사용한다. 그리고 히브리서 저자는 "이 사람들은 다 믿음을 따라 죽었으며"(히 11:13)라고

---

251 ESV: "Christ ... will appear a second time, not to deal with sin but to save those who are eagerly waiting for him."(히 9:28).

252 박형용,「히브리서」, pp. 237-239.

말함으로 이들 믿음의 용장들이 죽을 때도 "믿음의 원리"(in faith)에 따라 죽었다고 말한다. "믿음의 원리"에 따라 죽는 것은 하나님이 이 세상을 주관하고 계신 것을 믿고, 이 세상이 끝이 아니요, 다음 세상이 있음을 믿고 죽은 것이다. 히브리서 저자는 구약의 용장들보다 신약의 성도들은 "더 좋은 것"(히 11:40)을 받았기 때문에 우리들의 삶은 더욱더 하나님을 기쁘게 하는 믿음의 삶을 살아야 한다고 권면한다.

히브리서 12장 • 저자는 신약의 성도들의 삶은 "얽매이기 쉬운 죄를 벗어 버리고 인내로써"(히 12:1) "예수를 바라보면서"(히 12:2) 우리 앞에 있는 믿음의 경주를 하는 것이라고 가르친다. 그리고 신약의 성도들이 고난을 겪는 것은 우리를 단련시키기 위한 아버지의 뜻이기 때문에 아버지의 징계로 단련 받은 자들은 의와 평강의 열매를 맺는다고 말한다(히 12:11). 히브리서 저자는 앞으로 천지를 진동할 사건이 벌어질 텐데 성도들은 "흔들리지 않는 나라를 받았기"(히 12:28) 때문에 걱정할 필요가 없다고 위로한다.

히브리서 13장 • 저자는 형제를 사랑하고 손님을 접대하며 항상 상대방의 입장을 고려해서 행동하라고 가르친다(히 13:1-3). 그리고 히브리서 저자는 "돈을 사랑하지 말고 있는 바를 족한 줄로 알라"(히 13:5, 개역개정)고 권면한다. 성도들은 "여기에는 영구한 도성이 없으므로 장차 올 것을 찾으면서"(히 13:14, 개역개정) 살아야 한다. 히브리서 저자는 지금까지 기록한 모든 내용이 성도들, 즉 독자들을 권면하기 위해 쓴 것임을 밝히기 위해 "형제들아 내가 너희를 권하노니 권면의 말을 용납하라 내가 간단히 너희에게 썼느니라"(히 13:22, 개역개정)고 말하고 편지를 마감한다.

20

야고보서

James | 총 5장

야고보서(James)는 5장 108절로 구성되어 있다. 야고보서의 저자가 예수님의 동생 야고보라면 야고보서는 A.D. 50-60 사이에 기록된 것으로 추정된다. 야고보서의 저작 연대는 로마 황제 글라우디오(Claudius) 통치 시기(A.D. 41-54)와 네로(Nero)의 통치 시기(A.D.54-68) 사이에 기록된 것으로 추정된다.

야고보서의 저자와 저작연대는 서로 상관관계에 있다. "하나님과 주 예수 그리스도의 종"(약 1:1)이라고 자신을 묘사한 야고보는 성경에 나타난 여러 야고보 중 과연 누구인가? 어떤 야고보인가? 가장 많은 지지를 받는 견해는 야고보서의 저자가 예수님의 동생(half-brother)으로서, 예수님이 지상에 계실 때는 그를 구주로 믿지 않았지만(요 7:5), 예수님이 부활하시고 승천하신 후에는 예수님을 구주로 믿었고 또한 그는 다락방에 모인 성도 중 한 사람이었고(행 1:14), 예루살렘 공회가 모였을 때 이미 예루살렘 교회의 지도자로 인정받은 인물이라는 주장이다(행 15:13; 21:17-18). 이 견해는 여러 가지 이유로 지지를 받는다. 우선 야고보서의 내용과 예수님의 산상보훈이 많은 공통점을 가지고 있다는 사실은 야고보가 삶의 현장에서 예수님을 잘 알 수 있는 관계이었음을 말해 준다. 야고보가 예수님의 동생이었기 때문에 가까이에서 예수님을 알 수 있었다. 야고보서의 저자는 사복음서를 인용하지 않았다. 오히려 야고보서의 저자는 예수님 가까이에서 그의 교훈을 들었고 그것을 생생하게 야고보서에 사용했다고 생각된다.

이런 이유를 근거로 볼 때 야고보서의 저자는 예수님의 동생 야고보임이 분명하다. 야고보는 예수님의 공생애 기간에는 예수님을 구주로 믿지 않았으나 예수님의 부활 이후 예수님을 하나님의 아들이요 구세주로 믿고 "그리스도의 종"으로 교회를 위해 활동한 예수님의 동생이다. "베드로가 그들에게 손짓하여 조용하게 하고 주께서 자기를 이끌어 옥에서 나오게 하던 일을 말하고 또 야고보와 형제들에게 이 말을 전하라 하고 떠나 다른 곳으로 가니라"(행 12:17, 개역개정)의 말씀은 예수님의 동생인 야고보가 이미 예루살렘 교회의 지도자인 것을 증거해준다. 왜냐하면 열두 사도 중의 한 사람인 야고보는 이미 순교한 후이기 때문이다(행 12:1-3). 바울 사도는 야고보를 사도들의 반열에 두었으며(갈 1:19), 예루살렘 교회의 기둥이라고까지 묘사했다(갈 2:9, 12).

야고보서의 주요한 특징

야고보서는 참다운 지혜를 획득하는 방법을 묘사한다(약 1:5-8). 야고보서는 악의 근원이 사람의 욕심으로부터임을 분명히 하고(약 1:13-15), 참다운 종교는 하나님의 말씀을 듣고 그대로 실천하는 것(약 1:19-27)이라고 강조한다. 야고보서는 사람이 차별하는 것은 하나님의 사랑에 역행하는 것임을 강조하고(약 2:1-9), 사람이 칭의를 받기 위해서는 믿음뿐만 아니라 행함이 있어야 한다고 행함의 필요성을 강조한다(약 2:14-26). 야고보서는 말의 중요성을 설명하면서 혀를 잘못 사용하는 위험을 설명한다(약 3:1-12). 야고보서는 참 지혜와 거짓 지혜가 무엇인지를 설명하면서 참 지혜는 진리를 지키는 것이며, 거짓 지혜는 진리를 거슬러 거짓말하는 것이라고 설명한다(약 3:13-18). 야고보서는 하나님 백성은 세상으로부터 성별된 믿음의 공동체이기 때문에 통일성을 유지해야 한다고 설명한다(약 4:1-12). 야고보서는 어제는 역사(history)요, 내일은 신비(mystery)이지만, 오늘은 하나님의 선물(gift of God)이라는 생각으로 허탄한 생각을 버리고 선을 행하면서 살아야 할 것을 강조한다(약 4:13-

17). 야고보서는 재물이 중립적이지만 재물을 잘못 쓰면 죄에 빠지게 된다고 강조하고(약 5:1-5), 주님이 오실 것을 생각하고 삶의 시련을 참아야 한다고 설명한다(약 5:7-11). 야고보는 야고보서 5:7-11 사이에서 "참음" 혹은 "인내"의 용어를 6회나 사용한다. 비록 "참음"($\mu\alpha\kappa\rho o\theta\upsilon\mu i\alpha$)을 4회 사용하고(약 5:7, 8, 10) "인내"($\upsilon\pi o\mu o\nu\eta$)를 2회 사용했지만(약 5:11) 그 의미는 같은 것이다. 야고보는 예수님의 동생으로 평소에 예수님의 인내하는 성품을 많이 보았을 것이다. 예수님도 하나님 나라 안에서의 삶의 특징으로 "인내"를 가르치셨다(마 12:20; 18:21-22; 눅 13:6-9). 그리고 야고보서는 맹세(swear), 고난(suffering), 병마(sickness), 죄(sins), 기도(prayer), 미혹(wanders from the truth) 등에 대한 기독교인의 태도에 관해 설명한다(약 5:12-20).

야고보서는 바울의 이신칭의 교리를 반대하지 않는다. 야고보가 야고보서 2:14-26에서 행함을 강조한 것은 오히려 선한 사역을 강조하는 바울의 교훈(딛 2:8, 14)과 일치하는 것이다. 야고보서는 믿음의 필요성을 부인하지 않으며, 바른 믿음은 바른 행위를 산출해야 한다고 강조 한다(약 2:22, 26). 야고보는 믿음이 행위를 통해 표명된다는 예로 이삭을 바치는 아브라함을 든다(약 2:21-24). 믿음과 행위는 상반되지 않는다. 아브라함은 하나님과의 관계를 갖기 위해 믿음을 행사해야만 했고 그의 믿음은 하나님의 명령을 순종함으로써 표명되었기 때문이다. 믿음과 행위는 상호 보완적이지 상충적인 것이 아니다.[253]

---

253 박형용, 「신약개관」, pp. 228-229.

야고보서는 행위를 강조한 것으로 보인다. 그런 이유로 야고보서는 믿음을 강조한 로마서의 교훈과 상충하는 것으로 보인다. 성경에서 야고보서와 로마서가 상충하는 것처럼 보이는 대표적인 구절은 야고보서 2:24과 로마서 3:28이다. 야고보서 2:24은 "사람이 행함으로 의롭다 하심을 받고 믿음으로만은 아니니라"(개역개정)라고 기록하고, 로마서 3:28은 "사람이 의롭다 하심을 얻는 것은 율법의 행위에 있지 않고 믿음으로 되는 줄 우리가 인정하노라"(개역개정)라고 기록한다. 얼핏 보기에 이 두 구절의 내용이 서로 상충하는 듯 보인다.

그러나 이 구절들을 바울과 야고보가 정면충돌하는 것처럼 해석하는 것은 저자들의 뜻을 잘못 이해하는 것이다. 오히려 이와 같은 차이는 그들의 관심의 차이와 그리고 바울과 야고보가 같은 용어를 다른 방법으로 사용하고 있는 점에서 찾아야 한다.

예레미아스(Jeremias)는 야고보가 공격하고 있는 믿음의 개념은 단순히 "단일신론을 지적으로 수용하는 것"을 가리키지만, 바울이 옹호하고 있는 믿음의 개념은 "그리스도께서 나의 죄를 위해 돌아가셨다는 확신"이라고 말한다.[254] 이처럼 바울과 야고보는 믿음을 다른 전망에서 강조하고 있다. 바울도 믿음과 행위를 강조하고 야고보도 믿음과 행위를 강조한다. 그래서 야고보는 조심스럽게 "믿음으로만은 아니니라"(not by faith alone: οὐκ ἐκ πίστεως μόνον)라고 여지를 남겨서 말하고 있다. 우리는 여기서 야고보가 모논(μόνον)을 믿음과 연관하여 사용하고 있음을 주목하여야 한다. 바른 믿음은 행위가 뒤따르게 마련이다.

---

254 Joachim Jeremias, "Paul and James," *Expository Times*, LXVI, 1955, p. 370.

피터 데이비즈(Peter Davids)는 야고보가 바울의 로마서(Romans)를 읽지 않은 상태에서 "사람이 행함으로 의롭다 하심을 받고 믿음으로만은 아니니라"(약 2:24, 개역개정)라고 말했다고 설명한다. 그리고 야고보는 교회 내의 자비의 사역이 실패하고 있는 문제를 다루고 있다고 하면서 야고보는 여기서 법정적인 칭의 문제를 다루고 있지 않고 오히려 하나님이 기뻐하시는 것이 무엇인지를 다루고 있다고 설명한다. 데이비즈는 "믿음은 반드시 행위를 산출해야 한다. 이것은 예수님의 전통이 야고보를 가르친 것과 같다(참조, 마 7:15-21), 그리고 이는 또한 바울의 승인을 받았음에 틀림이 없다(갈 5:6; 6:4; 고전 13:2; 고후 9:8; 엡 4:17 ff.과 골 3:5 ff.의 맥락 참조). 우리는 야고보서의 행위 강조를 이해하는데 필요한 적당한 삶의 정황(sitz im Leben)을 찾기 위해 마태복음 7장에서 보여준 상황 이외에 다른 곳을 바라볼 필요가 없다. 중요한 요점은 우리가 이 구절을 바울의 정의를 마음에 품고 읽어서는 안 되며 반드시 야고보로 하여금 자기 자신의 배경 가운데서 말할 수 있도록 허락해야만 한다."라고 정리한다.[255]

야고보는 그의 서신에서 단순히 행위로 의롭게 된다고 말하고 있지 않고 또한 믿음이 행위에 의해 보충되어야 의롭게 된다고 말하는 것이 아니다. 야고보는 진정한 믿음은 행위를 산출하여야만 한다는 사실을 강조하고 있다. 바울(Paul)은 믿음과 칭의의 관계를 설명하고 있으며, 야고보(James)는 믿음과 행위의 관계를 설명하고 있다고 생각해야 한다. 왜냐하면 믿음으로 의롭게 된 자의 삶은 어떤 형태로든 행위를 수반해야 하기 때문이다.

255　Peter Davids, *The Epistle of James: A Commentary on the Greek Text* (Exeter: The Paternoster Press, 1982), pp. 131-132.

야고보서 1장 • 야고보는 먼저 "흩어져 있는 열두 지파에게 문안" (약 1:1)한다. 그리고 인내의 중요성을 설명하고 "인내를 온전히 이루라"(약 1:4)고 권면한다. 야고보는 하나님께서 우리를 "진리의 말씀"(약 1:18)으로 낳으셔서 성도들이 "생명의 면류관"(약 1:12)을 소유할 수 있게 되었다고 가르친다. 그러므로 성도들은 "욕심이 잉태한즉 죄를 낳고 죄가 장성한즉 사망을 낳느니라"(약 1:15)의 교훈에 따라 말씀을 행하는 자들이 되어야 한다(약 1:22).

야고보서 2장 • 야고보는 성도들의 행위를 강조한다. 야고보는 온 율법을 지키다가도 율법의 하나만 범하면 범죄자가 된다고 말한다(약 2:10). 그리고 야고보는 믿음과 행함의 관계를 설명하면서 "행함이 없는 믿음은 그 자체가 죽은 것이라"(약 2:17)고 말하고, "행함으로 믿음이 온전하게 되었느니라"(약 2:22)고 가르친다. 그리고 야고보는 "영혼 없는 몸이 죽은 것같이 행함이 없는 믿음은 죽은 것이니라"(약 2:26, 개역개정)라고 말함으로 진실한 믿음은 반드시 행위를 수반하게 된다고 가르친다. 칼빈(Calvin)은 "선한 행위의 증거가 없는 믿음을 선포하는 것은 무익한 것이다. 왜냐하면 열매는 항상 선한 나무의 살아있는 뿌리로부터 오기 때문이다."[256]라고 살아 있는 믿음은 열매를 맺게 되어 있다고 말한다.

야고보서 3장 • 야고보는 말을 많이 하는 선생이 되지 말라고 권면한다. 그 이유는 말로 쉽게 죄를 짓고 또 그 종류가 많기 때문이라고

---

256 John Calvin, *A Harmony of the Gospels Matthew, Mark and Luke, Vol. III and The Epistles of James and Jude* (Grand Rapids: Eerdmans, 1975), p. 284.: "He only wants to say that preaching faith without the testimony of good works is useless, for fruits always come from the living root of the good tree.

말한다. 그래서 야고보는 사람이 혀를 길들이기 어렵기 때문에 "만일 말에 실수가 없는 자라면 곧 온전한 사람이라"(약 3:2)고 말한다. 야고보는 지혜와 총명이 있는 자는 "위로부터 난 지혜"를 따라 "성결하고 다음에 화평하고 관용하고 양순하며 긍휼과 선한 열매가 가득하고 편견과 거짓이 없는"(약 3:17, 개역개정) 삶을 사는 사람이라고 가르친다.

야고보서 4장 • 야고보는 인간이 욕심이 많아 정욕으로 쓰려고 잘못 구하는 존재들임을 알고(약 4:3) 성도들이 항상 기억할 것은 "하나님이 우리 속에 거하게 하신 성령"(약 4:5)의 인도를 따르는 것이라고 가르친다. 따라서 성도들은 "마귀를 대적하여야 하고"(약 4:7) "하나님을 가까이하여야 한다"(약 4:8). 야고보는 성도들이 형제를 비판하지 말고 선을 행하며 살아야 하는데 왜냐하면 "사람이 선을 행할 줄 알고도 행하지 아니하면 죄"(약 4:17)이기 때문이다.

야고보서 5장 • 야고보는 재물에 관한 교훈을 가르친다. 야고보는 주님의 재림을 고대하며 사는 성도들은 불의하게 재물을 모아서는 안 된다고 가르친다(약 5:4-5). 야고보는 욥의 인내를 예로 들어 성도들이 주님의 강림을 바라보면서 인내의 삶을 살아야 한다고 가르친다(약 5:7-10). 야고보는 고난을 겪는 성도가 있으면 그를 위해 주님의 이름으로 기도하라고 말한다. 왜냐하면 "믿음의 기도"(약 5:15)는 병든 자를 낫게 할 수 있기 때문이다. 야고보는 엘리야의 기도로 3년 6개월 동안 비가 오지 않은 예를 들어 믿음의 기도의 중요성을 설명하고 야고보서를 끝맺는다(약 5:17-18).

21

베드로전서

1 Peter | 총 5장

기록배경과 특징(A.D. 63-64)

베드로전서(1 Peter)는 5장 105절로 구성되어 있다. 베드로전서는 "바벨론에 있는 교회"(벧전 5:13)를 언급한 것으로 보아 로마에서 대략 A.D. 63-64 사이에 기록된 것으로 추정된다. 베드로전서의 기록 연대는 로마 황제 네로(Nero)의 통치 기간(A.D. 54-68)에 쓴 것으로 추정된다.[257]

베드로전서의 저자는 자신이 예수님의 고난을 목격했다고 증언한다(벧전 1:11; 2:23-24; 5:1). 그리고 베드로전서에는 예수님 교훈의 흔적이 자주 나타난다(벧전 2:12과 마 5:16 비교; 벧전 2:21과 마 10:38 비교; 벧전 3:14; 4:13-14과 마 5:10-12 비교). 베드로전서에는 구원에 관한 기독교 진리가 고루 언급되어 있다. 또한 기독교인들이 따라야 할 행동 원리도 언급되어 있다. 그리고 베드로전서의 내용과 사도행전에 나타난 베드로의 사상과 용어 사이에 비슷한 점을 찾을 수 있다(벧전 1:17과 행 10:34; 벧전 1:21; 3:21-22과 행 2:24, 32, 33, 36). 이와 같은 사실은 열두 사도 중의 한 사람인 베드로가 베드로전서의 저자임을 확증하고 있다.

---

257 박형용, 「신약개관」, p. 233.

베드로전서 1장 • 베드로는 예수님의 초림으로부터 "말세"(the last time)가 시작되었음을 확실히 한다(벧전 1:5, 20). 베드로는 "영혼의 구원"은 하나님의 말씀과 믿음으로 가능함을 분명히 한다(벧전 1:9). 베드로 사도는 성도를 거듭나게 한 것은 썩지 아니할 씨로서 하나님의 말씀임을 확실하게 천명한다(벧전 1:23).

베드로전서 2장 • 베드로는 성도들이 "택하신 족속이요 왕 같은 제사장들이요 거룩한 나라요 그의 소유가 된 백성"(벧전 2:9, 개역개정)이라고 말하고, 성도들 모두가 "거룩한 제사장이 될지라"(벧전 2:5)고 말함으로 만인 제사장직 교훈을 가르치고 있다. 그리고 예수님이 고난을 당하신 것은 성도들이 "죄에 대하여 죽고 의에 대하여 살게 하려 하심이라"(벧전 2:24, 개역개정)고 설명한다.

베드로전서 3장 • 베드로는 영생을 소유한 성도로서 아내의 역할, 남편의 역할을 설명하면서 아내를 "더 연약한 그릇"(벧전 3:7)이라고 말함으로 남편도 연약한 그릇이지만 아내는 "더 연약한 그릇"이라고 가르친다. 베드로는 베드로전서 3:18-19에서 예수님이 부활 후에 지옥을 방문하신 것을 함축하는 난해한 구절을 기록한다. 하지만 본문을 자세히 연구하면 예수님이 부활 후에 친히 지옥을 방문하여 그들에게 복음을 전한 것이 아니요, 예수님이 부활하심으로 "살려주는 영"(the Life-giving Spirit, 고전 15:45)이 되셔서 편재하심을 증거하는 것이다. 즉 예수님의 죽음과 부활을 통해서 성취하신 구속성취가 지옥을 포함한 온 세상에 선포되었다는 뜻이다. 베드로가 "영으로는 살리심을 받으셨으니"(ζωοποιηθεὶς πνεύματι) 할 때 "살림을 받았다"는 용어는 고린도전서 15:45에서 바울이 사용한 "살려

주는 영"(πνεῦμα ζῳοποιοῦν)과 같은 용어이다. "살려주는 영"은 예수님이 부활 후에 편재하실 수 있는 상태로 다시 복귀하셨음을 증거한다. "살려주는"(ζῳοποιέω)이라는 용어는 특별히 하나님에게 적용되며 초자연적인 생명을 설명할 때 사용되는 전적으로 구원론적인 용어이다.[258] 링크(Link)도 "조오포이에오(zoopoieo)는 자연 발생적인 역사의 언급이 없는 문맥 안에서 구원론적인 의미로 가끔 사용되는 더 기술적인 용어이다"라고 설명한다.[259] 따라서 "살려주는 영"이 되신 그리스도는 그의 죽음과 부활을 통해 성도들의 죄 문제를 해결하시고 성도들에게 영생을 공급하시는 편재하신 하나님이 되신 것이다. 그러므로 예수 그리스도의 구속 성취는 지옥을 포함한 온 세상에 편만하게 알려질 수밖에 없다. 그리고 한글 개역개정은 베드로가 베드로전서 3:19에서 "그가 또한 영으로 가서 옥에 있는 영들에게 선포하시니라"라고 말한 것으로 번역한다. 본 절의 "그가"는 헬라어에 "엔호"(ἐν ᾧ)(in which) 로 되어 있다. 본문을 자세히 관찰하면 베드로는 예수님이 부활 후에 "살림을 받은 존재" 즉 "살려주는 영"(the Life-giving Spirit)의 존재가 되신 상태에서 어떤 일을 하셨는지를 말하고 있다. 예수님은 부활 후에 "살려주는 영"으로 편재하신 상태로 들어가셨기 때문에 자연히 예수님의 구속 성취가 옥에 있는 영들에게도 선포된 것이다. 그러므로 베드로전서 3:18-19은 예수님이 부활 후에 "살려주는 영"으로 편재의 상태로 들어가셨는데 그가 이룬 구속의 복음이 지옥에도 알려졌다는 뜻으로 이해해야 한

---

258 L. Schottroff, ζῳοποιέω, *Exegetical Dictionary of the New Testament*, Vol. 2 (Grand Rapids: Eerdmans, 1991), p. 110.

259 H. G. Link, "Life," *The New International Dictionary of New Testament Theology*, Vol. 2 (Grand Rapids: Zondervan, 1977), p. 476.

다. 베드로는 예수님의 죽음과 부활을 통한 구속 성취를 설명하고 노아 시대에 "방주에서 물로 말미암아 구원을 얻은 자가 몇 명뿐이니 겨우 여덟 명이라"(벧전 3:20)고 말하고 "물은 예수 그리스도께서 부활하심으로 말미암아 이제 너희를 구원하는 표니 곧 세례라"(벧전 3:21, 개역개정)고 말함으로 두 사건을 비교하고 있다. 방주로 구원받은 노아에게 물과 구원의 분명한 연관이 있는 것처럼 신약 성도들에게도 세례와 구원의 연관이 있는 것이다. 성도들은 구속을 성취한 그리스도와 연합되어 구원을 받고 그 구원의 외적 증거가 물 세례이다.

베드로전서 4장 • 베드로는 베드로전서 3:18-19의 내용을 보완하는 말씀으로 "산 자와 죽은 자를 심판하기로 예비하신 이에게 사실대로 고하리라 이를 위하여 죽은 자들에게도 복음이 전파되었으니"(벧전 4:5-6, 개역개정)라고 설명한다. 예수님이 재림하시면 죽은 자들도 심판을 받을 것인데 구속의 복음의 기준으로 심판을 받게 될 것이다. 베드로는 성도들에게 고난이 뒤따르겠지만 사랑을 실천하면서 살아야 한다고 가르친다(벧전 4:8).

베드로전서 5장 • 베드로는 장로들과 젊은 자들에게 교만하지 말고 겸손하게 섬기라고 권면한다(벧전 5:1-5). 그리고 베드로는 염려를 다 주께 맡기고 믿음을 굳건하게 하여 마귀를 대적하라고 가르친다(벧전 5:7-9). 베드로는 자신을 포함한 동역자들이 본도(Pontus), 갈라디아(Galatia), 갑바도기아(Cappadocia), 아시아(Asia), 비두니아(Bithynia)에 흩어진 나그네들에게(벧전 1:1) 문안을 전하고 편지를 마무리한다.

베드로전서에는 선택(벧전 2:9); 소명(벧전 1:15; 5:10); 중생(벧전 1:3,23); 칭의(벧전 2:24; 3:18); 성화(벧전 1:2, 15-17, 22; 2:4, 9; 3:15); 견인

(벧전 1:5; 5:10); 영화(벧전 1:4, 7; 4:13; 5:1, 4, 10)등 구원의 진리에 관한 언급이 있다.

22

베드로후서

2 Peter | 총 3장

기록배경과 특징(A.D. 63-64)

베드로후서(2 Peter)는 3장 61절로 구성되어 있다. 베드로후서의 저자를 베드로 사도라고 받아들이면 베드로후서의 저작연대는 베드로전서와 비슷한 A.D. 63-64로 추정할 수 있다. 베드로후서 역시 베드로전서와 같이 로마 황제 네로(Nero)가 통치하던 시기(A.D. 54-68)에 기록된 것으로 추정된다.[260] 베드로후서의 저자가 베드로인 것은 다음의 내용에서 명백하다.

첫째, 베드로후서의 저자는 변화산 경험을 한 사람이다. 베드로, 야고보, 요한이 변화산에서 예수님의 변형되심을 목격했다. 이 사실은 본서의 저자를 결정하는 범위를 정해준다(벧후 1:16-18; 참조. 마 17:1). 그런데 본서의 저자는 자신이 시몬 베드로라고 밝힌다(벧후 1:1).

둘째, 저자는 자기의 죽음에 대해 예수님으로부터 예고를 받았다고 말한다(벧후 1:14). "내가 진실로, 진실로 네게 이르노니 네가 젊어서는 스스로 띠 띠고 원하는 곳으로 다녔거니와 늙어서는 네 팔을 벌리리니 남이 네게 띠 띠우고 원하지 아니하는 곳으로 데려가리라"(요 21:18, 개역개정; 참고. 요 13:36)의 말씀은 예수님께서 베드로에게 직접 하신 말씀이다.

셋째, 저자는 바울과 친숙한 관계에 있는 사람이다(벧후 3:15; 참고. 갈 1:18). 이와 같은 증거로 볼 때 베드로후서의 저자는 베드로임이 틀림없다.

넷째, 어떤 이는 베드로 전서와 베드로후서의 어휘와 문체의 차이를 근거로 베드로 사도가 베드로후서를 기록하지 않았다고 주장하지만 베드로전서는 베드로 자신이 인정한 것처럼 실루아노(Sylvanus:실바)

---

260 박형용, 「신약개관」, pp. 235-236.

를 대필로 사용하여 기록하고(벤전 5:12), 베드로후서는 그런 도움 없이 베드로가 직접 기록했다면 두 서신의 차이는 있을 수밖에 없다. 베드로전서와 베드로후서의 문체나 어휘가 서로 다른 것은 사실이지만, 두 서신 사이의 같은 점도 많이 발견된다. "부르심", "선택" 등의 용어는 두 서신에 같이 나타나며, 두 서신 모두 예언을 강조하고 있다.

베드로후서 1장 • 베드로는 기독교인의 생활을 신학적으로 언급하고 있다(벧후 1:1-4); 또한 베드로후서는 기독교인의 생활을 실제적으로도 언급한다(벧후 1:5-11). 베드로는 그의 임박한 죽음을 언급하고(벧후 1:12-15; 참조. 요 21:19); 변화 산상의 경험을 언급하며(벧후 1:16-18); 성경의 모든 예언은 사사로이 푼 것이 아니라고(벧후 1:20) 가르친다. 베드로는 성경이 선지자 자신들의 환상이나 견해를 기록한 것이 아니요, "성령의 감동하심을 받은 사람들이 하나님께 받아 말한 것"(벧후 1:21)이라고 말한다. 베드로는 성경이 100% 인간 저자의 역할로 기록된 것이요, 100% 하나님의 역할로 기록된 것임을 밝힌다. 그래서 베드로는 1장의 마지막 절을 "예언은 언제든지 사람의 뜻으로 낸 것이 아니요 오직 성령의 감동하심을 받은 사람들이 하나님께 받아 말한 것임이라"(벧후 1:21, 개역개정)고 성경에 관한 탁월한 진술로 끝맺는다.[261]

베드로후서 2장 • 베드로는 유다서와 아주 비슷한 내용을 기록하고 있다. 베드로후서 2장 전체가 배도와 거짓 스승에 관하여 다루고 있다. 역사적으로 다른 세 시대를 예로 들어 이를 설명한다. 첫째, 천사들의 타락; 둘째, 노아(Noah) 시대의 악한 사람들; 셋째, 소돔(Sodom)과 고모라(Gomorrah) 백성을 예로 든다. 베드로후서 2:10-22에서는 성경 어느 곳에서도 찾을 수 없는 생생하고도 놀라운 배도의 상황을 묘사하고 있다.

베드로후서 3장 • 베드로는 예수님의 재림, 그리고 재림과 연관된 사건들을 가장 단순하면서도 확신 있게 다룬다. 베드로는 그리스도의

---

261 참조, 박형용, 「성경해석의 원리」, (수원: 합신대학원출판부, 2014), pp. 189-197.

재림을 부인하며 조롱하는 자들에게 대답하는 형식으로 재림에 관한 명백한 진리를 진술한다.

1. 노아 홍수 때에 모든 사람을 심판하신 것은 하나님이 세상 역사를 간섭하심으로 발생한 것이다(벧후 3:4-6).

2. 하나님은 불로 세상을 파괴하심으로써, 다시 세상 역사에 간섭하시게 될 것이다(벧후 3:7).

3. 시간을 계산하는 방법에 있어서 하나님의 방법과 사람의 방법이 다르다(벧후 3:8).

4. 하나님이 세상 멸망을 지연시키는 데는 목적이 있다(벧후 3:9).

5. 하나님이 정하신 때에 멸망의 날은 반드시 올 것이다. "주의 날이 도둑같이 올 것이다"(벧후 3:10).

6. 기독교인의 생활은 "거룩한 행실과 경건함으로 하나님의 날이 임하기를 바라보고 간절히 사모하는"(벧후 3:11-12) 것이라야 한다.

7. 기독교인들은 하나님의 약속을 생각하며 의로 가득 찬 새 하늘과 새 땅을 바라보아야 한다(벧후 3:13).

8. 기독교인들은 주를 따라서 바로 살고 은혜와 지식에서 자라가야 한다(벧후 3:14-18).[262]

---

262 박형용,「신약개관」, p. 237.

23

요한일서

1 John | 총 5장

기록배경과 특징(A.D. 90-96)

요한일서(1 John)는 5장 105절로 구성되어 있다. 요한 서신의 저자가 사도 요한이라면 요한 서신의 저작연대는 대략 A.D. 90-96으로 추정할 수 있다. 요한 사도는 신약성경 중 요한복음, 요한일서, 요한이서, 요한삼서, 그리고 요한계시록 등 5권의 성경을 기록했다. 요한은 5권의 성경을 제11대 로마 황제인 도미티안(Domitian)의 통치 기간(A.D. 81-96) 사이에 기록했다.

요한 사도가 기록한 5권의 신약성경은 한 사람의 작품이므로 서로 연계성을 가지고 있다. 요한일서, 요한이서, 요한삼서의 경우 서로 일치하는 표현을 찾을 수 있다. 이 세 서신을 비교 연구하면 이 세 서신은 한 저자의 작품임이 확실하다. 요한이서와 요한삼서는 발신자를 "장로"라고 명시한다. 그런데 요한 이서와 삼서의 저자는 요한일서의 저자와 동일인임을 알 수 있다(요일 2:7과 요이 5 비교; 요일 2:18; 4:1-5과 요이 7 비교; 요일 3:6, 9과 요이 11 비교). 이처럼 신약성경 중 5권의 성경을 쓴 장로 요한은 사도 요한을 가리킴이 틀림없다.

요한일서에 나타난 사탄에 관한 설명

1. 사탄은 악한 자이다. 요한일서의 전반에 걸쳐 사탄을 지칭할 때에 악한 자로 지칭하고 있는 것이 요한일서의 특징 중 하나이다(참조. 요일 2:13-14; 3:12; 5:18).

2. 사탄은 정복될 수 있다. 요한은 청년들이 악한 자를 이기었다고 진술한다(참조. 요일 2:13-14).

3. 사탄은 죄의 근원이다. "죄를 짓는 자는 마귀에게 속하나니 마귀는 처음부터 범죄함이라"(요일 3:8, 개역개정). 예수님이 성육신하신 사실도 마귀의 일을 멸하기 위해서였다. 이 말씀은 사탄이 아담과 하와를 시험한 사실을 재천명한다(참조. 요 8:44).

4. 사탄은 그의 추종자를 보유하고 있다. 가인(Cain)이 아벨(Abel)을 죽인 것은 가인이 악한 자에게 속해 있었기 때문이었다(요일 3:12).

5. 사탄은 하나님의 자녀를 완전히 장악할 수 없다. "하나님으로부터 나신 자가 그를 지키시매 악한 자가 그를 만지지도 못하느니라"(요일 5:18, 개역개정). 예수님께서 성도들을 지키시므로 악한 자는 성도들을 잠시 실족하게 할 수는 있어도 영구히 그의 수중에 둘 수는 없다.

6. 사탄은 세상에서 계속 사역하고 있다. "온 세상은 악한 자 안에 처한 것이며"(요일 5:19); 세상 자체는 하나님의 창조물로서 악하다고 말할 수는 없지만 악한 자의 이용물이 될 때 악의 효과를 나타내는 것이다.

요한일서에 정의된 어휘

1. 요한복음에 나타나는 어휘나 사상이 요한일서에도 자주 나타난다. 예를 들면, 어두움(darkness), 빛(light), 생명(life), 죽음(death) 등의 어휘를 자주 사용하고 있다. 하나님은 빛과(요일 1:5; 참조. 딤전 6:16; 약 1:17)사랑으로 정의한다(요일 4:8, 16).

2. 죄는 불법과(요일 3:4) 불의로 정의한다(요일 5:17). 여기 사용된 불법(anomia)과 불의(adikia)는 생각할 수 있는 모든 죄를 포함하는 함축적인 용어들이다.

3. 세상은 중생하지 못한 인류로서, 사탄이 그 위에 군림하는 것으로 정의하고 있다(요일 2:15-17; 참고, 요 12:31; 14:30; 16:11). 하나님은 중생하지 못한 이 인류를 위해 그의 독생자를 보내 주셨다(요 3:16).

4. 중생은 하나님을 향해 다시 거듭나는 것으로, 중생한 자는 의를 행하는 자라고 정의한다(요일 2:29; 참조. 요일 3:7, 10). 중생한 자는 사랑을 실천하는 자이며(요일 4:7-8; 5:1; 참조. 요일 2:5, 10; 3:10), 죄에 거하지 아니하는 자이며(요일 3:9; 5:18), 그리스도를 진정으로 믿는 자이며(요일 5:1, 15). 그리고 믿음으로 세상을 이기는 자이다(요일 5:4).

5. 영생은 예수 그리스도 안에서만 발견할 수 있다고 정의한다(요일 1:2; 5:11, 20). 영생은 하나님의 선물이며(요일 5:11), 하나님의 아들을 믿는 자는 자신이 영생을 소유하고 있음을 알게 된다(요일 5:13).[263]

---

263 박형용,「신약개관」, pp. 240-241.

요약(A Summary of 1 John)

요한일서 1장•요한 사도는 예수 그리스도가 이 세상에 어떻게 나타나셨는지를 설명한다(요일 1:1-3). 예수님은 영원한 생명으로 우리에게 나타나셨다(요일 1:2). 요한 사도는 하나님은 빛이신데(요일 1:5) 우리가 하나님과 사귐이 있다고 하면서 어두움에 거하면 이는 거짓말 하는 것이라고 분명히 말한다(요일 1:5-7).

요한일서 2장•요한 사도는 죄인인 우리들을 위해 하나님 앞에서 대언해 주실 대언자가 바로 "의로우신 예수 그리스도시라"(요일 2:1)고 가르친다. 예수님은 "우리 죄를 위한 화목 제물"이 되셨으며 온 세상의 죄 문제를 해결하신 하나님임을 가르친다(요일 2:2). 요한 사도는 지금이 마지막 때이기 때문에 적그리스도가 나타나서 예수님이 그리스도이심을 부인하는 일이 있을 것을 분명히 한다(요일 2:18, 22).

요한일서 3장•요한 사도는 성도들이 현재 "하나님의 자녀"(요일 3:1-2)로서 예수님이 재림하시면 "우리가 그와 같을 줄을 아는 것은 그의 참모습 그대로 볼 것"(요일 3:2, 개역개정)이라고 예수님이 재림하시면 성도들도 부활체를 입게 될 것을 가르친다. 그리고 요한 사도는 하나님께서 성도 안에 "하나님의 씨"(요일 3:9)를 주셨기 때문에 멸망에 이르는 죄는 짓지 아니할 것이라고 말한다. 사람이 예수를 구세주로 믿을 때는 성령의 도움이 필요하다(고전 12:3). 그러므로 예수를 믿는 성도의 몸은 성령의 전이 된다(고전 3:16; 6:19). 성령을 소유한 성도는 성령의 열매를 맺으면서 살아야 한다(갈 5:22-23). 요한 사도는 "자녀들아 우리가 말과 혀로만 사랑하지 말고 행함과 진실함으로 하자"(요일 3:18)라고 권면한다.

요한일서 4장•요한 사도는 성도들이 "진리의 영"(요일 4:6)이신 "하나님의 영"(요일 4:2)과 "예수 그리스도께서 육체로 오신(성육신) 것"(요일 4:2-3)을 부인하는 "적그리스도의 영"(요일 4:3) 즉 "미혹의 영"(요일 4:6)을 분별하여야 한다고 가르친다. 그리고 요한 사도는 예수 그리스도가 육체로 오셔서 십자가에서 돌아가심으로 "화목제물"(the propitiation for our sins, 요일 4:10)이 되신 것은 우리를 사랑하셨기 때문이라고 설명하고 우리도 "서로 사랑하자"(요일 4:7)라고 권면한다. 요한 사도는 "하나님은 사랑이시라"(요일 4:16)고 말하고 "우리가 사랑함은 그가 먼저 우리를 사랑하셨음이라"(요일 4:19, 개역개정)고 말함으로 하나님이 먼저 우리를 사랑하시지 않았다면 우리도 서로 사랑할 수 없다고 가르친다.

요한일서 5장 • 요한 사도는 예수님이 그리스도이심을 믿는 자는 하나님으로부터 난 자라고 선언한다(요일 5:1). 그러므로 "하나님의 자녀"인 우리들은 하나님을 사랑하고 그의 계명을 지켜야 한다(요일 5:2-4). 요한 사도는 예수 그리스도를 믿는 자(요일 5:4)는 영생을 소유한 자라는 사실을 설명하면서 "아들이 있는 자에게는 생명이 있고 하나님의 아들이 없는 자에게는 생명이 없느니라"(요일 5:12, 개역개정)라는 말로 예수 그리스도가 우리에게 영생을 주신다는 사실을 확실히 한다. 그리고 요한 사도는 "사망에 이르는 죄"가 있음을 밝히고 사망에 이르는 죄는 "성령 훼방 죄"(마 12:31-32; 막 3:28-29; 눅 12:10)와 같은 심각한 죄로 그런 죄를 범한 자를 위해서는 죄 용서를 구할 필요가 없다고 가르친다(요일 5:16).

24

요한이서

2 John | 총 1장

요한이서(2 John)는 1장으로 전체 13절로 되어 있다. 요한이서도 요한일서처럼 제11대 로마 황제인 도미티안(Domitian)의 통치 기간(A.D. 81-96) 사이에 기록되었다. 요한이서의 저자는 요한일서의 저자인 사도 요한이다. 요한이서는 전체 13절로 구성된 간략한 서신으로, 요한일서를 요약해 놓은 듯한 느낌이 든다. "사랑, 진리, 계명, 행하라" 등의 어휘들이 요한일서에서와 마찬가지로 요한이서에서도 자유롭게 사용되고 있다(요이 7-11).

요한이서 1-3절 • 요한 사도가 자신이 "장로"임을 밝히고 "택하심을 받은 부녀와 그의 자녀들에게" 진리(truth)를 강조하면서 인사를 시작한다. 요한은 요한이서 1-3에서 매절마다 "진리"를 언급한다. 특이한 것은 요한일서와 요한삼서의 서문에는 나타나지 않은 "은혜와 긍휼과 평강이 … 진리와 사랑 가운데서 우리와 함께 있으리라"(요이 3)는 표현이다. 은혜는 우리의 죄 된 상태를 전제로 하지 않은 하나님의 조건없는 호의를 뜻하고, 긍휼은 우리의 죄 된 상태를 알면서도 우리에게 베푸시는 하나님의 호의를 뜻하며, 그리고 평강은 하나님의 은혜와 긍휼 때문에 우리가 누리는 평화로운 마음의 상태를 가리킨다. 사도 요한은 그가 누리는 이 모든 복을 알고 있었다.

요한이서 4-11절 • 요한 사도가 진리를 행하는 자는 서로 사랑해야 함을 강조하고(요이 4-6) 세상에 미혹하는 자가 많이 나왔는데 미혹하는 자는 "예수 그리스도께서 육체로 오심을 부인하는 자"인데 그는 적그리스도(anti-Christ)라고 강조한다(요이 7). 요한 사도는 사랑이 계명을 따라 행하는 것임으로 그리스도의 교훈을 실천하면서 살아야 한다고 설명한다 (요이 6, 8-9). 따라서 성도들은 그리스도 사랑의 교훈 없이 접근하는 사람을 경계해야 한다(요이 10-11).

요한이서 12-13절 • 요한 사도가 쓸 것은 많지만 대면하여 말하기를 원하는데 이는 "너희 기쁨을 충만하게 하려 함이라"(요이 12)고 말하고 마지막 문안으로 편지를 마무리한다(요이 13).

25

요한삼서

3 John | 총 1장

기록배경과 특징(A.D. 90-96)

요한삼서(3 John)는 1장으로 15절로 구성되어 있다. 요한삼서도 요한일서와 요한이서처럼 제11대 로마 황제인 도미티안(Domitian)의 통치기간(A.D. 81-96) 사이에 기록되었다. 요한삼서의 저자도 요한일서와 요한이서의 저자인 사도 요한이다. 요한일서나 요한이서에서와 마찬가지로, 요한삼서에서도 "사랑, 진리, 행함" 등의 어휘가 사용되고 있다. 요한 삼서에는 "사랑하는 자여 네 영혼이 잘됨같이 네가 범사에 잘되고 강건하기를 내가 간구하노라"(요삼 2, 개역개정)는 자주 인용되는 구절이 나온다. 요한삼서는 구체적인 형편을 배경으로 기록한 서신으로 주로 세 사람을 중심으로 전개된다. 요한삼서에 나타난 세 사람은 가이오((Gaius), 디오드레베(Diotrephes), 그리고 데메드리오(Demetrius)이다.

요약(A Summary of 3 John)

요한삼서 1-8절 • 요한 사도가 참으로 사랑하는 가이오에게 많은 칭찬을 한다. 사도 요한은 가이오를 가리켜 "사랑하는"이란 표현을 2절에서 3번이나 언급하고 요한삼서 전체에서는 5번이나 언급할 만큼 가이오를 특별하게 생각했다(요삼 1-2, 5, 11). 사도 요한은 가이오의 영혼의 잘됨과 일상생활의 형통과 그의 건강을 위해 기도한다(요삼 2). 가이오의 도움을 받은 형제들이 가이오는 형제들에게 "진리 안에서 행한다"(요삼 3)고 증언하는 것을 듣고 요한 사도는 많이 기뻐했다(요삼 6).

요한삼서 9-11절 • 디오드레베에 관한 말씀을 전한다. 디오드레베는 으뜸이 되기를 좋아하고 성도를 접대하지 아니하면서도 권력을 행사하는 것을 좋아하는 사람이다(요삼 9-11). 그는 악한 말로 요한 사도를 비방했다(요삼 10). 요한 사도는 디오드레베를 예로 들어 "악한 것을 본받지 말고 선한 것을 본받으라"(요삼 11)라고 권면한다.

요한삼서 12절 • 데메드리오에 관한 말씀을 전한다. 그는 진리와 사람에게서 인정을 받은 신실한 증인이다(요삼 12). 증인은 자신의 생명을 걸고 진리를 밝힌다. 요한 사도는 "너는 우리의 증언이 참된 줄을 아느니라"(요삼 12, 개역개정)고 데메드리오의 신실함을 확실히 한다.

요한삼서 13-15절 • 마지막 인사를 전한다. 요한 사도는 "먹과 붓으로 쓰기를 원하지 않고"(요삼 13) 대면해서 이야기하기를 원한다(요삼 14). 요한 사도는 평강을 기원하면서 편지를 마무리한다(요삼 15).

26

유다서

Jude | 총 1장

기록배경과 특징(A.D. 63-64)

유다서(Jude)는 1장으로 25절로 구성되어 있다. 유다서의 기록연대
는 대략 A.D. 63-64년으로 추정됨으로 로마 황제 네로(Nero)가 통치하
던 시기(A.D. 54-68)에 기록된 것으로 생각할 수 있다. 유다는 베드로후
서 2장의 내용과 비슷한 내용을 유다서에 기록한다. 이와 같은 사실은
두 서신이 거의 같은 시기에 기록된 것으로 추정하게 한다.

유다서의 저자는 "야고보의 형제"(약 1:1)인 예수님의 동생 유다(Jude
or Judas)이다(마 13:55). 유다는 예수님의 공생애 기간에는 예수님을 구주
로 믿지 않았지만 예수님의 부활 이후 예수님을 따르게 되었다(요 7:3-
5). 유다가 그의 서신에서 "예수 그리스도의 종이요 야고보의 형제인
유다"(유 1:1, 개역개정)라고 자신을 소개한 것은 의미심장하다. 왜냐하면
유다는 자신을 "예수 그리스도와 야고보의 형제"라고 소개하지 않고,
"예수 그리스도의 종"이라고 소개하고 있기 때문이다. 유다는 그의 형
예수님을 구세주로 받고 믿은 것이며 또한 유다는 이 말씀을 통해 그
의 겸손을 드러내고 있다.

한 장으로 되어있는 유다서는 대략 네 부분으로 나눌 수 있다.

유다서 1-4절 • 유다의 인사와 기록목적을 기록한다. 유다는 거짓 교사들의 교훈을 생각하면서 성도들에게 "단번에 주신 믿음의 도를 위하여 힘써 싸우라"(유 3)고 권하고 있다. 거짓 교사들은 "가만히 들어온 사람"들이며, "경건하지 아니한" 자들이며, "하나님의 은혜를 도리어 방탕한 것으로 바꾸"는 사람들이며, 특히 "우리 주 예수 그리스도를 부인하는 자"들이다(유 4). 유다서는 거짓 교사의 잘못된 교훈을 밝힘으로 교회를 지킨다.

유다서 5-16절 • 거짓 교사들에 대한 묘사와 그들에게 심판이 기다리고 있음을 설명하는 내용을 담고 있다. 유다는 먼저 여호와 하나님이 그의 백성 이스라엘을 애굽에서 구원하신 사건과 출애굽 과정에서 하나님의 말씀을 믿지 못하는 사람들이 멸망한 사실을 상기시킨다(유 5). 유다는 타락한 천사들을 여호와 하나님이 "큰 날의 심판까지 영원한 결박으로 흑암에 가두어 두셨다"(유 6)고 하나님을 거역하는 일이 얼마나 심각한 잘못인지를 밝힌다. 그리고 유다는 거짓 교사들이 "가인의 길"로 행하고, "발람의 길"로 몰려갔으며, "고라의 패역"을 따른 사람들로(유 11) "원망하는 자며 불만을 토하는 자며 그 정욕대로 행하는 자라 그 입으로 자랑하는 말을 하며 이익을 위하여 아첨"(유 16)하는 자들이라고 지적하고 성도들은 그들의 길로 행해서는 안 된다고 권면한다.

유다서 17-23절 • 성도들이 거짓 교사들을 어떻게 대처할 것인지를 구체적으로 설명한다. 유다는 성도들이 먼저 기억할 것은 "예수의 사도들이 한 말을 기억해야 하며"(유 17), "거룩한 믿음위에 자신을 세우며 성령으로 기도해야 하고"(유 20), "하나님의 사랑 안에서 자신을 지키며 영생에 이르도록"(유 21) 예수님의 긍휼을 기다려야 한다. 그리고 성도들은 자신도 그리스도의 긍휼을 받은 것처럼 약한 자들에게 긍휼을 베풀어야 한다고 권면한다(유 22-23).

유다서 24-25절 • 유다의 송영이라고 할 수 있다. 유다서의 송영은 종말론적인 의미가 담긴 송영이다. 유다는 하나님께서 성도들을 현재 보호하시고 장차 주님의 영광 앞에 기쁨으로 서게 하실 것인데 그분에게 "영광(δόξα)과 위엄(μεγαλωσύνη)과 권력(κράτος)과 권세(ἐξουσία)"(유 24-25)가 항상 있기를 소원한다.

유다서 내의 난해한 주제에 관한 설명

유다서 내에서 관심 있는 난해한 주제는 첫째로 유다가 위경(Pseudepigrapha)인 에녹서를 인용한 것(유 14)을 어떻게 받아들여야 하느냐이며, 둘째로 "자기 처소를 떠난 천사들"(유 6)이 누구를 가리키느냐이다.

첫 번째 주제와 관련하여 우리는 먼저 유다(Jude or Judas)가 에녹서를 익숙하게 알고 있었다고 생각할 수 있다. 왜냐하면, 유다가 유다서를 쓸 당시 많은 사람이 에녹서를 친숙히 알고 있는 상태였기 때문에 자연히 유다도 에녹서의 내용을 잘 알고 있었다고 생각한다. 유다가 유다서 14-15에서 에녹서를 인용하고 있는 것이 이를 증거하고 있다. 그러면 유다가 에녹서를 인용한 것이 잘못인가? 그것은 그렇지 않다. 우리가 성경 저자들이 성령의 감동으로 성경을 기록한 것을 인정하면 아무런 문제가 없다. 성경 저자는 자신이 활용할 수 있는 자료는 얼마든지 성경 기록에 사용할 수 있었다. 다만 성령이 성경 저자들을 유기적으로 영감 시켜 어떤 자료를 사용하든지 하나님의 뜻에 반하지 않게 하고 잘못 없게 기록하게 하신 것이다. 그러므로 유다가 에녹서를 인용한 것은 아무런 잘못이 없고 유다서의 정경성(canonicity)에 아무런 영향을 미치지 않는다.

두 번째 주제를 고찰할 때에도 우리는 이 주제가 역시 에녹서와 연계되어 설명되는 이론을 많이 접하게 된다. 에녹서(1 Enoch, 6장-9장)의 기자가 악의 기원을 설명하기를 타락한 천사들이 아름다운 사람의 딸들을 연모하여 헬몬 산(Mount Hermon)에 내려왔고 여인들과 성적 관계를 가져 후손들을 출산하였다. 그 후손이 네피림(Nephilim)이라고 설명하며 바로 그들이 세상에 악을 퍼뜨렸기 때문에 하나님이 그들을 노아 시대에 홍수로 멸망시켰다고 전하고 있기 때문이다. 이와 같은 설화는 "자기 처소를 떠난 천사들"(유 6)을 "하나님의 아들들"과 연계시켜 설명하는 것이다(창 6:2-4 참조). 그러나 유다서는 천사들이 어떻게 타락하게 되었는지 설명하지 않는다. 우리가 추론할 수 있는 것은 천사들이 하나님의 명령에 불순종하여 타락하게 되었다는 것이다(창 3:5 참조). 그리고 주목할 것은 영적인 존재인 천사들은 몸(body)을 가지고 있지 않기 때문에 사람들과 결혼할 수 없다는 성경의 교훈이다. 예수님께서 사두개인들이 사람들이 부활할 때 결혼의 관계가 어떻게 되느냐는 질문을 받으시고 대답하시기를 "부활 때에는 장가도 아니 가고 시집도 아니 가고 하늘에 있는 천사들과 같으니라"(마 22:30, 개역개정)고 말씀하셨다. 이 말씀은 천사들은 결혼하지 않는다는 말씀이다. 그러므로 "자기 처소를 떠난 천사들"은 창세기 6:2에 언급된 "하나님의 아들들"이 아니요 정확한 시기는 알 수 없지만 하나님의 명령에 불순종하여 타락한

일부의 천사들이라고 생각된다.[264]

우리는 유다서를 이해하면서 유다의 마음을 읽어야 한다. 유다는 "구원에 관하여"(유 3) 글을 쓰고 있다. 유다는 구원받은 사람이 "단번에 주신 믿음의 도를 위하여 힘써"(유 3) 싸우는 삶을 살아야 하는데 경건하지 않은 몇 사람이 주 예수 그리스도를 부인하는 상황에 이르게 되었다(유 4). 유다는 이런 경건하지 않은 거짓 교사들의 결국이 하나님의 심판을 받게 되어 있음을 세 개의 역사적인 예를 들어 설명하고 있다. 첫째 예는 출애굽 할 때 불순종한 사람들을 하나님이 멸하셨으며 (유 5), 둘째 예는 하나님이 "자기 처소를 떠난 천사들"을 영원히 결박하여 흑암에 가둠으로 심판하셨으며(유 6), 셋째 예는 소돔(Sodom)과 고모라(Gomorrah)가 멸망당할 때 타락한 사람들이 "영원한 불의 형벌"의 심판을 받았다는 것이다(유 7). 유다는 이런 역사적 사건들이 우리에게 "거울"(δεῖγμα: example) 역할을 한다고 말한다. 유다는 이런 역사적 사건들을 예로 들어 구원을 받은 성도들은 주변의 유혹을 물리치고 경건하게 살아야 한다고 권면하고 있다.

---

264 R.C.H. Lenski, *The Interpretation of I and II Epistles of Peter, the three Epistles of John, and the Epistle of Jude,* (Minneapolis: Augsburg, 1966), p. 309.: "These are the angels that fell before Adam's fall. What their sin was neither Peter nor Jude state."

27

요한계시록

Revelation | 총 22장

기록배경과 특징(A.D. 90-96)

요한계시록(Revelation)은 22장 404절로 구성되어 있다. 사도 요한이 계시록의 저자라는 사실은 폭넓게 인정하는 견해이다. 이 주장은 A.D. 2세기까지 한 번도 반박되지 않을 만큼 믿을만한 주장이다. 사도 요한은 계시록에서 자신의 이름 요한을 4회(계 1:1, 4, 9; 22:8)나 사용함으로 자신이 저자임을 밝힌다.

요한계시록은 기독교에 대한 로마의 적대감이 공공연한 박해로 드러난 시기에 기록되었다(계 1:9; 2:10, 13). 어떤 학자들은 요한계시록이 예루살렘 멸망(A.D. 70) 직전인 A.D. 65년경 네로(Nero) 황제의 핍박을 배경으로 기록되었다고 주장한다. 그러나 일반적으로 도미티안(Domitian) 황제의 통치 기간(A.D. 81-96)에 요한계시록이 기록된 것으로 생각하는 것이 바람직하다. 요한은 A.D. 90-96에 사이에 요한계시록을 기록했을 것이다.[265]

창세기(Genesis)가 시작의 책이라면 요한계시록(Revelation)은 마무리의 책이다. 요한계시록은 하나님의 구속 계획의 완성을 드러내는 책이다. 요한계시록의 시작은 "예수 그리스도의 계시"(The Revelation of Jesus Christ)라는 말로 시작하고, "주 예수의 은혜가 모든 자들에게"라는 말로 끝맺는다. 요한계시록은 세상을 심판하실 권세와 세상을 회복시키실 권세와 그리고 세상을 의로 통치하실 권세를 가지신 예수 그리스도에

---

265 Cf. G. K. Beale, *The Book of Revelation* (NIGTC), (Grand Rapids: Eerdmans, 1999), p. 9.: "Therefore, a date during the time of Nero is possible for Revelation, but the later setting under Domitian is more probable in the light of the evidence in the book for an expected escalation of emperor worship in the near future and especially the widespread, programmatic legal persecution portrayed as imminent or already occurring in Revelation 13, though the letters reveal only spasmodic persecution."

게 초점을 맞추고 있다. 그러므로 요한계시록은 그리스도에게서 온 계시의 말씀이며 또한 그리스도에 관한 계시의 말씀이다.

요한계시록은 예수 그리스도 중심적(Christ-centered)인 책이다. 요한
계시록의 내용을 살펴보면 그리스도 중심적인 구조를 찾을 수 있다.
요한계시록은 사탄이 멸망하고 예수 그리스도가 승리하는 긍정적인
책이다.

서언 부분은(계 1:1-8) 요한계시록 전체가 하나님께서 요한 사도에게
주신 예수 그리스도의 계시임을 분명히 한다(계 1:1-2). 이 계시는 구속
의 사역이 미래에 어떤 효과를 가져올 것인지를 설명한다. 요한계시록
은 구원의 범위와 효과가 무엇인지를 보여준다. 예수님의 죽음과 부활
을 근거로 하나님의 뜻은 역사를 통해 계속 성취되고 악은 결국 패퇴
하고 하나님의 나라가 확고히 설립할 것이다. 요한은 "땅의 임금들의
머리가 되신 예수 그리스도"(계 1:5)가 "구름을 타고 오시리라 각 사람
의 눈이 그를 보겠고 그를 찌른 자들도 볼 것이요"(계 1:7, 개역개정)라고
예수님의 초림과 재림을 잇는 전망으로 요한계시록을 시작한다.

요한계시록 1장 • 1장의 남은 부분에서 요한은 하나님의 말씀과 예
수 그리스도의 증거 곧 자기가 본 것을 모두 증언하고 있다고 밝힌다
(계 1:2). 요한은 자신이 밧모(Patmos) 섬에서 주의 날에 성령의 감동으로
하나님의 계시를 들었다고 말한다(계 1:9-10). 요한은 자기가 본 것을 기
록하여 일곱 교회에 보내라는 명령을 받는다(계 1:11). 예수 그리스도가
"발에 끌리는 옷을 입고 가슴에 금띠를 띠고……그의 오른손에 일곱
별이 있고 그의 입에서 좌우에 날 선 검이"(계 1:13-16, 개역개정) 나오는
모습으로 일곱 교회를 방문하시면서 그들의 공과에 따라 칭찬과 책망
을 하신다(계 1:9-3:22).

요한계시록 2장 • 요한은 에베소 교회를 시작으로 서머나 교회, 버

가모 교회, 두아디라 교회에 보낸 말씀을 기록한다. 에베소 교회(the Church in Ephesus, 계 2:1-7)에 보낸 말씀은 자칭 사도라 하면서 거짓된 일을 하는 사람들을 드러내는 일을 한 것과 그리스도의 이름을 위하여 참은 것을 칭찬하지만(계 2:2-3), 처음 사랑을 버렸다고 책망하는 말씀도 잊지 않는다(계 2:4). 서머나 교회(the Church in Smyrna, 계 2:8-11)에 보낸 말씀은 환난과 궁핍이 있지만, 실상은 부요한 자라고 말씀하시고(계 2:9) 죽도록 충성하면 생명의 면류관을 받게 될 것이라고 권면한다(계 2:10). 버가모 교회(the Church in Pergamum, 계 2:12-17)에 보낸 말씀은 예수님을 믿는 믿음을 저버리지 아니했다고 칭찬하고(계 2:13), 하지만 발람의 교훈을 지키는 자들과 니골라 당의 교훈을 지키는 자들이 있다고 책망한다(계 2:14-15). 두아디라 교회(the Church in Thyatira, 계 2:18-29)에 보낸 말씀은 그들에게 사랑과 믿음과 섬김과 인내가 있다고 칭찬하고(계 2:19), 자칭 선지자라 하는 여자 이세벨(Jezebel)을 용납하는 죄가 있다고 책망한다(계 2:20).

요한계시록 3장 • 요한은 사데 교회, 빌라델비아 교회, 라오디게아 교회에 보낸 말씀을 기록한다. 사데 교회(the Church in Sardis, 계 3:1-6)에 보낸 말씀은 살았다 하는 이름은 있으나 죽은 자라고 책망하고(계 3:1) 주님이 도둑같이 임할 것이므로 깨어 있으라고 권면한다(계 3:3). 그리고 사데 교회에 그 옷을 더럽히지 아니한 자 몇 명이 있다고 칭찬하시면서 그들은 생명책에서 결코 지우지 아니할 것을 약속한다(계 3:4-5). 빌라델비아 교회(the Church in Philadelphia, 계 3:7-13)에 보낸 말씀은 주님의 말씀을 지키며 주님의 이름을 배반하지 아니했고(계 3:8) 주님의 인내의 말씀을 지켰다(계 3:10)고 칭찬하고 하나님의 성전에 기둥이 되게 하겠다고 약속한다(계 3:12). 일곱 교회 중에서 빌라델비아 교회에만 책망이 없고 칭찬의 말씀만 전한다. 라오디게아 교회(the Church in Laodicea, 계

3:14-22)에 보낸 말씀은 차지도 아니하고 뜨겁지도 아니한 미지근한 행위를 책망하고(계 3:15-16), 라오디게아 교회가 "곤고한 것과 가련한 것과 가난한 것과 눈 먼 것과 벌거벗은 것을 알지 못하는 도다"(계 3:17, 개역개정)라고 책망하고, "안약을 사서 눈에 발라 보게 하라"(계 3:18)고 권면한다.

요한계시록 4장 • 요한은 이십사 장로들과 네 생물이 하늘에서 하나님을 경배하는 모습을 그린다. 여섯 날개를 가진 네 생물은 밤낮 쉬지 않고 "거룩하다, 거룩하다, 거룩하다"(계 4:8)라고 외치면서 하나님을 경배한다. 하나님은 영광과 존귀와 권능을 받으실 분이요 만물을 지으신 창조주이시다(계 4:11).

요한계시록 5장 • 요한은 봉인된 두루마리(scroll)를 펼 수 있는 분이 없는 것을 보고 크게 울었는데(계 5:1-4) 장로 중의 한 사람이 "유대 지파의 사자 다윗의 뿌리가 이겼으니 그 두루마리와 그 일곱 인을 떼실"(계 5:5, 개역개정)것이라고 천명한다. 그리고 요한은 죽임을 당하신 어린 양이 존귀와 영광과 찬송을 받으시기에 합당하다고 말하는 큰 음성을 듣는다(계 5:12).

요한계시록 6장 • 요한은 어린양이 일곱 인 중 첫째 인부터 여섯째 인까지를 떼어서 공개하시는 것을 본다. 여섯 개의 인의 내용은 "땅에서 화평을 제하여 버리고"(계 6:4), 청황색 말을 탄 사망은 검과 흉년과 사망과 땅의 짐승들로"(계 6:8) 사람들을 죽이는 등 심판의 내용을 포함하고 있다.

요한계시록 7장 • 요한은 인침을 받아 구원함을 받을 수가 십사만 사천이라고 밝힌다(계 7:4). 십사만 사천은 유다(Judah), 르우벤(Reuben), 갓(Gad), 아셀(Asher), 납달리(Naphtali), 므낫세(Manasseh), 시므온(Simeon), 레위(Levi), 잇사갈(Issachar), 스불론(Zebulun), 요셉(Joseph), 베냐민(Benjamin)

등 열두 지파에서 각각 일만 이천씩 모아진 숫자이다(계 7:5-8). 이 사람들은 "어린 양의 피에 그 옷을 씻어 희게 된"(계 7:14) 성도들이다. 십사만 사천은 구원받은 하나님의 백성의 총수를 상징하는 숫자이다. 그러므로 어떤 이단적 집단에서 십사만 사천 명 만 구원받는다고 주장하는 것은 잘못된 것이다. 십사만 사천은 12 곱하기 12는 144(12×12=144)가 되고 10의 3승 즉 십을 세 번 곱하면 1,000이 된다. 그리고 144 곱하기 1,000하면 144,000이 된다. 여기에 사용된 숫자 12, 10, 3은 모두 완전수이다. 그러므로 십사만 사천은 구원받은 하나님의 백성의 전체를 상징하는 뜻이다.

요한계시록 8장 • 요한(John)은 6장에서 빠진 일곱째 인을 떼는 사건을 기록한다(계 8:1-2). 일곱째 인의 내용은 사도 요한이 일곱 나팔을 가진 일곱 천사를 보는 것이다. 사도 요한은 8장에서 첫째 천사가 나팔을 부니 땅의 삼 분의 일이 타버리고, 둘째 천사가 나팔을 부니 바다의 삼 분의 일이 피가 되고 바다 가운데 생명 가진 피조물들의 삼 분의 일이 죽고, 셋째 천사가 나팔을 부니 물의 삼 분의 일이 쓴 물이 되어 많은 사람이 죽는다. 그리고 넷째 천사가 나팔을 부니 해와 달과 별이 타격을 받아 낮 삼 분의 일이 비추임을 상실한다(계 8:7-12).

요한계시록 9장 • 요한은 다섯째 천사와 여섯째 천사가 나팔을 부는 내용을 기록한다(계 9:1, 13). 다섯째 천사가 나팔을 불매 무저갱이 열려 그 구멍에서 황충이 연기와 함께 올라와 "이마에 하나님의 인침을 받지 아니한 사람들"(계 9:4)을 해하였다. "그날에는 사람들이 죽기를 구하여도 죽지 못하고 죽고 싶으나 죽음이 그들을 피할"(계 9:6, 개역개정) 정도로 심각한 고통이 뒤따를 것이다. 여섯째 천사가 나팔을 부니 유브라데(Euphrates) 강에 결박된 네 천사가 놓였고 네 천사는 사람 삼 분의 일을 죽였다(계 9:14, 18).

요한계시록 10장 • 요한은 힘센 다른 천사가 구름을 입고 하늘에서 내려오는 광경을 본다(계 10:1). 힘센 다른 천사는 그 손에 작은 두루마리를 들고 "그 오른발은 바다를 밟고 왼발은 땅을 밟고" 있었다(계 10:2). 그런데 일곱째 천사가 나팔을 불려고 할 때 하늘에서 요한에게 음성이 들려 힘센 다른 천사의 손에 펴 놓인 두루마리를 가지라는 말씀을 듣는다(계 10:8). 요한이 두루마리를 받아서 먹으니 "내 입에는 꿀 같이 다나 먹은 후에 내 배에서는 쓰게 되더라"(계 10:10, 개역개정)고 진술한다.

요한계시록 11장 • 요한은 두 증인(the Two Witnesses)이 굵은 베옷을 입고 1,260일을 예언하는 광경을 본다(계 11:3). "그들은 이 땅의 주 앞에 서 있는 두 감람나무와 두 촛대"(계 11:4)이다. 요한은 무저갱으로부터 올라오는 짐승이 두 증인과 더불어 싸워 두 증인을 죽이지만(계 11:7) 삼일 반 후에 하나님으로부터 생기가 두 증인 속에 들어가 두 증인이 발로 일어서니 구경하는 자들이 크게 두려워하는 광경을 본다(계 11:11). 요한은 요한계시록 10장에서 일곱째 천사가 나팔을 불려고 할 때 발생한 광경들을 기록했는데 요한계시록 11장에서 일곱째 천사가 실제로 나팔을 불자 펼쳐지는 광경을 기록한다(계 11:15). 일곱째 천사가 나팔을 불매 하나님의 나라가 펼쳐지고 이십사 장로가 하나님께 경배하며 주 하나님이 친히 권능을 잡으시고 왕 노릇하시는 광경이 전개된다(계 11:15-17). "하늘에 있는 하나님의 성전이 열리니 성전 안에 하나님의 언약궤가 보인다"(계 11:19, 개역개정).

요한계시록 12장 • 요한은 "해(the sun)를 입은 한 여자"가 아들을 낳은 이야기(계 12:1, 5)와 "한 큰 붉은 용(red dragon)"이 여자가 낳은 아들을 삼키려 한 광경을 본다(계 12:4). 하늘에서 미가엘(Michael)과 용이 더불어 싸울새 "옛 뱀 곧 마귀라고도 하고 사탄이라고도 하는"(계 12:9) 큰 용이 쫓겨나게 되고 큰 용은 성도들을 참소한다. 그러나 "우리 형제들이 어린양의 피와 자기들이 증언하는 말씀으로써 그를 이겼다"(계 12:11, 개역개정). 그리고 용이 남자를 낳은 여자를 많은 물로 박해하지만, 땅이 여자를 보호한다(계 12:15-16).

요한계시록 13장 • 요한은 바다에서 나오는 한 짐승을 보는데 용이 그 짐승에게 권세를 주므로 마흔두 달 동안 하나님을 비방하는 일을 한다(계 13:1, 4-5). 그리고 짐승이 성도들과 싸워 이기게 되는데 여기에 성도들의 인내와 믿음이 있다(계 13:7, 10). 요한은 땅에서 올라오는 다른 짐승을 보는데 그 짐승이 권세를 받아 땅에 거하는 자들을 미혹하고 짐승에게 경배하는 자들에게 "이마에 표"를 받게 하고 이 표를 받은 자 외에는 매매하지 못하게 한다. 그런데 짐승에게 속한 자를 상징하는 수는 666이었다(계 13:14, 16-18). 뮐러(H. P. Mueller)는 다니엘 7장과 연계하여 요한계시록 13장에서 세 단계의 신학적 패턴을 정리한다. 첫째 단계는 한 행위자(agent)가 나온다(계 13:1). 둘째 단계는 그 행위자에게 권력이 주어진다(계 13:4). 셋째 단계는 권력을 받은 자가 행하는 일의 결과가 기록된다(계 13:6-10). 다니엘 7장도 세 단계로 정리된다. 첫째 단계로 인자 같은 이가 하나님의 보좌로 인도된다(단 7:13). 둘째 단계는 인자 같은 이에게 권세와 영광과 나라가 주어진다(단 7:14). 셋째 단계는 모든 백성과 나라들과 다른 언어를 말하는 모든 자가 그를 섬기는 결과를 기록한다(단 7:14).[266] 빌(Beale)은 요한계시록 13장이 다니엘 7장의 예언을 근거로 형태가 잡혔음을 인정한다.[267]

요한계시록 14장 • 요한은 구원받을 성도의 숫자를 상징하는 십사

---

266   Cf. H. P. Mueller, *Formgeschichtliche Untersuchung zu Apc Joh. 4-5*, Ph.D. dissertation, Heidelberg University, 1962, pp. 108-111.

267   Beale, *The Book of Revelation*, p. 729.

만 사천을 언급 한다(계 14:1). 요한이 바로 전 멸망의 심판을 받을 육백 육십육의 숫자를 언급하고(계 13:18) 구원받을 성도의 숫자 십사만 사 천을 언급한 것은 의미심장하다. 십사만 사천은 새 노래를 부를 것이 며 어린양이 어디로 인도하든지 따라가는 성도들이다(계 14:3-4). 요한 은 세 천사의 음성을 듣는데 한 천사는 영원한 복음을 선포하고, 다른 두 천사는 진노와 심판의 메시지를 선포한다(계 14:6-11). 요한은 성도들 의 삶과 죽음이 복되다는 하늘의 음성을 듣는다. "지금 이후로 주 안에 서 죽는 자들은 복이 있도다 하시매 성령이 이르시되 그러하다 그들이 수고를 그치고 쉬리니 이는 그들의 행한 일이 따름이라"(계 14:13, 개역개 정). 그리고 요한은 "인자 같은 이"(One like the Son of Man; 계 14:14)가 마지 막 수확을 하는 모습을 본다.

요한계시록 15장 • 요한은 일곱 천사가 마지막 재앙인 일곱 재앙을 가지고 있는 것을 본다(계 15:1). 요한은 우상에게 굴복하지 아니하고 승 리한 성도들이 하나님을 찬양하는 음성을 듣는다(계 15:2-4). 그리고 요 한은 "하늘에 증거 장막의 성전이 열리지만"(계 15:5) "일곱 천사의 일 곱 재앙이 마치기까지는 성전에 능히 들어갈 자"(계 15:8)가 없는 광경 을 본다.

요한계시록 16장 • 요한은 일곱 천사가 하나님의 진노의 일곱 대접 을 땅에 쏟는 광경을 본다(계 16:1). 첫째 천사는 우상에게 경배하는 자 들에게 독한 종기가 나게 하고(계 16:2), 둘째 천사는 바다가 피같이 되 게 하는 재앙을 일으키고(계 16:3), 셋째 천사는 강과 물 근원을 피로 만 드는 재앙을 내리고(계 16:4), 넷째 천사는 해가 불로 사람들을 태우는 재앙을 내리고(계 16:8-9), 다섯째 천사는 짐승의 나라가 어두워지고 사 람들이 아파서 자기 혀를 깨무는 재앙을 내리고(계 16:10), 여섯째 천사 는 귀신의 영이 전쟁을 위하여 온 천하 왕들을 아마겟돈(Armageddon)이라 하는 곳으로 모으며(계 16:14-16), 그리고 일곱째 천사는 큰 성 바벨론이 무너지도록 그 대접을 공중에 쏟는다(계 16:17-19).

요한계시록 17장 • 요한은 "큰 음녀"(계 17:1) 곧 "큰 바벨론"(계 17:5)이 제한된 시간 동안 어린양과 싸울 것을 기록한다(계 17:1-18). 요한은 큰 음녀의 모습을 보는데 큰 음녀는 그 이름이 "비밀이라, 큰 바벨론이라, 땅의 음녀들과 가증한 것들의 어미"(계 17:5)라 불렸다. 큰 음녀는 성도들의 피에 취해있는 모습이었다(계 17:6). 요한은 "이전에 있었다가 지금 없어진 짐승"이 여덟째 왕인데 그와 그 추종자들이 어린양과 더불어 싸우는 광경을 본다(계 17:11, 14).

요한계시록 18장 • 요한은 한 다른 천사가 하늘에서 내려와 큰 성 바벨론의 멸망을 선포하는 광경을 본다(계 18:1-2). 요한은 바벨론으로 인하여 생활하며 범죄한 사람들의 심판을 본다(계 18:9-10, 19-20). 그리고 요한은 한 힘센 천사가 큰 성 바벨론이 바다에 던져져 다시 보이지 않게 되는 상징으로 큰 맷돌 같은 돌을 바다에 던지는 광경을 본다(계 18:21).

요한계시록 19장 • 요한은 이십사 장로와 네 생물이 엎드려 보좌에 앉으신 하나님께 경배하는 광경을 본다(계 19:4). 요한은 전능하신 하나님이 통치하시고 어린양의 혼인 기약이 가까이 이르렀다는 소리를 듣는다(계 19:7-8). 요한은 충신(Faithful)과 진실(True)이라는 이름을 가진 백마 탄 자를 보는데(계 19:11) 그 백마 탄 자의 다른 이름은 "하나님의 말씀"(계 19:13)이며 그는 피 뿌린 옷을 입고 백마를 타고 나타나 공의로 심판하며 싸우신다(계 19:11). 그리고 요한은 짐승과 땅의 임금들이 백마 탄 자와 그 군대들과 싸우지만 결국 완전히 패배하는 광경을 본다(계 19:19-21).

요한계시록 20장 • 요한은 한 천사가 "옛 뱀이요 마귀요 사탄"(계

20:2)을 잡아서 1,000년 동안 결박해 두는 광경을 본다(계 20:2-6). 요한
계시록 20:1-3의 사건과 요한계시록 20:4-6의 사건은 같은 기간에 발
생한 사건이다. 사도 요한은 지금 천상에서 이 장면을 바라보고 있다
(계 20:1, 4). 사도 요한이 천상에서 바라본 사건은 예수 그리스도의 죽음
과 부활로 말미암아 사탄이 이미 결박되었고 성도들이 심판하는 권세
를 받고 살아서 그리스도와 더불어 천 년 동안 왕 노릇 하는 장면을 본
다(계 20:4). 본 절의 "살아서"(ἔζησαν)는 성도들이 몸은 죽었지만, 영혼은
죽지 않고 살아 있다는 뜻이다. 그러므로 "살아서"는 육체 부활을 뜻하
지 않고(계 20:12) 그리스도를 믿음으로 그 안에서 새로운 생명을 소유
한다는 뜻이다. "살아서"는 성도의 중생을 가리킨다. 사도 요한은 사탄
이 1,000년이 찬 후 잠시 풀려나와 사람을 미혹하겠지만 결국 생명책
에 기록된 사람들은 구원함을 받게 되는 광경을 본다(계 20:11-15).[268]

요한계시록 21장 • 요한은 새 하늘과 새 땅(The New Heaven and the New
Earth)을 보고(계 21:1) 보좌에 앉으신 이가 "보라 내가 만물을 새롭게 하
노라"(계 21:5)고 말씀하신 음성을 듣는다. 요한은 하늘에서 내려오는
호화찬란한 거룩한 성 예루살렘을 보는데(계 21:10-21) 그 성 안에서 성
전을 보지 못한다. 그 이유는 "주 하나님 곧 전능하신 이와 및 어린양
이 그 성전"(계 21:22)이시기 때문이다. 새 하늘과 새 땅에는 하나님의
영광이 비치고 있어 해와 달이 필요 없고(계 21:23), 밤이 없기 때문에
성문들이 항상 열려있는 모습이다(계 21:25). 하나님의 성에는 1. 성전이
없고, 2. 해와 달이 없고, 3. 닫힌 성문들이 없고, 4. 불결한 것이 없고,
5. 거짓말하는 자가 없고, 6. 가증한 일이 없고, 7. 밤이 없다(계 21:22-
27). 반면 어린양은 참된 예배, 참 빛, 공개적인 환영, 거룩한 백성, 하

---

268 박형용, 「신약성경신학」, pp. 377-389.

나님의 임재, 그리고 신의 임재에서 오는 영원한 조명을 제공해 주실 것이다. 새 예루살렘은 죄로 인해 에덴(Eden)에서 상실한 모든 복을 성도들에게 회복시켜주는 곳이다.[269]

요한계시록 22장 • 요한은 새 하늘과 새 땅의 아름다움을 계속 묘사한다. 사도 요한은 "내가 속히 오리니"를 세 번 언급함으로(계 22:7, 12, 20) 그리스도의 재림을 준비하도록 권면한다. 새 하늘과 새 땅에는 생명나무가 있고 다시 밤이 없고 다시 저주가 없는 장소이다(계 22:2-3). 신천 신지를 만드신 하나님은 "나는 알파(the Alpha)와 오메가(the Omega)요 처음과 마지막이요 시작과 마침이라"(계 22:13, 개역개정)고 말씀하시면서 이 모든 말씀을 요한에게 보이신 이유를 "교회를 위하여 내 사자를 보내어 이것들을 너희에게 증언하게 하였노라"(계 22:16, 개역개정)고 말씀하신다. 마지막으로 요한은 지금까지 본 두루마리의 말씀에 어떤 것을 더 하거나 빼는 것은 생사의 문제가 걸린 심각한 일이라는 음성을 듣는다(계 22:18-19).

---

269 박형용, 「신약개관」, p. 260.

창세기와 요한계시록 비교

창세기(Genesis)는 하나님이 창조하신 세상의 시작을 기록하고 인간 역사의 시작을 기록하고 있다. 하나님은 죄로 물들지 않은 에덴동산(the Garden of Eden)을 만드시고 아담과 하와를 그 안에서 살게 하셨다. 그런데 아담과 하와는 선악과를 먹지 말라는 하나님의 명령을 따르지 않고 범죄하게 된다. 창세기는 인간의 범죄로 인해 창조의 질서가 일그러진 모습을 묘사하고 있다. 하나님은 인간의 죄 문제를 해결하시고 인간과 세상을 회복하시기 위해 메시야를 보내주시겠다는 구속계획을 예고하신다(창 3:15). 반면 요한계시록(Revelation)은 예수 그리스도의 죽음과 부활을 통해 하나님의 구속 계획이 성취되고 죄가 더는 존재하지 않은 신천 신지(The New Heaven and the New Earth)를 묘사하고 있다. 하나님은 그의 성도들을 위해 에덴동산보다 더 좋은 신천 신지를 마련해 두셨다.

창세기는 여호와 하나님이 처음 창조를 마치신 후에 "하나님이 그 지으신 모든 것을 보시니 보시기에 심히 좋았더라"(창 1:31, 개역개정)라고 기록한다. 원래의 뜻을 살려 번역한다면, "하나님이 그가 지으신 모든 것을 보셨다. 보아라! 얼마나 좋은지!"라고 감정이 실려 있는 표현이다. 그런데 예수님의 재림 때에 강림하시는 예수님은 모든 성도가 부활체를 입고 그를 환영하는 모습을 보시고 깜짝 놀라실 것이라고 성경은 전한다(살후 1:10-12). 성경은 예수님이 "모든 믿는 자들에게서 놀랍게 여김을 얻으시리니"(살후 1:10)라고 표현한다. "놀랍게 여김을 얻으신다"는 뜻은 예수님이 상대를 보시고 상대가 놀라운 걸작품으로 만들어졌기 때문에 깜짝 놀라신다는 뜻이다. 하나님은 이렇게 죄를 지으려야 지을 수 없는 아름다운 신천 신지에서 성도들이 죄 없는 몸체인 부활체를 입고 하나님과 교제하며 영원히 살 수 있게 하려고 구속 역사를 진행하신 것이다. 이제 창세기와 요한계시록을 잠시 비교하도록 한다.

창세기는 하나님이 천지를 창조하심을 전한다(창 1:1).
요한계시록은 신천 신지를 설명한다(계 21:1).

창세기는 해와 달과 별들이 존재하게 되었음을 말한다(창 1:16).
요한계시록은 해와 달과 별이 필요 없고 하나님의 영광이 빛을 발한다(계 21:23).

창세기는 실낙원 (Paradise Lost)을 묘사한다(창 3:1-21).
요한계시록은 복락원 (Paradise Restored)을 설명한다(계 2:7; 22:2).

창세기는 마귀의 간사함과 능력을 전한다(창 3:1-5).
요한계시록은 마귀가 불과 유황의 못으로 던져진 것을 묘사한다(계 19:20).

창세기는 죄인이 하나님으로부터 떠나고 하나님으로부터 숨는 모습을 그린다(창 3:8-9).
요한계시록은 하나님이 성도들과 함께 거하고 하나님과 성도들의 긴밀한 교제를 그린다(계 21:3).

창세기는 생명나무를 지키는 모습이 묘사된다(창 3:24).
요한계시록은 성도들에게 생명나무를 접근할 수 있는 권한을 주신다(계 22:14).

실낙원이 복락원으로 회복되는 것은 그리스도의 십자가와 부활의 능력으로만 가능하다. 이 모든 것이 구약과 신약의 통일성을 증명해 준다.

지금까지 구약을 구속 역사의 흐름과 계시 기록을 연계하여 성경의 각 책의 내용을 고찰하였다. 그리고 신약을 망원경 식으로 조망했다. 특히 신약을 다룰 때 사도행전과 연계하여 바울의 13개 서신이 어떤 배경으로 기록되었는지를 다루었다. 성경은 역사적, 문법적 원리에 의해 기록되었다. 그러므로 각 서신이 쓰인 배경은 그 내용을 이해하는 데 큰 역할을 한다. 바울은 그리스도의 몸 된 교회를 진정으로 사랑한 하나님의 "택한 그릇"(행 9:15)이었다. 바울이 그의 서신들을 기록할 때 목회적 관심을 가지고 기록한 관계로 각 서신의 기록 배경에 근거하여 서신 내용을 고찰함으로 각 서신 속에서 바울의 교회에 대한 심정을 읽을 수 있다. 우리는 바울이 교회를 소중하게 생각한 것처럼 그리스도의 몸된 교회를 소중하게 생각해야 한다. 교회는 하나님의 구속 계획 중 중요한 신앙의 공동체이다. 하나님은 아담과 하와가 범죄하자 인간 스스로 구원할 수 없음을 아시고 구약에서 메시야를 보내주시겠다고 약속하신다. 그리고 실제로 이 세상에 오신 메시야가 그의 백성을 대신하여 고난 당하시고, 돌아가시고, 부활하시고, 승천하셔서 인간의 죄 문제를 해결하신다. 이제 하나님의 구속 역사 성취를 위해 남아 있는 사건은 예수님의 재림뿐이다. 하나님이 주관하고 계신 이 역사는 예수님의 재림으로 정리되고 하나님은 성도들을 신천 신지로 인도하실 것이다. 성도들은 하나님의 주권을 믿고 성도답게 삶을 이어나가야 한다.

참고 서적

Aalders, G. Ch., *Genesis. Bible Student's Commentary*, Vol. 1. Grand Rapids: Zondervan, 1981.

Aalders, G. Ch., *Genesis. Bible Student's Commentary*, Vol. 2. Grand Rapids: Zondervan, 1981.

Allen, Leslie C., *The Books of Joel, Obadiah, Jonah and Micah (The New International Commentary on the Old Testament)*. Grand Rapids: Eerdmans, 1980.

Allis, Oswald T., *The Old Testament: Its Claims and Its Critics*. Philadelphia: The Presbyterian and Reformed Publishing Company, 1972.

Arnold, C. E., "Ephesians," *Dictionary of Paul and His Letters*. Downers Grove: Inter Varsity Press, 1993, pp. 238-253.

Austin, Bill, *Austin's Topical History of Christianity*. Wheaton: Tyndale House, 1983.

Barnes, Albert, *Notes on the New Testament*. Grand Rapids: Baker, 1982.

Bavinck, Herman, *Our Reasonable Faith*. Grand Rapids: Eerdmans, 1956.

Beale, G. K., *The Book of Revelation (NIGTC)*. Grand Rapids: Eerdmans, 1999.

Calvin, John, *Commentary on The Book of Psalms*, Vol. IV. Grand Rapids: Eerdmans, 1949.

Calvin, John, *Commentary on The Book of Psalms*, Vol. V. Grand Rapids: Eerdmans, 1949.

Calvin, John, A Harmony of the Gospels Matthew, Mark and Luke, Vol. III and the Epistles of James and Jude. Grand Rapids: Eerdmans, 1975.

Calvin, John, The Second Epistle of Paul to the Corinthians, and the Epistles to Timothy, Titus and Philemon. Grand Rapids: Eerdmans, 1973.

Calvin, John, *The Epistle of Paul the Apostle to the Hebrews and the First and Second Epistles of St. Peter*. Grand Rapids: Eerdmans, 1974.

Carson, D. A., *The Gospel According to John*. Grand Rapids: Eerdmans, 1991.

Craigie, P. C., *The Book of Deuteronomy (NICOT)*. Grand Rapids: Eerdmans, 1976.

Cullmann, O., *Salvation in History*. New York and Evanston: Harper and Row, 1967.

Davids, Peter, *The Epistle of James (A Commentary on the Greek Text)(NIGTC)*. Exeter: The Paternoster Press, 1982.

Delitzsch, Franz, *Biblical Commentary on The Psalms*, Vol. III. Grand Rapids: Eerdmans, 1970.

Eusebius, Pamphilus, *The Ecclesiatical History*. Grand Rapids: Baker 1977.

Fitzmyer, J. A., "κύκλῳ" *Exegetical Dictionary of the New Testament*, Vol. 2. Grand Rapids: Eerdmans, 1991, p. 327.

Guthrie D. and J. A. Motyer(editors), *The New Bible Commentary: Revised*. Grand Rapids: Eerdmans, 1975.

Harrison, Roland K., *Introduction to the Old Testament*. Grand Rapids: Eerdmans, 1975.

Harrison, R. K., "The Division of the Kingdom and the Rise of Assyria," *The Zondervan Pictorial Bible Atlas*, ed. by E.M. Blaiklock. Grand Rapids: Zondervan, 1975, pp. 101-120.

Harrison, R. K., "The Return from Captivity," The Zondervan Pictorial Bible Atlas, ed. by E.M. Blaiklock. Grand Rapids: Zondervan, 1975, pp. 213-225.

Hendriksen, William, *Survey of the Bible*. Grand Rapids: Baker, 1976.

Hendriksen, William, *The Gospel of Mark (NTC)*. Grand Rapids: Baker, 1975.

Hendriksen, William, *The Gospel of John*, Vol. 1 *(NTC)*. Grand Rapids: Baker, 1975,

Hendriksen, William, *I-II Timothy and Titus (NTS)*. Grand Rapids: Baker, 1974.

Hoehner, H. W., "Pontius Pilate," *Dictionary of Jesus and the Gospels*. Downers Grove: InterVarsity Press, 1992, pp. 615-617.

Hoehner, Harold W., *Chronological Aspects of the Life of Christ*. Grand Rapids: Zondervan, 1979.

Japhet, Sara, *1-2 Chronicles. Old Testament Library*. Louisville: Westminster/John Knox, 1993.

Jeremias, Joachim, *Jerusalem in the Times of Jesus*. Philadelphia: Fortress, 1978.

Jeremias, Joachim, "Paul and James," *Expository Times*, LXVI (1955), p. 370.

Josephus, Flavius, *Antiquities* 12. 237.

Keil C. F. and F. Delitzsch, "The Pentateuch," *Biblical Commentary on the Old Testament*, Vol. I. Grand Rapids: Eerdmans, 1971.

Keil C. F. and F. Delitzsch, "The Pentateuch," *Biblical Commentary on the Old Testament*: Vol. II. Grand Rapids: Eerdmans, 1971.

Keil, Carl F., "The Twelve Minor Prophets," *Biblical Commentary on the Old Testament*, Vol. I. Grand Rapids: Eerdmans, 1969.

Keil, C. F., "The Prophecies of Jeremiah," *Biblical Commentary on the Old Testament*, Vol. II. Grand Rapids: Eerdmans, 1968.

Keil, C. F., *Biblical Commentary on the Prophecies of Ezekiel*. Vol. I. Grand Rapids: Eerdmans, 1970.

Keil, C. F., *Biblical Commentary on the Prophecies of Ezekiel*, Vol. II. Grand Rapids: Eerdmans, 1970.

Keil, C. F., "The Book of the Kings," *Biblical Commentary on the Old Testament*. Grand Rapids: Eerdmans, 1970.

Keil, C. F., *Biblical Commentary on the Book of Daniel*. Grand Rapids: Eerdmans, 1971.

Lane, William L., *Commentary on the Gospel of Mark* (NICNT). Grand Rapids: Eerdmans, 1974.

Lenski, R.C.H., *The Interpretation of I and II Epistles of Peter, the three Epistles of John, and the Epistle of Jude*. Minneapolis: Augsburg Publ. House, 1966.

Leupold, H. C., *Exposition of Genesis*, Vol. 1. Grand Rapids: Baker, 1977.

Leupold, H. C., *Exposition of the Psalms*. Welwyn: Evangelical Press, 1977.

Leupold, H. C., *Exposition of Zechariah*. Grand Rapids: Baker, 1982.

Link, H. G., "Life," *The New International Dictionary of New Testament Theology*, Vol. 2. Grand Rapids: Zondervan, 1977, pp. 474-483.

(The) Lion Encyclopedia of the Bible. Surry Hills: Lion Publishing, 1978.

Lull, David John, *The Spirit in Galatia*. Chico: Scholars Press, 1978,

Luther, Martin, *Commentary on the Epistle to the Romans*. Grand Rapids: Zondervan, 1962.

Luther, Martin, *Commentary on the Epistle to the Galatians*. Grand Rapids: Zondervan, 1968.

Mays, James Luther, "Psalms," *Interpretation*. Louisville: John Knox Press, 1994.

McKenzie, Steven L., *1-2 Chronicles. Abingdon Old Testament Commentaries*. Nashville: Abingdon, 2004.

Mieroop, Marc Van De. *A History of the Ancient Near East: ca. 3000-323 B.C.*, third edition. Chichester: Blackwell Publishing Ltd., 2016.

Moore, T. V., *Haggai and Malachi (The Geneva Series of Commentaries)*. Carlisle: The Banner of Truth Trust, 1974.

Morris, Henry M.. *The Genesis Record*. Grand Rapids: Baker, 1977.

Mueller, H. P., Formgeschichtliche Untersuchung zu Apc Joh. 4-5. Ph.D. dissertation, Heidelberg University, 1962.

Muller, Richard A., *Dictionary of Latin and Greek Theological Terms*. Grand Rapids: Baker, 1985.

Murphy-O'Connor, Jerome. *Paul: A Critical Life*, Oxford: Oxford University Press, 1997.

Murray, John, *The Epistle to the Romans (NICNT)* Vol Ⅰ. Grand Rapids: Eerdmans, 1968.

Nelson, Ed. *Nelson's Complete Book of Bible Maps and Charts*. Joy Mission 역. Atlanta: Thomas Nelson Publishers, 2003.

(The) New Encyclopaedia Britannica, Vol. 1. Micropaedia, 1994.

(The) New Encyclopaedia Britannica, Vol. 2. Micropaedia, 1994.

(The) New Encyclopaedia Britannica, Vol. 3. Micropaedia, 1994.

(The) New Encyclopaedia Britannica, Vol. 9. Micropaedia, 1994.

(The) New Encyclopaedia Britannica, Vol. 23, Macropaedia, 1994.

Ridderbos, Herman, *The Gospel of John: A Theological Commentary*. Grand Rapids: Eerdmans, 1997.

Ridderbos, Herman, *The Coming of the Kingdom*. Philadelphia: The Presbyterian and Reformed Publishing Co., 1969.

Ridderbos, Herman, *When the Time Had Fully Come*. Jordan Station, Ontario: Paideia Press, 1957.

Ridderbos, Herman, *Paul and Jesus*. Philadelphia: Presbyterian and Reformed Publ. Co., 1958.

Schottroff, L., "ζῳοποιέω," *Exegetical Dictionary of the New Testament*, Vol. 2. Grand Rapids: Eerdmans, 1991, p. 110.

Smith, David, *Life and Letters of St. Paul*. New York: George H. Doran Co., n.d. Appendix I.

Smith, J. B., *Greek-English Concordance to the New Testament*. Scottdale: Herald Press, 1974.

Spurgeon, C. H. *The Treasury of David*, Vol. VI. Psalms 119-124. Welwyn: Evangelical Press, 1978.

Stott, John, *The Spirit, The Church and The World: The Message of Acts*. Downers Grove: I.V.P. 1990.

Tenney, Merrill C., *New Testament Survey*. Grand Rapids: Eerdmans, 1974.

Tertullian, *De Pidicitia*, xlv.

Thiele, Edwin R., *The Mysterious Numbers of the Hebrew Kings*. Grand Rapids: Academie Books, 1983.

Vos, G., *Biblical Theology: Old and New Testaments*. Grand Rapids: Eerdmans, 1968.

Vos, G., *The Pauline Eschatology*. Grand Rapids: Eerdmans, 1966.

Williams, Derek (ed.), *New Concise Bible Dictionary*. Leicester: IVP, 1990.

Wilson, Robert Dick, *Studies in the Book of Daniel*. Grand Rapids: Baker, 1979.

Young, E. J., *An Introduction to the Old Testament*. Grand Rapids: Eerdmans, 1970.

Young, E. J., *The Prophecy of Daniel*. Grand Rapids: Eerdmans, 1970.

가이슬러, 노르만 엘,「구약성경개론」. 윤영탁 역. 서울: 엠마오, 1988.

김구원,「가장 아름다운 노래」(아가서 이야기). 서울: 기독교문서선교회, 2011.

김성수, 「태초에」(창세기 묵상 1). 용인: 마음샘, 2009.

김진수, 「열왕기 주해」. 수원: 합신대학원출판부, 2016.

로이드 존스, 마틴, 「하박국. 시 73편 강해」(Faith Tried and Triumphant). 정정숙 역. 서울: 개혁주의신행협회, 1991.

박윤선, 「성경주석: 소선지서」. 서울: 영음사, 1967.

박윤선, 「성경주석: 시편」. 서울: 영음사, 1966.

박형용, 「신약개관」. 서울: 아가페출판사, 2002.

박형용, 「신약성경신학」. 수원: 합신대학원출판부, 2005.

박형용, 「사도행전 주해」. 수원: 합신대학원출판부, 2012,

박형용, 「바울신학」. 수원: 합신대학원출판부, 2016.

박형용, 「에베소서 주해」. 수원: 합신대학원출판부, 2006.

박형용, 「빌립보서 주해」. 수원: 합신대학원출판부, 2011.

박형용, 「히브리서」. 서울: 도서출판 횃불, 2003.

박형용, 「성경해석의 원리」. 수원: 합신대학원출판부, 2014.

박형용, 「사복음서 주해」. 수원: 합신대학원출판부, 2015.

반 드 미에룹, 마르크, 「고대 근동역사(B.C. 3,000년경-B.C. 323년)」. 김구원 역. 서울: CLC, 2010.

베이첼, 배리 J., New 무디 성서지도. 서울: 아가페출판사, 2016.

성주진, 「사랑의 마그나카르타」. 수원: 합동신학대학원출판부, 2005.

송병현, 「역대하」. 엑스포지멘터리. 서울: Exposimentary, 2015.

윤영탁, 「학개」. 수원: 합신대학원출판부, 2006.

윤영탁, 「알기 쉬운 구약 학개서 해설」. 수원: 합동신학대학원출판부, 2016.

이종훈, "월경관련 율법, 어떻게 봐야 하나." 「아름다운 동행」. 제 212호 (2017, 7, 1), 28면.

정규남, 「구약개론」. 서울: 개혁주의신행협회, 1985.

정규남, 「출애굽기」. 서울: 도서출판 횃불, 2006.

프로반, 이안 외 2인, 「이스라엘의 성경적 역사」. 김구원 역. 서울: 기독교문서선교회, 2013.

허트(Hoerth), 알프레드 J. 외 2인(편집), 「고대 근동 문화 (B.C. 3,000년경-B.C. 323년)」. 서울: 기독교문서선교회, 2012.

색인

번호

8행 시편 140

ㄱ

겉사람 586
고아 서신 654
고통스러운 방문 569, 570
교회의 기초 488
구속역사 19, 199, 529, 539, 586,
　587, 661
구원의 수단 638
권면의 말 575, 656, 663
귀신의 잔 576
그리스도의 향기 585
기묘자 228

ㄴ

나봇의 포도원 331
나사렛 사람 482
남은 자 193, 222, 238, 240, 286,
　290, 291, 392, 393, 396, 424, 599
내적 위탁 599

ㄷ

다림줄 204
다양성 562
다윗 왕국 416, 423
대구법 166
동방박사 481, 482
동태 복수법 50
두 증인 712

ㄹ

레갑 자손 261, 262
로루하마 216
로암미 216
루하마 216

ㅁ

마라톤 전쟁 364
말씀의 꽃송이 139
메데 사람 다리오 382, 383
메시야 18, 20, 28, 65, 135, 199,
　215, 220, 222, 227, 228, 234,
　235, 257, 376, 396, 406, 446,
　482, 524, 527, 718, 720
멜기세덱 25, 654, 659, 660
모세의 장인 46, 47, 49

목회 서신 614, 621, 644
미쉬나 137
미스바 31, 99, 254, 264, 356
민족의 왕 471
밀란 칙령 475

ㅂ

바벨탑 18, 23
변화산 사건 488, 504
보름스 회의 146
본체의 형상 658
부활체 19, 515, 549, 553, 578,
579, 689, 718, 719
분봉 왕 472, 508
불법의 사람 553
뿔라 235

ㅅ

사르밧 과부 328, 329
산상 보훈 484
살려주는 영 578, 586, 675, 676
삼두정치 463, 465, 466, 632
새 하늘과 새 땅 236, 683, 716,
717
성령의 전 576, 689
성령 훼방죄 486, 496, 510

성벽 재건 412, 446, 447, 452
성전 재건 233, 315, 363, 364, 380,
384, 385, 388, 389, 391, 392,
396, 441, 442, 532, 533
성전 재건 칙령 233, 362, 363, 380,
384, 388, 532
속사람 586
솔로몬 성전 307, 310, 311, 318,
319, 320, 364, 388, 391, 392,
455, 532
수넴 여인 335
수전절 524, 526
쉽볼렛 97
스룹바벨 성전 311, 364, 373, 379,
380, 381, 383, 385, 388, 455,
465, 533
스바 여왕 322, 323, 428
스바 왕국 323
시바 왕 323
신천 신지 14, 19, 522, 717, 718,
719, 720
십계명 45, 50, 51, 76, 157
십볼렛 97
십사만 사천 710, 711, 713, 714
십자가의 도 574

ㅇ

아라랏 산 23
아브라함의 생애 24
아사셀 61
아케메니안 왕조 458, 459
아프로디테 신전 566
암미 216
야곱의 생애 29
야긴 319, 320
에덴동산 20, 21, 522, 718
엑소더스 489, 508
여자의 후손 18, 20
열두 제자 476, 484, 497, 507,
   508, 556, 557
열심당 470
영적 예배 599
예루살렘 공회 537, 541, 556, 611,
   666
예수님의 탄생 연대 474, 475
오순절 62, 196, 199, 200, 529,
   537, 539
외적 확신 599
요셉의 꿈 32
요셉의 생애 32
우뢰의 아들 520
유출병 61
이합체의 시 280
인자 220, 223, 288, 289, 295, 376,
   377, 484, 487, 490, 491, 495,
   499, 507, 509, 510, 514, 527,
   658, 713, 714
인자 같은 이 376, 713, 714
임마누엘 227, 482

ㅈ

적그리스도 378, 553, 689, 690,
   693
제사 의식 65
주기도문 509
주의 잔 576
중생의 씻음 645

ㅌ

탈무드 92, 120
통일성 562, 667, 720

ㅎ

하나님의 나라 481, 484, 486, 498,
   504, 507, 508, 510, 512, 514,
   542, 562, 575, 600, 650, 708,
   712
하나님의 모습 288
하나님의 성전 185, 353, 381, 388,
   416, 420, 426, 441, 574, 575,
   587, 709, 712
하나님의 의 115, 142, 594, 595
헤롯 성전 388, 465, 471, 480,
   518, 533, 654
헵시바 235
활 노래 184
후람 318, 319, 426, 427
희년 63, 64, 103
히람 317, 318, 319, 322, 422, 426,
   427